ECKHARD HENSCHEID

ROMANE

ECKHARD HENSCHEID

GESAMMELTE WERKE
IN EINZELAUSGABEN

ROMANE
1

ZWEITAUSENDEINS

ECKHARD HENSCHEID

Die Vollidioten

Geht in Ordnung –
sowieso – –
genau – – –

ZWEITAUSENDEINS

1. Auflage, April 2003.

Die Vollidioten

Ein historischer Roman aus dem Jahr 1972

Geht in Ordnung –
sowieso – –
genau – – –

Ein Tripelroman über zwei Schwestern,
den ANO-Teppichladen und den Heimgang
des Alfred Leobold

Die Arbeit an den Romanen »Die Vollidioten«
und »Geht in Ordnung – sowieso – – genau – – –«
begleitete beratend Bernd Eilert.

Die Vollidioten

Ein historischer Roman aus dem Jahr 1972

»Obwohl er bereits blind vor Liebe war,
gefiel er sich immer noch
in der Rolle eines scharfsichtigen Beobachters«
(Svevo, Senilità)

»In der Tat, ich muß mich selbst darüber wundern,
was für eine Klatschbase ich doch
geworden bin«
(Dostojewski, Der Spieler)

VERZEICHNIS DER HAUPTKRÄFTE

Herr Jackopp	Schweizer
Frau Doris Jackopp	dessen angeblich geschiedene Frau
Herr Johannsen	Geliebter von Frl. Majewski und Frl. Czernatzke
Frl. Czernatzke	außerdem von Herrn Jackopp geliebt
Frl. Majewski	außerdem vom Erzähler geliebt
Herr Kloßen	Mann aus Itzehoe
Herr Domingo	Mann aus Baden und Beobachter
Herr Rösselmann	Angestellter
Frl. Bitz	dessen Begleiterin und Angestellte
Herr Jungwirth	Büromaler
Herr Stefan Knott	Frauenfreund
Herr Peter Knott	Ibiza-Reisender
Frau Johanna Knott	dessen Gattin und Tänzerin
Herr Hoffmann	Kulturverantwortlicher
Herr Edel	Werber
Herr Rudolph	höherer Angestellter
Frl. Witlatschil	von Herrn Jackopp geliebt
»Max Horkheimer«	Spieler
Der Erzähler	Berater und Sekretär von Herrn Jackopp

VON SEITEN DES AUTORS

Indem ich mit der Niederschrift all der Vorgänge beginne, die in diesem Roman beschrieben werden, befinde ich mich in einer gewissen Verlegenheit. Es handelt sich nämlich um folgendes: In unserer Stadt, genauer gesagt in einem Teil dieser Stadt und innerhalb einer ganz bestimmten Gruppe von Menschen und Personen, haben sich seit nunmehr genau sieben Tagen sehr seltsame Ereignisse und überaus merkwürdige Vorkommnisse abgespielt, die im Auftrage einiger daran Beteiligter aufgeschrieben und nachgezeichnet werden sollen, weil diese Damen und Herren der Meinung sind, daß die Vorkommnisse es verdient hätten. Auch ich teile übrigens diese Meinung, obwohl ich gleichzeitig der Meinung bin, daß man zwar solche Ereignisse sehr achtsam verfolgen und möglichst begreifen soll, daß man aber nicht immer alles gleich aufschreiben und der breiten Öffentlichkeit zu lesen geben soll, so wichtig sind diese Dinge oft gar nicht.

Nachdem ich aber so freundlich und dringlich gebeten wurde, alles aufzuschreiben (mein besonderer Dank gilt dem Drängen von Frl. Bitz, die auch vorkommt), habe ich schließlich gehorcht und es getan.

Ich muß dazu noch sagen, daß ich vermutlich deshalb auserwählt und aufgefordert wurde, weil ich sowohl in der Erfindung von gar nicht wirklichen Geschichten als auch in der Beschreibung von tatsächlich geschehenen Sachen eine gewisse Erfahrung habe. Ich habe sogar schon einige Male und mit wechselndem Erfolg in unseren regionalen und gelegentlich auch schon in überregionalen Journalen etwas veröffentlicht, obwohl ich eigentlich nicht das besitze, was man Stil oder nach einem neueren, heute rasch hochgekommenen Begriff *Chuzpe* nennt – eine überaus törichte Modeerscheinung, die hoffentlich bald wieder verschwinden wird. Ich für mein Teil bin da durchaus für das Alte und Zeitlose, das unmittelbar in das Zentrum des Weltgeistes greift und so dem liebwerten, wiewohl geteilten Vaterland letztlich auch was nutzt.

Doch nun zu dem Problem, dessentwegen ich dieses Vorwort verfasse. Das heißt, es sind eigentlich mehrere Probleme. Dies ist besonders verhängnisvoll, denn spätestens jetzt wird der Leser sagen: Was soll denn das? Was hat er nur? Warum diese blöden Krämpfe und Windungen? Verhängnisvoll sind diese Fragen vor allem deshalb, weil ich natürlich damit rechnen muß, daß der Leser irgendwann einmal das Buch enttäuscht weglegt und lieber ins Kino, zum Kartenspielen und Kickern geht oder zu sonst einem der zahllosen Amüsements unserer heutigen Zeit. Diese Gefahr kann ich nicht ausschließen, ich muß mich ihr tapfer stellen, selbst wenn ich dabei mehr als einen Leser verliere. Also noch einmal, es gibt da eine ganze Anzahl von schwierigen Problemen, die sich mir bei der Niederschrift des folgenden Buches in den Weg stellen. Ja darfst du denn dieses Buch überhaupt schreiben, so frage ich mich immer wieder und stecke mir aufgeregt eine Zigarette an, ja ist das denn überhaupt möglich? Dafür gibt es mehrere Gründe. Ich muß hier nämlich vorausschicken, daß es sich bei den seltsamen Ereignissen der letzten sieben Tage im Kern um eine Liebesaffaire gehandelt hat, eine Sache, die man zwar bei der anschließenden Überstürzung der gesamten Vorkommnisse leicht vergessen könnte, und oft war es ja wirklich scheinbar keine Liebesaffaire mehr, sondern nur noch der reinste Saustall und ein mächtiges Affentheater. Aber ursprünglich war es ganz sicher einmal eine Liebesgeschichte, zumindest von einer Seite her, aber auch da bin ich mir nicht mehr so sicher. Was bilden sich doch die Menschen heute alles so ein und setzen es sich hartnäckig in den Kopf!

Jedenfalls war ich bei den Teilen der Gesamtaffaire, welche die Liebe betrafen, nicht nur ein kleiner, sondern sogar ein großer Beteiligter, ohne daß ich selbst richtig geliebt hätte. Einmal kam es allerdings bei mir zum Geschlechterverkehr, völlig überraschend, obwohl ich diese Frau schon lange liebe, und das spielt sogar ein bißchen in die Hauptgeschichte hinein. Ich liebe diese Frau durchaus, wenn ich auch allerdings genaugenommen eine ganz andere liebe. Aber diese ist inzwischen, wahrscheinlich in der Türkei da drunten, verstorben...

Kurz, ich war bei der hauptsächlichen Liebesaffaire eine Art Bote, Berater, ein *Postillon d'amour,* um es einmal so zu sagen. Zum Teil gegen meinen Willen, zum Teil hat es mir aber auch große Freude gemacht. Es ist ja immer so schön, den Leuten dabei zuzusehen. Insgesamt darf ich sagen, daß ich mich bemüht habe, ein ehrlicher Makler zu sein nach beiden Seiten der Betroffenen, und das war nicht immer ganz leicht. Denn das Dümmste bei der ganzen dummen Affaire war ja, daß ich erstens etwas viel Besseres zu tun gehabt hätte (ich bemühe mich im Augenblick vor allem darum, viel Geld zu kriegen), zweitens konnte ich oft nur mit schlechtem Gewissen den übrigens nicht zustande gekommenen Erfolg der betreffenden Liebe befördern, denn ich habe dank meiner akademischen Ausbildung sofort und von Anfang an gemerkt, daß es gar keine Liebe war, sondern was ganz anderes. Allerdings hat mir das der liebende Herr trotz zahlreicher zarter Andeutungen nicht geglaubt, sondern hat stur seinen Stiefel an Leidenschaft heruntergezogen – und das war natürlich auch wieder gut so, denn sonst wäre ja die ganze Geschichte nie so schön und packend zustande gekommen.

Jetzt kommt ein zweites Problem dazu. (Es gibt noch viele, allerdings kleinere, von denen möchte ich erst gar nicht anfangen, sonst wird es ganz langweilig.) Die weibliche Hauptperson der Geschichte glaubt nämlich mit einem gewissen Recht, daß ich gegen sie intrigiere, ich habe es ihr nämlich einmal in einer schwachen Stunde selber gesagt. Inzwischen habe ich dieser Dame natürlich nachdrücklich versichert, daß diese neue blöde Geschichte nichts, aber auch gar nichts mit meiner schon monatelang laufenden Intrige zu tun hat, denn ich achte bei meinen Intrigen durchaus eine gewisse Intimsphäre und weiß da meist wohl zu unterscheiden. Nun ist es aber so, daß mir diese Dame erstens nicht glaubt bzw. nur so halb glaubt, und zweitens ist es natürlich auch so, daß ich bei ihr erneut in Mißkredit komme, wenn sie erfährt, daß ich die ganze Geschichte jetzt auch noch niedergeschrieben und dabei vielleicht sogar noch Ruhm und viel Geld erworben habe, während es doch bei ihr in erster Linie wohl mehr um den erlittenen Seelenschmerz geht.

Ich verstehe diese ganze Haltung und gebe auch zu, daß das alles zusammen mit dem vorhin schon Gesagten echt problematisch ist. Es kommt sogar noch dazu, daß mir die Gunst der weiblichen Hauptperson sehr wichtig ist, weil diese Dame wiederum sehr stark befreundet ist mit jener anderen Dame, die wiederum ich liebe, und beide stecken Tag und Nacht die Köpfe zusammen und tuscheln und trinken Malteser und haben einen mächtigen Einfluß aufeinander. So daß mir die Niederschrift auch von daher nur schaden kann, denn auf diese Weise komme ich wahrscheinlich nie mehr ans Ziel meiner Wünsche.

Indessen, die Redlichkeit meiner schriftstellerischen Intentionen im Verein mit dem zunehmenden Drängen der Freunde haben endlich gesiegt und alle Bedenken hinweggeräumt. Im übrigen freue ich mich sogar, daß durch diese ganzen schwierigen Verhältnisse ein Vorwort zustande gekommen ist, das den Leser schon gleichsam etwas einführt und ihm sogar schon die ersten Einblicke in die Charaktere der Handlung gibt, in ihre Welt, ihre Gedanken, ihre Wünsche und Sehnsüchte.

Nun, damit ist auch mein Vorwort schon abgeschlossen. Ich gebe zu, daß es nicht unbedingt nötig war, aber doch vielleicht ganz nützlich, auch zu meinem persönlichen Schutz. Und ich bin durchaus dafür, daß auch Autoren, die sehr tief und bohrend in die Seelen der Handelnden eindringen, daß diese Autoren auch geschützt werden müssen, wie immer das aussehen mag.

So. Und nun zur Sache!

ERSTER TAG

Das heißt, ich muß vorerst noch etwas vorausschicken. Ich kann natürlich alle die zum Teil erstaunlichen und bewundernswerten, zum Teil aber auch ganz gemeinen Vorkommnisse der letzten sieben Tage nur so weit und so genau berichten, wie ich ihnen beigewohnt habe, und außerdem das, was ich alles sonst gehört und aufgeschnappt habe. Ich darf aber sagen, daß ich in dieser Beziehung sehr rührig war und mich eifrig umgehört habe. Auf diese Weise gelang es noch wichtige Informationen zusammenzukriegen, die für den Verlauf der Ereignisse mitentscheidend waren und die vielleicht vieles erklären helfen.

Außerdem darf ich vielleicht noch sagen, daß ich zuerst gegen meinen Willen, später mit einer gewissen fast wissenschaftlichen Neugierde fast immer in den Gang der Hauptereignisse einbezogen war, fast als ob das Schicksal mich dazu ausersehen hätte. Manchmal erkaltete mein Interesse zum Teil schon wieder und machte einem gewissen Zorn Platz, daß ausgerechnet ich, ein Vollakademiker, der doch etwas ganz anderes wollte und zu tun gehabt hätte, ständig mit solch fremdem, abgelegenem und zuletzt schon ganz dummem Unfug und Kramzeug belastet wurde.

Aber nun endlich zum Gang der Ereignisse. Hier stellt sich jedoch erneut ein Problem ein: Wo sie beginnen lassen? Ich habe über dieses Problem selbstverständlich sehr lange nachgedacht, denn eigentlich liegen die ganzen Vorkommnisse natürlich schon in der Vergangenheit begründet. Es gibt, wie ich einmal gehört habe, sogar wissenschaftliche Sparten, die alles in die Kindheit verlagern oder gar bis zu unseren Ureltern Adam und Eva. Doch genug davon! Im engeren Sinn begann die Handlung natürlich an einem und ganz bestimmten Tage. Das heißt am Abend bzw. mitten in der Nacht eines Samstagabends. An diesem Abend verliebte bzw. verknallte sich Herr Peter Jackopp in ein Fräulein Evamaria

Czernatzke. Ich war auch dabei, aber weil ich mit einer oder mehreren anderen Damen scherzte und sogar Händchen hielt, habe ich das eigentlich überhaupt nicht richtig mitgekriegt. Ich erfuhr erst am Abend des nächsten Tages davon, vielleicht hat der Herr Jackopp aber auch erst am Tag darauf gemerkt, daß es die Liebe war. Dies ist einer der Punkte, über die ich nie ganz sicher bin, obwohl Herr Jackopp mehrfach und unnachgiebig behauptete, es sei »alles schlagartig« gekommen, und »so eine verfluchte Scheiße« habe er schon seit 1957 nicht mehr erlebt. Aber, wie gesagt, ich bin da überhaupt nicht sicher, denn, wie ich schon von früheren Erfahrungen her wußte, widerspricht sich Herr Jackopp häufig und bildet sich dann, was ganz schlimm und verheerend ist, völlig aufrichtig Sachen ein, die gar nicht wahr sind.

Aber, und darüber habe ich lang und eindringlich nachgedacht, eigentlich begann die Folge der sich dann furchtbar ausweitenden Ereignisse schon am Nachmittag dieses Tages, indem dieser wiederum meinen persönlichen Zustand prägte und ich deshalb nicht mehr rettend oder doch verhütend einzuschreiten vermochte bzw. wenn ich in Topform gewesen wäre, wäre vielleicht noch alles zu verhindern gewesen. Was mich betrifft, ich saß da mit einem Herrn Eilert im Kaffeehaus, wir hatten allerlei strategisch-technische Dinge zu besprechen sowie zugunsten der Firma Maggi kleine Gedichte über Kartoffel-*Chips* zu erledigen. Als das geschehen war, tranken wir etwas Weinbrand, und wie ich dann mit dem Auto nach Hause fuhr, war ich nicht mehr ganz nüchtern, wenn auch noch längst nicht betrunken.

Ich liebe es aber gegenwärtig, am Nachmittag einen völlig klaren Kopf aufzuweisen (am Abend ist es unterschiedlich). Um also den Weinbrand zu vertreiben, ging ich jetzt zu einem Bekannten, einem Herrn Bernhard Rösselmann, einem stattlichen und dennoch regsamen Herrn in den besten Jahren mit Hornbrille und ernsthaften Gesichtszügen, der einen ungeheuer dicken und ganz ausgezeichneten Friesentee zu brauen versteht und der sich auch diesmal nicht lange bitten ließ und sogar noch Plätzchen hinstellte. Es war auch noch ein Fräulein Bitz da, eine langjährige sehr gute Bekannte von Herrn Rösselmann, die bei ihm zuhause sozusagen die Geschäftsführung besorgt und gelegentlich sogar für den Tee verantwortlich sein darf. Diese trank ebenfalls mit. Wir kamen rasch ins Plaudern und Scherzen, denn Herr Rösselmann ist um köstliche Einfälle und allerlei Redensarten nie verlegen, und Frl. Bitz sitzt immer brav und still dabei und ist stolz auf diesen Herrn, und jedenfalls zuletzt hatte ich vier Tassen von diesem wirklich mörderischen Tee ausgetrunken. Da lief ich heim, denn ich wollte noch rasch eine Art Glosse für ein Journal schreiben, eigenartigerweise gegen Kartoffel-Chips, für welche ich soeben noch kleine empfehlende Gedichte gemacht hatte.

Jedenfalls stellte sich während des Abfassens ein heftiges Flattern und Herzflimmern ein. Das kam vom Friesentee. Weil ich wußte, daß dies nach vier Tassen absolut unvermeidlich war (nur Herr Rösselmann selbst packt ohne jede Gefahr sogar sieben Tassen), geriet ich in eine echte Wut und trank als Antwort und Gegenmacht zu diesem Tee fast eine viertel Flasche Whisky in mich hinein, deren verwirrende Wirkung glücklicherweise erst genau in dem Augenblick begann, als meine Glosse schon fast fertig war. Sie war mir sogar sehr gut gelungen, wäre aber, wenn ich den Whisky schon früher zu trinken begonnen hätte oder aber die Glosse später begonnen hätte oder aber die Glosse wäre länger geworden, sicherlich vollständig blöd geworden.

Aber, wie gesagt, ich hatte Glück. Als die bekannte Betäubung im Hirn eintrat, war die Glosse gerade fertig, und zum Nochmaldurchlesen und Kommafehlerberichtigen braucht man ja keinen großen Geist. Ich legte mich ein bißchen auf meine hübsche schwarzrotgestreifte Couch (die Farben meiner Lieblings-Fußballmannschaft) und war im Begriff einzuschlafen, da schellte es an der Tür. Ach ja, Herr Jackopp wollte ja an diesem Abend kommen und irgendwelche Tonbandaufnahmen von meinen Schallplatten machen.

Nun, da erschien Herr Jackopp auch schon unter der Türe. Ich muß sagen, Herr Jackopp ist 25 Jahre alt, in der Schweiz beheimatet und hier in unserer Stadt irgendwie tätig. Er ist sehr zierlich, mittelgroß, trägt einen dunklen Schnauzbart im hübschen Gesichtchen und macht fast immer einen sehr wachsbleichen, düsteren, gequälten, fast kranken und irgendwie existentiell bedrohten Eindruck. Gleichzeitig aber ist er immer äußerst modisch eingekleidet (*Pep* nennt man das wohl heute) und vor allem überaus schweigsam. Ich weiß es nicht genau, es gibt aber einige Gründe zu der Annahme, daß Herrn Jackopps Ehe kürzlich an dieser Schweigsamkeit zerbrochen ist. (Es ist allerdings nicht ganz sicher, ob die Ehe wirklich zerbrochen ist, doch davon später.) Übrigens war diese große Schweigsamkeit auch Frau Doris Jackopp eigentümlich, einer winzig kleinen, äußerst zierlichen, ja zerbrechlichen Person ebenfalls aus der Schweiz. In Gesellschaft schwiegen meist sowohl Herr als auch Frau Jackopp, höchstens, daß er manchmal betrunken war und sie dann ziemlich heftig anpfurrte. Ich fand das oft schon gar nicht mehr schön.

Aber seit kurzem war die Rede von Scheidung und von einer gewissen Abfindungssumme, man munkelte von 7000 Mark, aber auch diese Zahl aus dem Munde des Herrn Jackopp ist natürlich zweifelhaft. Herr Jackopp erzählte nämlich erst vor ein paar Tagen drei verschiedene Versionen über den gegenwärtigen Aufenthalt seiner Gattin. Herrn Rösselmann teilte er mit, er lebe »technisch« noch mit seiner Frau zusammen, mir erzählte er, er habe »keine Ahnung, wo die Büchse« sei, ob in Deutschland oder schon wieder in der Schweiz. Und drei Stunden später wiederum sagte er mir, irgendwo in der Stadt treibe sie sich rum, »aber das macht nichts«. Übrigens könnten solche ersten Einblicke in das Wesen und Verhalten des Herrn Jackopp vielleicht den Eindruck erwecken, dieser Mann rede sehr viel und sehr dummes Zeug durcheinander. Das zweite kann man sicher nicht abstreiten, wenn es auch wieder nicht völlig stimmt, ab und zu gelingt Herrn Jackopp schon einmal ein überzeugender Satz. Aber viel reden tat Herr Jackopp eigentlich nur an einem einzigen Tag, seitdem ich ihn kenne: an dem Tag, der jenem folgte, welcher seine Liebe zu Frl. Evamaria Czernatzke mit sich brachte. Sonst redete Herr Jackopp direkt auffallend und manchmal schon unheimlich wenig.

Und da brummte er dann nur ganz tief. Wiederum übrigens genau wie seine Frau Doris Jackopp, diese so überaus kleine und zierliche Person! Ich habe es neulich auf dem Klavier einmal nachgemessen, Herr Jackopp brummt durchschnittlich das tiefe *ges,* seine Frau trifft immerhin einen Ton höher das *as.* Ein normaler Mensch redet zwischen *c* und *g* herum, also eine halbe Oktave höher …

Ich meine, vielleicht erklärt auch das einiges.

So redete Herr Jackopp auch während der Überspielung der Schallplatte auf Tonband fast nichts, sondern brummte nur zweimal »verflucht« und einmal »Scheiße«. Unterdessen legte ich mich auf mein Sofa und dämmerte ein bißchen vor mich hin. Die Überspielung wurde dann technisch sehr schlecht, aber der Fehler war nicht aufzufinden. So ließen wir denn ab davon. Gleichzeitig fiel mir ein, daß ich Herrn Jackopp 10 Mark schuldete, und ich gab sie ihm. Und anschließend, nachdem ich nicht recht wußte, was ich mit Herrn Jackopp anstellen könnte, machten wir uns auf den Weg in die Gaststätte »Mentz«, um irgendwie in den Abend zu starten.

Dieses Lokal bezieht einen gewissen Ruf vor allem dadurch, daß es sowohl »Krenz« als auch »Mentz« – das ist der Name des Wirtes – als auch »Zillestube« und neuerdings sogar noch »Opas letzte Pinte« heißt, das letztere ein völlig unpassender Schmuckname, wie man hört von dem Sohn des Wirtes erfunden und an die Wand gemalt – offenbar erhoffte sich dieser Sohn durch solche Flottheiten stimmungsmäßigen Aufschwung. Wir verkehren dort alle recht häufig, manche sogar jeden Tag. Es gab zum Beispiel mal einen Herrn Jürgen Meister, der war praktisch immer drin.

Im »Krenz« war es noch ziemlich ruhig, die vielen Studenten unserer Stadt, die immer hierherkommen, hatten offenbar ihre Hausaufgaben noch nicht gemacht oder vielleicht auch nicht genügend Geld, schon um 8 Uhr anzufangen. Ich begann mit Herrn Jackopp sofort ein Kartenspiel, das »Watten« heißt und aus dem Tirolerischen kommt – der Dichter Thomas Bernhard hat neulich einen sehr netten Roman darüber geschrieben. Man kann zu zweit oder zu viert watten, manche Leute tun es auch zu dritt, dann wird es aber schon recht einfältig. Übrigens darf ich für mich in Anspruch nehmen, daß ich dieses Spiel in unsere Stadt eingeführt habe, wo es mittlerweile schon recht weite Kreise gezogen hat. Das Wattspiel erwähne ich deshalb, weil gerade an diesem so folgenreichen Abend Herr Jackopp verhältnismäßig gut wattete, ja zum Teil fast meisterliche Taktiken an den Tag legte (Watten ist eine Art Bluff-Spiel, ein bißchen verwandt mit dem Pokern, ein Spiel, bei dem es im wesentlichen auf Bauernschläue ankommt). Ich watte sehr gut. Aber, wie gesagt, Herrn Jackopp gelangen diesmal ein paar fast erleuchtete Spielzüge, und so gewann ich nur einen Schnaps, während es früher sogar einmal acht waren. Herrn Jackopps kluges Watten verwunderte mich im nachhinein um so mehr, als dieser Mann gerade im Anschluß an das Spiel und während der nächsten Tage so eigenartige, ja krumme und unvernünftige Verhaltensweisen an den Tag legte. Vielleicht war es das letzte Aufbäumen des Intellekts. Aber wahrscheinlich kann man daraus einfach nur ersehen, daß die Qualität des Kartenspielens nichts mit Geist zu tun hat.

Doch zurück zu den Ereignissen. Gerade in dem Augenblick, als das dritte Spielchen zuende war, schlich Herr Rösselmann mit Frl. Bitz zur Tür herein und setzte sich mit einem lustig lauernden »Na?« zu uns. »Guten Abend, Herr Rösselmann«, sagte artig Herr Jackopp und dann lange Zeit nichts mehr. Weil ich weiß, daß Herr Rösselmann ein sehr neugieriger Herr ist, den praktisch alles interessiert und der auch immer mal gern hört, was sich so alles abspielt, erzählte ich ihm sogleich die Geschichte vom Abend des Vortags, gewissermaßen um mich für seinen Tee vom Nachmittag zu bedanken. Ich bin in dieser Beziehung sehr förmlich.

Gestern abend war nämlich auch etwas sehr Eigenartiges passiert. Ein Herr Joachim Kloßen, übrigens mein Wohnungsnachbar, hatte wieder einmal für einen stürmischen Umtrieb gesorgt. Herr Kloßen ist jetzt seit ungefähr einem Monat in unserer Stadt und hat in dieser Zeit schon so viele Possen und Faxen gemacht wie oft ein anderer nicht in fünf Jahren. So daß man meint, Herr Kloßen sei schon von jeher bei uns. Einmal z. B., als ich bei einem bekannten Fräulein übernachtete, hatte Herr Kloßen aus irgendeinem Grund keinen Zugang zu seinem Wohnungsschlüssel, deshalb gab ich ihm meinen, so daß er in meiner Wohnung schlafen konnte. In der Nacht muß Kloßen aber sehr viel und groben Unfug gemacht haben, denn am anderen Tag war mein kleines geschecktes Kätzchen, das ich kurz zuvor von Frl. Mizzi Witlatschil geschenkt bekommen hatte und an dem ich sehr hing, nicht mehr da. Außerdem lagen mehrere Wandbilder kreuz und quer am Boden, und der Plattenspieler war kaputt. Ganz offenbar hatte dieser Kloßen betrunken in meiner Wohnung getanzt. Mir gegenüber gab er dann an, daß er sich vielleicht in der Nacht auf den Hausflur verirrt habe und dabei sei wohl das – sicherlich erschrockene – Kätzchen auf und davon. Wir haben dann alle mal nachgezählt, daß Herr Kloßen allein in dieser einen Nacht mindestens neun Fehler gemacht hatte!

Aber Frl. Bitz und Herrn Rösselmann – Herr Jackopp saß immer schweigend dabei und sah reglos vor sich hin – erzählte ich nicht diese Geschichte, die kannten sie schon ganz gut, sondern die neue vom Vortag. Herr Kloßen hatte da nämlich seine alte Zechmannschaft aus Itzehoe und Umgebung durch einige Lokale unserer Stadt geschleift und sie zum Tagesabschluß ins »Krenz« mitgebracht, gleichsam um sie uns vorzustellen. An diesem Abend waren aber nur Herr Stefan Knott und ich im Lokal. Wir hatten am frühen Abend zu watten begonnen, es war sehr schön, doch gegen zehn Uhr hatte ich plötzlich den Eindruck, daß Herr Stefan Knott, übrigens ein Bruder von Peter Knott, irgendwie geistesabwesend sei und daß ihm irgend etwas fehle. Ich wußte auch sofort, was das sei und an was nämlich Herr Knott dauernd denken müsse. Ich schlug ihm deshalb vor, das Spiel abzubrechen und ein anderes zu beginnen, nämlich jeder sollte auf einem Wunschzettel jene 20 Damen notieren, die er am liebsten besitzen möchte. Herr Stefan Knott war sofort Feuer und Flamme und all seine Müdigkeit schlagartig entflogen. Wir machten uns an die Arbeit, und ich beobachtete genau, wie Herrn Knott mit angestrengt gefurchter Stirne die Namen hinschrieb. Ich hatte meine 20 bereits beisammen, bemerkte aber, daß Herr Stefan Knott nach Nummer 19 nichts mehr einfiel. Da riet ich ihm endlich, doch zur Not seinen Bruder Peter hinzuschreiben. Erfreut auflachend tat es Herr Knott, und dann verglichen wir die Ergebnisse. Es gab viele Übereinstimmungen, aber auch echte Überraschungen auf beiden Seiten, wir unterhielten uns noch lange darüber und beschlossen endlich, die Listen aufzubewahren und nach Möglichkeit viel abzuhaken. (Diese Listen sind später leider verschwunden und kursieren irgendwo – ich wollte, ich hätte die meine wieder.)

Immerhin, wir waren beide nun plötzlich sehr aufgeräumt und beschlossen deshalb, noch ein bißchen Schach zu spielen. Da eben schleppte Herr Kloßen seine Itzehoer Crew zur Tür herein, und diese Personen besetzten auch sogleich schauerlich lärmend unseren Tisch. Es waren dies aber schon ganz ausgemacht ordinäre Flegel, rohe, geistlose Figuren, die einfach nicht zu uns paßten – so auffällig, daß es sogar der betrunkene Herr Kloßen merkte und sich etwas schämte. Das war mir an Herrn Kloßen bis dahin völlig unbekannt, ein solches enormes Feingefühl. Unter diesen Menschen befand sich auch ein gewisser »Hajo, der Ballspieler«, d. h. er betonte immer wieder, daß dies sein Name sei, und er war offenbar der Meinung, daß das schon spaßhaft genug sei, und wir ihn deshalb schon freudig aufnehmen würden, und er warf auch sogar gleich einige der Schachfiguren um und rief mehrmals: »Matt! Schachmatt!« Herr Kloßen sagte: »Laß das, Hajo!« Hajo, der Ballspieler, sah zwar wegen seines dicken dunklen Bartes und seiner langen Haare ziemlich bedrohlich, ja fast genial aus, er erwies sich aber auch in den nächsten Tagen und Wochen als die allergrößte Enttäuschung und als der weitaus wertloseste unter den Herren von Herrn Kloßen. Leider ist er mittlerweile ständiger Gast bei »Mentz«. Nach einigem weiteren Lärmen trieb dann Herr Kloßen seine Leute wieder aus dem »Mentz« in eine gegenüberliegende Nachtbar. Er sagte noch, wir sollten nachkommen. Wir waren aber nicht ganz blöd und kamen nicht nach.

Passiert war an diesem Abend eigentlich nicht viel oder auch gar nichts.

Doch nun, nachdem ich Frl. Bitz und Herrn Rösselmann, die

beide ebenfalls großen Anteil an den mächtigen Umtrieben des Herrn Kloßen nahmen, diese dumme und inhaltslose Geschichte erzählt hatte, nahm sofort die Katastrophe ihren Lauf. Das heißt, zuerst merkte ich noch gar nichts, und auch Herr Jackopp saß noch immer ruhig da und scheinbar so ausgeglichen wie beim Watten vorher. Aber in einem einzigen Augenblick war alles entschieden. Es zogen nämlich zur Tür herein Herr Ulf Johannsen, Frl. Birgit Majewski und Frl. Evamaria Czernatzke, und vor allem die letztere war ein großer Fehler und richtete all das undeutliche Zeug an, das die nächsten Tage so machtvoll überfluten sollte. Ich meine, in unserem Volk und Vaterland passiert ja an sich dauernd der größte Unsinn und das albernste Zeug, aber *hic et nunc* kam es nun schon ganz dick.

Im übrigen aber muß ich mich jetzt sehr zusammennehmen, um die ganze Dramatik der nun folgenden Vorgänge sauber hinzukriegen. Denn, wie ich schon gesagt habe, ich, der Berichterstatter, bekam ja erst am nächsten Tag alles richtig und zuverlässig in den Griff – der heutige Abend kam mir sogar eher munter und fast lyrisch vor.

Die drei Neuankömmlinge wurden herzlich begrüßt, vor allem Herr Johannsen und Frl. Majewski, welche nämlich zusammen weg und drei Wochen in Vernazza in Italien gewesen waren. Es ergab sich, wie ich nachträglich zusammenkonstruierte, folgende Tischordnung rundum: Herr Rösselmann, Frl. Bitz, Herr Jackopp, Frl. Czernatzke, Herr Johannsen, ich und Frl. Majewski. Und diese Tischordnung erwies sich als nicht gut.

Obgleich ich dadurch Gelegenheit fand, sofort und aufgrund der Wiedersehensfreude Frl. Majewski herzlich zu begriffeln und zu betätscheln. Dazu ist leider wieder etwas zu sagen und vorauszuschicken. Frl. Majewski war nämlich ungefähr 15 Jahre lang mit Herrn Ulf Johannsen verlobt bzw. jedenfalls bekannt, aber die Verlobung ist vor einem halben Jahr an »zu großer Gewöhnung« zerbrochen – so heißt es jedenfalls. Aber seit ungefähr sechs Wochen ist anscheinend die Gewöhnung wieder überwunden, und die beiden lieben sich jetzt wieder. Zwischendurch soll allerdings der Herr Ulf Frl. Czernatzke gepackt haben, so daß er sie jetzt im Augenblick beide liebt. Auch wohnen seit genau dieser Zeit Frl. Majewski und Frl. Czernatzke zusammen in einer lila gestrichenen Wohnung, übrigens ganz in der Nähe von mir, ich habe auch die beiden schon einige Male besucht, habe mit ihnen Grappa getrunken und sogar beim Umzug geholfen. Früher war Frl. Czernatzke meine Nachbarin, sie wohnte da, wo Herr Kloßen jetzt wohnt, dieser allerdings nach wie vor ohne jedes Möbelstück außer einem von Frl. Majewski geliehenen Fernsehkasten, einer Matratze und einem Pappkarton.

Zweitens muß ich sagen, daß Frl. Majewski und Frl. Czernatzke die allerbesten Freundinnen sind, sie sagen es jedenfalls überall laut, vielleicht allzu laut, ich für mein Teil habe da jedenfalls einige Bedenken. Bedenken nicht allein wegen der Aufteilung des Liebhabers (ich bin da nicht kleinherzig und durchaus allen Neuerungen aufgeschlossen!), vielmehr weil das nun schon zum zweiten Male passiert. Vor einem knappen halben Jahr hatte nämlich Frl. Majewski zwischendurch schon einen anderen Freund, einen Jürgen Steltzer, ein neckisches Männlein ohne Geist und Verstand, das plötzlich mit großer Geste an Frl. Czernatzke übergeben wurde, sie sechs Wochen lang angeblich toll liebte, dann eine andere heiratete, sich von dieser scheiden ließ und schließlich als Presseattaché nach Burma ging. So geht es bei uns oft und oft.

Außer daß es vielleicht noch ganz andere erotische Verstrickungen um die Personen Johannsen, Majewski und Czernatzke gibt, darf ich hier erklärend anfügen, daß auch ich seit etwa einem halben Jahr, als sie nämlich der Herr Ulf herausgab, Frl. Majewski liebe (außer der verstorbenen Frau natürlich!), allerdings bisher ohne rechten Sinn und Zweck. Das heißt ein Küßchen hier, ein Schenkeldruck dort, gut, aber sonst hat Herr Johannsen mit seinen 15 Jahren Liebeserfahrung natürlich wieder den Vorrang. Ich meine auch, so etwas muß man als Tribut an unsere Zivilisation schon respektieren. Ich bin in solchen Fällen durchaus für Zurückhaltung, einmal habe ich dabei von Frl. Majewski immerhin schon eine »Aussprache« im Automobil erreicht, mit *Petting*, wie man sagt. Andererseits ist das in meinem Alter noch ziemlich ungesund, das sollten wir doch besser unseren Greisen überlassen.

Wir waren also jetzt sieben Personen rund um den Tisch. Übrigens war es inzwischen schon, wie fast immer, ziemlich laut in diesem Lokal. Die beiden Wirte hinter der Theke, der alte und der junge Mentz, beide von der Natur mit einem kreisrunden Kopf ausgestattet, schimpften laut und sehr eindringlich auf einen Thekengast ein, der mir noch neu war, der aber seit jenem Abend fast immer kommt und Dr. Mangold heißt. Nach dem, was ich so höre, soll das, trotz Herrn Kloßens Mitarbeitern, der bisher flegelhafteste Mann in unserem Lokal sein, der sich andauernd aufführt und andere Gäste aus Genuß beleidigt und anfährt.

Während ich, wie gesagt, mit Frl. Majewski kleinere Zärtlichkeiten austauschte, an ihren haselnußbraunen, langabfallenden Haaren zupfte und sie nach ihren gegenwärtigen erotischen Verhältnissen ausforschte, achtete ich natürlich gar nicht auf Frl. Czernatzke und schon gar nicht auf Herrn Jackopp. Frl. Majewski war von der bestandenen Italienreise her recht aufgeräumt, hatte glühende Wangen und trank auch zügig mehrere Biere in sich hinein, was ihr immer etwas so Feuchtschimmerndes in den Augen verleiht, das ich so rasend, wenn auch zurückhaltend liebe. Ich erzählte ihr deshalb auch die jüngsten Geschichten über Herrn Kloßen und die anderen Herren aus Itzehoe, worüber Frl. Majewski sehr lachen mußte, und was dies für eminent niedrige Charaktere seien. Ich erzähle übrigens oft die gleichen Geschichten mehreren Leuten hintereinander, ich weiß auch nicht, warum. In diesem Fall war es natürlich auch so, daß mich so unheimlich flache Menschen, die das auch noch voll ausspielen und sich keine Schranken auferlegen, daß mich die sehr faszinieren, ja oft begeistern.

Dagegen ist Frl. Czernatzke eine kleine und sehr adrette Frauensperson, die stets zugleich kampflustig und hingebungsvoll dreinschaut und ihr reizendes Stupsnäschen keck und erwartungsvoll in die Luft hält, ganz so, als ob der Bräutigam schon im Anzug wäre. Nun, in dem Fall traf das leider auch zu, wenn Herr Jackopp auch noch immer keinen Ton redete. Aber auch Herr Johannsen, ein sportlicher junger Mann mit viel blondem Haar über das ganze Gesicht verteilt, flüsterte nur einmal kurz und fast geheimnisvoll mit Frl. Czernatzke. Ich zum Beispiel rede gern, auch Herr Rösselmann redet viel und zügig, wobei ich mehr feuilletonistisch plaudere, Herr Rösselmann dagegen mehr zierlich und pointiert daherquatscht, insgesamt kommt es aber meist auf das gleiche heraus. Frl. Bitz redet wenig und immer sehr Nachdenkliches. Bzw. wenn sie glücklich ist, toskanisch.

Da plötzlich vernahm man auf einmal die Stimme von Herrn Jackopp: »Herr Rösselmann, heute in einer Woche steigt hier ein riesiges Scheidungsfest. Ich lade Sie ein. Sie kommen?« Ich erinnere mich dieses Satzes genau. Herrn Jackopps wie immer tiefe, brummende, leidende Stimme, der aber, wie mir schien, bei diesem Satz eine Spur hektischer Freude beigemischt war. Gerade aber, als wir uns zu wundern begannen und nachfragen wollten, wie er, Jackopp, das denn so meine, stieß plötzlich vorne an der Theke der uns allen bekannte Herr Gerd Winkler, der dort seit einigen Minuten mit einem anderen kleinen und dicken Herrn stand, einen hohen und schrillen Schrei aus, worauf beide sehr laut lachten. Herr Winkler ist ein Hersteller von lustigen Sachen, z. B. Filmen, und offenbar war das wieder einmal so etwas spontan Lustiges, so eine Art *»action«*, wie man heute sagt. Weil aber auf den Kunst-Schrei offenbar nicht alle Leute lustig antworteten, wiederholte Herr Winkler kurzentschlossen seinen Schrei. Daraufhin lief der alte Herr Mentz zu dem Schreienden und redete beschwörend auf ihn ein, so etwas könne er »bei der Apo, aber nicht in meinem Lokal« machen, worauf auch Herr Winkler wieder etwas zurückfeuerte, da mischten sich auch Herr Dr. Mangold und noch andere Herren in die Streitsache, und es gab einen regelrechten Tumult, in dessen Verlauf Herr Winkler sich zu uns wandte und uns freundlich zuwinkte. »Hallo!« winkte Frl. Majewski zurück, während Herr Ulf leise »Arschloch!« sagte.

Allmählich beruhigte sich alles wieder, und ich drückte erneut die Händchen von Frl. Majewski, welche immer verklärter vor sich hinlächelte, da spielte wahrscheinlich noch der südliche Himmel mit. Ich spürte aber schon schmerzlich, daß Herr Johannsen bei ihr wieder vollständig die Vorherrschaft gewonnen hatte, und als sich mein Engagement deshalb ein wenig abkühlte, tauchte genau im rechten Augenblick Frau Johanna Knott unter der Türe auf, die Gattin des Herrn Peter Knott, der zu diesem Zeitpunkt mit einer größeren Gruppe Reisehungriger auf Ibiza weilte. Frau Knott, eine Berufs-Tänzerin mit hoher gertengleicher Gestalt und langen flachsblonden Flechten, trug an diesem Abend einen Rollkragenpullover mit einem sehr aparten Ringelmuster, das mich offenbar erotisch stark elektrisierte, denn schon kurz nach ihrer Ankunft ließ ich von Frl. Majewski ab und machte Frau Knott eifrig den Hof. Schließlich ließ ich mich sogar dazu hinreißen und trug ihr an, mit ihr jetzt bitte nach Hause gehen zu dürfen.

Dazu muß ich sagen, daß das vielleicht nicht ganz so ungezogen war, wie es sich anhört. Ich stand nämlich schon einmal vor langer Zeit und auch ohne den Pullover auf einem äußerst herzlichen Fuß mit ihr, d.h. wir haben uns recht wacker geherzt und abgeküßt und sogar viel getanzt, bis mir der Atem ausging. Frau Knott war da als Berufstänzerin natürlich im Vorteil. Ja, ich habe sogar im Urlaub einmal eine ganze Woche lang bei Frau Knott geschlafen, es ist aber dabei nichts von Bedeutung passiert. Damit möchte ich nun wiederum auch nicht sagen, daß der Geschlechterverkehr etwa besondere Bedeutung hätte, nein, das glaube ich nun wirklich nicht. Vielleicht hat Frau Knott mich auch nur deshalb bei sich schlafen lassen, weil sie weiß oder ahnt, daß mir der Geschlechterverkehr über weite Strecken ziemlich gleichgültig ist, so daß also auch der Gatte nichts dagegen haben konnte. Sicher, er muß schon irgendwie sein, aber ich bin da nicht mehr so unbedingt und hemmungslos erpicht darauf und gebrauche keine Gewalt. Außerdem kann man dabei nicht rauchen.

Trotzdem kam ich also an diesem Abend unverzüglich mit Frau Knotts Eintreffen auf unsere seinerzeitigen Zärtlichkeiten zurück und wollte deshalb den Geschlechterverkehr nachvollziehen. Frau Knott indessen, die nebenbei auch eine leidenschaftliche Psychologin ist, durchschaute natürlich rasch die tieferen bzw. seichteren Beweggründe meines Ansturms und wies mich darauf hin, daß ich mir das ja auch nüchtern einfallen lassen könne, und sie sehe absolut nicht ein, daß sie sich schnurstracks einem Angetrunkenen hingeben solle, nur weil es diesem gerade so in den Sinn flog. Ich gab Frau Knott gegenüber sofort zu, daß sie damit zwar prinzipiell recht habe, daß sie es aber ebenso prinzipiell schon mir und den Eingebungen meiner meist hochkomplizierten Psyche überlassen müsse, welchen Zeitpunkt ich mir dazu aussuchte.

Im übrigen finde ich es interessant, daß Frau Knott sagte, ich könne mir das ja auch nüchtern einfallen lassen. Heißt das, daß dann …

Damit war für mich der erotische Teil des Abends auch schon abgeschlossen, nachdem Frl. Bitz zu weit von mir entfernt saß und außerdem Herrn Rösselmann treu ergeben ist, wie man hört. Inzwischen hatte aber, was ich erst nachträglich erfuhr, das eigentliche, ja das alles überragende erotische Hauptgeschehnis des Abends, sogar der ganzen Woche, längst begonnen und seinen Kreis gezogen.

Der Start muß, wie ich erfuhr, kurz nach Herrn Jackopps festlicher Ankündigung eines »riesigen Scheidungsfestes« und dem daran anschließenden Tumult an der Theke erfolgt sein. Gleich darauf hatte nämlich, nach der Aussage des guten Beobachters Rösselmann, Herr Jackopp Frl. Czernatzke an die Theke des Herrn Mentz eingeladen, Schnaps zu trinken. Und dort muß dann passiert sein, was Herr Jackopp im nachhinein »diese verfluchte Scheiße« nennt, daß er sich nämlich, nach eigener Darstellung, dort »schlagartig in die Czernatzke verknallt« und von ihr nach einigen Handgreiflichkeiten und parallelen Kniebewegungen, welche »sie mitgemacht hat«, den sofortigen Vollzug des Geschlechterverkehrs begehrt habe, ganz wie vorher ich so töricht. Wiederum nach Herrn Jackopps späteren Aussagen habe Frl. Czernatzke zwar noch einen Schnaps getrunken, aber geantwortet, sie »treibe es doch jetzt mit dem Ulf«. Worauf Herr Jackopp sinngemäß gesagt haben muß, das mache überhaupt nichts.

An dieser Stelle muß erläutert werden, daß Herrn Jackopps schlagartiges Verknallen keinerlei *Coup de foudre* im wirklichen Wortsinn war, indem dieser Frl. Czernatzke schon recht lange kennt, bis zu diesem Abend aber war nach den Aussagen von Frl. Czernatzke »dieser Blödmann« noch nie auf die Idee gekommen, ihr das zu sagen und also den Geschlechterverkehr zu vollziehen.

Ergänzt sei in diesem Gesamtzusammenhang auch die möglicherweise wichtige Beobachtung des Herrn Rösselmann und des Frl. Bitz, die beide übereinstimmend berichten, daß in den entscheidenden Minuten an der Theke nicht nur Herr Jackopp, sondern auch Frl. Czernatzke nach dem dritten Schnaps durchaus aufnahmebereit gewesen sei, insofern als Frl. Czernatzke es nicht an kleineren Aufmerksamkeiten wie heftige Blicke, Greifeln und Quetschen der Knie habe fehlen lassen, was Herrn Jackopps Darstellung ja indirekt bestätigt. Frl. Czernatzke bestreitet das und gibt an, das Quetschen sei allein von Herrn Jackopp ausgegangen, aber »natürlich« habe sie »nicht gerade was dagegen gehabt«.

Doch was immer hinter diesem geheimnisvollen Widerspruch stecken mag – für mich, um es noch einmal zu betonen, war dieser so vieles auslösende Abend zu dieser Zeit schon längst beendet, ich war nämlich, was mir nur noch selten zustößt, auf dem Tische eingeschlafen, wahrscheinlich aufgrund der anstrengenden Folge von Weinbrand, Tee, Whisky und sexueller Verstrickung. Im nachhinein schäme ich mich sogar, daß ich durch meine durchaus zweitrangigen Liebesenergien den Glanz der Hauptereignisse nicht nur verschlafen und nicht mitbekommen, sondern gleichsam in seiner Naturschönheit, seiner elementaren Kraft beschädigt habe. Denn was waren schon meine läppischen Artigkeiten gegen das, was da vorne an der Theke vor sich gegangen sein muß!

Ahnungslos verließ ich, nachdem ich den alten Herrn Mentz angeblich noch als »Haupt-Faschisten« beleidigt hatte, gegen Mitternacht zusammen mit Herrn Rösselmann und Frl. Bitz das Lokal, und jedes ging dann seiner Wege. Für die beiden Liebespersonen war das Geschehen für diesen Tag aber noch längst nicht abgeschlossen. Wie ich erst zwei Tage später erfuhr, muß es vor der gemeinsamen Wohnung der Gruppe Majewski-Czernatzke-Johannsen noch zu einem erstaunlichen Auftritt und Vorgang gekommen sein. Angeblich soll es da, während diese drei Personen um zwei Uhr früh am Fenster gestanden und (aus vermutlich abwegigen sexuellen Motiven) gemeinsam in die Nacht hinaus und auf den Sternenhimmel geschaut haben, plötzlich an der Türklingel geschellt haben. Man habe dann nach unten geblickt, aber keinen Menschen gesehen. Doch plötzlich sei eine Gestalt aus dem Gebüschschatten getreten, welche man klar und zweifelsfrei als diejenige von Herrn Jackopp ermittelt habe. Dieser, später von mir so ganz nebenbei auf die Richtigkeit dieser Aussage befragt, gab mir keine Antwort. Er schaute mich aber lang und verständnislos an, ganz als ob er aus einer anderen Welt käme. Bzw. ich.

Nun, zum Abschluß dieses Kapitels, möchte ich den Leser noch bitten, mir zu verzeihen, daß mir aus Blödigkeit der erste und alles auslösende Tag weitgehend entglitten ist und ich deshalb vieles erst im nachhinein zusammenklauben mußte. Ich darf aber jetzt schon versprechen, daß ich ab der Mitte des folgenden Tages, als ich schlagartig alle Zusammenhänge erkannte, meine Augen und Ohren gut aufhielt und deshalb praktisch alles weiß, ja als treuer Gefährte von Herrn Jackopp die Kontrolle nicht mehr aus der Hand gab und über dessen Liebe streckenweise besser Bescheid wußte als dieser selber. Und ich also das absolute Vertrauen des Lesers verdiene.

ZWEITER TAG

Am frühen Morgen kamen zunächst einmal drei Telefonanrufe, die ich alle, weil ich müde war, nicht abnahm, und das war vielleicht gut so, denn sie hätten sicherlich die folgenden Unruhen nur noch erhöht.

Der erste Anruf, den ich entgegennahm, kam von Herrn Jackopp. Dieser teilte mir mit, daß wir vereinbart hätten, heute auf den Fußballplatz zu gehen. Davon wußte ich zwar nichts, aber gut. Er, Jackopp, komme gegen 14 Uhr bei mir vorbei. Wenig später rief Herr Rösselmann an, er und Frl. Bitz ließen zum Frühstück bitten. Ich sagte, dies ginge nicht, weil ich Herrn Jackopp erwarte und wir auf den Fußballplatz gehen würden. Herr Rösselmann sagte, er und Frl. Bitz würden auch gern hinkommen. Ich sagte Herrn Rösselmann, dann müsse er sich mit dem Frühstück aber ziemlich beeilen, denn in zwei Stunden beginne schon das Spiel. Gut, sagte Herr Rösselmann, das klappe schon. Wir würden uns dann alle am Eingang treffen. Ich glaubte aber schon zu diesem Zeitpunkt nicht an das Gelingen, weil Herr Rösselmann unter allen Umständen maßlos frühstückt, man glaubt das oft gar nicht.

Gleich darauf rief Frl. Czernatzke an, auch sie, Herr Ulf und Frl. Majewski wollten auf den Fußballplatz (anscheinend war da am Vortag tatsächlich so etwas vereinbart worden, was nur ich nicht mitbekommen hatte). Wir träfen uns dann alle um 14.30 Uhr bei mir.

Fußball hin und her – Frl. Majewski würde also kommen, wenn auch mit Herrn Ulf. *Que c'est beau!* Ich darf an dieser Stelle erklärend einfügen, daß ich Frl. Majewski deshalb so liebe, weil sie mich an eine Musik gemahnt, oder besser die Musik gemahnt mich an sie, nämlich das Duett Eboli–Carlos aus dem 3. Bild der Oper *»Don Carlos«* von Verdi, an jene wunderbar melancholisch aufschwingende B-dur-Kantilene, die voll Wehmut und Entsagung ist und schon gar nichts mit Frl. Majewski zu tun hat, die leider sehr oft ein recht tolles und lautes Wesen zeigt. Und am dümmsten ist, daß mich Carlos' kurzer Einwurf *»Rodrigo!«,* der den Gesang der Eboli kurz unterbricht, am meisten an Frl. Majewski erinnert und fesselt. Was hat denn Frl. Majewski mit Rodrigo, also mit dem Marquis von Posa, zu tun? Antwort: Nichts. Aber die Wege der Liebe sind dem menschlichen Geist entzogen …

Doch nicht diese B-dur-Sache spielte ich jetzt schnell noch, um einen halbwegs klaren Kopf zu bekommen, auf meinem Klavier, sondern die B-dur-Hammerklaviersonate von Beethoven op. 106. Weil aber der Alkohol des gestrigen Abends auch die Finger zeichnete, wurde die Interpretation überhaupt nicht gut, vor allem die komplizierten vollgriffigen Akkorde bei der Reprise gingen vollkommen daneben. Einzig mein Landsmann Max Reger konnte nach vielen Bieren nicht nur hervorragende Sachen komponieren, sondern sogar blendend Klavier spielen. Nun, das sind Ausnahmen. Da kam auch schon Herr Jackopp.

Er sah fast noch ernster und schmerzlicher drein als sonst und wollte mir sofort 10 Mark geben, die ich ihm am Tag zuvor geliehen hätte. Ich erklärte Herrn Jackopp, dies seien doch die 10 Mark gewesen, die ich ihm zurückgegeben habe, das sei doch sinnlos, wenn er sie mir jetzt wiedergebe. Darauf sagte Herr Jackopp nichts mehr, schob aber die 10 Mark wieder ein. Ich erzähle solche alltäglichen Dinge nur, weil sie vielleicht doch das Hauptgeschehen etwas erleuchten könnten. Oft verraten ja die kleinen Dinge sehr viel über das Wesen, den Charakter und alles.

Jetzt gingen wir beide schnell in ein italienisches Lokal, dessen Ober mich betrog. Er berechnete mir nämlich eine Suppe, eine Coca-Cola und einen Espresso-Kaffee, welchen letzteren ich zwar auch bestellt, aber nicht bekommen hatte. Wiederum muß der Charakteristik wegen erwähnt werden, daß Herr Jackopp es war, der diesen abgeschmackten und seichten Betrug durchschaute und den Ober entsprechend anbrummte. Im übrigen bin ich keineswegs gegen Ausländer in unserem Wirtschaftsgeschehen, aber solche Betrügereien finde ich schon ganz dumm.

Gleich darauf erschienen Herr Ulf und die beiden Fräuleins, wobei Frl. Majewski uns sonnig mit »Na, ihr Süßen!« begrüßte, mir persönlich einen scherzhaften Schlag in den Bauch versetzte, und dann fuhren wir auf den Fußballplatz. Herr Rösselmann und Frl. Bitz waren übrigens nicht gekommen, daraus ersieht man schon, welch ein guter Psychologe ich bin. Das Spiel war nicht besonders interessant und endete 1:1 nach einer 1:0-Halbzeitführung für unsere Mannschaft, und das sind ja immer die unangenehmsten Spielverläufe. Weit schöner ist, wenn die anderen bis kurz vor Schluß 1:0 im Vorteil sind und uns gelingt dann noch der Ausgleich in allerletzter Minute. Interessanter als das Spiel war ein etwa achtjähriger Knabe, der neben uns stand und ständig und wie betrunken »Ihr blöden Schweine!«, »Ihr Arschlöcher!« auf das Spielfeld hinunterschrie und -kreischte, auch in Situationen, die solche ungezogenen Ausrufe keineswegs rechtfertigten. Außerdem war da eine Gedenkminute für den kurz vorher verstorbenen Schiedsrichter Regeli, nach deren Ausklang ein Besucher laut sagte, das sei eigentlich schade, daß der Schiedsrichter Regeli gestorben sei, denn der habe immer gut für die Unseren gepfiffen. Ich meine, ich weiß auch ungeheuer viel über den Fußball, aber ein solches Wissen wie das dieses unbekannten und von niemand dafür bezahlten Zuschauers finde ich schon fast so imponierend wie die Kernzertrümmerung oder was. In unserer Gruppe ging es trotz des langweiligen Spiels sehr munter und aufgeräumt zu, sogar Herr Ulf lächelte in die untergehende Sonne, und die beiden Fräuleins kicherten fast ständig, offenbar weil sie da so viele winzige Männlein tanzen sahen. Herr Jackopp sprach während des ganzen Spiels kein Wort.

In die Stadt zurückgekehrt, ließen die Fräuleins durchblicken, daß sie den restlichen Tag mit Herrn Ulf verbringen wollten. Es war irgendwie von einem Abendmahl die Rede und einem Film, bezog sich aber offensichtlich auf die gesamte Sexualität. Mich schmerzte das wegen Frl. Majewski schon auch ein wenig, aber kaum hatten sich die drei von uns beiden Herren getrennt, brummte Herr Jackopp geradezu schneidend hinter den Zähnen hervor: »Diese verfluchte Scheiße!« und auch: »Diese verdammte Czernatzke!«

Wie man sich gut vorstellen kann, war ich recht verblüfft über diese groben Worte und das bittere Gefühl, das, so ahnte ich sofort, dahinterstehen mußte. Nachdem wir gerade an einer Stehkneipe vorüberkamen, bogen wir auch gleich hinein, nahmen Platz, und ich fragte Herrn Jackopp in einer Mischung aus Anstand, Neugierde und noch immer Ahnungslosigkeit, wie er das meine und was denn betreffs Frl. Czernatzke los sei. »Ja«, sagte Herr Jackopp dumpf, »das ist doch klar, bis acht Uhr habe ich das durchziehen wollen. Mit der Czernatzke.«

Ich war einen Augenblick lang etwas benommen, dann ließ mich meine stets wache Geistesgegenwart schlagartig die Zusammenhänge erkennen. Dennoch fragte ich Herrn Jackopp nochmals aus Vorsicht und Neugierde, was er denn da habe durchziehen wollen. »Ja«, brummte Herr Jackopp langsam und wiederum schneidendschmerzlich, »ich wollte die Czernatzke flachlegen. Ich habe gedacht, bis 8 Uhr wäre alles durchgezogen.«

Ich muß sagen, ich persönlich bin gegen solche starken Formulierungen, schon weil ich das schöne Geschlecht viel zu sehr schätze und verehre. Herrn Jackopps Worte taten mir also gewissermaßen im Namen aller Frauen sofort weh, aus Feingefühl wies ich ihn aber zu diesem Zeitpunkt noch nicht auf meine sprachlichen Bedenken hin, sondern ermittelte zuerst einmal so nach und nach die Hintergründe seines mir sehr unvermittelten Satzes. Dabei stellte sich heraus, daß Herr Jackopp am Vortag und an der Krenzschen Theke Frl. Czernatzke »schon alles gesagt« habe, es sei »alles klar« gewesen, er, Jackopp, sei gewissermaßen schon darauf eingestellt gewesen, »und jetzt diese verdammte Scheiße«, und noch mehrmals sagte Herr Jackopp, er habe fest damit gerechnet, daß »bis acht Uhr alles durchgezogen« sei. Anläßlich meiner weiteren Nachfragen erfuhr ich jetzt auch, daß Frl. Czernatzke ihm allerdings gesagt habe, sie liebe schon den Herrn Ulf. Aber »im Prinzip« – was Herr Jackopp darunter verstand, war nicht zu ermitteln – sei doch »alles klar« gewesen.

Inzwischen hatte ich ein Bier und Herrn Jackopp einen doppelten Schnaps und einen Obstkuchen bestellt, welchen er sehr schnell aufaß und dabei so beharrlich weiterredete, und zwar immer dasselbe, so daß ich immer interessierter hinhörte, was dieser sonst so schweigsame Mensch da alles zusammenbrummte. Dabei fiel mir auf, daß Herr Jackopp immer wieder die Worte »umlegen«, »flachlegen«, »durchziehen«, aber auch »verknallt« benutzte, und das sei ihm schon »seit 1957« nicht mehr passiert, und jetzt sei »diese verdammte Scheiße« plötzlich da.

Dazu ist zweierlei zu sagen. Erstens muß sich Herr Jackopp in der Jahreszahl geirrt haben, denn 1957 war er, wenn ich richtig rechne, erst 9 Jahre alt. Zweitens möchte ich nochmals betonen, daß ich aus intellektuellen und gefühlsmäßigen Gründen sehr gegen solche hitzigen Formulierungen bin. Natürlich ist es auch blöd, »Liebe« oder »lieben« zu sagen oder andererseits »beiwohnen« oder so was, von den bekannten abscheulichen Wörtern ganz zu schweigen. Ich muß allerdings sagen, daß mir als einzige Ausnahme »vögeln« ganz gut gefällt, es hat so etwas von Walther von der Vogelweide und seinem bezaubernden Gedicht, außerdem, finde ich, trifft es die Sache und imaginiert so etwas grenzenlos Lyrisches, und was ist denn die Liebe schließlich anderes als ein einziger großer Lyrismus …?

Auch »knöpfeln« finde ich neuerdings ganz hübsch. Aber vielleicht ist es am besten, man nennt diese doch sehr sehr subtilen Dinge überhaupt nicht mit Namen, sondern überläßt sich blind und träumerisch dem Zauber des ewig reizvollen Geschehens …

Plötzlich fragte Herr Jackopp, was er denn nun tun solle. »Was meinst du?« brummte er. Ich warf Herrn Jackopp vor, er hätte doch heute auf dem Fußballplatz Frl. Czernatzke eine Andeutung machen können, daß erstens die Sache an der Theke kein blödes Gerede, sondern wahr gewesen sei, und daß er sie zweitens noch heute abend »umlegen« wolle, wie er es nenne. Ich ließ hier erstmals Herrn Jackopp gegenüber eine leise Kritik an seinem Sprachgebaren durchschimmern, die aber dieser nicht aufgriff, sondern störrisch darauf beharrte, »im Prinzip ist klargewesen, daß ich sie flachlegen wollte, verdammt!«

Aus dem Gefühl heraus, daß hier unsere Unterredung stocke, schlug ich Herrn Jackopp vor, zu Herrn Rösselmann zu gehen, denn ich war gespannt, was dieser Herr zu dieser Neuerung so alles zu sagen hätte. Leider war Herr Rösselmann, dieser sonst so eifrige Wohner, nicht zu Hause, deshalb beschloß ich, Jackopp zu Frau Johanna Knott zu schleusen und diese um Rat zu fragen. Dabei verfolgte ich natürlich auch mehrere Interessen meinerseits. Erstens wollte ich Frau Knott um Rücksprache bitten, wegen des erotischen Vorkommnisses von gestern abend, zweitens hatte ich Durst nach ihrem guten Jasmin-Tee, und drittens erhoffte ich mir im stillen neue Merkwürdigkeiten. Hinzu kam auch noch, daß Frau Knott als Amateur-Psychologin – sie ist Spezialistin für eine Psychologie, die von einem gewissen Groddeck vertreten wird – Herrn Jackopp vielleicht wirklich würde beraten können.

Auf dem Weg zu Frau Knott – Herr Jackopp trottete immer einen Meter hinter mir nach – fiel mir plötzlich ein, wie parallel doch mein und Herrn Jackopps Schicksalsstrang verliefen. Jeder von uns hatte gestern abend einer Dame den Antrag des Beischlafs gemacht, und ein jeder war gescheitert. Und es gab sogar noch eine zweite und erstaunlichere Parallele! Jeder von uns liebte eine Person, die gleichwohl von Herrn Ulf beherrscht wurde. Nur, bei mir verteilte sich die ganze Sache auf zwei Frauen. Das war der große Unterschied, und wahrscheinlich bin ich deshalb so lustig.

Frau Knott warf uns den Hausschlüssel auf die Straße, damit wir eindringen konnten. Wir nahmen Platz und bekamen gleich darauf den wunderbaren Knottschen Jasmin-Tee gereicht. Dann erklärten wir Frau Knott die neue Problemlage. Dabei stellte sich heraus, daß diese durch Eigenbeobachtung über die Ereignisse vom Vortag schon überraschend gut Bescheid wußte. Frau Knott zeigte einerseits tiefes Verständnis, daß so etwas schon mal passieren könne (sie machte ein ernstes Gesicht und spitzte die Lippen zu einem neckischen, aber Bedenklichkeit signalisierenden Rüsselchen), andererseits merkte ich aber auch, daß sie gleich mir der

Liebe des Herrn Jackopp von vornherein mißtrauisch gegenüberstand und diesen genau wie ich mehrmals fragte, warum er denn heute auf dem Fußballplatz sein gestriges Anliegen und Wollen nicht wiederholt, wiederaufgefrischt und möglicherweise sogar ergänzt habe. Ich selber faßte nach, daß doch etwa während der Halbzeit oder während der zahlreichen flauen Spielphasen Zeit für einen süßen Blick oder gar einen Schenkeldruck bestanden habe. Darauf vermochte Herr Jackopp, der immerzu auf den Wohnzimmertisch starrte, keine nennenswerte Antwort zu geben. Er sagte nur wiederholt, so etwas Blödes sei ihm noch nie passiert, verflucht, und indem er plötzlich malerisch die Hände über dem Gesicht zusammenschlug, brummte er mehrmals hintereinander, da sei »ein verfluchter Bruch in der Logik«, aber er komme nicht darauf, wo. »Verflucht!«

Während ich mir im geheimen so dachte, da ist höchstens ein Bruch in deiner Logik (Herr Jackopp hat kein Abitur) und nicht in der Logik der Geschichte, fragte Frau Knott interessiert, ob das denn schon lange gehe. »Was?« fragte Herr Jackopp verstört zurück. »Die Zuneigung zum Frl. Czernatzke«, sagte Frau Knott. Daraufhin gab Herr Jackopp abermals keine Antwort, sondern wiederholte das mit der Logik, »verdammt«. Ab hier begann ich mitzuzählen, wie oft er »verdammt« sagte. Bis ich das Spielchen etwa zwei Stunden später wieder vergaß, kam ich auf 7 »verdammt« und 17 »verflucht«. Das machte zusammen 24, genau das Alter von Frl. Czernatzke!

Frau Knott riet jetzt gleichsam nüchtern, die Sache reifen zu lassen und schön Geduld zu haben, soviel sie ihrerseits wisse, habe sich Frl. Czernatzke in der Öffentlichkeit mehrfach positiv über Herrn Jackopp geäußert, auch was Schönheit und Erotik anginge. »Verflucht!« fiel ihr hier Herr Jackopp leidenschaftlich ins Wort, natürlich, vor acht Wochen hätte er sie ja »jederzeit umlegen« können, aber damals habe er nicht gewollt »wegen der Mizzi« (das ist eine Arbeitskollegin von Frl. Czernatzke). »Sie stand auf mir«, sagte Herr Jackopp mit schmerzverzerrter Stimme, aber damals habe er nicht gewollt, und jetzt, wo er wolle, »will sie nicht«. Das sei eben »die verfluchte Logik« bzw. »der Bruch in der Logik und der ganzen Scheiße«.

Herr Jackopp glaubte wohl in diesem Augenblick, das sei ein besonders tiefsinniger und verwegener Gedanke, der vielleicht sogar die Philosophie und die menschliche Erkenntnis weiterbringen könne. Das finde ich überhaupt nicht. So ein Krampf passiert doch täglich. Außerdem muß es natürlich heißen: »der Bruch der Logik in der ganzen Scheiße«. Denn »der Bruch in der Scheiße« – das wäre doch wohl ein allzu kühnes Bild! Im übrigen: Ich habe auch einmal eine Dame gekannt, die ich hätte umlegen können, aber dann später – aber nein, das würde jetzt zu weit führen, außerdem ist die Geschichte vollkommen uninteressant. Aber immerhin: wieder diese Parallele zwischen Herrn Jackopp und mir ... Außerdem habe ich Grund zur Annahme, daß es keineswegs ausgemacht ist, daß Herr Jackopp Frl. Czernatzke vor acht Wochen hätte umlegen können. Da möchte ich fast wetten! Aber hierüber mich genauer auszulassen verbieten mir die Platznot und die straffe Handlungsgestaltung.

Auf einmal fragte Herr Jackopp und beendete sein Starren auf den Tisch, wo denn eigentlich der Herr Knott sei. Aber hör mal, sagte Frau Knott, der sei doch schon seit fast drei Wochen auf Ibiza, das wisse doch jeder. Er habe es aber nicht gewußt, antwortete Herr Jackopp in kaum gezügeltem Zorn, »mir sagt man ja nichts, das ist ja die verfluchte Scheiße.« Er, Jackopp, sei aber inzwischen doch schon vier-fünfmal hier gewesen, konterte Frau Knott, da hätte er es doch erfahren können. Oder fragen!

»Wieso fragen?« fragte darauf, seinen Tee austrinkend, Herr Jackopp und starrte Frau Knott fassungslos an. Dies schien mir ein guter Anlaß, Herrn Jackopp wieder auf seine Liebe zu bringen. Ich fragte ihn nämlich, ob er vielleicht den Parzival kenne. »Warum?« fragte Herr Jackopp fast angewidert. Ich erklärte darauf Herrn Jackopp, daß sich nämlich der Grundfehler des Parzival genau mit seinem eigenen decke: nur ja nichts fragen! Wie Jackopp erleide Parzival schwerste Prüfungen und Schicksale allein deswegen, weil er es versäume, im rechten Augenblick Fragen zu stellen. Siehe im

Fall Peter Knott, siehe auch im Fall Czernatzke heute nachmittag auf dem Fußballplatz...

Herr Jackopp sah mir nachdenklich ins Gesicht und sagte dann drohend: »Ich kenne keinen Parzival. Auf dieses mittelalterliche Gewichse scheiß ich!« Obwohl das natürlich ein sehr plastisches Bild ist, verbot ich Herrn Jackopp solche Redensarten und erklärte ihm, daß der Parzival erstens ein hochbedeutsames historisches Dokument sei und daß – hier ließ ich mich wohl in der Erregung hinreißen –, daß das Fragestellen ein Akt der Humanität sei: Fragenstellen sei dem Menschen sozusagen arteigentümlich. Frau Knott nickte ernst mit dem Kopf. Da starrte Herr Jackopp wieder auf den Tisch und brummte ganz kurz und wegwerfend: »Ach was!«

Ihm gehe vielmehr dieser Bruch in der Logik nicht aus dem Kopf. Daß er nämlich Frl. Czernatzke noch vor vierzehn Tagen hätte umlegen können, jederzeit, aber damals habe er nicht gewollt. Und Herr Jackopp schlug sich mit der Hand anklagend vor den Kopf. Ich meinerseits bemerkte dazu, daß er, Jackopp, gerade vorhin noch gesagt habe, vor acht Wochen – und nicht vor vierzehn Tagen! – hätte er sie umlegen können, und machte Herrn Jackopp auf diesen erneuten Bruch in der Logik aufmerksam. Herr Jackopp schnellte erneut seinen Kopf zu mir hoch, sah mir streng ins Gesicht und sagte zweimal rasch hintereinander: »Was? Was sagst du?«

Da gab ich es auf und sagte Herrn Jackopp, am besten sei es, wir gingen jetzt ins Kino, »um vorläufig alles zu vergessen«. »Diese verfluchte Scheiße«, antwortete erwartungsgemäß Herr Jackopp, und dann verabschiedeten wir uns von Frau Knott, die Herrn Jackopp auf der Stiege noch nachrief, sie wolle demnächst im Weiberrat einmal diskret auf Frl. Czernatzke eindringen und deren Seele erforschen. »Ja, ist gut«, brummte etwas heller als sonst Herr Jackopp, und dann sagte er noch merkwürdigerweise: »Bis später.«

Der Weiberrat, von dem Frau Knott sprach, ist übrigens eine sehr dunkle und geheimnisvolle Sache, die seit kurzem auch in unserer Stadt grassiert und bei der fast alle unsere Damen, Frl. Czernatzke, Frl. Majewski, Frau Knott, Frl. Kopler usw. Mitglied sind. Kurz gesagt, diese betreffenden »Weiber« wollen alles und jedes verbessern und schrecken dabei, soviel ich weiß, auch vor Gewalttaten nicht zurück, predigen den perfekten Sozialismus, und manche wollen sogar uns Männer ausrotten. Nun, ich meine, ich bin auch jederzeit für das Gute und den Fortschritt, aber irgendwo muß natürlich eine Grenze sein, denn heraus kommen am Ende nur Unsicherheit und Umsturz, und die Dummen sind die kleinen Sparer. Ich habe das diesen Weiberrätinnen auch schon einmal öffentlich im »Krenz« gesagt, aber sie haben mich nur ausgelacht, und eine ganz freche Frauensperson hat mir sogar das Wort *»Male-Chauvinism«* ins Gesicht geschleudert.

Ich habe mich aber zusammen mit meinem Freund Wilhelm Domingo gerächt. Als der Weiberrat wieder einmal bei Frl. Czernatzke, die dortmals noch Wand an Wand mit mir wohnte, tagte, haben wir auf meinem Grammophon so laut Operettenmusik laufen lassen, daß der Weiberrat nebenan unbedingt in seiner Untergrundarbeit durcheinandergeraten mußte. Wir wählten dazu das unsterbliche Lied »Der Polin Reiz bleibt unerreicht«, und so ist es ja auch. Aber statt daß sie auf ihre Reize schauen, machen sie Sozialismus und Unfug! Ich meine, natürlich ist der Sozialismus nicht von Haus aus Unfug, das weiß ich schon selber, und insofern nehme ich diesen Satz zurück. Aber andererseits sieht man ja, was bei unseren Damen dabei rauskommt. Keineswegs ein geglückteres Leben, keineswegs eine geordnetere Erotik, sondern sie legen nur so wehrlose Männer wie Herrn Jackopp herein, und der brummt dann heftig! Anschließend haben Herr Domingo und ich an der Tür des Weiberrats gelauscht (Herren sind dort nicht zugelassen, und das sagt ja alles), und Herr Domingo hat dabei gehört, wie sich zwei Frauen bzw. »Weiber« darüber stritten, wie oft man den Partner wechseln dürfe. Herr Domingo hat beim Lauschen ganz leise und sehr erregt gekichert, und anschließend sind wir zum Tischfußball und haben gegen zwei Türken gewonnen, die uns im übrigen sehr artig behandelten – – –

»Hör mal«, begann, als wir dem Kino entgegenmarschierten, Herr Jackopp erneut, »wenn ich ein Weib flachlegen will, dann leg ich es auch flach. Alles andere ist Scheißdreck.« Ich wäre jetzt am liebsten davongelaufen, andererseits mußte Herr Jackopp heute abend unbedingt gestützt werden, und außerdem hing ich auf einmal wie mit unsichtbaren Fäden an seinen an sich unschönen Ausdrücken. So antwortete ich denn, das sei schon irgendwie wahr, andererseits müsse man aber doch auch die oft überraschende und, wenn es gutgeht, sogar sehr reizvolle Eigengesetzlichkeit des anderen Geschlechts berücksichtigen und respektieren. »Aber das ist ja diese Unlogik!« schrie fast Herr Jackopp. »Was ist die Unlogik?« fragte ich sanft. »Ach!« ächzte Herr Jackopp, »meine Alte, die steht auf mich, aber ich steh nicht auf sie. Sondern ich steh auf der Czernatzke, und sie steht hundertprozentig auf mich. Aber sie läßt sich nicht umlegen. Meine Frau könnte ich jederzeit umlegen. Warum läßt sich die Czernatzke nicht flachlegen?«

Diese Frage konnte ich natürlich nicht beantworten. Aber irgendwie war ich jetzt doch sehr stark beeindruckt. Diese gewaltigen erotischen Energien! Dieses enorme Sexualgetöse in diesem schmächtigen, kleinen Körper aus der Schweiz! Ob es solche da unten mehrere gibt? Irgendwie war das doch alles sehr ehrfurchtgebietend, ja sogar erfrischend.

Kaum betraten wir das Kino, drückte mir Herr Jackopp 20 Mark in die Hand: »Für die Unkosten, die du heute mit mir gehabt hast und alles, und vielleicht habe ich nach dem Kino kein Geld mehr, und dann bezahlst du meine Zeche.« Ein eigenartig symbolischirisierender Satz, wie mir erst jetzt bei der Niederschrift auffällt. Ich sagte eben Herrn Jackopp, ich hätte heute keinen Pfennig Unkosten mit ihm gehabt (im Gegenteil, ich habe ihm sogar ein paarmal heimlich eine Zigarette weggenommen), und seiner seelischen Dinge nähme ich mich gern und natürlich ohne Honorar an. Da nahm Herr Jackopp den 20-Mark-Schein wieder und gab ihn der Kino-Kassiererin mit den Worten: »Zweimal erster Platz, der Rest ist für Sie.« Den Nachsatz hatte die Frau offenbar nicht verstanden und sie gab deshalb 8 Mark wieder heraus. Darauf sagte

Herr Jackopp erneut: »Lassen Sie nur, es ist gut.« Die Frau, der so etwas wahrscheinlich in ihrer ganzen Laufbahn noch nicht passiert war, schaute ungläubig drein. »Nehmen Sie nur«, wiederholte Herr Jackopp, »was soll ich mit dem Geld?« Vielleicht hätte die Kassiererin im nächsten Augenblick das Geld an sich gerissen, deshalb sprang ich schnell in die Bresche und lächelte freundlich, mein Freund scherze gern, und nahm das Wechselgeld an mich. Sicherlich würden wir es nach dem Kino gut brauchen können, denn gerade in unserer Stadt kann man an den Wochenenden gar nicht genug in der Hosentasche haben. Ich habe einmal in einer ganz gewöhnlichen und anspruchslosen Schenke zwischen 1 Uhr und 3 Uhr nachts 83,70 Mark ausgegeben, ich weiß auch nicht wofür. Nach diesem Sinnesrausch schaute ich natürlich blöd. Wir haben dann auf 80 Mark abgerundet. Weil ich auch die nicht bei mir hatte, hat sie mir mein Freund Rösselmann ausgelegt. Demnächst kriegt er sie vielleicht zurück.

Im Kino wurde dann der pornographische Streifen »Die Mutzenbacherin« gezeigt. Ich kannte den Stoff schon, weil ich mir von einem Herrn Lothar Strobach, einem gewaltigen Freund der Sexualität, schon vor vier Jahren das damals noch sehr seltene und kostbare Buch ausgeliehen habe. Es kommt auch ein »Herr Eckart« drinnen vor, das hat mir wegen der Übereinstimmung mit meinem Namen besonders gut gefallen, allerdings bin ich nicht ganz so gierig wie dieser, sondern eher kultiviert. Inzwischen ist ja diese Mutzenbacherin in aller Munde. Ich persönlich finde die dort vorherrschende sexuelle Lage hinsichtlich der sozialen Verhältnisse Wiens um die Jahrhundertwende stark überzeichnet, bzw. es ging dem Dichter nur ums Geld und nicht um die konstruktive Kritik. So ist es oft. Aber vielleicht würde Herrn Jackopp gerade die Demonstration des rein und plump Sexuellen innerhalb seiner Gesamtsexualität ein wenig entspannen und ihn von seiner eigenen Leidenschaft etwas ablenken. Bzw. Herr Jackopp sollte sehen, wie blöd das alles ist usw.

Diese Hoffnung war aber trügerisch, denn immer gerade bei den ordinärsten Stellen des Films beugte sich Herr Jackopp zu mir herüber und sagte so Sachen wie: »Das ist der Bruch der Logik, der verdammte.« Indessen gab ich mich ganz dem volkstümlichen Genuß hin. Es waren fast nur noch ältere Frauen und Männer, meistens Ehepaare, da, die quietschten häufig vor Freude. Einmal vergriff sich der Pfarrer an der Mutzenbacherin und bekam dabei einen knallroten Kopf, und das ganze Kino barst vor Spaß, da beugte sich Herr Jackopp erneut zu mir und fragte mich nahezu tonlos, ob ich wisse, wie oft es das Frl. Czernatzke mit dem Ulf treibe. Ich antwortete, meines Wissens und mit Vorbehalt treibe sie es nicht allzu oft, aber wenn, dann »völlig wild und wahnsinnig« (diese Information kam über Herrn Domingo an mich). »Das ist gut so«, sagte darauf gleichsam zufriedengestellt Herr Jackopp und schwieg wieder. Kurz vor dem Ende des Films sagte Herr Jackopp noch ziemlich laut und gut hörbar für die Umsitzenden: »Vielleicht kann ich sie morgen flachlegen.« Ich antwortete, ja, vielleicht.

Da war der Film auch schon wieder aus. Ich erinnerte Herrn Jackopp daran, daß wir zusammen noch acht Mark hätten und also ein wenig ausgehen könnten. »Ja«, sagte Herr Jackopp, »ist gut.« Auf dem Weg zu dem Lokal »Alt-Heidelberg« fiel mir ein, daß ich vergessen hatte, Frau Knott zu fragen, wie sie das gestern gemeint habe, daß ich mir den Wunsch des Geschlechterverkehrs ja auch nüchtern einfallen lassen könne. Herr Knott kam ja erst morgen aus Ibiza zurück, da wäre ja vielleicht heute noch ein Plätzchen frei gewesen, und ich war auch vollkommen nüchtern. Nun, die Hoffnung war ohnedies wackelig, und außerdem brauchte mich der Herr Jackopp heute viel notwendiger. Frau Knott würde wahrscheinlich alleine vor dem Spiegel herumtanzen, und das war für sie sicher genauso schön wie ich.

Das Lokal »Alt-Heidelberg« kannten Herr Jackopp und ich schon lang und gut. Der Kellner dort heißt Herr Hock und sieht auch genauso aus. Er trägt stets eine goldbestickte Krawatte sowie eine jägergrüne Weste mit Silberknöpfchen, und er trat sofort mit humorvoll gerunzelter Stirn an unseren Tisch und sagte: »Je später der Abend, desto schöner die Gäste.« Diesen Spruch kannten wir zwar schon, ich lachte aber trotzdem, während Herr Jackopp Herrn Hock ernst und verächtlich ansah. Ich wollte nun von Herrn Hock wissen, warum er sein Lokal so faschingsmäßig dekoriert habe, obwohl doch weit und breit kein Fasching sei, man komme sich halb vor wie auf einem Narrenfest. »Mein Herr«, sagte Herr Hock humorvoll, »dieses Lokal hat kein Niveau, aber Milieu.« Wieder mußte ich lachen, wogegen Herr Jackopp anscheinend überhaupt nicht zuhörte. Ich bestellte zwei Gläser Bier, und während Herr Hock schon davonschritt, rief Herr Jackopp überraschend laut: »Halt, Herr Hock!«, und als dieser zurückkam: »Haben Sie noch was zu essen? Kann ich bei Ihnen noch was essen?« Herr Hock zog erneut die Stirne in Falten, als ob er nachdächte, und bot dann Leberkäse mit Kartoffeln an. »Ja«, rief Herr Jackopp fast begeistert, »den bringen Sie mir.« – »Der Gast ist bei mir König«, sagte sinnlos Herr Hock im Abgehen. Herr Jackopp zischte nun wieder überraschend geistesgegenwärtig: »Arschloch, verdammtes!«

»Die Czernatzke ist doch blöd«, mit diesen Worten eröffnete Herr Jackopp die Beratung, da kamen auch schon die Biere. Ich erwiderte Herrn Jackopp, das könne ich nicht so genau beurteilen, aber Frl. Czernatzke sei mindestens sehr musikalisch, das wisse ich. Ich hätte ihr einmal eine Platte mit vielen Schubert-Liedern vorgespielt, da hätte sie auf Anhieb das schönste erkannt, nämlich »Ich denke Dein« nach dem Text von Goethe, obgleich dessen Reize eher im Verborgenen lägen. »Ja«, sagte Herr Jackopp und dachte nach. Jetzt mußte ich natürlich die Überleitung zur Liebe kriegen, aber schon fuhr Herr Jackopp dazwischen und sagte, zuerst sei »alles klar« gewesen »und dann rennt sie weg«. Da brachte Herr Hock mit großem Schwung die Schmalzkartoffeln und den Leberkäse. Herr Jackopp sah schweigend auf diesen Riesenteller, kostete dann zwei oder drei von den Kartoffelschnipseln, wischte sich angewidert mit der Serviette den Mund ab, sagte »Scheiße« und rief Herrn Hock erneut an den Tisch: »Das können Sie wieder zurücknehmen, ich kann nicht mehr.« Herr Hock zeigte sich beleidigt: Was auf den Tisch komme, das solle auch weggeputzt werden. »Ich kann nicht mehr«, sagte wie leidend Herr Jackopp. Aber er habe ja noch gar nichts gegessen, beschwerte sich Hock. Herr Jackopp machte angewiderte Hand- und Kopfbewegungen und sagte gar nichts mehr. Nun fragte mich Herr Hock, ob ich es übernehmen wolle. Ich hätte schon gewollt, aber dann wäre ja die ganze lustige Situation geschwächt gewesen. Es war schon gut so, daß Herr Hock sozusagen beschämt vor allen anderen Gästen den ganzen vollen Teller wieder zurückschleppen mußte.

Im gleichen Augenblick verließ ein vollkommen kahlköpfiger Mensch das Lokal und sagte: »Auf Wiedersehen, Herr Hock.« Jetzt bewies Herr Hock eine gewisse Größe, welche zeigte, daß er psychologische Niederlagen gut überwinden kann. Er rief nämlich souverän zurück: »Gut Nacht, Herr Scherer, kommen Sie gut heim, schlafen Sie gut, ich brauch Sie morgen wieder!«

Herr Jackopp sagte nun, die »Scheiße mit der Czernatzke« zeige doch nur, wie falsch »diese Büchsen« erzogen seien. Ich wollte nun natürlich genauer wissen, wie er das meine. Herr Jackopp dachte lange nach, dann sagte er, vor fünf Jahren sei er in der Schweiz in eine Frau »verknallt« gewesen, ohne daß er diese hätte umlegen können. Damit war auch der Irrtum mit 1957 korrigiert, es war also doch 1967. In »dieser faschistischen Schweiz«, so fuhr Jackopp fort, fehle heute auch noch das mindeste Bewußtsein für Umweltschutz, moderne Städteplanung und fortschrittliche öffentliche Plastiken. Na, Gott sei Dank, erstmals vergaß Herr Jackopp seine Liebe! Durch raffinierte Zwischenfragen brachte ich nun Herrn Jackopp dazu, seine Ansichten über die allgemeinen Lebensprobleme wie Mitbestimmung und Popmusik vorzutragen. Herr Jackopp sprach dabei ungewohnt flüssig und äußerte, soweit ich es beurteilen kann, fast vernünftige Ansichten. Das meiste hatte ich zwar auch schon in irgendwelchen sich fortschrittlich aufführenden Zeitungen und Zeitschriften gelesen, aber man lernt ja doch immer dazu. Besonders lobend äußerte sich Herr Jackopp über einen gewissen *Pop*-Sänger, Eric Clapton, dieser sei »unheimlich gut«.

Leider ließ ich hier eine kleine Pause eintreten, und das war wohl verhängnisvoll. Denn plötzlich brummte Herr Jackopp: »Was meinst du, soll ich ihr morgen Blumen schicken? Ja?« Eigenartigerweise war mir diese Idee in der letzten halben Stunde auch schon einmal durch den Kopf geflogen, und ich hatte sie schon fast Herrn Jackopp anempfehlen wollen. Ich finde das Blumenschicken deshalb besonders reizvoll, weil es zugleich etwas sehr Schönes und Zeitloses und doch auch wieder etwas außerordentlich Blödes ist. Prinzipiell könne ich es durchaus empfehlen, sagte ich betont zögernd zu Herrn Jackopp. Es könne aber auch sein, daß Blumen gerade im Fall des Frl. Czernatzke das strategisch Verkehrteste seien, was es überhaupt gäbe. »Wie meinst du das?« fragte Herr Jackopp. Nun, antwortete ich, es sei schon denkbar, daß sich Frl. Czernatzke ungeachtet ihrer allgemeinen frauenkämpferischen Einstellung beglückt über die Blumen zeige, und so der Weg zu einem Vollzug der Liebe abgesichert sei. Es sei aber auch nicht ganz auszuschließen, daß Frl. Czernatzke völlig unerwünscht und erbost reagiere, die Sprache der Blumen nicht verstehe und darum erst recht Widerstand leiste.

»Soll ich ihr morgen Blumen schicken, was meinst du?« fragte erneut und hartnäckig Herr Jackopp. Ich sagte, meiner Meinung nach stünden die Chancen des Erfolgs etwa *fifty-fifty.* Und als Herr Jackopp ziemlich ratlos dreinsah, ergänzte ich, um ihm Mut zu machen: Vielleicht auch 60:40.

Aber ich wolle, so sagte ich mehrmals (Herr Jackopp ist mein Zeuge!), für diesen Ratschlag bitte keine Verantwortung übernehmen!

»Ich schicke der Czernatzke morgen rote Rosen«, sagte Herr Jackopp entschlossen und wie aus der abgründigen Verzweiflung den Regenbogen der Hoffnung vor Augen, »20 rote Rosen.« Ich riet nun Herrn Jackopp, er müsse eine ungerade Zahl nehmen, das sei so Landessitte. »Gut«, sagte Herr Jackopp, »ich schicke 25.« Dann solle er doch gleich noch zwei dazutun, empfahl ich, dann seien es 27, also drei hoch drei, und aller guten Dinge sind drei, es sei also gleichsam das Gute hoch drei in die Rosen mit eingebaut. »Jawohl«, brummte entschlossen Herr Jackopp, »ich schicke 27. Zwei Bier, Herr Hock!«

Bevor aber noch die Biere angekommen waren, ließ Herr Jackopp seinen Kopf auf den Tisch sinken und schlief schlagartig ein. Dann trank ich beide Biere und blätterte, Herrn Jackopps heute wohlverdienten Schlaf behütend, ein wenig in einer Illustrierten. Als Herr Jackopp nach einer halben Stunde wieder aufwachte, verlangte er dringend nach einem Taxi. Ich verwies ihn darauf, daß er doch gleich um die Ecke wohne. »Ja«, sagte Herr Jackopp versonnen, starrte eine Weile vor sich hin und rief dann erneut durch das Lokal: »Herr Hock, schicken Sie mir bitte ein Taxi!« Nun, da war nichts zu machen. Dann fuhr eben Herr Jackopp die 150 Meter mit dem Taxi. Bis das Taxi kam, seufzte Herr Jackopp einmal: »Mir ist schlecht«, zweimal: »Diese verdammte Scheiße« und zuletzt mit einem tiefen, knirschenden Brummen: »Man müßte dieses Zürich einfach in die Luft sprengen.« Als er mich verließ, sagte Herr Jackopp noch zu mir: »Du kommst morgen?« Ich sagte, ohne zu wissen, wohin, sofort zu. Dann schaffte das Taxi Herrn Jackopp um die Ecke.

Ich würde morgen kommen. Irgendwohin würde ich kommen. Und dahin würde auch Herr Jackopp kommen. Ich zahlte nun ebenfalls. Herr Hock fragte, ob das Bier geschmeckt habe. Ich antwortete: »Immer noch so gut wie immer.« Diesen Satz, mit dem man Kellner verächtlich machen kann, hatte ich neulich von Herrn Domingo gelernt. Sowie ich das Lokal verließ, hatte aber auch Herr Hock noch einen Scherz bereit. Auf mein »Gute Nacht, Herr Hock!« entgegnete er unter Hochziehen der Augenbrauen und Furchen der Stirne: »Gute Nacht, alles klar, alles bezahlt, niemand weiß Bescheid.«

Herr Hock sagte dies so bohrend listig, daß ich das Gefühl nicht mehr gleich los wurde, er habe Herrn Jackopp und mich vollkommen im Griff...

DRITTER TAG

Am nächsten Tag war dann Montag und Beginn der Arbeitswoche. Gegen halb 10 Uhr kam ein erster Anruf meines Freundes Wilhelm Domingo. Dieser Domingo ist nicht zu verwechseln mit dem hervorragenden italienischen Tenor Placido Domingo. Diesen habe ich kürzlich einmal in »*La Bohème*« von Puccini in München erlebt und wäre dabei fast gestorben vor Freude. »*Nei cieli bigi … Talor dal mio forziere ruban tutti i gioelli due ladri gli ochi belli … O suave fanciulla o dolce viso dimite circonfusa alba lunar*« – es war kaum auszuhalten! Oft liege ich herum und höre mir das Zeug an und strample mit den Beinen vor Vergnügen. Schon die bloßen Namen Mimi und Musetta erregen mich furchtbar. So ein sensibler Schwachkopf bin ich. Mimi heißt ja an sich Lucia, und sie sagt es auch in einer lasziv-schelmischen verminderten Septime sowie einer glasig-klaren, gleichsam ihr tadelloses Näherinnen-Dasein widerspiegelnden Quint e-a … Ich war damals mit einem Frl. Anni in der Oper, und in der Pause haben wir sehr schön Sekt getrunken. Zum Geschlechterverkehr ist es aber dann leider noch nicht gekommen, weil sich Frl. Anni nach der Vorstellung rasch mit Schnaps besoff. Ein Freund hatte mich noch gewarnt, ich solle aufpassen.

Frl. Anni ist eine Mischung aus der lyrisch-versponnenen Mimi und der extrovertiert-narzißtischen Musetta. Sie war total betrunken und nicht mehr ansprechbar.

Aber vielmehr ist Herr Wilhelm Domingo ein stämmiger, ruhiger und sachlicher Mann aus Baden, der überhaupt nicht singt, sondern sich darauf spezialisiert hat, von seiner Wohnung aus das treibende Straßenleben zu beobachten. Jedesmal, wenn ein gelber oder grüner Lieferwagen eilig um die Ecke kurvt, so daß die Reifen quietschen, muß Herr Domingo lachen. Offenbar kann er ganz gut davon leben.

Herr Domingo teilte mir an diesem Morgen zuerst mit, daß er gerade in der Zeitung gelesen habe, in China hätten größere Truppenbewegungen stattgefunden. Als Ursache dafür vermute eine japanische Nachrichtenagentur »Verwirrung im Lande«. Als Gegengeschäft für diese Geschichte erzählte ich daraufhin Herrn Domingo in allen Einzelheiten, was sich hier über das Wochenende für lustige Sachen abgewickelt hätten in bezug auf die Liebe. Herr Domingo, der früher einmal einen »Verein zur Abschaffung der Sexualität wegen unerträglicher Trivialität der dabei anfallenden Vorgänge« hatte gründen wollen, lauschte gespannt meinem Bericht und unterbrach ihn mehrfach mit dem Einwurf: »O Gott, o Gott!« Zum Abschluß unseres Gesprächs fragte ich Herrn Domingo, wie er denn die Aussichten von Herrn Jackopp einschätze. Da sagte Herr Domingo: »Daß diese Schweizer immer so einen Lärm schlagen müssen, wenn ihnen der Hammer hochgeht.« Da mußte ich lachen und fragte Herrn Domingo, ob er jetzt an sein Tagewerk gehe und die Straße beobachte. »Vermutlich«, sagte Herr Domingo, »also bis heute abend im Mentz.«

Gleich darauf schellte erneut das Telefon, und es meldete sich ein Herr Gabriel von der Glasreinigungsinnung. Es warte da nämlich auf mich eine große Aufgabe, es gehe um etwas »äußerst Brisantes« und »vielleicht wird dabei die ganze Regierung auffliegen«. Ich fragte Herrn Gabriel, was ich dabei tun könne, und nach einigen Verständigungsschwierigkeiten stellte sich heraus, daß ich in diesem Zusammenhang die gleichfalls »hochbrisante Öffentlichkeitsarbeit« übernehmen solle: »Sie können dabei reich und berühmt werden. Kommen Sie bitte um elf Uhr zu mir in die Geschäftsstelle, das ist die Kammermeierstraße 44, es werden auch noch andere Herren von der Innung teilnehmen. Für einen kleinen Umtrunk ist gesorgt.«

Reich und berühmt werden – das war es! Und dazu noch in aller Frühe einen kleinen Umtrunk! Ich hätte allerdings kaum gedacht, daß ich gerade über das Glasreinigungshandwerk reich und berühmt würde (ich bin von Haus aus Geisteswissenschaftler). Nun, immerhin. Gerade als ich zu der wichtigen Zusammenkunft aufbrechen wollte, schellte es an der Wohnungstüre. Es war ein etwa 40jähriger leicht verkommener Herr, den ich nicht kannte und der sich mit »Rohleder« vorstellte. Herr Rohleder sagte, er komme im Auftrage Herrn Kloßens, welcher ihm vom gemeinsamen Lottospielen her 30 Mark schulde. Kloßen habe ihm heute morgen telefonisch aus Essen mitgeteilt, daß er von mir das Geld holen solle, indem ich nämlich Kloßen 35 Mark schulde.

Das war eine grobe Lüge, denn in Wirklichkeit war es genau umgekehrt. Herr Kloßen schuldete mir 36,50 Mark, und das teilte ich auch Herrn Rohleder mit. »Dieser Kloßen«, sagte Herr Rohleder, »nichts als Ärger hat man mit ihm.« Als ich dann Herrn Rohleder mehr aus Mitleid 20 Mark gab (denn er brauchte sie angeblich dringend für eine Autoreparatur), vertraute er mir an, daß er von Kloßen eigentlich 280 Mark (einschließlich der 30) zu erwarten habe, und zwar sobald dessen Scheck über 4500 Mark aus Stuttgart eingetroffen sei. Mit diesem Geld wolle Kloßen nicht nur noch dicker ins Lottogeschäft einsteigen, sondern auch alle seine Schulden begleichen. Herr Rohleder wußte auch, daß die 4500 Mark das Darlehen eines Stuttgarter Freundes seien, der ihm das Geld, wie Kloßen ihm gesagt habe, aufgrund allgemeiner Dankbarkeit und großen Vertrauens übermache, und zwar langfristig. Das habe ich von Kloßen ähnlich auch schon irgendwo mal gehört. Ich bin mir aber heute noch nicht sicher, ob dies eine blanke Lüge oder irgend so eine Form von Autosuggestion war. Zweifellos gab es aber diese 4500 Mark weder als wirkliches Geld noch als bargeldlose Realität. Möglicherweise kann man aber von solchen fixen Ideen, wenn man nur stark genug daran glaubt, eine Zeitlang ganz gut so dahinleben.

Von diesen meinen Gedanken sagte ich Rohleder aus Schonung allerdings nichts.

Nun begab ich mich rasch zu den Glasreinigern. Es war dies ein recht unansehnliches Büro in einem Hinterhaus, und es waren schon Herr Gabriel, drei weitere fette Herren und ein vollkommen hinfälliger Greis, der offenbar die geistige Lenkung übernommen hatte, anwesend. Man beschenkte mich freundlicherweise mit Cognac und einer Zigarre, dann kamen die Herren mit großer Behutsamkeit und sehr umständlich auf ihre Geschichte und ihr Anliegen zu sprechen. Daß so viele Menschen selbst die geringfügigen Gedanken, die sie haben, nicht ausdrücken können! Nun ja, es stellte sich also heraus, daß ein anderer und der Innung nicht angeschlossener Glasreiniger, der zugleich bei der SPD einen gewissen stattlichen Posten hat, die Konkurrenz durch unglaubliche Niedrigangebote brutal aus dem Felde boxe, daß alles dadurch gnadenlos abwärtsgehe usw., den ganzen Handwerkskram. Auf mich warte nun die große und schwierige Aufgabe, diese Ungerechtigkeit im Glasreinigungswesen in einen gezielten Schriftsatz zu fassen und breiten Teilen der Öffentlichkeit zugänglich zu machen, wobei ich besonderes Gewicht auf die Tatsache legen solle, daß der SPD-Vertreter nicht im Sinne der Mittelstandspolitik der Sozialdemokratie gemäß der Regierungserklärung Willy Brandts handle, welche die Glasreiniger eigenartigerweise hektografiert auf dem Tisch liegen hatten.

Ich sagte den Glasreinigern meine Mitarbeit an diesem sozialen Werk sofort zu, allerdings nur unter der Voraussetzung, daß sie mir unverzüglich mein Honorar, nämlich 500 Mark plus 50 Mark Spesen, geben wollten, denn ich merkte natürlich gleich, daß der angebliche Skandal bei der Glasreinigung in Wirklichkeit ein grober Unfug war, bzw. die Herren selber nicht genau wußten, was sie eigentlich wollten, und da mußte ich mich natürlich absichern, um meine wertvolle Arbeitskraft nicht unnütz zu verschleudern. Ich sagte deshalb den Glasreinigern den sehr dummen Satz, diese »hochbrisante Sache« sei natürlich auch für mich »ein hohes berufliches Risiko«. Eigenartig genug fielen die Herren auf den Krampf herein, und Herr Gabriel gab mir sofort einen Scheck über 550 Mark, es wurde dann auch ein kleiner Vertrag gemacht, in dem stand, was ich alles so zu deichseln hätte.

Es war gut, daß ich mein Geld schon hatte, denn vor allem der Greis meldete immer wieder zwischendurch Bedenken gegen das gesamte Vorgehen an und mahnte mich mehrmals eindringlich, ja alles recht vorsichtig und mit Fingerspitzengefühl zu betreiben, man wolle kein Aufsehen in der Öffentlichkeit usw. Da sieht man genau, was das für ein Haufen Narren war! Zuerst wollen sie mutig an die Öffentlichkeit, dann wollen sie kein Aufsehen machen! Naja, wer konnte auch schon ausgerechnet bei den Glasreinigern klare Gedanken erwarten …

Zuletzt wollte ich noch gern wissen, wie man in dieser Sache ausgerechnet auf mich gestoßen sei. Da ergriff der Greis das Wort und sagte, er habe vor mehreren Jahren in einer Zeitschrift »einen ganz ausgezeichneten Aufsatz« über Umweltschutz von mir gelesen, »sehr fundiert, darf ich Ihnen sagen, sehr fundiert und gründlich«, darauf habe man nun kürzlich im Telefonbuch nachgeschlagen, meinen Namen gefunden, und damit sei die Entscheidung im Vorstand auch schon perfekt gewesen.

Das mit dem Umweltschutz stimmt schon irgendwie. Der Aufsatz lautete damals »Ökologie und Sozialstaat« und prangerte die Grundwidersprüche der Gesellschaft an, wie man es eben so gelernt hat. Und nun die genaue Parallele »Glasreinigung und SPD« …

Ich versicherte, weil ich gerade wieder einen Cognac bekam, daß ich, was die Belange der Glasreinigung angeht, mein Bestes tun würde, man müsse mir nur genügend Zeit zur gründlichen Einsicht in die Unterlagen geben, denn »das hier« sei ganz offenbar ein »hochbrisantes Thema«, das sogar »in die hohe Politik hineinspielt«. Dieser Satz, der eigentlich nur eine genaue Wiederholung dessen war, was sie vorher ununterbrochen selbst geflüstert hatten, gefiel den Glasreinigern ganz ausgezeichnet. Sie gaben mir nochmals eine Zigarre und versicherten verschiedentlich, man erkenne schon, man habe Glück gehabt, denn bei mir sei man offenbar auf den richtigen Mann gestoßen, der wisse, was er wolle. Das ist nun freilich das Falscheste, was man über mich überhaupt sagen kann.

Ich verabschiedete mich dann von den Innungsherren, und weil mir von ihrem Cognac schon wieder ein wenig unklar im Kopf war, eilte ich ins Café Härtlein, in dem ich oft verkehre, weil dort nicht nur der Kaffee sehr würzig ist, sondern vor allem weil dort zahlreiche alte Menschen herumsitzen, mit denen man ganz nett und nützlich plaudern kann. Manche der Alten reden freilich ein gewaltig krauses Zeug zusammen, vor allem die Männer, aber springlebendig sind sie fast alle.

Diesmal saßen wieder zwei alte Männer und vier alte Frauen sowie Herr Rösselmann drinnen, der las hektisch die Tageszeitung und löffelte dazu einen großen fetten Bienenstich. Herr Rösselmann liebte außer seinem dicken Friesentee und Kartoffelsuppen vor allem die süßen Dinge des Lebens wie Plätzchen, Erdbeerkuchen, Pralinen, Likör, Kandiszucker, und diesmal eben Bienenstich.

Ich fragte Herrn Rösselmann umgehend, ob er heute an Frl. Czernatzke, die mit ihm zusammen in einer Art Büro arbeitet, etwas Besonderes bemerkt habe oder ob sonst etwas vorgefallen sei. »Nein, warum?« fragte Herr Rösselmann mit rasch erwachender Neugier. »Ich meine in Sachen Jackopp«, hakte ich vielversprechend nach. »Ach so, Jackopp«, sagte Herr Rösselmann und ließ ruckartig die Zeitung sinken, »erzähl mal!« Freudiges erwartend bestellte Herr Rösselmann sofort noch einen Käsekuchen, ein kluger Schachzug, denn von einem zweiten Bienenstich wäre selbst so einem eßgewandten Mann wie Herrn Rösselmann schlecht geworden.

Gerne erzählte ich Herrn Rösselmann, der ja das Aufflackern der Liebe Herrn Jackopps bei »Mentz« selber miterlebt hatte, den eindringlichen Verlauf des gestrigen Tages, das Fußballspiel, das dumpfe Liebesgeständnis usw. und schließlich Herrn Jackopps Vorhaben, Frl. Czernatzke 27 rote Rosen zu schicken. Äußerst lebhaft schmunzelte Herr Rösselmann über seine Hornbrille hinweg und rundete seinen Mund mehrfach zu einem begeisterten Lachen. Das mit den Blumen gefiel ihm, gleich mir, am allerbesten. Leider sei aber bisher im Büro noch nichts dergleichen eingetroffen. Herr Rösselmann meinte dann noch, ich solle doch vielleicht Herrn Jackopp nochmals daran erinnern, damit er seine Rosen nicht etwa gar vergessen möchte. Ich antwortete Rösselmann, das täte ich lieber nicht, denn ich hätte bei der ganzen Angelegenheit ohnedies schon sehr gemischte Gefühle und ich hätte auch Herrn Jackopp nur so halb und halb zu dem Krampf geraten.

Vielleicht, sagte ich ein wenig gegen meine Überzeugung, würde durch die Rosen dem sensiblen Frl. Czernatzke sogar seelischer Schaden zugefügt, und dies wolle ich keinesfalls. Erstens, konterte Herr Rösselmann, sei das Frl. Czernatzke keineswegs sensibel, sondern ein Büffel an Gesundheit und seelischer Stabilität. Und zweitens solle ich doch zugeben, daß auch ich an dieser »herrlichen blöden Geschichte« die allergrößte Freude hätte. Ich erwiderte, das sei schon irgendwie wahr, aber in bestimmten Fällen müsse man die eigene Freude in die Schranken verweisen zugunsten des moralischen und kategorischen Imperativs von Kant, daß man nämlich manchmal dem anderen das nicht antun soll, was man selber nicht angetan kriegen möchte (ich glaube, ich war da noch immer von den Glasreinigern her leicht beschwipst), aber Herr Rösselmann schüttelte nur den Kopf und sagte, ich solle doch nicht so tun. Freudig erregt bestellte sich Herr Rösselmann noch einen Kaffee, während mir der erste schon nicht bekommen war, und ich also, um ein erneutes leichtes Herzflimmern einzudämmen, einen Magenbitter nachgoß, das hilft immer ein bißchen.

Weil Herr Rösselmann nun wieder in sein Büro zurückmußte, vereinbarten wir, daß ich am Spätnachmittag vorbeikommen würde, um die weitere Entwicklung der Liebe zu beobachten und zu analysieren, betreffs Rosen und alles, bzw. zumindest um Frl. Czernatzke etwas auszuhorchen, vielleicht war da ja tatsächlich einiges an Liebessubstanz herauszuholen.

Darauf ging ich nach Hause, um gegebenenfalls ein wenig die Unterlagen der Glasreiniger zu durchforschen. Es klappte aber nicht, denn an der Haustüre gewahrte ich meinen Nachbarn, Herrn Kloßen, der sich in eigenartiger Weise an seinem Briefkasten zu schaffen machte, nämlich von hinten. Herr Kloßen hatte dabei wie immer seinen dunklen Anzug mit Einstecktüchlein, ein weißes Nyltest-Hemd und sogar eine Fliege an, ein an sich hervorragender Aufzug für einen Arbeitslosen, der ihn aber seltsamerweise zu einem ganz besonderen Flair von Verlottertheit verdammte und absolut vertrauenszerstörend wirkte. Ich begrüßte Herrn Kloßen und fragte ihn, was er da treibe. Nach einigen unscharfen Antworten stellte sich heraus, daß Herr Kloßen mit einem länglichen Magneten, den er in der Schlosserei gegenüber ausgeborgt hatte, von hinten in seinen Briefkastenschlitz stocherte, um auf diese Art seinen eigenen Briefkastenschlüssel herauszufischen, der aus einem sehr dunklen und ewig langen und komplizierten Grunde in Kloßens Briefkasten lag. Er brauche aber diesen Briefkastenschlüssel, denn im Briefkasten liege eine Zahlungsanweisung über »100 bzw. 70 Mark«, die Herr Kloßen zusammen mit Herrn Rohleder in der Vorwoche im Lotto gewonnen hätte.

Jetzt erzählte ich Herrn Kloßen, daß mich Herr Rohleder heute früh schon aufgesucht und 30 Mark verlangt hätte. Meines Wissens, sagte ich streng, hätte aber nicht ich bei ihm, Kloßen, 30 Mark Schulden, sondern umgekehrt er, Kloßen, bei mir. Bzw. 36,50 Mark. Und daß ich dem Rohleder nun zusätzlich 20 Mark überreicht hätte.

Herr Kloßen machte eine Reihe fahriger und wohl abwehrender Armbewegungen und hatte dann die Situation wieder im Griff. Der Rohleder, erklärte Herr Kloßen mit seiner eigentümlich breiigen, qualligen, ja gewissermaßen ranzigen Stimme, der Rohleder habe wieder einmal am Telefon alles falsch verstanden. Er, Kloßen, habe ihm nämlich deutlich gesagt, Rohleder solle sich von mir nochmals »30 bzw. 35 Mark« borgen, dann mache er, Kloßen, »alles mit dir klar«. Wir seien also jetzt 36,50 Mark plus 20 Mark ist 56,50 Mark – und deswegen müsse er ja gerade in den Briefkasten hinein, um mir das Geld sofort zurückzugeben.

Nun bohrte Herr Kloßen wieder energisch mit seinem Magneten in dem Schlitz herum – und tatsächlich, plötzlich hing der Briefkastenschlüssel dran. Schnell öffnete nun damit Herr Kloßen den Briefkasten von vorne, aber es war keine Zahlungsanweisung drinnen, sondern nur eine Werbepackung Gemüsesuppe, sowie ein Brief des Hausherrn Kaufhold, den Kloßen sofort erbrach, worauf er »Scheiße« und »diese blöde Sau« sagte. Ich fragte Herrn Kloßen, was denn nun wieder sei. »Diese blöde Sau, der Kaufhold, der will da die beiden letzten Monatsmieten kassieren, sonst kündigt er mir.« Aber dieser Herr werde sich noch wundern, »wenn ich mit Sack und Pack vors Gericht ziehe«. Er, Kloßen, habe Kaufhold einst ausdrücklich erklärt, daß er demnächst 4700 Mark Kredit aus Stuttgart bekomme und damit ein halbes Jahr Wohnungsmiete im voraus bezahle, was als Zins dem Kaufhold wieder zugute komme, so daß der Zinsausfall der zwei ersten Monatsmieten wieder mehr als ausgeglichen sei. Es sei dies nur eine »Überbrückungszeit«, habe er, Kloßen, damals Kaufhold erklärt, und die Hausverwalterin sei als Zeuge dabeigestanden.

Nun sei, fuhr Kloßen mit einer Miene und einer Stimme, als habe er etwas furchtbar Schlechtschmeckendes im Mund, fort, die Situation vorerst die, daß zwar der Großkredit »100prozentig gesichert« sei, »da brauchst du überhaupt nichts bei denken« (warum sagt er das?), aber nach dem Ausbleiben des Lottogewinns habe er, Kloßen, im Augenblick leider nur mehr 2,35 Mark in der Tasche. Das mache aber überhaupt nichts aus, denn er gehe dann morgen aufs Finanzamt und lasse sich seinen Lohnsteuerjahresausgleich vorzeitig zurückerstatten, das gehe »ohne weiteres perfekt«. Nur bis morgen sei allerdings die Situation noch etwas schwer zu überbrücken, sagte Herr Kloßen und schien nachzudenken. Ich wollte ihm gerade vorschlagen, doch zu Herrn Rohleder zu gehen, der habe 20 Mark von mir, das sollten sie sich teilen, dann hätte jeder zehn Mark und könne sich davon ein einigermaßen bequemes Leben machen – aber Herr Kloßen hatte schon einen besseren Vorschlag ausgegoren. »Paß auf«, sagte er, »ich schulde dir jetzt 56,50 Mark, jetzt gibst du mir noch 20 Mark, dann sind wir 76,50 Mark. Davon gebe ich dir morgen vom Lotto 70 Mark, dann sind wir 6,50 Mark, die kriegst du dann übermorgen vom Finanzamt, das geht alles klar.«

Ich überreichte Herrn Kloßen die erwünschten 20 Mark, da schlug er mir vor, mit ihm »in die Kneipe um die Ecke« zu gehen, »ich geb dir ein Bier aus.« Weil mir das im Grunde natürlich besser gefiel als die Belange der Glasreiniger, erklärte ich mich einverstanden. Ich wollte nur noch schnell hoch in die Wohnung und meine Glasreiniger-Akten ablegen. Gerade als ich die Wohnung betrat, schellte das Telefon. Mit gewohnt tiefer, brummender und leidender Stimme meldete sich Herr Jackopp: »Hör mal, kann ich dich heute abend sprechen? Ich habe eine Frage an dich.« Aber natürlich konnte Herr Jackopp mich treffen und seine Frage stellen! Aus Feingefühl fragte ich ihn nicht zurück, ob er seine Frage hier nicht auch gleich telefonisch stellen könne, sondern vereinbarte mit ihm für 10 Uhr das Gasthaus »Krenz«. Eine hochinteressante Sache! Herr Jackopp hatte sich offenbar meine gestrigen Worte zu Herzen genommen, daß man Fragen stellen muß, komme was da wolle. Aber andererseits: eine einzige Frage hatte der Herr Jackopp nur drauf, was mochte das für eine mächtige Frage sein! Sicherlich betraf sie seine Liebe. In der Eile des Telefonats vergaß ich ihn zu fragen, ob er seine roten Rosen schon abgeschickt habe. Vielleicht hatte er nur die gestern ausgeknobelte Traumzahl 27 vergessen? Aber nein, so eine einfache Frage hätte Herr Jackopp sicher auch am Telefon vorbringen können. Es mußte eine andere, gewissermaßen eine Bomben-Frage sein. Nun, ich würde ja bald sehen...

Vorerst ging ich aber mit Herrn Kloßen in die Kneipe um die Ecke. Ich war sehr guter Laune, weil sich für diesen Tag bereits ein bezauberndes Gerippe abzeichnete. Zuerst Gebäudereinigung, dann ein netter Nachmittag mit Herrn Kloßen, dann Besuch bei Herrn Rösselmann und Frl. Czernatzke mit evtl. neuen Informationen, und zum Tagesabschluß die Frage des Herrn Jackopp. In diesem Augenblick des Glücks verspürte ich plötzlich eine gewisse Sehnsucht nach Frl. Majewski bzw. nach der toten Frau. Ich kam aber nicht dazu, mein Gefühl weiter auszutragen, denn Herr Kloßen nahm mich vollständig in Anspruch. Dieser Herr, der nun nach meiner Rechnung 22,35 Mark in der Sacktasche hatte, trank äußerst zügig das erste Bier in sich hinein, daraufhin gleich ein zweites, und er forderte mich auf, ebenfalls rasch zu trinken: »Ich zahle alles.« Man muß dem Herrn Kloßen ohne weiteres zugestehen, daß er ein gutes Herz hat, unbeschadet seiner sonst oft unwürdigen Verhaltensweisen, und kaum verspürt er 5 Mark in der Tasche, möchte er alle Welt freihalten und mit allen Leuten brüderlich seinen Rausch teilen, solange es irgendwie noch geht. Diese Biere hier trank Kloßen zweifellos in der Hoffnung bzw. Vision seines Großkredits, zumal sich nun in der Unterhaltung herausstellte, daß Herr Kloßen auch bei seinem Heimaturlaub in Itzehoe Pech gehabt hatte. Er hatte da nämlich keck genug bei seiner geschiedenen Frau »gepennt«, die er als »zwar äußerlich nicht übermäßig, aber im Bette unbesiegt« charakterisierte »und, Eckhard, in der Nacht sind alle Katzen grau, das weißt du so gut wie ich«, schmetterte Herr Kloßen begeistert und nahm einen unmäßigen Schluck Bier, und deshalb habe er auch demnächst diese »Alte« wieder heiraten wollen, aber nun war folgendes passiert: Am Tag darauf war Kloßen zusammen mit seiner kleinen Tochter zu seinen Eltern gefahren, und als er auf dem Klosett gesessen hatte und also nicht aufpassen konnte, hatte das Enkelkind den Großeltern brühwarm erzählt, daß Kloßen heute nacht bei der Mami geschlafen habe. Dies habe die Großeltern aus Itzehoe so erbost, daß sie ihren Sohn nicht nur hinausgeschmissen, sondern auch sofort enterbt hatten.

So hatte Herr Kloßen unmittelbar hintereinander Enterbung, das Nichteintreffen eines Lottogewinns, das Andrängen Rohleders und schließlich die Drohung eines Hausbesitzers erleben müssen. Aber erstens hatte er ja noch mich, und zweitens sollte in drei Tagen der Großkredit eintreffen, »da läuft der Laden wieder«, fuhr Herr Kloßen feurig fort, und dann: »Wenn das Geld kommt, dann zahle ich radiputz alle Schulden weg und bin wieder ein freier Mann.« Es gehe jetzt alles wie geschmiert: zuerst der Lottogewinn, dann das Geld vom Finanzamt, dann der Großkredit aus Stuttgart. Außerdem habe er jetzt mit Rohleder »ein todsicheres Lottosystem« erarbeitet, man brauche nur wöchentlich 128 Mark zu investieren, dann sei man in spätestens 18 Jahren Halbmillionär.

Und darüber hinaus lud mich Herr Kloßen plötzlich ein, mit ihm zusammen ein sozialkritisches Fernsehspiel zu schreiben, das bringe 18 000 Mark, wie er neulich von einem »Funkfritzen« gehört habe. Wir beide sollten uns mit dem Geld des Großkredits für eine Woche in den Schwarzwald zurückziehen, dort habe man freien Atem zum Arbeiten. »Wir können dann immer spazierengehen und uns so auch menschlich noch näher kommen«, schwallte Herr Kloßen entzückt und bestellte das vierte Bier für uns beide. »Ich arbeite die soziale Problemstellung aus«, präzisierte er, »und du bringst sie in die künstlerische Form und sowas. Weißt du, zu einer flotten Feder muß man geboren sein. Ich mache das Empirische, ich liefere dir die sozialen *Backgrounds.*«

Das Ganze, sagte Herr Kloßen mehrfach, müsse vor allem »flott« werden und »jede Menge Drive« haben.

Als Herr Kloßen nach zwei Stunden bezahlte, stellte sich heraus, daß die gemeinsam getrunkenen zwölf Biere genau 18 Mark kosteten. Zwei Mark hatte Herr Kloßen außerdem für Zigaretten drangegeben, so daß er sich nun der Situation gegenübersah, wiederum nur 2,35 Mark zu besitzen. Dies schockte Herrn Kloßen allerdings nur für einen Augenblick, dann schlug er mir, »hör zu«, vor, ihm noch einmal 13 Mark zu leihen, »damit komm ich leicht bis heute abend hin«, da treffe er dann Hajo, den Ballspieler, der schulde ihm noch 8,50 Mark, diese könne ich dann heute abend zurückkriegen, so daß wir also augenblicklich auf 76,50 Mark plus 13 Mark ist gleich 89,50 Mark seien, heute abend aber nur mehr auf 81 Mark. Eine Mark könne er mir übrigens sofort wieder von den eben empfangenen 13 Mark zurückgeben – Herr Kloßen schob sie mir auch gleich zu –, er schulde mir jetzt also 88,50 Mark und heute abend dann nur noch 80 Mark, »dann ist im Prinzip ja alles klar«.

Im Prinzip, so wurde auch mir in diesem Augenblick klar, profitierte ich natürlich von der Kloßenschen Geldleihpolitik. Denn gibt man ihm 20 Mark, dann kriegt man sofort 10 Mark in Form von Bier wieder zurück und hat dennoch seine 20 Mark Forderungen, die freilich ein wenig unsicher sind. Aber das ist eben das berühmte Unternehmerrisiko, das nicht zuletzt auch Genuß bereitet, weil man ja weiß, daß der Schuldner sich notgedrungen immer wieder anschleicht. Das Risiko ist also erstens gar nicht so groß, zweitens aber halte ich Kloßen für einen wahrhaft guten Menschen, weil er dem Unternehmer sogar noch das Bier zahlt. Und wo sonst gibt es das schon?

Als wir das Lokal verließen, sagte Herr Kloßen mit sonderbar schwankender, ja schaukelnder Stimme, er gehe jetzt mal eben in die Innenstadt, er kenne da einen vorzüglichen Weinprobe-Ausschank mit *Pool*-Billard, da koste der Schoppen »1a-Wein« nur eine Mark. Ob ich nicht mitkommen wolle?

Natürlich wollte ich, aber ich mußte auf die ökonomische Gestaltung des Tages achten, deshalb schützte ich Arbeit vor und verabschiedete mich von Herrn Kloßen, der sehr energisch, wenn auch leicht schaukelnd in Richtung Stadtzentrum weitersegelte. Nun kaufte ich mir eine Tageszeitung und setzte mich, weil mir ein wenig schwindelig war, auf eine Alleebank. Da! Tatsächlich, auf der ersten Seite stand es, das mit der Verwirrung in China! Was mir der Herr Domingo heute morgen berichtet hatte. Ob das denn gutgeht, wenn ein so riesengroßes Land verwirrt ist? Aber auch in unserem Lande, habe ich neulich in einer Zeitschrift gelesen, nimmt die Verwirrung immer mehr zu. Manche meinen, es sei die Regierung, wieder andere schieben es auf die Opposition. Ich kann nur sagen, ich persönlich stehe der Verwirrung mit gemischten Gefühlen gegenüber. Einerseits ist es natürlich immer wieder ganz schön, wenn Ordnung und Klarheit herrschen, so wie es auch der Innenminister dauernd will. Andererseits teile ich nicht die Auffassung jener Philosophen, die den Menschen für ein besonders geist- und vernunftbegabtes Wesen halten, das immer genau weiß, was es will und wo es überhaupt langgeht. Das klappt nicht. Vielmehr halte ich es in dieser Beziehung lieber mit meinem großen Lehrer Goethe, der Gott Vater ja selber jenen wunderbaren Vers sagen läßt, daß trotz der zu erwartenden Irrungen Faust ein guter Mensch in seinem dunklen Drange der Wahrheit wohl bewußt sei. Siehe zum Beispiel Herrn Kloßen, der trotz seiner unübersichtlichen Lebensgestaltung genau weiß, was der einzelne von ihm noch an Geld zu kriegen hat und wo er vielleicht noch eins herkriegt. Gute Freunde muß man halt haben, das ist es. Ich finde überhaupt, daß gerade wir modernen Menschen von diesem Goethe noch allerhand lernen können. Man denke etwa an den Vers: »Und keine Macht und keine Kraft zerstückelt geprägte Form, die lebend sich entwickelt.« Wer von uns könnte etwas so Schönes guten Gewissens heute noch sagen?

Unter solchen Gedanken auf der Alleebank war es langsam Abend geworden, und mir fiel ein, daß ich ja noch bei Herrn Rösselmann in seinem Büro vorbeischauen wollte, um so auch Neuigkeiten betreffs Rosen und Liebe zu erhaschen und deshalb für die bevorstehende Frage Herrn Jackopps gut gerüstet zu sein. Kaum aufgebrochen, lief mir Herr Kaplan Wetzel über den Weg, mit dem ich einst wegen unterschiedlicher revolutionärer bzw. reformerischer Vorgänge innerhalb der katholischen Kirche zu tun gehabt hatte, bei welchen Kaplan Wetzel als deutscher Vorsitzender der sogenannten europäischen Priestergruppen (der sogenannten Gegensynode, die der Papst Paul nicht ausstehen mag) führend beteiligt gewesen war. Herr Kaplan Wetzel ist hauptberuflich Telefonseelsorger in unserer großen Stadt, die einen solch guten Mann zweifellos sehr nötig hat, andererseits aber glaube ich, daß der Kaplan Wetzel den ganzen katholischen Kram gern hinschmeißen und lieber einen Golftrainer oder einen Chefconferencier oder einen Quizmaster abgeben würde als dauernd dem Papst sein Depp sein.

Herr Kaplan Wetzel begrüßte mich sehr freundlich, wahrscheinlich übersah er mit echter christlicher Nachsicht mein nachmittägliches Räuschchen, das ja von dem Drängen sowohl der Glasreiniger als auch des Herrn Kloßen herrührte und an dem ich insofern moralisch fast schuldlos war. Herr Wetzel fragte mich zuerst, was ich so treibe. Ich antwortete schlagfertig: »Dies und das, je nach Lustprinzip«, worüber Wetzel herzlich lachte – diese modernen katholischen Pfarrer verstehen schon ihr Geschäft. Herr Wetzel erkundigte sich nun, ob ich schon verheiratet sei (ich wollte das vor Jahren einmal und habe dem Geistlichen davon erzählt, ich weiß auch nicht, warum). Nein, sagte ich, die Frau sei in der Türkei verstorben. Wiederum überfiel mich dabei eine gewisse sehnsüchtige Bangigkeit, und Herr Wetzel drückte sein Bedauern aus. Dann fiel mir nichts Klügeres ein als zu fragen, wie es eigentlich mit dem Zölibat stehe. Herr Wetzel sagte, diese Frage sei inzwischen von den Priestern zugunsten anderer etwas zurückgestellt, aber man kämpfe frisch weiter. Weil ich mich meiner dummen Frage schämte, machte ich dem Geistlichen das Kompliment, ich hätte neulich sein Buch über die verdammte Lage der Christen in Spanien, Portugal und dem Baskenland mit großem Gewinn gelesen. Meine Gedanken wurden immer verschwommener, hoffentlich würde mich Herr Wetzel nicht nach Einzelheiten des Buchs ausfragen. Ich habe es in Wirklichkeit nie gelesen, sondern nur einmal kurz in der Hand gehalten. Denn ich sehe zwar die Nützlichkeit und Richtigkeit solcher kirchenpolitischer Studien vollkommen ein, fühle mich aber beim besten Willen nicht mehr in der Lage, auch dieses Zeug noch zu lesen. Manchmal schaffe ich kaum noch den Sportteil der Tageszeitungen und den »Kicker«. Dazu kommen neuerdings meine Aufgaben gegenüber Kloßen und Jackopp…

Herr Wetzel war aber gnädig, fragte nicht weiter, und beim Abschied vereinbarte ich mit ihm – warum erteilte er eigentlich heute keine Telefonfürsorge und redete statt dessen auf mich ein? –, daß wir demnächst vielleicht einmal ein paar Glas Bier zusammen trinken könnten. Insgesamt war ich Kaplan Wetzel dankbar, daß er mir über den Weg gelaufen war. Diese Geistlichen, sie wissen doch immer genau, wo es gerade brennt! So gestärkt, fast wieder völlig nüchtern und doch irgendwie noch lustig, traf ich in Herrn Rösselmanns Büro ein, aus dem gerade Herr Karsten Voigt herauseilte. Was hatte denn der da schon wieder zu suchen und zu laufen! Wie er nur lief! Als ob ihm der Boden unter den Füßen zu heiß würde. Keine Ruhe, diese Revolutionäre, geschweige denn Zeit, mit Herrn Kloßen am Nachmittag sechs Biere zu trinken! Nein, so geht es natürlich auch nicht, die kontemplativen Teile des Daseins dürfen einfach nicht zu kurz kommen!

In den Fluren des Büros umfing mich sogleich eine eigentümlich unheilschwangere, skandalumwitterte Stimmung. Arglos begrüßte ich trotzdem Herrn Rösselmann, der sich gerade einen Bohnenkaffee braute, mich nahezu diabolisch angrinste und sagte, ich möchte mich nur gleich bei Frl. Czernatzke »melden«. »Warum?« sagte ich mit einem recht mulmigen Gefühl in der Magengrube. Ich werde schon sehen, sagte Herr Rösselmann unheilvoll. Nun, das Wort »melden« befremdete mich, einen freien Menschen, natürlich sehr, aber vielleicht war das auch nur Rösselmanns Humor, und es kam etwas ganz anderes und Wunderbares auf mich zu, vielleicht die Botschaft einer Einladung zum Abendessen bei Frl. Majewski mit anschließendem Champagnertrinken...

Meine Bangigkeit zügelnd, schritt ich deshalb in Frl. Czernatzkes Bürozimmer und setzte mich, weil dieses vielgeliebte Wesen gerade telefonierte, abwartend in den Bürosessel. Sofort fiel mein Blick auf einen wunderbaren und dicken Strauß knallroter Rosen auf dem Schreibtisch. Also doch, dachte ich mir mit spontaner Freude über Herrn Jackopps Engagement, diese Liebe war also doch wider Erwarten keine Eintagsfliege gewesen, sondern hatte sich über Nacht gehalten, da stand der Beweis knallrot auf dem Tisch. Und doch, ein unsägliches Gefühl der Bangigkeit durchzog mein Inneres...

Zu Recht, wie sich gleich erwies. Kaum hatte Frl. Czernatzke ihr Telefonat beendet, drehte sie den Schreibtischstuhl in die Richtung, in der ich saß, und sah mich erst einmal unerträglich lang, bohrend und gewissermaßen verächtlich an. Hilflos, aber möglichst unbefangen fragte ich Frl. Czernatzke, ob denn irgend etwas nicht in Ordnung sei. Daraufhin sah mich Frl. Czernatzke noch um eine Spur unheilvoller und verächtlicher an. Es war kaum auszuhalten. Wie die Glut dieser rehbraunen Augen mich am Boden zerstörte! Herrlich! Verwirrt und trotz Kaplan Wetzels Eingriff noch nicht hundertprozentig klar im Kopf, stotterte ich, ob ich denn etwas Böses getan hätte, oder wie? »Frag nicht so blöd!« sagte nun mit Eiseskälte Frl. Czernatzke, aber es war doch wie eine Erlösung. Und während ich jetzt erneut etwas herumstammelte, ich wüßte nicht, was sie meine und wolle, wurde auch mir plötzlich, zwei Tage nach Herrn Jackopp, die ganze eindringliche

Schönheit dieses Frl. Czernatzke offenbar. Dieser lodernde und mich der tiefsten Verachtung aussetzende Strahlenblick, der offenbar nur unseren Mädchen aus dem Hunsrück eigen ist, – diese Flut verschleierter und gerade darum so reizender Erotik – diese kleine, aber entschlossene Brust, wie sie unter dem blaurot karierten Kittelchen wogte! Und der Rest fest in die *Bluejeans* verpackt …

In diesem Augenblick hätte ich Frl. Czernatzke sicher auch gern »flachgelegt«, doch noch während ich mich mit dieser ganz neuen und überraschenden Empfindung befaßte, schrie dieses Fräulein, auf den glutroten Packen Rosen deutend, plötzlich auf: »Und was soll der Rotz da??« Aha, sagte ich nun vorsichtig, das sei es also, nun, ich könne mir allerdings denken, wer der Absender sei. »Na also!« schrie Frl. Czernatzke jetzt gleichzeitig eisig und lodernd – »und wer hat den Jackopp überredet, den Blödsinn zu schicken?? Doch nur du, du Esel, du alter, nur du bist zu solch einem Schwachsinn fähig, du Rhinozeros!« Ich machte ein paar abwehrende Bewegungen, kam aber nicht zu Wort, denn erneut tönte es niederschmetternd auf mich ein: »Zum letzten Mal: Misch dich nicht in meine Sachen, du Idiot, du hast wohl mit dir selber genug zu tun! – – –«

Nun, das stimmte zwar, das war eine überaus richtige Beobachtung und Bemerkung – trotzdem war es jetzt Zeit, zum Angriff überzugehen. »Ja sind wir denn hier in einem Narrenhaus!« schrie ich erregt auf, wo gebe es denn so etwas, daß man so herrliche und noch dazu aus dem Herzensgrund eines Mannes kommende Rosen einen »Blödsinn« und gar einen »Rotz« nennen dürfe! Und außerdem verbäte ich mir diese unhaltbare Beschuldigung, ich sei es gewesen, der Herrn Jackopp zur Überweisung der Rosen bestimmt habe – vielmehr hätte ich mit diesem Herrn nur eindringlich über das Problem des Blumenschickens gesprochen und ihn sogar ein bißchen davor gewarnt – zu Recht, wie man nun sehe! »So?« lauerte Frl. Czernatzke und streifte mich mit einem abschätzigen Blick – sie habe aber ganz andere Informationen! Dann seien eben diese Informationen falsch, rief ich und gewann an Sicherheit. »So?« wiederholte Frl. Czernatzke – und was sei mit meiner kürzlich erfolgten Ankündigung, ich würde bald »gegen mich, die Birgit und den Ulf eine Intrige spinnen«?

Da mußte ich heftig lachen, denn auf diesen alten Krampf wäre ich wirklich nicht gekommen – »Lach nicht so dreckig!« schrie nun in zorniger Glut Frl. Czernatzke, und ich bilde mir sogar ein, daß sie ganz kurz zu einem Schlag ausholte, sich im letzten Augenblick aber bremste und mit heftiger, bewegter Stimme fortfuhr: »Du bist ein ganz gemeiner Kerl! Du weißt ganz genau, daß mir der Jackopp da mit seinem ganzen Elend nicht vollkommen gleich ist, und du weißt genau, daß da trotzdem im Augenblick gar nichts drin ist wegen dem Ulf. Und anstatt daß du den Jackopp bremst und zur Vernunft bringst, treibst du ihn weiter in den Schlamassel, damit du deinen Spaß hast. Es reicht schon, daß dieser Mann nachts um 2 Uhr vor unserer Wohnung auftaucht und läutet und dann davonrennt. Ich mag ja den Jackopp sogar ganz gern – aber im Augenblick stört er einfach meine Kreise, und die sind sowieso schon kompliziert genug. Kapiert!!«

Ah, das war interessant – »im Augenblick« hatte sie gesagt! Und Jackopp hatte Frl. Czernatzke bereits nächtens heimgesucht! Superb! Ich bat rasch um Entschuldigung für mein vorheriges Lachen und versuchte Frl. Czernatzke ganz ruhig zu erklären, daß mir keinesfalls daran liege, sie seelisch zu stören und zu verletzen – aber wie könne sie denn auch nur auf die Idee kommen, daß meine seinerzeit angekündigte Intrige mit der vermeintlich jetzigen auch nur das Geringste zu tun habe! Ich sei doch schließlich nicht ganz auf den Kopf gefallen und würde meine Intrigen zuerst sämtlichen Opfern ankündigen, jedenfalls möchte ich keineswegs – – – da ertönte plötzlich aus dem angrenzenden Zimmer – wo kam denn der schon wieder her? – unverkennbar die laute und quallige Stimme von Herrn Kloßen: »Du, Jungwirth, paß mal auf, kannst du mir bis morgen nochmals 10 Mark leihen?« Und kurz darauf hörte man die Worte »Rohleder« und »Fernsehspiel, das läuft schon...«

Es war eine kleine Stille entstanden, und ich wollte gerade mit meiner erklärenden Rede an Frl. Czernatzke fortfahren, da schellte das Telefon, und gleich darauf sagte Frl. Czernatzke: »Ja, Herr Halbritter?«, dann war es wieder ein paar Sekunden still, da hörte man nebenan wieder Kloßens Stimme: »Du kriegst das Geld, sobald morgen die Bank aufmacht.« Das war eine neue Variante, die Herr Kloßen mir vorenthalten hatte. »Ja, die Listen sind fertig«, sagte Frl. Czernatzke ins Telefon und kicherte plötzlich eigenartig munter, »ja, das Geld muß in den nächsten Tagen kommen.« »Wie?« »Ja, sicher.« »Das läuft.« »Wie immer.« »Aha!« »Ja, klar.« »Tschühss, Herr Halbritter.«

Übrigens stand die Kombination aus verschärfter Herzensnot, Zorn und geschäftlicher Betriebsamkeit Frl. Czernatzke recht gut zu Gesicht. Herr Jackopp hatte schon ein sicheres Stilgefühl bei Frauen. Sowie diese Dame ihr Telefonat beendet hatte, drehte sie den Stuhl wieder gegen mich, und erneut traf mich ihr verschleiert-bohrender Blick. Da begann ich mit niedergeschlagenen Augen Frl. Czernatzke nahezulegen, wie eindringlich ich gestern nacht versucht hätte, begütigend und harmonisierend auf Herrn Jackopp einzuwirken – in Sachen Rosen und allem, und das stimmte ja auch zu einem gewissen Teil. Und daß mir nichts ferner liege, als Herrn Jackopp auf sie zu hetzen, daß ich diesen vielmehr zur Geduld ermahnt hätte und daß ich also wirklich vollkommen schuldlos sei usw. …

Frl. Czernatzke ließ mich verdächtig lange schwätzen, sie musterte mich dabei allerdings nach wie vor mit einem furchtbar entwertenden Blick, der mich, ich mochte schwätzen, was ich wollte, gleichsam ununterbrochen der Lüge zieh und überführte. »So?« sagte Frl. Czernatzke endlich, nachdem mir gar nichts mehr einfiel, sie habe aber »aus erster Hand« gehört, »daß du den Jackopp zu diesem Blödsinn da angestiftet hast« – und sie deutete mit dem Kopf abwertend auf den Rosenpacken – »daß du ihn dazu angetrieben hast«. – Woher sie das wisse, wollte ich nun doch endlich und mit einem gewissen Zorn wissen. Frl. Czernatzke sträubte sich noch ein wenig, rückte aber dann mit der Erklärung heraus, Frl. Bitz habe es jedem, der es hören wollte, im Büro erzählt …

Ich schrie mächtig zurück, Frl. Bitz könne einen Dreck wissen, ich hätte seit zwei Tagen mit ihr kein Wort mehr gesprochen. Im selben Augenblick stieg mir allerdings schon der Verdacht hoch, daß diese Rosen-Information über Herrn Rösselmann als Zwischenträger zu Frl. Bitz und dann Frl. Czernatzke gelangt sein mußte – und zwar so, daß sie von Station zu Station immer falscher wurde, und ich zuletzt als der reine Einpeitscher herauskam! Ich sprang auf, um Frl. Bitz sofort zur Rede zu stellen. Sie war aber nicht aufzufinden, deshalb lief ich zornig zurück zu Herrn Rösselmann und beschuldigte ihn streng, Geheimnisse und diskrete Informationen an das ganz und gar unzuverlässige Frl. Bitz weiterzubefördern, die dann völlig unkenntlich geworden zu Frl. Czernatzke weitertrudelten. Herr Rösselmann verwahrte sich maulend gegen diese Anschuldigung, er habe Frl. Bitz heute nachmittag nur zur Kenntnis gegeben, was ich ihm erzählt hätte: »Daß möglicherweise rote Rosen im Anzug sind – kein Wort mehr oder weniger!«

Diese Frauen! Wollen den Sozialismus einführen und können nicht einmal eine Information richtig weiterleiten! In diesem Moment kam ein Herr Rudolph zur Tür herein, lächelte mich tückisch an und sagte bohrend: »Aha! Da ist er ja.« Herr Rudolph ist hier eine Art Bürovorsteher, wichtiger aber ist zweifellos, daß auch er, wie alle wissen, schon seit Jahren heimlich Frl. Czernatzke liebt, ohne es aber offen und frei zu melden wie Herr Jackopp. Immerhin aber mußte ihn das mit den Rosen natürlich auch auf seine verschwiegene Art interessieren, und vor allem um Herrn Rudolphs »Aha! Da ist er ja« zu kontern, sagte ich nun möglichst elegant und anspielungsreich, daß ich es viel besser fände, wenn die Herzen sich durch Blumen eröffneten als nur jahrelang durch süße darbende Blicke. Weil das natürlich nicht besonders geistreich war, vermochte Herr Rudolph ganz souverän zu lächeln und sich wieder zurückzuziehen, sicherlich um irgendeiner eingebildeten und wichtigen, in Wirklichkeit aber vollkommen nichtigen Bürovorstehertätigkeit nachzugehen.

Plötzlich fiel mir ein, daß ich ja noch immer nicht genau wußte, was sich denn da heute nachmittag eigentlich alles zugetragen hatte. Herr Rösselmann zündete sich eine Zigarette an und wollte gerade mit seinem Bericht beginnen, da steckte Herr Nikolaus Jungwirth seinen Kopf ins Zimmer, sagte fast haargenau wie vorhin Herr Rudolph: »Aha! Da ist ja der Übeltäter« und nahm erwartungsvoll Platz, als wollte er über mich ein wenig zu Gericht sitzen. Herr Jungwirth, ein strammer kleiner Herr im Westchen-Anzug, mit bereits ehrgebietend grau durchwirktem Vollbart, aufmerksam schweifenden Äuglein und einer Uhrkette, die stets lustig um den Bauch wackelt, lächelte gleichfalls arglistig und ließ sich von mir, was ich sehr gern tat, zunächst noch einmal die Entstehung von Herrn Jackopps Liebe skizzieren, wobei Herr Jungwirth immer wieder gleichsam besorgt »Aha« dazwischenrief.

In der Folge erfuhr ich, von Herrn Jungwirth und Herrn Rösselmann abwechselnd vorgetragen, den vollen Hergang des Nachmittags. Gegen 15 Uhr sei da plötzlich ein völlig ungehobelter, dreckiger alter Mann, nach den Worten von Herrn Jungwirth »eine ungewöhnlich taube Nuß«, ins Büro getreten und habe laut und schnurgelnd nach einem »Fräulein Tschernätschi« verlangt, dabei habe er mit einem riesigen Rosenpacken in der Hand gewackelt und gegrunzt, das solle er hier abgeben. Frl. Czernatzke, die nach Herrn Rösselmanns Mienenbeobachtung zu diesem Zeitpunkt bereits wußte oder doch ahnte, wem die Blumen zugeeignet und wem sie zu verdanken seien, habe trotzdem darauf bestanden, hier müsse es sich um eine Verwechslung handeln, sie heiße zwar Czernatzke, wisse aber von nichts. Auch er habe keine Ahnung, habe der Blumenbote mehrfach gegrunzt, dann habe er den Rosenpacken einfach auf den Flurboden gelegt und sei endlich grußlos wieder die Stiege hinuntergepoltert.

Es sei in den Rosen kein Zettelchen oder sonstiger Beweis eingeklemmt gewesen, so daß sich Frl. Czernatzke bis zum Ende gewehrt habe, sie als Geschenk des Herrn Jackopp zu begreifen, bis sie sich endlich – vermutlich nach der sehr unscharfen Information von Frl. Bitz – damit abgefunden habe. Herr Jungwirth erzählte, er habe dann den Strauß in einen Topf gestellt und diesen dann auf den Arbeitstisch von Frl. Czernatzke niedergelassen, wogegen diese eigenartigerweise gar nicht protestierte. Allerdings habe sie im Anschluß jeden, der ihr über den Weg lief, heftig angebrüllt und ständig von »Idioten« und »Mondkälbern« gesprochen. Und mich, den vermeintlichen Rosen-Antreiber, habe sie sogar als »Drecksack« beschimpft, der sich unter dem Vorwand der Freundschaft in die Intimsphäre anderer Leute einniste, bloß weil er nichts zu tun habe!

Darüber befiel mich jetzt erneut ein großer Zorn, und ich war versucht, erneut zu Frl. Czernatzke zu stürzen und sie zur Rede zu stellen, ja vielleicht sogar wegen Verleumdung anzuzeigen – so heftig war meine Erregung. »Ihre Kreise« wolle sich diese junge Dame nicht stören lassen! Ha! Daß ich nicht lache! Gerade sie als sozialistische Weiberrätin mußte doch wissen, wie sehr wir alle aufeinander angewiesen sind, ja daß wir wie die Kletten aneinanderhängen! Und außerdem hatte ich es ja zum Teil wirklich gut gemeint, und ich habe auch durchaus etwas Gescheites zu tun! Man denke nur, daß ich von den Glasreinigern heute bereits sage und schreibe 550 Mark ergattert hatte, dafür muß ein Industriearbeiter zum Teil mehr als zwei Wochen schuften! Und was tue ich? Ich reiße davon auch noch Herrn Kloßen aus dem gröbsten Dreck, spende einem Geistlichen durch meine Unterhaltung Trost, stelle mich Herrn Jackopp als Fragenbeantworter zur Verfügung ...

Voll Zorn schimpfte ich also jetzt, indessen Herr Rösselmann und Herr Jungwirth ununterbrochen und bedenklich die Köpfe wiegten, auf jene sehr eigenartigen jungen Damen, die so ungezogen und unerhört auf ein Herzensgeschenk, ein Liebessignal reagieren, wie es rote Rosen nun einmal seit undenklichen Zeiten sind und auch bleiben sollen. Ja, wo waren wir denn eigentlich! Sicher, hinter den edlen Rosen steckte nicht viel mehr als der äußerst niedrige, buchstäblich niedrige Wunsch des Herrn Jackopp, »sie flachzulegen«, und dies möglichst schnell, damit es durchgezogen sei. Aber ist das denn wirklich so böse? Braucht es dazu denn immer erst acht Wochen oder drei Jahre des Abtastens und Schönschauens? Gerade ich habe da im Falle dieses Frl. Czernatzke einmal äußerst üble Erfahrungen gesammelt mit meiner allzu langsamen Art! Ich umwarb sie nämlich einst mit dem raffinierten

Trick, ihr in humorvollem Tonfall zu sagen, in sechs Wochen würde ich mich ihrer bemächtigt haben. Davon fühlte sich diese Dame anfangs ungemein geschmeichelt, aber je näher der Termin heranrückte und je entschlossener ich mich rüstete, desto feiger trat dieses Frl. Czernatzke den Rückzug an, und jedenfalls ging der Trick absolut daneben. Ich habe es zwar nicht besonders bereut, aber jedenfalls war das der klare Beweis, daß es s o gerade nicht geht. In diesem Augenblick, als mir das alles so durch den Kopf jagte, mußte ich Herrn Jackopp mit seinem Ruckzuck-Programm vollkommen recht geben.

Herr Jungwirth, der mit übereinandergeschlagenen Beinen da saß und dabei aus Erregung fortwährend den Hosenstoff an seinen Schenkeln glattstrich, äußerte nun auch die Ansicht, daß Frl. Czernatzkes rüdes Auftreten gegen mich, Herrn Jackopp und auch all die anderen Bürobediensteten zu verachten sei. Herr Rösselmann dagegen, dem zwischendurch vor Staunen oder allgemeiner Müdigkeit kurzzeitig der Mund offengeblieben war, meinte, wohl um mich aufzuheitern, ich würde später einmal als Hausfreund der Familie Jackopp-Czernatzke hochgeachtet sein, davon sei er überzeugt. Der Gedanke gefiel mir sofort, denn Hausfreunde kriegen nicht nur, soviel ich weiß, immer Plätzchen und Likör vorgesetzt, sondern sie bringen es oft sogar zum Träger des Ganzen …

Außerdem schlug Herr Rösselmann vor, ich solle mit ihm jetzt erst einmal nach Hause gehen und Tee trinken und dabei alles vergessen, auch sei eine ausgezeichnete emsländische Wurst im Kühlschrank. Rösselmann hatte gerade noch schnell ein Telefongespräch mit einem Herrn Rudi Koop zu erledigen, bei dem es um die Vorbereitung eines Kameradschaftstreffens in Vechta ging, dann brachen wir auf, schauten uns aber alle drei nochmals den prächtigen Rosenpacken an, den Herr Jackopp hatte auffahren lassen. Frl. Czernatzke hatte ihren Arbeitsplatz bereits verlassen, das ganze Büro war leer, – da! Wunderbar leuchtend, glutvoll stand der Packen im hereinfallenden Abendrot auf dem Schreibtisch. Bravo! Endlich wollte es einmal einer wissen! Wie denn! Und einen solchen Mann sollte ich nach Frl. Czernatzkes Vorstellungen abblocken? Wenn endlich wieder einmal einer in die vollen langte? ... Wir zählten nach, es waren genau 19 Stück Rosen, eine schöne Primzahl, unteilbar wie die Liebe des Herrn Jackopp. Hatte er die Traumzahl 27 vergessen? Herr Jungwirth war der Meinung, Herrn Jackopp sei vielmehr beim Kauf das Geld bis zum letzten Hosenknopf ausgegangen. Es war eben die restlos, sich total verausgabende Liebe, und so soll es ja sein ...

Wir betrachteten die Rosen lang und von allen Seiten, machten uns auf die schönsten Einzelheiten und Kompositionselemente aufmerksam und mußten dann alle sehr lachen.

Ach ja, leitete Herr Jungwirth das Lachen über, Herr Kloßen habe ihn vor einer halben Stunde aufgesucht, Geld zu borgen, und in diesem Zusammenhang habe Kloßen auch geltend gemacht, er würde mit mir »ab sofort noch geschlossener zusammenarbeiten«. Einen Partner wie dich, sagte Herr Jungwirth, habe Kloßen weiter ausgeführt, habe er schon immer gesucht, zusammen seien wir »das ideale Team«. Darüber und überhaupt mußte ich natürlich erneut lachen und so, wieder vollkommen vergnügt, wollte ich auch gleich noch schnell Frl. Majewski anrufen und ein bißchen mit ihr scherzen usw. – doch hier spürte ich schon sehr bedrückend, wie der Schatten zwischen mir und Frl. Czernatzke irgendwie auf Frl. Majewski übergegriffen hatte, bzw. diese beiden standen in der Sonne und ich im Schatten oder wie – jedenfalls war es wie eine geheime Tragik. Ich, der ich Frl. Majewski so rein und ausdauernd liebte, wurde wegen meines Eintretens für Herrn Jackopp bestraft. Ja, indem ich die Liebesversuche von Herrn Jackopp unterstützte, würde bestenfalls und erneut zu meinem Schaden Frl. Majewski von Herrn Johannsen nur um so sicherer besessen werden, weil ja Frl. Czernatzke nicht mehr im Geschehen war, ach Gott, jedenfalls gab es jetzt kein Entrinnen mehr.

Deshalb war ich froh, jetzt mit Herrn Rösselmann von Mann zu Mann Tee trinken zu können und gleichsam ein Exil aufzubauen, einen Abwehrwall gegen die Stürme der Liebe, die gegenwärtig über unser Vaterland brandeten. Die Emslandwurst war ausgezeichnet, und der Tee vertrieb die letzten Spuren von Kloßens

Freigiebigkeit. Nach der dritten Tasse stellte sich allerdings, wie gewohnt, das bekannte Herzflimmern ein, das ich, genaugenommen, auch gar nicht mehr missen möchte und das Herr Rösselmann auf meine zarte Andeutung hin sofort durch das Eingießen mehrerer Gläser würzigen Bommerlunderschnapses wieder abtötete. Herr Rösselmann liebt es, seine zahlreichen Stubengäste zuerst mit seinem sämigen Tee zu bezaubern, mit Genuß beobachtet er dann ihren Griff in die Herzgegend, und sofort schenkt er mit einer munter auffordernden Kopfbewegung und den Worten »Hm? Hm?« Schnaps nach. Zurück bleiben meist völlig verwirrte Körper, die überhaupt nicht mehr wissen, wie ihnen eigentlich geschieht und ob es jetzt nach der Alkoholgift- oder der Teegift-Seite entlang geht.

Herr Rösselmann drehte nun den Fernseh-Kasten auf, da war ein dicker Mann zu sehen, der vier Menschen nach gewissen Dingen ausfragte, und dafür bekamen sie dann Punkte. Der dicke Mann fragte gerade, was 1492 war, und als es niemand wußte, half er nach, es habe da eine berühmte Entdeckung stattgefunden. Doch es half nichts. Dann stellte der Dicke folgende Frage: Drei Eier kosten eine Mark, also kostet ein Ei 33 Pfennige. Wieviel kosten 1½ Eier? Drei der Teilnehmer hatten die Frage überhaupt nicht verstanden. Der vierte, ein Schullehrer, rechnete angestrengt und kam dann schließlich auf 49 Pfennige. O wie lachte da Herr Rösselmann!

Ich persönlich muß sagen, ich nehme solche Dinge keineswegs so kaltblütig hin. Ich bin sogar überzeugt, daß auch Herr Jackopp die Aufgabe nicht zu lösen vermocht hätte, sondern sie mit einem störrischen »Ach was!« vom Tisch gefegt hätte. Nun, das spielt natürlich in den Bereich der Bildungsreform hinein und gibt mir oft sehr zu denken. Ich meine, ich habe natürlich seit dem Abitur auch wieder viel verlernt und vergessen und von den neuesten Wissenssparten wie Automobile, Thermodynamik oder gar Kernspaltung weiß ich nichts. Aber es geschieht mir auch immer wieder, daß andere und oft sehr angesehene Menschen, die sogar führend im öffentlichen Leben stehen oder auf hochbezahlten Posten sitzen, noch viel viel weniger wissen. Neulich traf ich einmal einen Bauunternehmer, der berichtete mir, sein Sohn habe heute als Rechenaufgabe etwas derartig Schweres durchgenommen, daß es schon fast an Zauberei grenze, wenn man es herausbringe. Im Anschluß stellte sich aber heraus, daß es sich dabei nur um eine ganz lächerliche sog. Überholungsaufgabe handelte, wo ein Zug um 9 Uhr wegfährt, der andere um halb 11 usw. Obgleich untrainiert, löste ich den Krampf vor den Augen des Bauunternehmers in zwei Minuten, und dieser Herr war davon so begeistert, daß er gleich einen Schnaps ausgab. Man sieht daraus, daß durch die Kraft des einfachen Hirns auch ein Mann wie ich ab und zu zu was kommen kann. Gewiß, es war nur ein Schnaps, und darauf kann man noch keine sichere Existenz gründen, aber es war doch auch etwas und wie eine Reverenz vor dem Intellekt…

Im Fernseh-Kasten fragte nun der dicke Mann eine junge Dame, die offenbar das erste Rennen gewonnen hatte, in einer Art Intim-Gespräch, wann sie am liebsten gelebt hätte, heute oder zu irgendeiner anderen Zeit? Die Dame sagte sofort »heute« und gab dann als Grund an, heute sei eben »alles prima«.

Zurück zur Frage des Geistigen. Ich meine, trotz meines Lehrstücks vor dem Bauunternehmer – andererseits wäre ich nicht mehr fähig, z. B. eine Bilanz zu erstellen, Lohnsteuertabellen zu lesen oder gar einen Bankeinbruch durchzuführen. Ich glaube, der Staat ist uns Intellektuellen zu großem Dank verpflichtet und könnte durchaus eine Art Anerkennungs-Rente dafür bezahlen, daß wir trotz unseres oft so unglaublich großen Hirns so einfache Dinge wie einen Bankeinbruch nicht mehr planerisch gestalten können, weil so etwas einfach von den mächtigen Säulen unserer Gehirnarchitektur wegrutscht. Moralisch bestünden keine Hindernisse…

Da schellte es. Herr Rösselmann schlurfte auf den Flur und kam nach wenigen Augenblicken wieder, tückisches Feuer hinter den Brillengläsern. Das würde ich nie erraten, rief Herr Rösselmann, wer gerade dagewesen sei. Wie im Traume sagte ich: »Herr Jackopp.« »Ja«, schrie Rösselmann, »und weißt du, was er gewollt hat?« Nein, das wußte ich nun wirklich nicht. Herr Jackopp, berichtete Herr Rösselmann, habe noch auf der Treppe stehend von unten herauf gefragt: »Guten Abend, Herr Rösselmann, wissen Sie, wo die Mizzi ist?« Er, Rösselmann, habe es natürlich nicht gewußt – wie denn auch? –, habe aber Herrn Jackopp mehrfach heraufgebeten, mit uns Tee zu trinken. Herr Jackopp habe aber irgendwie sehr müde und fast gekränkt abgelehnt, er habe noch auf der Stiege kehrtgemacht und sei mit den Worten »Ist gut, Herr Rösselmann, ich danke Ihnen« wieder verschwunden.

Das war nun natürlich alles wieder neu und überraschend! Was wollte Herr Jackopp plötzlich von Frl. Mizzi Witlatschil, nachdem er doch heute Frl. Czernatzke die herrlichen Blumen geschickt hatte? Erst bei dieser Gelegenheit erfuhr ich jetzt von Herrn Rösselmann, daß sich wohl schon im Zuge von Herrn Jackopps ehelichem Elend zwischen ihm und Frl. Mizzi so etwas wie eine kleine Affaire angebahnt hatte – Herr Rösselmann hatte da offenbar auch seine kleinen und süßen Geheimnisse. Es soll allerdings dabei, immer nach Rösselmann, keine so mächtige Leidenschaft aufgelodert sein wie seit nun vorgestern im Falle von Frl. Czernatzke – Frl. Mizzi ist ja auch viel kleiner, ungefähr 1 Meter 50 hoch und also ziemlich genau so klein wie Frau Doris Jackopp, und übrigens auch nur Österreicherin …

Angeregt unterhielt ich mich jetzt mit Herrn Rösselmann über die neue Lage. Für Rösselmann schien der Fall klar: Herr Jackopp, von der Macht der Liebe kommandiert und durch die Straßen unserer Stadt getrieben, suchte Schutz und Deckung bei Frl. Mizzi – um gegenüber seiner eigenen Leidenschaft gewissermaßen länger standhalten zu können. So sah es Herr Rösselmann und fletschte entzückt die Zähne. Mir leuchtete dies auch ein. Andererseits, warum suchte sich Herr Jackopp ausgerechnet wieder so eine winzige Person? Die konnte ihn doch kaum optimal abschirmen und arbeitete auch noch im gleichen Bürokomplex wie Frl. Czernatzke, und da war ja dann Herr Jackopp erneut ständig den erotischen Fängen dieser verdammten Czernatzke ausgeliefert …

Fragen über Fragen. Warum sollte ausgerechnet Herr Rösselmann wissen, wo Frl. Mizzi sich gerade aufhielt? Warum hatte Herr Jackopp auf seiner mühvollen Suche nicht wenigstens zwischendurch einen Schnaps oder einen Tee zur Stärkung getrunken? Und überhaupt: Es war jetzt kurz nach 9 Uhr, und um 10 Uhr wollte ich mich feierlich mit Herrn Jackopp treffen, seine Frage zu beantworten. Und er jagte kurz vor der Frist noch schnell hinter Frl. Mizzi her. – Was war denn das? Warum hatte Jackopp seine Frage nicht gleich hier gestellt? Fürchtete er Rösselmann? Oder war die Frage, eine Stunde vor der Zeit, noch immer nicht brillant genug formuliert? – – – Immerhin fragte Herr Jackopp schon recht schön: »Herr Rösselmann, wissen Sie, wo die Mizzi ist?« Sehr schön! War es etwa schon die Großfrage? Oder eine Vorfrage, eine Trainingsfrage? – – –

Im Fernseh-Kasten warfen sich nun die Teilnehmer Kugeln zu und erhielten so Gelegenheit, ihre Rechenfehler zu kompensieren. Herr Jackopp und Frl. Mizzi – wer hätte das gedacht! Ein kleiner Schweizer und eine noch kleinere Österreicherin. Was hätte da herauskommen mögen! Oder sollte wirklich Herrn Jackopps Leidenschaft gegenüber Frl. Czernatzke schon wieder beendet sein? Schrecklicher Gedanke! Da schellte Herrn Rösselmanns Telefon. Herr Jackopp? Es war aber jemand anderes, denn »Ah! Barbara!« flötete Herr Rösselmann sofort und zuckersüß ins Gerät und befahl mir schroff: »Stell mal den Fernseher leiser!«

Barbara! Wer mochte denn das nun wieder sein? Eine neue und unbekannte Geliebte Rösselmanns? Ich stellte, wie mir geheißen, den Fernseh-Kasten ganz leise und versuchte dann, in einem Journal blätternd, Klarheit über die Lage zu gewinnen. »Aber ja«, säuselte Herr Rösselmann z. B. und ruckelte mit der rechten Hand in der Erwartung hoher Genüsse an seiner Hornbrille, »aber ja«, »natürlich«, »du bist jederzeit willkommen«, und einmal hauchte Rösselmann ganz zart und schon hingebend: »Aber das weißt du doch, Barbara!«

Sollte man Frl. Bitz informieren? Andererseits: Barbara! Wer vermöchte schon diesem Namen zu widerstehen? Ich habe auch einmal eine Barbara gekannt und sehr geliebt. Es handelte sich dabei um ein taufrisches Mädel aus Niederbayern, das aber aussah wie eine echte altertümliche Griechin. Sie war Serviererin in einem Nachtlokal, dort waren wir uns auch näher gekommen, teuer war mir das gekommen, jede Nacht die Zeche für Barbara und mich. Aber ich bereue es nicht. In der Liebe soll man nie bereuen. Denn es kommt alles, wie es kommen muß. Diese Barbara ist dann später mit einem Amerikaner fortgelaufen. Das war gut so. Obwohl es sicherlich eine große Liebe war, wenn mir auch einmal ein Freund gesagt hat, diese Barbara sei für mich nichts anderes als das Ebenbild jener anderen Frau, die ich noch viel mehr geliebt habe, die aber leider zwischendurch in der Türkei verstorben ist, ich weiß auch nicht, warum.

Oh, diese Liebe! Da fiel mir Herr Jackopp wieder ein. Es war auch schon zehn Uhr und Zeit, zu unserer Zusammenkunft zu gehen, welche die entscheidende Frage bringen mußte. Sicherlich wollte auch Herr Rösselmann seine geheimsten Galanterien nicht vor meinen Ohren austragen. Ich stand also auf, nahm heimlich noch einen Schluck aus Rösselmanns Bommerlunderflasche und deutete dem Telefonierenden, daß ich aufbrechen müsse. »Augenblick«, sagte Herr Rösselmann, verdeckte mit der Hand die Telefonmuschel und knurrte mich scharf an, was ich wolle. Ich sagte, ich ginge jetzt in den »Krenz«. Herr Rösselmann verstand das überraschend nicht sofort, zweifellos war er von der Stimme seiner Barbara vollkommen verzaubert. Wenn ich das Frl. Bitz sagen würde! Als Rösselmann verstanden hatte, knurrte er weiter, er werde vermutlich später nachkommen. Dann gurrte er erneut ins Telefon: »Hallo, Barbara, ich bin wieder da!«

Diese Barbara hatte ganz offensichtlich schon eine sehr große Macht über Herrn Rösselmann, so sehr, daß er schon seine Freunde anknurrte. Was wollte eigentlich diese Barbara, diese wildfremde Person! Ich hatte insgeheim Herrn Rösselmann die winzige Frau Doris Jackopp zugedacht. Noch schöner wäre es natürlich, wenn auch er noch dazu gebracht werden könnte, hinter Frl. Czernatzke herzukeuchen. Dann würde diese von mindestens vier Herren geliebt, bekäme sicher einen Schreikrampf und liefe anschließend in einen Django-Film. Eigenartig! Früher waren die Frauen stolz, wenn ihnen möglichst viele Herren zu Füßen lagen, auch wenn diese Frauen dann letztlich nur einen bevorzugen wollten. Das andere, das waren dann eben die Schranzen, das schmückende Beiwerk. Aber auch diese hohe Liebeskultur zerfällt eben wie die Rosen und alles …

Gerade hatte ich den Eingang des Gasthauses »Krenz« erreicht, da kam ein dicker kleiner Herr heraus, den sie »Tarzan« nennen und der in Wirklichkeit Schatz heißt, eine vollkommen verkommene Person ist und gleichwohl seinen Kopf hochhält. Er hatte sich in früheren Zeiten einmal einen gewissen Namen gemacht, indem er mit einer Mauser-Pistole aus Protest gegen die Bierpreiserhöhung in die Zimmerdecke von »Krenz« geschossen hatte. Außerdem gilt »Tarzan« Schatz als der beste Porno-Kenner unserer großen Stadt. Einmal war er an mich herangetreten und hatte mir ein Geschäft angeboten: Er habe etwa 1000 Porno-Werke daheim liegen, alle bereits mehrfach gelesen; er wolle sie mir überlassen, wenn ich ihm dafür 100 neue und ihm unbekannte aus meinem Besitz übereignete. Ein verwunderliches Angebot, denn ich bin weder Kenner noch Freund, noch Besitzer von Pornographien und habe mich auch Schatz gegenüber nie in dieser Richtung geäußert. Offenbar nimmt dieser aber an, daß alle Menschen gleich, nämlich Pornofreunde sind.

Nun, natürlich hat er damit – gehen wir nur einmal ganz tief mit uns zurate – nicht ganz unrecht.

Herr Schatz, der ein keckes Hütchen auf dem wunderbar eierförmigen und unbehaarten Kopf, eine prächtige Zigarre im Mund und offenbar schon am frühen Abend einen lustigen kleinen Schwips hatte, teilte mir mit, es säßen »schon alle drinnen«. Nun, das war zwar stark übertrieben, denn »alle« zählt unser geselliger Kreis wohl über hundert Damen und Herren, aber es fand sich doch eine treffliche Auswahl – und vor allem eine hochinteressante Gruppierung. An dem einen Tisch saßen nämlich Herr Peter und Frau Johanna Knott, Herr Domingo, daneben Frau Heidi Knott und ihr Freund Ahmed Taheri (ein Mann, der während der Gottseidank nachlassenden Studentenunruhen 1968 eine gewisse führende Rolle gespielt, heutzutage sich aber ganz auf Kartenkunststücke und Frau Heidi zurückgezogen hat – und wieviel erfüllter ist jetzt sein Leben!); dazu noch das Ehepaar Ulla und Leberecht Hünlich, und zuletzt Frl. Majewski sowie neben ihr ein älterer, aber äußerst schnittiger Herr, den ich noch nicht kannte.

Am gegenüberliegenden Tische dagegen waren an der Längsseite Herr Kloßen und Hajo, der Ballspieler, postiert, an der Breitseite aber Herr Jackopp und – das war nun eine echte Sensation – eine schöne junge Dame in rotem Pullover, gegen welchen Herr Jackopp sehr eindrucksvoll seinen Kopf und Rumpf stützte. Auch diese Dame hatte ich noch nie gesehen.

Weil Frl. Majewski mir sofort und einladend »Hallo!« entgegenrief, war ich irgendwie gezwungen, am ersten Tisch Platz zu nehmen, obwohl ich den anderen intuitiv interessanter und informativer fand. So suchte ich mir also eine Position, von der aus ich beide Schauplätze gut überwachen konnte.

Herr Peter Knott, ein rüstiger, festlicher, mit einem verwegenen Bart ausgestatteter und vom Urlaub braun gebrannter Mann, gab gerade Reiseerlebnisse aus Ibiza zum besten und war dabei nachdrücklich um einen besonders überlegenen mediterranen Eindruck bemüht. Seine Frau Johanna Knott lächelte glücklich über die kessen Formulierungen und die gesunde Gesichtsfarbe ihres Gatten, und Herr Leberecht Hünlich sog nachdenklich an seiner Pfeife. Herr Domingo hatte sich wohl auch schon einmal auf Ibiza aufgehalten, denn er ergänzte Herrn Knotts wuchtig vorgetragene Insel-Theorien, in welchen immer wieder die Worte »*Trip*«, »abschlaffen« und »aus*flippen*« auftauchten, gelegentlich mit besonnenen Bemerkungen wie: »Jaja, da muß man einfach dort gewesen sein, um das zu begreifen« und stöhnte dann gleichsam unter der Last seiner tiefen Einblicke. Herr Taheri, der einstige Rebell, hatte, wie ich erkannte, seine Hand auf den Schenkel von Frau Heidi Knott gelegt, die entweder darüber oder über Herrn Knotts Ausführungen fasziniert vor sich hin lächelte. Gleichfalls verzaubert lächelte Frau Ulla Hünlich, ja praktisch lächelte ununterbrochen der ganze Tisch.

Unangenehm berührte mich, daß zwei Personen an diesem Tisch, Frl. Majewski und der schnittige Herr, sich um die allgemeinen Ibiza-Theorien nicht oder kaum kümmerten, sondern unabhängig davon fröhlich und lachend und unverkennbar erotisch gefärbt aufeinander einscherzten. Diese Majewski! Was war denn das schon wieder! Was wollte sie mit dem Alten da und seinem verräterisch sieghaften Blick! Gehörte diese Frau denn nicht Herrn Johannsen? Hatte dieser vielleicht heute Frl. Czernatzke die Ehre gegeben? Nun, dann wäre ja immerhin ich als Nächstplacierter am Zuge, und nicht dieser Alte da mit seinen sicherlich 45 Jahren! Der sollte doch zu seiner Altersgruppe gehen und nicht zur blühenden Jugend!

Während ich mir Herrn Knotts Redensarten anhörte und dabei Frl. Majewski und den Alten scharf unter Kontrolle behielt, streifte mein Blick gleichzeitig den weniger dicht, aber dafür um so spektakulärer besetzten Nachbartisch. Ein fesselndes Bild! Die beiden sich gegenübersitzenden Haudegen Kloßen und Hajo hatten die Köpfe fast hautnah aneinandergerückt und erzählten sich, soviel ich mitbekam und wie das in regelmäßigen Abständen donnernd einsetzende Lachen verriet, schmutzige Witze. Dazwischen saßen wortlos und hingegossen die Dame in Rot und, immer den Kopf gleichsam verzehrend gegen ihre Brust gestützt, Herr Peter Jackopp. Ein wundersamer Anblick, aber auch ein zutiefst unverständlicher! Hatte Herr Jackopp nicht vor einer Stunde noch leidenschaftlich Frl. Mizzi Witlatschil gesucht? Wo hatte er nun plötzlich in Windeseile diese Rote hergezaubert? Hatte er nicht am Nachmittag andererseits Frl. Czernatzke 19 rote Rosen überreichen lassen? Ja, fürchtete dieser Mann denn nicht auch, daß das am Nachbartisch sitzende Frl. Majewski die Sache mit der roten Dame wiederum Frl. Czernatzke übermitteln würde, so daß Herrn Jackopps Aussichten, sie »flachzulegen«, endgültig auf den Nullpunkt sinken würden? Und schließlich hatte mir doch Herr Jackopp eine Frage stellen wollen, und ich war auch direkt begierig auf sie. Doch wie sollte ich diesen Mann nach seiner Frage fragen, wenn er doch seinen Kopf ununterbrochen so verbissen gegen die Brust der Roten drückte? Übrigens erkannte ich auf seinem Bierdeckel auch schon eine – gemessen an Herrn Jackopps allenfalls einstündigem Aufenthalt – beträchtliche Menge Kreuzchen, welche in diesem Lokal Schnaps bedeuten, während ein Bier mit einem Strich vermerkt wird.

Wieder Fragen über Fragen! Ich fragte nun Herrn Domingo leise, wer denn der schnittige alte Herr bei Frl. Majewski sei. Das sei Herr Hilmar Hoffmann, der neue Kulturverantwortliche unserer Stadt, antwortete Herr Domingo. Frl. Majewski kicherte gerade wieder hell auf ihn ein, schrecklich! Dieser Hoffmann sei auch der frühere Leiter der Filmfestspiele Oberhausen, wußte Herr Domingo, während Herr Knott gerade über einen weiteren »Trip« berichtete, den er wohl im Mittelmeer unternommen hatte. Wenn das so ein wichtiger Herr sei, fragte ich Herrn Domingo flüsternd, warum komme er dann ausgerechnet in diese blöde Kneipe? »Hier«, antwortete Herr Domingo ernst und zupfte in seinem goldgelben Schnurrbart, »hier trifft sich die Elite der Nation.«

»Nein, nein!« schrie nun geradezu Frl. Majewski, so daß sich aller Augen nach ihr wandten. Hatte diese verdammte »Elite der Nation« ihr etwas besonders Kurzweiliges aus dem Kulturleben erzählt, oder hatte er sie einfach gekniffen? Ich muß wohl sehr böse dreingesehen haben, denn Frl. Majewski befahl mir sogleich mit hingebendem Schmelz in den Augen und in der Stimme: »Ach, Süßer, setz dich doch mal zu mir, komm doch mal!« Ah! Gram wegen meines Engagements in Sachen Frl. Czernatzke war mir Frl. Majewski also doch nicht. Das war wichtig. Trotzdem, mich zu ihr setzen, das durfte ich nun zweifellos nicht. Ich machte also eine schmerzlich abwehrende Handbewegung, die gleichzeitig und auf eine raffinierte Weise Liebe und Verzicht ausdrücken sollte, und wandte mich fast lässig Frau Knott zu, um sie gleichsam besorgt zu fragen, was sie von den neuen Entwicklungen der Liebe Herrn Jackopps, der noch immer seine Stellung an der Brust der Roten hielt, denke. Bedenklich wiegte Frau Knott den strohblonden Kopf: Nein, sie verstehe es auch nicht. Und während wir beide hinüberlugten, fuhr Herr Jackopps Kopf plötzlich von der Brust der Roten hoch und richtete sich starr gegen ihr Antlitz. Gleichzeitig bewegten sich ganz kurz die Lippen, – es kann sich dabei nur um ein Wort, meiner Meinung nach um das Wort »Was?«, gehandelt haben. Die Dame in Rot sagte daraufhin ein paar wahrscheinlich beruhigende kleine Sätze, denn gleich darauf fiel Herrn Jackopps Kopf wieder auf die Brust herunter.

Herr Knott hatte jetzt anscheinend seine Mittelmeer-Erfahrungen restlos geoffenbart, denn plötzlich fragte er den schnittigen Herrn Hoffmann, wie er sich denn in unserer Stadt fühle. Nun hatte Herr Hoffmann durch diese an ihn gerichtete Frage zweifellos Macht über den ganzen Tisch gewonnen, und er erklärte, angelächelt von allen und leider besonders heftig von Frl. Majewski, daß hier alles zu revolutionieren sei, das Theater, das Galeriewesen und vor allem das Kino. Nun reichte es mir aber! Zuerst Frl. Majewski betören und dann die Revolution ausrufen! Tief angewidert stand ich auf und setzte mich an den anderen Tisch zu Herrn Kloßen und Herrn Hajo, welcher gerade unter Kloßens schepperndem Gelächter einen sexuellen Witz über einen Papagei zu Ende führte.

»Hör mal«, schwallte Herr Kloßen mir nun ins Gesicht und hielt gleichzeitig sein leeres Bierglas dem vorbeischweifenden Ober hin, »hör mal, das mit dem Geld machen wir jetzt ganz anders.« Hajo, der Ballspieler, habe die angekündigten 8,50 Mark nicht bei sich, aber das bedeute gar nichts, weil Hajo morgen alte Bettwäsche und eine Leiter verkaufe, und wir seien jetzt also nach wie vor auf 88,50 Mark, und damit sei dann ja vorerst »alles wieder klar«.

Hajo, der Ballspieler, bestätigte Kloßens Aussage und begann dann mit einem neuen Witz. Vom anderen Tisch klang Herrn Hoffmanns mächtige Stimme und in gewissen Abständen Frl. Majewskis Lachen herüber, das mir heute gerade in seiner Herzigkeit sehr unangenehm, ja verräterisch erschien. Der Kellner brachte Herrn Kloßen ein großes Bier und malte den siebten Strich auf den Bierdeckel. Herr Kloßen hob mit einer halbkreisförmigen und geradezu schwungvollen Armbewegung das Glas an seinen Mund, schloß beide Augen und nahm einen erstaunlichen Schluck Bier in sich auf. Dahinter ruhte Herr Jackopp nach wie vor an der roten Brust.

Wer war diese Dame in Rot? Zweifellos eine ansehnliche Frau. Warum hatte sie Herr Jackopp nicht früher mitgebracht und vorgezeigt und vielleicht sogar einem von uns abgegeben? Hatte Herr Jackopp, von der Suche nach Mizzi Witlatschil ermüdet, diese Frau in kürzester Zeit nach hierher beordert, um aller Welt seine erotische Unabhängigkeit und Überlegenheit gegenüber Frl. Czernatzke zu beweisen? Nun, das wäre natürlich schlimm und einfältig genug! Meiner Ansicht nach wäre es strategisch richtig gewesen, die Czernatzke-Leidenschaft stur und hemmungslos weiter durchzuziehen, andere Frauen zwar mitzubringen, aber demonstrativ angewidert von ihnen ab- und sie uns zu überlassen, so nach dem Motto: Da habt ihr den Rotz, ich steh nur auf der Czernatzke …

Weil Herr Kloßen über Hajos Witz dröhnte, lachte ich anstandshalber auch ein wenig mit. Vom anderen Tisch war aus dem Mund Herrn Hoffmanns mehrfach das Wort »kommunales Filmtheater« zu hören und einmal auch »Provinzialismus«, ein Wort, das gleich darauf von Herrn Knott in »provinzielle Strukturen« erweitert wurde, außerdem sagte Herr Knott flott etwas über den »jetzigen Kulturschamott«. Herr Hoffmann wiederum forderte nun einen »intensiven Ausstellungsrhythmus innerhalb der Kunstszene« und beklagte die »Überfälligkeit einer großangelegten Kunstdidaktik an den Schulen«. Darauf nickte Herr Knott ernst mit dem Kopf, und Frl. Majewski sagte etwas Emsiges, von dem ich leider nur das Wort »Bildungsbürgertum« verstand.

Doch da begann an meinem Tisch wieder etwas höchst Eindrucksvolles. Herr Jackopp hob erneut den Kopf von der Brust der Roten, führte nun seine Wange an die ihre und umfing sie mit beiden Armen und sah geradeso aus wie die berühmtberüchtigte Plastik von Rodin! – dann schraubte sich das Paar sogar ein wenig höher, ja gleichsam von den Sitzen weg, etwa 15 Zentimeter hoch – ein fast erhabener Augenblick –, und fiel dann, während Herr

Kloßen gerade ungerührt seinen Witz über ein Vertreter-Ehepaar beendete, ermattet wieder herunter und auseinander. Nun erhob sich Herr Jackopp langsam und schritt vom Tisch weg auf die Toilette. Das war der Augenblick der Fragestellung! Als Herr Jackopp, dem Herr Hajo in der Zwischenzeit flugs eine Zigarette gestohlen hatte, zurückkehrte, zupfte ich ihn am Ärmel und zog ihn sanft auf den Stuhl neben mir: Was mit der Frage sei? »Welche Frage?« fragte Herr Jackopp betäubt und düster zurück. Nun, sagte ich, natürlich die Frage bzw. die Antwort, um die er, Jackopp, mich heute nachmittag gebeten habe. Jackopp sah mich lange und nachdenklich, ja sogar schmerzlich an, oder genauer, er sah haarscharf an mir vorbei, dann sagte er langsam: »Nein, ich habe keine Frage.«

Ein wenig verlegen fragte ich nach, ob ich ihm sonstwie helfen könne. Wieder ein langes, bohrendes, leidendes Nachdenken. »Nein«, sagte Herr Jackopp, »es ist gut.« Dann sei es ja gut, sagte ich. »Ja«, sagte Herr Jackopp, stand auf, setzte sich wieder und diesmal manierlich neben die Rote, starrte auf die Tischplatte und rief plötzlich: »Herr Mentz, einen Korn, Herr Mentz!«

In diesem Augenblick brach am anderen Tisch alles auf, ich vernahm, man wolle noch in irgend so eine Diskothek gehen, wo sogar Negermusik zu hören sei. Auch Frl. Majewski war natürlich mit von der Partie, und zurück blieb von diesem Haufen nur der würdige Herr Domingo. Auf seinen Wink hin begaben wir beide uns jetzt ein wenig an die Theke, während die Gruppe Kloßen-Hajo und Jackopp-Dame-in-Rot weiter an ihrem Tisch verharrte.

Herr Domingo äußerte eine gewisse Enttäuschung, daß leider Herr Pettler nicht anwesend sei, den man jetzt ein wenig anstänkern könnte (Herr Pettler ist Mittelschullehrer, steter Gast bei »Krenz« und fungiert dort als eine Art Hausfaschist, und wir sind alle froh um ihn, weil niemand anderer seine Dummheit so voll austrägt, und er nichts, aber auch gar nichts zurückhält). Die Theke war schon fast leer, nur ein alter Mann nippte abwechselnd an seinem Bier und warf, vor sich hin brummelnd, Groschen in den Geldautomaten. Frl. Czernatzke lag jetzt sicher in Herrn Ulfs

Armen. Auch Herr Jackopp war ja irgendwie gut aufgehoben. Aber Frl. Majewski? Und erst recht ich? Nun, ich hatte ja Herrn Domingo. Dieser erzählte mir nun, daß Herr Hilmar Hoffmann auf Empfehlung von Herrn Gerd Winkler in den »Krenz« gekommen sei, um dort aufgeweckte junge Intellektuelle zur Solidarisierung mit seinen progressiven kulturellen Vorhaben zu gewinnen. Da kam gerade so ein aufgeweckter junger Intellektueller zur Tür herein, nämlich Herr Rösselmann, der sich anscheinend endlich gegenüber jener Barbara ausgesungen hatte. Er gesellte sich sofort zu uns an die Theke, warf nach rückwärts Ausschau haltend einen interessierten Blick auf Herrn Jackopp und die rote Dame und fragte mich, wer denn das sei. Ich sagte, ich wisse es auch nicht, und erzählte Herrn Rösselmann und Herrn Domingo leise den ganzen Verlauf des Abends, vor allem aber, daß Herr Jackopp seine Frage vergessen habe. Während Herrn Rösselmanns Äuglein lebhaft hinter der Hornbrille funkelten und er wiederholt den Kopf zurück nach dem eindrucksvollen Paar drehte, seufzte Herr Domingo nur gleichsam hoffnungslos: »O Gott, o Gott!« Nun ja, zu diesem Seufzer bestand gleich darauf noch ein Anlaß. Herr Kloßen und Herr Hajo hatten das Witzeerzählen abgeschlossen, Herr Hajo war bald darauf verschwunden, und Herr Kloßen hatte sich deshalb gleichsam solidarisch neben uns an die Theke gesellt, um dem Tagesabschluß noch eine irgendwie sinnvolle Form zu geben. Die Form wurde aber dann doch nicht so schön, denn Kloßen überreichte dem Wirt, dem alten Mentz, seinen vollgestrichelten Bierdeckel und erklärte schwer quallend, er solle diesen bis morgen aufheben, »da kommt das Geld vom Finanzamt, und dann machen wir alles klar«, und der Herr Mentz solle gleich noch einen neuen Strich darauf machen für ein weiteres Bier. Daraufhin brüllte der erhitzte Herr Mentz spontan auf Herrn Kloßen ein, das sei eine Sauerei, es sei schon ein Deckel über 9,80 Mark da, zwei Deckel aber habe es in seiner ganzen Wirtslaufbahn noch nicht gegeben. Außerdem bestehe bei ihm, Kloßen, nicht die moralische und finanzielle Kreditwürdigkeit anderer zum Teil langjähriger Gäste, und das Ganze sei »jedenfalls eine Sauerei«. Weil aber Herr

Mentz gleichsam automatisch Biere nachschenkt, stellte er wohl aus Versehen nun doch ein neues Glas vor Herrn Kloßen, das dieser sofort und zügig antrank und dazu beschwichtigend auf Herrn Mentz einquallte, daß jetzt bald alles in seine Ordnung komme.

Herr Domingo fragte nun zart, aber mit bösartiger Wißbegierde Herrn Kloßen, warum er eigentlich nie Geld habe. Herr Kloßen setzte eben an, etwas über seine tragische Enterbung zu erzählen, doch da ertönte plötzlich laut Herrn Jackopps Stimme von hinten: »Herr Mentz, ein Taxi, ein Taxi, Herr Mentz!« Gleichzeitig stand Jackopp auf und trat, gefolgt von der anscheinend völlig ergebenen roten Dame, an die Theke, stellte sich hinter unsere Gruppe und starrte in den Fußboden. Hinter Herrn Jackopp bezog die Rote Stellung und starrte ihrerseits schräg zur Seite. Herr Rösselmann beäugte vergnügt und mit einer gewissen Frechheit diese ganze merkwürdige Gruppe. Auf einmal griff sich Herr Jackopp mit stummer Gebärde an die Stirn und ließ auch gleich seine Hand dort ruhen. Kummer? Betrunkenheit? Unlogik der auf Herrn Jackopp einstürzenden Vorgänge? Ich persönlich glaube, daß Herr Jackopp einfach und grob betrunken war und in einem letzten Aufbäumen des Gehirnapparats dafür die ganze Mitwelt, ja sogar vielleicht die angespannte Lage im Nahen Osten verantwortlich machte. Das ist natürlich ein Unsinn, denn Herr Jackopp wäre sicher auch so (ohne die Weltlage) betrunken.

Doch da rief schon Herr Mentz nach einem Pochen an seiner Eingangstür: »Taxi ist da!« Herr Jackopp zahlte nun seine Zeche sowie den Taxianruf, wobei mehrere Münzen zu Boden fielen, nach denen sich Herr Domingo kameradschaftlich bückte, was Herr Jackopp mit einem »Ach was!« kommentierte. Herr Domingo warf die gefundenen Münzen in Herrn Jackopps Manteltasche und sagte dabei dreimal: »So«. Ich bin fast sicher, daß Herr Domingo alle Münzen hineinwarf, obwohl dieser Herr sonst in Warenhäusern systematisch, ja »unter einem gewissen psychischen Druck« Zigaretten und Käse stiehlt.

Eben als Herr Jackopp und seine rote Frau zur Tür hinausglitten, ereignete sich noch etwas Unerwartetes, denn im gleichen Augenblick purzelte Frl. Majewski wieder zur Tür herein. Ihr leuchtendes Auge und der erste Satz »O ihr Lieben, daß ich euch noch treffe!« vermochten Frl. Majewskis Angetrunkenheit nicht ganz zu verbergen, im Gegenteil, diese wurde immer offenkundiger, als sie zuerst aufgrund irgendeiner Gleichgewichtsstörung gegen den jetzt erregt gähnenden Herrn Rösselmann polterte – von dort taumelte Frl. Majewski gegen die Breitseite von Herrn Domingo und schließlich blieb sie zwischen diesem und mir an der Theke hängen. Ich nützte sofort und entschlossen die Situation, Frl. Majewski noch ein wenig zu umgarnen und zu umfassen, was ihr offenbar sogar gefiel, und sie erzählte aufgeregt, daß »die ganze beknackte Blase« noch in dem Negerlokal sei, indessen habe es sie hierher zurückgedrängt, weil sie sich hier »letzten Endes« daheim fühle. Bei diesen Worten umfaßte ich Frl. Majewski noch fester und herzlicher, konnte aber dann immerhin die gleichsam schmollende Frage nicht unterdrücken, was sie den ganzen Abend mit dem Kulturverantwortlichen Hoffmann vorgehabt habe – sie habe ihn ja geradezu umworben. »Was?« rief Frl. Majewski laut, aber gerade noch anmutig, und prustete sogar vor Lachen los. Nun ja, fuhr ich recht eingeschüchtert fort, meiner Meinung nach habe sie, Frl. Majewski, diesen alten Herrn gar zu liebreich angeschaut – es gehe mich ja zwar nichts an, aber unsere alten Herren dürfe man nicht unnötig und aus reiner Freude …

»Weißt du, du spinnst total!« lachte mich Frl. Majewski erneut aus und erklärte nun, meine Beobachtungen seien völlig falsch, vielmehr habe sie in den Hoffmann gewisse Hoffnungen im Zuge der sozialistischen Frauenbewegung auf lokaler Ebene gesetzt – und nach einer längeren Periode, die ich nicht ganz verstand, kicherte Frl. Majewski plötzlich vergnügt: »Weißt du, der Menschen Ziele sind so ungemein ungereimt!« und hielt dem alten Herrn Mentz auffordernd ihr Biergläschen hin. Was bedeutete dieser letzte Satz? Doch noch bevor ich es zu erraten vermocht hätte, hatte Frl. Majewski schon wieder was Neues und noch Geheimnisvolleres gesagt: »Weißt du, wir sollten endlich diese Animositäten ausräumen, das wird sonst ein ganz ungesunder Brei und überlappt sich gegenseitig bei dieser elend komplizierten Psychostruktur, ja?« – und dann wandte sie sich auf einmal Herrn Domingo zu, trällerte: »Sag mal, was machst du eigentlich die ganze Zeit?« und boxte ihm freundschaftlich in die Kniekehle, worauf Herr Domingo, vielleicht sogar sexuell berührt, leicht aufjapste.

Animositäten ausräumen, die elend komplizierte Psychostruktur entlasten – was meinte Frl. Majewski nur? Als sie vorgestern aus Vernazza zurückkam, redete sie doch so, daß auch ich es verstand! Und während ich so allerlei überlegte, muß Herr Kloßen drei Schritte weiter links erneut einen Fehler gemacht, nämlich ein erneutes Bier und einen erneuten Strich auf seinen Deckel begehrt haben – und das brachte nun den alten Herrn Mentz in eine schon ganz tolle Wut. Er schrie schrankenlos auf den tapferen Kloßen ein und verlangte, daß wir nun alle – ein typischer Bruch in der Logik von Gastwirten – heimgehen sollten. Die Polizei laure ohnedies draußen vor der Tür – »von Borchert«, warf ruhig Herr Domingo ein, eine feine Anspielung, die nun der alte Herr Mentz schon überhaupt nicht einsah und wohl als persönliche Beleidigung auffaßte, so daß er in eine noch ärgere Wut geriet und auf einmal unsere »ganze Bande von Streunern und Apo« beschimpfte, so daß es schon ganz gehaltlos war. Ja, der alte Herr Mentz zeterte sogar hektisch, uns allen fehle es an »Herzenstakt und Mutterbildung«. Und in blindem Feuer schüttete er nach diesem Satz einen grünen Schnaps in sich hinein.

Das war zuviel. Als die Klügeren zogen wir es besonnen vor zu schweigen, zu zahlen und voller Verachtung das Lokal zu verlassen. Auch Herr Kloßen spürte nun wohl irgendwie, daß wir gegenüber dem alten Mentz aufgrund von dessen unfeinem Auftritt eine gewisse psychologische und moralische Überlegenheit gewonnen hatten, und er murrte deshalb feindselig, wir sollten jetzt alle in die Jahn-Stube gehen, da sei es ohnehin viel schöner. Daraufhin sprach Herr Mentz Herrn Kloßen überraschend ein Lokalverbot auf Lebenszeit aus, was Herr Kloßen mit wegwerfenden Handbewegungen und gurgelnden Lauten quittierte.

Unter unablässigen und hitzigen Beschimpfungen und Drohungen des alten Herrn Mentz trotteten wir nun aus der Gaststube und berieten draußen kurz, ob ein vorübergehender Boykott dieses Lokals angemessen sei. Frl. Majewski sprach sich fast unnatürlich leidenschaftlich dafür aus, indessen Herr Domingo schwer seufzend meinte, einen solchen Boykott würden wir charakterlich nicht durchstehen, dazu sei die Bindung schon zu stark, eine Meinung, der wir uns endlich alle und lachend anschlossen. Da trennten wir uns, und während Herr Rösselmann Frl. Majewski heimgeleitete und Herr Domingo ein Taxi heranwinkte, schlug mir Herr Kloßen vor, mit ihm noch ein wenig in das Spätlokal »Schildkröte« zu wandern. Ich überlegte kurz, – nein, ich hatte Kloßen heute auch schon genug Geld gegeben und sagte also energisch, ich sei müde und müsse heim, so daß auch der bargeldlose Herr Kloßen seine Hoffnungen begraben mußte. Auf dem Weg zu unserer Wohnung erklärte er mir, er habe inzwischen schon einen passenden Stoff für unser Fernsehspiel gefunden, nämlich die Gastarbeiter-Problematik, »das ist echte Klasse«. Außerdem wolle er, Kloßen, mir morgen »zwischen 8 und halb 11 Uhr« 10 Mark unter den Türschlitz schieben.

Warum ausgerechnet 10? Nun, immerhin gab mir diese unverhoffte Ankündigung schon sozusagen einen Inhalt für den nächsten Tag. Waren die 10 Mark da, konnte ich mir dazu was denken, waren sie nicht da, konnte ich mir auch was denken …

Zuhause angekommen, fragte Herr Kloßen, offenbar in Erwartung meines Danks für seine Gastarbeiter-Idee, ob ich noch Bier oder sonstwas im Eisschrank hätte, wir könnten dazu noch ein bißchen gute Musik hören. Ich fiel aber auf diesen bauernschlauen, meine musikalische Passion rüd ausnutzenden Trick nicht herein, sondern sagte höflich, aber entschieden, ich hätte keins, wünschte Herrn Kloßen eine gute Nacht und trank lieber in aller Besinnlichkeit und für mich allein, so allerlei überdenkend, noch einen Becher perlenden Champagners.

VIERTER TAG

Dieser Tag mußte zweifellos gewisse Entscheidungen oder Vorentscheidungen bringen, denn die Eröffnungen mit allen ihren Kniffen und Winkelzügen waren sozusagen abgeschlossen, die Teilnehmer hatten ihre Stärken und Schwächen vorgeführt, und vor allem Herrn Jackopps verbissenes und dreiseitiges Anrennen versprach ein unterhaltsames Mittelfeldspiel, wenn ich so sagen darf.

Es kam aber zuerst einmal etwas ganz anderes, nämlich gegen 5 Uhr früh ein Telefonanruf, das war aber nur eine betrunkene Polterabendgesellschaft aus Köln, die einen Herrn Dr. Kurz zu sprechen wünschte. Bald stellte sich aber heraus, daß der Anrufer, ein donnernd lustiger Mann, statt 55 59 48 leider 55 69 48 gewählt hatte. Nun habe ich zwar für alles sehr viel Verständnis, aber wie jemand, der bereits zweimal die 5 richtig gewählt hat, sich ausgerechnet beim drittenmal vergreift und die 6 erwischt, ist schon sehr schwer einzusehen.

Der nächste und ernster zu nehmende Anruf traf gegen 10 Uhr ein. Es handelte sich wiederum um Herrn Gabriel von der Glasreinigerinnung, der mich dringend bat, hinter alle meine Anschuldigungen gegen den SPD-Menschen »sozusagen ein Fragezeichen zu setzen, damit wir dann gerichtlich nicht belangt werden können«. Das war ganz einwandfrei wieder der Druck des Greises, der mich ja gestern schon mehrfach beschworen hatte. Dieser Greis war offenbar rettungslos von dem Gedanken beseelt, daß man durch ein feines Fragezeichen hinter den unhaltbarsten Anschuldigungen immer alles ungeschehen machen und straffrei ausgehen könne. Das deutete ich auch Herrn Gabriel vorsichtig an, doch der verstand nicht und wiederholte immer nur das mit den Fragezeichen und sagte, das Ganze müsse »seriös ausschauen«. Da wechselte ich das Thema und sagte Herrn Gabriel, es sei übrigens wunderbar, daß er anrufe, denn ich hätte (das war natürlich eine grobe Lüge) gestern schon das umfangreiche Aktenmaterial mit Interesse studiert und eben mit der Abfassung der Presseartikel beginnen wollen, »damit wir die Sache zügig über die Bühne bringen«. Ich sei nun auch sicher, daß wir »im Recht« seien und wir also – hier fiel mir nichts Besseres ein – »einwandfrei gewinnen«. Herr Gabriel bekam aber anscheinend nicht mit, daß es bei der Sache ja gar nicht um Gewinn ging (das heißt letztlich natürlich schon), sondern um die gezielte Aufklärung der Bevölkerung sowie um eine gesunde sozialdemokratische Mittelstandspolitik.

Vor allem aber ärgert mich, daß manche sog. Geschäftsleute immer und unter allen Umständen vor elf Uhr anrufen und ihre dummen Geschichten abwickeln wollen. Und dann stellt sich eben heraus, daß sie doch noch schlafen und auf die haltlosesten Redensarten hereinfallen. Ich bin da ein überzeugter Vertreter des englischen Systems: Später Geschäftsbeginn, aber dann mit glasklarem Kopf!

Weil ich aber schon einmal wach war, zog ich mich widerwillig an, lief in der Wohnung hin und her und gewahrte dabei ein Kuvert unter dem Türschlitz. Ah! Hatte Herr Kloßen wirklich einen der heißgeliebten blauen Scheine aufgetrieben und mir unterschoben? Das durfte nicht wahr sein! Es war auch nicht wahr, sondern ich erkannte schon an der Anschrift die schönen und eigenartigerweise sogar sehr schwungvollen Züge von Herrn Jackopp. Im Kuvert lag ein Zettelchen: »Ich bin im Café Härtlein. Ich muß dich etwas fragen.«

Na, dieser Tag ließ sich ja doch noch recht gut an. Wie einfühlsam Herr Jackopp war! Stört nicht durch Schellen oder Telefonieren meinen Schlaf, nein, er schiebt ganz sacht! Froh und munter legte ich die Oberon-Ouvertüre auf den Plattenteller – wie ich aus langjähriger Erfahrung wußte, eignet sich dieses herrliche Stück Musik besonders gut zum Fröhlichmachen. Diese morgendliche Frische, welche in die Musik gleichsam eingewebt ist, dieser verträumte Hornruf, diese verschlafen sich die Augen reibenden Streicherkapriolen, die mit wenigen Strichen den ganzen flüsternden Elfenzauber der Romantik heraufbeschwören, um dann im edel-feurig dahinrauschenden Allegro allen Glanz des hohen kühnen Rittertums zu entfalten! Das waren eben damals noch Zeiten! Und dann der innige, mild-süße Klarinetteneinsatz mit dem Hüon-Thema: »Jetzt gießt sich aus ein sanfter Glanz«, dessen chromatische Sequenz e-dis-d mir sogar zwei, drei Tränen der Freude heraustrieb, – nun, natürlich wollte sich auch Herr Jackopp gern ausgießen, und doch welch Unterschied zwischen den erotischen Impulsen dieses Hüon und denen des Herrn Jackopp! Nun freilich, Hüon ist ja auch Tenor, während Herr Jackopp nur tief brummt, naja, das nur nebenbei…

Doch noch bevor Rezias Jubelruf »Mein Hüon, mein Gatte« sieghaft aufloderte, erlosch der ganze große Zauber, denn erneut schellte das Telefon, und es war, besonders quallig dröhnend, der Schreckensmann Kloßen, der leidenschaftlich in mich drang, doch schnell mit meinem Auto zum Hauptbahnhof zu kommen, um ihn und zwei große Koffer abzuholen, in denen gewisse sehr bedeutsame Schriftstücke und andere Werte lägen, und wenn die erst heimgeschafft wären, dann sei das sozusagen eine neue und langfristige Existenzgrundlage. In diesem Augenblick wußte ich natürlich sofort, daß Kloßen also weder Geld für ein Taxi noch auch nur für die Straßenbahn besaß, und ich mußte ihm also zusagen. Ich nahm mir aber fest vor, ihm heute zu bedeuten, daß auch ich nun am Ende meiner Möglichkeiten sei (den Haufen Geld von den Glasreinigern hatte ich ihm äußerst klug verschwiegen), und ich wollte ihn deshalb auch gleich ins Café Härtlein mitnehmen – erstens, um Kloßen bei einem möglichen Großangriff Herrn Jackopps auf mich notfalls zwischenschieben zu können, zweitens, um zu erleben, wie Kloßen dann Jackopp um vermutlich 20 Mark anging.

Am Bahnhofsvorplatz erwartete mich Herr Kloßen schon und er rief sofort lebhaft ins Auto hinein, er brauche 2 Mark, sonst kriege er seine Koffer nicht, es handelte sich um irgend so eine Art Strafgebühr für zu langes Stehenlassen der Koffer. Ich mußte also gegen alle listigen Berechnungen Kloßen doch wieder Geld geben, ja, weil ich keine 2 Mark hatte, sogar ein Fünfmarkstück. Gleich darauf kam Kloßen tatsächlich mit zwei Koffern zurück, unterm Arm hatte er außerdem einen Packen Zeitungen. Den habe er, sagte Herr Kloßen, von dem Rest des Geldes gekauft, da seien heute »jede Menge Stellenanzeigen und *Jobs* drin«, und »da können wir uns heute nachmittag in aller Ruhe was raussuchen«. Jetzt wurde ich aber doch sehr ungehalten und ich bedeutete Herrn Kloßen scharf, ich bräuchte keinen »Job«, sondern fühlte mich in meinem jetzigen »Job« durchaus wohl (das stimmt sogar, nur ist es eigentlich kein »Job«, das muß ich zugeben, sondern eher, wie soll ich sagen?, ein gewisses Treiben, ein philosophischer Lebensweg, bei dem sogar, siehe die Glasreiniger, siehe die Kartoffelchips-Lyrik, oft ein wenig Geld herausspringt). Herr Kloßen spürte sehr wohl meinen scharfen Ton und entgegnete ein wenig verschreckt, das sei ihm »alles klar«, er stehe ja auch nach wie vor voll hinter dem Fernsehspiel, außerdem übernehme er, »wenn das Geld dann gekommen ist«, meinen nächsten Benzintank und, »weil wir die nächsten Wochen dann sowieso öfter mit deinem Auto zusammen unterwegs sind«, auch noch meinen nächsten Kundendienst. Und ob ich vielleicht eine Zigarette hätte.

Ich führe jetzt ins Café Härtlein, sagte ich, ob er, Kloßen, mitwolle. Na was denn sonst! Im Café Härtlein saß, als einziger Gast, kreidebleich und eine ADAC-Motorsportzeitschrift lesend, Herr Jackopp vor einer Kanne Kaffee. Ich begrüßte ihn und fragte, um eine lockere Gesprächsatmosphäre zu schaffen, ob er denn an Motorsachen interessiert sei. »Nein«, sagte nach kurzem Nachdenken Herr Jackopp, »du hast den Zettel gefunden?« Jaja, sagte ich leichthin, um nicht die langerwartete Frage jetzt schon hören zu müssen; es schien mir vielmehr angezeigt, zuerst kräftig zu frühstücken, um allen möglichen Schwierigkeiten und Kniffligkeiten der Frage auch körperlich gut gewachsen zu sein. Ich kramte also eilig irgendein unverdächtiges Gesprächsthema hervor und bestellte mir eine Tasse Tee, zwei Salamibrötchen und zwei Eier im Glas. Interessant, daß Herr Kloßen sofort das nämliche bestellte, ganz offenbar in der Hoffnung, durch diese sympathetische Synchronisation der Frühstückswünsche mich später gewissermaßen dazu zu verpflichten, für ihn mit zu bezahlen. Nun, ich würde heute hart bleiben.

Während wir also speisten und tranken, zog Herr Jackopp schweigend an seiner französischen Zigarette und starrte auf das Marmortischchen. Ohne Scheuklappen übernahm jetzt Herr Kloßen die Gesprächsführung und berichtete von einem Studenten namens Fritz Peter, den er heute morgen zufällig in der Straßenbahn getroffen habe und der auch aus Itzehoe komme und der jetzt Politologie und Jura studiere und der gern mal ins »Krenz« kommen würde und der auch ein Auto habe und ein Stipendium beziehe und dem er auch schon viel von mir erzählt habe, und daß wir, Kloßen und ich, jetzt so prima zusammenwohnten, und daß Fritz Peter das »alles dufte« fände – – –

»Hör mal«, unterbrach Herr Jackopp plötzlich Herrn Kloßens Schnurren und wandte sich mit tiefernster, finsterer Miene an mich, »hör mal, ich werde ihr einen Brief schreiben. Ich werde ihr einen Brief schreiben, in dem alles steht. Und dann werde ich ihr nie mehr schreiben. Was meinst du?«

Ich verstand sofort. *C'était le moment,* das war sie, die langerwartete Frage! Ich muß an dieser Stelle sagen, ich hatte sie mir irgendwo noch verwegener und dümmer vorgestellt. Immerhin, da war sie nun, und ich mußte sie ja irgendwie parieren. Um Zeit für eine gute Antwort zu gewinnen, fragte ich Herrn Jackopp behutsam, ob dies die gleiche Frage sei, die er mir schon gestern abend habe stellen wollen. »Hast du«, schnarrte an dieser Stelle völlig unangemessen Herr Kloßen dazwischen, »hast du die Tante da von gestern abend hingekriegt?« »Was?« fragte total entgeistert und sogar angewidert Herr Jackopp zurück. Bevor Kloßen seine Unglücks-Frage erneut vorbringen konnte, wiederholte ich meinerseits meine Frage, ob dies auch die Frage sei, die er mir gestern abend schon habe vorlegen wollen. »Was?« fragte nun erneut, überraschend laut und fast ergrimmt Herr Jackopp zurück. Ich erklärte nun ganz langsam Herrn Jackopp, daß er mich doch gestern abend extra in den »Krenz« bestellt habe, um mir dort eine Frage zu stellen, diese habe er dann allerdings doch nicht gestellt, ob denn das die gleiche Frage gewesen sei? »Ich wußte bisher noch gar nicht«, antwortete Herr Jackopp, »wie schön die Czernatzke ist, verdammt!« Und er seufzte, ja ächzte ganz tief.

Behutsam lenkte ich Herrn Jackopp nun auf die Tatsache, daß er doch gestern abend eine andere und rote Dame bei sich geführt und offenbar auch sehr liebgehabt habe. Erwartungsgemäß und unfehlbar sagte Herr Jackopp sofort »Was?«, und als ich meinen Satz wiederholt hatte, sagte er: »Ach was!«

Schön! Diese Rote hatte also doch als Gegenwehr nichts ausrichten können. Das war wichtig...

Ich überlegte in den folgenden Sekunden gerade eine passende Überleitung zu dem Briefobjekt, da wiederholte schon Herr Jackopp: »Ich werde ihr einen Brief schreiben und dann werde ich nie mehr schreiben.«

Herr Kloßen, offenbar witternd, daß hier eine Sache ausgetragen wurde, welche seine Möglichkeiten überstieg, schwieg nun höflich und ganz auf den Gedanken an die Finanzierung des Tages konzentriert. Mir dagegen jagten in Sekunden zahlreiche Gedanken durchs Hirn. Sollte ich mich, um meine führende Position auszubauen, Herrn Jackopp als *Ghostwriter* anbieten? Oh, ich kann an Damen sehr niedliche Briefchen schreiben, und ich würde mich hinsichtlich Frl. Czernatzke viel lieber ins Zeug legen als für die Glasreiniger! Oder sollte ich dann lieber Herrn Jackopp besonders dumme Sachen in die Feder diktieren? Andererseits konnte man ja diesen Einfall noch ausweiten. Ich könnte z. B. Frl. Majewski auch einen Brief schreiben, der (die Damen würden sie sich sicher gegenseitig zu lesen geben) Herrn Jackopps Brief inhaltlich und stilistisch deutlich in die Schranken verwies. Oder ich könnte Herrn Jackopps Brief namens Frl. Czernatzke beantworten und ihm ein Rendezvous in einem Restaurant zusagen, in welches ich gleichzeitig Herrn Kloßen beorderte. Oder man könnte auch Herrn Ulf einen Brief schreiben, in dem...

Nein, das war doch alles vielleicht schon zu blöd, und so siegte schließlich in mir wieder einmal die Moral, der unumstößliche kategorische Imperativ. »Herr Jackopp«, sagte ich, »das ist natürlich eine diffizile Frage«, und ich brachte im Folgenden etwa diesen Gedanken an den Mann: Grundsätzlich sei ich in erotischen Bezügen für das Gespräch von Mann zu Mann bzw. Frau. Andererseits sei es tatsächlich so, daß in gewissen schwierigen Situationen das klare niedergeschriebene Wort oft mehr bewirke, weil es gleichsam festgemeißelt sei, ein jederzeit überprüf- und nachlesbares Dokument, und wenn er, Jackopp, also einen wirklich wohlüberlegten, fein durchformulierten Brief…

»Ich werde ihr einen Brief schreiben, einen Brief, in dem alles steht, den einzigen Brief, den ich in meinem ganzen Leben noch schreiben werde, darauf kann sie sich verlassen!« sagte jetzt sogar stürmisch brummend und mit fast unerträglich schmerzlicher Leidenschaft Herr Jackopp.

Dies, so fiel ich hier, bedenklich den Kopf schüttelnd, ein, vermöchte ich nicht ganz gutzuheißen. Denn das sei doch ein Bruch in der Logik, zitierte ich Herrn Jackopp, ohne daß dieser es gemerkt hätte, irgendwie unlogisch also, denn wenn die ersehnte Liebesbeziehung glück- und dauerhaft werden sollte, dann müsse man doch in Kulturländern davon ausgehen, daß die Kommunikation, in diesem Fall die erotische, erst langsam und allmählich emporwachse (beinahe hätte ich gesagt: so etwa wie du und die Rote gestern abend im »Krenz«) und sich immer mehr steigere, im körperlichen wie im geistigen Bereich…

»Jawohl«, antwortete Herr Jackopp, »diese Czernatzke kriegt von mir einen Brief, darin steht alles. Alles!«

Man wird hier zugeben müssen, daß meine Position als Berater wieder äußerst prekär zu werden begann. Denn erstens sah ich mich wieder einmal in die Lage gedrängt, eine Initiative Herrn Jackopps zu beobachten, was mir ja gestern erst bei den 19 Rosen schon fast eine Ohrfeige eingebracht hatte. Andererseits und zweitens fand ich die Idee mit dem Brief ganz nützlich, vielleicht tat sich Herr Jackopp beim Schreiben leichter als bei der mündlichen Darstellung seiner Leidenschaft. Drittens faszinierte auch mich durchaus der Plan, einen Brief zu schreiben, in dem von Adam und Eva an »alles steht«. Viertens war nun der Beweis geliefert, daß Herrn Jackopps Gefühle doch recht dauerhaft waren (sie hielten nun schon 2½ Tage!), das heißt andererseits, daß wenn Herr Jackopp schon mal einen Unfug macht, daß er ihn dann auch mit voller Schlagkraft »durchzieht«. Und fünftens und letztens war nun vollkommen klar, daß Herr Jackopp meinen Ratschlag überhaupt nicht suchte, ja mir überhaupt nicht zuhörte, obwohl er mich jetzt noch einmal fragte: »Was meinst du?«

Ich sagte gleichsam unentschieden: »Wie du meinst, Jackopp.« Nun war das sicher nicht besonders stark und tapfer, vielleicht hätte ich diesen Mann jetzt einfach zusammenschlagen oder in die Schweiz verschicken sollen, vielleicht ihm auch einen psychologischen Vortrag halten – und doch, durfte ich denn das auch, ja war denn das erlaubt? Am Ende zerstörte ich doch ein künftiges mächtiges Glück in seiner nur allzu verschämten Frühphase! Und wer gab mir das Recht, mit einem Mann ins Gericht zu gehen, dem nichts anderes vorzuwerfen war, als dem verwirrenden Zauber der jungen Liebe verfallen zu sein, dem unerklärlichen, dem unsäglichen? Noch war nichts verloren …

Und noch während ich das alles überlegte, hörte ich plötzlich die Stimme Herrn Kloßens: »Hör mal, Jackopp, kannst du mir bis morgen 20 Mark leihen?« Na endlich! »Was?« fragte Herr Jackopp verloren und ein wenig hochschreckend zurück. »Kannst du mir 20 Mark leihen bis morgen, ich geb sie dir dann morgen wieder zurück«, erweiterte und variierte Herr Kloßen sein Ersuchen. »Ja«, sagte Herr Jackopp, als er, wie eine Weile nach Innen lauschend, die Frage begriffen hatte. Er langte, begleitet von Kloßens Augenpaar, in seine Hosentasche, zog einen verquollenen Packen unterschiedlicher Geldscheine hervor, klaubte langsam einen grünen 20-Markschein raus und warf ihn, zusammengeknittert und geradezu verächtlich, Kloßen vor die Teetasse. Den Restpacken schob Herr Jackopp achtlos wieder in den Hosensack. Kloßen ließ wie aus Eleganz den Schein ein paar Sekunden lang liegen, dann ergriff er ihn mit verhaltener Gier und sagte: »Wenn es gut geht, kann ich ihn dir schon heute abend wieder zurückgeben, wenn das Geld vom Hauptpostamt kommt, das müßte eigentlich heute noch kommen, dann gebe ich dir dein Geld sofort zurück, damit wir klarkommen, sonst kriegst du es garantiert morgen.«

Ein in seiner Länge erstaunlicher, fast erregender Satz! Man spürte geradezu eine Art Vakuum im Raum, ich weiß auch nicht warum. Auch schon der Beginn des Ganzen. Es ist fast immer der gleiche Satz: »Hör mal, kannst du mir 20 Mark leihen?« Immer und immer diese acht entscheidenden Wörter, und immer in der gleichen Reihenfolge! Denkt man sich die ersten beiden, die ja nur der Höflichkeit bzw. Entschärfung der angespannten Situation dienen, weg, so bleiben sechs Wörter übrig: können, du, mir, 20, Mark, geben. Ein Hilfszeitwort, ein Zeitwort, zwei persönliche Fürwörter, ein Zahlwort und ein Hauptwort als Träger eines der schwerwiegendsten Dinge der Welt! Interessanterweise fehlt das Adjektiv. Nun, daran sieht man, wie zweitrangig das Adjektiv in unserer modernen Zeit ist. Ich persönlich habe gut gezielte Adjektive dagegen sehr gern, obwohl sie natürlich immer ein bißchen Glückssache sind, so unsicher wie unsere gesamte geworfene Existenz... Oft hört man die Frage auch um den Zusatz »bis morgen« oder »bis heute abend« angereichert – wodurch sich zweifellos eine gewisse Ehrbarkeit, eine vertrauenerweckende Grundlage einstellen und die große Peinlichkeit etwas aufgeweicht werden soll. Es nützt aber gar nichts, sondern die Not ragt hoch in die Luft usw.

Doch wie auch immer, in diesem Augenblick streckte Herr Domingo seinen Kopf ins Café Härtlein, lächelte sogleich freundlich und schob die Beine bedächtig in Richtung auf unser Tischchen vorwärts. Nun sagte er, die zweite Silbe betonend und gleichsam vorsichtig fragend: »Hallo?« und rückte sich unter wollüstigem Seufzen, das wie »Ähää« klang, einen Stuhl zurecht. Herr Domingo trug einen beigen Mantel sowie eine grüngelb karierte Schirmmütze, die sogleich den schweren, unangreifbaren Intellektuellen verriet, ja irgendwie sah er aus wie ein echter Professor und er sagte als nächstes: »Na, ihr seid ja schon alle versammelt«, und das war natürlich eine recht eigentümliche Bemerkung. Was wollte er damit sagen: »Alle.«? Und mit fast schamlosem Lächeln musterte er erneut genußvoll unsere Dreiergruppe, wobei sein Auge mit einem geradezu tückischen Wohlgefallen auf dem nun wieder bleich und reglos sitzenden und starrenden Herrn Jackopp ruhenblieb.

Ich kurbelte nun ein kleines allgemeines Gespräch über den gestrigen Abend an, wodurch Herr Kloßen sofort an Sicherheit gewann und einige persönliche Reminiszenzen an das Geplärre des alten Mentz herausschnurgelte, während Herr Domingo jetzt wieder hochinteressant vor sich hin seufzte. Ach ja, übernahm er dann die Gesprächsführung, ob wir schon wüßten, daß heute nachmittag im Büro eine Feier stattfinde? Er habe es gerade telefonisch von Herrn Knott erfahren, ob wir denn auch hingingen? Ich sagte sofort zu, während Herr Kloßen vorübergehend Charakter zeigte und, offenbar Herrn Jungwirths gestrige Weigerung, Geld zu gewähren, erinnernd, »Nein, mit diesen Leuten bin ich fertig!« schnarrte und eine fast angeekelte Miene aufsetzte. Doch Herr Domingo und ich überzeugten ihn dann rasch, daß es sicherlich viel Bier und Schnaps gebe, außerdem brauchten wir uns ja um die blöden Büromenschen nicht zu kümmern und könnten »die Sache dann sofort nach unseren Wünschen aufrollen«, so sagte ich, denn ich wollte Kloßen auf keinen Fall missen. Dies letzte Argument, so dünn es war, brachte Kloßen mühelos zum Einschwenken. »Und du, gehst du auch hin, Jackopp?« fragte Herr Domingo harmlos und lauernd. Überraschend sagte Herr Jackopp nicht »Was?«, sondern sofort »Ja. Ich komme. Ich komme hin«. Es klang drohend, ja unheilverheißend. Doch jetzt müsse er nach Hause: »Ich schreibe jetzt den Brief, jawohl!« »Du kommst zum Fest?« fragte er mich dann direkt bohrend. Ich bejahte dies noch einmal und mahnte Herrn Jackopp, den Brief sehr sorgfältig und in allen Einzelheiten zu überlegen, ich übernähme nicht wieder wie bei den Rosen die Mitverantwortung. »Ja«, sagte Herr Jackopp mit für seine Verhältnisse recht heller Stimme, »ist gut.«

Als wir gezahlt hatten, schlug Herr Kloßen Herrn Domingo und mir vor, wir sollten doch zusammen in eine gewisse Dschungel-Bar gehen, da könne man am Nachmittag verbilligt *Sliwowitz* trinken, dann seien wir schon zu Beginn des Fests gewissermaßen im Vorteil, »und dann werde ich diesen Herrschaften und vor allem diesem Jungwirth einmal ordentlich die Meinung sagen«. Doch gelang es Herrn Domingo und mir, diesem Plan zu entgehen, indem wir Kloßen vorgaukelten, wir hätten einen Termin bei Herrn Peter Knott, wir wollten nämlich zusammen ein *Musical* schreiben und komponieren. Sofort bot Kloßen sich an, dabei mitzuhelfen, er habe sogar schon von einer Itzehoer CVJM-Laienkabarettvorstellung her noch »einen Haufen scharfe *Songs* auf Lager«. Herr Domingo beschied aber Kloßen gnadenlos, unsere Geschichte sei schon so weit fortgeschritten, daß ein vierter Mann nicht mehr in die Materie dringen könne. Ich tröstete Herrn Kloßen, er und ich, sobald dies Musical beendet sei, könnten mit vollen Segeln an unser Fernsehspiel über die Gastarbeiter gehen. »Ihr schreibt ein Fernsehspiel?« fragte Herr Domingo verwundert. Jaja, schwallte Kloßen festlich, er habe da eine »dufte *Story*«, das laufe »ohne weiteres«, übrigens könne Herr Domingo natürlich auch noch »einsteigen« usw. …

Vor der Tür des Cafés verabschiedeten wir uns. Während Herr Domingo und ich in Richtung Peter Knott ausschritten, sahen wir uns noch einmal die Herren Jackopp und Kloßen von hinten an. Ein wunderbares Bild der Zeit: Kloßen im verknitterten schwarzen Anzug redete heftig gestikulierend und irgendwie schwankend auf Jackopp ein, der in einem fast bis zur Erde reichenden Mantel steif, den Kopf zu Boden gesenkt und sichtlich schweigend, neben Kloßen herschritt, wie ein Mensch, der von den Prügeln des Schicksals förmlich zu Boden gezogen wird, ja …

Kloßen hatte, wie mir jetzt auffiel, völlig seine beiden Koffer in meinem Auto vergessen, eine so blendende Existenzgrundlage war deren Inhalt offenbar auch wieder nicht.

Übrigens finde ich jetzt, daß meine Reflexionen über den Satz »Kannst du mir 20 Mark leihen?« vielleicht doch nicht so geistreich sind, wie ursprünglich erhofft. Nun, ich bin aber nicht bereit, sie im nachhinein nochmals aufzupäppeln, denn das würde dem

Wahrheitsgehalt dieser Niederschrift schwer schaden. Nachdem es nun einmal geschrieben wurde, soll es auch stehenbleiben. Außerdem kann man ja nicht immer ganz geistesgegenwärtig sein. Das klappt oft nicht. Ich verspreche aber, im Folgenden wieder um so mehr auf der Hut zu sein und mich besonders anzustrengen. Ich will ja meine Leser schließlich bei der Stange halten, und diejenigen, welche mir bis hierher willig gefolgt sind, sind ja vielleicht die besten überhaupt. Nämlich Menschen, die Qualität zu würdigen wissen, auch wenn etwas völlig danebengeht.

»Was ist denn das für ein Brief, den der Herr Jackopp da schreiben will?« fragte Herr Domingo, neue Sensationen ahnend. Da erzählte ich Herrn Domingo alles. Dieser sagte diesmal nicht »O Gott, o Gott!«, sondern »O weh, o weh«. Das war offenbar seine höchste Form von wollüstiger Verwunderung. Und kurz darauf sagte Herr Domingo auch noch mit einem Seufzer, als ob er unter all dem sehr litte: »Das ist die moderne Nervosität.« Gut gesagt, sicherlich, doch mir drängte sich während des Gehens wieder meine vorige Vision auf. Man könnte doch, so eröffnete ich meinem Begleiter, anläßlich von Herrn Jackopps Brief überhaupt die schöne alte Form des erotischen Briefes wieder ein wenig reaktivieren. Oder ganz anders gesagt: Man könnte in den nächsten Tagen einen ganzen Haufen Liebesbriefe über unsere Gruppe hinwegschwirren lassen. Also zum Beispiel so: Herr Jackopp schreibt einen Brief an Frl. Czernatzke. Ich schreibe in deren Namen einen glühenden Brief an Herrn Jackopp mit der Bitte um ein Stelldichein da und dort. Jetzt schreibt Herr Domingo namens Peter Jackopp einen gleichfalls glühenden Brief an z. B. Frl. Karla Kopler, in dem sie zum gleichen Rendezvous gebeten wird. So wären also wenigstens Herr Jackopp und Frl. Kopler, die sich ja bisher eigentlich nur zufällig noch nicht angenähert hatten, glücklich vereint. Aber nein, das war noch nicht gut, auch Herr Domingo schüttelte das Haupt… Also anders: Herr Jackopp schreibt Frl. Czernatzke einen Brief. Frl. Czernatzke bittet brieflich Herrn Ulf um Schutz. Herr Ulf schreibt einen drohenden Brief an Herrn Jackopp. Herr Jackopp bittet mich brieflich um Hilfe…

Da riß mich Herr Domingo aus meinen eifrigen Kombinationen und deutete auf die gegenüberliegende Straßenseite. Eine sehr alte Frau mit kreidebleichem Gesicht stand da an eine Hauswand gelehnt, dicht an die Mauer. Es sah beinahe so aus, als ob sie sich ausruhte, aber ganz merkwürdig! Herr Domingo und ich blieben neugierig stehen. Die Frau verbrachte etwa zwei Minuten in ihrer angelehnten Haltung, dann streckte sie die Arme von sich, als wolle sie fliegen, sie brachte aber die Arme nicht mehr ganz hoch und sackte auch schon im nächsten Moment zusammen und fiel genau in die Ecke, wo Straße und Mauerwerk sich schneiden. Während Herr Domingo und ich in sicherer Entfernung stehenblieben, eilten sogleich zwei jüngere Frauen zur Hilfe herbei und packten die alte, wahrscheinlich jetzt schon tote Frau noch schnell unter den Armen, gleichsam um ihren guten Willen zu bezeugen. Während nun auch noch andere Leute hinzutraten, kamen zwei Polizisten des Weges, sahen, daß irgend etwas los war, und eilten hinzu, insgesamt machte das alles einen sehr entschlossenen Eindruck. Wir sahen, wie sich die Polizisten über die alte Frau beugten, emsige Körperbewegungen vollführten und offenbar aufmunternde Reden an die Umstehenden verteilten. Wenig später richteten die beiden Polizisten wieder ihre Körper in die Höhe und vollzogen die unmißverständliche Handbewegung, hier sei leider nichts mehr zu machen.

Nun, auch wir gingen natürlich rasch weiter, und Herr Domingo kaufte sich an einem Kiosk eine Tafel Schokolade, die er sofort erbrach und zügig aufaß. Herr Domingo ist ein großer Schokoladenesser und hat, wie er mir beim Weitergehen erzählte, im Zuge dieser Leidenschaft schon einmal eine schöne Erfahrung gemacht. Er habe, sagte Herr Domingo, vor Jahren einmal sogenannte Kernbeißer-Schokolade mit Nüssen drin bevorzugt, und da sei ihm eines Tages aufgefallen, daß die Nüsse immer spärlicher geworden seien. Als diese Entwicklung anhielt, habe er der Firma Kernbeißer einen langen Brief geschrieben, er sei ein alter Freund des Hauses, zu seinem Befremden müsse er aber nun feststellen, daß statt bisher durchschnittlich 16–19 Nüsse nur noch 12–15 Nüsse in einer

Tafel Schokolade seien. Halte diese Tendenz künftig an, so sehe er sich gezwungen, die Marke zu wechseln. Einige Wochen später sei dann ein Päckchen der Firma Kernbeißer gekommen mit ungefähr 20 Tafeln Schokolade sowie einem Brief, in dem sich die Geschäftsführung für das ihr peinliche Versehen entschuldigte und als Ursache einen Defekt am Band angab. Er, Domingo, habe dann alle 20 Tafeln kurz hintereinanderweg gefressen, und seitdem könne er die Kernbeißer-Schokolade nicht mehr ausstehen – so daß das Entgegenkommen der Kernbeißer-Fabrik letztlich den entgegengesetzten Effekt hervorgebracht habe.

Gleich nach dieser Geschichte waren wir auch schon bei Herrn Knott angekommen. Dieser empfing uns im Morgenmantel, obwohl es schon halb drei Uhr war, und verzog sein Gesicht so garstig, als ob er gestern nacht in der Neger-Diskothek noch sehr viel, allzuviel erlebt hätte. Trotzdem machte Herr Knott über unseren Besuch einen erfreuten Eindruck, fragte, ob wir »einen Schlag Wein« wünschten, und schenkte auch gleich ein. Frau Johanna Knott war übrigens nicht zu Hause, die sei bei »irgend so einem Vorbereitungskomitee für eine Demonstration, Paragraph 218 oder so einen *shit*«, sagte wegwerfend Herr Knott.

Wir setzten uns nun rund um den Tisch und bildeten so ein schönes Dreieck. Nun kam es nur noch darauf an, den Nachmittag bis zum Beginn des Büro-Fests recht heiter zu gestalten und souverän zu überbrücken. Hierzu übernahm ich sofort die Initiative und berichtete Herrn Knott, der über seine Gattin schon Entscheidendes wußte, daß Herr Jackopp jetzt zu Hause sitze und einen Brief an Frl. Czernatzke schreibe. Und ich eröffnete den Herren nochmals meinen Plan, doch von uns aus ins Liebesbriefwesen einzugreifen, um so jederzeit die Kontrolle zu haben, letztlich alles erotische Geschehen nach unseren Wünschen zu lenken.

Herr Knott äußerte, unterstützt von dem schnurrbartzupfenden Herrn Domingo, grundsätzliche Bedenken, er gebrauchte sogar die recht starken Worte »infantil«, »Voyeurismus« und »Ersatzbefriedigung«. Ich hielt dagegen, daß diese Aktion vielmehr aufklärerische und kritische Züge trage, indem sie allen Beteiligten die Augen öffne für die Relativität ihrer erotischen Aktionen. Herr Knott durchschaute mich sofort, zwinkerte mit den Augen und sagte mild: »Du Sophist, du hinterfotziger, hör doch auf!« So gerügt, änderte ich meine Strategie und schlug vor, wir könnten ja das Spielchen auch nur einfach so zum Spaß machen, die besten Briefkombinationen zu erfinden, um so unsere mathematische Phantasie zu schulen. Herr Knott zischte zwar erneut verächtlich »Tzz tzz«, erklärte sich aber mit diesem Vorschlag einverstanden. Herr Domingo zog nach mit den Worten »O Gott, o Gott!«

Ich darf aber sagen, daß beide Herren sich im Folgenden durchaus eifrig an unserem Spielchen beteiligten. Bzw. es waren mehrere Spielchen. Im ersten ging es darum, auf den bevorstehenden Brief des Herrn Jackopp an Frl. Czernatzke optimal zu reagieren. Dabei kam folgendes heraus:

1. Der wirkliche Herr Jackopp schreibt an Frl. Czernatzke einen Brief. Inhalt: »alles«.

2. Frl. Czernatzke schreibt Herrn Jackopp, sie wolle sich ihm anheimgeben, sofern er endgültig von Frl. Witlatschil lassen werde.

3. Herr Ulf Johannsen schreibt an Herrn Jackopp, er solle von Frl. Czernatzke die Finger lassen, sonst setze es was.

4. Frl. Witlatschil schreibt an Herrn Jackopp, sie werde ganz die Seine, sofern er von Frl. Czernatzke ablasse.

5. Herr Jackopp schreibt, von zwei Seiten (Johannsen/Witlatschil) bedrängt, an Frl. Czernatzke, er verzichte auf sie, er habe sein spätes Glück nun doch bei der Ehefrau Doris Jackopp gefunden.

6. Frl. Czernatzke gibt Herrn Ulf brieflich den Laufpaß und droht Frau Jackopp briefliche Rache.

7. Frl. Majewski bittet Herrn Ulf brieflich um eine Aussprache.

8. Frl. Majewski teilt Herrn Jackopp mit, daß er das Lebensglück von Frl. Czernatzke zerstört habe. Er solle sofort in die Schweiz zurück.

Das sähe dann für die einzelnen Beteiligten so aus: Herr Jackopp schreibt einen Brief, kriegt zwei drohende und einen erfreulichen Brief, schreibt einen hocherfreuten Brief an Frl. Czernatzke, bei der aber gleichzeitig ein anderer Brief aus unserer Hand eingeht, er verzichte auf sie. Frl. Czernatzke dreht durch.

Vielleicht schreibt Herr Jackopp nach dem fiktiven Brief Herrn Johannsens an diesen zurück, er solle sich um seine eigenen Sachen kümmern. Gleichzeitig wird Johannsen durch einen Schwindelbrief Frl. Czernatzkes mitgeteilt, es sei nun aus. Dann eilt er zu dem zusammengeschwindelten Rendezvous mit Frl. Majewski, diese kommt aber nicht, weil sie ja nichts weiß, und Herr Johannsen verliert so gleichzeitig zwei Damen. Bevor alles aufgeklärt wird, ist Herr Johannsen bereits wahnsinnig. Die Rettung durch die beiden Damen Majewski und Czernatzke kommt zu spät. Die Chancen für Herrn Jackopp (und mich!) stehen erneut gut, sobald der Schmerz der beiden Fräuleins verflogen ist.

Inzwischen hat aber Herr Jackopp von Frl. Majewski den Auftrag erhalten, in die Schweiz zurückzureisen. Jetzt hat er nur noch Frl. Witlatschil im Griff, die ihm ja nach Maßgabe von Punkt 4 unter gewissen Umständen angehören möchte. Frl. Witlatschil weiß aber von nichts, und Herr Jackopp eilt völlig entnervt zu der roten Frau oder er reist in die Schweiz zurück. Jedenfalls ist er aus dem Rennen.

»Und damit«, schloß Herr Knott freudig auflachend, »sind so gut wie alle relevanten Weiber frei für uns.« Auch Herr Domingo, obwohl er die Stringenz der mathematischen Logik nicht immer begriffen hatte, freute sich sichtlich.

Nun zogen wir noch ein einfacheres Spielchen durch. Es sollten dabei alle Pärchen, die noch nie etwas miteinander zu tun gehabt hatten, obwohl eigentlich nichts dagegen spräche, aneinandergekettet werden, und zwar wiederum durch Briefe. Das sah dann so aus:

Herr Jackopp bittet Frl. Czernatzke um ein Stelldichein
Frl. Czernatzke bittet Herrn Kloßen
Herr Kloßen bittet Frl. Majewski
Frl. Majewski bittet Herrn Stefan Knott
Herr Stefan Knott bittet Frl. Witlatschil
Frl. Witlatschil bittet Herrn Rösselmann

Herr Rösselmann bittet Frau Johanna Knott
Frau Knott bittet Herrn Johannsen
Herr Johannsen bittet Frl. Bitz
Frl. Bitz bittet den jungen Herrn Mentz
Der junge Herr Mentz bittet Frau Heidi Knott
Frau Heidi Knott bittet Herrn Jackopp.

Die Absender müßten dabei ihren Namen aus Gründen der Geheimhaltung verschweigen und den Brieftext so abfassen, daß die Empfänger sowohl die fiktiv-wirklichen als auch völlig falsche Absender erraten könnten.

Dabei käme wahrscheinlich folgendes heraus: Frl. Czernatzke erkennt (richtig) Herrn Jackopp (kommt nicht). Herr Kloßen wittert niemand (kommt). Frl. Majewski wittert mich (kommt nicht). Herr Stefan Knott wittert alles mögliche (kommt). Frl. Witlatschil wittert Herrn Jackopp (kommt nicht). Herr Rösselmann wittert irgendeine Barbara (kommt, aber ganz vorsichtig). Frau Johanna Knott wittert irgend etwas Psychologisches (kommt). Herr Johannsen wittert etwas Undurchschaubares (kommt nicht). Frl. Bitz wittert Herrn Jungwirth (kommt nicht). Der junge Herr Mentz wittert grundlos Frl. Majewski (kommt). Frau Heidi Knott wittert wegen allgemeiner Aufgeregtheit nichts (kommt nicht). Herr Jackopp wittert entweder grundlos Frl. Czernatzke (kommt), oder er kommt ohnedies aus blindem Zufall vorbei.

Es säßen also zu einer von uns bestimmten Zeit in einem Lokal Herr Kloßen, Herr Stefan Knott, Herr Rösselmann, der junge Herr Mentz, Herr Jackopp und Frau Johanna Knott. Was mochten diese sechs einander sagen, was miteinander treiben? Herr Peter Knott, Herr Domingo und ich wollten jedenfalls aus dem sicheren Hinterhalt die Vorgänge beobachten …

Ach, das war doch kein so besonders schönes Spiel. Darum erfanden wir, weil bis zum Bürofest noch eine halbe Stunde Zeit blieb, ein anderes. Jeder von uns drei Herren sollte sich abwechselnd ans Fenster stellen und den beiden anderen über das Treiben unten auf der Straße berichten. Zuerst war Herr Knott dran, der, während Herr Domingo und ich kreuz und quer auf dem Sofa herumlagen, recht farbig die Sinfonie von Verkehr und Gegenverkehr zum Ausdruck zu bringen verstand. Nach zehn Minuten mußte ich an die Arbeit und widmete mich dabei insbesondere der mehrfach und schwungvoll vorbeirauschenden Straßenbahn. Herr Domingo schließlich, dem die Straße ja gewissermaßen Spezialgebiet ist, lieferte eine großartige Schilderung eines alten Mannes, der schräg die Straße zu überqueren versuchte, dabei nach links und rechts in einer Art Selbstverteidigung mit seinem Spazierstecken drohte und schließlich doch etwa in der Mitte der Fahrbahn wieder kehrtmachen mußte, in äußerst gebückter Haltung zum Ausgangs-Gehsteig zurückkroch, es dann an einer anderen Stelle nochmals versuchte, erneut scheiterte und schließlich aufgab und auf dem Ursprungs-Bürgersteig weitertrabte.

Und dann war es auch schon Zeit, diese unsere muntere nachmittägliche Herrenwelt zu beenden und zum Bürofest aufzubrechen. Herr Knott schrieb noch schnell einen Zettel: »Hallo, Johanna, bin auf dem Bürofest. Dein – na wer denn schon – Peter.« Eine spritzige moderne Ehe …

Während wir dann so vor uns hinschritten, brachte ich die Rede erneut auf Herrn Jackopp, der jetzt wohl daheimsitze und gerade mit dumpfem Schnauben seinen von uns allen mit Spannung erwarteten Brief zuende bringe. Als ich das sagte, grinste mich Herr Knott wie vorhin schon so ungeniert an, daß ich direkt verlegen wurde. Dagegen trug Herr Domingo vor, ihn würde vor allem der Satzbau des Jackoppschen Briefes interessieren. Ob Herr Jackopp nämlich mehr mit dem Hemingwayschen Pathos der kurzen, frostigen, knalligen Sätze operierte oder mehr mit den hochkomplizierten syntaktischen Figuren Adornoscher Prägung. Er persönlich, sagte Herr Domingo und zupfte an seinem Bart, tippe mehr auf Hemingway, der gelte in der Schweiz vermutlich noch immer als modern und schick. »Und weiberumlegträchtig«, ergänzte Herr Knott und kniff mehrfach in humoristischer Absicht die Augenlider auf und zu.

Da war ich auf einmal sehr lustig und hatte die allergrößte Freude an meinem Leben, und deshalb warf ich im Vorbeimarschieren Zehnpfennigstücke in mehrere Briefkästen – eine nette Überraschung für die Anwohner und damit sie was zum Nachdenken hatten.

Ich muß allerdings nochmals sagen, ich fand es, so oder so, schlecht, daß Herr Jackopp alles aber auch alles in einen einzigen Brief packen wollte. Dann würde er, unterstellt, Frl. Czernatzke würde tatsächlich von der Macht des Briefes hingerissen und ließe sich flachlegen, dann würde Herr Jackopp ihr sehr bald langweilig werden, wenn so gar nichts mehr aus ihm herauszuquetschen wäre außer ein paar zufriedenen Brummern, wenn er es gerade durchzog. Ganz offenbar tat Herr Jackopp doch wieder einmal das Allerverkehrteste. Als ich seinerzeit meine Liebe zu Frl. Majewski ankurbelte, schrieb ich nur ganz kurze zierliche Briefchen, wie der rosafarbene Hauch eines Frühlingswetters, erst ganz allmählich wurde die Leidenschaft dringlicher und feuriger, schwellte gewaltig an, ein mit mächtigem Atem langgezogenes *Crescendo*… Nun, natürlich, genützt hat es bisher auch nichts, aber immerhin, im Prinzip hatte ich recht.

Wir hatten nun das Bürogebäude erreicht, da strebte auch gerade Herr Gernhardt der Eingangspforte zu und begrüßte uns drei mit dem charmanten kleinen Wörtchen »Na?«. Herr Domingo antwortete schmeichelnd »Hallo!«, Herr Knott sagte »Tag auch!«, und so blieb mir nur noch das zeitlose und ehrwürdige »Grüß Gott!«. Herr Gernhardt ist ein reifer Mann, der in unserer Stadt gewissen unterschiedlichen Tätigkeiten nachgeht, und er besitzt auch eine niedliche kleine Frau, hält diese aber geschickt aus dem allgemeinen Rennen. Das ist zwar unsportlich, aber sicherlich klug von ihm. Herr Gernhardt gilt überhaupt als der vielleicht Klügste von uns. Nun, das muß er natürlich mit einem Manko an Vitalität und Freiheitsspielraum büßen. Betont vorsichtig sagte er also auch diesmal nur »Na?«.

Evoe! Im Bürogebäude im siebten Stockwerk hatte der festliche Taumel bereits ein wenig eingesetzt. Nämlich in einem fast geschlossenen Kreis saßen oder standen artig an verschiedene Schränke und Tische gelehnt schon mehrere Damen und Herren, so etwa der Bürovorsteher Rudolph, Herr Rösselmann, Herr Jungwirth, Frl. Czernatzke, das winzige Frl. Witlatschil, außerdem auch zwei ältere Herren namens Poth und Traxler, Freunde des Hauses, die ich schon kannte. Daneben fiel mir eine pechschwarze Frau auf, die, wie sich später herauskristallisierte, Frau Krause hieß und wohl irgendwie Herrn Poth angehörte – außerdem war eine Frau Pistorius da mit ihrem Kleinkind, das sie »Terror« nannten und das vorerst von allen am vergnügtesten war und wie wahnsinnig hin und her hoppelte. Dazu spielte aus einem Gerät bereits eine moderne *Rocker*-Musik.

Sofort fiel mir auch auf, daß Frl. Czernatzke in einem äußerst frechen roten Kleidchen und in ihrem Drehsessel nicht nur gegenüber den anderen Teilnehmern etwas erhöht saß, sie machte mir auch von Beginn an den Eindruck, als ob sie die geheime Beherrscherin des Kreises wäre, sie verteilte bereits jetzt nach allen Seiten hin scheinbar funkelnde Redensarten wie etwa »Na, Wilhelm!« zu Herrn Domingo und »Hah! Kogelrogel!« zu Herrn Gernhardt – von Liebeswehen auf den ersten Blick noch immer keine Spur – nur einem feineren Beobachter wie mir fiel erneut eine gewisse verträumte Note in ihren Gesichtszügen auf, und ich bin trotz aller Enttäuschungen fast sicher, daß dies erst so ist, seit sich diese Person von Herrn Jackopp geliebt weiß. Dieser war noch nicht da, übrigens auch Herr Kloßen nicht.

Mich hatte Frl. Czernatzke eigentümlicherweise überhaupt nicht namentlich begrüßt. Die anhaltende Strafe für die blöden Blumen?

Jedenfalls waren auf einem Tischchen Bier, Wein, Whisky, Fleischwurst, Essiggurken, Brot, Käse und Oliven aufgebahrt, und während Herr Domingo und ich uns dort erst einmal gründlich sättigten, kam es zu einem ersten Höhepunkt, indem nämlich Herr Knott eine kleine Plauderei mit Herrn Traxler mit einem dröhnenden Lachen abschloß. Und niemand wußte, warum. Aber so muß es wohl sein.

Herr Rudolph schaute dagegen von Anfang an argwöhnisch und besorgt über die Runde seiner Bediensteten und sonstigen Freunde, als ob er fürchtete, morgen würde die tägliche Büroarbeit nicht zufriedenstellend erledigt, oder daß vielleicht irgend etwas Gläsernes im Raum kaputtginge. Kurz darauf gewahrte ich allerdings vom Eßtischchen aus, wie nun Herr Jungwirth aus nächster Nähe etwas zu Herrn Rudolph sagte, was sehr drollig gewesen sein muß, denn Herr Rudolph steckte dabei mehrfach den Kopf zwischen seine Arme, gleich als wollte er sich vor dem betreffenden Witz verbergen, so unerträglich gut sei dieser. Ich finde das für einen Bürovorsteher eigentlich eine unangemessene, unglaubwürdige Haltung.

Gesättigt nahm ich jetzt neben dem kleinen, allerliebsten und in einer Art Häkelkleidchen äußerst ansprechend herausgeputzten Frl. Mizzi Witlatschil Platz, um mich mit ihr ein wenig über mein durch Kloßens Ungeschick entsprungenes Kätzchen zu unterhalten, das ich ja einst von ihr geschenkt bekommen hatte. Aber eigentlich war mir natürlich mehr um die eigentümlich erotische, ja vollweibliche Wirkung zu tun, die gerade das winzige Frl. Witlatschil auf ihre Umgebung versprüht – daß dies Ewigweibliche auch aus einem so winzigen Leib hochlodert und gut ankommt, ist eigentlich ein echtes Wunder! Ich konnte Herrn Jackopp schon verstehen, daß er Frl. Mizzi gelegentlich zwischen 9 und 10 Uhr abends suchen geht. Ob sie es wußte? Sehr angenehm, diese ländlich-innige und doch spröde und herbe Ausstrahlung aus diesem kleinen Donaumädel, das mich schon lange begeisterte, *il balen del suo sorriso,* ich war aber nie dazu gekommen, dies alles näher zu erforschen und womöglich dann Frl. Witlatschil meine Aufwartung zu machen, außerdem ist sie ja wirklich so winzig klein, daß eine innige Beziehung zu ihr für Beobachter leicht ungebührlich wirken könnte. Immerhin plauderte ich jetzt recht hübsch auf sie ein, und ihr gefiel es auch ganz gut, und sie rauchte ständig und sah mich mit ihren schönen Linzer Augen, *due ladri ochi belli,* o Gott, mehrmals verheißungsvoll oder doch prüfend von unten an und zog mir sogar einmal die Bierflasche aus der Hand und nahm einen kräftigen Schluck.

Ein Blick in die übrige Runde ergab, daß Herr Domingo unruhig im Raum auf und ab schlenderte, um dann bei der Plaudergruppe

Knott-Poth-Traxler zu verweilen. Gleichfalls nachdrücklich mit einer Dame dagegen, nämlich mit Frau Pistorius, schwätzte zu diesem Zeitpunkt an der gegenüberliegenden Peripherie unseres Kreises Herr Rösselmann – und dies, obwohl inzwischen Frl. Bitz in den Festsaal gekommen war und am Tischchen nachdenklich Oliven verschlang. Herr Rösselmann lehnte dabei an einem Schrank, hielt in der rechten Hand säuberlich ein Weingläschen und führte sein linkes Ohr so nahe an den Mund von Frau Pistorius, daß der gesamte Körper in der Mitte abgeknickt schien. Ich muß sogar sagen, daß ich sehr froh war, Frau Pistorius nicht zu lieben – so beunruhigend heftig und alle Widerstände brechend schwätzte jetzt Herr Rösselmann wieder. Überhaupt! Herr Rösselmann, obgleich schon ein reiferer Angestellter, pflegt unseren Damen ständig und bei jeder Gelegenheit dermaßen druckreif ausziselierte Artigkeiten hinzublättern, daß ich oft ganz nervös davon werde und völlig meine Felle davonschwimmen sehe. Ich meine, ich kann auch ganz gut schwätzen und die Damenwelt täuschen, aber bei Rösselmann geht das für meine Begriffe etwas zu weit!

Jetzt trat ein Herr Kromschröder auf den Plan und riß auch vorübergehend gleich die Fest-Leitung an sich, indem er zusammen mit Herrn Jungwirth eine Art gravitätische Gavotte tanzte, wobei beide Herren einander ununterbrochen und glutvoll in die rollenden Augen blickten. Frl. Czernatzke lachte am heftigsten darüber – ein weiterer Beweis für die innere Nervosität dieser Frau. Na, würde erst Herr Jackopp eintreffen! Übrigens ist Herr Kromschröder einer der ärgsten, ja sogar nebenberuflichen Possenreißer in unserer Stadt, und er trägt deshalb auch ständig – obwohl vollberechtigtes Büromitglied! – eine Art Zimmermannstracht – und der Bürovorsteher Rudolph läßt es durchgehen, ein weiterer Beweis für die unordentlichen Zustände in diesem Büro …

Und schon wieder brandete ein gewisses Strohfeuer auf. Zur Tür herein schwärmte nämlich Frl. Majewski in blutroten Cordhosen und einer nicht ganz durchschaubaren, aber irgendwie schwarzen Oberbekleidung, und sie rief wie immer entzückt:

»Hallo, ihr Süßen!« und fiel einleitend einem Herrn nach dem anderen um den Hals, wobei sie jeweils einem anderen etwas Rasches und Leidenschaftliches zurief. Erschreckt beschaute sich das Kind »Terror« den entstandenen Tumult, das gleichzeitige Anschwellen der Rockerklänge mußte ihm zusätzliche Furcht einjagen.

Als sich alles wieder etwas beruhigt hatte, trat Herr Jungwirth an mich heran und fragte lauernd, wo eigentlich Herr Jackopp sei. Ich antwortete, Herr Jackopp habe sein Erscheinen zugesagt. Ja nun, fuhr Herr Jungwirth fort und leckte lüstern die Lippen, er frage nur, weil doch gerade heute eine so »schöne Gelegenheit« zu einer »echt dramatischen, ja tragischen Zuspitzung« von Jackopps Leidenschaft bestehe. Wie er, Jungwirth, das meine, fragte ich zurück. Nun, holte Herr Jungwirth wie nachsinnend aus, er denke etwa daran, daß sich Herr Jackopp auf dem Höhepunkt des Fests und vor den Augen von Frl. Czernatzke aus dem 7. Stockwerk stürze – »und sich dort unten gleichsam flachlegt«, wie Herr Jungwirth bedenklich und nur mit einem leichten Anflug von Lächeln ergänzte. Ich entgegnete, das wäre allerdings sehr schön und eindrucksvoll, allerdings habe Herr Jackopp, soweit ich informiert sei, heute nachmittag Frl. Czernatzke einen Brief geschrieben, dessen Effekt er doch vermutlich noch abwarten wolle. Herr Jungwirth sann kurz nach, dann sagte er, vielleicht würde Herr Jackopp den Brief zum Fest mitbringen, ihn Frl. Czernatzke in die Hand drücken und dann sofort und wortlos hinunterhüpfen. »Oder noch viel schöner«, rief Herr Jungwirth in plötzlich sanft loderndem Feuer, Herr Jackopp könnte den Brief schreiben, ihn zur Post geben, zum Fest marschieren und dann springen – »um so den Brief gleichsam ins Bekennerhafte zu steigern«.

Nun, das mußte ich zugeben, das war wahr, daran hatte nicht einmal ich gedacht.

Bei dieser Gelegenheit muß ich sagen, es kristallisierte sich in der Sache Jackopp immer deutlicher eine Gruppe von Laurern und Freudig-Erregten heraus, der mindestens Herr Rösselmann und Herr Jungwirth angehörten, am Rande vielleicht auch noch ich selber, obwohl meine freudige Erregung durch eine mir jederzeit unverbrüchliche Humanität sicher unter Kontrolle gehalten wurde. Woher aber kam denn diese freudige Erregung? Naja, meines Wissens einfach aus der Tatsache, daß sich wieder einmal zwei Menschen unter knisternder Spannung aufeinander zubewegten, aber noch nicht ganz fanden. Und so soll es ja sein, ich meine, daß sie sich finden. Die Paarbildung ist ja gewissermaßen ein geschriebenes Naturgesetz, wenn ich es recht verstehe, so wie der Erdanziehungsfaktor 9,81 ist...

Es war aber inzwischen schon wieder etwas Neues im Gange, nämlich ein gewisses Getriebe zwischen Frl. Majewski und Frl. Witlatschil, übrigens zwei fast sehr guten Freundinnen, und man hörte plötzlich Worte wie »Hau ab, du blöde alte Wachtel!« und »Halt deinen Rand, du blödes, dummes Stück!«, und schon war Herr Domingo hinzugeeilt, um zu fragen, was denn los sei. »Ach nichts«, lachten da beide, und Frl. Majewski legte sofort freundschaftlich ihren Arm um Frl. Witlatschils Schultern, so daß sich der gefoppte Herr Domingo wieder zurückziehen mußte. Wissend lächelte Herr Traxler.

Inmitten der entstandenen Unruhen war Herr Kloßen unter der Tür des Festsaals aufgetaucht, hatte einen mißtrauischen Blick auf die Gäste geworfen und war, nachdem er mir matt und gleichsam hilfesuchend zugewinkt hatte, im Hintergrund des Hauptfeldes stehengeblieben. Ich beobachtete ihn eine Weile, wie er, von einem Fuß auf den anderen pendelnd und sein Körpergewicht verlagernd, leicht hin- und herschwankte, als sei ihm überaus unbehaglich zumute. War es ein Nachmittagsräuschchen oder ein tiefer, unausrottbarer Argwohn gegen die Festgäste? Es sah irgendwie so aus, als ob Herr Kloßen die Festrunde als Gesandter einer feindlichen Macht beobachte, angstvoll und drohend in einem, gleichzeitig aber, als ob er das Fest bewache und verantwortlich beschließe. Jetzt fiel mir wieder ein, Kloßen war ja heute nachmittag mit Herrn Jackopp aufgebrochen, er könnte darum auch über dessen Befinden Bescheid wissen. Ich näherte mich ihm also locker, brachte auch ein Bier mit, denn dieser so durstige Mann hatte überhaupt noch keins und traute sich anscheinend nicht, eins zu greifen, und dann fragte ich ihn, wo Herr Jackopp sei. Kloßen grunzte, der sei bloß schnell nach Hause, sich umzuziehen, vorher aber sei er – Kloßen hatte sich offenbar jetzt wieder gefangen und sprach sehr laut und engagiert – zusammen mit ihm durch die Stadt gezogen, in einer *Flipper*stube gewesen, anschließend kurz im Bahnhofskino – – –

Hm. Der Brief war also nicht geschrieben worden. Kloßen hatte es durch ein paar simple Zerstreuungstechniken verhindert. Sollte man an Herrn Jackopps Liebe erneut zweifeln? Oder hatte Jackopp sich doch dafür entschieden, brieflos zum Fenster hinauszuhüpfen? Und während mir Kloßen jetzt dröhnend berichtete, er und Jackopp hätten beschlossen, künftig wöchentlich zweimal zum Billardspielen zu gehen, nahm ich genau wahr, wie Herr Jungwirth, obgleich er eigentlich mit Herrn Poth plauderte, scharf Frl. Bitz beäugte …

Da betrat Herr Jackopp den Festsaal. Er trug einen besonders finsteren Blick, ja es war schon direkt unheimlich, dazu aber einen sehr vornehmen, geradezu aristokratischen und graugestreiften Konferenzanzug, ein fliederblaues Hemdchen und sogar eine Art Mozartschleifchen am Kragen. Endlich hatte ich also die beiden Hauptliebenden wieder nach drei Tagen vereint unter einem Dach! Und ebenso reizvoll war es zu beobachten, daß auch Herrn Rösselmanns Blick sofort zwischen Frl. Czernatzke und Herrn Jackopp hin- und herschweifte! Es kam aber zuerst alles wieder mal ganz anders, denn genau mit dem Eintritt von Herrn Jackopp fing das Kind »Terror« maßlos an zu schreien und zu jauchzen und lief zu Herrn Jackopp und versuchte, an dessen Bein hochzukrabbeln. Vermutlich war »Terror« einfach von dem schmucken Anblick des Herrn Jackopp begeistert und überwältigt, denn alle anderen Herren im Raum trugen lediglich grobschlächtige Alltags- bzw. Bürokleidung …

Herr Jackopp nahm aber den Eingriff des Kindes anscheinend überhaupt nicht wahr, sondern richtete, ohne, wie ich genau beobachtete, einen Blick auf Frl. Czernatzke, die sofort und demonstrativ auf Frl. Majewski einkicherte, zu verschwenden, mit ungewöhnlich fester, ja stählerner Stimme eine Frage sozusagen an das gesamte Festpublikum: »Wo ist die Mizzi? Wo ist die Mizzi?«

Streng und schnell fragte er es mehrmals hintereinander, worauf »Terror« erneut hingerissene Schreie ausstieß und deshalb von seiner völlig ahnungslosen Mutter Pistorius kurz mit dem Zeigefinger bedroht wurde. Nun setzte sich, das Kleinkind ein wenig abschüttelnd, Herr Jackopp auf einen gerade freien Stuhl, starrte etwa zehn Sekunden auf den Fußboden und rief plötzlich erneut: »Wo ist die Mizzi?« Da antwortete der nicht zufällig vorbeischweifende Laurer Jungwirth mit ernstem Gesichtsausdruck, gerade vorhin sei sie noch dagewesen, vielleicht sei sie gerade in einem anderen Raum telefonieren. »Mit Negern«, dachte ich unwillkürlich. Herr Jackopp starrte erneut ein paar Sekunden, dann öffnete er eine Flasche Korn, die er, wie ich erst jetzt sah, in der Jackentasche mitgebracht hatte – und trank in wirklich ungeheuren Zügen mindestens fünf Schluck in sich hinein, so daß die Flasche schon fast zu einem Viertel leer war. Dann starrte er erneut.

Herr Jungwirth hatte schon recht. Die äußeren Voraussetzungen für einen Selbstmord waren gut, wurden sogar immer besser: tadellose Kleidung und zudem ein eindrucksvoller Rausch! Schon wieder griff Herr Jackopp entschlossen und wie in Todesbereitschaft zu seiner Flasche und schaffte auch diesmal immerhin drei erstaunliche Schlücke. Das Kind »Terror« stand jetzt neben ihm und jauchzte, von Jackopp unbeachtet, über diesen kostbaren Mann. Noch immer hatten übrigens Frl. Czernatzke und Herr Jackopp nicht einen einzigen flüchtigen Blick gewechselt – es ging also offenbar auf eine nervenzerreißende Entscheidung zu! Der Brief, er war nach Kloßens Aussage ungeschrieben geblieben. Sollte es tatsächlich gleich zur Tat kommen …?

»Wo ist die Mizzi?« fragte, den Kopf hochschleudernd, nun wiederum und mit Schärfe Herr Jackopp. Herr Domingo, der eben vorbeischlich, antwortete höflich, er habe keine Ahnung, sie werde sicher noch im Hause sein, und dann fragte Herr Domingo Herrn Jackopp zart, weshalb er denn so überaus vorzüglich angezogen sei: »Sie beschämen ja geradezu die anderen Herren hier.« Herr Jackopp lauschte ein paar Sekunden in sich hinein, dann hatte er die Frage verstanden. »Ich geh mich jetzt umziehen«, sagte er fest und entschlossen, nahm zwei mörderische Schlücke aus seiner nun schon halbleeren Flasche und bat mich, ihm ein Taxi zu bestellen, was wieder einmal sehr erstaunlich war, denn Herr Jackopp wohnte nur ein paar hundert Meter entfernt. Nach einem letzten Reise-Schluck, ohne ein weiteres Wort und gleichsam blicklos verließ dann Herr Jackopp den Festsaal. Zu meiner Genugtuung beobachtete ich dabei, wie Frl. Czernatzke Herrn Jackopp, als dieser zur Tür schritt, heimlich, flüchtig und mit einem Gesichtsausdruck nachblickte, den ich ohne Umschweife als »umflort« bezeichnen würde...

Übrigens hatte dieser kurze und prägnante Auftritt des Herrn Jackopp außer mir, dem Kleinkind »Terror«, Frl. Czernatzke und den Laurern Jungwirth und Rösselmann niemandem größeres Interesse abgerungen, sondern diese recht ichverliebten Menschen hatten sich eigentlich die ganze Zeit über weiter mit ihrem privaten und sicherlich recht bedeutungslosen Kram beschäftigt, hatten geschwätzt, teilweise leise geschrien und da und dort vielleicht sogar einander leicht liebkost, so zum Beispiel, wenn ich es recht gesehen habe, Frl. Majewski und Herr Knott. Eben führte linkerhand Herr Gernhardt einen kleinen Scherz vor. Herr Rudolph sollte die Zeigefinger einen Zentimeter voneinander entfernt parallel halten, waagerecht auf sie wurde nun ein Streichholz gelegt, und nun mußte Herr Rudolph »Klingling« sagen. Darauf hob Herr Gernhardt das Streichholz ab und sprach: »Ja, hier bei Gernhardt, und wer spricht dort?« Ich fand den Scherz köstlich, sogar Herr Kloßen, der nun etwas näher ins Zentrum des Geschehens gedrungen war, lachte dröhnend und gleichsam wiedererstarkt. Herr Rudolph aber, glaube ich, obwohl er gleichfalls heftig lächelte, schämte sich, daß er als Bürovorsteher so ausgetrickst worden war.

Jetzt gesellte sich noch ein anderer Herr zu den Festgästen, Herr Nikel, der alleroberste Bürovorsteher, ein zierlicher Mann in kunterbuntem Gewand, der nach einem allgemeinen Gruß mit dem silbrighellen Wort »Hallo!« wendig zu verschiedenen Personen im Raum hüpfte, auf diese emsig einredete, dabei sehr verantwortungsvoll aussah und dann doch immer wieder einmal sittsam lächelte und einmal flink sogar »Hahahaha!« machte. Doch bald eilte dieser äußerst geschwinde Herr wieder weg und wünschte uns allen mit grüßend erhobenen Ärmchen und dem Wörtchen »Hallo!« ein weiteres Gelingen des Fests.

»Wo nur Herr Jackopp bleibt?« wandte sich Herr Jungwirth erneut und besorgt lauernd an mich und strich sich über sein silbergraues Westchen. Ich muß gestehen, auch ich wünschte dringlich Herrn Jackopps Wiederkunft. Spürte ich doch, daß wir alle heute abend an einem entscheidenden Punkt, ja einer Wendemarke der neueren Geschichte angelangt seien, das heißt, wenn heute nichts passierte, sei es Freudiges, sei es Schreckliches, dann würde gewissermaßen überhaupt nie mehr etwas passieren. Ich kann das natürlich nicht beweisen, aber...

»Terror«, das Kleinkind, schrie auf – Herr Jackopp war zurück. Eine neue Überraschung! Er trug jetzt ein weißes *T-Shirt*-Hemdchen, in dem vorne auf der Brust die Worte *St. Louis-Stars* und darunter riesengroß die Zahl 42 standen. Wie zu erwarten, fragte Herr Jackopp noch unter der Türe scharf: »Wo ist die Mizzi? Ist die Mizzi da?« Herr Jungwirth wiederum war es, der hier einsprang und sagte, sie sei noch immer nicht zurück, aber er könne gern einmal suchen gehen – und er schaute dabei Herrn Jackopp frech und unverwandt ins Auge. »Ja«, sagte Herr Jackopp, »ist gut«, worauf sich Herr Jungwirth tatsächlich auf die Socken machte (was erhoffte er sich davon?), während Herr Jackopp wieder Platz nahm, und zwar diesmal neben mir. *Tant mieux!* Vielleicht würden mir so besondere Genüsse zuteil...

Nun, einleitend starrte Herr Jackopp wieder, dann nahm er einen schon kleineren Zug aus seiner Kornflasche und reichte sie mir weiter. Frl. Czernatzke kicherte jetzt allzu lustig und hektisch auf den mild lächelnden Herrn Traxler ein. Ja war denn hier alles für die Katz? Sollte man Herrn Jackopp einfach hochheben und auf den Schoß von Frl. Czernatzke setzen, damit er seine Chance wahrnähme? Doch es kam wieder einmal ganz anders, denn plötzlich hörte ich Jackopp mit dumpf rollender Stimme neben mir sprechen: »Wußtest du eigentlich, was die Rut Brandt für eine schöne Frau ist? Das ist die einzige Frau in Deutschland, die mich erregt. Unheimlich erregt.«

Wie denn! Darauf war ich natürlich nicht gefaßt, und ich muß wohl einen Moment lang sehr benommen dreingesehen haben. Eine völlig gewandelte Situation! »Die Rut Brandt«, hob Herr Jackopp erneut mit Grabesstimme an, »ist die schönste Frau, die ich kenne. Unheimlich hübsch.« Und nach einer kleinen Pause: »Das ist mir jetzt klargeworden.«

Wann? Heute nachmittag beim Flippern mit Kloßen? Im Bahnhofskino? Bei der letzten Toilette? Ich war recht verlegen, und so fiel mir nichts Klügeres ein, als Herrn Jackopp zu fragen, ob er eigentlich wüßte, daß »Rut« im Norwegischen »Rüt« gesprochen wird – das habe mir einmal eine Norwegerin erzählt. Herr Jackopp antwortete: »Eine unheimlich hübsche Frau, ich habe sie im Fernsehen gesehen.« Ich deutete nun Herrn Jackopp behutsam an, daß dies schon wahr sei, daß aber vielleicht letzten Endes – in meiner Ratlosigkeit fiel mir nichts Geistreicheres ein – die Brigitte Bardot doch noch ein wenig hübscher sei. »Unheimlich«, sagte Herr Jackopp und nahm noch einen Schluck. Da kam gerade Herr Domingo des Wegs, beugte sich lächelnd zu uns, las mit Interesse die Aufschrift auf Jackopps Hemdchen und fragte mit gefälligem, wenngleich tückischem Ton in der Stimme: »Na, ihr beiden, was gibt es denn?« Dankbar für diese Unterbrechung einer für mich äußerst heiklen Situation, sagte ich: »Herr Jackopp und ich unterhalten uns gerade darüber, wer hübscher ist, Rut Brandt oder die Brigitte Bardot?«

»Die Bardot«, fuhr gleichsam erwachend und zornig Herr Jackopp hoch: »Dreck!«

Gelöst lachten Herr Domingo und ich, indessen Herr Jackopp gleichbleibend tödlich dreinblickte. Wollte er Rut Brandt wirklich umlegen? Doch im nächsten Augenblick war schon wieder etwas Neues im Gange. Frl. Majewski begann nämlich plötzlich zu einer modernen Negermusik mit Frl. Czernatzke überschwenglich und wie von Sinnen zu tanzen, dabei lachten beide sehr wild und ungesund, und ich glaube, einmal versuchte Frl. Majewski sogar Frl. Czernatzke ins Ohr zu beißen! Um die Tanzenden standen Herr Jungwirth, Herr Gernhardt und Herr Knott und klatschten mit großem Eifer in die Hände, denn dies war sicherlich der bisherige Höhepunkt des Fests. Gleichzeitig erschien auch das Kind »Terror«, das unter dem Stuhl durchgekrabbelt war, zwischen meinen Beinen, lachte mich geistlos an, schrie: »Ah-ah-ah-ah!« und versuchte meine Nase zu ergreifen. Ich wich aber geschickt aus und deutete dem Kind, indem ich die Augen nach rechts verrollte, in Richtung auf Herrn Jackopp, der ja neben mir saß und in all dem finsteren Gewürge um ihn herum wieder einmal wie abwesend starrte. »Terror« verstand dieses Signal Gottseidank sehr gut, verließ mich sofort und wackelte, während gerade Frl. Majewski beim Tanz ins Stolpern kam und deshalb laut quietschte, nach nebenan zu Herrn Jackopp und griff ihm sofort in die fast tragisch nach unten hängenden Kopfhaare. Herr Jackopp erwachte dabei aus seinen schweren Gedanken, sah einen Moment lang das ihm ergebene Kind aus nächster Nähe vollkommen verständnislos an, dann nahm er erneut einen Schluck aus seiner Flasche und sagte tonlos und gleichsam für sich selber: »Ich glaube, ich muß jetzt gleich unheimlich kotzen.«

Im gleichen Augenblick streifte Herrn Jackopp – zum zweiten Mal an diesem Tag – ein bitterer und doch, wie ich zu beobachten glaubte, irgendwie wohlwollender Blick des Frl. Czernatzke, das vom sinnlosen Tanz auf seinen Sessel zurückgesunken war. Herr Jackopp merkte es aber nicht, weil nämlich, als er sich gerade vom Schnapsgenuß schüttelte, »Terror« freudiger und hemmungsloser als zuvor zu plärren anfing und Herrn Jackopp – offenbar in der irrigen Meinung, das Leben sei doch eine wunderbare Sache – noch heftiger ins Haar griff. Herr Jackopp hielt sich bei diesem Angriff aber sehr gut, er beugte sich, die Faust des Kindes im Schopf, zu mir herüber und sagte ernst und wiederum tonlos: »Ich geh jetzt in' Krenz! Du kommst mit?«

Jetzt lockerte sich der Zugriff des Kindes, das aber weiter vor Jackopp stehen blieb und diesen St. Louis-Star bewundernd, ja andächtig beschaute. Ich schlug Herrn Jackopp zart vor, wir sollten vielleicht noch ein bißchen hier bleiben, später würde ich gerne mitkommen. War denn wirklich alles vergebens? »Wo ist die Mizzi?« fuhr Herr Jackopp plötzlich wieder hoch – und seltsam genug, wurde Frl. Mizzi gerade von Herrn Jungwirth in den Festsaal geleitet. Sie hatte offenbar Herrn Jackopps Frage noch mitgekriegt, denn sie blieb seitwärts von ihm stehen und schaute ihn durchdringend und respektlos an. »Da ist die Mizzi!« rief nun geradezu lockend der Laurer Jungwirth und besah ebenfalls erfreut Herrn Jackopps St.-Louis-Star-Hemdchen. Herr Jackopp sammelte sich ein paar Sekunden, dann sah er Frl. Mizzi entgeistert ins Gesicht und sagte: »Was ist? Ich geh in' Krenz. Du gehst mit?«

»Warum?« fragte Frl. Mizzi schroff und unbarmherzig. Herr Jackopp dachte erneut nach, dann sagte er: »Ich geh in' Krenz. Du kommst jetzt mit?«

Frl. Mizzi sah nun Herrn Jackopp mit fast inständiger Wortlosigkeit an und sagte gar nichts mehr. Es entstand zufällig, weil gerade die Negermusik schwieg, eine kleine Pause, während der man Herrn Rösselmann in unnatürlich charmantem Ton auf Herrn Traxler einreden hörte: »Und natürlich wird es meinem Haus ein Vergnügen sein, auch Ihre Frau Gemahlin zum Tee bitten zu dürfen.« (Was denn! Kann denn ein Haus, gar ein vergnügtes Haus, bitten??) Mit einem Seufzer erhob sich nun Herr Jackopp und sagte müde: »Ich kotze jetzt. Du kommst nach?«, sah an Frl. Mizzi vorbei und verließ augenblicklich den Festsaal, begleitet von einem langen und aufmerksamen Blick Herrn Jungwirths. Würde heute Frl. Mizzi ihm gehören? Ich dachte, dieser Mann erschliche gerade Frl. Bitz! – Eigenartigerweise vergaß Herr Jackopp diesmal ein Taxi zu bestellen. (Was wollte eigentlich Rösselmann von der Gemahlin des Herrn Traxler?) Dabei hätte sich diesmal ein Taxi für Herrn Jackopp durchaus gelohnt, die Gaststätte »Krenz« ist immerhin etwa 800 Meter vom Büro entfernt...

»Hau ab!« kommentierte leise und mit völlig ruhiger Stimme Frl. Mizzi Herrn Jackopps Abgang. Und mit diesen Worten löste sich gleichsam alle angestaute Spannung der letzten Minuten. Nun, es hat nicht sein sollen, das mit dem Sprung aus dem Fenster. Anscheinend klappt die Tragik bei uns einfach nicht mehr, damit muß man sich eben abfinden – – –

Die nächste halbe Stunde passierte denn auch überhaupt nichts, außer daß einmal Frl. Majewski höchst ungeschickt und unvorsichtig in den Saal rief, dies sei eine »herzlich kaputte traute Gemeinschaft«. Eigenartig! Schon den zweiten Abend hintereinander verlebte sie heute ohne Herrn Ulf. Sollte ich angreifen? Nach all den ernüchternden Erfahrungen von gestern abend? Nein, meine Stunde war sicher noch nicht gekommen, ich würde mich spröde geben, um so größere Wonnen würden dem folgen, vielleicht...

Inzwischen war es sieben oder acht Uhr geworden, und einzelne Personen brachen bereits auf zum Abendbrot, so etwa Frau Pistorius, die auch Gottseidank ihr Kind »Terror« mit heim packte, Herr Traxler wohl aufgrund seines fortgeschrittenen Alters – und völlig überraschend war auch Herr Kloßen verschwunden, dies war offenbar sein Revier doch nicht. Überrascht beobachtete ich beim Abschied von Frau Pistorius, daß diese Frau überaus liebevoll von Herrn Domingo abgeküßt und abgeschleckt wurde. Das war neu! Nun, man kann natürlich seine Augen nicht überall haben. Aber vielleicht sollte Herr Pistorius die seinen mal weiter aufmachen. Dieser Domingo! Ha! Jetzt erinnerte ich mich, ich hatte kürzlich mal mit ihm zusammen und Frau Pistorius gefrühstückt. Herr Pistorius befand sich bereits an seinem Arbeitsplatz. Nach dem Frühstück haben Frau Pistorius und Herr Domingo ein wenig auf dem Balkon Tango getanzt und waren so meinem Blick entzogen. Aha!

(Übrigens, Herr Pistorius!, ist auch Herr Stefan Knott, wie ich aus seiner 20-Frauen-Strichliste weiß, hinter Ihrer Frau her...)

Jetzt trat Herr Jungwirth an mich heran und äußerte sein Bedauern, daß es nun ja leider mit dem Selbstmord nicht funktioniert habe. Ich ermunterte Herrn Jungwirth, noch sei ja nicht aller Tage Abend. Auch Herr Rösselmann hatte wohl inzwischen Herrn Jackopps Abgang registriert, und wir drei beratschlagten nun eine Weile ohne rechtes Ergebnis, was in dieser Sache noch getan werden könne. Und während sich dann Rösselmann und Jungwirth über ein gewisses und mir unbekanntes Frl. Schminke unterhielten, das, soviel ich mitbekam, seit kurzem den Bürovorsteher Rudolph zu umgarnen versucht, fiel ich plötzlich ins Studieren, welchen Namen man Herrn Kloßens und meiner zukünftigen Fernseh-Fabrik wohl geben könnte, wenn einmal alles am Schnürchen lief und monatlich 18 000 Mark ins Haus flögen: Kloßen und Co? Kloßen und Grausam? Grausam und Unsinn? Unsinn, Grausam und Unfug: UGU …?

Ich mußte wohl ein wenig eingenickt sein, denn auf einmal war alles im Festsaal verändert. Herr Gernhardt, Frl. Bitz, Frl. Majewski, Frl. Mizzi, Herr Poth, Herr Rudolph und Herr Rösselmann bildeten nun eine Art malerische Diskussionsgruppe, d. h., einer sagte abwechselnd etwas Leises, und die anderen kicherten dann in fast regelmäßigen Abständen kurz auf. Etwas näher bei mir lungerten Herr Domingo und jene Frau, die Herrn Poth gehörte, und führten ein wohl schwerblütiges Gespräch, jedenfalls hörte ich Herrn Domingo auf einmal sagen: »Man lebt davon, was einen die anderen Leute erkennen lassen«, worauf die Frau zustimmend und ernst nickte. Das ist wahr, was Herr Domingo da lehrte! Das sah ich sofort ein …

Herr Knott wiederum hatte jetzt in ebenfalls sehr malerischer Haltung seinen rechten Fuß auf den Stuhl von Frl. Czernatzke hochgestemmt, offenbar sollte das die Innigkeit seiner sicherlich belanglosen Ansprache steigern. Oder warb dieser Mann etwa für Herrn Jackopp? Ja hatte Frl. Cerznatzke überhaupt mitgekriegt, daß Herr Jackopp verschwunden war? So etwas Unaufmerksames! Und da – was quasselte dieser Jungwirth, dieser alte Esel, jetzt so leidenschaftlich auf Frl. Bitz ein? Herr Rösselmann würde sich höllisch vorsehen müssen! Bei solchen Festen passiert es eben meistens. Mir wurde neulich sogar erzählt, ich hätte anläßlich eines romantischen Galaabends zwischen 3.30 und 4.30 Uhr früh neben einer mandeläugigen Dame aus Heidelberg gekniet und ihr ununterbrochen von oben nach unten den linken Arm angeknabbert. Nun, diese meine damalige Haltung nehme ich sofort zurück. Sehr unfein finde ich aber, daß die betreffende Dame dabei arrogant und sogar frech den Beobachtern der Szene zugelächelt haben soll, ganz als wolle sie achselzuckend zum Ausdruck bringen, was für einen Blödmann sie da hängen habe – – –

Doch noch bevor ich über dieser Erinnerung zornig werden wollte, trat jetzt Herr Domingo mit Herrn Poths Dame an mich heran und stellte vor, dies sei die Frau Krause und das da – dabei deutete er auf mich – sei »der große Henscheid«, der »seinerzeit die berühmte Kühlfilter-Anzeigen-Kampagne so virtuos durchgezogen« habe, und ich sei nämlich »ein absolutes As auf dem Gebiet der Produktwerbung und des gruppendynamischen *Marketings*«. Nun ja, wehrte ich, Frau Krause anlächelnd, ab, Herr Domingo übertreibe, das mit den Kühlfiltern sei erstens für mich Routinesache gewesen und zweitens praktisch von selber gelaufen, ich sei damals eigentlich nur »in eine offene Marktlücke gestoßen« – etwas Profilierteres fiel mir leider nicht ein. »Aber Sie haben doch dabei sicher mächtig verdient?« wollte Frau Krause, eine recht leichtgläubige Person, wissen. Natürlich, sagte ich, wie müde, ich hätte mächtig eingesackt, aber diese Produkt-*Timing*-Tätigkeit (wo hatte ich nur dieses Wort her?) böte mir heute keinen Lebensinhalt mehr, mein einziger Wunsch sei, einfacher Sachbearbeiter in einem Büro wie diesem da zu werden, mit einer kleinen Kartei und einem netten sauberen Schreibtisch, »weg von dem mörderischen Rummel der Projektgruppen-Forschung und der *Sales-Promotion*«.

Verdammt, was redete ich da alles zusammen! Warum täuschte ich diese Frau so arglistig? War ich denn geisteskrank? Doch schon sagte Frau Krause, das mit der Sachbearbeiter-Tätigkeit ließe sich doch ohne weiteres bewerkstelligen. »Eben nicht!« krähte ich zu meiner eigenen Überraschung, ich hätte schon alles versucht, und immer wieder sei ich abgewiesen worden. Sachbearbeiter wolle ich werden, schrie ich, »Sachbearbeiter oder Museumswärter oder Stadtgärtner oder am allerliebsten Logenschließer in einem ruhigen kleinen Privattheater mit Uniform!« Nun nun, schritt da Herr Domingo begütigend ein, das mit dem Sachbearbeiter ließe sich sicher deichseln, wenn sich z. B. Frau Krause für mich einsetzte. Aber ja, rief diese fast entzückt, sie wolle morgen gleich mal mit ihrem Vorgesetzten sprechen, vielleicht sei gerade eine Planstelle frei. Am Nachmittag wolle sie mit ihm verhandeln, da sei er meist sanft und umgänglich, und dann würde sie mich gleich anrufen und mir Bescheid sagen. Und sie notierte sogar meine Telefonnummer. Ich solle »ja nicht die Hoffnung aufgeben!«.

Ich meine, dies letzte war ein so eigentümlich schillerndes Wort, daß es erlaubt ist, diese ganze scheinbar dumme Geschichte mit Frau Krause vorzutragen – obgleich sie mit der Liebe des Herrn Jackopp überhaupt nichts zu tun hat. Frl. Czernatzke sah zu diesem Zeitpunkt übrigens schon irgendwie leidend oder doch in sich gekehrt aus – sollte Herr Knott ihr ins Gewissen geredet haben ...?

Wieder brachen einzelne Personen auf, so der ängstliche Bürovorsteher Rudolph, der umsichtige Herr Gernhardt, um auf sein Frauchen aufzupassen, Herr Poth und Frau Krause, die mir noch einmal aufmunternd zuwinkte – und leider auch Frl. Witlatschil und Frl. Majewski, die beide noch schnell in ein Jazz-Lokal wollten (»und Neger treffen«, dachte ich überraschend). Es kam aber fünf Minuten später für diese beiden noch ein Ersatz, nämlich ein Frl. Karla Kopler, das ich schon gut kannte, ja sogar in Kolmar einmal auf Anordnung von Herrn Rösselmann geliebt habe – ein äußerlich liebliches und feingebildetes Wesen, das sich aber nicht immer im Zaum zu halten versteht und – ich muß es leider sagen – schon zur Zeit ihrer Ankunft nicht mehr ganz nüchtern schien, nämlich genau wie vorher Frl. Majewski einen Herrn nach dem anderen umhalste und eine leidenschaftliche Unruhe veranstaltete – als ob es hier irgend etwas zum Freuen gäbe! Der aufmerksame Leser wird, nebenbei, schon bemerkt haben, daß bei diesem Fest wie in unserer Gesellschaft überhaupt die Frauen mit wenigen Ausnahmen (Bitz!) den weitaus größten Lärm schlagen, statt uns Herren erotisch noch mehr zu faszinieren …

Zuerst teilte Frl. Kopler mit, sie habe furchtbaren Durst, und sie trank sofort ein ganzes Weinglas Whisky leer, das ihr von Herrn Jungwirth (änderte der schon wieder sein Ziel?) eifrig hingereicht worden war. Alsdann zog Frl. Kopler aus ihrer Tasche ein mir schon bekanntes furchtbares Gerät, einen sogenannten Lachsack, ein Ding, aus dem, von einer elektrischen Batterie gespeist, eine männliche Stimme ununterbrochen und in wahrhaft grauenerregender Weise lachte und alle höhere Gesellschaftskultur gnadenlos niedermähte. Frl. Kopler, obwohl nur sie selbst Vergnügen an diesem Teufelswerk empfand und alle anderen Festgäste bitterlich dreinschauten, ließ den Lachsack eine Viertelstunde lang lachen und war auch dann nicht von ihrem Mitbringsel abzulenken, als sie von Herrn Jungwirth um ein Tänzchen gebeten wurde. Allerdings trank sie noch ein Glas Whisky, und schließlich ließ sie sich in einen Bürosessel plumpsen, streckte die Füße von sich und sagte mehrmals hintereinander: »Bin ich kaputt, bin ich kaputt!« Dann erst wurde sie friedlicher, fingerte aus einem Glas vier Essiggurken, verzehrte sie, steckte sich endlich ein Zigarillo an, schloß die Augen und gab erst mal wieder Ruhe.

Wir hatten übrigens einmal einen noch größeren Lachfreund als Frl. Kopler in unserer Gruppe, dies war Herr Jürgen Meister, ein aufgegebener Jurist, der trotzdem praktisch immer lachte und keinen Grund brauchte, bzw. er hatte bei Herrn Knott 800 Mark Schulden und lachte vielleicht, weil er sie nicht zurückgab. Herr Meister legte beim Lachen auch eine bewundernswürdige Lautstärke an den Tag, und er konnte es fast genauso gut wie der elektrische Lachsack! Herr Domingo wollte ihn einmal hereinlegen und sein Lachen entlarven, indem er nämlich zum Ausklang einer grandiosen Lachkanonade von Herrn Meister selber heftig und grundlos zu lachen anfing und so ganz unüberhörbar Herrn Meister nachechote, so daß dieser es sogar selbst merkte, sich aber sofort Rat wußte und am Ende von Herrn Domingos Lacheinsatz seinerseits wieder brausend zu lachen begann – und so ging es dann weiter, wobei immer abwechselnd Herr Meister und einer von uns Umsitzenden lachte, es war genau die musikalische Form eines Rondos: a-b-a-c-a-d usw. Nach einer Viertelstunde lief Herrn Meister der Schweiß über das prächtig glänzende Gesicht, er gab aber noch nicht auf und lachte weiter, insgesamt 25 Minuten, wobei er es zuletzt sogar noch zu einer schon unglaublichen Fortissimo-Steigerung brachte, bevor er, nun wirklich erschöpft, abbrach. Insgesamt aber hatte sich Herr Meister glänzend und meisterhaft aus der Affaire gezogen.

Übrigens lachte er fünf Minuten später schon wieder heftig und grundlos. –

Doch zurück zum Festsaal. Das heißt, von einem richtigen rauschenden Fest konnte jetzt kaum mehr die Rede sein. Es handelte sich praktisch nur noch darum, daß einzelne Personen nachdenklich vor sich hin schauten, zur Rockmusik träumten oder auch einwenig dämmerten, und vielleicht zwei, drei Teilnehmer ab und zu noch miteinander raunten oder murmelten. Ich erkannte in dem matt erleuchteten und durch Rauchqualm fast undurchdringlich gewordenen Festsaal die Umrisse von Frl. Bitz, Herrn Rösselmann, Herrn Domingo, Herrn Knott, Herrn Jungwirth, das schlafende Frl. Kopler – und eigenartigerweise war auch noch immer Frl. Czernatzke anwesend und saß nun still und fast abwesend in ihrem Drehstuhl hingelagert. Insgesamt aber hatte das Fest jeden Glanz, jede innere Form verloren, eine baldige Auflösung war zu befürchten – und nichts war passiert …

Da passierte aber doch noch etwas. Nachdem nämlich von Beginn an andauernd sog. Pop- und Rock-Musik vorgetragen worden war, legte Frl. Czernatzke auf einmal etwas ganz anderes und Neues auf, nämlich den »Hirt auf dem Felsen« von Franz Schubert, jenes wunderbare Idyll für Sopran, Klavier und Klarinette, das so eindringlich und herzerquickend den vollen Zauber frühromantischer Sehnsucht ausspielt. Das half aber nichts, sondern es wurden unter den Festgästen sofort unzufriedenes Murren und Scharren und abwehrende Satzbrocken laut, und jemand, ich glaube Herr

Knott, fragte dumpf, was »der klassische Rotz da« solle. Doch ungewohnt glutvoll plärrte umgehend Frl. Czernatzke auf diese Schubert-Feinde zurück, sie sollten »ihre dumme Fresse halten oder abhauen«. Sofort herrschte wieder knisternde Spannung im Festsaal, und sie webte auch gleichsam unterirdisch fort, als Herr Knott eingeschüchtert »ja, ist schon gut« nachgemault hatte. Allerdings war es jetzt fast mäuschenstill im Festsaal geworden, nur Herr Rösselmann klappte noch mehrmals und stur sein Feuerzeug auf und zu – und es war gut zu hören, was da Herrliches gesungen wurde:

»Wenn auf dem höchsten Fels ich steh',
Ins tiefe Tal herniederseh',
Und singe, und singe ...«

Herr Knott sah zu dieser schönen Eröffnung trotzig und verächtlich drein, Herr Rösselmann saugte verständnislos an seiner Zigarette, Herr Domingo ächzte wie unter einer schweren Zumutung und Frl. Bitz las respektlos in einem Journal. Einzig Herr Jungwirth hatte eine aufmerksame, ja verständnisvolle Miene aufgesetzt – spürte auch er, wie ich, die Fäden, die sich von hier aus zu Herrn Jackopp erstreckten? Vorgetragen wurde das Lied übrigens von Kammersängerin Rita Streich, einer putzigen kleinen Dame, mit der zusammen ich in Regensburg einmal Cocktails getrunken und dazu Don-Kosaken-Lieder gebrüllt habe. Es war schon halb sechs Uhr früh, und der Hotelportier mußte Frau Kammersängerin Streich sogar verwarnen ...

»Je weiter meine Stimme dringt,
Je heller sie mir widerklingt,
Von unten, von unten.
Mein Liebchen wohnt so weit von mir,
Drum sehn ich mich so heiß nach ihr
Hinüber, hinüber ...«

Wieviel Uhr es eigentlich sei, trompetete arglos Frl. Karla Kopler, die wohl gerade in ihrem Sessel erwacht war. »Fresse halten!« kreischte nun schon ganz ungezogen Frl. Czernatzke, die die ganze

Zeit über in ihrem Drehstuhl hingegossen gesessen und mit den zur Zimmerdecke gerichteten Augen gekreist hatte. »Ja ja ja«, brummte verstört Frl. Kopler, »hat jemand eine Zigarette für mich?« »Mensch, Koplerin«, japste zornig Frl. Czernatzke, »sei doch mal ruhig!« »Ja ja ja, ist schon gut«, brummte erneut das verschreckte Frl. Kopler. Und schon leitete es über zum Adagio-Teil:

»In tiefem Gram verzehr' ich mich,
Mir ist die Freude hin,
Auf Erden mir die Hoffnung wich,
Ich hier so einsam bin…«

Was wollte sie eigentlich, diese Czernatzke? Vier Herren hetzten nachweislich hinter ihr her, und eins dieser Liebchen saß gar nicht weit entfernt im »Krenz«! Da könnte sie jederzeit »hinüber hinüber« rennen, verdammt – – –

»So sehnend klang im Wald das Lied,
So sehnend klang es durch die Nacht…«

Da schellte das Telefon. »Du kannst mich mal gewaltig um diese Zeit!« schrillte Frl. Czernatzke und hob nicht ab. Das Telefon klingelte aber beharrlich weiter, und so führte Frl. Czernatzke schließlich mit den Worten »verdammter Idiot« das Gerät an ihr Ohr. »Wer ist da?« rief sie gleich darauf unwirsch. Und dann: »Ach so, du bist es. Was?« »Nein, die Mizzi ist nicht mehr da, die ist mit der Birgit weg.« »Was? Warum sie nicht in den Krenz gekommen ist?« »Das weiß ich doch nicht, frag sie doch selber!« »Was? Wo ist ein Bruch in der Logik?« »Hör mal, ich weiß es nicht und ich möchte jetzt meinen Schubert anhören.« »Ja, tschüss!«

»Der Kerl ist einfach besoffen«, sagte Frl. Czernatzke zornig, »so, und jetzt will ich mir nochmals meinen Schubert anhören!« »Hör mal«, sagte feindselig Herr Knott, »dann laß aber zuvor die anderen die Mücke machen. Ich geh noch einen Schlag ins Alt-Heidelberg. Geht wer mit?« »Warum nicht in den Krenz?« fragte Frl. Kopler. »Da sitzt der Jackopp drinnen«, sagte Herr Knott, »und terrorisiert uns nur.« »Mit seinem Bruch in der Logik«, ergänzte heiter Herr Domingo, »o Gott, o Gott!« Diese Feiglinge!

Allen Problemen ausweichen! Nur weg von den Leiden der Nächsten! Augen zugemacht, das war ihre Moral…

Ich würde ins Alt-Heidelberg nachkommen, rief ich den Aufbrechenden zu, in einer halben Stunde. Vorerst wollte ich mir gleichfalls noch einmal den »Hirt auf dem Felsen« anhören und anschließend Frl. Czernatzke vielleicht etwas aushorchen…

Kaum waren die Schubert-Feinde zur Tür hinaus, legte Frl. Czernatzke mit einem demonstrativen Seufzer der Erleichterung ihr Lied wieder auf, stützte den Kopf zwischen die Arme und Knie und schloß die Augen. Auch ich lehnte mich beschaulich in meinen Bürosessel zurück. Wer hätte gedacht, daß ausgerechnet dieser bunte Nachmittag noch so hochromantisch enden würde! Wie nicht mehr von dieser Welt! Dieses Adagio, war es nicht wie ein Atemholen der Menschheit?

»Die Herzen es zum Himmel zieht,
Mit wunderbarer Macht!«

Gleichzeitig nahm ich allerdings wahr, daß ich nicht mehr besonders scharf denken konnte. Hm. Nun ja, was hieß das eigentlich, daß es die Herzen zum Himmel zieht? Die einen zog es zum »Krenz«, die anderen ins »Alt-Heidelberg«. Und meines? Zu Frl. Majewski? Zur türkischen Frau? Nun, die war tot. Das heißt, ich weiß es nicht genau, vielleicht – – –

Da war der »Hirt auf dem Felsen« schon wieder aus, aber wortlos legte ihn Frl. Czernatzke ein drittes Mal auf. Steckte wieder den Kopf zwischen die Knie und schloß die Augen. Wußte sie eigentlich, daß auch ich noch zugegen war und ihre Sehnsucht voll beobachtete? Wem galt diese verdammte Sehnsucht denn nun eigentlich? Ich dachte, die Sache mit Herrn Johannsen ginge klar! Nun, wie gesagt, jene türkische Frau. Eines Tages war sie in ein Auto gestiegen und in die Türkei verreist. Aber vielleicht kommt sie doch zurück, »herüber, herüber«, wie Frau Streich gerade wieder säuselte. Wie konnte man nur in der Türkei sterben? Irene hieß sie, jawohl! Das heißt, zuerst hieß sie Katherine, und erst mit 22 Jahren kam der große Schwenk, und da hieß sie plötzlich Irene, und das sagt ja fast alles, irgendwas muß da auf dem Standesamt schiefgelaufen sein, vielleicht der Vater besoffen oder der Beamte, jedenfalls ging es dann ab in das Reich des Halbmonds. Im übrigen, damit man mich ein wenig besser versteht, möchte ich hier schnell ein Gedicht über die möglicherweise tote Frau einfügen, ein Gedicht sogar in freien Rhythmen, das auch in einem ganz anderen Stile gehalten ist als diese Aufzeichnung da. Ich beherrsche nämlich zahlreiche Stile und Tonfälle und halte es in diesem Punkt vollkommen mit meinem Vorbild Wolfgang Amadeus Mozart, der ja in einem Brief aus dem Jahr 1778 an seinen Vater geschrieben hat: »Ich kann so ziemlich alle Arten und Stile von Kompositionen annehmen und nachahmen.« Und ich halte diese Fähigkeit durchaus nicht für eine Charakterschwäche, sondern für gut. Doch nun zu dem Gedicht über die möglicherweise tote Frau:

Gardasee

Liebliches Städtchen am Lago di Garda –
O guarda, guarda!
Verwaschen blinkt der See.
Schlaf ein, schlaf ein,
Ragazza mia pazza,
Wie ruhendes Wasser, wie wehender Wind,
Wir alle Opfer des Sexus sind.
Schäferin, ach wie haben sie dich
So süß begraben ...
Funiculli funiculla!
O wärst du schon da!
Vage Funken am Horizont:
Sind's Villen der herrschenden Klasse?
Die Nacht, die entmutigend blaue, la notte!
Das allzu intime Gewässer
Siehst du das Weltmeer dort hinten?
Selig doch scheinen wir in uns als Körper.
Ich, du, Verquickung,
Nie Ruh ...

Zypressen, vom Wahnwitz des Eros durchtränkte,
Wir alle Gehenkte
Des großen Vater Pan –
Geliebte, es will Abend werden.
Waldung sie schwankt heran,
Bäumewärts himmelan –
O Baby, ich hack dich ins Knie!
Deine großen blauen Augen,
Sie sind wie ein Spiegel des Sees –
Ah, la terra mi manca!
E tu? Perchè così piangi?
Geliebte, sieh hin, der See,
Der tief tief blaue See …

Ich meine, dieses Gedicht ist sicher nicht besonders geistreich, und eine Zeile ist sogar von Goethe gestohlen. Auch gefällt mir nicht unbedingt der rüd-realistische Ton, in dem ich da einmal über die Liebe spreche, das kommt ja direkt an Herrn Jackopp ran! Aber das Werk unterscheidet sich doch meiner Meinung nach wohltuend durch seine unüberhörbare lyrische Kraft und Naturverbundenheit (Zeile 3, 6 und 18) von gewissen heute üblichen pornographischen Machwerken – schon durch die raffiniert eingesetzte italienische Sprache. Und habe ich zuviel versprochen, als ich einen völlig anderen Stil angekündigt habe? – – –

Plötzlich hörte ich vom Stuhl Frl. Czernatzkes her ein leises Schnauben, ja Schnarchen. Tatsächlich! Sie schlief! Der »Hirt auf dem Felsen« hatte es also im dritten Zupacken geschafft. Oder um mit Hölderlin zu sprechen: »Was ist denn der Tod und alles Wehe der Menschen? Geschieht doch alles aus Lust und endet doch alles mit Frieden.« Das ist vollkommen richtig. Da saß sie – schlummernd in ihrem Bürostuhl und ihrem ursprünglich so frechen roten Kleidchen. *Charmant, charmant!* Was sie wohl träumte? Während Herr Jackopp im »Krenz« wahrscheinlich noch immer kämpfte und kämpfte? … Wenn er jetzt an meiner Stelle wäre! Er könnte Frl. Czernatzke lange und eingehend anschauen und dann mich ins Café Härtlein bestellen und mir mitteilen: »Ich wußte gar nicht, wie hübsch die Czernatzke ist, verdammt…«

Sollte ich Frl. Czernatzke wecken? Sie, die da so süß und friedlich schlummerte und so gleichmäßig schnaubte? Nein, da hatte ich einen besseren, ja einen überragenden Einfall! Ich legte noch einmal den »Hirt auf dem Felsen« auf, damit sich dieser sogar noch in den Schlaf und in das Unterbewußtsein von Frl. Czernatzke einmogelte und auf diese Weise vielleicht Herrn Jackopp doch noch eine letzte Startchance eröffnete. Irgendwie mußte es doch zu deichseln sein…

Sodann löschte ich alles Licht und stahl mich aus Festsaal und Büro. Auch ich war jetzt rechtschaffen müde und wollte nach Hause, vielleicht beim Einschlafen ein letztes Mal die angenehmen Gedanken an die tote türkische Frau zu mobilisieren. Doch auf der Straße merkte ich plötzlich, daß sich meine Schritte sozusagen automatisch zu den Freunden ins »Alt-Heidelberg« bewegten. Nun, in sein Schicksal mußte man sich ergeben. Nur immer zu, du tapferer Gesell! Doch an der Pforte des »Alt-Heidelberg« ereilte mich ein Tiefschlag – geschlossen! Was tun? Die Freunde in der ganzen Stadt suchen?

Da faßte ich mir ein Herz und trabte, zuerst etwas niedergeschlagen, dann sogar fröhlich, wirklich nach Hause, ja ich pfiff sogar vor Zufriedenheit. Die Genugtuung über meine edle Haltung stimmte mich so ausgelassen, daß ich vor meiner Haustüre beinahe noch einmal kehrt gemacht hätte und in den »Krenz« weitergelaufen wäre, Herrn Jackopp brüderlich beizustehen…

Nein, hier tat Härte not! Ich zwang mich in meine Wohnung mit dem Versprechen, mir einen Kaffee zu bereiten und dann ganz ruhig meine Lage zu überdenken. Ah! Das war ja wirklich wunderbar zuhause! Ein dampfender Kaffee, eine Zigarette zum Reflektieren, und jetzt noch die passende Musik aufgelegt! Aber was? Es mußte etwas sein, das selbst noch den »Hirt auf dem Felsen« in die Schranken verwies und so Frl. Czernatzkes Grenzen aufzeigte! Nun, ich kann nur jedem empfehlen, in diesem Fall Gustav Mahlers »Abschied« aus dem »Lied von der Erde« zu berücksichtigen.

Welch eine unsägliche Wehmut, die da sofort aus der ersten chromatischen Klarinettenfigur hochsteigt, schmerzlich wieder zum Ausgang zurücksinkt und in eine raunende Naturstille mündet, aus der dann gleichsam schon tonlos-unirdisch eine Altstimme herauswächst:

»Die Sonne scheidet über dem Gebirge,
In alle Täler steigt der Abend nieder ...«

Wunderbar! Welch fesselloses Glück und fessellose Schwermut! Ausdruck wird zum Schluchzen. Wie durch Säure hat Leid darin sich zusammengezogen, als würde es gar nicht mehr ausgedrückt (Adorno). Ganz wie bei Herrn Jackopp. Das Gesicht sauer und leidvoll zusammengekniffen und nur noch ab und zu ein knapper Ausdruck ...

»Wie eine Silberbarke schwebt der Mond ...«

O Gott, o Gott! Da war sie wieder, die Türkin, dieser vermaledeite *horror eroticus!* Als ob Gustav Mahler sie vorausgeahnt hätte, diese blöde Irene. *Good night, Irene, Irene, good night, I see you in my dream.* Eigentlich eine recht hübsche kleine Melodie. O diese Türkei-Flüchtigen! *O core 'ngrato, tutt'e passato!* – nein, das war einfach zu aufreibend. Bleibe im Land und nähre dich redlich. Was war das eigentlich heute für ein erzdummes Fest gewesen? Warum war Frl. Majewski so laut gewesen, warum war sie zu den Negern gelaufen? Was hatte eigentlich Frau Knott heute den ganzen Abend über getan, verdammt! Mir sagt man ja nichts! Wann empfing Herr Rösselmann jene ominöse Barbara? Würde dann Herr Jungwirth sofort Frl. Bitz überwältigen? Und immer dieses Auf und Nieder der Terzenketten, diese Ballade des Unterliegens (Adorno), dieser Rösselmann mit seinem Bienenstich ...

»O mein Freund, mir war auf dieser Welt
Das Glück nicht hold ...«

O core 'ngrrraaaaato! – Plötzlich mußte ich in einer gewissen Nervenüberbewegung heftig losweinen, und das war so schön und lustig, daß ich vor Freude eine Zigarette anstecken mußte, welche sofort alles wieder neutralisierte, so daß es gewissermaßen umsonst war, hahaha! – – –

Herr Rösselmann und sein Bienenstich, an diese beiden reichte natürlich Gustav Mahler nicht heran. In Venedig zu sterben! Was wußte eigentlich Herr Hock? Also, wie war das nun: Zuerst Doris Jackopp, dann Frl. Mizzi, dann Frl. Czernatzke, dann wieder Frl. Mizzi, dann die Dame in Rot, dann wieder Frl. Czernatzke, dann wieder Mizzi, dann Rut Brandt – warum eigentlich nicht gleich die Queen? *»daz diu chünigin von Engellant lege an minen armen«.* Da würde der Prinzgemahl Philipp schauen, wenn plötzlich Herr Jackopp herandonnerte … O weh, schon wieder ging es los, das Unerträgliche …

»Ich geh, ich wandre ins Gebirge …«

Genau, das sollte Herr Jackopp tun und uns hier in Frieden lassen – Einsiedler werden und nie mehr wieder hier auftauchen und unseren Damen nachröhren und sie mit Blumen belästigen. Nun, die türkische Frau hat nie etwas gegen Rosen einzuwenden gehabt, sie hat auch nie so unbeherrscht gebrüllt wie gewisse Damen in unserer Stadt, hat nie Schuldlose beleidigt und trotzdem auch ganz gern den »Hirt auf dem Felsen« angehört – ihr war wahrscheinlich alles gleich, und deshalb wanderte sie auch in die Türkei …

»Ich suche Ruhe für
Mein armes Herz …«

Auch Frl. Czernatzke wollte in Ruhe gelassen werden, wollte sich »ihre Kreise« nicht stören lassen von Herrn Jackopp. Wie stand eigentlich Jackopp zu Gustav Mahler? »Ach was«? »Dreck«? …

»Die liebe Erde,
Allüberall …«

Genau. Allüberall das gleiche. Kannst du mir 20 Mark leihen? Das geht dann ohne weiteres klar. Ich möchte sie flachlegen, aber sie läßt sich nicht, verdammt. Ich werde ihr einen Brief schreiben, einen Brief, in dem alles steht …

»Ewig, ewig …«

Dr. Mangold und Pettler stehen am Tresen, doch Kloßen ist's gewesen, Herr Rösselmann, Herr Rösselmann, brennt das Frl. Mizzi an, Mizzi und Mimi, die Queen gibt sich Jackopp hin, Gustav Mahler heißt der Zahler, Irene aus Mykene, ich weiß am Gardasee ein kleines Strandcafé, Gruß und Kuß vom Bosporus, Jackopp, Knallkopp, Jackopp Peter bumst Rohleder, Weib, Weib, Zeitvertreib, schenkt man sich Rosen in Tirol, Südtirol und das Trentino bleiben deutsch – – –

Anschließend muß ich, zweifellos seelisch übermüdet, eingeschlafen sein.

FÜNFTER TAG

Erwachend und von meinem Bettchen die Zimmerdecke anstarrend, fiel mir zuerst Herr Jackopp wieder ein. *C'est épatant!* Ich meine, ich finde Rut Brandt auch eine recht achtbare Frau, eine charmante kleine Persönlichkeit und immer treu an der Seite ihres Mannes, unseres Kanzlers, dem das Vertrauen gilt – aber ich persönlich bevorzuge doch mehr die Schauspielerin Cordula Trantow, die mich auch ein wenig an die türkische Frau erinnert. Es gab aber in meinem Leben noch keine Möglichkeit, sie zu treffen. Sehr gut finde ich auch Cornelia Froboess, die ich einmal in ihrer Künstlergarderobe besuchen durfte. Das war ungemein aufregend, und wir haben auch sehr nett geplaudert. Aber der Ehemann war zwischen uns...

Apropos Willy Brandt: Ich stand jetzt seufzend auf und nahm mir fest vor, heute endlich die Belange der Glasreiniger wahrzunehmen und entschlossen zu Ende zu führen. Um beim Studium der Unterlagen vollkommen klaren Geistes zu sein, lief ich deshalb sofort ins Café Härtlein und trank hastig ein Kännchen Kaffee. Dann warf ich erste neugierige Blicke in die Glasreiniger-Akten. O welch eine furchtbare Unordnung! Kaum daß ich mich zurechtfand! Hier ein sogenanntes Beweisstück, gleich daneben aber auch schon dessen restlose Widerlegung, hier eine schwerverständliche Ehrenerklärung, zwei Seiten weiter die Gegen-Erklärung. Und diese unzähligen Rechtschreibfehler und falsch gebauten Sätze! Und so wollten diese Herren die Regierung zu Fall bringen! Nun, andererseits sind natürlich schon mächtige Regierungen aufgrund noch viel mäßigerer Unterlagen gestürzt worden, ich denke da vor allem an die sogenannten Entwicklungsländer...

Irgendwie spürte ich in diesen Augenblicken, die Glasreiniger-Sache sei schon ganz und gar hoffnungslos. Und dazu mein Kopfweh! Deshalb jubelte ich innerlich auf, als gleich darauf Frl. Bitz und Herr Rösselmann ins Café traten. Das war doch gleich eine andere Welt! Nämlich eine wunderbare Information, die Herr Rösselmann sofort und stolz auspackte. Nämlich am Morgen hatte der zuerst im Bürokomplex eingetroffene Herr Jungwirth Frl. Czernatzke schlafend auf dem Fußboden des gestrigen Festsaals vorgefunden, umrahmt von leeren Flaschen und Schallplattenhüllen, und der Grammophon-Arm sei auch noch hin- und hergependelt. Mit den mehrfach wiederholten Worten »Scheißfest« und »so ein blöder Haufen« sei Fräulein Czernatzke dann nach Hause gelaufen, ein Bad zu nehmen.

»Aber paß auf!« fletschte Herr Rösselmann hingerissen die Zähne, »noch etwas ist passiert!«, und barsch befahl er Frl. Bitz: »Erzähl mal!« Ja also, begann Frl. Bitz, überraschend habe heute gegen 11 Uhr Herr Jackopp bei ihr im Büro angerufen, um sie »als Frau« um Rat zu fragen, was er denn tun solle. »Wissen Sie, Frl. Bitz«, habe Herr Jackopp geklagt, »ich habe so etwas noch nie durchgemacht. Ich stehe auf der Czernatzke. Was soll ich tun?« Was denn mit der Mizzi sei, habe Frl. Bitz zurückgefragt. »Die Mizzi«, habe Jackopp müde abgewunken, »ist nichts für mich.« Nun habe sie, Frl. Bitz, Herrn Jackopp gesagt, sie habe andererseits gehört, er, Jackopp, sei kürzlich mit einer sehr schönen Dame in rotem Pullover im »Krenz« gewesen und habe sich, wie berichtet werde, mit ihr auch recht gut verstanden. Warum er, Jackopp, sich denn nicht voll auf diese Dame konzentriere? »Ach was!« habe nun Herr Jackopp recht unwirsch, ja fast beleidigt geantwortet, »von diesen Büchsen kann ich jeden Tag 20 umlegen, wie ich will«, aber, so habe Jackopp weiter ausgeführt, das Umlegen allein sei es nicht, bei der Czernatzke sei es »was anderes«.

Natürlich waltete, wie jeder Leser inzwischen selbst merkt, wieder einmal ein Bruch der Logik. Denn einst hatte ja Herr Jackopp Frl. Czernatzke auch nur kurz umlegen und es bis 20 Uhr durchziehen wollen. Oder sollte hier tatsächlich ein Wandel der Persönlichkeit erfolgt sein? Ich trug diesen Verdacht auch gleich vor, aber während Herr Rösselmann nur abschätzig die Lippen zu einem

Lächeln nach unten kräuselte und mit seinem Feuerzeug tändelte, erläuterte Frl. Bitz, Herr Jackopp habe die Damen sein Leben lang nur als Gebrauchsobjekt benützt und jetzt werde er durch die Folter der Leidenschaft bitter dafür bestraft.

Sicher, das war eine tiefsinnige These von Frl. Bitz, andererseits weiß ich aber aus guter Quelle, von Herrn Rösselmann, daß Frl. Bitz Herrn Jackopp kurzzeitig, nämlich bevor Herr Rösselmann selbst die Herrschaft antrat, als durchaus begehrenswert oder, wie sie damals gesagt haben soll, als »recht schmuckes Männlein« empfunden hat. So daß sich die Frage erhebt, ob nicht auch gerade Frl. Bitz, schon auch um Herrn Rösselmann seine Grenzen aufzuzeigen, sich von Herrn Jackopp trotz ihrer tiefen Einsichten in den Geist dieses Mannes vielleicht recht gern hätte durchziehen lassen …

Doch wie auch immer, Herr Rösselmann und Frl. Bitz mußten nun wieder in ihr Büro zurück, Herrn Rudolph zu willfahren – und so war ich leider wieder auf meine Glasreiniger zurückgeworfen. Könnte ich diese blöde Funktion nicht vielleicht an Herrn Kloßen delegieren, der ja doch ohnedies im Sozialbereich tätig werden wollte? Für 100 Mark bzw. Liquidierung seiner Schulden an mich? Denn das Geld hatte ich ja nun einmal, und irgendwas mußte geschehen! Auch würde Herr Kloßen den Glasreinigern, wenn ich ihn dort einführte, aufgrund seines dunklen Anzuges und seiner kessen Fliege, sicherlich gut gefallen. Und doch: würde Kloßen nicht die schon vorhandenen Ungereimtheiten der Glasreiniger ins Unübersehbare, Unwiderrufliche vermehren – so daß der ganze Dreck dann letztlich wieder auf mich zurückfiele? Wo war eigentlich Kloßen? Der hatte ja doch auch noch seine beiden hochbedeutenden Koffer in meinem Auto! Diese verdammten Glasreiniger mit ihrem ständigen Druck! Nun, irgend etwas würde sicher auch heute wieder eintreffen, das mich geschickt aus der Affaire zog und mir einen erträglichen Tag ermöglichte.

Ich wanderte heim, erstens um einen entsprechenden Ablenkungs-Anruf abzuwarten, zweitens nach Kloßen Ausschau zu halten. Doch der war nicht zuhause. Was tun? Normalerweise hilft mir in solchen Leerräumen der Tagesgestaltung mein geliebtes Klavier, auf welchem man ja immer ein wenig herumplänkeln konnte, auf daß die Zeit verging. Aber was? Beethoven war zu anstrengend, und Mozart würde vor dem drohenden Hintergrund der Innungsherren sicher völlig danebengehen. Also etwas Leichtes, Lockeres, das die Angst wegtreibt! Der Musette-Walzer – das war es!

»Quando men vo,
quando men vo soletta per la via
La gente sosta mira …«

Aber nein, das war ja abscheulich, wie ich krähte! So nicht, mein Herr! *»Con molta grazia ed eleganza«* hatte da Puccini hingeschrieben. Diese wunderhübsche Musik, in der sich eine gewisse proletarisch-mondäne Verderbtheit, kokette Anmut und Selbstverliebtheit aufs sublimste verbinden! Genau wie bei Frl. Anni und der toten Frau übrigens. Herrn Jackopp konnte man leider nicht anrufen, der tauchte immer von selber auf und war dann plötzlich da. Ich nahm also ein Duschbad, um abzuwarten, was geschehen würde. Plötzlich übermannte mich eine heiße Sehnsucht nach Herrn Jackopp und Herrn Kloßen, ja, ich spürte erstmals, ganz stark, wie sinnlos mein Leben ohne sie wäre. Ein Leben ohne die beiden – unausdenkbar! Ein gräßlicher Verdacht stieg jetzt sogar in mir hoch: daß vielleicht Herr Kloßen im wirtschaftlichen Amoklauf unsere Stadt verlassen habe, anderswo ein neues Leben zu beginnen und eine unverbrauchte Gläubigerschaft aufzubauen. Dieser herrliche Dulder Kloßen, dieser mächtige Waller im Staube, dieser unverwüstliche Poltergeist und Krachmacher, dieser sensationelle Saufaus, dieser famose Berserker, dieser nimmermüde Jäger nach dem blauen oder grünen Schein! – nein, seinen Abgang sich nur vorzustellen war schon fast unerträglich. Vor Schreck trank ich einen Schluck Bommerlunder und schwor mir fest, Herrn Kloßen, sollte er noch unter uns weilen, immer und immer wieder 5 bis 20 Mark zu leihen, und wäre dies auch mein Untergang!

Und Herr Jackopp? Ach, der saß sicherlich zuhause und schrieb seinen alles niederwalzenden Brief. Wenn er diesen Brief dann auch vielleicht heute noch zur Post gab, träfe er schon morgen bei Frl. Czernatzke ein, und am Abend könnte man diese dann vorsichtig danach ausfragen oder Symptome im Gesicht beobachten. Es war also doch noch Hoffnung. Eigentlich könnte ich jetzt auch einen Brief schreiben: »Liebes Frl. Majewski, ich liebe Dich, hüte Dich vor Stefan Knott, in dessen Weiber-Strichliste Du auf Platz drei stehst. Einer, der es gut mit Dir meint …«

Ach nein, das war doch alles zu blöd! Vielleicht sollte ich mal einen langen Kopfstand machen, wie mir einst ein Herr Ender aus Wien empfohlen, ein Fachmann für Handlesen und Joga, der übrigens zu seiner Zeit auch hinter Frl. Majewski herlief, wie übrigens auch Herr Jürgen Meister, jener mächtige Lacher, der trotzdem Frl. Majewski jeden Tag auflauerte und …

Ich machte also einen Kopfstand. Der Geist preßte sich in den Fußboden und arbeitete doch erstaunlich tüchtig weiter. Herr Ender hatte sogar behauptet, 20 Minuten Kopfstand ersetzten eine komplette Nachtruhe. Außerdem beherrschte er vollkommen Frl. Kopler. Wenn ich richtig informiert bin, kaufte diese nach Herrn Enders schmerzlichem Abgang aus unserer Stadt jenen teuflischen Lachsack. Kurz darauf tat sie sich einen Studenten namens Christopher an, den sie angeblich liebt und sogar mit »Chris« anspricht und der meiner Meinung nach ein recht loses Mundwerk führt. Herrlich, wie mir das Blut in den Kopf schoß! Ich habe nämlich einmal einen Lichtbildervortrag veranstaltet, bei dem jeder Teilnehmer seine zehn Lieblingsfotos vorzeigen sollte, damit man einander langsam menschlich näherkäme. Doch nicht nur, daß dieser »Chris« sehr wertlose Bilder vorführte, anschließend nannte er meine Veranstaltung auch noch »bürgerlichen Eskapismus«. Nun, ich meine, diese Mißdeutung spricht für sich. Ich, der ich nur der Humanität dienen wollte, wurde dafür auch noch von dem frühreifen Mundwerk eines ganz gewöhnlichen Studenten beleidigt! Aber die Erniedrigten und Beleidigten werden schon noch eines Tages erhöht werden. Dann wird Herr Kloßen über allen thronen. Andererseits habe ich wenig später diesen »Chris« auf einem Sportplatz beobachtet, wie er ganz schnell hintereinander mehr als ein Dutzend Handstandüberschläge machte. Ich frage mich, ob denn das kein bürgerlicher Eskapismus ist – und sogar im vollen Wortsinn! Und wie er dahinjagte! Hierher gehört auch, daß er und Frl. Kopler einander in öffentlichen Lokalen ständig abwechselnd auf dem Schoß herumsitzen. Auch Frl. Czernatzke ärgert das sehr, wie sie mir neulich in der Oper gestand. Ich muß allerdings dazu sagen, ich finde es ebenfalls nicht gebührlich, wie Frl. Czernatzke während der Vorstellung ständig, als wäre sie im Kino, die Knie hochgezogen hatte und die Füße gegen die Vorderbank drückte …

Ich beendete nun den Kopfstand. Ziemlich schwindelig legte ich mich aufs Sofa. Und Kloßen hatte sich noch immer nicht gemeldet. Da fiel mir etwas ein. Ich könnte eigentlich mal Herrn Schütte anrufen, einen Schriftleiter unserer Stadt, der als fortschrittlicher Kopf gilt und mir vielleicht etwas über die Funktion des Liebesbriefes heute erzählen könnte. Und der vielleicht auch ein wenig ausgequetscht werden könnte, was eigentlich in der Welt so vor sich ging – als Schriftleiter mußte er ja die Übersicht haben. Doch leider teilte mir eine Dame am Telefon mit, Herr Schütte weile auf Urlaub in Irland. Verdammt! Wenn man sie mal seelisch braucht, diese Jackopps und Kloßens und Schüttes, dann verdrücken sie sich! Und wenn man sie zum Teufel wünscht, dann weichen sie einem nicht mehr von der Seite und stellen Fragen und Geldforderungen! Ich bin ja schließlich auch nur ein Mensch, der seinen oft hochkomplizierten Gefühlsregungen unterworfen ist! Ganz komische Gedanken konnten einem da hochkommen! Sollte ich etwa von Jackopp ablassen? Mich gar als Prellbock seinen Bestrebungen entgegenstemmen? Nein, einer solchen Gefahr galt es zu trotzen! Ich steckte mir eine Zigarette an und lauschte den Stimmen in meinem Inneren. Ein furchtbar konfuses Zeug, ekelhaft! Wenn nicht gleich etwas geschähe, würde ich wie Papageno ganz langsam bis 3 zählen und dann unbarmherzig die Papiere der Glasreiniger in Angriff nehmen, und dann sollte die Sozialdemokratie eben sehen, wo sie bliebe! Ich meine, ich berate jeden gern und kostenlos, auch Damen, wenn sie Sorgen und Nöte haben, jederzeit, aber hie und da brauche ich eben auch umgekehrt die Hilfe der Freunde und Gönner, den wärmenden Zuspruch in der Kälte der Zeit. Warum läßt man mich hier so sitzen? Das heißt ja geradezu, den Tag unnütz verstreichen zu lassen, ein wertvolles Potential zum Fenster hinauszuwerfen – – –

Wie zum Beweis, daß doch alles gut werde, schellte jetzt das Telefon. Die Rettung! Oder waren es nur die blöden Glasreiniger, die mein Ultimatum gewittert hatten und mir Mut zusprechen und mich ans Werk drängen wollten? Aufgeregt hob ich den Hörer ab, gefaßt auf Herrn Gabriels quengelnde Mahnungen – doch es meldete sich die mir wohlbekannte liebliche Stimme von Frau Barbara Müller, die mich fragte, ob ich heute abend mit ihr und ihrem Gatten Kersten zum Kartenspielen in den »Krenz« kommen würde – auch Herr Eilert sei schon verständigt. Nichts lieber als das, Frau Müller! 20 Uhr? Alles klar! Tschüss!...

Meine Lebensgeister waren wie neu erwacht. Ach was, Grillen und Sorgen! Der Anruf als solcher und die Planung eines sinnvoll gestalteten Abends, das war doch was! Wie schön, daß man sich meiner erinnerte! So soll es sein. Der Zusammenhalt der Nation! Vor Freude setzte ich mich sofort ans Klavier und spielte drei lustige Mazurken von Chopin, die der ganzen unsterblichen Lebenskraft des polnischen Volkes und seines tänzerischen Gemüts Ausdruck verliehen. Oh ja, wie liebte ich diese Polen, dieses elementare Volk mit seiner Musikalität, seiner Frauen Reiz und seinem unbändigen Freiheitswillen! *Viva España!*

Und schon wieder klingelte das Telefon, wunderbar! Diesmal war es Frau Krause, die sich für meine Verwendung als Karteisachbearbeiter in ihrem Büro einsetzen wollte. Sie habe, teilte sie mit, ihren Vorgesetzten, Herrn Bazyk, »über Ihren Fall« noch nicht sprechen können, weil dieser heute verreist sei, sie sei aber sicher, daß meine baldige Einstellung »in Ordnung« gehe. Vermutlich, meinte Frau Krause, brauchte ich auch nicht mehr als Lehrling anzufangen, weil meine gründlichen Kenntnisse der Werbebranche angerechnet würden, »denn letzten Endes«, lächelte Frau Krause durchs Gerät, »geht es bei uns ja auch um Verkauf und darum, den

Leuten etwas aufzuschwätzen.« In meinem plötzlichen Übermut hätte ich mich beinahe verraten, als ich Frau Krause herzhaft mitteilte, diesbezüglich sei ich sehr tüchtig, ich hätte erst gestern einer Person etwas fürchterlich Blödes aufgeschwätzt. Frau Krause merkte aber nichts, sondern kicherte nur verständnisinnig und schloß das Gespräch mit der Versicherung, sie wolle auch gleich anrufen, wenn die Sache perfekt sei.

Welch ein wunderbarer Nachmittag! *Che bella cosa!* Nur nicht nachlassen und gleich weitermachen! Aber was? Da fiel mir Herr Domingo ein. Warum war ich nur nicht früher auf ihn gekommen! Aber so ist es immer. Fällt das Glück wo hin, dann bleibt es auch dort. Flugs fuhr ich also zu Herrn Domingo, der in einem anderen Stadtteil ein fast herrschaftliches Haus bewohnt. Herr Domingo hat überhaupt etwas Herrschaftliches, Hoheitliches an sich, fast etwas Unantastbares. Neulich wollte er einmal an eine Dame ran, und er sagte deshalb, so laut, daß die betreffende Person es hören mußte, zu dem dabeisitzenden Herrn Peter Knott wörtlich: »Es gibt einen Grad von Naivität, den ich nicht mehr mitmachen kann.« Postwendend hat die angepeilte Dame ihn bewundernd angeschaut. Ich fand das interessant, daß Herr Domingo sozusagen demonstrativ an seinen Zielobjekten vorbeiredet, während hingegen Herr Rösselmann meist direkt auf sie einteufelt. Zwei Methoden, das gleiche Ziel...

Herr Domingo empfing mich wie immer mit einem zärtlich-lauernden »Hallo?« und teilte mir mit, daß er gerade einer »unbeschreiblichen Aufgabe« nachgehe, nämlich den Brief einer Tante zu beantworten, die er einst beerben wolle. Alle schrieben sie heute Briefe! Ja, diese Tante sei einmal sogar schon praktisch gestorben gewesen, er, Domingo, habe sich in der Gewißheit der zu erwartenden Gelder einen neuen Anzug gekauft, um mit diesem der Tante an ihrem Totenbett noch einen letzten und seriösen Eindruck zu machen, doch habe sich die Tante in unvorhersehbarer Weise wieder hochgerappelt und sei heute kerngesund. Und nun habe sie ihm einen »absolut ungeheuerlichen« Brief geschrieben, nämlich ihm, Domingo, erstens geraten, er möge doch zu seinen

Eltern zurückkehren, da würde ihm jeden Tag auch ordentlich das Bett gemacht. Zweitens schrieb die Tante in diesem Zusammenhang, sie kenne die Gefahren des Stadtlebens und sie stelle sich oft vor, wie Herr Domingo mit abgetretenen Schuhabsätzen durch die Straßen der Stadt laufe – und dies komme nämlich von dem vielen Pflaster. Weiter teilte die Tante mit, sie sei auch schon einmal in unserer großen Stadt gewesen, um im Rahmen einer gemütlichen Runde Apfelwein zu trinken. Dann fragte die Tante nach dem Befinden von Herrn Domingos Tochter Julia und anschließend nach dessen eigener Entzündung im After, mit der nicht zu spaßen sei. Denn besonderer Aufmerksamkeit, schrieb die Tante, bedürften am menschlichen Körper zwei Stellen, nämlich Mund und After, »also der Eingang und der Ausgang der Nahrung«. Um nun diesen After gut zu betreuen, hatte die Tante zwei Tüchlein an Herrn Domingo mitgeschickt und ihren Brief mit den Worten beendet: »Lieber Wilhelm, ich weiß, Du bist vernünftig, denn man darf mit diesen Dingen nicht spaßen. Ich glaube, es war Goethe, der gesagt hat, daß wir nur kurz Gast auf dieser Erde sind. Paß also gut auf Dich auf!«

Und nun gelte es, schloß Herr Domingo tödlich aufseufzend, der Tante den Dank für diesen Brief und die Tüchlein abzustatten. Ich bot Herrn Domingo an, ich würde ihm diese Aufgabe gerne abnehmen und den Brief selber schreiben, wenn er seinerseits meinen Eltern einen Brief schriebe, die sich über so etwas immer sehr freuen. Herr Domingo war einverstanden, so daß wir uns nur noch darauf zu einigen brauchten, daß unsere Briefe lieblich im Ton und in der Aussage ungefährlich sein müßten. Ich schrieb also:

»Liebe Tante Lisbeth!

Deinen lieben Brief mit den Tüchlein als Zutaten habe ich dankbar erhalten. Es ist ja immer wieder tröstlich, wenn man in der Stadt weilt und spürt, daß sich draußen im Lande noch ein liebes Herz um einen kümmert und Gedanken macht. Andererseits stellst Du Dir die Stadt vielleicht doch etwas zu böse vor, es leben auch hier nur Menschen, gute und böse, oder – um mit Wittgenstein zu sprechen –: ›Der Mensch ist immer gleich gut und böse, es kommt nur auf seine wahre Menschlichkeit an.‹ Ich habe dieses Wort immer in Ehren gehalten. Was den After betrifft, so habe ich damit jetzt kaum noch Schwierigkeiten. Nur des Morgens zwischen 6 und ½8 Uhr beißt er oft noch, aber schon ganz verschwindend. Und auch das wird vorübergehen, nicht zuletzt wegen der Tüchlein, die Du mir so liebwert übersandt hast. Eines davon habe ich einer armen alten Frau geschenkt, die damit ihrem Enkelkind eine Geburtstagsfreude machen will. Ich bin sicher, Du hast für diesen Schritt, den ich mir lange überlegt habe, Verständnis. Ist doch – besonders in der Jetztzeit – jeder jedem der Nächste. Ein Bekannter von mir, Herr Jackopp, macht augenblicklich ein tiefes menschliches Schicksal mit. Eine jener gewissenlosen Frauen, deren es in der Stadt nur allzu viele gibt, hat dermaßen Macht über ihn gewonnen, daß der arme Mann fast geisteskrank geworden ist, und niemand weiß mehr, wie ihm zu helfen sei. Weißt Du als Frau und Mutter geeignete Rat? Julia geht es übrigens gut. Und wie geht es Deinem Gesamtbefinden? Julia frägt oft nach Dir. Mit der nochmaligen Mitteilung, wie sehr mich Dein Brief gefreut hat und wie heftig ich jederzeit weitere wünsche, verabschiede ich mich für heute als Dein Wilhelm.«

Herr Domingo war mit meinem Brief insgesamt sehr zufrieden, nur der Satz »Julia frägt oft nach Dir« mußte gestrichen werden, weil nämlich Julia Domingo die Tante Lisbeth nur einmal als Wickelkind gesehen habe und deshalb keine Erinnerung an sie haben kann. Gleich darauf hatte auch Herr Domingo seinen Brief an meine Eltern fertig:

»Liebe Eltern!

Entschuldigt, daß ich so lange nicht mehr geschrieben habe. Indessen, tagsüber hindert mich die viele Arbeit und des Nachts sinke ich todmüde ins Bett, sofern ich nicht mit einem reizenden Mädchen, das ich neulich einmal kennengelernt habe, ein wenig in unseren gepflegten Alleeanlagen spazierengehe. Sie heißt Karla Kopler, und ich möchte sie später einmal gern als Braut heimführen. Sie hat langes goldblondes Haar, ist Angestellte und hochanständig. Sie hat auch schon ein bißchen was gespart und beiseite gelegt. Manchmal kocht sie mir auch etwas, wir lesen dann zusammen gute Bücher, und hin und wieder gehen wir sogar in die Oper.

Und bei Euch? Alles wohlauf? In diesem Jahr haben wir ja herrliches Wetter. Bei Euch auch? Gestern habe ich im Fernsehen ›Dreimal neun‹ gesehen. Ich finde Wim Thoelke ganz unnachahmlich. Ihr ja sicher auch. Heute nachmittag hat es ganz kurz mal geregnet. Bei Euch auch? Nun, der Wetterbericht sagt, daß es in den nächsten Wochen eine Schönwetter-Periode geben wird, für diese Jahreszeit ganz ungewöhnlich. Heute gehe ich früh zu Bett, weil morgen wieder viel Arbeit auf mich wartet. Ich habe jetzt auch einen neuen Nachbarn, Herrn Kloßen aus Itzehoe, mit dem ich sehr gut harmoniere, ein stiller vornehmer Mann, der in einem Kreditinstitut angestellt ist und in seiner Freizeit sozialreformerische Fernsehspiele erdichtet. Sobald es mir möglich ist, werde ich Euch wieder schreiben.«

An sich war ich mit diesem Brief ebenfalls sehr einverstanden, nur befürchtete ich, daß die Nachricht über Frl. Kopler meinen Eltern vielleicht falsche Hoffnungen einjagen würde, daß ich nämlich zu heiraten gedächte, und das ist ja immer unangenehm, wenn die Eltern ausgerechnet darauf ihre törichten Erwartungen setzen. Im übrigen werfe man mir bitte nicht mangelnde Ehrfurcht gegenüber den Herrn Eltern vor, denen ich zweifellos viel verdanke. Ich hätte nämlich den Brief keineswegs besser hingekriegt als Herr Domingo. Eltern wollen das nun mal so, und deshalb muß man ihnen willfahren. Und daß die Angaben über den Charakter von Frl. Kopler hinten und vorne nicht stimmen, macht ebenfalls nichts, vielmehr kennen unsere Eltern kein größeres Glück als die Schilderung von positiven Menschen. Natürlich kann Frl. Kopler wider kochen noch geht sie in die Oper, noch liest sie mal ein gutes Buch. Und dann: Ich bin gewiß nicht kleinlich, aber eines muß ich hier einmal in aller Deutlichkeit sagen: Für meinen Geschmack ist Frl. Kopler einfach zu wandelbar. Viele, allzu viele Herren genossen schon – nachweislich – ihre Liebe. Herr Taheri, Herr Jungwirth, Herr Domingo, Herr Meister, ich, Herr Ender, Herr Wondratschek, Herr Baumann, Herr Chris, Herr Johannsen – ja, auch er! Und dies in recht kurzer Zeit! Ich wiederhole, ich bin durchaus großzügig, aber ich meine, die Hälfte hätte vielleicht auch genügt …

Herr Domingo goß jetzt noch zwei Gläslein Eierlikör ein und ächzte professoral »Ähäääh, o Gott o Gott!« Im Raume herrschte eine zufriedene Stimmung, ja gewissermaßen eine zufriedene Bombenstimmung. Bald würde es wieder Abend werden. Alles, wie Gott will, wie meine Großmutter immer sagte. Zuletzt frankierten wir unsere Briefe und wir vereinbarten eine Zusammenkunft am späteren Abend im »Krenz«. Gemächlich trollte ich nach Hause.

Bis zum Beginn der Begegnung mit Herrn Eilert und dem jungen Ehepaar Müller war noch ein Stündchen Zeit. Sie sollte der psychischen Versenkung dienen. Ich fuhr also wieder nach Hause und legte mich ein wenig auf mein Sofa. Nebenan bei Kloßen noch immer kein Lichtschimmer. Keine Meldung von Jackopp unter dem Türschlitz. Schon fast einen Tag lang waren die beiden verschollen. Gespenstisch, gespenstisch. Nun, zu dieser gespenstischen Stimmung paßte am besten der Dichter Thomas Bernhard, ein Österreicher mit gutem Blick für allerlei Katastrophen und schwerste Zusammenbrüche, wie sie uns auch heute noch in dieser »dürftigen Zeit« (Hölderlin) jede Menge Spaß und Befriedigung bereiten. Der Vorzug von Thomas Bernhard ist nebenbei auch, daß man von ihm lesen kann, was man will, man braucht nur irgendwo aufzuschlagen und anzufangen, es ist alles gleich Klasse und ein vollkommener Ruin.

Herrlich! Von Ärzten, die »in vollkommener Unwissenheit praktizieren«, war da sofort die Rede, von »Schwächezuständen der Ärzteschaft«, von »viel verhexten Operationen, Plastiken, Zwischenfällen und so fort«, von der »Post, der ganz und gar verwahrlosten österreichischen Post«, von den »fürchterlichsten Zuständen«, von »bodenlosen Gemeinheiten des Staates«, und da! Welch ein merkwürdiger und echter Zufall! Da stand es schwarz auf weiß: »Ich habe Sie etwas fragen wollen, aber jetzt weiß ich nicht mehr, was es war.« Thomas Bernhard, Frost, S. 97! Das Parzival-Jackopp-

Motiv! Zuerst bei Frau Knott gar nichts fragen – und dann die Frage im Zuge der roten Frau vergessen! Hier trafen sich Österreich und die Schweiz! Das war der Fehler. Wie bei Thomas Bernhard…

Ach was, warum ein Buch lesen, wenn 200 Meter weiter der gleiche Kampf in der Wirklichkeit vorkam! Und zudem noch in der menschlichen Wärme eines Gasthauses! Und schon saß ich im »Krenz«, wo auch bereits Herr Eilert wartete. Das Ehepaar Müller fehlte noch, aber der alte Herr Mentz begrüßte mich sofort mit einer wichtigen und brandneuen Nachricht über Herrn Kloßen. Dieser sei nämlich gegen 18 Uhr schon mal hiergewesen und habe ihn, Mentz, gebeten, ihm, »und nun passen Sie auf, meine Herren«, 50 Mark zu leihen, weil er nämlich eine Bundesbahn-Dienstreise nach Düsseldorf zwecks einiger Photos machen müsse. Selbstverständlich, berichtete Herr Mentz, habe er das Geld aber verweigert, weil erstens noch »zwei offene Bierdeckel« des Herrn Kloßen »im Schubfach liegen«, zweitens die Fahrt nach Düsseldorf und zurück sowieso teurer sei, »und drittens habe ich dem Kloßen gesagt, daß man bei Dienstreisen immer einen Spesenvorschuß kriegt, das weiß ich hundertprozentig von der Agenta Werbeagentur.« Nun habe, pappelte Herr Mentz aufgeregt weiter, Herr Kloßen angegeben, diesen Spesenvorschuß habe er natürlich auch bekommen, er habe ihn aber einem Herrn Ruhleder geliehen, weil dessen Frau plötzlich niedergekommen sei, ins Krankenhaus geschafft werden mußte, und Ruhleder erstens die Taxi-Fahrt habe zahlen müssen, und morgen kämen außerdem noch die Schwiegereltern, denen Ruhleder aufkochen müsse. Herr Mentz erzählte, daß er dem natürlich keinen Glauben geschenkt habe, da habe Herr Kloßen zuletzt tatsächlich eine Contaflex-Kamera aus seiner Aktentasche gezogen und ihm, Mentz, angeboten, diese für 50 Mark zu verpfänden. Wiederum er, Mentz, habe nun darauf verwiesen, daß dann die photographische Dienstreise nach Düsseldorf doch völlig wertlos sei, wenn die Kamera fehle. Jetzt habe Herr Kloßen gesagt, er könne in Düsseldorf jederzeit zur Bank gehen und eine neue einkaufen. Dann habe er ja aber doch zwei

Kameras, habe er, Mentz, gesagt und außerdem gefragt, warum er denn hier nicht zur Bank gehe. Daraufhin wieder habe Kloßen unter anderem vorgebracht, er wolle sich als Auftrags-Photograph jetzt ohnehin selbständig machen, da mache »eine Kamera mehr oder weniger nichts aus«, und das mit der Bank sei so, daß er in unserer Stadt »wegen meiner Scheidungsgeschichte« nichts, in Düsseldorf aber so viel kriegen könne, wie er wolle.

Natürlich, sagte Herr Mentz, habe er auch das nicht geglaubt, »denn, meine Herren: Bank ist Bank und Geld ist Geld«, aber er habe dem Kloßen dann »über die Bierdeckel hinaus« nochmals 10 Mark geliehen, und mit diesen sei dieser sofort weggegangen. »Ach ja«, ergänzte Herr Mentz, »und Ihnen« – dabei wackelte er mit seinem runden Kopf in meine Richtung – »soll ich von Herrn Kloßen ausrichten, daß die Sache mit dem *Revue*-Stück nächste Woche klappt!«

Nun ja, vom letzten Punkt abgesehen war dieser Bericht des Herrn Mentz sogar in zwiefacher Hinsicht erfreulich, denn er bewies einmal, daß Herr Kloßen noch tadellos in unserer Stadt weilte, zum anderen unterstrich er, daß er sogar mit besonderer Vehemenz seinem angestammten Handwerk nachging und nicht etwa gar ein Arbeitsamt oder dergleichen aufgesucht hatte. Auf manche Leute ist eben Verlaß. So, und da kam auch schon das junge Ehepaar Müller zur Türe herein, und wir konnten anfangen, Karten zu spielen.

Ein Wort noch zu dieser jungen Familie Müller, obwohl ich es recht ungern niederschreibe, vor allem, weil mich Frau Barbara heute nachmittag mit ihrem Telefonanruf so schön getröstet hatte. Aber meiner Meinung nach sind die beiden einfach zu jung, bzw. sie erkennen die Autorität von uns Alten nicht mehr recht an – ich meine jene echte Autorität, die sich der Überlegenheit des gereiften Denkens verdankt. Außerdem ärgert mich, daß die beiden mit 19 bzw. 22 Jahren schon geheiratet haben. Was hat nun sonderlich diese Barbara Müller von ihrer blühenden Jugend? Außerdem erklärte sie neulich einmal, sie gehe jetzt für zwei Jahre nach Afrika, weil man in unserem Lande nichts Vernünftiges mehr tun könne.

Ich meine, diese Frau ist jetzt 20 Jahre alt, und wenn ich denke, was ich in dem Alter noch alles gemacht habe! 1960 war ich sogar Jugend-Stadtmeister im Schleuderball! Aber das genügt denen eben alles nicht mehr.

Einmal allerdings gelang es mir, dieses junge Ehepaar Müller glänzend in die Schranken zu verweisen. Das junge Ehepaar Müller war nämlich einmal zu Herrn Peter Knott gekommen, wo bereits außer dem Hausherrn Herr Domingo und ich gesellig herumsaßen und unter Plaudern ein bißchen Obstschnaps tranken. Unerwartet hatte nun das junge Ehepaar – und vor allem die junge Frau Barbara immer voran – völlig störrisch angefangen, uns drei Alte ganz niederträchtig zu bekritteln und aufzustacheln, und zwar mit der Frage, was wir in dieser Gesellschaft und ihrer bevorstehenden Veränderung eigentlich für einen »Stellenwert« hätten und ob wir überhaupt »kritisch« über uns »reflektierten« usw. usf. Jedenfalls hat mir Herr Knott dann später erzählt, daß er und Herr Domingo eine Zeitlang sich lebhaft verteidigt hätten, und als die Geschichte ausgetragen war, habe man bemerkt, daß ich derweil im Sessel eingeschlafen war und zuvor die halbe Flasche Obstschnaps ausgeleert hatte. Und Herr Knott lobte mich sehr für die elegante Abfuhr, die ich so der jungen Frau Müller erteilt hatte.

So macht man das. Ich meine, natürlich ist es das Vorrecht der Jugend, zu fragen, uns Ältere zu fragen, meinetwegen sogar nach unserem »Stellenwert« zu befragen, aber irgendwo ist dann doch mal Schluß, und da müssen wir Alten eben unsere Würde bewahren und den Jungen ihre Grenzen aufzeigen.

Dagegen ist Herr Eilert, unser vierter Kartenspieler, trotz seiner ebenfalls erstaunlichen Jugend schon ein gesetzter, guter und sogar fast vornehmer Herr, der sich uns Alten in Stil und Denkweise schon recht ordentlich angepaßt hat und keine dummen Fragen stellt. Ich nenne das Takt und Herzenswärme.

Er und ich spielten gegen die junge Familie Müller, und als die reiferen und überlegeneren Köpfe durften wir uns einen kleinen Gewinn erhoffen.

Im Lokal war es zu dieser Zeit noch recht still, selbst die Herren Pettler und Dr. Mangold lehnten noch ruhig an der Theke und machten noch keinen Radau. Ein älterer, verhärmt aussehender Herr spielte mit dem Geldautomaten und erzielte, dem häufigen Erklingen von Münzen nach zu schließen, ganz erhebliche Gewinne. Bald hatten auch Herr Eilert und ich dank ein paar einfacher Mogeleien das erste Spiel für uns entschieden und damit zwei Schnäpschen gewonnen. So zeigt man es den jungen Leuten. Sie haben ohnehin zuviel Geld.

Nun betrat eine dicke ältere Frau das Lokal, setzte sich an unseren Nachbartisch, hinter den Kachelofen, bestellte ein Bier und einen Korn, ergriff die herumliegende Wochenzeitung »Der Heimkehrer« und las dessen Leitartikel »Bausparer, aufgepaßt!«. Es war dies, wie ich von Herrn Domingo wußte, eine Redakteurin der Zeitschrift »Elegante Welt«. Kurz nach ihr erschien der Universitätslehrer Schmidt, nahm auf einem Hocker an der Theke Platz, bekam ein Bier und versenkte sich sofort in die ebenfalls herumliegende Zeitung »Links«. Wir begannen unser zweites Spielchen.

Wiederum gab ich mir statt der vorgeschriebenen fünf ständig sechs Karten, und das dreimalkluge Ehepaar Müller merkte es noch immer nicht. An der Theke flackerte eine erste Unruhe auf. Nämlich der junge Herr Mentz sagte laut und leidenschaftlich zu Herrn Dr. Mangold, daß »wenn diese Sauerei nicht aufhört«, bekomme er Lokalverbot. Wir unterbrachen unser Spielchen und sahen, daß Herr Pettler, offenbar in der Absicht, den jungen Herrn Mentz rücksichtlich seines Freundes Dr. Mangold zu besänftigen, auf diesen einredete, sich dabei wohl aber im Ton vergriff, denn der Wirt rief nun noch mächtiger als zuvor: »Und das gilt auch für Sie, und wenn Sie zehnmal Studienrat sind – Sie habe ich schon gestern verwarnt, jawohl, genau Sie!« Wieder sah man nun Herrn Pettler etwas Aufmunterndes sagen, worauf der junge Herr Mentz zweimal hintereinander und mit großem Pomp rief: »Ich sagte Lokalverbot!« Bewundernswert mutig fletschte dabei Dr. Mangold die Zähne, die Lächerlichkeit dieser Drohung zum Ausdruck bringend. »Ich frage Sie als Studienrat«, schrie nun in neu hochlodernder Wut der junge Herr Mentz, »macht ein kultivierter Mensch in einem öffentlichen Lokal solche Sauereien?« Und dann: »Glauben Sie, wir Gastwirte sind dazu da, solche Sauereien wieder aufzuputzen?«

Diese Sauerei wollte ich mir nun doch näher ansehen, und ich schlich mich also schnell an den Ort des Geschehens heran. »Da sehen Sie!« rief mir der junge Mentz zu und deutete auf einen vor Herrn Dr. Mangold postierten Aschenbecher, in dem auf den Kippen ein Berg Senf aufgebaut war, auf dessen Spitze wiederum mittels zweier zusammengebundener Streichhölzer eine Art Gipfelkreuz errichtet stand: »Da sehen Sie!«

Aufmerksam und nachdenklich betrachtete, von seiner sozialistischen Lektüre aufblickend, auch der Universitätsdozent Schmidt diese Sauerei. Stolz und festlich lächelte Dr. Mangold.

Kaum hatten wir nun unser Kartenspiel wiederaufgenommen, da betrat Frl. Majewski das Lokal, begleitet von einem kleinen, drahtigen und prallen Mann mit wetterfestem Struppelkopf, den ich überhaupt noch nicht kannte. Frl. Majewski lächelte ihr »Hallo!«, stellte uns den neuen Herrn als »Alfred Edel« vor, und beide nahmen gleichsam erwartungsvoll Platz. Dabei glaubte ich sofort zu bemerken, daß dieser Herr Edel Frl. Majewski ununterbrochen mit wieselflinken Äuglein umspielte, ja sogar aus innerer Nervosität mehrfach und rasch hintereinander den Mund in Richtung dieser Dame spitzte. Und zwischendurch lächelte er uns vier freundlich und möglichst unverdächtig an.

Das alles verwirrte mich so sehr, daß mir beim Kartenspiel, das wir noch schnell zu Ende führten, geradezu unverständliche Fehler unterliefen, und wir allein durch Herrn Eilerts aufopferungsvollen Kampf zu einem erneuten Sieg und Schnäpschen kamen. Was hatte nun das wieder zu bedeuten, dieser Edel? Schon den dritten Abend hintereinander verlebte jetzt Frl. Majewski ohne Herrn Johannsen! Zuerst mit Herrn Hoffmann, dann bei den Negern, und jetzt brachte sie auch noch diesen neuen Menschen Edel mit, der überhaupt nicht edel, sondern besitzergreiferisch, ja unzüchtig lächelte! Und offenbar trotz seines Struppelkopfes als Sieger aus dem ganzen Rennen hervorgehen wollte!

Kaum war unser Kartenspiel beendet, teilte Herr Edel mit, daß er unser Spiel aus seiner »bayerischen Phase« gut kenne, nämlich er habe einmal kurz im Büro des damaligen SPD-Landesvorsitzenden Gabert gedient, er sei Mitglied der »Gabert-*Gang*« gewesen, heute dagegen sei er in der Werbebranche tätig und spiele nur zwischendurch ab und zu gewisse Rollen in den Filmen von Alexander Kluge, so etwa kürzlich den »Tobler im Weltraum«. Anschließend fragte Herr Edel, ob vielleicht Historiker am Tische säßen, und teilte, als wir verneinten, mit, daß er nämlich das 19. Jahrhundert für eine »in jeder Hinsicht faszinierende Periode« halte, insbesondere die Entwicklung der verschiedenen Nationen und Staatsformen betreffend. Am faszinierendsten allerdings sei für ihn die ethnologische Eigenart des Tessins, indem nämlich dort zwei völlig unterschiedliche Bevölkerungsgruppen absolut unabhängig nebeneinanderher lebten, die einen oben, die anderen unten, »buchstäblich wie es beim Brecht steht«.

Ich machte hier Herrn Edel ohne Furcht darauf aufmerksam, daß die Gliederung bei Brecht eine etwas anderes sei, nämlich nach »Licht« und »Dunkel«. »Exakt«, antwortete Herr Edel ernst, »in dieser Beziehung ist das Tessin eine einzigartige polithistorische Landschaft.« Ebenfalls faszinierend aber sei die immer noch verkannte und von Rudolf Steiner begründete Wissenschaft der Anthroposophie, die gleichsam aus Mystik und aufgeklärtem Christentum erwachsen sei und deren Idee einer inner- und außerkosmischen Harmonie faszinierenderweise zu solch erhabenen Entdeckungen geführt habe wie der, daß z. B. den Planeten bestimmte Farben zugeordnet seien. Leider schreite diese Wissenschaft nur sehr mählich voran, er, Edel, vermisse seit drei Jahren nennenswerte Neuveröffentlichungen …

Frl. Majewski lächelte glücklich. Herrn Edel also war es vorbehalten, Herrn Johannsen aus dem Rennen zu werfen, zu meinem und indirekt auch Herrn Jackopps Schaden. Dieser Struppelkopf hatte es geschafft. Seltsam. Mit solchen losen Redensarten macht man das also heutzutage. Während Herr Jackopp und ich uns die fundiertesten Aussagen abringen...

Nur allzu gern, fuhr Herr Edel gleichmäßig lächelnd fort, würde er sein Geschichtsstudium wiederaufnehmen, aber sein harter Beruf in der Werbung, »mein siebter Beruf und der, den ich bisher am längsten ausübe«, lasse das nicht zu. Denn er, Edel, sei es, der heute das gesamte Denken, Fühlen und Handeln der deutschen Frau entscheidend diktiere, indem er deren »faszinierenderweise sogar jahreszeitlich motivierte Wertorientierungen und Leitideen« in diesem Jahr auf die »zielgruppenspezifisch relevante Formel Klamotten-Kosmetik-Koitus-Kinder« gebracht habe, eine Formel, die sich seither in der gesamten Bundesrepublik als »Basisidee für fast alle Langzeitkampagnen« durchgesetzt habe. Anschließend sagte Herr Edel noch etwas, das ich leider nicht verstand, weil an der Theke – ah, da betrat gerade Herr Domingo den Raum! – ein kleines Gewürge in Gang gekommen war mit verschiedenen kleinen Schreien und Gegenschreien, an deren Ende Herr Dr. Mangold von dem jungen Herrn Mentz zur Tür hinausgeschoben wurde, dabei aber so bravourös verächtlich lächelte, als wollte er dem ihn mit den Worten »So-so-so-so« vorwärts schiebenden jungen Herrn Mentz jetzt schon bedeuten, daß er ja morgen abend doch wieder hier sein und Spaß machen werde.

Übrigens ging Herr Studienrat Pettler, wie aus Einspruch gegen die ungerechte Behandlung seines Freundes, seinerseits trotzig hinter Herrn Mentz her und verschwand ebenfalls.

Angenehm überrascht über diesen lockeren Empfang, setzte sich nun Herr Domingo zu uns. Bei der Vorstellung muß Herr Edel Herrn Domingos italienischen Namen registriert haben, und er fragte ihn auch deshalb sofort, ob er etwa aus dem Tessin komme. Nein, sagte Herr Domingo, er wisse es zwar nicht genau, wie das mit seinen Ahnen zugegangen sei, vermutlich habe aber um die Jahrhundertwende irgend so ein venezianischer Teppichhändler seinen Kragen über die Alpen gestreckt und erkannt, daß in Deutschland auch einiges abzusahnen sei. »Genau«, lächelte

Herr Edel dazwischen, »ein faszinierendes Jahrhundert!« Ich sagte nun, um auch einmal zum Zuge zu kommen, zu Herrn Edel, der sich längst als der geheime Kommandant des Abends installiert hatte, wir hätten allerdings einen Schweizer unter uns, einen Herrn Jackopp – die Redakteurin der »Eleganten Welt« kippte gerade flott einen neuen Korn –, und dieser Herr Jackopp habe auch seine Frau mitgebracht und habe eine ganz tiefe Stimme und (hier fiel mir nun absolut nichts mehr ein) »würde Sie sicher gern einmal kennenlernen«.

»Interessant«, antwortete Herr Edel, lächelte sinnlos und warf einen gierigen Blick auf die Brust von Frl. Majewski. Ich muß übrigens sagen, daß Herrn Edels Ausführungen ausnahmslos alle Mitglieder an unserem Tisch irgendwie entzückten, auch die autoritätverachtende junge Frau Müller lauschte diesem älteren Herrn willig und teilweise sogar mit offenem Munde. Gleichfalls Herr Domingo schien zufrieden mit diesem Neuankömmling, und Frl. Majewski machte an seiner Seite einen so restlos, ja glühend glücklichen Eindruck, daß für mich endgültig feststand: Diese Frau war für mich verloren. Ein Begräbnis ersten Ranges ...

»Klamotten-Kosmetik-Koitus-Kinder«, nahm Herr Edel den Faden erneut auf, diese Formel habe die alte Frauenformel »Kinder-Küche-Kirche« heute bereits restlos überholt. Als Herr Edel dies sagte, wußte ich plötzlich nicht mehr, wo eigentlich die kleinen Kinder herkamen. Erst nach einigen Sekunden erstaunten Nachdenkens fiel es mir wieder ein. Ach ja, natürlich, was denn sonst? Da betraten auch schon Herr Peter und Frau Johanna Knott das Lokal, begleitet von einem Herrn, den ich ebenfalls nicht kannte und der Ossenbach hieß und von dem ich, daran erinnere ich mich genau, sofort wußte, der würde einmal Bundespräsident werden, so vertrauenswürdig sah er aus und hatte auch nur noch wenige Härchen am Kopf.

Und wieder ein paar Minuten später saßen plötzlich auch Herr Rösselmann und Frl. Bitz an unserem Tisch, wo kamen die beiden eigentlich her? Wo war Frl. Czernatzke? Betörend, ja sphinxhaft lächelte Frl. Majewski und nippte an ihrem Bierchen ...

Da! An der Theke war schon wieder etwas im Gange oder doch im Entstehen. Der junge Herr Mentz, der heute offenbar einen besonders kampffreudigen Tag hatte, schrie jetzt unbarmherzig auf jenen älteren Herrn ein, der schon den ganzen Abend über an dem »gold&silber«-Geldautomaten gespielt und immer wieder gewonnen hatte, doch man hörte jetzt von seiten des Herrn Mentz mehrmals die Worte »Betrug« und »Schweinerei« und »Der Dumme ist der Wirt!« Dabei sah man den älteren angeschuldigten Mann scheue und gleichsam resignierende Abwehrgesten vollziehen, dann legte er einige Münzen auf den Tisch und verließ flüchtend das Lokal, indessen der junge Mentz ihm nach- und weiterwütete.

»Komm!« winkte mir Herr Domingo, »hier müssen wir unverzüglich einschreiten«, und wir begaben uns also an die Theke. Dort ergab sich aus des jungen Herrn Mentz nicht ganz leicht zu verstehenden Ausführungen, daß es beim Geldautomatenspiel des Alten zu gewissen Unregelmäßigkeiten und Schädigungen gekommen sein muß; Herr Mentz behauptete nachdrücklich, daß der Alte nur deshalb immer soviel gewinne, weil er – »und jetzt habe ich es selbst gesehen« – immer von oben durch einen Schlitz Bier in den Automaten schütte und so den Apparat vollkommen beherrsche – »und ich, die Wirtschaft, muß jetzt einen neuen Automaten kaufen!« »Wer ist denn dieser Alte eigentlich?« fauchte der junge Mentz nach einer kleinen Pause, während der er hektisch mit einem Lappen den Thekentisch rieb, als wolle er das unsittliche Verhalten des Alten gleichsam aus seinem Lokal fegen, – niemand kenne diesen Mann, niemand wisse seinen Namen, mit niemandem rede er an der Theke, immer nur spiele er am Automaten …

Aber das sei doch, raunte Herr Domingo nun fast beschwörend, das sei doch der alte Max Horkheimer. »Wer? Was? Hockenheim?« fragte der junge Herr Mentz scharf und ungnädig zurück. Ja freilich, der Professor Horkheimer, »einer der wertvollsten und stichhaltigsten Köpfe unserer Zeit«, erklärte Herr Domingo. »Das ist mir ein schöner Professor, der da …«, konterte Herr Mentz. Nun ja, beschwichtigte ich, das sei eben so, der Professor Horkheimer sei natürlich jetzt schon ein wenig alt und verkalkt, und das Geldautomatenspielen sei sozusagen seine letzte Freude, man müsse ihm da seine Kindereien schon ein wenig nachsehen. Und es mache ihm halt den größten Spaß, wenn viel Geld herauspurzle. »Und wenn er zehnmal der Professor Horkheim ist«, brüllte der junge Herr Mentz unbeherrscht weiter, »in meinem Lokal wird anständig Automat gespielt!«

Inzwischen war durch des jungen Mentz anhaltendes Geschrei auch der praktisch an allem interessierte Herr Rösselmann an die Theke gelockt worden, er hatte die Entwicklung schnell erfaßt und versicherte deshalb Herrn Mentz eindringlich, im Falle Horkheimer gehe es ja auch gar nicht um Unehrlichkeit und Raub, dieser hervorragende Gelehrte könne von seiner »Dialektik der Aufklärung« ganz fabelhaft leben – »abgesehen von der Verfilmung des Buchs«, ergänzte Herr Domingo, und wiederum Herr Rösselmann forderte Nachsicht mit diesem bewährten alten Denker, der nun mal seit dem Tod seines Freundes Adorno ein wenig aus dem Trott geraten sei. Außerdem sei dies hier, sagte Herr Domingo fast unwirsch, »ein Lokal mit alter kritischer Tradition …«

»Bei mir«, krähte nun der junge Herr Mentz noch erschütternder, »haben schon der Adorno und der Dr. Mabuse, der Mabuse und wie sie alle heißen verkehrt, und alle haben sich bisher anständig aufgeführt, sonst hätten sie kein Land mehr gesehen. Wie vor zwei Stunden der Dr. Mangold!«

Übrigens erklärt sich das tölpelhafte Zeug, das der junge Herr Mentz da zusammenredete, wahrscheinlich aus einer falschen und noch dazu falsch aufgeschnappten Information seines Vaters. Dieser hatte nämlich Herrn Rösselmann gegenüber einmal behauptet, er habe gleich nach dem Krieg, »als die Herren Gelehrten noch schauen mußten, wo sie blieben«, den gesamten Vertretern der Kritischen Theorie »von Adorno bis Alfred Schmidt« 20 Mark geliehen, bzw. »die Herren haben hier in die Kneipe ihre Studenten mitgebracht und Vorlesungen gehalten«.

Nun, das mögen später einmal die Historiker und Biographen nachprüfen, ich jedenfalls wollte mir das Loch, in das da Bier geschüttet wurde, ansehen und kletterte dazu auf einen Stuhl. Von dort berichtete ich, daß sogar zwei Löcher da seien, eines links, das andere rechts. Herr Rösselmann wollte nun wissen, in welchen der beiden Schlitze der Professor Horkheimer sein Bier gieße, und der junge Herr Mentz deutete sofort auf den rechten, der beistehende Zeuge Tarzan Schatz bestätigte es nickend. »Ha! rief Herr Rösselmann, das könne nimmermehr sein, Max Horkheimer als einer der bewährtesten Kämpfer der Linken gieße, wenn überhaupt, sein Bier wenigstens in den linken Schlitz. So vergeßlich, schüttelte Herr Domingo den Kopf, könne er doch nicht geworden sein, der Max. »Da sehen Sie«, heulte der junge Herr Mentz auf, »was der Alkohol aus diesen Professoren macht!«

An diesem Satz war nun freilich so gut wie alles unlogisch. Abgesehen davon, daß der junge Herr Mentz vom Alkohol lebte, hatte ja der alte Horkheimer den Alkohol eben nicht in sich hinein, sondern in den Automaten geschüttet, und nachdem der alte Horkheimer ja vielleicht auch noch dann und wann ein Gläschen dazu genippt hatte, hatte der junge Herr Mentz sogar dabei doppelt was verdient und sollte überhaupt froh sein usw.

Es war aber dieser schlichte Gedankengang dem jungen Herrn Mentz nicht mehr einzutrichtern, und so begaben wir drei Herren uns wieder an unsere Plätze zurück und berichteten unser Erlebnis, für das wir viel Anerkennung ernteten, ja es gelang uns damit sogar, Herrn Edel kurzzeitig die Regie zu entreißen – obwohl es doch ein leichtes gewesen wäre, hier sofort wieder aufs Tessin zu rekurrieren! Wer, Herr Edel, ist denn der wertvollste Bewohner des Tessins?? Keine Ahnung von wegen Kritische Theorie weiterführen – aber Frl. Majewski mit Redensarten umgaunern …!

Jetzt kam innerhalb eines Haufens von Studenten ein sehr wilder, unschöner, sogar rothaariger Mann zur Tür herein, lief zu einem schon voll bepackten Tisch und wurde dort von mehreren jungen Damen sehr lebhaft mit »Dany« und immer wieder »Dany« begrüßt. »Der Cohn-Bendit schleicht sich hier auch immer öfter an«, kommentierte Herr Knott den Vorgang. »Alle wertvollen Kräfte kommen wieder«, antwortete seufzend Herr Domingo.

Und Frl. Majewski lächelte noch immer hingebend, vollkommen in den schamlosen Fängen dieses Edel.

Da überfiel mich plötzlich eine große Müdigkeit, und die nun folgenden Vorgänge – das möchte ich dem Leser gleich hier mitteilen und erbitte seine Nachsicht – erschienen mir wie im Traum, *un sogno,* und streckenweise verlor ich wohl auch die Übersicht, sogar über mich selbst. Eines aber weiß ich noch ganz genau: es fing damit an, daß mir, möglicherweise in der Folge unseres Horkheimer-Erlebnisses, ein philosophischer Lehrsatz einfiel und überhaupt nicht mehr aus dem Kopf gehen wollte, ein Satz, den ich wie so viele sogar wörtlich im Kopf herumtrage und der mir in diesem Augenblick besonders einleuchtete: »Will man aber standhalten, so darf man nicht befangen bleiben im leeren Erschrecken.«

C'est ça. Richtig. Man mußte etwas dagegen tun. Widerstand leisten. Und schon stand ich wieder an der Theke. Weg von dieser Welt der Freunde, von Frl. Majewski, die mich verriet, weg von der Politfaszination des Herrn Edel, weg von Herrn Knott, der in Ibiza »ausflippte«, und von dieser jungen Frau Müller, die nach Afrika davonrennen wollte – hier galt es den ungebrochenen Willen des Einzelmenschen, der sich behaupten mußte, die Stellung halten, Widerstand leisten …

Ich muß wohl schon eine Weile reflektierend an der Theke gelehnt haben, da hörte ich neben mir einen älteren Herrn, den ich flüchtig kannte, der Egon heißt und in der Nähe eine kleine Wirtschaft besitzt, fragen, ob er mich zu einem Bier einladen dürfe. Der erste Lohn des Widerstands! Ich nahm das Angebot an und verspürte gleich darauf, daß Herr Egon sein Knie an meines rieb. Nun, man mußte standhalten. Gleich darauf fragte Herr Egon, ob ich jetzt mit ihm nach Hause gehen möchte, er würde mir auch etwas Schönes zeigen. Und erneut rieb Herr Egon. Und ich könnte auch bei ihm schlafen.

Ich gestehe frei, daß ich in diesem Augenblick etwa folgendes zusammendachte: *Vorrei e non vorrei.* Dieser Egon, das Optimale ist er nicht. Aber er besitzt ein kleines Gasthaus, das ich vielleicht einmal beerben könnte. Herr Kloßen würde den Wirt abgeben,

Herr Jackopp den Stammgast. Außerdem verschaffte mir die neue Lebensgemeinschaft mit Herrn Egon Unabhängigkeit gegenüber Frl. Majewski. Und drittens – daran erinnere ich mich ganz genau – stellte ich mir vor, wir mir Herr Egon zum Weihnachtsfest eine elektrische Eisenbahn schenken würde mit Schranken, Drehscheibe, Leuchtsignal und Tunnels und wie schön wir dann zusammen spielen könnten.

Les jeux sont faits. Ich stimmte zu. Herr Egon spendierte sofort und galant ein neues Bier. Es kommt alles, wie es kommen muß. Fahr hin, Frl. Majewski, fahr hin, Frau Knott, Cordula Trantow, fahr du auch hin, du türkische Frau! – wollte man standhalten, so durfte man nicht befangen bleiben im leeren Erschrecken …

Und dafür bekam man sogar noch eine elektrische Eisenbahn … Ich bekam aber am Ende doch keine, sondern plötzlich lehnte die junge Ehefrau Müller neben mir und schmiegte sich nachhaltig an mich. Und dann muß sich, nach ihrem später eingeholten Bericht, etwa folgendes abgespielt haben: Der Gastwirt Egon habe dieses Schmiegen sofort bemerkt und gegenüber Frau Müller mehrfach betont, dieser Herr gehöre zu ihm. Darauf habe sie, berichtete Frau Müller, Herrn Egon bedeutet, dieser Herr sei ganz im Gegenteil ihr Verlobter und er gehöre also absolut ihr an und deshalb gehe dieser Herr jetzt auch wieder ganz brav zurück an unseren Tisch. Herr Egon soll daraufhin noch eine Weile protestiert haben, aber – und daran erinnere ich mich nun wieder – irgendwann einmal faßte mich die junge Ehefrau Müller liebreich unter die Arme, führte mich zum Haupttisch zurück und zischelte mir dabei scharf zu, ich sei ein ganz blöder Esel, und sie habe es von hinten nicht mehr mit ansehen und verantworten können, wie mich dieser Egon umgarnte, und so einen Schwachsinn solle ich ja nicht noch einmal machen!

Heute, im nachhinein, möchte ich dazu folgendes sagen: Natürlich bin ich der jungen Ehefrau Müllers sehr dankbar, daß sie mich gerettet und Herrn Egon entwunden hat. Ich mache so etwas wahrscheinlich auch nicht wieder. Andererseits ist das noch längst kein Beweis dafür, daß wir Alten die Dummen und die Esel sind. Ich vermute vielmehr, die Aufreibungen der letzten Tage haben mich etwas übermüdet, mein vielseitiges Engagement, meine zahllosen Funktionen, die mir von der jungen Ehefrau Müller am allerwenigsten abgenommen werden. Sollte s i e doch mal Herrn Jackopp betreuen! Deshalb bei aller Dankbarkeit: Diese Person braucht sich gar nicht so aufspielen. Ich meine, sie hat sich auch gar nicht aufgespielt, aber innerlich feiert sie sicher den Triumph. Das ist gemein. Ich könnte da nämlich auch ganz schön auspacken...

Jedenfalls nahm ich jetzt halb beschämt, halb einfach nur benommen wieder brav am Gemeinschaftstisch Platz. Da saßen sie nach wie vor, diese Rösselmanns und Domingos, Knotts und Müllers und schwätzten ungerührt, während ich geschlagen aus der Widerstandsbewegung zurückkehrte. Es hatte sich aber zwischendurch noch etwas Erstaunliches angebahnt – Herr Edel tönte jetzt nicht mehr auf Frl. Majewksi, sondern auf Frl. Bitz ein, ja er war sogar einen Stuhl nachgerückt, so daß neben Frl. Majewski ein Freiraum entstanden war. Zum Letzten entschlossen, besetzte ich ihn.

An die nächsten eineinhalb Stunden erinnere ich mich teilweise wieder nur dunkel. Frl. Majewski saß rosig und lieblich und merkwürdig still in ihrem Eckplatz und lächelte, doch nicht mehr sonnig, wie es mir zuerst erschienen war, sondern geradezu traurig und irgendwie sogar gleichgültig. Da faßte ich mir ein Herz und ergriff ihr Händchen und streichelte es. Sofort streichelte Frl. Majewski mit der anderen Hand zurück. Es war jedenfalls ein fast edles Gefühl, was mich durchlief, ich bestellte deshalb zwei Korn und teilte Frl. Majewski mutig mit, daß ich sie schon sehr lieb hätte. Auf diese äußerst dürftige Aussage hin lächelte Frl. Majewski huldreich und drückte mir, während wie aus unendlich weiter Ferne träumerisch die Stimme Alfred Edels an mein Ohr drang, noch etwas heftiger das Händchen. Im Anschluß schoben diese Dame und ich wohl immer zärtlicher die Leiber aneinander und sandten gewisse erotische Signale aus, und zuletzt lehnten wir die Köpfe gegeneinander – und in dieser zugleich ulkigen und fesselnden Stellung sollen wir, nach mehreren Zeugenaussagen, die nächsten eineinhalb Stunden verbracht und nur zwischendurch pausiert haben, um ab und zu einen Korn zu bestellen, den wir, nach der kichernd vorgetragenen Darstellung des Herrn Domingo, stets synchron gekippt hätten, nachdem wir uns jeweils zuvor innig und zufrieden in die Äuglein gestrahlt hätten. Genau dagegen erinnere ich mich, in dieser Zeit nachgemessen zu haben, daß eine Schachtel Marlboro-Zigaretten haarscharf so lang ist wie eine Schachtel Streichhölzer einmal längst und einmal quer genommen. *C'est la vie…*

So richtig kam ich aber erst wieder zu mir, als plötzlich das Licht in unserer Tisch-Nische ausgeschaltet wurde und der junge Herr Mentz zum Abkassieren anrückte. Da bemerkte ich auch, daß das ganze Lokal schon leer war, nur über die Theke krümmte sich noch zäh und einsam Herr Tarzan Schatz – der Taumel des langersehnten Einanderfindens hatte die Zeit stillstehen lassen, hatte uns den Abgang dieser Rösselmanns und Knotts und Ossenbachs erspart – ja auch Herr Edel war wundersamerweise verschwunden, wie ein Spuk, ein böser. Jetzt waltete das Reich der Liebe…

Ich zahlte die Zeche und strich Frl. Majewski noch einmal herzklopfend und versiert über das braune Rapunzelhaar. *Andiam.*

Da hätten um ein Haar zwei Vorkommnisse das Glück noch verhindert. Eben als wir beide Liebenden aufbrechen wollten, schellte das Telefon, und es war Herr Kloßen, der mich zu sprechen verlangte. Leider hatte der junge Mentz schon zugegeben, daß »der noch da ist«, und so mußte ich vor der Erreichung des größten Glücks noch einmal Herrn Kloßens Stimme anhören, die mir mächtig scheppernd mitteilte, daß ganz in der Nähe des »Krenz« bei einem Mitglied der Itzehoe-Gruppe ein rauschendes Fest stattfinde, und ich müsse unbedingt hinkommen, es seien sogar »Klasse-Weiber« da, und »das mit dem Geld«, darüber redeten wir morgen, es sei von ihm heute auch bei der Bank für Gemeinwirtschaft ein Dispositionskredit-Verfahren eingeleitet worden, »und du brauchst also überhaupt keine Angst zu haben«, sondern ich solle gleich herlaufen und möglichst vielleicht auch noch zwei, drei Flaschen Wein mitbringen. Und dann hörte man auch noch so eine ordinär fette Stimme: »Hallo! Hier ist die Gabriele« und »Süßer, komm doch!«

Ich kam aber nicht, sondern zwang den betrübten Kloßen zu begreifen, daß ich einfach zu müde sei, morgen aber gern den Kontakt zu ihm wiederaufnähme. Leider hatte das wohl kurzfristig wiedererstarkte Frl. Majewski bei meinem Telefonat mitgekriegt, daß irgendwo noch eine Feier stattfinde, und wollte plötzlich, kurz vor dem höchsten Glück, »noch vorbeigucken, komm, laß uns mal!« Diese fast beleidigende Unentschlossenheit nach vorherigem so raschem und trefflichem Entschluß verstimmte mich natürlich ein wenig, aber jetzt galt es hart zu bleiben, und endlich verließen wir also zusammen mit Tarzan Schatz, der noch ein wenig ein Sex- und *Erotic*-Theater aufsuchen wollte – »kommt ihr mit?« –, das Lokal. Wir hatten uns schon ein paar Meter entfernt, da erschien noch einmal der junge Mentz unter der Türe und rief uns, offenbar aufs neue erhitzt, nach, es könnte so »schön und Klasse« in seinem Hause sein, »wenn nur nicht diese drei wären: der Pettler, der Dr. Mangold und dieser alte Horkheimer. Und wo sitzen sie jetzt? In der ›Goldenen Gans‹, in diesem Zuhälterlokal! Und immer dieselben, immer diese drei!«

Ein letztes Mal ereignete sich ein kleiner Zwischenfall, als in einer Kurve das recht matt an mir hängende Frl. Majewski plötzlich strauchelte, mich zu Boden riß und wir dort unten rein zufällig genau jene Stellung schon vorwegnahmen, die uns dann wenig später ebenfalls gegönnt sein sollte.

Ein gutes Omen? Nun, darüber berichte ich als Kavalier der alten Schule natürlich nichts. Frl. Majewski schlief auch bald ein, vielleicht war sie auch nur zu 85 oder 90 Prozent zufrieden, so wie es mir das Frl. Kopler einmal gestanden hat. Immerhin, irgend etwas war da noch, und ich wünschte bei dieser Gelegenheit Herrn Jackopp von Herzen, daß ihm wenigstens das mit Frl. Czernatzke vergönnt gewesen sein möchte, was mir diesmal die Kraft des Alkohols noch unvermutet zuspielte. Wer hätte das gedacht.

Zwischenbilanz

Manch einer wird zweifellos spätestens an dieser Stelle meiner Niederschrift sagen: Was soll denn dieses ganze alberne und törichte Kramzeug! Es geht doch darin nur bloß um Liebe und um Geld, das dieser oder jener nicht hat! Wichtige Gegenwartsprobleme dagegen wie der Umweltschutz, das ungute Treiben der Anarchisten in unserem Lande und die systemüberwindenden Reformen bleiben völlig unerwähnt. Richtig. Nur darf ich darauf hinweisen, daß das erstens nicht ganz richtig ist, sondern der Umweltschutz wird am Ende des zweiten Tages einmal von Herrn Jackopp knapp umrissen, und im nächsten Kapitel kommt sogar das Stalinismus-Problem dran – und zum zweiten bin ich der Meinung, daß man in einem Buch auch nicht alles und jedes unterbuttern sollte, was heute Rang und Namen hat, es reicht schon, was bisher alles so tangiert wurde …

Drittens aber bin ich der festen Überzeugung, daß Geld und Liebe, also die führenden Themen meiner Niederschrift, nach wie vor und durchaus auch die führenden Themen unserer Zeit und der Nation sind. Also was will man eigentlich! »Am Golde hängt, zum Golde drängt doch alles«, sagt Goethes Gretchen, das gleichzeitig Faust liebt. Man sieht: Geld und Liebe halten auch dem Wandel der Zeiten stand. Im übrigen, wer sagt uns denn, daß nach der Beseitigung des Kapitalismus alles besser wird? Alles? Ach wo denn! Wenn dann auch Herr Kloßen noch immer Geld in der Tasche hat, wird er höchstens noch mehr Unfug machen und noch mehr Elend verbreiten. Wie auch immer: Geld und Liebe sind die Säulen unseres Lebens.

Das dritte aber ist der Fußball, ja er hat möglicherweise sogar die Liebe schon überholt. Ich meine, gegen einen zentimetergenauen Beckenbauer-Paß oder einen Spurt Netzers in den gegnerischen Strafraum ist sogar die Liebe des Herrn Jackopp gegenstandslos, verlieren Herrn Jackopps Gefühle jeden Witz. Wieder anders ist es im Falle des Torwarts Manfred Manglitz. Er beauftragte seine Braut, Irmgard Walter, auf einen Kölner Parkplatz zu fahren, dort nach einer Offenbacher Autonummer Ausschau zu halten und dann das Geld heimzubringen, das die Kickers für ein paar durchgelassene Schüsse zahlen wollten. Wenn es auch dann letztlich nicht so schön geklappt hat, sieht man hier doch die glänzende Einheit von Geld, Liebe und Fußball.

Herr Jackopp spielt nicht besonders gut Fußball. Theoretisch mag er ja recht ordentlich beschlagen sein – die berühmte Breslauer Elf hat er mir einmal betrunken ganz langsam und auswendig hergesagt, am nächsten Tag konnte er sich nicht mehr daran erinnern und wackelte verstört mit dem Kopf –, im aktiven Spiel zeigt er aber keinerlei Plan, Übersicht, keinen Weitblick. Aber auch Herr Johannsen ist ein keineswegs brillanter Fußballspieler. Er rennt zwar immer furchtbar sportlich drauflos, verfügt über eine Riesenkraft und Kondition, aber immer wieder verliert er nach dem ganzen Aufwand in aussichtsreichen Positionen den Ball an den Gegner, und alles war umsonst.

Wieder anders ist es bei mir. Konditionell nur mehr beschränkt einsatzfähig, auch ohne größere Grundschnelligkeit, habe ich mich notwendigerweise ganz auf Köpfchen und Raumaufteilung verlegt. Raumaufteilung ist die wichtigste Sache im Fußball. Ein überlegener Geist, der in der Mitte des Spielfelds herumsteht und mit einem Minimum an Bewegung die Bälle an seine Mitspieler verteilt. Die können dann loslaufen und die Tore schießen, die Ehre wird auch mir zuteil. Ab und zu schieße ich sogar mal ein Tor aus dem Hinterhalt.

Der gegenwärtig beste Raumaufteiler des deutschen Fußballs ist Bernd Hölzenbein von der Frankfurter Eintracht. Sie sollten ihn jetzt bald einmal in die Nationalmannschaft tun.

Noch besser beschlagen aber bin ich im theoretischen Fußball, ja einst war ich da sogar ein absolutes As. Drei Jahre nach der Eröffnung der Bundesliga konnte ich sämtliche angefallenen Ergebnisse hersagen, und das waren immerhin 32 mal 8 mal 3 = 768 Ergebnisse! Im Rahmen von Wetten habe ich damals durch dieses mein erstaunliches Vermögen ziemlich viel Geld verdient, die Bewunderung vieler Menschen erworben und mein Taschengeld als damaliger Student der Geisteswissenschaften etwas aufgebessert. Man muß sich einmal genau vorstellen, was das heißt: 768 furchtbar dumme Fußballergebnisse im Kopf zu haben, daß der Meister der allerersten Spielzeit der 1. FC Köln, völlig überraschend zuhause (!) gegen den Tabellenletzten und späteren Absteiger 1. FC Saarbrücken 0:3 verloren hat – ich wiederhole: zuhause!! Das sollen mir diese neuen und neunmalklugen Jugendlichen, diese Kersten und Barbara Müller, erst einmal nachmachen!

Heute beherrsche ich nur mehr die Ergebnisse von Bayern München und Eintracht Frankfurt auswendig. Im übrigen halte ich Hölzenbein sogar noch für stärker als Grabowski. Er spielt meiner Ansicht nach rationeller und deshalb am Ende auch effizienter.

Herr Rösselmann spielt überhaupt nicht Fußball, sondern schwätzt lieber mit den Damen am Spielrand. Höchst eigenartig ist die Spielweise von Herrn Domingo. Er steht zwar meistens träg irgendwo auf Linksaußen herum, holt sich nie selber einen Ball, spielt ihm jedoch der Zufall einmal einen zu, dann läßt er sich nicht mehr von ihm trennen, genau wie damals bei Frl. Kopler – die typische Zähigkeit des Intellektuellen.

Eher gradlinig von hinten nach vorn den Ball drischt Herr Peter Knott, überraschend elegant tänzelt dagegen sein Bruder Stefan um mehrere Gegner, hier ein Hakentrick, dort eine Körpertäuschung, sehr anmutig anzusehen. Trotzdem gehört seine Frau Heidi jetzt Herrn Taheri an. Höchst eigenartig ...

Unser bester Fußballer aber ist Herr Waechter, ein zurückgezogen lebender Maler, der gleichermaßen mit Herz und Hirn, mit Kondition und Übersicht, mit Schnelligkeit und Abstauberqualitäten operiert, und sein Haar weht mächtig im Wind – eine wunderbare Symbiose von Malerei und Fußball ...

Nun, ich meine, ganz läßt sich die Liebe durch den Fußball natürlich nicht ersetzen – der Bundestrainer muß eben sehen, wie er mit seinem Spielermaterial zurechtkommt. Doch Herr Jackopp hin, Frl. Majewski her, viel wäre gewonnen, wenn Herr Schön sich endlich einmal entschlösse, Hölzenbein für die Nationalmannschaft zu nominieren. Er zusammen wäre mit Günther Netzer, der übrigens am gleichen Tag wie ich, am 14. September, geboren wurde, allerdings drei Jahre später, das ideale Mittelfeldgespann. Nun, Herr Schön möchte schon, traut sich aber wegen des Drucks der Springerpresse nicht, das Mönchengladbacher Team Netzer-Wimmer auseinanderzureißen. Doch genau in diesem entscheidenden Punkt muß Herr Schön eben einmal moralische Größe zeigen und Wimmer entweder als Verteidiger umschulen oder aus der Mannschaft nehmen. Bzw. wenn Hölzenbein verletzt ist, mag Wimmer gerne wieder einspringen. Ich leugne auch gar nicht Wimmers unbändige Einsatzfreude, sein erstaunliches Laufpensum und sein beträchtliches fußballerisches Können. Aber die Genialität von Hölzenbeins oft – im Gegensatz zu Netzer – unauffälligen, heimlichen Spielzügen und Finten, seiner den Gegner gleichsam lächerlich machenden Pässe in den freien Raum und nicht zuletzt sein Torinstinkt sollten genügen, dem Bundestrainer endlich die Scheuklappen zu nehmen und seinem Herzen einen Stoß zu geben und dem Frankfurter die Bahn frei zu machen für internationale Aufgaben.

SECHSTER TAG

Frisch und munter erwachte ich am andern Morgen. Die Sonne war schon prächtig auf und Frl. Majewski ohne Dank und alles weggegangen, auch von Frl. Czernatzke keine Spur, so daß sich die bange Frage stellte, wer mir ein Frühstück bereiten würde. Na wer denn! Natürlich der beste Frühstücker aller Zeiten, Herr Rösselmann, der gleich schräg gegenüber wohnte! Es ist überhaupt ein Merkmal in unserer Gruppe und erklärt vielleicht manches, daß wir fast alle irgendwie schräg gegenüber wohnen.

Ich wischte mir den Schlaf aus den Augen, kleidete mich rasch an und eilte aus dem Haus. Eine ältere Frau putzte die Stiegen, hob den Kopf und erwiderte mürrisch und lauernden Blicks meinen lockeren Morgengruß. Ihre Funktion bestand wahrscheinlich darin, Frl. Majewskis und Frl. Czernatzkes Wohnung zu beschatten und sich die daran teilnehmenden Herren für die polizeiliche Wiedererkennung einzuprägen.

Ach was, Kummer und Sorgen! – bei Herrn Rösselmann herrschte bereits das rundeste und perfekteste Frühstücksleben. Auch Frl. Bitz war anwesend, und beide Herrschaften löffelten gerade reinlich das zweite Ei. Herr Rösselmann hieß mich, wie immer bei seinen Frühstücksausschweifungen, mit freundlichem Zähnefletschen willkommen, wahrscheinlich erhöhte die Vielzahl der Teilnehmer sein Frühstücksglück. Diese stadtbekannten morgendlichen Exzesse bestehen übrigens aus Orangensaft, Friesentee, Toasts, Marmelade in sechs Sorten, darunter zwei Gläser, auf deren Etikett steht, daß das auch Ihre Majestät die Königin jeden Morgen schleckt, sodann aus Speck, mehreren Wurstsorten, Quarkcreme, Tomaten, Käse, Milch und zu besonderen Feierlichkeiten sogar auch aus kleinen gerösteten Kartoffeln. Ich kann gar nicht verstehen, wie ein zivilisierter Mensch zu einer Tageszeit, da doch das Hirn noch belastet ist mit den meist komplizierten

Prozessen des Vorabends und der Nacht, wie ein höher fühlender Mensch da schon solche Fuhren in sich hineinschlichten kann. Noch mehr wundere ich mich, daß das auch bei mir, wenn ich bei Rösselmann gastiere, meist sehr gut funktioniert.

Als einen Formfehler von Herrn Rösselmanns Frühstücken beklagte Frl. Bitz mir gegenüber einmal die Wahllosigkeit der musikalischen Umrahmung, die Herr Rösselmann zu diesen Kulturen auffahren läßt: nämlich völlig beliebiges und derbes Schlagerzeug, das gerade so zufällig aus dem Radiogerät rattert. Frl. Bitz sagte, ihr stünde der Sinn viel lieber nach ausgewählter Barockmusik, den Vier Jahreszeiten etwa, oder daß vielleicht ein Gregorianischer Choral aufspiele und die Teemassen gewissermaßen in etwas Außerirdisches verwandle. – Nun, ich bin der Ansicht, was Herr Rösselmann bezüglich musikalischen Geschmacks in seiner Jugendzeit nicht gelernt hat, das holt er heute einfach nicht mehr auf. Er weiß es auch vermutlich, strengt sich überhaupt nicht an und konzentriert sich ganz auf das Abschälen der Eier und das zähe unnachgiebige Abhäuten selbst der widerspenstigsten Würste und schnaubt dabei – einmal wäre ich beinahe mit bebenden Gliedern davongelaufen.

Herr Rösselmann wollte wissen, warum ich zu dieser frühen Stunde, halb zehn Uhr, bereits unterwegs sei. Ich mußte mich sehr zusammennehmen, ihm die Wahrheit zu verschweigen – nicht daß ich mich ihrer geschämt hätte, o nein, aber Herr Rösselmann hätte es im Zuge dieser Wahrheit auch verstanden, aus mir ihr mehr als unwürdiges Beiwerk herauszukitzeln, und das wollte ich aufgrund meiner dankbaren Gesinnung gegenüber Frl. Majewski nicht freigeben – allzu hämisch hätte Herr Rösselmann sein rohes Vergnügen daran gehabt. Allerdings, daß die Wahrheit nun doch voll und breit dasteht, ist eines der Geheimnisse der Dichtkunst.

So lenkte ich das Gespräch denn eilig auf den Ablauf des gestrigen Abends und insbesondere auf die neu aufgetauchte Gestalt des Herrn Alfred Edel, und Frl. Bitz brachte dazu noch eine gute Nachinformation ein. Herr Edel hatte nämlich gegen Mitternacht ihr gegenüber nachdrücklich gegen die Frauenbefreiung geeifert und die These vertreten, all das gegenwärtige Unheil rühre von einem christlichen Kirchenlehrer her, der als erster und wider alle Vernunft der Frau eine Seele zugebilligt hatte. Nun, nachdem mir Herr Edel keine Gefahr mehr bedeutete, gefiel mir diese Anschauung recht gut, und ich gebe ihr gern recht.

Das Telefon Herrn Rösselmanns schellte. Herr Rösselmann nahm ab, schaute gleich darauf abwehrbereit drein und sagte nach einer Weile: »Nein, das tut mir sehr leid, ich habe selber nur mehr 50 Mark in der Brieftasche, und mein Gehalt kommt erst in drei Tagen auf die Bank.« Und nach einer längeren Pause sagte er: »Versuchen Sie es doch am Mittag noch mal bei ihm, so viel ich weiß, ist er jetzt ... was? ... ach, im Café Härtlein waren Sie schon, und da ist er auch nicht? ... Hören Sie, versuchen Sie es doch einmal am Mittag, so viel ich weiß, ist er am Mittag immer zuhause.« Und wiederum nach einer kleinen Weile: »Ja, ich verstehe Ihre Situation natürlich, aber es geht bei mir nicht, beim besten Willen nicht, ich muß jetzt gleich in die Kleiderreinigung, wie?« Und dann: »Ja, mittags ist er sicher daheim.«

Selbstverständlich wußte ich längst Bescheid. Wie schön, daß der junge Tag die Schätze des späten gestrigen Abends so früh und sicher herüberrettete! Glanz und Zauber des Ewiggleichen, mit Nietzsche zu sprechen. Und schon kehrte, tückische Freude in den Augen, Herr Rösselmann an den Frühstückstisch zurück und berichtete in sprudelnder Rede, was ich schon wußte: Kloßen sei am Telefon gewesen, wegen Geld, wie denn auch anders, und zwar habe Kloßen ihn, Rösselmann, deshalb angerufen, weil ich nicht in meiner Wohnung anzutreffen gewesen wäre. Und nun, berichtete Rösselmann freudig, habe ihm Kloßen gerade am Telefon erklärt, ich hätte ihm, Kloßen, einst gesagt, sollte ich einmal in einer dringenden Angelegenheit nicht erreichbar sein, zum Beispiel in Finanzierungsfragen, solle er, Kloßen, sich ruhig an ihn, Rösselmann, wenden, wobei, sagte Rösselmann, »du ihm gesagt haben sollst: Herr Rösselmann ist in diesem Fall mein Vertreter.«

Diese Geschichte, das muß ich sagen, stimmte nicht ganz. Ich habe tatsächlich Herrn Kloßen vor ein paar Wochen beiläufig bedeutet, es doch einmal mit Herrn Rösselmann zu versuchen, weil dieser bezahlter Angestellter und also ein ziemlich wohlhabender Mann sei, und ich wiederum von Rösselmann wußte, er selber sei vermutlich der einzige, der von Kloßen noch nicht um Geld gebeten wurde, sei's aus Furcht vor Herrn Rösselmanns oft schrecklich drohendem Blick, sei's aus der Kalkulation heraus, Herrn Rösselmann so lange zu verschonen und einzuschläfern, bis einmal der große *Coup* fällig würde, der selbstverständlich peinlich genau geplant und vorbereitet sein müßte. Ich meinerseits hätte es natürlich gern gesehen, wenn auch Herrn Rösselmann von Kloßen nicht ungeschädigt bliebe, einfach wegen meines unverbrüchlichen Sinns für Gerechtigkeit. Und deshalb habe ich Herrn Rösselmann Kloßen gegenüber nicht gerade als meinen »Vertreter«, aber doch wohl als meinen gewissermaßen Vorgesetzten und Übergeordneten dargestellt.

Diesen Trick muß Herr Rösselmann am Telefon nach Kloßens ersten Einleitungssätzen sofort durchschaut haben, mit dem Effekt, Kloßen wie aus Rache wiederum mich anzuempfehlen. »Punkt 12 Uhr«, sagte Herr Rösselmann geradezu teuflisch lächelnd, »wird er bei dir läuten. Und du wirst zuhause sein, hörst du! Und Herr Kloßen wird dir erzählen, daß er von mir ausgesandt worden ist, und deshalb mußt du ihm 20 Mark geben.«

Ich wollte heute mittag tatsächlich zuhause sein, nämlich die unselige Glasreiniger-Sache so oder so zu Ende zu bringen. Andererseits besaß ich nicht mehr viel Geld. Sollte ich vor Kloßen flüchten? In einen tiefen Wald? Zu meinen lieben Eltern? Nein, es wäre die Flucht in eine Feigheit, in eine Unwürdigkeit, die ich nicht vor mir verantworten konnte. Wer aber standhalten will, so tönte es erneut in mir, darf nicht befangen bleiben, der muß sich stellen, Kloßen offen und frei entgegentreten, ihm ins Auge schauen … Und Kloßen würde sich sofort dankbar erweisen und mich von der Glasreinigung abhalten, und vielleicht würde es wieder ein netter Nachmittag.

Ich mußte plötzlich innerlich äußerst lachen. Wie schön war doch mein Dasein! Zuerst ein berauschender Abend, dann gar das größte Glück, dann ein festliches Frühstück mit Telefoneinlage, und nun lag schon wieder etwas in der Luft…

Froh trennte ich mich von Herrn Rösselmann und Frl. Bitz, die ins Büro mußten. Mir war so recht wohl, ein frischer Wind strich über die Stadt, in die schöne Welt hinunter, ganz wie neugeboren schlenderte ich die Straße entlang, die zu meiner Wohnung führte, standzuhalten Herrn Kloßen, freundlich blinzelte die Sonne, tausend Stimmen lockend schlugen – da plötzlich, damit hatte ich nun wirklich nicht auch noch gerechnet, strebte mir Herr Peter Jackopp entgegen.

Er trug einen langen schwarzen Mantel, der ihm fast bis zum Knöchel reichte, hielt den Kopf gebeugt, geradezu phosphoreszierend bleich das Gesicht, und insgesamt machte er mir sofort den Eindruck, als ob er mit äußerster Zielstrebigkeit irgendwohinaus unterwegs sei, ja als ob er einen großen weittragenden Entschluß gefaßt hätte und diesen nun sofort und unnachgiebig ins Werk setzen wollte.

Erst wenige Schritte von mir entfernt lüftete Herr Jackopp den Kopf, und nach etwa zwei Sekunden entspannte sich seine Miene zum Ausdruck des Wiedererkennens. Ich blieb stehen, begrüßte ihn freundlich und wegen seines ungewohnt drangvollen und entschlossenen Gesamteindrucks nicht ohne Neugierde mit »Ah, Jackopp!« und fragte, wohin es denn gehe. Herr Jackopp blieb nun auch stehen, schaute mir tiefernst, fest und ohne jedes Begrüßungslächeln ins Gesicht und sagte langsam und mit Grabesstimme:

»Eine Frage. Kann ich bei dir scheißen? Ich muß unbedingt scheißen.«

Eine echte Überraschung, eine Überfall-Frage sozusagen! Ich muß sagen, ich war sehr beeindruckt. Immer besser beherrschte Herr Jackopp nun das Fragestellen. Und auch in der Form: schlagartig, bestimmt, hart, präzis! – Selbstverständlich könne er das, sagte ich zu Herrn Jackopp, er solle nur gleich mitkommen. »Ja«, sagte Herr Jackopp, machte kehrt und schritt schweigend neben mir her, in gleichzeitig eigentümlich gebückter und doch keineswegs greisenhafter, sondern zielstrebig nach vorne, ja gleichsam in die Zukunft gerichteter Haltung.

Zahlreiche Fragen bewegten sofort meine Seele. Herr Jackopp wohnte gar nicht weit von unserem Treffpunkt entfernt – warum war er dazu nicht nach Hause gegangen? Ja, wenn ich es abschätze: seine Wohnung und meine waren gleich weit entfernt. Zum zweiten, warum war er nicht in die nächste Gaststätte gegangen, wenn es so eilte? Und drittens, warum war Herr Jackopp überhaupt so zielstrebig und tüchtig genau in jene Richtung marschiert, die sowohl von meiner als auch von seiner Wohnung wegführt, wenn es so dringlich war? Ein nicht eben angenehmer Verdacht stieg in mir auf und ballte sich zur Gewißheit: Herr Jackopp hatte erst da bemerkt, daß er scheißen mußte, sein Vorwärtsdrang war sich erst da seines konkreten Inhalts bewußt geworden, als er mich erblickt hatte …

Unterdessen war Herr Jackopp schweigend neben mir hergegangen, schweigend und mit starr auf den Boden gerichteter Kopfhaltung. War er am Ende schon so früh betrunken? Ich fragte ihn nun, woher er käme: »Ja«, antwortete Herr Jackopp ernst, so daß ich wohl eine neue Frage überlegen mußte. Doch Herr Jackopp kam mir zuvor: »Es ist unheimlich gewesen.« Und nach ein paar Sekunden Pause, die ich nicht durch ein »was?« verletzen wollte: »Ich bin seit gestern mittag im Bett gelegen, zuhause im Bett, und ich habe unheimliche Pfannen Kaffee getrunken, ich habe gedacht, ich gehe kaputt. Aber ich bin nicht kaputtgegangen.«

Ob er vielleicht jetzt Herzschmerzen hätte, warf ich zart ein, doch Herr Jackopp fuhr fort: »Ich habe den Camus gelesen«, und Herr Jackopp betonte dabei eigenartig »Camus« auf der ersten Silbe, so daß es fast wie »Gummi« klang, »ich habe den Mythos des Sisyphos gelesen. Es ist ein unheimliches Buch. Du kennst es?«

Das war für mich natürlich eine Gelegenheit, dieses für mich etwas »unheimliche« Gespräch in seichtere Bahnen zu lenken, und ich sagte, ja, ich würde das Werk kennen, und ein Satz daraus habe mir besonders gut gefallen: »Der Ausdruck beginnt, wo das Denken aufhört.« »Ein unheimliches Buch«, erwiderte Herr Jackopp, zuvor sei er in der Stadt gewesen und dabei an einer großen Schaufensteranlage vorbeigekommen, die »total bescheuert« eingerichtet gewesen wäre. Da sei er, Jackopp, in das Kaufhaus hinein, habe den Chefdekorateur kommen lassen und ihn geheißen, das Zeug aus dem Fenster zu nehmen und es anders einzurichten. Der Mann habe es aber nicht verstanden, sagte Jackopp, da sei er heimgegangen und habe sofort den Camus gelesen, »ein unheimliches Buch«, wiederholte Herr Jackopp, »ich verstehe es nicht. Ich kann bei dir scheißen?«

Jetzt waren wir vor meiner Wohnung angelangt. Die Treppen hinaufkletternd, überlegte ich, daß eine Frage nach dem Brief an Frl. Czernatzke überflüssig, ja fast unehrfürchtig wäre. Wer ganze Pfannen Kaffee trinkt und den Camus dazu liest, schreibt keine erotischen Briefe. Unter dem Türschlitz lag erwartungsgemäß ein Zettel: »Hallo, Alter! Komme Punkt 12 Uhr vorbei und dann jede halbe Stunde wieder. Habe eine dolle Sache in petto. Anschließend können wir dann in den Zoo gehen. Gruß Kloßen«.

Mit »Alter« redete er mich nun an – das konnte gefährlich werden! Und noch dazu mit einer tollen Sache im Hintergrund! »Ich gehe scheißen«, sagte Herr Jackopp und er verschwand im Klosett. Die Zeit verging. Es mußte sich um unheimliche Pfannen handeln. Oder war Herr Jackopp tot? Schließlich rief ich seinen Namen. »Ja«, rief Herr Jackopp gedämpft zurück. »Ist gut«, sagte ich.

Wieder vergingen bange Minuten. Camus war gefährlich, der Mythos des Sisyphos ganz besonders. Es stand zu befürchten, daß er Herrn Jackopp allzu früh und unfruchtbar von Frl. Czernatzke wegtrieb. Auf daß dieser Mann im philosophischen Bereich noch Verheerenderes anrichtete. Nein, ich würde ihm, sobald sich Gelegenheit bot, doch einen neuen sexuellen Anstoß verpassen müssen…

Als Herr Jackopp aus dem Klosett zurückkam, spürte ich plötzlich, daß ich nun auch »scheißen« mußte. Ich bat Herrn Jackopp ins Arbeitszimmer und machte mich nun meinerseits an die Sache.

Da schellte das Telefon, ich mußte mich also mit dem »Scheißen« beeilen (ich war plötzlich wie verliebt in das Wort), und als ich ins Arbeitszimmer kam, hatte Herr Jackopp bereits den Hörer abgehoben und er sagte gerade: »Ja, er ist da. Er scheißt gerade. Da kommt er zurück.«

Zweifellos keine günstige Ausgangslage für mich, unter diesen Umständen das Telefon zu übernehmen, es konnte ja ein Minister oder doch die Spitze des Glasreinigerverbands am Gerät sein, es war aber nur ein Herr Reinecke, der verantwortliche Herr eines Studentenjournals, mit dem ich gelegentlich im Rahmen wechselseitiger Übertölpelungen zu tun gehabt hatte, und an einer solchen nicht ganz einwandfreien Machenschaft mir gegenüber war diese Verbindung dann auch in die Brüche gegangen. Überraschend munter und kordial, als ob nie etwas zwischen uns gewesen wäre, erklärte mir dieser Herr aber jetzt ins Telefon, er habe wieder einmal »etwas Typisches für Sie«, nämlich eine »spritzige Polemik« gegen den SPD-Bildungspolitiker Lohmar zu verfassen. Herr Reinecke erläuterte mir die im übrigen recht undurchsichtigen Hintergründe seines Vorpreschens gegen Lohmar, und ich dachte zwischendurch blitzschnell nach: Herr Reinecke befand sich zweifellos unter einem gewissen Druck. Normalerweise zahlt er für eine Polemik 200 Mark; dazu rechnete ich 50 Mark Eilgebühren und 50 Mark Wiedergutmachung. 300 Mark wollte ich fordern.

Als Herr Reinecke fertig war, erklärte ich, Archivstudien und Ausfeilung einer spritzigen Polemik würden mindestens drei Tage in Anspruch nehmen: »Sagen wir 300 Mark, Herr Reinecke, ein Freundschaftspreis.« Herr Reinecke war sofort einverstanden. Ich hätte mehr verlangen sollen. Immerhin, Archivstudium und Textausfeilung würden keine sechs Stunden ausmachen. Gelernt ist gelernt.

Einer drohenden und heiklen Frage meiner Leserschaft möchte ich hier nicht ausweichen. Warum denn mußte es, nach den Glasreinigern, schon wieder gegen die Sozialdemokratie gehen, übrigens meine Mutterpartei? Eine berechtigte, eine schwierige Frage, der ich mich stellen muß. Es gibt überhaupt viele schwierige Fragen in meinem Leben. Wie könnte ich z. B. die Glasreiniger dazu bringen, die Unsinnigkeit ihres Vorhabens einzusehen, ohne doch das Geld zurückgeben zu müssen? Woher bezieht eigentlich Herr Domingo seine Einkünfte? Würde der junge Herr Mentz dem alten Herrn Mentz heute sein Erlebnis mit dem alten Horkheimer andrehen? Würde der alte dem jungen deshalb eine runterhauen? Oder würden wir alle vielmehr Lokalverbot bekommen? Wie konnte ich Herrn Jackopp noch einmal verschärft auf Frl. Czernatzke treiben?

Fragen über Fragen! Nun, die letzte wollte ich gleich in Angriff nehmen. Während des Telefonats hatte Herr Jackopp in einem Stuhl gesessen und sichtlich ohne Verstand in den herumliegenden Akten der Glasreiniger geblättert. Wie nun möglichst harmlos beginnen? Doch Herr Jackopp half mir selber aus der Verlegenheit: »Du warst gestern im Krenz?« fragte er tonlos. Und als ich bejahte: »Ich war vorgestern im Krenz.«

Ach ja, so plauderte ich möglichst leichthin, das hätte ich noch gegen Ende des Bürofestes von Frl. Czernatzke gehört, die er, Jackopp, wohl angerufen habe. »Ja«, bestätigte Herr Jackopp. Hier schon direkt überleiten? Etwa mit der Frage: »Wie läuft es denn mit Frl. Czernatzke jetzt eigentlich?« Oder: »Hast du sie wieder mal gesehen und gesprochen?« Nun, was hieß »wieder mal gesprochen«? Herr Jackopp hatte ja seit seiner – und nicht einmal völlig gesicherten – Generalerklärung vor fünf Tagen überhaupt nie mehr mit Frl. Czernatzke gesprochen! Das war der Punkt! Und so faßte ich mir denn nach ein paar langen Minuten prickelnden Schweigens ein Herz und fragte mutig: »Hast du denn eigentlich einmal versucht, mit ihr zu sprechen?« Herr Jackopp verstand sofort, wer mit »ihr« gemeint war, und antwortete nach einer Weile mit rauher, verhangener Stimme: »Nein.« »Gibt es überhaupt noch einen Kontakt?« faßte ich flink nach. »Nein«, sagte wiederum nach kürzerem Nachdenken hoffnungslos Herr Jackopp.

Nun, damit war auch erforscht, daß der berühmte Brief im Zuge von Camus erneut hatte ausfallen müssen. Hm …

»Hör mal«, sagte ich nach einer wieder recht prekären Pause des

Schweigens, »du solltest versuchen, dich wenigstens mit ihr auszusprechen. Und meines Wissens«, fuhr ich nach kurzer schwerer Gewissensentscheidung behend fort, »ist überhaupt noch nicht ausgemacht, wie die Rosen gewirkt haben.«

Ich bin mir über die Zweischneidigkeit der letzteren Aussage voll im klaren. Denn ich wußte, was Jackopp möglicherweise gar nicht bekannt war, daß die Rosen völlig in die Hosen gegangen waren – und insofern erweckte ich in dem Herrn Jackopp wahrscheinlich völlig falsche Hoffnungen. Aber andererseits kam doch so etwas in Frage, daß die Rosen gleichsam posthum, aus der Entfernung in Frl. Czernatzkes Seele nachgewirkt haben könnten, eine Saite langsam ins Schwingen gebracht haben mochten, weiß der Himmel, wem der »Hirt auf dem Felsen« vorgestern nun wirklich gegolten hatte …

»Was soll ich tun?« fragte Herr Jackopp mit umwölkter Stimme und zäh auf seine Knie starrend – ein wunderbares Motiv für einen Bildhauer! Nun, sagte ich mit Nachdruck, er könne ja des Nachmittags einmal zu stiller Stunde Frl. Czernatzke in ihrem Büro aufsuchen und sie um eine Aussprache bitten. Und wenn die nur einen Funken Gefühl für höhere Gefühle, für ein zivilisiertes humanes Miteinander habe, dann …

»Ich werde heute«, unterbrach Herr Jackopp langsam, aber fest mein Gefasel, »zu ihr ins Büro gehen. Um 2 Uhr werde ich hingehen. Ja, das mache ich.«

»Gehen wir zuvor ein Bier schlucken?« fuhr Herr Jackopp wie aufatmend fort. Ich war damit sehr einverstanden, gelang es mir auf diese Weise doch auch, den bereits drohenden Kloßen noch ein bißchen auf die Folter zu spannen. (Ich leugne nicht, daß solche Gefühle ein wenig häßlich sind, aber sie müssen auch sein.) Doch hatte ich mich verrechnet. Denn gerade, als Herr Jackopp und ich uns aufmachten – es war kurz vor 12 Uhr –, schellte die Klingel, und natürlich war es niemand anderer als der Unhold Kloßen im dunkelblauen, leicht verknitterten Anzug, deutlich verschmutzten Nyltesthemd, aber wiederum prächtig geschmückt mit einer diesmal purpurroten Fliege – und er ratterte sofort los, daß er heute morgen bereits mit Herrn Rösselmann gesprochen habe wegen unseres Fernsehspiels, und Herr Rösselmann habe diesem Projekt durchaus Chancen gegeben, und er, Kloßen, komme gerade vom Finanzamt, wo alles bereits »einwandfrei läuft« und nur noch die Auszüge kontrolliert…

»Herr Kloßen«, beendete Herr Jackopp dessen verzweifelte Ungereimtheiten, »wir gehen ein Bier schlucken. Sie kommen mit?« Herr Kloßen witterte sofort Morgenluft, hatte ihn doch Herr Jackopp gewissermaßen eingeladen, und auf dem Weg erzählte er mir, das mit dem Fernsehspiel sehe er jetzt bereits deutlich vor sich, er habe jetzt auch schon eine Idee dabei bzw. vielmehr eine »wahnsinnig dufte *Story*«, von einer Ziege, die einmal in der Stadt Velbert vor Gericht erscheinen mußte als Zeuge im Zusammenhang einer dicken Wirtin Berta – ja und heute um vier Uhr nachmittag sei es dann auch mit dem Großkredit soweit, da könne er nämlich bei der Post 300 Mark abholen, die in Form einer telegrafischen Überweisung als erster Vorschuß des 4500-Mark-Kredits eintreffen würden, mit dem er, Kloßen, dann seine Wohnung »auf Zack bringen« wolle, »alles bezahlen« werde, und außerdem lade er mich dazu ein, stets mit ihm zu Abend zu speisen, »du gibst mir 2,50 Mark pro Tag, und ich lege auch 2,50 Mark zu, und mit 5 Mark mach ich ein Klasse-Essen für uns zwei«, er, Kloßen, koche ja so leidenschaftlich gern, »und wenn der Laden läuft, dann laden wir Weiber ein, füllen sie ab und verladen sie dann.«

Wir waren inzwischen in einem libanesischen Speiselokal angekommen. Seltsam! Zum zweiten Male kurz hintereinander gedachte Herr Kloßen des geschlechtlichen Lebens, das doch eigentlich Herrn Jackopps Domäne war! Und eindrucksvoll auch, wie keß er das auch gleich formulierte! Sollte wirklich eine neue Ära in Herrn Kloßens Leben heraufdämmern? Was das Essensgeld betrifft, fiel mir jetzt auch ein, daß Herr Kloßen schon einmal, nämlich unmittelbar nach seiner unseligen Ankunft in unserer Stadt, in dieser Sache vorgeprescht war, nämlich er hatte einmal in einem geselligen Kreis verkündet, demnächst lade er alle hier zum

Essen ein, »mit 1a Fleisch, das kostet mich dann pro Mann und Nase 15 Mark, das geht ohne weiteres in Ordnung«. Und nun ging es also auch für 2,50 Mark, und immer noch war es ein Klasse-Essen…

»Und die tollste Sache«, riß mich Herr Kloßen aus meinen Überlegungen und er schlug sich dabei sogar lebhaft auf den Schenkel, »für nächste Woche habe ich ein ganz dickes Ding für uns beide. Da läuft so ein Fußball-Schlagerspiel, das dann lang vor Spielbeginn ausverkauft ist, und wenn wir uns am Montagmorgen gleich 500 Karten unter den Nagel reißen, dann…«

O Gott! Das Verbrechen. Es war soweit. Ich bestellte einen Espresso, Herr Jackopp ein libanesisches Nudelgericht und Herr Kloßen ein großes Bier, obgleich er, da hätte ich wetten mögen, heute noch keinen Bissen zu sich genommen hatte, aber dieser Mensch braucht offenbar nichts mehr außer seinen Visionen…

»… dann kaufen wir die Karten für 5 Mark und verkaufen sie weiter für 20, das sind dann 500 mal 15 Mark, das sind 7500 Mark Gewinn, verstehst du?«

Ich verstand. Kloßen der Chef, ich der Vasall. Ich sollte 500 mal 5 Mark = 2500 Mark vorschießen, und dann würde das gemeinsame Glück beginnen. Mit 2,50 Mark pro Abend Ausgaben, erstklassigen Weibern und der nötigen Muße für ein Fernsehspiel. Noch etwas? Jawohl, Herr Kloßen ließ mich nicht warten: »Und von dem Gewinn können wir dann noch fetter ins Lottogeschäft einsteigen. Mit dem Rohleder mach ich sowieso nicht mehr. Der ist nicht seriös genug!«

Ich beobachtete, wie Herr Kloßen hinter seiner Brille mit flehenden Augen meine Reaktion auf seine Glücksvision erwartete. Wie gern hätte ich ihm eine Freude bereitet, aber ich vermochte nicht, seinen Optimismus zurückzustrahlen, im Gegenteil, ich, der den Tag so frohgestimmt begonnen hatte, war schon wieder recht matt und sehr dankbar, als Herr Jackopp, der all dem völlig abwesend beigewohnt hatte, für eine nette Unterbrechung sorgte. »Herr Ober«, rief er, nachdem er für eine halbe Minute in seinen

Nudeln herumgestochert hatte, diesen zu sich, »nehmen Sie das wieder mit«, und er deutete auf seinen spinatgrünen Nudelhaufen. Es sei ja noch gar nichts gegessen, erstaunte sich der übrigens sehr verlogen aussehende Kellner und wurde, wie vor ein paar Tagen schon Herr Hock im »Alt-Heidelberg«, unmutig – ob etwas an den Nudeln auszusetzen sei? »Die Nudeln sind zu hart«, sagte Herr Jackopp. Der Kellner bestritt das und verteidigte seine Nudeln. »Hören Sie, dieses Zeug da ist zu hart!« beharrte Herr Jackopp barsch und trutzig, »nehmen Sie das weg da! Und bringen Sie mir ein Bier!« Flugs nutzte Herr Kloßen die Gelegenheit und trank mit einem mächtigen Zug sein erstes Glas aus und hielt es ebenfalls und fast vorwurfsvoll dem Kellner hin.

»Ich bin ein armer Mensch«, sagte nun tonlos wie jener Alt bei Gustav Mahler Herr Jackopp, »ich interessiere mich eigentlich nur mehr für drei Sachen. Für Profi-Boxen, schicke Klamotten und Kellner beleidigen.« Drei Dinge! Und Rut Brandt? Und Albert Camus? Und vor allem: hatte er Frl. Czernatzke schon wieder vergessen? Wieder galt es höchste Wachsamkeit...!

Es war auch inzwischen fast 2 Uhr geworden, und so erinnerte ich denn Herrn Jackopp, nachdem Herr Kloßen noch schnell eine donnernde Geschichte über einen Ober erzählt hatte, der von ihm einst in Itzehoe »intellektuell fertiggemacht« worden war, erinnerte ich Herrn Jackopp behutsam an das vorgesehene Gespräch mit Frl. Czernatzke. Unangenehm genug, daß Kloßen auch hier eingriff und mit schepperndem Lachen und plötzlich wieder kreuzfidel fragte: »Bummst du die jetzt eigentlich schon, die Tante?« Worauf Herr Jackopp Kloßen zuerst mit einem langen und betäubenden Blick mitten ins Gesicht traf und dann die meines Erachtens wunderbare, ja geniale Entgegnung »Was? Ach was!« fand.

Wir brachen auf. Beim Zahlen stellte sich seitens Herrn Kloßen die erwartete Nervosität ein, die auch durch den raschen Genuß von drei großen Bieren nicht ganz eingedämmt worden war. Als ich mich absichtlich wieder spröde zeigte (wieviel schuldete der Mann mir eigentlich schon?), offenbarte Herr Jackopp wieder trotz aller Leiden hohe Ritterlichkeit: »Brauchst du Kohlen?«, und während Herr Kloßen dazu ansetzte, elende Aussagen wie »Heute abend kommt das Geld« zu machen, schob Herr Jackopp ihm wieder einmal einen grünen Schein hin, den Kloßen behend erraffte, und gleich darauf verließen wir das Lokal.

Herr Jackopp verabschiedete sich nun, den entscheidenden Weg zu Frl. Czernatzke zu gehen, indessen Herr Kloßen und ich ein wenig durch eine Alleeanlage bummelten. Dabei fiel mir der Dispositionskredit ein, von dessen Gelingen mir gestern spätabends Herr Kloßen im »Krenz« telefonisch berichtet hatte, und ich fragte ihn nun, was das sei, und ob das auch in Ordnung gehe. »Selbstverständlich«, lärmte Kloßen unverzüglich los, wie er das nur habe vergessen können, jawohl, das mit dem Dispositionskredit laufe ebenfalls, es sei dies eine Art Werbeaktion der Bank für Gemeinwirtschaft für junge Menschen, die neu ins Leben träten und da natürlich noch nicht so konnten, wie sie wollten. Bei ihm sei, als er gestern in dieser Sache vorgesprochen habe, nur die geringfügige Schwierigkeit gewesen, daß er kein regelmäßiges Gehalt beziehe, aber der Beamte sei sehr freundlich gewesen, und er, Kloßen, habe ihm auch von unserem Fernsehspiel erzählt …

Ich gebe zu, daß ich es nun irgendwie nicht mehr aushalten konnte, und ich schüttelte Herrn Kloßen ab, indem ich ihm vorgaukelte, ich müßte jetzt ins Staatsarchiv, um gewisse Studien zu betreiben. Herr Kloßen bedeutete mir sichtlich enttäuscht, er habe mich eigentlich zu Hajo, dem Ballspieler, mitnehmen wollen, der bei einer Lehrerin wohne und von dieser täglich 6 Mark Zehrgeld erhalte, und im Kühlschrank sei auch etwas Wermut – jedenfalls komme er, Kloßen, kurz vor 5 Uhr wieder bei mir vorbei, und ich sollte ihn dann mit dem Auto zur Telegrafenpost fahren, wo wir endlich das viele Geld entgegennehmen würden.

Wieder zuhause, überlegte ich gerade, wie ich das mit dem Bildungspolitiker Lohmar anstellen und wie ich diesen allzu rasch emporgekommenen Mann zähmen könnte, da kam mir der Gedanke, als makelloser Kavalier müsse ich eigentlich Frl. Majewski anrufen. Doch so leid es mir für Frl. Majewski tat, nach meinem jüngsten Kloßen-Erlebnis fiel mir zu diesem Thema überhaupt nichts mehr ein. Vielleicht war es auch aparter, heute wie in übergroßer Verzauberung zu schweigen, die Galanterie gewissermaßen ins Über-Zweckgebundene zu steigern … Da schellte das Telefon. Frl. Majewskis Einladung für den heutigen Abend? Es war aber vielmehr Herr Domingo, der sich, wieder einmal Heiteres erlauernd, nach den »Gegebenheiten der Zeit« erkundigte, und wunschgemäß erzählte ich ihm, daß ich soeben mit den Herren Kloßen und Jackopp wichtige Entscheidungen eingeleitet hätte, bei dem einen betreffs Geld, beim anderen Liebeslust oder aber Entsagung für alle Zeit. Lachend beendete Herr Domingo unseren Plausch mit dem Satz: »Die Härte der Zeit verlangt ihre Opfer.«

Nun muß ich allerdings sagen, daß Herrn Domingos überlegenes Lachen insbesondere im Zusammenhang mit Herrn Jackopps Leid keineswegs so begründet war, wie es scheint. Auch er war vor einem Jahr und trotz seines Töchterchens Julia Domingo einmal zäh und eindringlich hinter Frl. Czernatzke hergeschlichen, war mit ihr immer wieder *Paella* essen gegangen, hatte mit mehr oder weniger haltbaren philosophischen Einsichten auf sie einzuwirken versucht – und war zuletzt doch verdientermaßen gescheitert. So geht es uns Intellektuellen immer wieder.

Die Glasreiniger oder die SPD-Bildungspolitik? Eins davon mußte sein. *Hic et nunc.* Doch wieder schellte das Telefon, es schien wie eine geheime Verschwörung gegen die CDU/CSU. Diesmal war es Herr Waechter, der schon erwähnte Maler und Fußballer, der anfragte, ob wir nicht ein wenig kicken gehen sollten, das Wetter sei heute so prächtig, und er habe auch schon einen neuen Ball gekauft. Ich bedeutete Herrn Waechter, daß dies heute wegen Arbeitsüberlastung leider nicht möglich sei, denn – »Augenblick, Herr Waechter, an meiner Tür schellt es gerade« (ich ging in den Flur, drückte das Knöpfchen für die Haustüre und öffnete die Wohnungstüre einen Spalt) »so, Herr Waechter, ich bin wieder da« – ja, ich hätte so grauenhaft viel zu tun. Was mit Herrn Eilert, Herrn Ulf und Herrn Jackopp sei, wollte nun Herr Waechter wissen. Von den ersten beiden, sagte ich, wüßte ich nichts, Herr

Jackopp dagegen gründe soeben zusammen mit Frl. Czernatzke einen Albert-Camus-Club. Merkwürdigerweise wunderte sich Herr Waechter darüber überhaupt nicht – nun, vielleicht war es ja auch wirklich wahr –, sondern sagte, er wolle bei Frl. Czernatzke anrufen, denn Fußball sei wichtiger als Camus.

Ich legte den Hörer auf und drehte mich um. Unter der Tür stand im lang abfallenden Mantel, todbleich und sichtlich restlos verstört Herr Jackopp mit einer Kognakflasche unter dem Arm. »Hör mal«, sagte Herr Jackopp schwer, »mir ist da gerade etwas so unheimlich Blödes passiert, so blöd, daß ich es überhaupt nicht verstehen kann. Und ich möchte dich fragen, ob du es verstehst.« Der Bruch der Logik, blitzte es in mir auf, und ich bat Jackopp, der noch immer reglos stand, sich doch erst einmal gemütlich hinzusetzen. »Hör mal«, sagte Herr Jackopp, »kann ich mich einen Moment bei dir hinsetzen? Ich möchte dich etwas fragen, was ich überhaupt nicht verstehe.« Ich wiederholte meine Bitte, Herr Jackopp nahm Platz, starrte kurz vor sich hin, riß dann den Kopf in die Höhe, steckte sich wie im Traum eine Zigarette an und begann mit »Hör mal!«. Es mußte sich in der letzten Stunde etwa folgendes zugetragen haben: Herr Jackopp war in Frl. Czernatzkes Büro gegangen, die Aussprache zu erzwingen, Frl. Czernatzke war aber nicht dagewesen, sondern nur eine Frau Vollmers, die Herrn Jackopp gegenüber angab, Frl. Czernatzke sei bei einer Demonstration von mehreren hundert Frauen gegen den Paragraphen 218. Herr Jackopp hatte sich nun beschreiben lassen, wo dieser Auflauf stattfand, dann war er ebenfalls hinmarschiert. Er habe sich, erzählte er, an eine Straßenecke gestellt und gewartet, bis der Zug vorbeimarschiere. Schon in einer der ersten Kolonnen sei Frl. Czernatzke mitgelaufen und habe, so Jackopp, »ununterbrochen diese blöden Parolen von den anderen Schicksen mitgebrüllt«. Daraufhin habe er, Jackopp, vom Gehsteig her Frl. Czernatzke ein Signal gegeben, sie solle zu ihm herauskommen, aber Frl. Czernatzke habe ihm im Laufen zugeschrien:

»Los, Genosse, reih dich ein,
Komm herein in uns're Reihn!«

»Kannst du es verstehen?« fragte Herr Jackopp mit schon morscher Stimme; er habe eine Aussprache erreichen wollen, und sie, die Czernatzke, rufe ihm dafür »so einen blöden Scheißdreck« zu. Er sei dann wieder weggegangen und habe unterwegs diese Flasche Kognak für mich gekauft, »für das, was du in dieser ganzen verwichsten Scheiße für mich getan hast«.

Natürlich machte ich gleich ein paar abwehrende Gesten und Aussagen, daß ich in dieser ganzen Sache ja selbstverständlich um der Sache willen…

»Der Kognak gehört dir«, befahl mir Herr Jackopp, »du trinkst ihn.« Dann sollten wir ihn doch wenigstens zusammen trinken, wandte ich ein. »Ich kann nicht«, sagte Herr Jackopp gleich wie schauernd, »ich bin vollkommen besoffen.«

Seltsam! Und gerade jetzt machte Herr Jackopp einen irgendwie wachen, fast nüchternen Eindruck. »Kannst du es mir erklären?« fuhr er fort. »Was?« fragte ich. »Ich wollte mit ihr sprechen«, sagte Herr Jackopp, »und sie schreit mich an: ›Los, Genosse, reih dich ein, komm herein in uns're Reihn da.‹ Ich mag die Czernatzke unheimlich. So was Verwichstes ist mir noch nie passiert!«

Seit 1957, dachte ich unwillkürlich und war nun zur Besänftigung von Herrn Jackopp sogar gezwungen, die Sache der Frauenrechtlerinnen zu vertreten, denen allerdings, wie man weiß, auch ich mit großen Vorbehalten begegne. Mit äußerster Behutsamkeit wies ich also Herrn Jackopp darauf hin, daß so eine Demonstration vielleicht doch nicht ganz der rechte Ort für eine letzte Aussprache sei. Man müsse ja immerhin bedenken, daß all die Frauen, die da mitgerannt seien, starke persönliche und vielleicht sogar politische Motive mit sich trügen, die wegen privater Leidenschaften vorerst keinen Aufschub duldeten. Die freiheitliche Bewegung innerhalb der Frauenwelt sei heute in den westlichen Ländern soweit fortgeschritten, daß…

»Ich bin Stalinist!« unterbrach Herr Jackopp mein Gerede sehr streng und sah beinahe verklärt aus, »aber das verstehe ich nicht. Kannst du es mir erklären? Der Schnaps da gehört dir.«

Ganz offenbar war Herr Jackopp wirklich vollkommen besoffen. Nachdenklich nippte ich ein wenig von meinem Kognak-Geschenk und fragte, um Herrn Jackopp vielleicht abzulenken, wie das mit seiner stalinistischen Gesinnung zu verstehen sei. Herr Jackopp sagte nun: »Die von den Reaktionären und Schweinen so genannte Säuberungswelle war objektiv notwendig, um den Sozialismus im Inneren abzusichern. Alles andere ist eine verwichste Scheiße und von gestern.« Gerade als ich darauf eine Antwort überlegte, sagte dann Herr Jackopp: »Welche Rolle spielt eigentlich Herr Rösselmann?« Warum, fragte ich. Der Herr Rösselmann habe, als er, Jackopp, im Büro nach Frl. Czernatzke gefragt habe, immer wieder nur gesagt, er wisse es nicht, er wisse es nicht. Erst von Frau Vollmers habe er dann die Wahrheit erfahren.

»Der Rösselmann ist ein Betrüger!« sagte mit Nachdruck und Schärfe Herr Jackopp, »ein ganz verwichster Betrüger!«

»Verwichst« waren damit hintereinander »die ganze Scheiße«, die Feinde des Sozialismus sowie Herr Rösselmann. Irgendwie schien mir das plötzlich eine recht stimmige, nach unten abfallende Kausalkette. Ich nahm noch einen Schluck Kognak und legte mich auf mein Bett, um mich ein wenig zu entspannen und gründlich nachdenken zu können. Herr Jackopp verstand dies leider völlig falsch. »Ich gehe jetzt«, sagte er, »der Schnaps da gehört dir.« Ich bat Herrn Jackopp nun aufrichtig, doch hier bei mir zu bleiben, gewissermaßen brauchte ich ihn jetzt sogar. »Eine Frage«, sagte scharf Herr Jackopp, »kann ich morgen früh auf deinem Telefon meinen Schwager in Basel anrufen?« Natürlich, sagte ich. »Ich laß dir die Flasche da«, sagte Herr Jackopp, deutete auf den Arbeitstisch und schlurfte in geduckter Haltung aus meiner Wohnung.

Offen gestanden, Herrn Jackopps Kognak konnte ich jetzt sehr gut brauchen, und ich nahm auch gleich noch einen nachdenklichen Schluck. Nachdenken konnte ich allerdings nicht, statt dessen schritt ich träumerisch in meinem Zimmer auf und ab. Plötzlich hatte ich die allergrößte Lust, auf einen Friedhof zu gehen.

Vielleicht würde eine Blaskapelle irgend etwas Dummes aufspielen. Doch es war schon zu spät. Ich stellte mich ans Fenster. Auf der Straße da unten rauschte der Feierabendverkehr vorbei, der Himmel stand in einem leuchtenden Violettblau, Abend wollte es werden, Dämmerung senkte sich übers stille Land. Eben trottete der Posaunist Mangelsdorff vorüber. Kam er vom Friedhof? Nein, er trug eine volle Tüte aus dem Supermarkt in der Hand. Welch schöne lange Haare, welch stolze Koteletten! Und immer die Musik im Kopf. In meinem Kopf war überhaupt nichts. Ein Stalinist also ist er, *c'est le mot,* jawohl. Und Rösselmann ein Betrüger. Und das Ganze eine verwichste Scheiße …

Gleich würde Kloßen schellen, das wußte ich, und dann würde das Leben wieder weitergehen in alter Frische. Noch allenfalls zwei Tage, und ich würde die Besinnung verlieren. Wollte nicht irgendwer mit mir in den Schwarzwald fahren, zur Besinnung? Ach ja, Kloßen selber! Hier rundete sich der Kreis. Verdammt! Vielleicht ist wirklich die Regierung an allem schuld, durch allzu große Nachlässigkeit, ein falsch verstandenes Freiheitsspielprogramm gegenüber den Untertanen, diesen unberechenbaren Radaubrüdern und Horkheimers und Aufenthaltsgenehmigungen für die Eidgenossen …

Es schellte. Kloßen! Doch nicht er war es, sondern Herr Jackopp. »Grüß dich«, sagte er überraschend, »kannst du mir eine 40-Pfennig-Briefmarke geben?« »Selbstverständlich«, sagte ich und überreichte sie ihm. Es schellte erneut. Diesmal war es Kloßen – und wir waren wieder alle drei vereint. »Gehst du mit einen schlucken?« fragte Jackopp Kloßen. Warum fragte er eigentlich nicht mich? Wollte er mich schonen? Ich empfand das eher als eine Beleidigung. So hart es Herrn Kloßen angekommen sein muß, vielleicht zum ersten Mal in seinem Leben auf diese Frage eine Absage erteilen zu müssen, wollte er bei mir nicht die letzte Glaubwürdigkeit verspielen, erklärte er nun Herrn Jackopp in Worten, die ich eher ahnte als verstand, er müsse jetzt mit mir zur Telegrafenpost, und es war wieder von unterschiedlichen Ziffern zwischen 4700 und 65 Mark die Rede.

»Ich komme mit«, sagte Herr Jackopp.

Mit meinem Auto fuhren wir zu dritt zur Telegrafenpost. Es stellte sich dies als ein Bauwerk heraus, das von außen nicht im geringsten als Postamt zu erkennen war, sondern es war ein Hinterhof mit mehreren greulich ineinander verschachtelten Häuserruinen. Als wir aus dem Auto krochen, schlug Herr Kloßen sofort vor, doch erst einmal in der Gaststätte gegenüber dem Hinterhof ein Bier zu trinken, das Geld sei wahrscheinlich noch nicht da, weil der Absender aus Stuttgart im Verkehrsgewühl steckengeblieben sei, wie er vor einer Stunde telefonisch erfahren habe, und außerdem …

»Ja«, sagte Herr Jackopp, aber ich befahl Herrn Kloßen streng, doch erst mal am Schalter nachzuforschen. Ganz offenbar eingeschüchtert und aus Furcht vor meiner Autorität machte sich Herr Kloßen mit betrübter Miene auf die Socken, strich aber mutig über den Hinterhof, wurde von einer älteren graugestreiften Katze gekreuzt und verschwand schließlich in einer schäbigen Türe, die aussah, als würde sie in das Kontor einer Altpapierwarenhandlung führen. Und das sollte also ein Postamt sein, und noch gar für so hochqualifizierte und kaum durchschaubare Dinge wie Geldtelegramme!

Keine zwei Minuten später war Kloßen wieder zurück. Das Geld sei noch nicht da, das mache aber gar nichts, denn Telegramme kämen alle volle Stunden. »Gehen wir ein Bier schlucken«, sagte gleichsam abwesend Herr Jackopp. Schon saßen wir in dem Lokal. Kaum auf seinem Stuhl niedergelassen, griff Herr Jackopp sich schmerzlich ans Herz, und als ich ihn wohl besorgt anschaute, murmelte er sehr leise:

»Es ist nichts, das ist nichts, ich kann es nicht verstehen, es ist unheimlich…«

»Paß auf!« schmetterte Herr Kloßen gnadenlos dazwischen, er fahre heute abend kurz nach acht Uhr mit der Eisenbahn nach Itzehoe. Die Reise koste hin und zurück 140 Mark, blieben also von den telegrafisch erwarteten »mindestens 300 Mark, das andere kommt dann am Dienstag« noch 160 Mark. »100 davon gebe ich dir«, sagte Kloßen feurig, »und paß auf, mit diesen 100 gehst du heute abend in den Mentz« – damit war auch schon meine Abendgestaltung festgelegt – »und gibst dem Pettler 20 Mark, dem Peter Knott 5 Mark und dem Mentz selber 9,80 Mark, der hat da von mir noch einen Bierdeckel stehen.« Vorher allerdings käme noch Herr Rohleder bei mir in der Wohnung vorbei, »den kennst du ja schon, paß auf, dem gibst du 30 Mark, der wird zwar mehr, nämlich entweder 100 oder 140 Mark, fordern, du gibst ihm aber bloß 30, klar? Und keinen Pfennig mehr, diesem Herrn habe ich nun lang genug zugeschaut.« Insgesamt seien das dann, fuhr Kloßen fort, 65 Mark, »der Rest, die 35 Mark, sind für dich. Im Augenblick kriegst du von mir 125 Mark, die kriegst du nächste Woche, wenn wir die Sache mit den Fußball-Karten erledigt haben bzw. wenn der Rest von dem Geld aus Stuttgart kommt. Wir sind dann also noch 100.«

Ich machte Herrn Kloßen darauf aufmerksam, daß 125 (Wie kam er eigentlich auf diese erstaunliche Zahl, die mir völlig unbekannt erschien?), daß 125 weniger 35 nicht 100, sondern 90 wären. »Das laß mal, Eckhard!« schnarrte Herr Kloßen, »das geht schon klar!« – Der eine schenkte mir Kognak, der andere 10 Mark. Irgendwie war mir zum Weinen zumute.

»Wo ist meine Briefmarke? Verdammt!« ächzte leise und wie im Selbstgespräch Herr Jackopp. Ich sagte, in der Reverstasche sei sie. Herr Jackopp stocherte einige Zeit in dieser herum, dann zog er die Marke endlich heraus. »Das ist gut«, sagte Herr Jackopp, die Marke anstarrend, »da ist sie. Schlucken wir noch einen? Drei Korn, bitte!«

Gleich darauf war es 18 Uhr, und Herr Kloßen brach erneut auf, in dem Hinterhof nach Geld zu suchen. Ob Herr Jackopp überhaupt ahnungsweise mitkriegte, welche hohe Politik der Geldbeschaffung und Neuverteilung sich hier vor seinen Augen und Ohren abspielte? Er starrte auf die Tischdecke, rauchte eine französische Zigarette und schien zu schlafen. Sicherlich war dieser Mann spätestens jetzt schwer betrunken, und doch, welche Haltung, welche körperliche Anmut trotz all der furchtbaren Niederschläge!

Herrn Kloßens Wiederkunft unterbrach die raunende Stille in meiner Seele. Sein Gesichtsausdruck verriet sofort Vergeblichkeit. Irgendeine Kraft preßte mir jetzt Tränen der Wehmut in die Augen. Bewegt, fast ergriffen, fragte ich diesen Mann, ob er denn genau wisse, daß das Geld auch wirklich komme. »Alles klar!« grunzte Kloßen zügig und mit nun wirklich verehrungswürdiger Tapferkeit, der Freddy Krawatzo aus Stuttgart gehöre zu seiner ehemaligen Itzehoer Mannschaft, der habe ihn noch nie im Stich gelassen und erst im vorigen Jahr, als Freddy in Itzehoe Urlaub gemacht hatte, mit ihm vier Tage durchgemacht …

Über den Namen »Krawatzo« mußte ich plötzlich ganz heftig und überquellend lachen, was Kloßen auf seinen Bericht von der Durchmacherei bezog, und er breitete sofort, wunderbar quallend und begeistert, alle Einzelheiten dieser grauenvollen vier Tage Itzehoe aus, bestellte ein neues Bier …

Aus dem Hinterhof bekam dieser Mann nie 300 Mark, das wußte er so gut wie ich. Warum spielte er mir dieses Theater vor? Glaubte er schon langsam selber dran? Was verbarg sich hinter dieser schäbigen Tür, die angeblich ins Geldamt führte? Warum auch hatte sich Kloßen ausgerechnet diesen unglaubwürdigen Hinterhof ausgesucht, mich zu täuschen? Sollte man beim nächsten Stundenschlag darauf bestehen, mit ihm zu gehen, das Geheimnis zu lüften?

Aber würde das nicht wiederum unter Umständen selbst Herrn Kloßens wind- und wetterfeste Persönlichkeitsstruktur zum Einsturz bringen …?

Als ob Kloßen meine Gedanken gewittert hätte, bat er mich auf einmal, seinen Bericht aus Itzehoe abbrechend, jetzt doch heimzugehen, denn für 7 Uhr stehe Rohleder ins Haus, sein Geld einzufordern – diesem solle ich aber bedeuten, er möge um halb 9 Uhr wiederkommen, »denn um 7 Uhr oder spätestens dann um 8 Uhr habe ich es unter Garantie«. Er selber, Kloßen, fahre es dann mit dem Taxi zu mir und werfe es in meinen Briefkasten, weil er gleich zum Bahnhof weitermüsse, und am Montag, »wenn ich dann zurück bin, dann machen wir die Sache mit den Eintrittskarten perfekt. Du ziehst gleich früh los, wenn der Kartenverkauf losgeht, und kaufst, soviel du kannst. Alles klar?«

Alles klar. Mit der Einschränkung, daß mich Herr Kloßen noch einmal um 3 Mark für seine zwei Biere bat, so daß wir nun wiederum bei der schönen Zahl 103 angelangt waren.

Wir verabschiedeten uns. Herrn Jackopp nahm ich mit mir. Auf dem Heimweg fröstelte er heftig, bekam den Schluckauf, und dann brummte er etwas, das sich anhörte wie: »Die Grace Kelly, das ist die Größte«, und dann sagte Herr Jackopp, ich müsse verstehen, hier handle es sich um eine Sache »nicht nur zwischen dir und mir, sondern auch zwischen der ganzen anderen Scheiße, dieser verwichsten«. Außerdem wolle er, wenn ich recht verstanden habe, »diese Gangsterstadt« (Zürich?) dem Erdboden gleichmachen und morgen werde er in ein Hotel ziehen, ob er wohl zwei Koffer bei mir unterstellen könne? Natürlich. Wie Kloßen auch. Dann hatte ich von jedem zwei Koffer ... Ich bedeutete dem armen Herrn Jackopp, der sichtlich kurz vor dem Niedergang stand, er möge sich bei mir zuhause etwas hinlegen, ich würde ihm ein wenig auf dem Klavier vorspielen. »Ist gut«, sagte Herr Jackopp. Kurz darauf legte er sich wortlos in mein Bett und schlief sofort ein. Ich setzte mich ans Pianoforte und überlegte, was zu diesem Zusammenbruch am besten paßte. Da schellte es. Es war Herr Rohleder, der mit verbissener Miene 140 Mark holen wollte. Ich sagte ihm, er solle in einer Stunde wiederkommen, wie mir Kloßen geheißen. Das sei unmöglich, kämpfte Rohleder, er wolle jetzt mit seiner Braut essen gehen, die warte schon unten im Auto. Nun, so töricht war ich natürlich nicht, Rohleder nochmals einen Vorschuß zu geben, zumal nach der Aussage von Kloßen-Mentz noch gestern Rohleders Frau niedergekommen war, – und ich sagte, es täte mir leid, und blieb hart. Daraufhin zog Rohleder maulend ab und wollte um 9 Uhr wiederkommen.

Herr Jackopp schlief bereits fest und hart und stieß in mächtigen Zügen die Luft aus dem halboffenen Mund, als ich mich ans Piano setzte. Ich spielte zuerst Brahms' »Schlafe, Süßliebchen, im Schatten der grünen dämmernden Nacht«, und erstaunlich schön ließ ich die Arpeggios heraufrauschen aus den Tiefen des Weltengeheimnisses, gleich wie den Stimmen der Erde, die Herrn Jackopps Schlummer behüteten und ihm sanft zusäuselten. Der ächzte und röchelte schon etwas verhaltener.

Sodann wählte ich einige von Schumanns Kinderszenen, daran schlossen sich »Die Liebe von Zigeunern stammt«, das Volkslied *»Sul Mare lucica«,* dann *»La Paloma«,* dann die »Wolgaschlepper«, dann »Blaue Nacht am Hafen« und schließlich ein Potpourri aus *»Rigoletto«.*

Ich wandte mich um und betrachtete den Schlafenden. Die Schweiz – das Tessin, die faszinierende polithistorische Landschaft – und dann, *e poi: Paese d''o sole, paese d''o mare … Santa Lucia, luntano a te quanta malincunia … silenzio contatore nun te dico parole d' ammore … o core 'ngrato …*

Da glaubte ich, das Herz würde zerspringen, und ich kroch deshalb zu meinem Sofa und schlief gleichfalls sofort ein.

Es muß gegen 23 Uhr gewesen sein, als Herr Jackopp mich weckte: »Ich geh in' Krenz. Kommst du mit?« Selbstverständlich kam ich mit, was hätte ich denn sonst tun sollen? Ich hatte ja die ganze Verantwortung, den Geleitschutz. Ewig, ewig. »Du hast gut Klavier gespielt«, sagte Herr Jackopp, »du hast die Technik. Gehen wir.«

Kloßen und Rohleder fielen mir ein. Ich hatte Rohleder nicht wieder läuten hören. Eine Bedrohung war durch Schlaf abgewiesen worden. Beim Verlassen des Hauses sah ich, um mir einen kleinen Spaß zu gönnen, in meinen Briefkasten, ob vielleicht doch 100 Mark drinnen wären. Unglaublich. Da lag etwas. Zwar kein Hundert-, aber doch ein Fünfzigmark-Schein. Nachdenklich nahm ich ihn an mich. Jetzt verstand ich überhaupt nichts mehr. »Gehen wir«, sagte Herr Jackopp.

Im »Krenz« saßen an einem Tisch vereint Frl. Majewski, Frl. Czernatzke, Herr Johannsen und der Lokalschriftsteller Wondratschek, der eben zum Zeitpunkt unserer Ankunft etwas sehr Schnelles und wahrscheinlich Einschneidendes sagte, so daß die beiden Damen entzückt quietschten, indessen Herr Johannsen königlich lächelte. Das also war die Neuaufteilung der geschlechtlichen Kräfte.

Während ich etwas unsicher hinübergrüßte und schamhaft lächelte, schenkte Herr Jackopp diesen vier Personen nicht die mindeste Aufmerksamkeit, sondern stellte sich sofort und ohne Kompromiß an die Theke, bestellte ein großes Bier und starrte vor sich hin. Ich bat, weil mir nichts Besseres mehr einfiel, um ein Libella und übereignete dem alten Herrn Mentz im Namen Kloßens 9,80 DM aus meinem Reservoir von 50 Mark. Ich erntete aber keinen Dank und keine Anerkennung, sondern Herr Mentz zog unbarmherzig einen zweiten Bierdeckel hervor und fragte, was außerdem mit den 10 Mark sei, die er Kloßen gestern abend im Zuge der Dienstreise geliehen habe. Ich wußte es nicht und wollte es nicht wissen. »Meine Herren«, hörte ich darauf den alten Mentz sagen, »man muß doch auch als Gast sein Niveau haben.« Kurz darauf bemerkte ich, wie Herr Jackopp Herrn Mentz lange und inständig und, wie mir schien, mit geradezu umfassendem Wohlwollen beschaute.

Hinter uns quiekten erneut hell und silbrig Frl. Majewski und Frl. Czernatzke im Banne des Lokalschriftstellers. Eigenartig. Der einen hatte ich gestern noch tadellos die Aufwartung gemacht, die andere war heute nachmittag noch politisch herummarschiert. Und nun dies. Es war so unheimlich wie Herrn Jackopps Camus. Der Ausdruck beginnt, wo das Denken aufhört. Gottseidank kam nun mit Herrn Rösselmann ein Vertreter des Alltags zur Tür herein und stellte sich, nach einem kurzen abwägigen Blick auf die Quieker-Gruppe und nachdem er, gleichsam die Eigentümlichkeit der Situation witternd, zweimal kurz und heftig die Nase zu einem Schnuppern hochgezogen hatte, zu uns Herren. »Aha«, sagte er munter, warum wir nicht »an diesem illustren Tisch bei den Damen« säßen?

Ich überlegte gerade eine ebenso lockere wie prägnante Entgegnung, da hörte ich Herrn Jackopp sagen: »Herr Rösselmann, trinken Sie mit mir einen Schnaps? Ich habe mich heute scheiden lassen.«

»Ah ja!« sagte Herr Rösselmann rasch aufhorchend, »das hört man gern.« Im selben Augenblick turnten Herr Peter und Frau Johanna Knott in die Wirtsstube, grüßten uns Thekensteher kurz und fast abschätzig und entschieden sich dann für den Quieker-Tisch. Und nach dem etwa halbminütigen Begrüßungslärm hörte man Herrn Knott artig sagen: »Na, herzlichen Glückwunsch auch!«

Da kam Herrn Jackopps Scheidungs-Schnaps, drei Gläser, für mich war also auch einer dabei. Und während nun Herr Rösselmann Herrn Jackopp eifrig auszuhorchen begann, brachte mein Geist ungefähr folgendes zuwege:

Seit einer Woche hatte ich Herrn Jackopps ganzes Vertrauen genossen. Immer wieder hatte er mir, dem Älteren und Reiferen, Fragen gestellt, wie ich es ihn seinerzeit bei Frau Knott gelehrt, immer hatte er mich ins Geschehen einbezogen, immer Freud und Leid geteilt – warum hatte er mir ausgerechnet diese Scheidung verschwiegen, warum den wenig vertrauenswürdigen und sogar hinterhältigen Rösselmann bevorzugt? Doch andererseits: Wann denn hatte sich Jackopp heute scheiden lassen? Er war doch den ganzen Tag über mit mir zusammengewesen, seit halb 11 Uhr morgens, und nur zwischendurch bei Frl. Czernatzke und ihrem Protestmarsch! Es muß also die Scheidung vor dem Zeitpunkt stattgefunden haben, zu dem ich Jackopp auf der Straße begegnet war und er so dringlich hatte scheißen müssen. War er da geradewegs vom Gericht gekommen? Aber er hatte doch die ganze Zeit über Camus gelesen und Pfannen Kaffee getrunken – – –

Der Bruch in der Logik ... Der Ausdruck beginnt, wo das Denken aufhört ... Camus ... Will man aber standhalten – – –

»Herr Mentz, noch drei!« rief nun Herr Jackopp munter, ja ausgelassen wie nie zuvor. Ja, die Scheidung als solche sei »direkt schön« gewesen, vernahm ich ihn in Richtung Rösselmann brummeln, »die Alte, die blöde Nuß« sei auch dagewesen – und an dieser Stelle kicherte Herr Jackopp sogar. Vom Tische her hörte man jetzt Frl. Majewski jubeln: »Nein, nein! Das gibt es doch gar nicht!« Richtig, Frl. Majewski, *c'est vrai.* Ich kann es auch nicht glauben. Und doch – – –

Wenig später brach die Tisch-Gruppe hinter uns auf. Frl. Majewski trat an mich heran, zwickte mich in den Arm und säuselte mit wohltätig lindem Ton in der Stimme, wir sollten demnächst einmal »alles in Ruhe und Besonnenheit bequakeln, vielleicht bei einem Opernbesuch«. Das letztere mußte ich zwar angesichts meines gestrigen Vorpreschens als Verweis und sogar als eine Beleidigung empfinden, aber ich nickte doch irgendwie dankbar mit dem Kopf. Gleichzeitig beobachtete ich, daß Frl. Czernatzke sich davonmachte, ohne unsere Thekengruppe auch nur einmal anzublicken. Das war eine unmißverständliche Sprache und zweifellos das Ende meiner einwöchigen Bemühungen.

Herr Knott und seine Gattin stellten sich nun locker zu uns und berichteten, Frl. Czernatzke habe heute abend mit den anderen drei Herrschaften Geburtstag gefeiert und dabei von Herrn Johannsen einen grauen Hasen, ein belgisches Riesenkaninchen, geschenkt bekommen, das als Wohnungsgast gehalten werden solle.

»Wie alt ist sie geworden?« fragte Herr Jackopp aufhorchend, aber sehr ruhig.

»25, glaub ich«, sagte Herr Knott. Seine Gattin bestätigte es nickend und ließ dabei ihre Blicke wohlgefällig über die Körperformen eines ringelbärtigen Studenten schweifen, der gerade das Lokal verließ.

»Dann ist sie jetzt so alt wie ich«, sagte Herr Jackopp heiter, »Herr Knott, Sie trinken auch einen mit? Ich habe mich heute scheiden lassen.« »Ach ja!« sagte Herr Knott und setzte eine fast geistvolle Miene auf, »warum denn das?« Mehr fiel auch diesem abgebrühten Plauderer dazu nicht ein.

Trotzdem gab ich ihm jetzt aus Kloßens Vorräten 5 Mark. Herr Knott konnte sich an diesen Betrag nicht erinnern, daraufhin versicherte ich ihn, auf Herrn Kloßens Buchführung sei absoluter Verlaß. Da mußten wir beide heftig lachen. »Herr Mentz«, rief nun geradezu ausgelassen Herr Jackopp, »machen Sie uns eine Flasche Sekt auf, Herr Mentz!«

Im Anschluß wurde es dann sogar noch ein richtiger netter Abend, offenbar hatte sich auch der alte Herr Mentz inzwischen von seiner Enttäuschung über Herrn Kloßen erholt und wohl erkannt, daß hier eine ganz besondere Feierlichkeit am Laufen sei. Ja, als sich das Lokal bereits bis auf uns Scheidungsgäste geleert hatte, dunkelte er durch Herunterziehen der Fenster-Rolladen gegenüber der Polizei ab und beschenkte uns von sich aus noch mit einer Flasche Wein, zu welcher er einprägsame Schwänke erzählte aus der Zeit, als er noch als Oberst seinen Mann gestanden hatte, und indessen der Sohn und die Gattin des Herrn Mentz im Hintergrund des Lokals sowie in der Küche erregt über die Beharrlichkeit ihres Vaters bzw. Gatten allerlei Lärm-, Schab- und sonstige hektisch mahnende Krachgeräusche vollzogen, wurde der alte Herr Mentz sogar immer aufgeräumter und schöner und lieblicher anzuschauen und mißachtete souverän die Winke seiner Restfamilie und zeigte ihr den Herrn und Meister – ja er setzte sich sogar noch demonstrativ gemütlich auf seinen Wirtshocker, und als der Wein alle war, schenkte er uns immer wieder neuen Schnaps und Bier und Apfelwein wild durcheinander aus, und als ihn seine Gattin schließlich fast weinend zu Bett bat, »du mußt auf deine Leber achten, Hans, sei doch vernünftig«, da sagte Herr Mentz mit List und Zähigkeit: »Die Herren haben ja auch noch alle einen Schluck zu trinken, und ich kann doch die Herren nicht alleine trinken lassen«, und sofort schenkte Herr Mentz zweien der Herren erneut und wachsam Bier nach. »Ich brauch ja auch nichts mehr zu trinken«, jammerte jetzt hilflos Frau Mentz, worauf Herr Mentz in größtmöglicher Behaglichkeit konterte: »Darauf beneide ich dich«, ein Satz, über den besonders Herr Jackopp fast leidenschaftlich, wenn auch verhalten lächelte.

Das war aber auch meine letzte Beobachtung an diesem Tag. Irgendwie wurden wir später allesamt weggeräumt und heimgetan – – –

SIEBENTER TAG

Um halb 9 Uhr früh schellte es an meiner Tür. Ich wußte gleich, wer es war. »Ich telefoniere mit meinem Schwager in Basel«, sagte Herr Jackopp, der einen äußerst schmucken dreiteiligen Blazer-Anzug in Mattviolett trug. Ich war noch rechtschaffen müde und rollte mich sofort in mein Bett zurück. Herr Jackopp wählte und sprach dann zehn Minuten lang in den Apparat hinein, und zwar in einem mir an ihm noch völlig unbekannten Schweizerdeutsch, das ihm einen eigenartig gelösten, ja beschwingten Ausdruck verlieh – so leicht und auch viel sprechend hatte ich diesen dunklen Mann bis dahin überhaupt noch nie erlebt. Während der Abfassung dieser Niederschrift kam mir deshalb sogar der furchtbare Verdacht, Herr Jackopp sei zweigeteilt, nämlich in der deutschen Sprache eine Katastrophe, in der schweizerdeutschen dagegen keck und lustig wie jeder andere Mensch auch. Ja, daß Herrn Jackopps Liebestragödie vielleicht sogar auf diese Krankheit zurückzuführen war, daß dieser Mann vielleicht Frl. Czernatzkes Herz bezwungen hätte, wenn er leichthin schweizerisch gesprochen statt immer so unerklärlich tief und abgehackt gebrummt hätte.

Ich habe übrigens von dem Gespräch fast nichts verstanden, bin aber sicher, daß kein Wort über die gestrige Scheidung Herrn Jackopps gefallen ist – das interessierte den Schwager, den Bruder von Frau Doris Jackopp, offenbar nicht.

Nachdem er den Hörer mit geradezu glucksendem Lachen aufgelegt hatte, wandte sich Herr Jackopp nun wieder in seiner gewohnt schwerblütigen Stimme an mich, der ich noch im Bett lag: »Gehst du mit einen Hund kaufen? Ich geh mir jetzt einen Hund kaufen. Du gehst mit?«

Ich war zwar von den mörderischen Anstrengungen des vergangenen Tags noch sehr geschwächt, ich hätte auch fragen können, warum wir das nicht später erledigen könnten, aber natürlich ging ich sofort mit. Wer wollte schon das sich abzeichnende Finale versäumen, nachdem er so lange frisch mitgelaufen war? Ein Hund – das war es sicherlich. Der Aufbruch zum Neuen, zu den unbekannten Ufern. Beim Ankleiden fragte ich Herrn Jackopp, der in der Mitte des Zimmers stand, eine Zigarette rauchte und heiter und irgendwie erleuchtet vor sich hin lächelte, wie er den schnellen Entschluß gefaßt habe, einen Hund zu kaufen. »Ein Hund ist etwas Schönes«, sagte mit tiefer Stimme, aber immerzu lächelnd Herr Jackopp.

Wir marschierten los in die Innenstadt, tranken im Tchibo-Laden einen Kaffee und gingen dann in die nächste Tierhandlung, wo wir die dort anwesenden Hunde beschauten. Herr Jackopp schritt immer wieder an den Käfigen auf und ab, in denen sich mehr als 20 sehr liebe und zum Teil sogar drollige Tierchen tummelten. Herr Jackopp musterte jedes einzelne eindringlich, dann sagte er mit fester Stimme zu der Verkäuferin: »Den will ich. Ich kaufe ihn.«

Die winzig kleine und sehr possierliche Dackelin kostete mit Leine 320 Mark. Herr Jackopp zahlte mit einem 500-Mark-Schein, und weil der Hund noch sehr jung und unversiert war und nicht ordentlich durch unsere große und verkehrsreiche Stadt trippeln konnte, packten wir ihn in einen Karton, aus dem er dann zitternd, aber interessiert seinen Kopf in das morgendliche Großstadttreiben hielt.

Wir trugen den neuen Freund ins Café Härtlein, wo wir nochmal frühstückten, und Herr Jackopp ließ sein Tier im sonst leeren Raum herumlaufen. Wenn der Hund sich einmal hinter den Ofen verirrte oder zur offenen Tür hinauswackelte, rief Herr Jackopp stets sofort »Hund, Hund, komm, Hund!« Ich fragte Herrn Jackopp, welchen Namen er dem Tier geben wolle. »Hund«, antwortete Herr Jackopp, der einen immer aufgeräumteren, ja ich möchte sagen dämonisch zufriedenen Eindruck machte, »bloß Hund.«

Sein Bruder in Zürich, sagte dann Herr Jackopp, komme demnächst in unsere Stadt, er werde mit ihm und dem Hund zusammen eine Wohnung mieten. Sein Bruder und er und der Hund würden gut zusammenleben.

Warum telefonierte Herr Jackopp mit dem Schwager, wenn die Ankunft des Bruders bevorstand? Wann wird die Dackelin elendig verhungern oder an einer Schnapsvergiftung zugrunde gehen? War dieser Hund angeschafft worden, Frl. Czernatzkes neuem Hasen Trotz zu bieten? Planten die Brüder Jackopp von hier aus die Beseitigung der Stadt Zürich?

Mit solchen und ähnlichen Fragen im Kopf verließ ich bald darauf Herrn Jackopp auf »Bis dann!« »He, Hund! Hund!« hörte ich ihn im Weggehen rufen. Ich sah ihn nie wieder.

Nach dieser Niederschrift
(Ausklang)

Hiermit endet auch schon die eigentliche Liebesgeschichte zwischen Herrn Peter Jackopp, Frl. Evamaria Czernatzke, Herrn Ulf Johannsen, Frl. Birgit Majewski und letztlich wohl auch mir. Es endet hier in eigenartiger Gleichzeitigkeit auch die Karriere des Herrn Joachim Kloßen, zumindest in unserer Stadt – in einer ganz anderen Stadt war sie allerdings inzwischen zügig, ja vehement weitergegangen. Ich darf hier zusammenfassend berichten, daß mich Herr Kloßen zwei Tage nach dem Hundekauf des Herrn Jackopp aus Garmisch-Partenkirchen anrief, wohin er gefahren war, nachdem er angeblich den Zug nach Itzehoe um fünf Minuten versäumt hatte. »Aber das muß ich dir alles später erklären«, rief Kloßen ins Telefon, im Augenblick brauche er schnell und unheimlich dringend 200 Mark, denn er habe in den letzten vierundzwanzig Stunden nur mehr zwei Semmeln gegessen. Ich solle ihm das Geld sofort abschicken, »zu deiner Sicherheit« habe er deshalb auch gleich die Geschichte von der Ziege vor Gericht für unser Fernsehspiel geschrieben und sie schon zur Post gegeben, »das läuft«, sozusagen auf Kommissionsbasis und als Wertpapier in Höhe von 200 Mark, wenn ich Kloßen richtig verstanden habe.

Das Wetter und die Gegend seien übrigens »Klasse«, jammerte Kloßen fröhlich weiter – doch ich unterbrach ihn, ihm mitzuteilen, daß ich gegenwärtig keine 200 Mark hätte. Herr Kloßen drohte nun nicht mit Selbstmord, ließ aber durchschimmern, daß dann wohl sein Schicksal besiegelt sei. Da versprach ich ihm, ich wolle mich bei Freunden und Gönnern um eine Spendenaktion für ihn einsetzen. So neu zum Leben erweckt, erwähnte Kloßen wieder einmal in hoffnungsvollem Zusammenhang die Summe von 4500 Mark.

Während ich mich an die Spendenaktion machte, dabei aber wenig Echo fand, erreichte mich ein neuer Anruf Kloßens, inzwischen müßten es 300 Mark sein. Offenbar hatte dieser Mann in der Vorfreude auf das schöne Geld tüchtig gezecht, und so schalt ich ihn denn nun doch recht ärgerlich aus, worauf mir Kloßen geistesgegenwärtig – die Ziegengeschichte war noch nicht angekommen – eine brandneue *Story* anbot, einen Erlebnisbericht über einen ungeheuer trinkfesten Niederbayern, dessen beste Leistungen mir Kloßen sofort breit und unverständlich ins Telefon schnarrte und dabei mächtig wieherte vor Vergnügen. Während der nächsten Tage erfolgten noch etliche weitere Anrufe aus Garmisch, die immer dringlicher wurden und von einer sehr ungeduldig werdenden Pensionswirtin handelten – ich mußte Kloßen aber mitteilen, daß ich erst 80 Mark unter Dach und Fach hätte. Kloßen, hörbar dem Weinen nahe, hielt sich dennoch tapfer und schilderte mir immer wieder aufopferungsvoll die Lieblichkeit der Alpen, die bezwingende Schönheit des Alpenglühns und die Freundlichkeit des einheimischen Volks. Zwei Tage später – die Spendenaktion stagnierte, und ich war schon fast entschlossen, diesem Mann wider jede bessere Einsicht neue 300 Mark zu opfern – stand Herr Kloßen plötzlich mitten unter uns im »Krenz«, eindeutig angetrunken, aber noch fideler als sonst, und er lud uns alle zum Schnapstrinken ein, »Geld spielt keine Rolle«, denn morgen werde er seine Wohnung räumen und nach Düsseldorf »in die Industrie gehen«. Wenn ich wolle, sagte Herr Kloßen dann noch aufmunternd zu mir, könne ich jederzeit mitgehen.

Der für den nächsten Tag angekündigte Auszug aus der Wohnung klappte allerdings dann doch nicht so perfekt; irgendwo mußte wohl Kloßen noch in derselben Nacht auf die Hajo-Itzehoe-Gruppe getroffen und für Tage verschollen gegangen sein, ich sah ihn jedenfalls nicht wieder, aber zwei Wochen später rief er mich aus Velbert an und bestellte mich zu seinem Nachlaß-Treuhänder, »falls irgend etwas ist mit Leuten, die an den Fernseher in der Wohnung ranwollen«, das einzig nennenswerte Möbelstück. Herr Kloßen hatte recht gewittert, denn bald darauf riß der Hausbesitzer Kaufhold Herrn Kloßens Fernsehkasten, der ja eigentlich Frl. Majewski gehörte, ohne daß ich als Treuhänder einzuschreiten vermocht hätte, an sich mit der Begründung, es stünden noch drei Monatsmieten und die Renovierung von Kloßens »total verwüstetem Zimmer« offen.

Aufgeklärt hat sich in diesen Tagen auch, woher Kloßen am Abend vor seiner Fahrt nach Garmisch 50 Mark für mich und notwendigerweise wohl auch das Fahrtgeld aufgetrieben hatte. Nämlich von dem allzu vertrauensseligen Studenten Fritz Peter, der in jenem angeblichen Telegrafenamt in dem Hinterhof logierte, den Kloßen seinerzeit so hartnäckig Stunde für Stunde auf der Suche nach Geld durchquert hatte. Dieser Fritz Peter erschien eines Tages im »Krenz«, suchte Kloßen und wollte seine 250 Mark zurück. Es war ihm da natürlich nur ein schwacher Trost, daß, wie ihm versichert wurde, der halbe »Krenz« ähnliche Wünsche hegte.

Und noch eine letzte Botschaft traf kürzlich von diesem unvergeßlichen Manne ein. Irgendwie muß Kloßen von meiner Niederschrift Wind gekriegt haben, denn er rief aus Essen im Büro des Herrn Rösselmann an, mir ausrichten zu lassen, daß er voll hinter diesem literarischen Projekt stehe und er auch jederzeit mithelfen wolle, »das Ding zu verscheuern«. Auf Herrn Rösselmanns bedachtsamen Einwand hin: soweit er informiert sei, komme er, Kloßen, in dieser Niederschrift nicht ganz unbescholten weg, soll Kloßen in alter Frische gequallt haben, das sei ihm »vollkommen egal, wenn die Story nur dufte wird!«

Ja und sonst? Ruhig ist es geworden in unserer großen Stadt, allzu ruhig, unheimlich ruhig. Herrn Jackopp hat seit dem Erwerb der Dackelin niemand mehr gesehen. Unklar ist, ob die Ankunft und das Zusammenleben mit dem Bruder den Rückzug veranlaßten. Manche meinen vielmehr, Herr Jackopp sei wieder nach Zürich zurück, um an Ort und Stelle die Bombardierung der Stadt vorzubereiten.

Frl. Majewski und Frl. Czernatzke wurden kurz nach der gemeinsamen Geburtstagsfeier aus Gründen, die bei aller Anstrengung nicht zu erforschen waren, von Herrn Johannsen verlassen, bzw. Frl. Czernatzke wird von ihm angeblich noch hie und da geliebt, während Frl. Majewski sich kurzerhand und ohne daß ich dazwischenzuprellen vermocht hätte, einen Herrn Michael Schulte zugelegt hat. Als eine beachtliche Neuerung empfinde ich es auch, daß vorgestern Frl. Mizzi Witlatschil auch noch bei den beiden Damen eingezogen ist und so die geheimnisumwitterte Stimmung und die intellektuelle Undurchdringlichkeit dieser Wohnung immer weiter eskaliert. Ich weiß nur, daß das Karnickel ohne jede Manieren zwischen den Gemächern der drei Damen herumhoppelt und alles voll Dreck macht.

Wie mir Herr Rösselmann ausrichten läßt, scheint sich aber Frl. Czernatzke neuerdings und überraschend auf Herrn Peter Knott einzuspielen – wo doch meine Intention nach Herrn Jackopps Abgang eigentlich mehr in Richtung Stefan Knott geschweift war, um so mehr, als Frl. Czernatzke auf dessen Strichliste seinerzeit auf Platz zwei gestanden hatte. Nun, ich würde die Paarung mit Herrn Peter Knott immerhin begrüßen, denn dann wäre der Weg für mich frei zu Frau Johanna und ihren strohblonden Flechten – vorausgesetzt, daß nicht schon Herr Kersten Müller im Anmarsch ist. In diesem Falle bliebe wohl für die junge Frau Müller am besten Herr Eilert oder Herr Domingo, der mir allerdings seit Wochen erotisch immer träger erscheint.

Doch wie auch immer, es wird sich schon alles regeln und neu aufteilen. Mir persönlich zeigt übrigens Frl. Czernatzke wegen meiner vermeintlichen Intrige noch immer die kalte Schulter, und ich kann also vorerst nicht angreifen. Immerhin gelang es mir, durch eine Fangfrage zu ermitteln, daß von Herrn Jackopp bei ihr nie, auch später nicht ein Brief eingetroffen sei, so daß meine Niederschrift auch in diesem Punkt voll abgesichert ist.

Überaus ehrenvoll endete mein Glasreinigungs-Auftrag. Kurz nach Herrn Jackopps Verschwinden rief mich Herr Gabriel an und teilte mir mit, die Innung sei an der Aufklärungs-Kampagne aus »verbandspolitischen Rücksichten« nicht länger interessiert, und ich solle die Akten zurückschicken. Ich wollte nun natürlich wissen, wie das mit dem Honorar sei, denn meine Arbeit für die Kampagne sei inzwischen abgeschlossen, das Informationsmaterial für alle einschlägigen Massenmedien zusammengestellt (eine grobe Lüge), alles auch hübsch mit einem gewissermaßen Fragezeichen versehen, wie erwünscht – und vertraglich, fuhr ich dezent, aber massiv fort, sei ich ja nicht zur Rückerstattung des Honorars verpflichtet, wenn der Vertragspartner aus dem Vertragsinhalt ausscheide (irgend so etwas Dummes und Eindrucksvolles habe ich gesagt), ich wolle aber gern »als Anerkennung« 50 Mark an die Innung zurückerstatten. Die könne ich auch behalten, rief nun Herr Gabriel ärgerlich ins Gerät, die Akten aber wolle man wieder, und zwar schleunigst! Und fast grußlos hängte Herr Gabriel ein. Hocherfreut tat ich das gleiche, verpackte den Akten-Kram und gab ihn zur Post.

Hatte man mich durchschaut? Hatten die Glasreiniger erkannt, daß meine Interessen wohl doch mehr in Richtung Jackopp und Kloßen ausschlugen? Nun, mein anderer Angriff auf die Sozialdemokratie ist mir dagegen hervorragend geglückt, und der Bildungspolitiker Lohmar bekam seine Hiebe weg. Ich traf ihn gewissermaßen an seinem innersten Nerv, seiner bodenlosen Eitelkeit und seinem, komme, was da wolle, unersättlichen Bildungswillen, der keine Rücksichten auf die einfacheren Dinge des Lebens mehr kennt. Herr Reinecke war sehr zufrieden, zahlte im Überschwang sogar 350 Mark und ging Gottseidank erst zwei Wochen später mit seinem Journal bankrott.

Was bleibt? Nun, nicht viel. Aber ich meine, immerhin zwei Dinge. Erstens sollten wir wieder nachdenklicher werden angesichts so erstaunlicher Dinge wie der Liebe auch und gerade in unserer Zeit, ungeachtet der Emanzipationsfrage und des Paragraphen 218 als solchem. Zweitens ist es aber so, daß zwar nach allerjüngsten Berichten zwischen Frl. Majewski und Herrn Schulte wegen einer Krise bereits die erste »große Aussprache« stattgefunden haben soll, aber irgendwie meine ich, ich sollte diese Hoffnung endlich fahrenlassen und mich wieder energischer auf die tote türkische Frau konzentrieren. Denn ich bin fast sicher, daß sie in München wohnt. Warum denn auch nicht? Wer stirbt denn schon gern in der Türkei?

Und zum dritten spüre ich nach Abschluß dieser Niederschrift, daß meine besonderen Begabungen doch mehr im Pädagogischen liegen, in der Kunst der Menschenführung und Lebenshilfe – und vielleicht sollte ich mich daher mehr dem Lehrfach oder der Sozialarbeit zuwenden, statt die letzten Endes doch eher nichtswürdigen Belange der Glasreiniger und der Kartoffel-Chips wahrzunehmen. Ich glaube, gerade Köpfe wie mich braucht das Vaterland heute am dringendsten.

Gestern abend im »Krenz« hat mir allerdings Herr Rösselmann eine interessante und merkwürdige Sache erzählt. Er sei am Nachmittag mit Frl. Bitz im Café Härtlein gesessen, da sei auf einmal die längst verschollen geglaubte Frau Doris Jackopp am Fenster vorbeigegangen – mit niemand anderem als an der Leine Herrn Jackopps winzig kleiner Dackelin. Und dies, je länger und schärfer ich auch darüber nachgrüble, will mir nicht aus dem Kopf. Und damit ist auch mein Nachbericht erledigt und abgeschlossen.

Geht in Ordnung –
sowieso – –
genau – – –

*Ein Tripelroman über zwei Schwestern,
den ANO-Teppichladen und den Heimgang
des Alfred Leobold*

Für Nina W., der ich nächst Gott alles verdanke

»Schaurig rühren sich die Bäume«
(Eichendorff)

»... rücksichtslos zu Wegen in verschiedene
Gasthäuser um verschiedene Schnäpse ...«
(Thomas Bernhard)

»Alles ist zaubrisch-verworren«
(Jean Paul)

1. Teil

»Der alte Mann machte die Entdeckung,
daß der Jugend auf dieser Welt etwas
fehlte, durch das die Jugend noch
schöner werden würde: gesunde
alte Menschen, die sie lieben und ihr
beistehen.«
(Svevo, Vom guten alten Herrn
und vom schönen Mädchen)

I

So. D. h. der erste Teil dieser Romanhandlung hat eigentlich nichts mit dem zweiten und dritten im Sinn, aber irgendwie werde ich, der ich mich immer auf meine Ahnungen verlassen habe und nicht schlecht dabei gefahren bin, irgendwie werde ich das Gefühl nicht los, daß alles Seiende geheimnisvoll miteinander verbunden ist, eins mehr, eins weniger, immerhin – – – aber das kann der Leser dann im nachhinein wohl selber besser beurteilen, jedenfalls habe ich mich vor einer halben Stunde, als mir eine der beiden Titel-Schwestern über den Weg lief und dämlich-eilig »Hallo!« über die Straße kreischte, die ich fast regelmäßig am Nachmittag zu durchbummeln pflege, entschlossen, beide mit in die Haupthandlung hineinzupferchen und ihnen so gewissermaßen die Ehre zu erweisen, gleichsam von einem höheren Standpunkt gelassener Meisterschaft herunter die absolut unverdiente Ehre zu erweisen, vielleicht ist es doch zu etwas gut, und so kann die Spur von ihren Erdentagen jedenfalls nicht in Äonen untergehn, jawohl, das ist doch schon mal was.

Außerdem soll ein Roman auf Totalität bedacht sein, mit Georg Lukács zu reden, dem alten Fuchs unter den Theoretikern, der nun auch schon gestorben ist...

Andererseits, fällt mir grad ein, hat der erste Teil meiner Geschichte doch wirklich und insofern mit dem zweiten und dritten zu tun, als der schon im Untertitel herausgestrichene Alfred Leobold seinerzeit aus heiterem Himmel mit Sabine, einer der beiden glorreichen Schwestern, nach Afrika ausbrechen wollte, übrigens unter dem Vorwand, ihr diesen bemerkenswerten Kontinent zu zeigen. Ich finde das schon erstaunlich, daß jemand mit einer jungen Dame nach Afrika fahren muß, nur um ihr dort unter den Augen der Eingeborenen seine sexuelle Aufwartung zu machen, was aber aller Voraussicht nach sowieso nicht klappt, schon weil der Dämon Alkohol allzu unnachgiebig und brutal seine Fittiche über das saubere Pärchen spannt … Andererseits: warum eigentlich nicht? Die Welt ist klein, und wenn es nach Alfred Leobold gegangen wäre, so hätte er zu allerletzt noch ganz hinreißende Reisen unternommen: Afrika – – Seattle – – Monterosso – – Prag – – Campill – – Emhof – – Offenbach – – Pertisau – genau, wie zauberische Lichtbahnen ziehen diese Schlüsselstädte aus dem Leben des Alfred Leobold an meiner schriftstellerischen Vision vorbei, Fixsterne in einem Spiralnebel von Sechsämtertropfen, haarsträubenden Weibern und den allergreulichsten Teppichen, doch davon später.

Inzwischen ist ja Alfred Leobold gewissermaßen wirklich in Afrika angelangt, im Schwarzen Erdteil sozusagen, wenn dieses fast alberne Scherzchen erlaubt ist; und ein Neger soll es auch indirekt gewesen sein, der ihn dorthin befördert hat. D. h. man weiß es heute immer noch nicht genau, wen letzten Endes die Verantwortung trifft, aber immerhin, diese geheime, nur dem dichterischen Auge wahrnehmbare Symbolik, tief wie das Mittelmeer, das ja nun zweifellos zornig aufgerauscht hätte, wären Sabine und Alfred über seine hehren Fluten gesegelt …

2

Meine Rolle im Zusammenhang der beiden Schwestern war übrigens äußerst schmählich. Das schönste war, daß ich sie anfangs verwechselte. Ich wollte nämlich die eine, die sich später als Sabine herausstellte, zu einer kleinen abendlichen Spazierfahrt kreuz und quer durch unsere Heimat, das Gebiet um die Stadt Seelburg, abholen – an der Wohnungstür geöffnet wurde mir aber von der anderen, der etwas älteren Schwester, die, wie ich bald darauf erfuhr, auf den Namen Susanne hörte. Ich begrüßte sie aber heiter und quasi schon als die Meine, spitzte – peinlich, peinlich – gleichsam verständnisinnig mein Mündchen zu einem angedeuteten Küßchen in die Frühlingsabendluft und fragte keck, ob sie schon fertig wäre. Sofort lächelte diese junge Dame sozusagen allesverzeihend, gleich als ob mein Debakel dem fortgeschrittenen Dunkel unter der Eingangspforte des gräßlichen Einfamilienhäuschens zugeschrieben werden müßte, wovon leider keine Rede sein konnte, sondern ich erkläre das gleich – – und jedenfalls die junge Dame stellte sich nun, ununterbrochen fortlächelnd, als »Ich bin die Susanne, komm nur rein« vor. Leider verstand ich aber in der inneren Hektik und Erregung nun statt »Susanne« »Tante« und ich schäkerte also, inzwischen im Wohnungsflur angelangt, flott drauflos und mich weiter ins Unglück hinein, indem ich dieser, wie ich rasch begriff, erlesen schönen jungen Frau ins Madonnengesicht hineinschalmeite, ich würde auch gern einmal »eine solch über die Maßen schätzenswerte Tante« besitzen, ich habe dergleichen mattschimmernde Redensarten von einem Frankfurter Altjournalisten namens Rösselmann abgestaubt. Susanne kapierte zwar buchstäblich in Bruchteilen von Sekunden meinen damit eingeleiteten erotischen Antrag, korrigierte mich aber, allzu überschwänglich lachend und so meine Misere vergrößernd: sie heiße Susanne und sei die Schwester (mich wundert nachträglich, daß ich jetzt nicht »Esther« verstanden und den nächstbesten biblischen Witz gerissen hatte). Und Sabine werde gleich kommen.

Ab sofort vermochte ich die beiden tatsächlich und mühelos auseinanderzuhalten.

Zumal Sabine gleich darauf ins wohl sogenannte Wohnzimmer schwirrte, ja geradezu lärmte und meinen flink hochschwellenden Gram bestätigte, leider die weit weniger schöne der beiden Schwestern kennengelernt zu haben und künftig beturteln zu sollen – was mich (eigentlich sofort, das muß ich sagen) an einen gewissen italienischen Roman erinnerte, zumal die Koinzidenz der Initialen auch dort schon vorkommt. Allerdings sind es dort vier Schwestern, die allesamt mit A beginnen, und ich erinnerte mich, daß der männliche Held lange darüber reflektiert, wie merkwürdig es doch sei, daß seine Angebetete mit dem ersten Buchstaben des Alphabets ausgestattet sei, sein Vorname aber mit dem letzten, Z. Und das geht natürlich grausam schief. Wie war es aber bei mir? Wer immer mir vergönnt sein würde, Sabine oder Susanne, zusammen mit meinem Eckhard ergäbe das in jedem Fall ein ES. Nun, und dabei konnte man natürlich ebensogut an Sigmund Freud denken wie an ein Kindchen, schwer zu entscheiden ad hoc, wohin es hier ausschlüge. Aber ich wiederhole es: es (überallhin verfolgt mich schon dieses Wörtchen) ist alles wie eine große, undurchschaubare Symbolik, vermutlich werde ich noch einmal wahnsinnig davon…

Nun, dort waren es vier Schwestern, aber vielleicht würde mir dieser Gottessegen ja auch noch ins Haus stehen, jetzt war schon alles eins – vermeiden wollte ich (das überlegte ich eine Viertelstunde später) auf alle Fälle den verheerenden Fehler jenes Triestiner Romanmenschen, zuerst alle anderen Schwestern zu umschleichen, um zuletzt bei der häßlichsten zu landen. Das trichterte ich mir sofort ein, obgleich ein Nebengedanke dazwischenglitt: wieviel besser doch jener Zeno dann mit seiner Augusta gefahren war als mit der schönen Ada. Ach was! Sofort richtete ich alle meine Gedanken und Wünsche zielstrebig auf die schöne Susanne und ihren Erwerb, und wenn ich dann zusätzlich Sabine vorher noch besitzen würde, auch gut. Insgesamt, so fühlte ich rasch und zuverlässig, hatte ich mich da in ein sehr warmes Nest für den nächsten Winter gesetzt. Zumal jeden Augenblick die Tür aufgehen konnte und irgend so eine 14jährige – na sagen wir Sonja oder Sylvia oder Silke – herein und im Lauf der Zeit an meine Brust fliegen möchte.

Weiß man's, welches Maß an Glück und Vergnügen die Natur in ihrer ganzen Unlogik gerade uns 35jährigen vielleicht noch zugedacht hat?

Es kam aber gleich drauf nur noch ein etwa 16jähriger, fast zwei Meter langer und ungeheuer dünner Bruder ins Zimmer gestrichen, der mich eigenartigerweise mit »Aha!« begrüßte, was anscheinend heißen sollte, daß er, so jung und dumm er war, erstens den erotischen Grundcharakter meines Vormarsches in seine werte Familie klar erkannte und zweitens in jugendlicher Abgebrühtheit dergleichen voll gewohnt sei. Dieser merkwürdige Bruder Eduard drehte nun schlagartig den Fernseher auf und erwies sich im Romanfortgang als nahezu überflüssig. Allerdings brachte er mich einmal, viele Monate später, durch seine unselige jugendliche Einfalt, in eine äußerst unangenehme und schwierige Situation, ja vermutlich sogar um jenes erstrebenswerte Glück, um das es hier schon andauernd geht.

Das ganze ulkige Hauswesen aber gehörte einem Karl Morlock, einem pensionierten Förster oder vielmehr Forstingenieur (was immer das Famoses sein mag), sowie seiner grotesk in die Breite gegangenen Gemahlin, die dennoch der Meinung war, Bluejeans die Ehre geben zu müssen. Diese beiden Alten lernte ich aber an diesem Abend noch nicht kennen, ich kann den Herrschaften aber immerhin hier schon den Vorwurf nicht ersparen, in der Namenswahl ihrer Töchter bizarr danebengegriffen zu haben. Denn dümmere Namen als Sabine und Susanne kann ich mir schwer vorstellen! Dergleichen Stumpfsinn vermochte wohl allein der sog. Pioniergeist der deutschen Nachkriegszeit und des Wiederaufbaus sich auszudenken, um seine unschuldigen Kinder damit zu bemäkeln. Was denn! Bei uns hat es doch ein strammes altdeutsches »Eckhard« auch noch getan – und angeblich bin ich sogar gerade noch um den »Siegfried« herumgekommen! Zumal der Abstieg von der immerhin an Mozart gemahnenden Susanne zur vollends tauben Sabine auf eine fortschreitende Intellektualkatastrophe dieser bravourösen Eltern schließen läßt. Und so was mutete dieser saubere Forstingenieur jetzt *mir* zu, und die arme Kleine hatte praktisch meine andauernde Verdrossenheit auszubaden! Ich möchte wirklich wissen, wie dieser Waldmensch, sollte sie ihm noch vergönnt sein, seine nächste Tochter nennt! Fehlen nur noch die erwähnten Sylvia und Sonja! Pfui Teufel! Im übrigen hatte die Ältere, Susanne, wie ich sofort erkannte, keinerlei Affinität mit Mozarts wunderbarer Oper – eine zusätzliche Unverschämtheit also! Kein Vergleich zu der unvergleichlichen Edith Mathis, die dieser Partie den ganzen Charme des unverdorbenen Bürgerkinds verleiht, an dessen liedhaften Gesängen flüchtig ein Moment der Humanität aufgeht, das die entzweite Menschheit selber zu versöhnen scheint, ach Gott – – sondern diese Susanne gemahnte, und dies allerdings, wie sich rasch zeigen sollte, in gefährlicher Weise, an Puccinis Mimi in der unsterblichen Darstellung durch Mirella Freni – zu meiner weiblichen Idealgestalt par excellence, ahimè, e finita, o mia vita, ahimè, morir! – – – meinem weiblichen Lieblingsidol, soweit ich dieses zauberhafte Gestaltenpanorama von Antigone über Madame Arnoux, die reizende Witwe Strunz-Zitzelsberger bis zu einer gewissen Monika Viel aus Frankfurt überhaupt noch kritisch genug überblicke. »Sabine« aber finde ich so ziemlich den Gipfel der neueren deutschen Geschmack- und Instinktlosigkeit, niederschmetternder ist allenfalls noch Gabi oder Gaby – sehr erotisierend dagegen, das muß ich zugeben, empfinde ich gleichzeitig Gabriele. Nun, so geht eben die Dialektik der Aufklärung. Ich bitte aber an dieser Stelle alle meine Leserinnen, die zufällig Träger einer der von mir attackierten Namen sind, um Nachsicht. Sie können ja schließlich auch nichts dafür – und ich wäre durchaus geneigt, mit ihnen in ernsthafte Verbindung zu treten, wenn sonst alles stimmt, so wie mich ja auch »Sabine« keineswegs davon abgehalten hat. Ich würde aber allen Müttern und künftigen Müttern bei der Gelegenheit empfehlen, daraus die unerbittlichen Konsequenzen zu ziehen und potentielle Töchter Laurenza oder gleich Lauretta zu taufen. Das ist das Größte!

Doch wie auch immer, diese Sabine war ja wohl nun, leider Gottes, mir zugeteilt. Und außerdem, meine leichte Verärgerung verflog bald, denn auch Sabine erwies sich im Dämmerlicht einer Waldschenke, in die mich ein paar Tage vorher der Teppichverkäufer Hans Duschke eingeführt hatte, als durchaus hübsches, frisches Kind mit zudem einem nahezu vollendet schlanken, gertengleichen Körperchen, diesmal zu Recht in Bluejeans gefesselt, ja wie in sie hineingeboren – und schlagartig und dröhnend erlebte ich die nicht zu unterschätzenden Vergnügungen im voraus, die mir sein Genuß demnächst bereiten würde, wenn nichts mehr dazwischenkäme, an Alfred Leobold dachte ich damals freilich am allerwenigsten …

Übrigens hatte ich, um diese noch offen stehende Frage schnell zu klären, Sabine zum Ausklang eines sehr anstrengenden Frühlingsfestchens in einem unserer neueren Seelburger Tanz- und Whisky-Schuppen kennengelernt, einem jener erbarmungslos unübersichtlichen Etablissements, in denen die Jugend heute bevorzugt herumlümmelt, und wir Alten müssen dann halt auch hintappen, um den Anschluß nicht ganz zu verpassen, obgleich mir persönlich der Typ des gediegenen Ratskellers Lutterscher Prägung weit mehr zusagt.

In einem solchen gemütlichen Lokal, dem »Seelburger Hof«, hatte ich übrigens an jenem Nachmittag vor einer größeren Zuhörerschaft Klavier gespielt, die »Rhapsodie in Blue«, so gut es ging, und später, als die Fingerchen steif getrunken waren, allerlei Folkloristisches – und zu schlechter Letzt hatte es eine Gruppe von uns älteren Herren eben doch noch in jenen Tanzschuppen, zum Mythos der Jugend, gezogen, und da war ich ganz plötzlich mit dieser Sabine zusammen an einem Tisch gesessen. Daß ich mit ihr an dem fraglichen Abend für den nächsten Tag ein Telefonat vereinbart hatte, ahnte ich noch schwach bzw. erfuhr es am nächsten Tag aus meiner Jackett-Tasche, aus der ich nämlich neugierig ein Zettelchen herausklaubte, auf dem eine mir noch unvertraute und geheimnisvolle Telefonnummer zu lesen war – jetzt kehrte auch mählich die Erinnerung wieder und krabbelte ins Hirn –, ich hatte, noch immer gedämpften Verstands, die Nummer gewählt und war sofort glücklich zum Stelldichein beordert worden. Ich weiß nicht und habe es auch nie mehr erfahren, wie Sabine und ich uns überhaupt in dem elenden Tanzkabinett nähergekommen waren, ich erinnere mich nur eines traumblauen, fast frisch blitzenden Augenpaars und fürchte im übrigen, ein paar unbeschreiblich geistlose Komplimente hatten genügt, das junge Weib in meinen Bann zu zwingen oder doch wenigstens in meine Gefolgschaft. Ja, ich hege sogar den grauenhaften Verdacht (und es wäre mir lieber, ich hätte das lediglich geträumt), daß ich es mit der gesummten Butterfly-Schnulze »Mädchen, in deinen Augen liegt ein Zauber« bewältigt habe. Ich neige ja nicht zum Selbsthaß, aber dämlicher, unqualifizierter geht es ja nicht mehr! Und nichts bezeichnet meiner Meinung nach die allgemeine gesamtgesellschaftliche Niedergangstendenz des neueren Deutschland und möglicherweise der gesamten europäischen Gemeinschaft brutaler als die Geschwindigkeit, die Rapidität und Eilfertigkeit, mit der unsere 15- bis 45jährigen Damen wahllos und schon beim allerersten Vorpreschen uns Herren ihre Adressen und Telefonnummern überantworten.

Dies ist meine feste Überzeugung!

Noch eine Erinnerung flirrt in diesem Augenblick zurück, wahrhaftig! Sabines erste Rede an mich handelte davon, daß sie mich schon vor ein paar Wochen im Auto vorbeifahren habe sehen. Wie ich später erfahren sollte, war der Auto-Komplex bei diesem Fräulein die weitaus bevorzugte, ja nahezu einzige Möglichkeit des Kommunizierens: Jedwedem Menschen mitzuteilen (und dies in krähender Fröhlichkeit), sie habe ihn/sie da und dort im Auto vorbeifahren sehen, dieser und jener habe aber umgekehrt nichts gesehen (sinnleeres Lachen) – bzw. die Variante: dieser und jener hatte ein andermal Sabine gesehen, diese habe aber diesmal nichts gesehen (bedauerndes Lachen). Aber meistens hatte sie gesehen. Wir leben halt in einem optischen Zeitalter.

Übrigens, daran erinnerte ich mich anderentags wieder deutlicher, waren zum krönenden Abschluß meiner Cour d'amour, und nachdem schon alles unter Dach und Fach gewesen war, auch noch der Kerzenhändler Giesbert (»Amigo«) Lattern und der Gymnasiast Hans Binklmayr zu unserer Tischgruppe gestoßen, den Glanz des Ereignisses zu vervollkommnen, beide in durchaus merkwürdigem Zustand. Der Gymnasiast hatte sofort und grundlos und unangenehm lallend von den großen historischen Leistungen der Medizin angefangen zu salbadern: ob ich auch der Meinung sei bzw. ihm konzediere, daß der Sinn des Lebens darin bestünde, die Schranken der alltäglichen Ratio in einem genialen Akt der Erkenntnis niederzureißen?

»Das ist«, grunzte der hochgestimmte Jüngling, »wie wenn du in deinem Zimmer daheim hockst, verstehst?, in deinem Zimmer daheim hockst, und plötzlich«, der Gymnasiast verdrehte die wasserblauen Augen, »plötzlich weicht die Zimmerdecke und du tust mit deiner Hand einen Griff in die Wolken, jawohl! Das sind die Sternstunden der Medizin.« Ich hatte eben dazu angesetzt, Hans Binklmayr die unerträgliche Trivialität seiner Metapher vor Augen zu führen, indem ich ihm unterbreiten wollte, ich kennte das Ganze nur in der Version vom »Griff nach den Sternen«, und das sei ja wohl entschieden sinnfälliger – da hatte dieser wolkige Mann seinen strohblonden Kopf kurzerhand gegen meine Schulter gelegt und war eingeschlafen.

Listiger und ergiebiger hatte inzwischen der Kerzenhändler Lattern gearbeitet, kaum hatte er Sabine und mithin junges Blut geschnuffelt. »Wer bist dann du?« hatte Lattern, der mit dem Revolutionär Lenin eine bestürzende Ähnlichkeit aufwies, eröffnet und sein hübsches, wenngleich nahezu haarloses Köpfchen hart gegen das blondlockige Sabinens gehalten und diese gleichzeitig an beiden Armen ergriffen, worauf meine Braut mit unglaublicher Freude aufgewiehert hatte. Diese verdammte törichte Munterkeit unserer 18jährigen! »Du Frischling!« hatte Lattern fortgesetzt, »ich bin nämlich der Marquis von Challot!«, einer seiner ältesten Sprüche, der aber von Sabine hervorragend aufgenommen wurde. Und Lattern, der sich übrigens selber auf der zweiten Silbe seines Namens betonte, während alle übrige Welt rücksichtslos die erste akzentuierte, fuhr heftig fort: »Du Frischling du, wem immer du angehören mögest, der Marquis von Challot genieße gebietend deine Achtung, du dummer junger Mensch, in meinen Adern fließt es blau und entzückend dahin wie damals auf unserem Schloß ...«

Usw. Im Fortgang war es dann zu allerlei finsterem Gezärtel zwischen Sabine und Lattern, der außer wie Lenin wie ein ungewaschener Teufel aussah und manch Klebriges in den Mundwinkeln mit sich schleppte, gekommen – was mir gar nicht unlieb war, erhöhte und sublimierte es doch gleichsam meine eigene taufrische Innigkeitsposition, indem ich quasi gnädig gewähren ließ ... jedenfalls – und dies Bild nimmt jetzt vor meinen Augen recht klare Konturen an – war dann Lattern dazu übergegangen, Sabine diese und jene Artigkeiten und sonstige Zaubertricks vorzumachen, welche allesamt in die sexuelle Richtung verliefen und gleichzeitig das Eingeständnis völliger sexueller Hilflosigkeit recht charmant zum Ausdruck brachten. Immer wieder hatte Lattern seine beiden Ärmchen erhoben und, während der Gymnasiast an meiner Schulter schnaubte, wie ein verliebter Täuberich auf und nieder gewedelt, bei Konrad Lorenz kann man den ganzen Bedeutungsgehalt ja leicht nachlesen. Zuletzt, ermüdet, hatte Lattern – und da riß auch der Gymnasiast wieder seine erstaunten Augen auf – nur mehr die Kraft zu allerlei dunklen Redensarten, von denen ich mir zwei besonders schwerblütige gemerkt habe: »Du Frischling«, hatte Lattern gejault, »der Motor allen Seins bin ich«; sowie, nach einem verblüffend grimmigen Blick auf mich: »Wir sind verdammt zur Ewigkeit der Blödl.«

Sabine hatte sich auch darüber kreischend gefreut.

Damit ist auch die Exposition meiner Liebe eigentlich abgeschlossen, der Leser hat fürs erste die Übersicht, jedenfalls der Teufel Lattern hatte es nicht geschafft. Im nachhinein muß ich aber jetzt eine kleine Notlüge gestehen. Denn alles, was bisher zu lesen war, ist schon uralt und verdankt seine Niederschrift keineswegs, wie oben behauptet, meiner flüchtigen Begegnung mit Sabine heute nachmittag. Die habe ich vielmehr nur nachträglich und schnell eingeschleust, damit alles rasanter klingt und wie im Überschwang bzw. im rückblickenden Zorn der vergangenen Liebe, temps perdu oder was immer Glorioses, denn der Leser ahnt ja längst, daß alles barbarisch schief ging. Das mit Sabine war sogar eine doppelte Lüge. Denn keineswegs sie, sondern vielmehr eine reizende junge Witwe habe ich heute nachmittag getroffen und mit ihr Kaffee getrunken, eine gewisse Christine Strunz-Zitzelsberger, und vor dieser hochlasziven »s«- und »z«-Folge geht ja selbst der Bischof in die Knie, und insofern bin ich Herrn Strunz schon dankbar, daß er sie seinerzeit geheiratet und so die Vielzahl der s- und z-Laute erhöht hat. Noch dankbarer bin ich ihm allerdings dafür, daß er vor einem Jahr beim »Wellenreiten« ums Leben gekommen ist, jedenfalls habe ich für diese nunmehrige entzückende Witwe seit Jahren eine kleine Schwäche, ja noch zu Herrn Strunz' Lebtagen bin ich einmal mächtig hinter ihr hergerannt, und ihr war's recht – damals nämlich, als ich die beiden Schwestern schon verloren hatte und also natürlich aus dem letzten Loch pfiff, und diese meine damaligen niederen Beweggründe muß diese Christine Strunz-Zitzelsberger wohl klar erkannt haben. Nun aber, da alles vergessen ist und den Tiefen der Zeit überantwortet, war die Witwe Strunz-Zitzelsberger (ich werde noch wahnsinnig bei der Niederschrift!) heute wieder überaus lieblich und entgegenkommend in all ihrer hinreißenden Witwenschaft, und sie löffelte sehr anmutig ihre Kirschtorte und ließ ihre rosa Zehen in den Sandalen spielen und kreisen. Und da ließ ich mich denn, beim dritten Espresso, dazu hinreißen, ihr von meiner bevorstehenden literarischen Karriere zu schwätzen, ich log sozusagen das Blaue vom Himmel –

– und plötzlich saß ich in der Klemme. Denn nun galt es, der erwartungsfrohen Witwe die Beweise vorzulegen. Und da kam mir die meiner Ansicht nach glänzende Idee, meine schon lange in der Schublade herumliegende Exposition des Romans über die beiden Schwestern, irgendwann einmal in einer schon aberwitzig müßigen Stunde zusammengestoppelt, wieder hervorzukramen, daran weiterzukritzeln und das ganz moderne Werk später einmal als eine Art Huldigungsgedicht an diese wunderbare Witwe zu veröffentlichen. Wobei mir nicht nur der erwartbare Ruhm die Witwe endgültig zuspielen dürfte, sondern vor allem die feinen seelischen Fäden und Verschlingungen, die ich noch darin auszubreiten gedenke. Ich finde überhaupt, der wichtigste Impuls beim Romanschreiben ist die Idee oder der Hintergrund der Huldigung und

Übereignung an schöne Weiber. Das spornt an, das läßt die Finger tanzen.

Andererseits bringt dergleichen natürlich auch massive Probleme mit sich, die ich im Moment noch nicht einmal ganz überschaue. Noch bin ich mir z. B. nicht ganz sicher, ob ich nicht die letzten beiden Absätze dieses Kapitels in meinem späteren Huldigungsexemplar an die wundersame Witwe einschwärzen soll. Denn sonst erführe sie ja den ganzen Krampf. Aber noch geschickter wäre es vielleicht sogar, sie wie in schon selbstmörderischer Offenheit stehen zu lassen in aller psychoanalytischen Tiefe und Brisanz. Aber dann müßte ich wohl zumindest diese letzten Sätze einschwärzen lassen, sonst kommt ja wieder alles auf und war umsonst! Und ob überhaupt die Witwe dergleichen hauchzarte Delikatessen zu würdigen weiß, diese prickelnde Pikanterie, die ich schon selber kaum mehr verstehe…?

Nun, ich denke, der Romanfortgang selber, der schöpferische Prozeß, dieser Horror tremens, mag das Problem auf der Basis seiner eigenen Logik lösen, und ich fahre wohl vorerst einmal schön langsam fort.

3

Bevor ich zu den ersten Höhepunkten in der Schilderung meiner Liebe zu den beiden Schwestern komme, hier noch etwas Grundsätzliches vorab. Ich würde nämlich dem Leser strikt empfehlen, mich keineswegs für einen ganz ordinären Lüstling zu erachten, wie es vielleicht bisher naheläge, habe ich doch immerhin schon auf engstem Raum drei Damen untergebuttert, und alle drei mehr oder weniger sexuell motiviert, und mit Frau Monika Viel sind es sogar vier. Sondern ich habe vielmehr, mit unregelmäßigen Erfolgen, zuerst Jus, dann Amerikanistik und zuletzt Musik studiert; ein Todesfall in meiner Familie machte es indessen vor drei Jahren erforderlich, diese meine Studien abzubrechen und mich der sozusagen finanzwirtschaftlichen Seite der Verhältnisse meiner auf zwei Personen geschrumpften Familie zuzuwenden. (Wenn man will, kann man natürlich auch Edith Mathis und Mirella Freni, die ja beide noch leben, zu den genannten vier Damen zählen.) So daß ich heute praktisch als Jung-Hausbesitzer lebe, eine Position, die mich zwar bequem ernährt und auch genügend lokales Prestige impliziert; ja, es gelang mir sogar, meine absolute Untätigkeit durch einen schönen, ausladenden Schreibtisch aus Eichenholz sowie durch ein rotes Telefon samt absolut nichtsnutzigem Telefonadapter zu verschleiern. Aber die Alltäglichkeit, die Vulgarität dieser mürben Hausbesitzerexistenz verlangt doch eben nach dem Ausgleich durch anderweitige Erlebnisse und Sensationen. Und so entschloß ich mich denn vor zwei Jahren, mit meinen 35 Jahren mich schon jenem savoir vivre, jenem gewissen »gewußt wie« hinzugeben – ja, ich mußte es gewissermaßen notgedrungen, das normalerweise erst unseren 65jährigen und, bedingt durch die dynamische Rentenreform, die ich selber noch im legendären Wahlkampf 1969 als Jungsozialist mit durchgedrückt hatte, vielleicht bestenfalls den 55jährigen zusteht.

Mit anderen Worten: Ich führe mit wechselndem Vergnügen ein Leben des Müßiggangs und der Kurzweil, oft mühsam kaschiert durch allerlei Hokuspokus wie Kontrolle der Mieteingänge, Eintragungen in ein völlig systemloses Haushaltsbuch und, was meine Frau Mutter besonders befriedigt, die Beobachtung von Reparaturarbeiten an den Gebäudlichkeiten meiner Familie. Aber meistens sitze ich natürlich im italienischen Eiscafé, Teenager beobachten.

Zweitens aber befand ich mich zu der Zeit, als die beiden Schwestern und auch bereits Alfred Leobold mit Nachdruck in meine gemütliche Existenz einbrachen, in einer merkwürdigen und höchst unerfreulichen Geistesverfassung, ohne daß ich doch präzis den Grund oder die Ursache anzugeben vermocht hätte. War es die abgrundtiefe Verlogenheit unserer Kleriker und sogenannten Wissenschaftler im Fernsehen, die mich in einer geradezu metaphysischen Weise verdroß und zu tagelanger Untätigkeit verdammte? War es die hartnäckige Existenz von allgegenwärtigen Mythen wie Dietrich Genscher, Franz Josef Strauß und – allen voran – Georg Leber, die mich oft buchstäblich zu Boden warf, von wo nur das Aroma der anbetungswürdigen Stimme Carlo Bergonzis mich immer wieder hochpäppelte? War es die lokale Ärzteschaft, die mir die Gefühle von Hoffnungslosigkeit und ebenso globaler wie säkularer Gottesferne einjagte und mich nur in aufgelesenen Sätzen wie dem folgenden einen gewissen Trost finden ließ: »Kaum haben sie den Doktorgrad, sind sie nichts als eine rücksichtslos in Gemeinheit und Niedertracht dampfende Geldmaschine im Ärztekittel.«

Viel mochte hier sich an unguten Stimmungen zusammenfinden, vor allem aber, daran erinnere ich mich bestens, eine fast unbeschreibliche, durch nichts zu lindernde Niedergeschlagenheit darüber, welche Unmenge kostbarsten Samens tagtäglich, ja minütlich in diesem unserem Lande verspritzt und ausgetauscht wurde – und zwar total für die Katz! Ohne daß irgendetwas in dieser gottverdammten Nation zum Besseren, sei's zum Sozialismus, sei's auch nur zu einem edleren Berufsethos hin, sich jemals änderte! Willy Brandt war eine Hoffnung – vertan. Kein Freund, kein Buch, kein Sportkampf vermochte mir meinen Gram über dieses eklatante Mißverhältnis hinwegzuzaubern, über das ich seinerzeit monatelang und ohne die geringfügigste erhellende Einsicht grübelte.

Kein sehr appetitliches Leben: Die beiden Schwestern sollten es mir verschönern helfen.

Der erste Höhepunkt in meiner nun zügig fortschreitenden Beziehung zu Sabine ereignete sich nach knapp zwei Wochen. Ich schloß gerade wieder einmal diese 18jährige Dame in die Arme und registrierte verärgert, daß ich dabei nicht das geringste fühlte, nicht einmal die geläufigen täppischen Sensationen. Erstaunt dachte ich auf meinem Autoführersitz einen Moment lang darüber nach, was in solch einem Fall wohl zu tun sei, da hatte ich es. Nahm mir ein Herz und sagte in selbstmörderischer Banalität, ihr durchs langabfallende Blondhaar streichend: »Sabine, du … hm … ich liebe dich« – eine gleißende Lüge, und erwartete, daß diese Vertreterin der jungen sachlichen Generation mir hellauf ins Greisengesicht lachen würde. Weit gefehlt! Eine Blondsträhne rauschte über ihr

Gesicht. »Ich dich auch«, flüsterte sie, soweit ihre angeborene Krächzstimme das gestattete, und sie ließ eigenartigerweise das Wörtchen »Liebe« aus, »ich dich auch«, päng, rums, zisch! Und suchte mit ihrem Köpfchen instinktiv Deckung an meiner breiten Brust. Darauf Stille – Gelegenheit für mich, zu begreifen, wie Liebe heutzutage auf den Plan tritt und Worte findet. Eigentlich aber dachte ich an Susanne. Wie würde ihr mütterlich brummelndes Organ diesen Satz herausbringen?

Am andern Tag, auf einer Alleebank, der Frühling zog ein mit neckischen Lichteffekten, ergriff dann Sabine von sich aus die Initiative. Sie fuhr mir, keck, am Oberschenkel auf und ab, wohl zu demonstrieren, daß sie schon eine richtige Frau sei, warf plötzlich mit einer ihrer nervösen Bewegungen das Haar diesmal nicht ins Gesicht, sondern, gewissermaßen ihr Ich bloßlegend, über Stirn und Schulter, sah mich dann von unten gleichsam prüfend und ewigkeitsschwanger an und sagte bahnbrecherisch: »Ich liebe dich, Moppel.«

Moppel, das wäre noch nachzutragen, ist in meinem hiesigen Wirkungskreis mein Spitzname, den ich mir vor tausend Jahren, im Alter von 13, in der vollen Dummheit der Pubertät selber verpaßt hatte, als ich eine Religionsschulaufgabe, den Geistlichen zu brüskieren, mit »Eckhard Moppel« überschrieb. Das erwies sich dann als Selbstschutz und Volltreffer – der Name hat sich bis tief in mein 35. Lebensjahr hinein (unglaublich, ich war fast doppelt so alt wie Sabine!) tadellos gehalten, und ich bin auch recht zufrieden damit, obgleich mir nun die Kombination »Ich liebe dich, Moppel« nicht eben als der kultivierteste Ausdruck von Zuneigung erscheinen wollte. Doch wie auch immer, 14 Tage später, in einer Pension in Tirol, war es dann soweit, und Sabine gab an, es habe ihr schon gefallen (vermutlich eine Lüge, ich hatte zuviel getrunken) – und sie habe übrigens auch schon eine Abtreibung hinter sich, das sei damals in Florenz im Urlaub passiert, nämlich keins hatte von Tuten und Blasen eine Ahnung gehabt; aber in der Klinik in London sei alles wieder tadellos rückgängig gemacht worden. Und bezahlt.

Respekt. –

Und so gingen die nächsten Wochen ins Land, vergleichsweise sehr angenehm, und ich war bereits geläufiger und irgendwie sogar geschätzter Gast der Forstfamilie Morlock, und der alte Waldingenieur schien ebenso zufrieden zu sein mit dem Kerl, den seine Tochter für sich eingenommen hatte, wie die hartnäckig in Bluejeans auf der Veranda herumkugelnde Mutter. Wie sehr sich beide täuschten! Es gelang mir zwar, gleichbleibend lieb zu Sabine zu tun, aber längst war mein ganzes zähes Trachten auf Susanne gerichtet, die es auch vermutlich bereits klar erkannte, die fast immer bei meinen praktisch allabendlichen Kurzbesuchen (anschließend ging es flott in den Wald) entweder im Wohnzimmersessel lagerte oder fernsah oder über irgendwelchen Chemie- und Apothekerbüchern hockte – anscheinend studierte sie das Zeug. Über diesen Strang ermittelte ich auch, daß sie dieses Fach irgendwo da drunten im Allgäu erlernen wollte und eben dort – das ging aus allerlei Andeutungen hervor – auch einen sogenannten Freund sitzen hatte, dem sie, so meine ersten vagen Eindrücke, wohl ein Leben lang treu ergeben sein wollte.

Na, wir würden schon sehen…

Sabine, das hatte ich auch bald heraus, war Dekorateuse. Und dekorativ war sie auch. Das genügte fürs erste.

4

In dieser Zeit, in diesen heiter dahinplätschernden Frühlingstagen, lernte ich aber auch noch einen anderen Menschen kennen, nämlich Herrn Alfred Leobold, den neuen Geschäftsführer des ANO-Teppichladens von Seelburg, in dem seit kurzem auch mein alter 59jähriger Freund Hans Duschke tätig war. Der ANO-Laden befand sich in der Seelburger Schlachthausstraße (wieder diese verdammte Symbolik!), war eine Art Großbaracke und vollgepfropft mit mächtigen Ballen, Rollen und sonstigem Teppichbodenzeug – dem letzten Humbug, wie ich schon beim Betrachten der Schaufensterauslage erkannte, als ich Hans Duschke eines regnerischen Nachmittags, mir die Zeit zu vertreiben, besuchen und ein Schwätzchen halten wollte, um mich von dort gleich zu den Morlocks weiter zu trollen.

Über der Eingangstür des Ladens war ein Plakat angeklebt:

DER UNGLAUBLICHE
ANO-TEPPICHBODEN IST DA!

– im Geschäftsraum gewahrte ich zunächst keine Menschenseele, aber hinter einem baumlangen Teppich hervor hörte ich plötzlich die kreuzfidel krähende Stimme von Hans Duschke:

»Prost, Herr Leobold!« bzw. es hörte sich an wie »Prost, Herr Läääwool« oder auch »Prost, Herr Lebe wohl«.

Ich schlich mich näher und erkannte, daß zwei Herren, Duschke und offensichtlich Leobold, beide eingekleidet in adrette weiße Kittelchen, am Tisch eines kleinen Teppichnebenzimmers hockten und gerade ein Fläschchen sogenannten Sechsämtertropfen zum Munde führten, wobei sie beide die Augen schlossen, synchron. Nach Abschluß der Prozedur aber verzog Herr Leobold im Unterschied zu Herrn Duschke angewidert sein Gesicht und spuckte einen kleinen Teil des Getränks wieder aus. »Schmeckt doch Klasse, Herr Läääwool!« schrie Hans Duschke, worauf Herr Leobold – beide hatten mich noch immer nicht bemerkt – sofort seine Geldbörse zückte, etwas zitternd einen grasgrünen 20-Mark-Schein hervorzog und zu dem alten, im Glanz wohligster Selbstzufriedenheit auf seinem Stühlchen herumlungernden Duschke sagte:

»Sie, Herr Duschke, wären S' so gut und kaufen in dem kleinen Laden am Eck nochmals einen Sechsämter da, einen Sechsämter, gell?, soviel wie S' kriegen können.«

»Jawohl, Herr Läääwool!« rief Hans Duschke feurig, sprang auf und stürzte holterdipolter aus dem Teppichnebenzimmer, wobei er nun mich Lauernden gewahrte, mir fast liebend in die Arme flog und mich mächtig laut willkommen hieß: »Mensch, Moppel, prima, ehrlich!« – und das sei schön und Klasse, daß ich auch da sei und ihn einmal an seinem Arbeitsplatz besuchen komme. Doch während Hans Duschke noch immer in fast tumultuarischer

Freude auf mich eindröhnte, hatte Leobold die Situation schon wieder unter Kontrolle: »Da, Herr Duschke, da haben S' noch einen Zehner, da bringen S' dann für Ihren Freund da auch noch gleich einen Sechsämter, gell? Das geht dann in Ordnung.«

So war ich denn rasch und ohne Komplikationen in die waltende Teppichgemeinschaft aufgenommen – ein folgenschweres Ereignis, wie ich aber noch nicht im geringsten ahnte. Herr Leobold, ein knapp 40jähriges gestaltlos hageres Männlein mit den leicht tapsigen Bewegungen eines Menschen, welcher der Gesundheit zeitlebens nicht allzuviel Aufmerksamkeit geschenkt hatte, begrüßte mich nun offiziell mit Handschlag und überaus freundlich, ja mit einem geradezu verschmitzten Ausdruck kameradschaftlicher Verständnisinnigkeit in den Augen, in denen sich eine gewisse reife Lebenslust und allesverzeihende Güte aufs lieblichste mischten – das Ganze eingelagert in ein bleiches, schmächtiges Gesichtchen mit leicht geröteten Backen.

Er, sagte Leobold, kenne mich ja »praktisch schon als Kind«, und meine Schwester sei ja auch beim Reitverein, und früher sei sie auch immer mit dem Geigenkasten in der Hand an seinem Fenster vorbeigegangen. Aber die sei ja jetzt gut verheiratet, wußte Alfred Leobold, mit dem Dr. Hirsch, nachdem es mit dem Studenten da, dem Refle Hans, ausgewesen sei, das sei ja nicht schön von dem gewesen, ihr davonzulaufen – zeigte sich Alfred Leobold hervorragend informiert und steckte ein Zigarettchen in Glut. Ich hatte inzwischen an dem Teppichnebenzimmertischchen Platz genommen, der Zufall richtete meinen Blick in den nebenstehenden Papierkorb, und ich gewahrte darin im Verein mit einem Fischskelett und ein paar Brotresten acht ausgetrunkene Sechsämterfläschchen, vom Fassungsvermögen eines großen Schnapsglases.

Im Fortgang dieses ersten Gesprächs mit Alfred Leobold, der sich dabei einmal kurz und schmerzlich an den Magen griff, stellte sich heraus, daß er selber als Geschäftsführer und Hans Duschke als Verkäufer bereits seit drei Wochen tadellos zusammenarbeiteten – »geht in Ordnung«, sagte Herr Leobold mehrfach und wie resümierend zu mir, gleich als ob ich eine Kontrollinstanz wäre, die sich danach erkundigte, ob Hans Duschke auch zufriedenstellend eingeschlagen habe, – und wenn ich wollte, könnte ich hier auch »jederzeit anfangen«, als Geschäftsführer könnte er, Leobold, mich sogar übertariflich bezahlen, der Betrieb weite sich »sowieso« unglaublich aus, »das haut schon hin«, sagte Herr Leobold und wäre um ein Haar dabei umgefallen, »genau«.

Gesprochen »gé-nau«. Und ob ich einstweilen ein Bier möchte, der Duschke müsse ja schon lang wieder da sein, »wo er nur bleibt?« fragte Herr Leobold. Noch immer hatte ich keinen Kunden durch den Teppichvorrat schleichen sehen.

Ich erwiderte Herrn Leobold, obgleich mir die Idee, »jederzeit hier anzufangen«, spontan ausgezeichnet gefiel, etwas kokett, das lasse sich wohl schlecht machen, ich hätte ja meine Geschäftsunterlagen nebst Schreibmaschine und sonstigen Büroutensilien bei mir zuhause. »Geht in Ordnung«, beharrte Herr Leobold generös, ich könne ja »das ganze Gelump« hierherschleppen, er, Leobold, stelle mir auch gern den Firmen-Kombi dabei zur Verfügung, und ich könne jedenfalls »einwandfrei« hier im Nebenzimmer arbeiten, am Tisch müsse nur ab und zu wegen der Auslieferung von Teppichrollen »und solche Krämpf'« telefoniert werden. Und der Herr Zier, der Ausfahrer und Verleger des Teppichunternehmens, sei auch in Ordnung – jedenfalls hätte ich hier am Tisch (Herr Leobold wackelte ein paarmal mit dem Kopf gegen diesen) einen sicheren Arbeitsplatz, »die Kassenzettel und den anderen Scheißdreck da« könne ich wegräumen (Herr Leobold machte die Gebärde des Vom-Tisch-runter-Wischens) – und einen zusätzlichen Stuhl könne ich dann vom Baumann Heiner besorgen, ich bräuchte nur zu sagen, daß ich »vom Alfredl« käme, »dann gibt er dir alles, ein ganz prima Kerl, der Baumann Heiner«, schwärmte Herr Leobold, der habe »sowieso« zu viele in seinem Nebenzimmer in der Glückauf-Wirtschaft herumstehen.

Und plötzlich und unvermittelt erhob sich Herr Leobold vom Stuhl, trat zum Eisschrank des ANO-Nebengemachs und zauberte eine Flasche Champagner heraus. »Da, trink«, flüsterte Herr Leobold in reizender Gastfreundlichkeit, »den kannst ganz austrinken, das zeug da, ich bin froh, wenn's weg ist. Ich trink einen Sechsämter«, sagte Herr Leobold, »genau«, und da turnte auch schon, federnden Schritts, der Untergebene Hans Duschke zurück, in der Hand schaukelte ein prallvolles Plastiksäcklein, aus dem Duschke sofort genau 25 Fläschchen Sechsämter auf meinen künftigen Bürotisch kullern ließ. »Mensch!« lärmte Duschke mich nun freudestrahlend und ein wenig atemlos an, »das find ich gut, das find ich echt gut, daß du mich in der Arbeit besuchst, Moppel, bleiben wir alte Freunde, ja? Ehrlich!« toste Hans Duschke im Vollglück und wollte mich danach wiederholt Herrn Leobold vorstellen, bis er endlich begriffen hatte, daß Herr Leobold und ich uns nicht nur schon optimal kannten, zumal Herr Leobold auch ihm nun mitteilte, daß er und ich auch bereits gewisse Strategien in Richtung auf meinen neuen Arbeitsplatz eröffnet hatten.

Hans Duschke ist übrigens ein ehemaliger Schauspieler und Regieassistent, der seit nunmehr vier Jahren in Seelburg wieder sein Wesen treibt, nachdem er vorher in der Stadt Schwandorf als Gastwirt wegen gewisser Unregelmäßigkeiten in der Buchhaltung gescheitert war, daraufhin im Versicherungswesen sein Glück versucht hatte, anschließend im Pfälzischen als Holzbockjäger herumgestrichen war und deshalb noch heute von XY-Zimmermann gesucht wird; dann war ihm der Fremdenverkehr Heidelbergs anvertraut worden, dem hatte sich eine kurze Karriere als Nürnberger Kellertheater-Direktor und später als Hosenverkäufer der Firmen Horten, Quelle und Bachmeier angefügt, bevor Hans Duschke mit Beginn des neuen Jahres ins Teppichfach übergewechselt war. Dieser gefährlich muntere und lebhafte Alte, den man sich am einfachsten als eine stark verknitterte und von der Härte des Lebens verhutzelte, aber mindestens doppelt agile und durstige Ausgabe des Bundespräsidenten Scheel vorstellt, will zu seiner Zeit, in den roaring Twenties, auch schlesischer Jugendmeister im Tischtennis sowie, zusammen mit einer Frau Maulwurf aus Kattowitz, Meister im Mixed-Doppel gewesen sein, hat angeblich unter Max Reinhardt, Gustaf Gründgens und Kortner gleichzeitig gedient, nebenbei noch der werdenden Mutter Magda

Schneider von ihrer kommenden Tochter Romy abgeraten (was, zu meinem Bedauern, nicht geklappt hat, denn ich käme sogar sehr gut ohne diese Person aus, mein Interesse richtet sich mehr in Richtung auf Laura Antonelli), – ferner will Duschke mehrfach an die Koloratursopranistin Maria Cebotari Handküsse verteilt haben, in Schillers »Räubern« will er der beste Spiegelberg aller Zeiten gewesen sein, Duschke hat auch nach seinen Angaben als erster, »während all die anderen Arschgesichter noch immer mit der Klappe herumgefuchtelt haben«, die Tiefendimension der Shakespeareschen Narren erkannt und voll ausgespielt, anschließend ein seinerzeit sehr gewagtes Stück namens »Ehe in Dosen« inszeniert – – und jedenfalls jetzt verkaufte er halt im Einvernehmen mit Herrn Leobold Teppichböden.

Und jetzt schien auch tatsächlich ein Kunde anzutreten, es war dies ein steinalter, respekterheischender, fast würdig aussehender und einherschreitender bebrillter Herr im Trachtenanzug mit Spazierstock und angemessenen Bewegungen – es stellte sich aber nach Hans Duschkes entzücktem Aufschrei »Hah! Der Malitz! Malitz, komm rein, magst du auch einen Schnaps, Malitz?« heraus, daß dieser scheinbar ehrwürdige Greis nur der ehemalige höhere Beamte Karl Malitz, der Schwager Hans Duschkes, war, der, wie ich aus gewissen Erzählungen Duschkes schon wußte, angeblich nach 1945 die Frankfurter Bahnhofspolizei reorganisiert hatte und sich heute fest einbildet, die Aktienmehrheit der Kaufhof A.G. in den Händen zu haben bzw. in seinem grasgrünen Rucksack, den Malitz, wie ich heute weiß, ständig auf seinem Rücken trägt. »Stell deinen Rucksack ab, Malitz!« schrie unerbittlich Hans Duschke auf seinen Schwager ein und tätschelte den kleinen, knüppligen Mann ohne Unterlaß an den Schultern, »magst auch einen Schnaps, Malitz? Gell, ja. Moppel, kennst du den Malitz? Das ist der Malitz ...«

»Herr Leobold, ich begrüße Sie«, sagte Herr Malitz humorvoll und reichte diesem artig die Hand.

»... der Malitz! Sie kennen ihn ja schon, Herr Lääälwool, da hast einen Schnaps, Malitz!« fuhrwerkte Duschke unerschrocken weiter. Die netteste kleine Hölle, die man sich vorstellen kann.

Herr Malitz, der, jetzt sah ich es, am Jackenrevers ein feuerrotes »Reichsbund«-Abzeichen trug, bekam sein Fläschchen ab und schien, leis schnaubend oder sogar schnurrend wie ein Katzentier, Gefallen an dem Empfang zu finden, verstand es aber doch einigermaßen effektvoll, den ehemaligen Dirigenten des Frankfurter Bahnhofswesens selbst in der wenig überzeugenden Teppich-Umgebung durchschimmern zu lassen. Denn während nun Hans Duschke in merkwürdig fallenden und taumelnden Körperfiguren ein inzwischen tatsächlich eingetroffenes Kundschafts-Ehepaar kurz und schneidig grunzend abservierte (»Gnädige Frau, Ihr Herr Gemahl wird mir zustimmen, wenn ich Ihnen auf die Hand verspreche, daß dieser Teppich …«, wehte es ins Nebengemach herein), berichtete Herr Malitz dem irgendwie matt an seinem Stuhle hängenden Herrn Leobold und mir, er, Malitz, habe schon alle Staatsformen durcherlebt: das Kaiserreich, die Weimarer Republik, das Dritte Reich und schließlich die demokratische Staatsform – und alle vier hätten ihre Vorzüge und Nachteile gehabt, das Kaiserreich – »genau«, kommentierte Herr Leobold – die Weimarer Republik – »genau«, sagte Herr Leobold – das Dritte Reich – »sowieso«, variierte Herr Leobold – und zuletzt den Sozialismus. Hier hatte sich Malitz offenbar vertan, Herr Leobold bestätigte aber gleichwohl: »genau«. Und nach jeder der vier Perioden segelte des alten Malitz Stimme gleichsam glissando zum Himmel, schauerlich, es war gerade wie der berühmte Strawberry-Song aus »Porgy and Bess«.

»Genau, Herr Malitz«, sagte Herr Leobold, diesmal betont »genáu« – wie ich im Lauf der Zeit erfahren sollte, wechselte Alfred Leobold fast regelmäßig die Betonung, ohne daß ich das Gesetz der Alternierung je ganz durchschaut hätte, – aber, wie ich meine, ein sehr netter Zug, dem Gesprächspartner etwas gleichsam musikalische Unterhaltung zu verschaffen – –

»Der Sozialismus …«, begann Malitz erneut. Auf seiner Stirn glänzten jetzt kleine Schweißperlen.

»Sie, Herr Malitz«, unterbrach plötzlich Alfred Leobold gleichwie erwachend dessen Ödigkeiten, »Sie, Herr Malitz« – und während Malitz rasch und gehorsam aufhorchte, schien Alfred Leobold vergessen zu haben, was er sagen wollte, und er fuhr, indem er den Zeigefinger gegen das Schnaps-Depot auf dem Tisch richtete, fort: »Trinken S' nur, gell, Herr Malitz!« Worauf Malitz tief durchatmete, drei-viermal mit seinem Spazierstecken hin- und herwedelte und dann losschnarrte, die ideale Staatsverfassung sei eine Einheit aus all den vier genannten, wenn ich den Alten richtig verstanden hatte. »Ich habe erlebt«, tobte Malitz und wackelte nun stärker mit dem Spazierstecken, »das Kaiserreich, die nationalsozialistische Verfassung und die? die? die?« (sang Malitz spannend) »die?« (und jetzt ließ er es heraus) »die Demokratie seit 45. Ich habe damals zusammen mit dem tapferen General Initzer, dem Kardinal Initzer und dem damaligen Domprobst Metz ...«

»Sowieso«, bestätigte Alfred Leobold, da stolperte Hans Duschke, von der Kundenbetreuung erneut in Durst geraten, in unsere gemütliche ANO-Nebenstelle zurück und kippte sofort eins der Fläschchen mit dem köstlichen braunen Getränk weg. »Kommt aus dem Fichtelgebirge«, murmelte Herr Leobold und deutete versonnen auf den verbliebenen Sechsämterhaufen. Zwei hatte ich auch schon im Leib. Alfred Leobold, das fiel mir nun auf, stellte keine Frage nach dem Verkaufserfolg seines Mitarbeiters, sondern stand auf, trat an den Kühlschrank, öffnete endgültig die Flasche Champagner und postierte sie wortlos auf den Tisch.

»In der Luft, da gibt's kein Puff, da gibt's kein Telefon ...«, sang und heulte im gleichen Moment, offenbar von dem neuen Getränkeangebot vollends verzaubert, Hans Duschke los, und während Alfred Leobold eine müd beschwichtigende Handbewegung ausführte, jauchzte dieser popige Alte immer hemmungsloser auf seinen Schwager ein: »Mensch, Malitz, Karl, du bist der Größte, ehrlich, Prost, Karl!« – worauf Malitz huldreich lächelte und aus dem ihm von Leobold dargereichten Zahnputzglas den Champagner sog, zum anderen aber mußte er doch als Kaufhof-Aktionär natürlich auf Würde achten und er wandte sich deshalb erneut an Alfred Leobold, den er wohl für den politisch substantiellsten Kopf der Runde hielt: »Und alle Staatsformen waren in ihrer Art gut, in sich abgerundet und dienten dem Volkswohl und dem Volksganzen!«

»Aber der Hitler«, versuchte Duschke, der den Quark wohl schon tausendmal gehört hatte, seinen Schwager gemütlich zu locken, »der Hitler hat doch die schönsten Autobahnen gebaut, und den Berliner Funkturm hat er doch auch gebaut, oder nit? Karl?«

»Mein lieber Hans«, behielt Malitz klar die Übersicht, »der Beamtenstaat, die Beamtenversorgung der damaligen Verantwortlichen in Bund und Ländern ...«

Bis zum hohen H surrte Karl Malitz' Stimme empor, während Hans Duschke, mit der anderen Hand sein Sektglas haltend, seinem Verwandten auf den leicht zusammensackenden, ohnedies rucksackbeschwerten Rücken schlug. »Sie, Herr Duschke«, versuchte sich das matte Organ Alfred Leobolds erneut in Szene zu setzen, wurde aber von Hans Duschke brutal niedergeknüppelt. »Ehrlich, Moppel, Klasse!« wandte der entflammte Greis sich behend an mich, und ich müsse doch zugeben, daß man es hier aushalten könne, »kein Vergleich zu Quelle!« Und was ich heute abend machte?

Es stellte sich nämlich heraus, daß die Herren Leobold und Duschke für heute abend eine Landpartie vorbereitet hatten bzw. Alfred Leobold hatte bei einer Wette ein Schwein verloren, und das sollte heute abend in der Gastwirtschaft Blödt in Schmidgaden gemeinschaftlich verzehrt werden, »der Mogger Arthur, der Adolf, der Hümmer Heinz, die Karin, der Adolf, die Wacker Mathild und ihr Mann und der Willfurtner Charly kommen auch und der Leber Heini sowieso und die ganze Mannschaft«, erläuterte emsig Alfred Leobold – und wenn ich auch mit hinwollte, jederzeit, er kenne den Wirt gut, der mache die Sau exzellent zurecht, darauf könne ich mich garantiert verlassen, und ich könne also selbstverständlich mit bzw. »freilich kommst mit, einwandfrei«.

Hans Duschke, gut informiert, wies nun Alfred Leobold – Karl Maliz schüttete gerade selbstvergessen den dritten oder vierten Schnaps in den greisen Leib und sagte plötzlich wie zu sich selber: »Gemeinnutz geht vor Eigennutz« – Duschke wies Leobold darauf hin, »der da« (das war ich) »macht doch heute abend mit seiner Sabine oder wie die Büchs heißt, die kleine Büchs, da rum«, doch geistesgegenwärtig erfand Alfred Leobold sofort den rettenden Ausweg: »Die kann jederzeit mitkommen, freilich, sowieso« (das »genau« ließ Leobold diesmal aus unerfindlichen Gründen aus), »die kriegt dann auch einen Schweinebraten.« Ich hatte eigentlich für diesen Abend mit Sabine Glanzvolleres eingeplant, ja, ich muß sagen, gerade zu dieser Zeit hatte sich meine Zuneigung zu ihr auf eine merkwürdige Weise etwas veredelt, irgendwie schien sie mir, seit meine Persönlichkeit in ihr junges Leben eingegriffen hatte, langsam fraulicher, ja gewissermaßen menschlicher zu werden (O wie sollte ich mich täuschen!), vielleicht auch einfach deshalb, weil sie so schön »Ich liebe dich, Moppel« zu mir gesagt hatte – eine Kühnheit, die ja nun heutzutage wirklich Gegenliebe verdient bzw. es gehört ja nun zweifellos allerhand, eine bezaubernde Naivität, eine gewisse selbstwegwerferische Frechheit und Tiefe der Empfindung dazu, mir altem Esel einen solch schönen Spruch zu widmen, und sei's mit noch so schrill krächzender Stimme. Sabines niedliche Brust hatte mich übrigens für dieses organische Manko bestens entschädigt – jedenfalls schien es, Susanne hin und ihre Eroberung her, gewissermaßen am Horizont zu tagen, ich sah wieder Land, ja sogar ein existentielles Ziel vor mir – und nun also ein gemeinsames Schweinebratenessen unter der Ägide von Alfred Leobold! Ach was! Alfred Leobolds Bedürfnis, die neu auf den Plan getretene Freundschaft mit mir zu vertiefen, war ganz offenkundig, warum sollte man diesem Teppichmenschen nicht eine kleine Freude machen, und schließlich hatte mich plötzlich eine geradezu brausende Lust nach einem Schweinebraten überfallen. Ich sagte also zu. Abfahrt halb acht am ANO-Laden.

Im Anschluß an die Gastwirtschaft Blödt könne man dann ja, verbreiterte Alfred Leobold seine Vorstellungen, noch ein wenig in das Nachtlokal »Eichenmühle« in Wolfring fahren bzw., wie Leobold sagte, »hinbrummen«, da finde heute – wie jeden Mittwoch und Samstag-Sonntag – eine Light-Show für die Amis statt, da stifte er, Leobold, dann eine Flasche Calvados, den Wirt kenne er gut, da zahle er für die Flasche nur 27 Mark, so etwas Gutes habe er, Duschke, wandte er sich an diesen, noch nie getrunken, »o mei«, beschloß Leobold vorerst seine Vorankündigung des großen Glücks. Ich solle also um sieben Uhr (hieß es jetzt plötzlich) wieder zum ANO kommen und »die Sabine da oder wie« gleich mitbringen, der Hümmer Heinz fahre uns alle »raus und wieder rein, wird prima«, bekräftigte erneut Herr Leobold.

»Und du, Malitz«, fiel es Hans Duschke plötzlich ein, »fahrst auch mit!« Eine Überraschung: Unvermerkt war der alte Malitz auf seinem Stühlchen eingeschlafen, ganz eindeutig überwältigt von den Schnäpsen. »Laß ihn schlafen«, sagte Alfred Leobold mild, »um sieben Uhr legen wir ihn dann ins Auto und nehmen ihn mit, und wenn wir dann draußen sind, geben wir ihm einen Schnaps, dann wird er schon wieder wach, jjaah!« Es klang wie der Laut eines Esels, der seine Eselin davon überzeugen wollte, daß dies schon die beste aller möglichen Welten sei.

Wir saßen dann noch ein halbes Stündchen im ANO-Nebenzimmer herum, und damit Alfred Leobold die Flasche Champagner morgen früh nicht mehr störte, nahm ich hin und wieder ein Schlückchen, bald war sie denn auch leer, und ich wäre beinahe gleich Malitz, der linkerhand von der Kaufhof-Mehrheit träumte, eingenickt. Keine Kundschaft störte den waltenden Seelenfrieden inmitten der Welt des Hochkapitalismus, der scharfen Konkurrenz-Situation gerade auch auf dem Teppichsektor, sieh an, es ging auch so, und am Monatsende hatten doch sowohl Herr ANO als auch seine Seelburger Mitarbeiter Leobold und Duschke ihr Heu heimgebracht, das nenne ich die Humanisierung der Arbeitswelt jenseits der Vorstellungen des DGB, die Vision einer menschenfreundlichen Geldzirkulation im Rahmen der freien Marktw …

»Geht Ihnen das auch so, Herr Duschke?« hörte ich auf einmal Herrn Leobold würgen, »ich vertrag den nimmer so, den Sechsämter. Furchtbar. Ich weiß gar nicht, was das ist.«

»Häh?« Der jetzt gleichfalls in sich versunkene Hans Duschke fuhr hoch, schüttelte ein paarmal den Kopf aus und stellte dann überraschend das Radiogerät auf dem Eisschrank an.

»Sie, Herr Duschke«, bat Alfred Leobold zart und doch mit der rüstigen Durchsetzungskraft des Vorgesetzten, »holen S' noch vier Underberg, gell?«, dann werde es ihm, Leobold, »garantiert wieder besser«. Der Moppel, ich, möge sicher garantiert auch einen, sowieso. Flink und einsatzfreudig sprang Hans Duschke zu Leobold, ließ sich Geld geben und verschwand wiederum hinter Teppichrollen – gleich darauf hörte man eine Art Dialog: Duschkes mächtig durchtrainierte Spiegelberg-Stimme und dazwischen ein fast hilfloses Wimmern. Vorsichtig lugte ich um die Ecke und gewahrte, wie Hans Duschke, mit beiden Armen flackernd, auf ein altes Mütterchen eintrompetete: für heute sei leider geschlossen, man mache hier Vorinventur, und sie solle morgen wieder kommen, jawohl, das Angebot an billigen Teppichfliesen in allen Farben sei momentan besonders reichhaltig. Das Mütterchen greinte nun, es sei extra mit dem Bus hierhergefahren, weil ihr das ANO-Geschäft vom Herrn Betz empfohlen worden sei, es habe hier auch schon seit zwanzig Minuten gewartet, es sei aber keine Menschenseele zum Bedienen gekommen. »Alles klar!« grunzte Duschke, warf Herrn Leobolds Underberg-Fünfmarkstück spielerisch in die Luft und fing es wieder auf, »aber Sie müssen verstehen, liebe Frau, daß wir einmal im Jahr auch die Nase von der Kundschaft vollhaben, ja? Alles klar.« Der Selbstmord eines Teppichverkäufers? War der Mann total übergeschnappt? Nun, mich sollten im ANO-Laden noch viel größere Sensationen erwarten ... Gnadenlos schob Duschke die alte Frau zur Tür hinaus, verschwand selber und kam mit drei Underberg wieder, den seinen habe er schon unterwegs getrunken, »weil die Ampel gerade auf Rot war.« Ich kippte den meinen, bedankte mich etwas verschwommen für den reizenden Nachmittag und trollte mich aus dem ANO-Haus. Jetzt erst sah ich, daß es lindgrün gestrichen war. Bis heute abend also.

Warum sollte ich die beiden aktuellen Genüsse – Sabine und Alfred Leobold – nicht unter einen Hut bringen?

So vielverheißend mein Debut im ANO-Laden – leider geriet der Abend für mich recht konfus. Und dies, obgleich Herr Leobold mit großer Verve und Umsicht seiner Gastgeberschaft nachkam, und ich eine Reihe neuer und teilweise sogar erregender Menschen kennenlernte, so z. B. den bereits angekündigten Kaufmann Arthur Mogger, den Schreiner Adolf Wellner, der außerdem »King-Kong« hieß, Wellners Liebchen, das sie nur »Franz Gans« nannten, angeblich nach einer Mickymaus-Figur, wogegen sie aber anscheinend nichts hatte – ferner die Gastwirtin Wacker Mathild, die später eine so zentrale Rolle in Alfred Leobolds und wohl auch meinem Leben spielen sollte, eine gewisse Grete und gleich zwei Karins, eine formidabler als die andere, und schließlich und am Rande auch eine Frau Ilona Sommer, die mich insofern interessierte, als sie wohl damals sexuell irgendwie an Alfred Leobold hing, was dieser aber nach besten Kräften zu verschleiern und zu unterspielen suchte, gewissermaßen um wenigstens von dieser Seite her keine unangenehme Entartung aufkommen zu lassen.

Und noch andere Gäste mehr. An dieser Stelle fällt mir aber noch ein Motiv ein, das damals entschieden zu meinem vorne angedeuteten sozusagen existentiellen Mißmut beigetragen hat. Ich verstand auf einmal, möglicherweise gefördert durch mein Bummelantendasein, nicht mehr, daß zwar in diesem merkwürdigen Land jeder halbwegs Gebildete um den allgemeinen Niedergang weiß, daß zwar jeder wache Mensch die Verkümmerung aller Dinge tagtäglich am eigenen Leib verspürt, ja daß sich das Volk gleichsam schon damit abgefunden hat – daß aber trotzdem im nächsten Moment der Bundesbankpräsident oder – noch dreister! – der Arbeitsamtpräsident Stingl im Fernsehen dominierend und festlich ihre Schnäbel aufreißen dürfen! Auch heute kann ich es noch nicht recht begreifen, mühe mich aber um eine konstruktivere Sicht der Dinge. Denn im Ernst: als ob da noch irgendwas zu retten wäre! In dieser Nation, auf diesem Globus! Ich bitte, das ist doch ein Widerspruch!

Mindestens ebenso tragisch freilich der Aberglaube, daß gelungene Nachmittage beliebig in die Nacht hinein zu verlängern seien. Ja, der Abend nahm einen recht zweischneidigen Verlauf, auch wenn Sabine erstaunlich wendig den Zweck des Unternehmens begriffen und noch schneller ihr Vergnügen über dies ländliche Divertimento zum Ausdruck gebracht hatte (War ich ihr als Einzelliebhaber schon nicht mehr Mann genug?) – ja, eingangs war sogar noch etwas höchst Förderliches geschehen. Sabine hatte, auf mein Hupsignal hin, ganz überraschend die schöne Susanne mit zum Auto geschleppt, ohne daß sie und die Schwester irgend hätten wissen können, wo hinaus es gehe! Ich hätte also, wäre die strohdumme Landpartie nicht gewesen, einen prächtigen Trioabend mit den beiden inszenieren können, wie immer das ausgesehen hätte! So ein Pech! Immerhin, auch diese Situation war prickelnd und die Erkenntnis angenehm: Susanne wagte sich also erstmals, allgäuischer Verlobter hin und her, unter die Leute. Ein echter Fortschritt.

Auch sie war übrigens mit meiner Programmplanung sehr einverstanden, zuckte wie in seliger Überrumpelung mehrmals mit den Augenbrauen und glitt in mein Auto. So daß ich gleich darauf unter der Pforte der Firma ANO stolz zwei hübsche Weiber präsentieren konnte. Tatsächlich überrieselte mich eine Art fröhlicher Vorahnung: Voilà, die Herren, gehen wir an die Waffen des laufenden Balz-Kampfes!

Leider sollte ich mich überschätzen.

Formvollendet, nahezu graziös und mit der gelassenen Pranke des weltläufigen Kaufmanns erleichterte Alfred Leobold, nunmehr in einem chicen, fast schnittigen Sportanzug, den Frauen den Einstieg in eine auch mir noch weithin unbekannte Gesellschaft, die, wie ich erfuhr, wohl so etwas wie die Kerntruppe der Gastwirtschaft Wacker Mathild bildete. Indessen der fraglos noch betrunkene Hans Duschke, vom Anblick der frischen und erwartungsvollen Frauen auf eine leider ungesunde Art aufgemöbelt, mir schon jetzt zu allerlei Sorgen Anlaß gab. Ich vernahm, wie er, scheinbar verstohlen, aber in Wirklichkeit so laut, daß jeder es bequem hören konnte, auf unseren vierten Mann, der wohl der Fahrer Hümmer Heinz sein mußte, sofort Anzügliches einquallte, wobei sich immer wieder aggressive Brocken wie das Wort »Büchsen« und einmal sogar »vogelwilde Büchsen« abschälten – und kaum waren wir alle richtig im Wagen verstaut, passierte es schon.

Ich war mit Leobold noch schnell Zigaretten holen gegangen, Hümmer saß mit laufendem Motor wartend am Steuerrad, – in der Zwischenzeit mußten sich der Alte und die Morlock-Mädchen rasch nähergekommen sein, denn als ich zu den dreien nach hinten krabbelte, schwallte es mir schon irgendwie obszön entgegen. In der Hektik des Aufbruchs hörte ich nur halb hin, wahrscheinlich erzählte der alkoholbefeuerte Greis, linksaußen bumsfidel hingelagert, den vertrauensseligen Schwestern erotische Schnurren aus seinem »Ehe in Dosen«-Repertoire, es klang wie wollüstiges Grunzen und Nuckeln aus seiner Ecke, vor allem Sabine fand das wohl sehr zum Kichern – und so, aufgeputscht durch Beifall und die zahllosen ANO-Schnäpse, schreckte, kaum war Hümmer gestartet, der zwiefach Berauschte vor dem Äußersten an Gemeinheit nicht länger zurück:

»Warum laßt ihr euch eigentlich vom Moppel ficken? Der Moppel ist kein guter Ficker. Ihr müßt euch vom Winter Erich ficken lassen. Der Moppel ist kein guter Ficker. Niemals! Ich weiß es doch. Der alte Duschke weiß es, ah!«

Was war das? Das Ende der Welt. Das war doch … Ich schaute, den Skandal gleichsam überhörend, geradeaus. Dieser Mann, der sich seit Jahren als mein Freund ausgab, konnte mir, das erkannte ich hier erstmals, zu einem äußerst gefährlichen Quertreiber werden. Der Wille zur Zerstörung bei gleichzeitigem Wissen um die eigene sexuelle Ohnmacht beschwingte ihn, riß ihn hin:

»Oder der Mogger Arthur. Aber nicht der Moppel. Der Moppel kann schön reden, ich kenne ihn doch. Aber ficken …?«

So etwas hatte ich noch nie gehört. Tatsächlich nachdenklich kratzte ich mich am Kopf. Die beiden Schwestern aber, auch das war wunderlich und schummelig wie die ganze Situation, kicherten. Gehorsam und vorsichtig, wie mir schien. Sabine (das würde ich ihr heimzahlen) fast bestätigend – Susanne (das machte sie mir noch lieber) eher schnurrend-gutmütig, freilich, fast möchte ich sagen: mit einem Hauch von Neugier betreffs des Wahrheitsgehalts der Duschkeschen Ungezogenheiten. Und noch seltsamer: Vielleicht hatte auch ich am Nachmittag zu viel getrunken, aber wenn ich ehrlich bin, gefiel mir der ganze bestürzende Vorfall auf einmal, und das damit in Gang gesetzte unterirdische Brodeln stimmte mich auf fast musikalische Art heiter, es war wie die Fanfare einer großen Erwartung, einer lustigen Libertinage ... So oder so: Ungewollt hatte Hans Duschke mit seinen Altherrenredensarten und Schweinigeleien die Bahn gebrochen, hatte mein heimliches Susanne-Programm, das er keineswegs erahnte, ungewollt befördert. Das Thema war nun einmal unleugbar auf dem Tisch – und Duschkes kruder Ton verschaffte mir sogar eine Position kultivierter Distanz und Distinktion. Den Schwestern, besonders der einen, würden so die Augen geöffnet für das doch immer wieder verblüffende Humanitätsgefälle in unserer Gesellschaft...

»Heinz, du fährst gut. Echt gut. Fährst du schon lange? Echt gut. Hast du selber ein Auto?« Damit wechselte Duschke, der jetzt einen rostbraunen Sakko und eine olivfarbene Hose trug, schon Sekunden nach dem Eklat das Thema. Die nächsten Minuten fauchte er, nach vorne gelümmelt, auf den Fahrer ein.

Übrigens war, gleich mir, auch Alfred Leobold auf Duschkes Ausfall mit keinem Wort eingegangen, wie in vornehmem Einverständnis, so daß ich ihn jetzt unbelastet nach dem Verbleib des Greises Malitz fragen konnte. Es stellte sich heraus, daß man Duschkes Schwager nun doch habe heimtun müssen, nachdem dieser, erwachend, aber wohl noch verwirrt, gejammert habe, Einbrecher seien in seiner Wohnung.

»O mei o mei«, rundete Alfred Leobold seinen Bericht vom Nachmittagsausklang mit verhaltenem Humor ab.

Das Auto, in dem wir uns zur Stadt hinausschwangen, war ein beiger, nicht mehr ganz appetitlicher Opel Kapitän SEBG L 295, eine Nummer, von der ich noch träumen sollte. Hümmer Heinz, der Fahrer, war mir als Chemiestudent bzw. als »einer von den Chemiestudenten von der Wacker Mathild« vorgestellt worden – wie sich später erweisen sollte, gab es davon einen ganzen Haufen. Der Mann, der im Profil irgendwie einem Ameisenbären glich, saß sehr einsatzfreudig am Steuer, während Alfred Leobold auf dem Beifahrersitz jetzt still und ergeben auf die nebligmilde Mittelgebirgslandschaft unserer Heimat hinauslugte, sichtlich vollkommen interesselos. Wir huschten dahin. »Da schau«, sagte Leobold einmal und beugte sich kurz zu mir zurück, der ich in ziemlicher Erregung Schulter an Schulter mit Susanne saß, als ein Hase die Bundesstraße überquerte, »prima«. Er zeigte auf den Hasen, drehte noch einmal den Kopf herum und lächelte gewinnend die Mädchen an. »Paßt alles? Ja? Prima.« Dann schwieg er erneut, entfachte eine Zigarette und blies den Rauch weltmännisch durch das kleine Seitenfenster hinaus. Gelassen stieg die Nacht an Land. Die zwei Schwestern hatten irgendeinen unwichtigen Plausch begonnen, und Duschke? Allzu gut gelaunt schien er noch immer, einmal pfiff er stillvergnügt vor sich hin, ein andermal suchte er mit viel Pomp etwas in seiner Jackentasche und ab und zu formte er Behaglichkeitslaute wie »Aah« und »Häh«. Womöglich träumte er von den erotischen Künsten des Erich Winter. Winter ist einer der Unseren und, wie ich seit langem weiß, Hans Duschkes Ich-Ideal für die eigene verblichene und verklärte Triebhaftigkeit. Die Erinnerung des Greisen an sie mußte heute ganz vehement sein, unvermittelt auf der Höhe von Lintach mündete sie in einen Gesang:

»Es waren zwei Königskinder«, krähte der Alte so hingebend wie humoristisch, vielleicht sogar ironisch anspielend auf mich, »die hatten einander so lieb, die konnten zusammen nicht kommen, das Wasser war viel zu tief.«

Wild und zügellos durchfurchte die alte Stimme die Tonskala. Ich kannte die Nummer schon.

»Herr Duschke, Sie, das müssen S' heut abend in der Wirtschaft auch singen.« Anerkennend nickte Herr Leobold seinem Mitarbeiter zu.

»Alles klar, Herr Lääwohl!«

Die Schwestern kicherten, wie wissend, was mir plötzlich ganz reizend erschien. Die erwachende Lust auf die große unbekannte Welt der Männer ...

Im Gasthaus Blödt in Schmidgaden kam es dann zum großen Schweinebratenessen. Alfred Leobold ließ einleitend 21 doppelte

Sechsämter herumreichen, die Gesamtzahl der Gäste, wie Hümmer Heinz in Leobolds Auftrag flink nachgezählt hatte. Ein wahrhaft königlicher Herr, die minderen Aufgaben ließ er durch Dienstbolzen erledigen, genau. Und mit feinem Gespür dafür, daß nach dieser schönen Ouvertüre noch mehr getan werden müsse, die Unterhaltung zu schüren, bestellte Leobold das gleiche noch einmal, anschließend ging er, als das Schwein aufgetragen wurde, zierlich von Tisch zu Tisch, jeden Teilnehmer einzeln zu fragen, ob das Schwein schmecke, ob es richtig angemacht und gewürzt sei, und besonders inständig kümmerte sich dieser vorbildliche Veranstalter darum, daß den Damen immer wieder die köstlichsten Brocken auf die Teller nachgeschoben wurden. Wohl zu diesem Zeitpunkt fing ich an, Alfred Leobold zu verehren.

Er selbst, hörte ich ihn einmal anmutig lächelnd sagen, er selbst esse nichts, er könne »das Zeug nimmer packen«, er versuche aber dann in der Küche der Frau Blödt, ob er ein bißchen Gulaschsuppe »hinunterbringe«, die Frau Blödt richte es ihm her. Und bei dem Wort »Gulaschsuppe« würgte es Herrn Leobold so heftig im Schlund, daß er sich hochwand und, die Hand vor den Mund gehalten, sofort und mit eigenartig stochrigen und doch lieblichen Beinbewegungen dem Saalausgang zueilte.

Wir befanden uns in einer Art Nebenzimmer für kleinere vereinsmäßige Veranstaltungen, wohl auch für Fasching, jedenfalls gab es auch eine Behelfstheke – zum Essen aber waren die Teilnehmer an einem einzigen langen Tisch untergebracht. An seinem entfernten Ende sah man eine kleine Schar junger Männer, die sich nach meinem ersten flüchtigen Eindruck alle sehr ähnlich waren. Das mußten wohl die Chemiestudenten sein.

Jetzt erschien Alfred Leobold wieder, ziemlich bleich und erschöpft, aber vielleicht gerade deshalb listig schmunzelnd. Er trat an mich heran, der ich diesen Abend anscheinend sein Ehren- und Lieblingsgast war, und fragte, ob ich einen Cognac mittrinke. »Genau«, kam Leobold meiner Entscheidung zuvor, »also dann vier Cognac, Frau Blödt«, sagte er zu der mit an den Tisch gebrachten Wirtin, die er dabei auch gleichzeitig wie ängstlich am

Arm festhielt. Und noch einmal, fast flehend, rief er der Frau »vier!« nach. Die beiden anderen Gläser, stellte sich heraus, waren für die Morlock-Mädels gedacht. Ein Kavalier, ein Galantuomo. Der rechte Freund und Begleiter für mich, eine hervorragende Assistenzkraft beim kommenden Weiberaushalten – –

Inzwischen hatte das Fest über das bloße Essen hinaus schon ein wenig zu fluten begonnen, zu beobachten war vor allem eine gewisse Bewegung zwischen Tisch und Behelfs-Büffet, und einmal pendelte Hans Duschke mit grußartig vorgestrecktem rechtem Arm quer durch den Saal auf eine Türe im Hintergrund zu, rüttelte mehrfach an der Klinke, rief »Halt! Stop! Hans Duschke hat sich geirrt!« und fand dann den richtigen Ausgang zur Toilette.

Mehr oder weniger waren die Gäste inzwischen auch einander vorgestellt worden. Ich saß am äußersten linken Tischende, mir gegenüber hatten vorerst Sabine und Susanne Platz genommen, noch weiter rechts der etwa 38jährige Schreiner Wellner, dessen wie abwartende Wucht tatsächlich gewisse Erinnerungen an »King-Kong« weckte, die still-ergebene Frau an seiner Seite war »Franz Gans«. Rechts neben mir befand sich meist Alfred Leobold, zuerst auch Frau Sommer, es folgte das mexikanische Ehepaar Felix und Grete del Torro, dann kam wohl Hans Duschke und neben ihm eine alte Frau mit anhaltend mürrischem Aussehen, das war die Wirtin Wacker Mathild. An der mir entfernten Tischflanke schließlich steckte Heinz Hümmer mit vier anderen die Köpfe zusammen, einer davon hieß wohl Leber Heini, und innerhalb dieser Teilgruppe, die in sich recht stabil schien, sah man noch, fast unauffällig, zwei Mädchen, die beide Karin hießen. Diese Chemiestudentengruppe begann übrigens nach etwa einer Stunde ein Kartenspiel, hörte aber bald wieder damit auf und fiel weiter nicht sehr ins Gewicht.

Pendeln zwischen ihr und fast allen anderen Teilnehmern sah man den mir noch neuen, bulligen und backenbärtigen Kaufmann Arthur Mogger, einen etwa 40jährigen allseits respektvoll behandelten Mann, der vor mühsam beherrschter Lebenslust dauernd zu bersten drohte. Entfernt bekannt schließlich war mir schon ein junger, sehr dicker Fuhrunternehmer, ein gewisser Willi Schießlmüller, der sich gleichfalls vorerst lose im Saal herumtrieb und dabei immer wieder durch wahre Lachsalven auffiel. Nur hin und wieder rieb er sich im Haar und brütete ein wenig vor sich hin, als ob es ihm entfallen sei, warum er so lachte.

»Der Moppel ist kein guter Ficker…« Jetzt fiel es mir wieder ein. Ob die beiden Mädels mir gegenüber es dem Alten abgekauft hatten? Naja, Sabine hatte sich ja schon ziemlich ein Urteil bilden können … Und die andere? … Adrett sahen sie aus, nebeneinandersitzend, ununterbrochen Zigaretten schmauchend, die unschuldigsten erotischen Ströme aussendend, saugend die Faszination des schillernden Lebens…

Ein doppeltes Gottesgeschenk aus dem Försterhaus!

Bittere Erfahrung, wie rasch gerade die beiden mir den größten Kummer bereiten sollten; aus unterschiedlichen Gründen. Sabine, dieser junge Grashüpfer, trank plötzlich, sehr verärgert beobachtete ich es, mehrere Schnäpse hintereinander, in eiliger Folge kredenzt von dem Fuhrunternehmer Schießlmüller – den vierten gar im Duo an der Behelfstheke, und machtvoll drangen die Lachkadenzen dieses Mannes von dorther an mein Ohr. Daß Alfred Leobold Sabine sofort darauf noch einen fünften Sechsämtertropfen aufschwätzte, versöhnte mich ein wenig – überhaupt schien der Mann an dem Kind einen Narren gefressen zu haben, ganz eindeutig deshalb, um mich so zu ehren, gewissermaßen unsere neue Freundschaft durch ein Drittes, Synthetisches zu sanktionieren und noch mehr aufzupäppeln, durch den in Sabine bildhaft gewordenen Geist der immerwährenden Jugendkraft auch gerade für uns alte Narren, eine verschworene Gemeinschaft all derer, die es irgendwie gut meinen – – –

Mit solchen Gedanken tröstete ich mich eine Weile und führte nebenher jetzt scheinbar herzhafte Gespräche mit Grete und Felix del Torro, die mich wohl beide, vielleicht mit dem Schweinebraten als Katalysator, liebgewonnen hatten, bezwungen vielleicht auch vom Charme der Leoboldschen Festgestaltung. Das Ehepaar erzählte mir dies und jenes aus dem hiesigen Offiziersleben, insgeheim aber beobachtete ich mit großem Mißbehagen, wie der Fuhrunternehmer Schießlmüller an der Theke schon wieder und mit jetzt schon brutal besitzergreiferischer Freizeitmiene auf mein Bräutchen einbalzte und einrumorte, zusehends rücksichtsloser, was sie, die blöde Gans, nicht nur zu trostlos blindem Gelächter, sondern sogar zu den nervösesten Körperzuckungen veranlaßte. Und wie sich ihr Leib bog! Das dumme Ding muß sogar selber gespürt haben, daß ihr Wiehern zu weit gegangen war: denn plötzlich flitzte sie von ihrem Simpelsfranz weg zu mir an den Tisch zurück und fuhr mir gleichsam aufmunternd durchs Haar – wie um zu sagen, das Leben sei doch schön bzw. das sei nun mal der Welten Lauf.

O Rindvieh, junges!

Was meinen Ärger in Gram vorantrieb, war aber niemand anderer als die unschuldige Susanne, die mir schräg gegenüber saß und seit einiger Zeit von dem sogenannten Kaufmann Arthur Mogger auf sehr lästige Weise umzingelt wurde. So daß ich irgendwie vollends auf dem Trockenen saß, ich, der vorher noch so stattlich zwei Weiber ausgepackt hatte! Mogger saß geduckt neben der Schönen, leierte anscheinend ein paar Anekdoten aus der Kaufmannspraxis herunter – sie hörte fast andächtig mit leicht gefalteten Händen zu und lächelte so beifällig wie keusch, kaum wandte sie den Kopf zu dem lauernden Kaufmann, kein Vergleich zu ihrer öden Schwester! Sicher, auch sie, Susanne, nahm zwei-, dreimal ein Schnäpschen, angedient aus des Kaufmanns Gier, dankbar und huldreich lächelnd entgegen, aber – wunderbar, ich wurde darüber fast schwermütig! – welch eine unnahbare Würde, welch jungmädchenhafte Contenance, welch eine kühle, uns gewöhnlichen Sterblichen unerreichbare Bellezza im zitronengelben Hosenanzug! Und mir war dieses tollwütig herumhüpfende Nichts an Sabine zugeteilt worden, Sabine, wenn ich den Namen bloß schon hörte! Sabine, die mir jetzt plötzlich, da ich doch ihre Schwester im Auge hatte, so töricht und gedankenlos am Schenkel herumstrich, ja und dann wollte sie gar noch einen Kuß oder dergleichen. Es war die bekannte klebrige Verliebtheit angetrunkener Frauen.

Mit grämlicher Miene gelang mir, dem auszuweichen. Sie muß meine Gereiztheit gespürt haben: »Was ist? Hm?«

Diese kurzen Gedanken! »Nichts«, schmollte ich weiter und gewann augenblicklich Kraft aus dem Genuß.

»Du?« Wie ein Uhrpendel schüttelte sie den Kopf, so daß die Haare hin und her flogen, wahrscheinlich hatte sie das im Werbefernsehen gelernt: »Sehen wir uns morgen?«

Eine kuriose Frage. Und zum ungeeignetsten Zeitpunkt! »Wieso? Natürlich.« Ich geriet ins Schwimmen. War das nicht sogar echte Wärme, die aus ihr redete?

»Naja nur so. Ich will dich morgen sehen.« Sie biß sich in die Lippe, malte einen Kreisel auf meinem Knie und äugte dabei fast fromm, wie mondverklärt zur Zimmerdecke: »Ich will dich morgen unbedingt sehen.« Sie trällerte geradezu.

»Einwandfrei«, hörte ich in diesem Augenblick hinter meinem Rücken Alfred Leobold smart zu Felix del Torro sagen, und in der nächsten Sekunde einen kurzen heftigen Lustschrei aus dem Sektor der Chemiestudenten. Da stand für mich fest, und gerade Sabines anschmiegendes Verhalten war es, was jetzt meinen Entschluß gegen eine bösartige weiche Weinerlichkeit durchsetzte: Bei nächster Gelegenheit, koste es, was es wolle, und unter Wahrung aller Formen würde ich mich auf die Seite der braunen Schwester schlagen und die Geliebte wechseln, dieses kostbare junge Weib mußte her, dieses Naturtalent an lässig aufreizender Laszivität, dieses elementare Försterskind, dessen schlummernde Energien unermeßlicher Wollust ja praktisch nur noch durch geschickte Anleitung zum Erwachen gebracht, angestupst werden mußten – bereit, den Bräutigam zu empfangen, saß dies hoch-holde Wesen ja bereits faustdick vor mir und zupfte sich ab und zu, während Arthur Moggers dunkel lodernder Blick sich minutenlang in ihre enganliegenden Hosen bohrte, in entzückender Verspieltheit, in der süßen Befangenheit der Jugend am lockig herabperlenden Braunhaar – –

Welch ein merkwürdiger Abend! Alfred Leobold hangelte sich jetzt – frisch gestärkt sah ich genau zu – von der Schulter Grete del

Torros, auf die er wie gewichtlos seine Hände gestützt hatte, weiter zur Schulter der alten Mathild Wacker, um auf deren Buckel abermals von hinten seine Hände gleiten zu lassen. In dieser Stellung sah man die beiden eine Weile in vertrautem Gespräch, vor ihnen konnte man Duschke und den Schreiner Wellner erkennen, die über den Tisch ein scheinbar ruhiges und sachliches Gespräch hatten – auffiel mir, abgesehen von seiner zart abgeklärten Lautlosigkeit, nur, daß Duschke sein Bierglas immer wieder bis zum Mund führte und es doch im letzten Augenblick wieder sinken ließ, weil ihm ein neuer Gedanke einfiel. Schön, wie der Wille zum Gespräch vorübergehend sogar den Durst in die Schranken wies! Einmal lüftete Duschke sein Glas gar zwölfmal, ohne zu trinken.

Ja, das Fest war inzwischen zügig fortgeschritten und wohl ein allseitiger Erfolg. Die Bratenreste wurden weggetragen, bei welcher Gelegenheit sich Alfred Leobold nochmals überall und vor allem bei allen Damen erkundigte, ob das Fleisch auch gelangt habe. Dabei mußte er sich eines ziemlich täppischen Zärtlichkeitsversuchs von Frau Sommer erwehren, einer nicht unbedingt einnehmenden, schwer parfümierten und schwarzaufgemachten Person, die Leobold aber letztlich doch mit einem Schnaps kühl abspeiste. Im nächsten Moment vergaß er auch die beiden Karins nicht, bevor er schließlich eine offene Flasche Champagner vor mich hinstellte und schwer lächelnd neben mich rückte. Da begann er eine Geschichte zu erzählen, offenbar seine Pointe des Abends und ein Geschenk an mich, Sabine und Susanne persönlich, was vorübergehend sogar den Nichtsnutz Mogger zum Schweigen zwang.

Es habe da nämlich, begann Leobold und ließ seinen Zeigefinger heiter gegen ein Sektglas schnellen, – es habe da kürzlich eine Stammtischrunde namens »D' Gipfelstürmer« aus der »Glückauf«-Wirtschaft des Baumann Heiner eine Expedition in das Dorf Pursruck unternommen, nämlich »der Käsewitter Otto, der Widder Franz und der Bauer Franz«, und dort sei also – »o mei, o mei«, versinnlichte Alfred Leobold mehrfach die Gewalt des Einbruchs dieser Gipfelstürmer – tüchtig, ja »unglaublich« gezecht worden, nämlich zusammen 63 Maß Bier (»unglaublich!« wunderte sich hier auch Mogger und patschte mit der flachen Hand leicht gegen die Tischkante) – 63 Maß Bier, wiederholte Leobold mehrfach und zwinkerte allen fast listig zu, und auf der Heimfahrt hätten dann die Gipfelstürmer also das Kommando über das Fahrzeug verloren und man sei alle Mann hoch in einen Acker gerauscht, wo sich das Auto auch überschlagen habe – das Ganze, steuerte Leobold emsig dem Höhepunkt seiner Geschichte zu, sei dann vor Gericht ausgetragen worden, und dort habe dann Käsewitter Otto, ein pensionierter Polizist, zum Richter, auf dessen Frage, wie denn das alles habe passieren können, gesagt: »Sie, Herr Richter«, habe Käsewitter gesagt, »Sie, Herr Richter, da hätten S' dabeisein müssen, da ist's vielleicht rundgegangen!« – er, Leobold, habe bei ANO freigenommen, »weil mich das interessiert hat«, sei er, Leobold, hingegangen. »O mei, Herr Richter«, habe Otto Käsewitter gesagt, wiederholte Alfred Leobold noch zweimal die Pointe seiner gelungenen Anekdote, »da hätten S' dabeisein müssen, Herr Richter«, beharrte Leobold und schmunzelte uns Zuhörer verständnisinnig an, »da ist's vielleicht rundgegangen! Genau.«

Mir fällt auf, daß Herr Leobold zu dieser Geschichte seinerzeit etwa 20 Minuten gebraucht hatte, während ich sogar bei der Niederschrift in 7 Minuten fertig bin. Jedenfalls sei dieser Käsewitter heute 65 Jahre alt und »ein ganz prima Kerl«, erläuterte Leobold warm, und er sei im übrigen auch der gewesen, der ihn, Leobold, bei seinem damaligen Prozeß gegen seine erste Frau, »die Drecksau«, wechselte Leobold erstmals und recht überraschend die Tonart, lächelte aber gleichbleibend grazil, entlastet habe.

»Alfred!« bellte hier plötzlich Arthur Mogger hart dazwischen, »ich sage dir, Alfredl, da hast ein unwahrscheinliches Glück gehabt, Alfred, daß der Käsewitter Otto damals zu deinen Gunsten ausgesagt hat, sonst hättest kein Land mehr gesehen, Alfred, das sag ich dir auf den Kopf zu, Alfred!«

»Genau, Arthur«, antwortete Alfred Leobold nachdenklich und nippte, sichtbar von seinem Vortrag ermüdet, an seinem Sechsämter.

Von Hans Duschke erfuhr ich ein paar Tage später in der »Gradl-Wirtschaft« den Verlauf dieses seinerzeit fast sensationellen Prozesses zwischen Herrn und Frau Leobold und seine Hintergründe, die auch für den Fortgang meines Romans und seine psychologische Ausleuchtung von erheblicher Bedeutung sein sollten: Alfred Leobold hatte also bis vor zwei Jahren, damals noch als Abteilungsleiter auf dem Gardinensektor der Firma Meßmann in Seelburg, eine wunderschöne Frau gehabt (»Klasse-Büchs, ehrlich!«, wie Duschke es umriß), diese aber im Zuge eines sehr freien, ja ausschweifenden Nachtlebens so sehr von sich entfremdet, daß es schließlich irgendwie zur Scheidung gekommen war, obwohl schon zwei Töchter im Alter von sechs und neun Jahren dagewesen waren. Vom Zeitpunkt aber der Ehescheidung an hatte Leobold erst, immer nach Duschkes Angaben, seine eigentliche Liebe zu dieser »Drecksau« entdeckt, hatte sie wohl auch verschiedentlich zur Wiederverheiratung aufgefordert, aber, obgleich sich nun Leobold rührend (»rührend, rührend!« schrie Duschke hingebungsvoll) um die beiden Kinder gekümmert hatte, war nun diese Erika hart geblieben, so daß ihr wohl (flüsterte Duschke bedenklich) Alfred Leobold verschiedentlich aufgelauert und dies und jenes gedroht hatte. Die Frau war dann, berichtete Duschke und gab ein neues Weizenbier in Auftrag, in eine andere Wohnung und Wohngegend gezogen, und eines Tags war ihr vor dem Haus geparktes Personenauto von fremder Hand angezündet worden. Der Verdacht hatte sich naturgemäß gegen Alfred Leobold gerichtet, das ganze unerklärliche Geschehen war auf Anzeige der Gattin hin vor Gericht aufgerollt worden, und obgleich mehr als genug für die Täterschaft Leobolds gesprochen hatte, war dieser – in dubio pro reo – freigesprochen worden: weil er nämlich zur Tatzeit in der Gaststätte »Glückauf« gewesen sei und somit ein Alibi hatte. Nun konnte zwar vor Gericht nicht verschwiegen werden, daß Leobold gerade zur Tatzeit die »Glückauf«-Wirtschaft »kurz« verlassen hatte, und hier nun waren die Aussagen der Zeugen weit auseinandergegangen: Während der frühere Fußball-Amateurnationalspieler Rudolf Zeitler der Meinung war, es könnte vielleicht eine Viertelstunde gewesen sein, und außerdem erinnere er, Zeitler, sich, mit Leobold auf dem Klosett sogar eine Unterhaltung über die derzeitige Misere des FC Seelburg geführt zu haben, konnte die Wirtin, Bettl Baumann, nicht ausschließen, daß Herr Leobold vielleicht doch eine halbe Stunde weggewesen sei. So daß alles an einem seidenen Faden gehangen hatte, und allein die Aussage des gut beleumdeten ehemaligen Polizisten Otto Käsewitter Alfred Leobold seinerzeit vor den Gefängnismauern bewahrt hatte. Dieser Käsewitter hatte aber unter Eid bezeugt, daß Alfred Leobold höchstens fünf Minuten »draußen« gewesen sei, weil er, Käsewitter, nämlich genau so lange für ihn beim Kartenspielen »aufgehoben« habe, er sei, wie Käsewitter sogar gesagt haben soll, an diesem Abend »nur Brunzkarter« gewesen, – und jedenfalls in fünf Minuten konnte ja Alfred Leobold unmöglich in einen ganz anderen Seelburger Stadtteil gefahren sein und dabei auch noch ein Auto angezündet haben, so daß die Aussage des Gipfelstürmers Käsewitter Herrn Leobold aufs angenehmste entlastet und das gewünschte Alibi verschafft hatte.

Dies alles, wie gesagt, erfuhr ich erst Tage später aus dem Mund von Hans Duschke, der mir auch mit einem schon übertreibend listigen Grinsen zu verstehen gab, wen er, trotz Käsewitter, hier für den einwandfreien Täter hielt bzw. für den, der hier »Scheiße gebaut« hatte. Und frei herauslachend bestellte der tückische Greis von der Bedienung Uschi der Gradl-Wirtschaft »ein Zwetschgenwasser, Engel, aber bitte nicht zu pflaumig!« – –

Immerhin bildete Leobolds Bericht über die letzte Glanzleistung des Käsewitter den mir bisher angenehmsten Teil des Fests. Dessen Rest geriet leider wieder reichlich unübersichtlich. Hans Duschke, der nun schon seit fast einer Stunde ganz manierlich auf seinem Stuhl gesessen und nur ein paarmal leidenschaftlich mit seinem Hintern hin und her gewedelt war, sprang auf einmal auf, säbelte mit den Armen in die Luft, als ob er gleich Rumpelstilzchen sich selber zerreißen wolle, und brüllte glühend:

»Und ich schwöre dir, Adolf, wenn Strauß Bundeskanzler wird, ich schwöre dir, dann gehe ich hin, da geht Hans Duschke eigenhändig hin und schießt ihn eigenhändig tot. Der Strauß ist eine politische Sau, eine Sau ist das! Ehrlich!«

Duschke stand noch immer, röchelte wie asthmatisch und setzte sich dann wieder hin, fuchtelte aber nochmals drohend mit dem Zeigefinger. Gleichzeitig vollzog der bei Duschkes Rede mit verschränkten Armen trotzig vor sich hinstarrende Schreiner Wellner eine wohl abwehrende und Lächerlichkeit signalisierende Handbewegung:

»Ach was!«

»Was: Ach was? Adolf!«

»Der Strauß ist für mich … du hast ja keine …«

Der furiose Alte sprang erneut ein wenig hoch, ließ sich aber wieder zurückfallen und ballte statt dessen die Faust:

»Was? Ich frage dich. Was bist du? Eine Sau! Halt! Hans Duschke berichtigt sich. Du nicht! Der Strauß ist eine Sau!«

Sogar in der Ecke der Chemiestudenten wurde jetzt ein gewisses heiteres Interesse wach, und eine der Karins nahm ihre Hand von der schmalen Schulter Leber Heinis. Der Schreiner aber machte ebenso nervöse wie angewiderte Gesten des Zahlen- und Heimgehwollens und tupfte deshalb »Franz Gans« auf den Kopf.

»Ein Mörder!« fuhr Duschke bebend fort und wartete, außer Atem, die Wirkung seines Wortes ab. Ab jetzt machte der Schreiner den Eindruck, als ob er die größten Hoffnungen in seine Fäuste setzte:

»Weißt du, was du für mich bist? Für mich bist du blöd. Blöd bist du. Mörder? Blöd.« Der Schreiner, mindestens so erregt wie Duschke, zudem unsicher in der schwierigen Materie, auf die er sich da eingelassen hatte und die wohl seine Kräfte überstieg, nahm einen symbolischen Schluck Verachtung in sich auf. »Franz Gans« lächelte neutral, vielleicht leis schauernd, und trank dann ruhig gleichfalls vom Bier.

»Jawohl, ein Mörder, ein Mörder!« beharrte Hans Duschke mit noch immer tödlichem Feuer, »ein Mörder!« Vernehmlich klammerte er sich jetzt, wie an einen rettenden Halm, an sein eigenes Gewäsch: »In Deutschland gibt es pro Jahr 500000 oder wegen mir 18000 Selbstmörder, ist ja scheißegal, die alle der Strauß auf dem Gewissen hat. Jawohl!«

»Wieso?« wunderte sich aufrichtig der Schreiner Wellner, »inwiefern?« Und er verlieh seinen holzgeschnitzten Gesichtszügen sorgsam den Ausdruck politischer Wachsamkeit.

»Weil, weil«, schwappte Duschkes Stimme mit brechender Kraft noch einmal über und verlor sich ins Rauchige, »weil der Strauß die Arbeitslosigkeit will, weil er die Rezion, die Rezession, die Rezion will, weil er alle Leute kaputtmacht, Hans Duschke weiß es, du Arsch! Adolf!«

Das Rauschen des Lebens auf dem Lande. Schnaps und noch immer Schweinebratensoße geisterten durch die brühwarme Luft. Ich wollte gerade dazu ansetzen, Duschkes verwegenen, wenn auch wohl nicht ganz dummen Gedankengang zu modifizieren, doch behend kam mir Alfred Leobold zuvor:

»Sie, Herr Duschke, geht in Ordnung, haben jetzt Sie vorgestern eigentlich die Lieferung nach Schwend fertig gemacht?«

»Ääh?«

»Die Lieferung nach Schwend.« In Leobold Stimme lag nun tatsächlich etwas wie graziöser Spott. »Zum Storg. Die 8 Meter 50. Sie, Herr Duschke, kommen S', trinken wir einen Schnaps an der Theke, gell!«

»Ah, Herr Leobold!« Wie erwachend und freudestrahlend flutete der Greis aus der politischen Dimension wieder ins Alltagsleben zurück, vielleicht auch beim Anblick Leobolds die Gefahr möglicher Arbeitslosigkeit vergessend. »Jawohl, Herr Leobold! Ehrlich!« Und fast innig führten sich die beiden Teppichhändler wechselseitig vom Tisch weg, und gleich drauf hörte ich wie aus raunender Ferne abermals und mehrfach jene drei klassischen Vokabeln, die ich vom ANO-Laden her schon so gut kannte und die mir während der nächsten 14 Monate so unerklärlich viel Freude bereiten sollten: »Prost, Herr Lääwool!«

Sehr schön. Und Zeit und Muße für mich, erneut und jetzt beinahe gelöst Susanne zu betrachten und zu studieren. Sehr sehr schön. Es mußte einfach gelingen.

Kurze Zeit später fand ich mich gleichfalls an der Theke der Blödt-Wirtschaft wieder. Hier erfuhr ich von Duschke und Leobold, daß der Name der Teppichfirma ANO von einem Augsburger namens Alfred Nock herrühre, dem nämlich eine ganze (»mußt dir vorstellen«, erläuterte Herr Leobold apart) Kette von ANO-Teppichläden in der gesamten Bundesrepublik gehöre, »bis rauf nach Fulda, o mei«, sagte Herr Leobold, irgendwie andächtig und abschätzig zugleich. Ich erinnere mich ganz genau, daß mir in diesem Augenblick sofort eingeleuchtet hatte, warum Alfred Nock ausgerechnet Alfred Leobold als Seelburger Vasall engagiert hatte. Die pure Namenssympathie! Solche Erstaunlichkeiten sind ja in unserem angeblich so durchrationalisierten Wirtschaftsgeschehen nicht außergewöhnlich, ja gewissermaßen die Würze, und sie widerlegen meiner Ansicht nach schlüssig das Schauermärchen vom unmenschlichen Unternehmer …

Später trat auch noch der Kaufmann Arthur Mogger zu unserer Thekengruppe, und genau im gleichen Augenblick saß auch bereits Schießlmüller bei Susanne, während Sabine überhaupt nicht mehr zu sehen war – und Mogger wandte sich sofort und mit schneidender Ernsthaftigkeit an Alfred Leobold: Das Geschäft mit den von ihm aufgekauften und renovierten »Bauernschränken für die Blödl aus Baden-Württemberg« laufe gegenwärtig so »exzellent, ehrlich, Alfred, ehrlich«, daß er mit dem Gedanken spiele, zusammen mit ihm, Leobold, alte (»Bauernseufzer nach El Salvador«, dachte ich in Sekundenbruchteilen träumerisch, aber nein:) Spinnräder und Webstühle aufzukaufen »für ins Ruhrgebiet«, nur müßte er, Mogger, dazu morgen (und an dieser Stelle des Satzes steckte sich Mogger grandios eine Virginia-Zigarre in Brand) das Telefon des ANO-Teppichladens benützen dürfen und ob er, Alfredl, ihm, Arthur, für eine Geschäftsreise seinen Opel Kapitän leihen könne, wenn er »die Ganoven da droben« besuche, »damit es besser ausschaut«.

»Sowieso, Arthur.« Plötzlich und eilig taperte Leobold von der Theke weg und kam mit Susanne und dem Fuhrunternehmer Schießlmüller wieder, geradezu strahlend. Die beiden sollten auch

»einen Schnaps noch mittrinken« oder Sekt, soviel sie möchten, »jederzeit«.

War es mir eigentlich vorbestimmt gewesen, daß ich einst meine Jus- und Musikstudien abbrechen mußte? Da ich ja doch eines Tages mit den Kaufleuten Leobold, Mogger und Schießlmüller an der ordinärsten Theke der Welt landen würde? Im Sog des universalen, vor nichts haltmachenden, tollwütigen Trinkzwangs?

Ich leugne es nicht, mir gefiel's.

Schießlmüller deutete wortlos auf ein Schnapsglas, anscheinend hatte ihn seine sinnlose Balz erschöpft, selbst das Lachen fiel dem schwitzenden Mann jetzt schwerer. Nicht ohne Rankküne zerrte ich ihn in ein Gespräch, fast souverän, wie ich mich wieder fühlte. Ein »prima Abend« sei das heute gewesen, zitierte ich wohl erstmals Alfred Leobold.

»Ja. Prima.« Schießlmüller dachte nach und schnitt eine kleine Grimasse des Ekels. Dann hatte er's: »Ich geh überall hin, wo was ist.«

Ich ließ ihn weiter zappeln.

»Wenn ich Durst hab, trink ich. Sicherlich.«

Deutlich versuchte er von seiner Einmischung in meine erotische Sphäre abzulenken. Sabine war noch immer nicht zu sehen.

»Sicherlich ...« Erneut suchte er nach Worten.

Ich blieb hart. Dem Tölpel fiel partout nichts mehr ein. Selbst die wenigen Gedanken, die dieser dicke Schädel zu erzeugen vermochte, waren für heute zur Ruhe gelegt. Witterte das der Veranstalter?

Mit einer eleganten Körperwendung gesellte sich Alfred Leobold zu unserer Unterhaltung und erlöste den Fuhrmann: »Alles in Ordnung, Willi? Was macht dann dein Ausfahrer, der Zebrowski Paul? Mensch, du schwitzt ja, Willi!«

Tatsächlich mußte sich Schießlmüller aufstützen. Nein, jammerte er stiernackig, es sei dies nur ein vorübergehender »Gehirnschwurbel«, das vergehe wieder, er lege sich nur ein wenig in sein Auto draußen, »das vergeht wieder, sicherlich«. Und noch während sich der Kranke aus dem Hause tastete, muß es den alten

Unhold Duschke erneut überkommen haben. Abermals, ein zweites Mal an diesem Tag, ließ er alle Schranken sausen – wie weggeblasen Strauß und Arbeitslosigkeit:

»Hör mal, du!« krähte er plötzlich Susanne, mit der er sich wohl schon ein Weilchen unterhalten hatte, an und patschte sie gegen ihr Ärmchen, »hör mal, du bist eine wunderbare Sau!«, und jetzt wurde sein Ton sogar ein wenig jaulend, »weißt du das eigentlich, daß du eine wunderbare Sau bist? Ich frage dich! Ehrlich!«

Hart trieb der Kopf in Richtung auf die Frau, der Körper Duschkes lagerte dabei irgendwie schief. Von der Seite her sah Herr Leobold zart und traurig an seinem Untergebenen vorbei, klug zog er es wohl vor, zu resignieren: Duschke hatte sich nun mal offensichtlich vorgenommen, heute seiner Alterswildheit freien Lauf zu lassen.

»Ich meine es gut«, der Ton des greisen Teppichmanns glitt noch mehr ins Weiche und Winselnde, hörbar versuchte er die Kurve ins Menschlich-Anmutige zurückzufinden: »Deine Schwester nicht so. Aber du bist eine wunderbare Büchs. Eine wunderbare Sau!«

Von der Sau kam er einfach nicht los. Sie fiel schlicht und psychologisch reizvoll vom Abendessen auf Franz Josef Strauß und von dort auf Susanne, die, jetzt sah ich es, gleich wie symbolisch nur ein winziges Stück von Duschke zurückwich, ein wenig erstaunt, aber kaum vorwurfsvoll lächelnd – während Duschke sich doch tatsächlich die Lippen leckte! Arthur Mogger, auch dies vielleicht nicht unwichtig, wirkte wie ein neugieriger, verständnisvoller Zuschauer.

»Ehrlich, du …« Duschke drohte erneut auszuholen.

Wenn mich nicht alles täuschte, befand ich mich hier immerhin in einer Art Beschützerrolle:

»Hör mal, Hans«, ich ging einen Schritt auf ihn zu und nahm wahr, wie Susanne geradezu enervierend ihr flaches Bäuchlein nach vorne schob, »du bist ja wohl nicht mehr ganz richtig, du kannst doch nicht fremde …«

Hier nickte auch Mogger. In der Ferne lachte eine Karin auf.

»Eine wunderbare Sau!« Jetzt rief es der Alte entschlossen, quasi definitiv. Blind sog er drei Schluck Bier in den grauen Kopf. Wieviele Stunden trank der Teppichgreis eigentlich schon vor sich hin?

»Hör mal, Hans«, hob ich erneut und schon etwas hoffnungslos an; ich versuchte mir sogar ein drohendes Aussehen zu geben: So gehe es doch einfach nicht, er, Duschke, glaube wohl, als alter Mann im Rausch genieße er die volle Narrenfreiheit, so aber hätte es Shakespeare sicher nicht gemeint usw. – aber Duschke hatte die Zügel längst wieder in der Hand:

»Moppel«, raunte er plötzlich mit der abgeschattet umflorten Stimme, wie sie nur unseren erhabensten Weisen zu Gebote steht, »Moppel«, und jetzt tastete er sogar mit seinen Fingern an meinen Puls und führte mich einen Schritt zur Seite, »wir sind gute Freunde. Du mußt verstehen – und die Büchs versteht mich«, deutete der Alte auf Susanne und tippte mit der anderen Hand sein Ohr, »du mußt verstehen, ich habe als alter Mann auch meine Probleme. Ah! Eine wunderbare Büchs-Sau. Ich habe Probleme«, flüsterte Duschke fast andachterheischend leise, »Probleme!« wiederholte er nun gellend, »verstehst du mich bitte!«

Blitzartig tätschelte er Susanne drei- viermal an der Schulter – das erstemal meines Wissens, daß einer es wagte! »Hah!« schnaubte er dann zufrieden durch, »der alte Duschke macht das schon.«

Was meinte er damit? Gleich darauf streunte Sabine in den Festsaal zurück, hinter ihr aber wackelte der große dicke Transportunternehmer her und wischte sich mit der Hand über die verschlafenen und verklebten Augen. Sabine steuerte sofort an meine Seite, gleich als ob sie genau wüßte, wohin sie letztlich doch gehöre. Auch der Transportunternehmer gesellte sich wieder zu uns und wußte wohl für den Augenblick nicht genau, wo er war. Er habe im Auto »ein Gesetzl« schlafen wollen, sabberte er und schüttelte den giftblonden Kopf, aber es sei nicht gegangen, »wegen dem Schwurbel im Kopf, im Hirn oder wo«. Sein vorher so entschlossener Blick auf die kleine Morlock war gebrochen, belästigte mich nicht länger.

»Arthur, Prost!« Das war Leobold, munter und kalmierend zugleich. Töricht, wie ich gelegentlich bin, fühlte ich jetzt einen Haufen von dämlicher Rührung auf mich einbranden. Über Hans Duschke, Sabine, Susanne und Alfred Leobold sowieso. O Gott, warum umhalste ich nicht gleich auch noch in einem Aufwasch den Kaufmann Mogger?

Ein großer Tag. Über allem lagerte gleichsam und noch immer die menschliche Wärme und Sonnigkeit Alfred Leobolds, die ich heute hatte kennenlernen dürfen, von der ich bereits bezaubert, wenn nicht verzaubert war. Welch ein Tag! Und dies mitten in der Woche, während alle Welt vor dem Fernseher darbte! ... Etwas anheimelnd Fettiges, Schweißiges auch fesselte diese heitere Gesellschaft zusammen, diese Kaufleute, diese hinreißend geschlechtsreifen Frauen, diese Chemiestudenten, welche letzteren mir schon von dieser ersten lockeren Begegnung her als eine besonders verhärmte und verquollene und dabei unheimlich ruhige Gattung in der Erinnerung haftenblieben, etwas faszinierend Beseligendes und zugleich auch Bedrohliches ging von dem allen aus ... Alles war so ambitionslos ... oder war ich nur kräftig betrunken?

Genug fürs erste! Ich machte den beiden Schwestern klar, daß ich nun nach Hause wollte. Alfred Leobold brachte hier erneut, wenngleich mit wohl auch schon schwindender Kraft, die »Eichenmühle« samt Ami-Lightshow ins Gespräch. Sabine, daran erinnere ich mich, jauchzte buchstäblich auf, und ich wäre wohl auf verlorenem Posten gestanden, hätte sich nicht Susanne vom Gravitationsreiz der Nacht gelöst und an meine Seite geschlagen – o Himmel, was für ein Metaphernsalat! Jedenfalls stand dann plötzlich ein Taxi bereit, offenbar hatte ich es selber bestellt. Mit letztem Einsatz kredenzte Alfred Leobold drei neue Piccolo-Sektchen, seine Abschiedsreverenz vor meiner Person und dem Schwesternanhang an diesem Tag. Ein Herr.

»Paß auf, Moppel«, hörte ich ihn halb im Traum sagen, »kommst morgen wieder zum ANO, da machen wir dann alles wegen dem Billardspielen in Köfering ...«

»Geht in Ordnung, Alfred«, antwortete ich tadellos.

Im Hof der Gastwirtschaft lauerte das Taxi. Irgendwie war aber der Fahrer nun noch nicht da, sondern kurz in der Küche verschwunden. Wir mußten warten. Der Märznacht lindes Wellenschlagen trug zitterndes Grauen mit sich. Die beiden Schwestern davor zu beschützen, stellte ich mich malerisch zwischen sie. Fern bellte ein Hund auf, tatsächlich antwortete mit drei verwegenen Schlägen die Kirchuhr. Meine Heimat.

»Mensch, Arthur!« hörte man die Stimme Hans Duschkes aus dem offenen Pissoir-Fenster seitwärts jammern, »ihr habt immer die Büchsen. Und ich alter Mann hab nichts. Was?« Der Greis atmete rauh auf. Was Mogger antwortete, war nicht zu enträtseln.

»Arthur! Verstehst du mich bitte! Nichts. Chrrn. Gebt doch mir altem Mann auch mal was zum Ficken! Arthur!«

5

Im Geist eines noch jungen Mannes aus gutbürgerlicher Familie fällt die Vorstellung des im Marcuseschen Verstand befriedeten Lebens weitgehend mit der Vorstellung einer sinnvollen, nicht unbedingt revolutionären, aber doch gesellschaftlich nützlichen und fortschrittlichen Tätigkeit zusammen. Daran gebricht es mir bis heute, seit meine erhoffte juristische oder musikwissenschaftliche Karriere vernichtet wurde – die Zusammenhänge habe ich vorne angedeutet. Die Melodie meines Lebens, bis dahin ein wahres Mozart-Allegro, ist seither die der – nein, eben nicht so sehr der Langeweile, sondern vielmehr einer Verdrossenheit, einer Hypochondrie, besser: einer Idiosynkrasie, aber auch das stimmt nicht ganz im wissenschaftlichen Wortsinn. Hans Duschke bezeichnete es einmal nicht übel als das »Uuaaääh-Gefühl« (so etwa seine lautmalerische Darstellung) – ich möchte es an einem Beispiel erklären:

Ich meine, wenn ein Politiker, der Fraktionsführer Carstens, sich vor dem Bundestag dafür einsetzt, daß jetzt wieder öfter das Deutschlandlied gesungen wird, und er dann – wörtlich! – sagt, wir sollten »offen und geschlossen« zu den Brüdern in der DDR stehen; wenn andererseits ein Reporter bei der Fußballweltmeisterschaft rügt, das Spiel unserer Mannschaft sei »zu eng, zu weit«; wenn drittens ein Kindskopf wie die liedersingende Frohnatur Scheel plötzlich Bundespräsident wird; wenn all dies und ähnliches tagtäglich dick und feist auf uns einlärmt und einqualmt – dann kann ich nicht umhin, der These der Baader-Meinhof-Gruppe, dieser Staat weise eine »menschenvernichtende Tendenz« auf, gewisse Sympathien einzuräumen. Ich weiß, daß ich mich damit bereits heute straffällig mache, deshalb gehe ich lieber (ja, ich glaube, so kann man es sagen) zu den Weibern. »Trotzdem« gewissermaßen. Und zu Alfred Leobold natürlich. Bzw. ich ging. Ach, ich wollte, ich könnte es heute noch! Verloren, verloren, Annabel Lee …

Sicherlich überschattete schon damals, zu Zeiten der beiden Schwestern, dieser Zustand, diese, heideggerisch gesprochen, »Befindlichkeit«, mein Gemüt. Heute, mit fortgeschrittener, freilich nicht gereifter Erkenntnis, versuche ich dem mit einem Roman Herr zu werden, um so gleichzeitig der Gesellschaft zu nützlichen Diensten zu sein.

Wobei ich übrigens nicht einmal genau weiß, ob ich zur großen Prosa befähigt genug bin. Wie denn auch? 20 Jahre alt, habe ich zwar schon einmal mit einer Reihe, glücklicherweise unveröffentlicht gebliebener, Aphorismen und Maximen die Welt in Erstaunen versetzen wollen – und mein letztes größeres Werk war ein Aufsatz »Bürgerliche Rechtsgeschichte – pro und contra« für die Zeitschrift »Progressive Justiz«, der damals in Freiburger Kommilitonenkreisen recht beifällig aufgenommen worden war und nur leider nicht allzu viel Honorar abgeworfen hatte. Lediglich zum besseren Zeitvertreib habe ich in den letzten Jahren hin und wieder ein Gedicht gekritzelt, in der Art von Benn oder Montale, Dinge, die eigentlich einem Pennäler anstünden – aber was tut man nicht alles, die gräßlich dämmernden, nach Sinngebung lechzenden Stunden vor dem Fernsehapparat totzuschlagen? Zumal ich ja auch damals Hans Duschke kaum und Alfred Leobold überhaupt nicht kannte und die Gelegenheit sich ja leider nicht jeden Tag bietet, hinter den Röcken herzuhetzen. Ach was – »Röcken«! In dieser hoffnungslosen Bluejeans-Ära! Natürlich sind sie hübsch, diese himmelblauen Fetzen der Unruhe und der unaufhörlichen Einladung, und wenn ich ins Eiscafé gehe, trage ich alter Kasper ja meist selber eine. Aber ich habe guten Grund zu der Annahme, daß diese Bluejeans und niemand anderer wenn nicht die Hauptursache, so doch der zentrale symbolische Ausdruck unserer Zeit sind, ihrer Tendenz zu Konformismus und Nivellierung und der Bankrotterklärung jeden tieferen Lebensgehalts überhaupt und darüber hinaus! In Frankreich ist jetzt mit dem »Gesetz vom 31.12.75 – den Gebrauch der französischen Sprache betreffend« der Versuch unternommen worden, dem Unwesen wenigstens sprachlich beizukommen – ob die so erzwungene Umwandlung von Bluejeans zu »bleus pantalons« geeignet ist, das Übel an der Wurzel zu bekämpfen, wage ich freilich sehr zu bezweifeln. Bluejeans! Schon diese unwägbaren Doppelvokale, die den Teufel gesehen haben!

Gewiß, sie greifen sich, vor allem an jungen Schenkeln, nicht übel, ja sogar irgendwie hedonistisch an – aber wie klingt das schon: »hinter den Bluejeans herhetzen«? Oder »sich hinter den Bluejeans der Mutter verstecken«? Kein Vergleich zu den guten alte Röcken! Es fehlt doch einfach das Rauschende, das Nachtfalterhafte, Vibratorische ...

O Gott! Doch was soll's? Frischer Mut gehört einfach dazu und frisches, unverbrauchtes episches Blut! Möge also mein Roman vorwärtsstürmen. In diesem Zusammenhang: heute vormittag habe ich die reizende Witwe Christine Strunz-Zitzelsberger wiedergesehen, übrigens in einem kessen karierten Glockenröckchen, und sie ließ sich auch gern ins »Eduscho« zu einem Täßchen Kaffee einladen und fragte doch auch tatsächlich (ich bin richtig zusammengeschauert) nach dem Fortschreiten und Gelingen des Romanprojekts. Ich erwiderte möglichst kühl und professionell abgeklärt, ich sei gestern auf S. 35 angelangt, es laufe alles planmäßig, es gebe nur noch hin und wieder »kleine Probleme der

Form und der Erzählerebene«, jawohl, genau diesen imposanten Stumpfsinn, wie aus dem Kulturteil der »Süddeutschen Zeitung«, gaukelte ich der aufhorchenden Witwe vor. Und daß mir die Position des Erzählers noch nicht ganz transparent sei, habe ich mit langem Blick ins Leere ergänzt, und das stimmt ja, jetzt, wo ich dasitze, kann ich es bestätigen, sogar. Die liebliche Witwe hat mich daraufhin kurz getröstet, ja einmal sogar, wie unabsichtlich, über die Hand gestreichelt – ich bin nicht sicher, ob ich dabei die wünschenswert dichterische Haltung bewahrt habe. Und schließlich hat mich die blaublinzende Witwe mehr oder weniger dazu eingeladen, mit ihr am Wochenende ein Starkbierfest zu besuchen, es seien dort auch einige von ihrer Clique – der alte Wassersportkreis des verstorbenen Gatten – mit dabei (das dämpfte meine Begeisterung natürlich ein wenig), und ich solle übermorgen, Freitag, vorher bei ihr anrufen. Ihre neue Nummer sei …

Da hatten wir es wieder! Diese reizend-lockere Unbeschwertheit, diese emanzipatorische Selbstverständlichkeit, mit der unsere jungen Witwen die Telefonnummern herausrücken! Geradezu elektrisierend! Und mit welcher Kühnheit, frei von jeglicher falschen Scham und kleinbürgerlichen Ideologie, gerade die graziösesten Frauen sich vom Zwang des Kaffeehauses freimachen und zu Bockbierfesten marschieren! Ich kann nur sagen: wunderbar!

Sabine dagegen, so scheint mir im nachhinein, war schon mit 18 Jahren allzusehr dem würdigen und zivilisierten Kaffeehausleben entfremdet, sicherlich lag das auch an ihrer eher wäldlerischen Herkunft, – jedenfalls erwischte ich sie im Fasching einmal in einem sogenannten »Ritterkeller«, unangemessen aufgekratzt und in einem Kreis von einem Dutzend mächtig junger Leute, die mir alle nicht den besten Eindruck machten, und einer davon war sogar betrunken, wie mir schien. Sabine verteidigte sich dann halbwegs geschickt, dies sei eine Betriebsfeier wegen einer Beförderung in der Kostümabteilung ihrer Firma, und all dies seien Kollegen, von denen sie weiter nichts wolle – sagte sie, verdächtig überflüssig, und erklärte, noch verdächtiger, wie mir heute scheint, sich überaus schnell bereit, den von Stumpfsinn geradezu unappetitlich überschwemmten Kollegenkreis zu verlassen und mir schleunigst in mein Gartenhaus zu folgen. Dort wanderten meine Gedanken um Susanne.

Wann würde sie mir zufallen? Irgendwie vertraute ich damals, so glaube ich mich zu entsinnen, einfach dem schwesterlichen Magnetismus, der gruppendynamischen Magie oder wie man dergleichen nennen soll, irgend so einer Variante der Volksweisheit, daß der Weg zum Herzen der Tochter über die Mutter führt. Bzw. umgekehrt oder was immer – jedenfalls, der erste reale Fortschritt in Richtung auf die schöne Schwester gelang ein paar Tage später anläßlich einer samstagnachmittäglichen Spazierfahrt, zu der Sabine – eigenartig genug – schon wieder wie selbstverständlich Susanne mitanschleppte, ein durchaus gemischtes Vergnügen, denn nun hatte ich sie zwar präsent, aber letztendlich doch keine von beiden Schwestern zur Verfügung! Immerhin, das Glück fügte es, daß Susanne gerade die ersten Stunden im Führerscheinkurs hinter sich hatte und meiner Einladung, auf einem stillen Waldweg doch ein bißchen zu trainieren, geradezu enthusiasmiert nachkam.

»Prima!« Nahezu Seligkeit schimmerte über ihre braunen Wangen, und der Mund stand flackernd offen, als der Gashebel nachgab. Los! Die Sache wurde dann zwar äußerst prekär, weil Susanne – Sabine schüttelte sich hinten vor sinnlosem Vergnügen – wie geisteskrank durch den Wald rauschte, – aber wie wunderbar fügte sich dieser Mimi die Musetten- oder Grisettentollheit, wie freiheitlich unbeschwert von überschüssigem Intellekt waren diese Jugendlichen heutzutage! Wie lieblich schaukelte unterm Pulli diese neckische Andeutung einer Brust hin und her!

Ich mußte als erfahrener Beifahrer auch ein paarmal eingreifen und nutzte behutsam die Chance, bei besonders taumeligen Gefahrenpunkten das schöne Kind da und dort an der Hüfte zu betappen – den unter diesmal ockerfarbenen Jeans strotzenden Schenkel verbot mir die gute Erziehung. Sabine im Heckteil freute sich gluckernd mit. Ja, sah sie denn nicht, was ihr Freier da Tastendes veranstaltete? Am Abend, als ich sie liebte, umgaukelte mich das befriedigende sichere Gefühl, der Schwester endlich einen Schritt nähergekommen zu sein. Der Herr Verlobte aus dem Allgäu würde sich vorsehen müssen vor meinen Alterstricks!

»Die lange Wimper hüllte sich über große Augen«, heißt es in Stifters empfindsamer Erklärung »Zwei Schwestern« an entscheidender Stelle, »in welchen wirklich, wie in einem Spiegel, Schwärmerei, wo nicht gar Schwermut und Leiden lag« (Ich lese diese Stelle, auf die ich im Zuge meiner Roman-Veredlungen gestoßen bin, gerade nach). »Maria hatte dieselben Wangen und aus denselben großen spiegelnden Augen, wie sie Camilla hatte, sah der Glanz der Ruhe oder der der Zufriedenheit und Ehrlichkeit.«

Naja, ganz so stifterisch-vornehm ging es bei mir nicht gerade zu, aber ich konnte auch ehrlich zufrieden sein und machte noch ein paar Dias der beiden unter einem Feldkruzifix. O Tücke der abermaligen und ungeahnten Symbolik! Die beiden Schwestern ahnten auch nichts, sondern strahlten und kicherten. Doppelte Jugendanmut, die ich jetzt wieder neugierig aus meiner Fotokiste klaube und anhimmle …

Allerdings, ich muß es gestehen – wie soll ich mich ausdrücken? – es ist ja auch schwer zu erklären –, zu diesem Zeitpunkt schien mir Sabine als Gefährtin schon irgendwie unentbehrlich, d. h. ich hätte nimmermehr auf sie verzichten mögen, auch dann nicht, wenn Susanne sich stante pede bereit erklärt hätte, für sie einzuspringen. Zugespitzt gesagt, ich hatte zu dieser Zeit – und, ich ahne fast, auch vorher schon – überhaupt kein oder jedenfalls kaum ein körperliches Verlangen nach dieser hehren Frau, noch verschärfter gesagt: ich wollte sie gewissermaßen »vorerst« aus Prestigegründen besitzen, zum Nachweis dessen wohl auch hin und wieder mit ihr schlafen – im wesentlichen aber über Sabine und nur Sabine weiter verfügen dürfen. Mit Susanne hatte ich irgend etwas Dunkles, Exponiertes, Zauberhaftes vor – was, das entzieht sich bis heute meiner Kenntnis. Ganz allgemein, und obgleich es in dieser Allgemeinheit auch wieder nicht ganz wahr ist: Ich wollte sie beide – wie auch immer das hätte praktisch aussehen sollen, weiß der Teufel. So etwas Affiges! Wenn ich es heute, hoffentlich gereift, bedenke, kommen mir solche achtklassigen abgestandenen Don-Juanismen wahrhaft unter meinem Anspruch und unverständlich vor, aber ich habe das sichere Gefühl, daß die Witwe Strunz-Zitzelsberger gerade an der Lektüre solcher Leckerbissen und archetypischer Konflikte interessiert ist, und darum geht es ja letztlich.

6

Zunächst aber erlitt ich bei Sabine einen Rückschlag, keinen sexuellen, jedenfalls keinen unmittelbar sexuellen, aber doch einen unleugbar intellektuell-psychologischen. Es war da plötzlich eine gleichfalls 18jährige Schulfreundin namens – unglaublich! – schon wieder Karin aufgetaucht, in Seelburg ihre Eltern zu suchen und dann zu besuchen oder jedenfalls etwas derartiges Undurchschaubares – und diese in jeder Hinsicht ziemlich reizlose Karin hatte nun für einen wertvollen Samstagnachmittag Sabine für sich in Beschlag genommen, während mir eigentlich an einer Geist und Sinn erfrischenden Spazierfahrt gelegen war, allzu einfallsreich war ich zu dieser Zeit wohl auch nicht.

Um mich nicht zu vergrätzen, kam Sabine auf die glänzende Idee, mich mit ins Elternhaus und Zimmer dieser wertlosen Freundin zu verschleppen. Heute darf ich sagen, ich habe noch nie und auch seither nie mehr so etwas erlebt, wie diese beiden jungen Damen, die gerade das Wahlalter erreicht hatten, ohne Unterlaß, wahllos, völlig widerstandslos, glühend, ja geradezu sengend am hellen Nachmittag Schnaps in sich hineinschmetterten, – und ich, der alte Rechtswissenschaftler, saß wehrlos und ohne jede Autorität dazwischen und mußte auch mittrinken! Und dabei waren die zwei in einem Grade aufgeregt, daß sie keine zwei Minuten ruhig sitzen konnten, ja jene unsägliche Karin, das beobachtete ich genau, sprang vom Sofa hoch, einfach, um sich im nächsten Moment wieder niederplumpsen zu lassen. Das Schnapszeug auf dem elterlichen Wohnzimmertisch – Whisky, sogenannter Bärwurz-Gesundheitsschnaps und irgend etwas himbeerig Süßes – diente dabei meiner Analyse nach sowohl der Bekämpfung als auch der gleichzeitigen Anfeuerung der herrschenden Aufgeregtheit, deren zentrale Ursache ich lange Zeit nicht begriff, bevor sie mir, der ich nun gleichfalls schon etwas dämmrig im Kopf geworden war, auf den übrigens mit einem lila Deckchen geschmückten Tisch plaziert wurde. Nämlich das Foto eines schnauzbärtigen jungen Mannes, der eine entfernte Ähnlichkeit mit dem Schwimmer Mark Spitz hatte, und dieser Schnösel wurde mir nun also breit und laut und im Duett als ein junger Metzger erläutert, den jene Karin wohl am vergangenen Wochenende in Nürnberg kennengelernt hatte, und nun galt es also zu entscheiden, ob sie ihm ein weiteres Rendezvous gewähren sollte usw. bzw. ihre Entscheidung war, das bewies ihre geradezu wahnwitzige Aufgeregtheit, längst getroffen, die Gans wollte wohl nur durch Sabine (und am Rande vielleicht auch noch durch mich) nochmals goutieren und sich beglückwünschen lassen oder so etwas – jedenfalls, draußen funkelte die schönste Aprilsonne, Frühlingslaszivität zitterte in allen Fluren und Zweigen, und wir, die junge Generation, taumelten hier herum und tranken das blanke Gift in uns hinein! Was aber meine Wut noch zur Hoffnungslosigkeit hochtrieb, war, daß auch Sabine, vom Schnaps anmutig gerötet, an diesem lächerlichen Jung-Metzger offensichtlich weit größeren Anteil nahm als an mir; so daß ich es schließlich zur Entscheidung kommen ließ: Ich ginge jetzt, stellte ich sie auf die Probe, ob sie mitkommen wolle. Und siehe, sie blieb. Drängte mir noch quasi verzeihungerheischend einen Himbeerschnaps auf und tätschelte mir beim Abgang wie einem Großvater auf dem Bäuchlein herum.

Die erste glatte Niederlage. –

Vor ein paar Tagen habe ich, die eigene Produktion anzuregen, wieder einmal im geliebten alten Tschechow gelesen – diese Russen sind ja doch die tollsten! – und ich bin dabei auch auf eine Stelle gestoßen, die mir zu denken gab, gerade auch im Hinblick auf mein eigenes Schaffen. Ein alter Professor, fragil wie nur eine Tschechow-Figur, läßt sich nämlich darüber aus, »daß in den neuen Werken der schönen Literatur die Helden viel zuviel Schnaps trinken, die Heldinnen dagegen leider nicht genügend keusch sind«.

Wenn es das nur wäre! Anscheinend besteht der ganze Fortschritt seit Tschechow darin, daß die Heldinnen, und besonders die allerjüngsten, jetzt auch noch wie unter dem Bann von Geistesabwesenheit dem Schnaps zusprechen, um dann ihre Metzger besser betrachten zu können, ja vielleicht sogar aus unbewußtem Willen zu noch mehr Unkeuschheit!

Man sollte das einmal genauer erforschen, weiß Gott! – Wie recht allerdings Tschechow und sein Professor mit ihrer ersten Analyse, über die Helden, hatten, das erfuhr ich noch in der gleichen Stunde, als ich von Sabine und ihrer unsäglichen Freundin davonstürzte. Ausgelaugt und aufgepeitscht von der eigenen Hilflosigkeit einem 18jährigen Fratz gegenüber, unfähig, nach Hause zu gehen, schlich ich mich in eine Restauration mit Namen »Seelburger Hof«, übrigens eine Lokalität von einer recht merkwürdigen, wenn man genauer hinsah doch zwielichtigen, unglaubwürdigen Vornehmheit, in der auch bereits mein langjähriger guter Bekannter Oskar Zirngiebl, ein 42jähriger Bonvivant, beim samstäglichen Sportschau-Fernsehen in einem eigenen kleinen Fernseh-Abteil hockte und andächtig auf die bunten Bilder vor sich sah. Außerdem sahen die beiden halbwüchsigen Wirts-Söhne zu, die praktisch seit ihrer Kindheit überhaupt nichts anderes taten als fernsehen.

»Höhö, Moppel?« lachte Zirngiebl breit, geheimnisvoll und zutraulich, war aber ganz augenscheinlich dem Fußball momentan nicht zu entreißen.

Nebenan im sogenannten Bräustüberl befanden sich nur vier Menschen. Ein älterer Herr, der dem Kardinal Frings sehr ähnlich sah und einen fast distinguierten, vornehmen Eindruck gemacht hätte, wenn er statt einem prallvollen Literkrug Bier nur einen Halbeliterkrug vor sich stehen gehabt hätte – ferner aber vereint an einem Tisch: der alte verfallene Hausknecht Menzel, ein offenbar fremder, gleichfalls älterer Herr mit dem Air eines unnachgiebigen Altersheimwärters, als dritter aber der bereits einmal erwähnte »Teufel« Giesbert Lattern, jener erotisch so wahllos operierende Kerzenhändler, dessen kahle hohe Stirn jetzt wunderbar im hereinfallenden Nachmittagslicht fluoreszierte – der Friede aber trog, vielmehr teufelte jener Lattern gerade so inständig, ja brünstig auf den vermutlichen Altersheimwärter ein, daß ich mich betont distanziert an den Nachbartisch setzte und scheinbar unberührt in einer Illustrierten blätterte.

Dieses demonstrative Abrücken brachte nun freilich den Kerzenmenschen völlig aus dem Häuschen: »Du bist ja ein ganz ganz blöder Sauhund, du!« fiel er über mich her und sprang, den beabsichtigten Schock zu verstärken, auf. »Ich sage dir in aller Ernst und Würze, du…«

Ich war zwar nun zweifellos von meinem Sabine-Erlebnis her noch recht maladig, aber diesen Herrn würde ich schon noch parieren können.

»Halt dein Maul, du blödganzganze Sausau, dich!« antwortete ich kühl lächelnd und registrierte erstaunt, daß noch im gleichen Augenblick der fast körperliche Druck der Enttäuschung über Sabine ein wenig zu weichen begann.

»Dududu, ganzganz…!« kreischte Lattern und brach für einen Augenblick buchstäblich über der Resopalplatte des Tisches zusammen, das Gesicht in die Hände vergrabend. Braune kleine Schnapspfützen umlagerten das Idyll.

»Maulmaulmaul!« Ich wurde richtig frech. Das war doch Leben! Der Sabine-Krampf verflog. Unglaublich!

Jetzt hob Lattern wieder den Kopf, richtete ihn grimmig gegen mich und starrte mich blöde an. Gekonnt lächelte ich zurück. Lattern überlegte. Dann kapitulierte er fürs erste und verzog den irgendwie verklebten Mund zu einem breiten, brüderlichen Grinsen, hinter dem freilich, einem Kenner wie mir unübersehbar, Niedertracht lauerte. Dachte erneut nach und wechselte dann die Strategie: »Toni, einen doppelten Sechsämter! Nein, halt, Toni! Einen dreifachen Sechsämter! Einen dreifachen Sechsämter, Toni, alter Hühnermauser, gell, dreifach!«

»Dreifacher Sechsämter«, murmelte der steinalte Ober Anton, der gerade an seinem Kellnertischchen ein wenig gedämmert oder phantasiert hatte, und verschwand.

Lattern, Arme verschränkt, Oberkörper gleichsam einsatzbereit gekrümmt, ließ die satanischen Augen rollen, suchte neue Wirkungsziele. Da hatte er's schon: »Und das gilt auch für dich, Menzel! Menzel!«

Verständnisinnig lächelte mich der völlig verlumpte, stoppelbärtige Hausknecht Menzel an, als wolle er sich von seinem Tischgesellen distanzieren und mich gleichzeitig auf dessen Reize aufmerksam machen, und paffte an seinem Zigarettchen, indessen der Vertreter des Altersheims, kühlen Kopfs und vollkommen ausdruckslosen Gesichts, gegen die Wand des »Seelburger Hofs« starrte, die u. a. mit einer Imitation von Rembrandts Mann mit dem Goldhut dekoriert war. Dann nahm er einen Schluck schalen Biers.

Der Ober Anton, ein eisgraues Männlein von unleugbarer Heruntergekommenheit, auffallend durch eine schwarze Fliege, ein weißes Jackett und einen weit durchhängenden Hosenboden, geadelt dennoch durch eine gewisse Ähnlichkeit mit Münchens Polizeipräsident Schreiber und Vittorio de Sica zugleich, wackelte nun den dreifachen Sechsämter an, nicht ohne einen kleinen Teil zu verschütten. »So, Amigo, da!« Und schlich zurück zu seinem Kellnertischchen und bohrte kalt in der Nase, fernhin sinnend. Anton, der einst als Eisbär bei Volksfesten seinen Mann gestanden hatte, galt im »Seelburger Hof« vor allem als Meister der Kunst des Verhörens. Als seine besten Leistungen auf diesem Gebiet wurden die Falschbedienungen »Asbach« statt »Hackbraten«, »Leberkäse mit Ei« statt »Libella«, »Tee mit Rum« statt »ein Bier, aber erst in zehn Minuten« und vor allem »Karpfen« statt »Kaffee« kolportiert, und gerade der letzte Lapsus Antons hatte seinerzeit viel Staub aufgewirbelt, und der durch den Karpfen geschädigte Gast, ein Vertreter, hatte vier Wochen lang im Zorn das Lokal nicht mehr betreten.

Um so verwunderlicher, daß Anton die Bestellung Latterns »Dreifacher Sechsämter« ohne Rückfrage sofort und richtig ausgeführt hatte. Dreifacher Sechsämter! So etwas hatte es meines Wissens in Seelburg noch nicht gegeben, auch Herr Leobold, soweit ich ihn bis dato kannte, hatte sich immer mit »einem« oder »einem doppelten« beschieden. Auf den Gedanken mußte erst einmal einer kommen! Und tatsächlich verfehlte der Dreifache seine Wirkung nicht. Lattern, der ihn in einem Zug verzehrt hatte, erhob sich erneut von der Bank, blickte der Reihe nach den Altersheimler, Menzel und mich etwas entfernt Sitzenden ernst und durchdringend an, als ob er uns dreien als Feldherr den nächsten Schlachtplan eintrichtern wolle, dann flatterte er mit den in einen marineblauen Pullover eingekleideten Ärmchen, einem Engelchen gleich, das sich verabschieden und emporschwingen möchte, sagte kurz und beschwörend »Hou hou hou«, dachte nach, lächelte uns verschämt an, setzte sich erneut und ratlos, griff an den Kopf, dachte nochmals, verzog dann den Mund zum breitesten und abscheulichsten Grinsen und begann:

»Es ist alles so wundersam, ehrlich, wundersam und wundersam – stimmt's, Menzel? – wundersam!«, und Latterns Antlitz schimmerte fast verklärt, und einzelne Haarbüschel sträubten sich gleich betenden Händen verzweifelt in die Höhe und jedenfalls irgendwie vom Kopf weg – – und nun begab sich Lattern zu dem unsicher abwehrenden Ober Anton ans Kellnertischchen, streichelte ihn übers flott geschwungene Silberhaar und sagte, es werde hier in diesem Lokal »alles noch wundersamer und ich möchte sagen überirdischer«, wenn er, Anton, sich »jetzt sofort in den Arsch treten« lasse, er, Anton, gluckste Lattern beinahe orgiastisch, kriege auch 10 Mark dafür – und hier begann sich in des greisen Kellners soignierter Miene Aufmerksamkeit abzuzeichnen: »Zehn Mark? Zeigen.«

Schon hatte Giesbert Lattern einen Zehnmarkschein aus seiner Hosentasche gerissen und hielt ihn dem Opfer unter die Nase: »Da! Da!«

Anton warf einen prüfenden und verlangenden Blick auf den fahlblauen Schein, verfertigte mit einer halbkreisförmigen Armbewegung die Gebärde widerwilligen Einverständnisses und stellte sich zum Tritt bereit. »Na?« beugte er das Haupt zurück, als Lattern nicht gleich zuschlug.

»Sofort!« rief Lattern, holte tatsächlich aus, trat Anton in den schwarzen und trotz nach vorn gebückter Haltung noch immer herunterhängenden Hintern und fiel anschließlich, bedingt durch den Rückpralleffekt, um.

Der greise Ober beugte sich über den Täter, sagte »so, jetzt her damit!«, nahm, in der andern Hand schon wieder das Getränketablett pendelnd, Lattern noch am Boden den Zehnmarkschein aus der Hand und schob ihn in die blütenweiße Jackettasche. Lattern erhob sich langsam, sah sich verwundert um, hatte anscheinend das Vorgefallene schon fast wieder vergessen, sagte aus Verlegenheit »hou hou hou« und setzte sich artig zurück an seinen Platz. Der Hausknecht Menzel nahm gelassen einen winzigen Schluck Bier, der Altersheimwärter hatte, wie ich zu wissen meine, das Ereignis überhaupt nicht registriert und knabberte sorglos eine Zigarre an.

Ich blätterte wieder in meiner Zeitschrift herum. Zauber des vergehenden Tags. Aus der Fernsehkammer heraus hörte man jetzt Oskar Zirngiebl leidenschaftlich auflachen. Anscheinend war ein besonders drolliges Tor gefallen. Sabine, die dumme Nuß! Überall trank man heute nachmittag Schnaps. Wo trieb sich eigentlich Susanne rum? War diese Kuh – erstmals seit meiner Überwachung! – zum Verlobten ins Allgäu gereist? Zum Schnapstrinken? Wann würde dieses elende Nachkriegs-Wirtschaftswundersystem donnernd zusammenkrachen und 60 Millionen Imbezille unter sich begraben? Was trieb eigentlich Alfred Leobold an Samstagnachmittagen fern von ANO? Sollte ich mich auch an Wochenenden mehr mit ihm, dem distinguierten Kaufmann, zusammentun? Hätte ich Lattern zusammenschlagen sollen, als er für Geld den Proleten Anton in den Hintern trat?

»Merk dir das, junger Mensch!« hörte ich am Nebentisch jetzt Giesbert Lattern sozusagen hautnah auf den etwa 55jährigen Altersheimaufpasser plötzlich und ohne jede Ouvertüre einknistern, »merk dir das, junger Mensch, ich bin der Marquis von Challot, und ich hab nicht nötig, daß ich dich mit so blödsinnigen Leuten auseinandersetze. Ich werde den Minister Jaumann festnageln wegen dem Donau-Main-Kanal. Das Abendland, halt!, das Altmühltal wird mir nicht dargebracht. Da werd ich Marquis zum Partisan. Ich schieße aus jeder Situation. Das ist wichtiger als alle Liebelei und Mauserei. Ich lasse mir die Täler nicht entnerven!«

»Dann wirst du erschossen«, konterte der Altersheim-Mensch leidenschaftslos. Offenbar vertrat er hier die Interessen des Wirtschaftsministeriums.

»So dumm bist *du!*« brüllte Lattern, »ich ändere die Geschichte nach meinem Bild und Gleichnisse!« Lattern war, wie mir jetzt erst klar wird, früher einmal Pfadfinder.

»Diplomatie mußt du machen«, sagte der Ministerialbeamte.

»Der Minister«, Lattern variierte den Tonfall ins mehr Bohrende, »der Minister ist so fest in meinem Fadenkreuz wie das Altmühltal, und der Streibl wird jetzt erschossen.« Hier verwechselte Lattern offenbar die Ressorts.

»So.« Der Ober Anton schob Lattern einen neuen, diesmal einfachen Sechsämter hin.

»Aber wie verhalten sich die NATO-Partner, das ist die Frage?« fuhr der Ministerielle überraschend fort. Doch Lattern hatte aufgepaßt:

»Das ist nicht die Frage, sondern die Situation. Ullah lach mi al hadal!«, so änderte er die Taktik – ich hoffe, ich habe die Wörtchen, die wohl arabisch sein sollten, halbwegs richtig geschrieben.

Darauf gab der Alte vorerst klein bei und schwieg, Menzel aber bestellte ein neues Bier, als Hausknecht hatte er, wie ich wußte, fünf Liter pro Tag gratis. Zwei Minuten später fand Lattern die Kraft zu einem wohl als Bilanz gedachten Schlußsatz: »Sieh dich vor!« rief er und bohrte seinen Blick in den Widersacher, »meine Situation besteht darin, die allgemeine Situation, die heute auf dem Markt herrscht, auszunutzen! Jawohl!« schrie Lattern. Die nächsten Minuten starrten die Herren erschöpft vor sich in.

Vorsichtig brach ich auf. Mich verlangte nach einem Bad oder zumindest einem Bett. Beim Hinausgehen holten mich noch ein paar Kläffer Latterns ein:

»Hau doch du nicht so aufs Blech!« schrie er mir tapfer nach, »mit deiner Gans da, mit deiner After-Gattin, mit dieser staatsmännischen Hinterrückigkeit. Deine Situation...«

Gemeint war vermutlich Sabine. Meine Situation war damals gar nicht so schlecht.

7

Meine Situation war damals, wenn ich es heute, an meinem Schreibtisch, eingepfercht in hektischen Zigarettenqualm, überdenke, eine durchaus vage, schon leicht verrottete. Meine doppelte Schwesternliebe nahm in dieser Zeit einen Verlauf ins leicht Schematische und befriedigte insofern jene gutbürgerlichen Instinkte in mir, die nun einmal jedem Menschen eingegraben sind: das Doppelverlangen nach dem Ideal und der Geborgenheit. Naja, ganz so war es damals auch wieder nicht, sondern irgendwie war mir schon alles gleich, auch das Ideal, und die Geborgenheit paßte mir schon gleich zweimal nicht, vielleicht fühlte ich mich damals schon am stärksten zu einem Dritten, Höheren, Dialektischen hingezogen, mit einem Wort zum ANO-Teppichladen, um Herrn Leobold zuzuschauen ... aber zurück zu den Schwestern.

Während der Woche – Susanne trieb sich da kurzzeitig bei einer Art Kurs im Allgäu herum – suchte ich Trost, Zuspruch und die kleinen albernen Freuden bei Sabine, die Samstage und Sonntage aber wurden von der älteren Försterstochter beherrscht, deren dunkle Glut, deren schönes, ebenmäßiges, glanzumflossenes, wenn auch neuerdings ein wenig heftig bemaltes Gesicht eine Verheißung von ungeahnter Wollust, das Feuer und den Rausch des sengenden Südens, il mio solo pensiero – – ach Gott, was rede ich da! Beim Schreiben, registriere ich, trügen abgründig die Gefühle. Diese Zeilen schreibe ich fast in Emphase und weiß gar nicht genau, ob das wirklich gerade damals so toll war. Ein andermal formuliere ich kühl und besonnen – und wie litt ich in Wirklichkeit!

Aber wahrscheinlich habe ich vor einer Stunde einfach zu viel italienischen Burkhof-Kaffee in mich hineingefeuert...

Immerhin: Etwas wie die Vision einer besseren Welt, eines geadelten Daseins, eines mit Max Horkheimer zu reden »Anderen« war es, was die ältere Morlock nicht nur über mich ersten Anwärter, sondern, uneingestanden, damals wohl schon über unsere gesamte trostlose Gesellschaft verströmte, sofern man bei dieser Rabaukenbande überhaupt noch den soziologisch sowieso umstrittenen Begriff der Gesellschaft verwenden darf.

Den Herrn Verlobten glaubte ich Susanne übrigens damals schon nicht mehr recht. Ahnung flüsterte mir ein, daß dieser Herr nur ein Vorwand sei, in uns gewöhnlichen Herren noch mehr Feuer zu entfachen, und irgendwo hatte ich damit, wie sich bald zeigen sollte, leider recht.

Indessen, sehr wohlwollend geurteilt, Sabine neben ihr sich sozusagen wie Zerlina ausnahm, neben ihr, weniger Helena als Blanziflor, obgleich ich mir im Moment von Blanziflor gar kein genaues Bild machen kann, sie, an die sich, nach meiner Beobachtung, noch immer keiner unserer Herren herangewagt hatte, trotz allerlei erster und lächerlicher Tastversuche von seiten dieses Zigeunerpacks, wie ich zu wissen meine.

Aber, wie gesagt, auch ich hielt immer noch Abstand, vorwiegend aus Delikatesse, in zweiter Linie aus Angst, drittens aber vielleicht sogar aus etwas wie Trotz gegen mich selbst. War es gar eine freiwillige Askese?

Sabine: Wenn ich aufrichtig bin, es war nicht mehr als plattes Sexualgeplänkel, was wir seinerzeit veranstalteten. Etwas Würgendes lag in der Luft, etwas der Mutlosigkeit jedenfalls Verwandtes. Eines Tages entschloß ich mich zu einem kleinen Test (oder wie immer man das traurige Spektakel bezeichnen will, das ich da hervorzauberte). Ich spielte Sabine das Beethoven-Violinkonzert vor, den ersten Satz. Er war ihr gänzlich unbekannt. Sie sollte, bat ich, sagen, was sie dabei empfinde.

Sabine hörte tapfer zu und nestelte verlegen an Haar und Bluse.

»Was ich da empfinde?« Sie fragte es gedehnt und ängstlich.

»Ja. Was du empfindest.« Das Wort »empfinden« klang völlig exotisch aus ihrem Mund, aus meinem häßlich professoral. Aber ich wollte nicht die wohl noch albernere Frage stellen: Was ist der Gehalt dieser Musik?

»Die Musik ist … naja: fröhlich!«

»Musik kann nach Schubert nie fröhlich sein«, entfuhr es mir leider.

»Warum nicht?« Sie sah einen Rettungsast.

»Weil, hör mal …« Die neue Richtung der Ausfragerei paßte mir nicht, ganz und gar nicht.

»Du empfindest also … hm: Fröhlichkeit?«

Jetzt hatte sie es, unwiderlegbar: »Ja! Ja, die Musik macht mich fröhlich. Genau!«

Vermutlich bin ich zusammengezuckt. Hatte sie das Wort von Alfred Leobold übernommen? Sekunden war ich ganz verwirrt und sogar ein bißchen »fröhlich«. Sie bestand darauf:

»Fröhlich. Ja … Und froh!« Gewissermaßen trotzig knabberte sie an ihrer Halskette aus bunten Bommeln.

Na gut, froh. Sie kam nicht darauf. Die Lösung wäre »Liebe« gewesen. Oder meinetwegen »Glück«. Vergrätzt stützte ich das Kinn in die Hand und starrte meine Bücherwand an. Alles für die Katz! Naja freilich, konnte man ihr's verdenken, daß ihr Gefühlsleben nicht so ausgefeilt sein konnte wie meins, wenn sie täglich sechs Stunden Schaufenster zu verunstalten hatte?

»Und du?«

»Ich empfinde«, traurig und pfiffig äugte ich zur Zimmerdecke, »D-Dur-Dämonien.«

Ein Scherz, auf den ich nicht sehr stolz sein kann. Sabine mußte lachen und fuhr mir sichtlich erlöst über den alten Rücken. Zuerst fand ich selber meine vollends improvisierte Antwort lustig, dann schämte ich mich ein wenig. Ohne Zweifel: Von der Liebe verstand sie nicht die Bohne, aber daß ich so, mit dem Kerzenhändler Lattern zu reden, aufs Blech haute, hätte nicht zu sein brauchen, verdammt!

»Dämonien?« echote sie jetzt fast tröstend, »du Dummer!« Nein, von der Liebe verstand sie nichts, wie denn auch? Aber »du Dummer« hatte sie schön, vielleicht sogar geistreich gesagt. Vielleicht gab es in diesem jungen Menschen etwas der Liebe Benachbartes? Etwas Moderneres, Positiveres, das wir alten Humanisten nicht mehr recht kapierten? Und kräftig rührte ich sofort einen Klumpen Sanftheit und Sentiment in meine langsam enervierende Situation, abermals mit dem Kerzenhändler zu reden. Sabine war schon die Rechte! Jetzt war ein Kuß fällig.

Man glaubt, wenn man jemand fest umarmt, könne man das Gute zwingen, doppelt gar durch zwei Körper hindurch. Albernheit und Metaphysik! Es gelingt nie.

Am Palmsonntag holte ich trotzdem zu einem gewaltigen Streich aus. Ein Rudel von zu allem entschlossenen Wochenendlern war am Nachmittag unter dem Vorwand einer Wanderung ins Grüne und sofort ins nächstbeste Dorfgasthaus hineingeflegelt, verbissen der Meinung, hier wäre so etwas wie ein farbiger Nachmittag zu inszenieren. Duschke, Lattern, der Gymnasiast Binklmayr, Schießlmüller, Adolf Wellner neuerdings mit pechschwarzem Spitzbart, aber ohne »Franz Gans« diesmal, Duschkes erotisches Idol Erich Winter – die Morlock-Mädels markierten zweifellos die Hauptattraktion dieser staubigen Gesellschaft.

Es drohten die ersten verfrühten und völlig unnötigen Schnäpse, bald wurde mitten im Gastzimmer ein Tischfußballgerät traktiert, Lärm und abgestandener Tabak schwelten durch die niedere Stube – mit einem Wort, mir war nach einem Spaziergang zumute, ja ich bestand geradezu auf dem ursprünglich ja geplanten Spaziergang. Lud locker Sabine, mir die bereits flackernden Händchen zu halten, dazu ein – und erfuhr meine zweite schwere Niederlage, coram publico, mitten ins Gesicht hinein.

»Ach nein, nicht. Du … Nein …« Sie zog eine Schnute. Es sei doch »alles so prima hier«, der Schießlmüller Willi wolle ihr gerade das Tischfußballspiel beibringen, das mache ihr doch so viel Spaß. Nein, sie wolle lieber hierbleiben, sagte Sabine jetzt eindeutig kategorisch, »bleib doch auch da!«

Das letzte ebenso unleugbar wurstig.

Ein kleiner Fieberzorn flog mir ins belämmerte Gesicht. Trübe Gedanken wischten im Kopf herum: Sollte ich ihr den Herrn und

Meister zeigen, bevor »alles zu spät« war – ja, genau dieses »alles zu spät« flog mir zu, und auch dies: war nicht schon »alles eins«? Irgend etwas Irres durchstrich in diesen Sekunden die Gaststube.

»Gehst du mit?« fragte ich mutig und sinnlos Susanne, die gerade zufällig, ja geradezu fällig, im Weg stand.

Sie wollte mit, und sofort. Jetzt entschied sich etwas, das war mir klar. Entzücken war es mit Sicherheit nicht, was ich empfand – eher ein helles Grauen, ein Blinzeln von Ahnung und Morgenröte, aber auch von Dunst und Nebel. Uneingeschränkt banal war mein Gedanke: Jetzt oder nie mehr! Fahrig, fast befehlend drängte ich zum Aufbruch.

»Wo wollt ihr hin?« Der tückische Greis Duschke sah mich durchdringend an.

»Wandern«, sagte ich so fest es ging.

»Wandern, Hans«, bestätigte, anmutig wie ein Neugeborenes, Susanne.

Eine winzige Lärmpause entstand. In Duschkes anhaltend langen Blick hinein äußerten nun plötzlich noch drei weitere Herren Interesse. Waren sich aber gleich darauf wieder uneins, wohl auch darüber, ob denn vier Herren bei einer einzigen Frau viel auszurichten hätten. Also nichts wie weg. So oder so saß ich prächtig in der Vorderhand.

Die drei erotischen Brüder wollten nachkommen. Wir träfen uns dann.

Es regnete ein wenig. Das Klappern von Susannes Holzschuhen über die geteerte Dorfstraße habe ich noch heute im Ohr. Das also war die Liebe. Dazu mußte man 35 Jahre alt werden. In steifer und leicht eckiger Anmut, hochgewachsen und von einer, wie ich wahrnahm, schon ätherischen Schlankheit, der da und dort prickelnde Knöchelchen durch das krause Blusen- und Jeanszeug lugten, bewegte sich dieses Zaubermädel vorwärts, das Gesicht fast krampfhaft nach vorne in die Zukunft geschnellt, der volle rosarot eingeschminkte Mund, wie mir schien, von jenem immerwährenden unaufhörlichen Lächeln umzüngelt, das das Signal von Unnahbarkeit und einem Eigentlich-hat-es-niemand-verdient-Gewährenlassen zugleich ist, o Himmel! Welch eine Schicksalsstunde! Wer weiß, ob ich ausreichend vorbereitet war! Wie würde sich alles entscheiden?

Ich habe keine Ahnung mehr, über was wir auf diesem himmelblauen Kreuzweg gesprochen haben. Wahrscheinlich mimte ich schlecht genug den künftigen Schwager, den Naturliebhaber und den charmanten Unterhalter zugleich, wissend, daß sie mir sowieso kein Wort abkaufte. Bis ich es, plötzlich in einer Weise erregt, die ich heute als schlankweg mystisch bezeichnen würde, nicht mehr ertrug und kurzentschlossen meinen rechten Arm um Susannes wesenlose und doch so kernig-knochige Hüfte schwang. Sie tat mit dem linken Arm desgleichen, und zwar sofort. Bravo. Damit war die Entscheidung gefallen. In schwachköpfiger Euphorie redete ich irgend etwas Geschwätziges über Hans Duschke und vor allem Alfred Leobold daher und wie gern ich ihn mögen würde. Susanne, stellte sich heraus, mochte ihn auch, und so vollzog ich denn im Weiterschreiten einigermaßen routiniert, keineswegs mehr mystisch, mit der Schlankhüftigen all jene Zaubertricks, mit denen Mann und Frau auch beim Marschieren einander ihre sexuelle Gegenwart gut spürbar unterjubeln, weiß der Satan, wie und warum das so allüberall funktioniert, jedenfalls hielten und stemmten wir plötzlich die braunen Lockenköpfe gegeneinander und tollpatschten in dieser verkommenen Haltung wohl einen Kilometer auf der Landstraße weiter.

Das muß für die drei nachkommenden Herren schon ein ebenso kurioser wie erregender Anblick gewesen sein – wir bemerkten sie, als plötzlich jemand hinter uns »Höhöh!« herschrie. Fünfhundert Meter hinter uns Traumverlorenen kamen sie dahergestiefelt, drei Mann, in ihrer Mitte der bullige Schreiner »King-Kong« Wellner, der sogar aus der Ferne einen wildentschlossenen, ja rächenden Eindruck machte, beidseitig flankiert von dem Elektriker Erich Winter und dem schwefelblonden Gymnasiasten Hans Binklmayr, das Ganze machte irgendwie einen sehr bedrohlichen Eindruck, als ob die Herren Zucht, Law und Order sogar auf unseren heimischen Fluren wiederherzustellen ausgeschickt worden wären – es sah so herzig aus, daß ich für Sekunden sogar meine Liebe vergaß und innerlich heftig lachen mußte.

Auf die drei zu warten, hätte wohl letztlich meiner Würde geschadet. Ich bog Susanne in einen Feldweg ein, der zu einem kleinen Weiher führte, den wir, weil mir nichts Erotischeres einfiel, einmal umwandelten, penetrant ineinander verschränkt. Wasser, fiel mir beim Wandeln ein, hatte mich Hans Duschke einmal belehrt, mache »bei Weibern die Hosen feucht, Wasser und die A-dur-Polonaise von Chopin, Moppel!« Spielerisch tändelnd drückte ich Susanne etwas fester gegen mich. Tatsächlich, sie machte sofort das gleiche! Über ihre Schulter sah ich, die drei Rächer waren an der Weggabelung stehengeblieben und schienen zu beraten, wie sie sich aufgrund meiner neuen und überraschenden Pointe strategisch verhalten sollten – ich kam ihnen aber mit einem noch neueren und originelleren Einfall zuvor: blieb plötzlich im trockenen Schilf stehen, zog Susanne roh und hektisch an mich und drückte und schleckte sie ab. Wie ein Geisteskranker. Unglaublich. Diese Dame aber schloß gleich einer hingebenden Hirschkuh die Augen, lächelte eine Idee kräftiger und noch sphinxhafter, gleichzeitig nun aber unleugbar dämlich, und ließ alles – im wesentlichen mein fahriges Befingern ihrer Engelsflügel auf den schmalen fast eckigen Schultern – wie Schicksal, Unterricht und Test meiner Qualitäten zugleich über sich ergehen. In dieser Sekunde des anscheinend höchsten Glücks fiel mir schlagartig eine Sentenz ein, die mir der Frankfurter Privatdozent (freilich ohne Lehrauftrag) Robert J. Gamsbardt einmal anläßlich eines bunten herbstlichen Herrennachmittags beigebracht hatte. »Frauen«, hatte dieser Gelehrte extrem nachdenklich und gleich als ob er die Quintessenz des Universums in einem Aufwasch resümieren wolle gesagt, und dabei ruhig an seinem sanft abgetönten Italien-Ölgemälde weitergestrichelt, »Frauen sind in erster Linie antriebsschwach und sensationslüstern.«

Genau. Recht hatte er gehabt, dieser malerisch scharfsinnige Causeur, überlief es mich in dieser Sekunde geradezu frohlockend, indessen zwei zu allem bereite Lippenpaare einander sinnlos abgrasten, antriebsschwach und sensationslüstern, ja mir war sogar, eine sehr exakte Erinnerung, der sofort weiterführende Gedanke vergönnt: Wollust *und* Erkenntnis, also Schmusen bei gleichzeitiger Indolenz, ja (ich muß es gestehen) Verachtung, das war der wahre Jakob. Bitte, vielleicht hat das Thomas Mann schon irgendwo stringenter formuliert, aber für meine Verhältnisse ist es nicht schlecht.

Zwei schlampige Zigeuner am Wegrand: Susanne und ich verharrten in unserer, wenn ich es recht verstehe, mehr symbolischen Liebesstellung am Dorfweiher schätzungsweise vier Minuten, nun, es gab da ja allerhand Neues zu entdecken und zu beschnüffeln, die Sensationen eines inzwischen wieder geöffneten rehbraunen, fast venezianischen Augenpärchens, das ja wohl auf das Konto des alten Morlock ging, mußten in ihrer Tiefe ausgelotet werden. Verdammt: War da nicht sogar etwas Negroides in diesem bronzen lächelnden, nein schmunzelnden Gesicht, vielleicht hervorgerufen durch die sehr weißen, gemütlich runden und wie in Atemlosigkeit um eine Winzigkeit vorgeschobenen Oberzähne? Mein Gott, Mimi, Madonna, Blanziflor, Böhmerwald, Venedig, der Busch – was dichtete ich denn noch alles in dieses Gesicht!

Ich schaute, ja starrte es lange und innig an, in der Hoffnung, sonst noch etwas Brauchbares zu entdecken, ja ich bin sicher, daß ich, so verwegen es klingen mag, Susanne in dieser kurzen, läppischen Zeitspanne wirklich und auf eine, hoffe ich, wenigstens rührende Weise liebte, irgendwie stets für sie dasein wollte, ihr helfen wollte, so gut es ging, sie aus schlechter Gesellschaft herauszerren wollte, ein Menschenkind retten wollte, vor den Tücken des Allgäu und vor noch Schlimmerem – hatte mir der Blitz telepathischer Ahnung das ganze Zukünftige vor die sonst so vernagelten Augen geführt? Konnte man einem zum Unheil bereits rettungslos verdammten Zeitgenossen mit einem einzigen hypnotisch flehenden Blick den Geist der wahren Humanität einjagen, von dem Gottfried Keller damals an Hermann Hettner schrieb, als er – –

Ein Pfiff ertönte. Die drei Rächer-Typen am Straßenrand hatten wohl genug von unseren Darbietungen, der Schreiner Wellner plazierte sogar noch einen scharfen Wink in die Nachmittagsluft, etwa des Inhalts, wir sollten schleunigst wieder ins Dorf zurück, zu den anderen. Susanne und ich beendeten unsere wortlosen Übungen, kicherten sogar tatsächlich erfreut über unsere Zaungäste, und ich ließ wohl irgendeine linkische Redensart los.

»Komm«, sagte Susanne, »wir können ja ein anderes Mal wieder.« Der dunkle, warmrauhe, nein eher pelzige Ton in ihrer Stimme!

»Wann?« fragte ich öd.

»Jetzt hab ich einen gescheiten Durst«, erwiderte sie. Wahre Anmut darf sich jeden Stilbruch erlauben; jetzt war ich wirklich gerührt.

Auf dem Rückweg fiel kein Wort mehr, andächtig, was mich angeht, und jedenfalls unverhakt stapften wir nebeneinander her. Taumelige Gedanken meinerseits zielten darauf, daß Susannes und mein ja nun irgendwie geschlossener Bund wohl am besten ein wesenloser, seelenvoller oder weiß der Himmel was bleiben sollte. Andererseits, verwirrte sich mein müdes Hirn, gab es ja nun eindeutig Mitwisser, das hatte ich bei meinem Vormarsch gegen jede taktische Vernunft in Kauf genommen – – würden sie reden? Würde Sabine diese oder jene dummen Konsequenzen ziehen, während ich mich hier mit hochkomplizierten platonischen Erwägungen herumplagte? Würde nicht auch Susanne selber, schwesterlich fair, reden? Mußte ich mich da nicht wirklich und verschärft und endgültig bei der neuen Braut rückversichern? Ja, wollte ich sie denn nun oder wollte ich sie nicht?

Und während mir all dies schleimige, ungefüge Zeug durch den überlasteten Kopf zuckelte, ahnte ich noch nicht im mindesten, daß die Herren Mitwisser, wie ich viel später erst erfahren sollte, aus meiner erotischen Vorführung keine andere Wahrheit herausgelesen hatten als die, daß Susanne Morlock absolut vogelfrei sei – ich bin jetzt nicht in der Stimmung, mir an dieser Stelle das bekannte zotige Wortspiel zu erlauben. Und ich ahnte auch nicht, daß in der Zwischenzeit in der Gaststätte »Himmler« (o trostlose

Symbolik!) eine Entwicklung vor sich gegangen war, die mir noch teuer zu stehen kommen sollte. Wenn ich es heute richtig sehe, hatte ich, der da so verwegen als Topmann und Besitzer zweier Schwestern ins Dorf zurückkroch, gerade in dieser Stunde der Glorie alle zwei glänzend verspielt.

Auch wenn mir an diesem Nachmittag beileibe noch nicht aufleuchten sollte, daß der breit-mächtige Transportunternehmer Schießlmüller die Zeit wahrhaft agil genutzt hatte, meine Sabine auf seine wuchtige Seite zu schleppen oder zu ziehen, ich weiß nicht, welche Technik er angewandt hat – jedenfalls auf der Basis jenes segensreichen Konglomerats, das sich aus Sabines sozusagen prophylaktisch-witterndem Rachewillen, Schießlmüllers dreist und breit ausgespieltem Bauerncharme und nicht zuletzt, davon bin ich heute überzeugt, seiner platten Freigiebigkeit im Spendieren von Schnaps speiste. Später, als alles passé war, sprach ich zwar mit Sabine nie über diesen ereignisreichen Nachmittag und auch nie darüber, daß ich sie eigentlich mit der eigenen Schwester verraten hatte, nein, eigentlich nie, erstaunlich, erstaunlich – sie wollte wohl irgendwie nicht, weil sie einfach zu sprach- und denkunbegabt oder doch denkunlustig dazu war, die Dinge theoretisch zu begreifen, und mir selber war wohl zu eklig zumute, die bereits verwitternde Chronik nochmals en detail aufzurollen, den alten Krampf zu entfesseln, der nun einmal nach bewährter Manier seit Adam und Eva Liebschaften zu sprengen pflegt, o Gott – – aber ich bin sicher, daß letzten Endes Herrn Schießlmüllers reiche Schnapsfuhren im Verein mit seinen genialen Lachsalven an diesem Nachmittag unser Verhältnis beendeten.

Wie gesagt, ich weiß es nicht, ich weiß es bis heute nicht, ob Susanne oder aber die Tatzeugen noch am selben Tag oder Abend redeten. War es also möglich, daß Sabine, die neuen Zusammenhänge überschauend oder doch ahnend, dem neuen Glück ihrer Schwester nicht im Wege stehen wollte? Nein, denn ein solcher Edelmut (unterstellt man ihn rein hypothetisch) hätte dann auch konsequenterweise ihren Wink verlangt, daß zu diesem Zeitpunkt meiner ersten Generalavance gegenüber Susanne, ohne daß ich irgend etwas geahnt hätte, denn das wußte, wie ich später recherchierte, damals wirklich nur Sabine, schon längst der Kaufmann Arthur Mogger bei Susanne fest im Sattel saß – jawohl, dieser Laffe hatte es sein müssen! Was wiederum ich erst sage und schreibe Monate später, als der dämonische Unfug mich schon beinah hinweggerafft hatte, erfuhr. Was, wie gesagt, aber Sabine damals schon wußte. Was ich wiederum von niemandem anderen erfuhr als von – Alfred Leobold, der freilich wieder andersherum auch seine mageren Finger längst im Spiele hatte. Was damals in unserem katholischen Städtchen an nahezu unterirdischem kriminellem Liebesrumoren vor sich gegangen sein muß, kann ich auch heute, aus dem Abstand heraus, nur in groben Zügen rekonstruieren. Mitbekam ich Esel zur Tatzeit, in den Tagen der dramatischen Klimax, rein gar nichts!

Sabines penetrantes Schweigen, was meine Eskapaden ihrer Schwester gegenüber anlangt, finde ich heute gleichzeitig pervers und in einem schon lächerlichen Maße herzergreifend, ohne daß ich eigentlich genau wüßte, warum. Würde mich ein gewissenhafter Revisor der damaligen Vorgänge fragen, müßte ich ihm vermutlich antworten: einfach deshalb, weil ich an ihrer Stelle Lärm geschlagen hätte, und das halte ich für durchaus human. Es ist mir vollends unklar, ob diese jungen Dinger denn gar nichts mehr empfinden, wenn die Schwester dem Gatten die Schwester gefreit oder wie auch immer – bzw. wer hat sie gelehrt, ihr Schicksal so klaglos, so engelhaft entsagend hinzunehmen? Möglicherweise Hirngespinste von mir, unstreitig aber hat mich gerade Sabines mir unbegreifliche nachmalige Gelassenheit so elend gemacht, wie ich es zwei Monate später wurde.

Freilich, an diesem Nachmittag des trügerischen Triumphs stieg meine gewissermaßen universelle Freude beinahe nochmals und himmelan, als sich nämlich herausstellte, daß mein alter Freund Oskar Zirngiebl, der genannte Bonvivant, inzwischen im Gasthaus »Himmler« eingetroffen war und dort bereits, inmitten eines schon peitschenden Gehetzes und Gewürges, eine sichtbar führende Rolle spielte, nämlich, postiert an der Schnittkante zweier

Eckbänke, eine Art ruhenden Pol, einen Fluchtpunkt bildete. Der sofort durchschlagende Glanzeffekt dieses Mannes beruhte aber, so erkannte ich scharf, nicht so sehr auf der Zwei-Meter-Körpergröße und dem Zwei-Zentner-Gewicht des Zirngiebl, sondern vor allem auf der Tatsache, daß dieser brillante 42jährige praktisch von Kopf bis Fuß lila eingekleidet war, ganz wunderhübsch! Lila Jackett, lila Hose, hell-lila Hemd, lila Krawatte, nur die Schuhe waren dunkelbraun und kommunizierten so mit einer – das war das Allerprächtigste an Zirngiebl – dunkelbraunen Sonnenbrille, die ihr Träger auch im Lokal, an seinem schummrigen Eckplatz, nicht abnahm, so daß sein wohlwollend-freundliches, ja bezwingendes Lächeln irgendwie in die äußerst attraktive Chuzpe eines sardonisch-kriminellen Backgrounds hinüberfärbte und dem ganzen mächtigen wie gesalbt glänzenden Schädel die Imago von Gottes Sohn auf krummen Wegen verlieh.

In Wirklichkeit ist Oskar Zirngiebl weiter vom Verbrechen entfernt als wir alle. Ausgehalten von zwei katholischen Tanten, hauste der alte Zirngiebl auch in deren Wohnung, einer Art Privatkapelle, in der all das grausige Gerümpel herumstand und -hing, was die alten Damen im Laufe ihrer Karriere aus Altötting mit nach Hause gezerrt hatten: Christusportraits aus der fünften Generation der Nazarenerschule, gipserne Madonnas, mehrere betende Bruder-Konrad-Gestalten und vor allem ein Haufen scherenschnittartiger Bildchen von berühmten Wallfahrtskirchen, deren Fenster jeweils mit einer Art Stanniolpapier verklebt waren, deren Glanz und Glitzern oft auf den untätig in seinem sogenannten Wohnzimmer herumkugelnden Oskar Zirngiebl fiel und ihm die Lektüre der Tages- und Sportzeitungen gewissermaßen ins überirdisch Besonnte reifen ließ.

Eine der Gips-Madonnas war übrigens besonders bemerkenswert, sie trug nicht nur den abgebrochenen Kopf im Arm, sondern war auch, seltsam genug, mit zwei rosa Rabattmarken beklebt. Noch eigenartiger ist allerdings, daß sich Zirngiebl nicht erinnern kann, wann er die Rabattmarken auf die Muttergottes gepappt hatte. Zirngiebl glaubt vielmehr, daß ein gewisser Versicherungsingenieur, Ingo Basis, mit dem er »hier früher andauernd gesoffen« habe, es in einem unbewachten Moment vollbracht haben muß.

Die steinalten Tanten juckten Oskar Zirngiebl weiter nicht, sie ließen ihn gewähren, was der Neffe zu regelmäßigen gemütlichen Wanderungen in den »Seelburger Hof« und vor allem in dessen Fernsehkammer zu nutzen wußte, auch kleinere sonntagnachmittägliche Ausflüge in die nähere Umgebung fügten sich Zirngiebls Konzept – und so saß er nun also plötzlich, nach Susanne noch ein Himmelsgeschenk, hier im Gasthaus »Himmler« und griente und strahlte jeden, der seinen Blick empfangen wollte, mild und mit jener freundlichen Tücke an, die den maßlosen Stolz auf die eigene gediegene Lebensgestaltung meinte sowie die distanzschaffende leise Verachtung, daß wir anderen noch nicht soweit waren.

Ohne daß ich ihn geradezu angebetet hätte, mochte ich Oskar Zirngiebl über die Maßen gern leiden.

Ich akzentuiere seine Gegenwart hier vor allem deshalb, weil sie für einen weiteren gesellschaftlichen Coup sorgte. In meiner Abwesenheit (Susanne! hochhakiges hingebungsvolles Himmelsschätzchen!) mußte sich nämlich der Kerzenhändler Lattern die Gasthaus-Regie unter den Nagel gerissen haben bzw. bei unserer Rückkunft stand er mit entblößtem haarigem Oberkörper in dem Freiraum zwischen Gästetischen und Wirtsküche, starrte, wie so oft, furchterregend ins Leere und überlegte, den Kopf wohl in Anlehnung an irgendwelche Derwischtechniken oder ähnliches halb nach unten abgewinkelt, offenbar in Erwartung von Eingebung, was er uns nun Schillerndes bieten könnte.

»Amigo, los!« hörte man den geilen Greis Duschke befehlend bellen, und auch Rufe wie »Komm, Lattern, alter Gaudibursch!« oder »Du Blödl, jetzt fang schon an!« Lattern, der Augen aller jetzt endgültig versichert, starrte weiter, reglos, dann schüttelte er gleichsam die Glieder aus in der Art von Hochspringern, die ahnen, daß sie es noch nicht packen.

»Los, Amigo!« Diesmal war es Wellner, der plärrte. Das abgeschmackte Blendwerk wiederholte sich, Lattern starrte, schüttelte sich aus, starrte erneut, es fiel ihm absolut nichts ein. Ich nutzte die Säumnis, mein nun doch recht quengelndes Gewissen zu kalmieren, indem ich der in heller Erwartungsfreude hingegossenen Sabine kurz übers Haar streichelte, was sie total gedankenlos mit einem erstaunlich souveränen Griff in meine Genitalgegend erwiderte – dann sofort, vielleicht hatte er das mitbekommen, hatte Lattern die Lösung gefunden und begann sich den Hosenlatz aufzuknöpfen. Irgendeine (vermutlich) Karin japste wie in Verzückung auf – doch der würdige Greis Duschke bewies in dieser entscheidenden Situation die Versiertheit des alten Theaterhasen, der zwischen Freiheit der Kunst und ihren Schranken wohl zu unterscheiden weiß. Er sprang nach vorn und äußerst sportlich auf Latterns »Bühne«, nestelte ihm gleichsam verhütend am Hosenladen herum und klopfte ihm gleichzeitig mit der anderen Hand zutraulich auf die Schulter.

»Das kannst du nicht machen hier, Amigo!« raunte Duschke mehrfach eindringlich, »vor den Bauernpfeifen da geht das nicht, die prügeln dich aus dem Dorf!«

Tatsächlich hatte sich das »Himmler«-Lokal zwischenzeitlich auch mit einer Anzahl pechschwarzer Bäuerchen angefüllt, die auch nicht geneigt schienen, die Hüte abzunehmen, und die sichtlich interessiert der Dinge harrten, die da geboten werden sollten. »Los, komm, Amigo, alter Arsch, laß dir was anderes einfallen!« kommandierte der alte Duschke erstaunlich weise – »Warum? Laß ihn doch!« glaubte ich in diesem Augenblick (aber ich kann mich täuschen) Susannes wohlige Stimme zu vernehmen – »Mein lieber Hans«, stotterte jetzt Lattern, »ich sage dir, deine Situation ist nicht so blühend, daß...«, ein glatter Ausrutscher, denn ein Medium der Unterwelt darf nie in bürgerlichen, gar polemischen Ton verfallen – – – aber mit einem Male, Hans Duschke flüsterte noch immer auf ihn ein, schien sich Lattern anders zu besinnen. Unglaublich!

»Heißa, hurra!« schrie der Teufel unverhofft und sprang mit einem gewaltigen spagatartigen Tanzschritt in den Nebel der Wirtshausluft. »Bravo! Bravo! Ehrlich!« ertönten einzelne Rufe, »Ulla galli bill Allah, satilei achatmen kalp!« antwortete Lattern erneut durch die Luft sausend. »Gibt's das?« ächzte hochspringend ein Bäuerlein ekstatisch, Sabine neben mir griff sich unbewußt selber am jeansbedeckten Unterleib herum, und Lattern kreischte jetzt »Herre! Herre!« Er tanzte dann noch gut drei Minuten schweigsam weiter, bewundernswert aufopfernd und nicht einmal ohne Grazie. »Hurra!« schrie er abschließend noch einmal verzückt und endete schließlich in einer Art hockender Gebetsstellung.

»Bravo!« erscholl es von allen Seiten, Hans Duschkes Stimme setzte sich mit einem »Ehrlich gut, der Amigo, was, Oskar? Hab ich recht oder nit? Der Amigo, das Arschgesicht, höhöhö!« abermals durch – verstört aber nahm ich in Susannes seraphischem Gesicht die reine, die gleichsam hingeschmolzene Freude wahr.

Trotzdem, ich meine mich zu erinnern, daß auch ich das seinerzeitige Mysterienspiel mit durchaus froher Gesinnung auf mich einwirken ließ. Vertrieb es mir nicht optimal den nagenden Gewissenswurm? Löste das Gemeinschaftserlebnis nicht alle individuellen Probleme gleichsam magisch in nichts, nämlich die höhere Religion, auf? So soll es sein: zuerst die eine Schwester mit der anderen betrügen und dann gemeinsam ins Kino, die Sorgen zu vergessen. Daß diese Theorie letztlich nicht funktionierte, was soll's?

Auffiel mir übrigens zu dieser Zeit auch, daß der Gymnasiast Binklmayr seinen verschlafenen Blick fast schwelgerisch auf eine niedliche Kindfrau heftete, offenbar das Wirtstöchterchen, das vor einigen Minuten unter der Verbindungstür zur Küche aufgetaucht war und sich, mit trotzig blauem Blick auf den französischen Zauberer, andauernd selber im Wuschelhaar kraulte ... hm ...

Giesbert Lattern starrte erneut. Der Beifallsorkan hatte ihn sicherer gemacht, aber noch war es nicht das, was er eigentlich hatte darbringen wollen. Was, Lattern, gab es da noch? Der Rausch der klatschenden und raunenden Menge machte den Kerzenhändler beben. Nicht ungeschickt kostümierte Lattern seine sichtbaren Repertoire-Schwierigkeiten als meditative Versenkung, und plötzlich hatte er es. Er stellte seine Zigarettenpackung, ein Maggiglas, eine Blumenvase und einen flink gereichten doppelten Sechsämtertropfen neben ein Tischbein und breitete ein weißes Taschentuch darüber. Sodann legte sich Lattern selber unter den Tisch, klaubte sich den Sechsämter unter dem Taschentuch hervor, trank ihn und teilte fast tonlos mit, er werde jetzt »die Naturkraft außer Kraft setzen« und der Zirngiebl Oskar solle sich mit dem Rücken auf den Tisch legen, dann werde er, Lattern, »und ich wieg nur 65 Kilo und der Zirngiebl 100!«, den Zirngiebl hochheben – »mit freiem Oberkörper!« heulte Lattern wütend, »sowie mit Hilfe von dem Gott Wrschnabu sowie Abrahams!«

Der alte Zirngiebl zierte sich zuerst ein wenig, dann trat er aber, angefeuert durch eine Flut von Bitten, mit einem Lächeln, das Abgeklärtheit und Einsatzfreude zugleich verstrahlte, zu Lattern, der ängstlich wartend unter dem Tisch lag, und legte sich im vollen Pomp seiner violetten Gesamterscheinung der Länge nach auf den Tisch.

»Gelbe Socken! Gelbe Socken!« lallte in diesem Moment höchster Spannung der Gymnasiast Hans Binklmayr – und tatsächlich, jetzt im Liegen zeigte es sich, daß der alte Zirngiebl einen geradezu unkeuschen Fehler in seiner Kleidung aufwies, nämlich knallgelbe Socken, die nach dem vielen Violett den langen Kerl abschlossen.

»Gelbe Socken, leck mich am Arsch!« heulte nun auch der unwürdige Greis Duschke, geradezu explosiv schäumte der Fuhrunternehmer Schießlmüller auf, es entstand wieder ein ausladender Tumult, in dessen Verlauf der beschämte Zirngiebl den purpurroten Kopf und dann den ganzen Körper zur Seite in Richtung auf das Publikum rollte und zärtlich mit dem Finger drohte, sein Mißgeschick gleichsam durch den spielerischen Gegenangriff zu verschleiern.

»So, und jetzt, ihr Rübenschweine«, rief Zirngiebl angestrengt, »ist eine Ruh. Amigo, los! Hoch!«

Lattern hatte während des Sockenskandals reglos und im Stil entmutigter Artisten unter dem Tisch gelegen. »Einen Sechsämter«, ächzte er geheimnisvoll, als wieder etwas Ruhe eingetreten war. Man brachte ihn ihm, Lattern trank ihn im Liegen, kreuzte dann die Arme über der Brust und schlug ein Kreuzzeichen, wie er's von den Pfadfindern her noch wußte. Durch eine atemlose Stille hindurch hörte man nun Lattern raunen und Gebete murmeln, wenn ich es recht vernommen habe, eine Mischung aus Lateinisch und Arabisch, dann mit einem Mal: »Herre! Herre!« schrie Lattern, stemmte Arme und Beine gegen das Gehölz – und hob und schaukelte Tisch samt Zirngiebl mehrfach und ohne daß Betrug im Spiele gewesen sein konnte auf und nieder. Ein Wunder. Ganz eindeutig.

Ein Hurrikan brach los. Lattern und Zirngiebl krabbelten hoch bzw. vom Tisch herunter, fielen sich in die Arme, Lattern, von der eigenen Wunderkraft übermannt, kletterte an Zirngiebl hoch und biß ihn mit einem Brunftschrei in die ausladend-knüppelige Nase. Wie aufgescheucht, als ob sie das Numinose nicht ertragen könnten, liefen zahlreiche Menschen in wirren Zügen durch das Zimmer, meist, um sich an der Theke schnell Schnaps einzuhämmern. Die Vorstellung hatte sogar ein schnauzbärtiges Bäuerlein hingerissen, und nach Luft schnappend spendierte es »für alle Schnaps« – ein Mißgriff, denn es wurden 37 Gläser. »Echt gut, was? Mensch, Klasse!« hörte man irgendwo im Menschendschungel Duschke brüllen, und der Gymnasiast Binklmayr drückte sogar Lattern und Zirngiebl die Hand. Diese beiden sonnten sich in ihrem frischen Ruhm, doch während Zirngiebl nach einem gewissen Abflauen der Beifallswellen klug und bescheiden wieder in seine Alltagsexistenz in der Tischecke zurückkehrte, verlor der lodernde Lattern gänzlich die Übersicht und maßte sich an, sich mit den Händen die Zimmerdecke des Gasthauses »Himmler« entlangzuhangeln. Dieses Wunder klappte jedoch nicht.

Warum hatte Lattern eigentlich Maggi, eine Blumenvase und ein Taschentuch neben seinen Zaubertisch gestellt? Taktisch geschickt, richtete ich diese heiter-neutrale Frage an Sabine, die mir als Antwort kurz ins Haar griff. Na also, was wollte ich denn mehr? Alles war noch einmal gutgegangen. Sollte ich morgen meinen stillschweigenden Kontrakt mit Susanne dahingehend auswerten und stabilisieren, daß ich ernst und eindringlich und mit einem Schuß irisierender Diabolik in sie eindrang, unser süßes Geheimnis der Schwester zu verbergen? Und noch unsicherer als vor einer Stunde fragte ich mich, ob ich eigentlich wirklich und aufrichtig Susanne für Sabine eintauschen wollte?

Der Tag endete ohne klare Perspektive und, wie das bei ereignisreichen, mit Sinnesreizen vollgepackten Nachmittagen so zu geschehen pflegt, vollkommen formlos und inhaltsleer. Am Abend, vor dem Fernseher, überraschte mich ein kleiner Weinkrampf, von dem ich partout nicht wußte, wo er herkam.

8

Sofort beim Erwachen fiel mir wieder ein, daß ich seit gestern auf dem Höhepunkt meiner Macht stand. Macht heißt zunächst einmal die Bewahrung von Ruhe. Das Verlangen, Susanne in der Apotheke anzurufen, in der sie seit kurzem halbtags hospitierte, wies ich besonnen zurück, unter allen Umständen ja nichts zu gefährden. Erst galt es, noch einmal Sabine auszuforschen, wieviel sie wußte, ob sie etwa gegebenenfalls dies oder jenes übelnahm. Ich wurde aufs angenehmste enttäuscht – eine doppelte Täuschung, wie sich später herausstellte –, Sabine präsentierte sich so frisch und munter, in einer geradezu neugeborenen Heiterkeit, der mir gleichwohl eine Spur elegischer Erkenntnis der zeitgenössischen Wirklichkeit beigemischt zu sein schien: daß mir ganz wirr und elend davon wurde. Was mochte das nun wieder bedeuten? Weil aber das konstant linde Frühlingswetter so unwiderstehlich fröhliche Gefühle einblies, gelang es mir, unwägbar Mulmiges dieser Art rasch ad acta zu legen.

Heute glaube ich zu wissen, daß Sabines Munterkeit der rasch hochsprießenden Leidenschaft für den Fuhrunternehmer Schießlmüller entsprang, daß sie mich aber nichtsdestoweniger in dieser ausklingenden Stunde unserer mediokren Liaison am vergleichsweise liebsten mochte – weil sie, im Unterschied zu mir, bereits auf das Ende sah. Die Mixtur aus Wehmut, dünner Anhänglichkeit und Aufatmen darüber, daß bald alles, der ganze Käse, vorbeisein würde, diese Mixtur, die damals mit hoher Wahrscheinlichkeit Sabines junges Herz wenn nicht erschütterte, so doch kurzzeitig durchkräuselte, möchte ich mich nicht unterstehen hier ordentlich auseinanderzudividieren; das Resultat wäre für mich vermutlich auch allzu niederschmetternd.

Wenn jemand über zwei junge Frauen verfügt, kann er sich beruhigt zum Kartenspielen niederlassen; es würden eher noch neue automatisch nachstoßen, überwältigt von der Anziehungskraft dieses erstaunlichen Herrn, sensationslüstern und – diesmal sogar relativ antriebsstark. So verbrachte ich die Karwoche im souveränen Glück des Eigentümers und Unternehmers zugleich, nämlich abwechselnd im ANO-Teppichladen, wo der Sekt erneut in großen Strömen floß und mir Herr Leobold, offensichtlich wohlinformiert über mein Doppelglück, mit besonderer Verve und Hochachtung begegnete und wiederholt beifällige Schlüsselworte wie »geht in Ordnung«, »prima« und »ganz prima« aushauchte, – sowie im italienischen Eiscafé, wo ich ein fünfjähriges Mädchen namens Sandra Claudia kennenlernte, das Töchterchen des Kaffeehausbesitzers, das ich plötzlich im Überschwang zu adoptieren wünschte. Drittens saß ich ununterbrochen am Spieltisch des »Seelburger Hofs«, wo ich, die Glückssträhne zu verlängern, beachtliche Beträge einsackte, die im Anschluß im schon erwähnten Whisky-Tanzschuppen ziellos – und gleichzeitig sicher – wieder den Schlot hinausrauschten. Der Wirt, einer jener neueren bundesdeutschen Parvenus, denen im wesentlichen die alles überdonnernde Stupidität die Gewähr für den eigenen Profit ist, war es hochzufrieden und drückte mir sogar mehrfach begeistert und solidarisch die Hand.

Susanne sah ich zwei-, dreimal im Verein mit Sabine, hütete mich aber vermeintlich klug, vorerst einen Finger krumm zu machen, die Dinge mußten noch reifen.

Am Abend des Ostersonntag überwältigte mich ganz unverhofft, ich hatte gerade, die praktisch endlos fortwährenden Festlichkeiten abzuschließen, Sabine nach Hause chauffiert, rettungslose Depression. Es begann bei der Fernseh-Tagesschau mit Bildern von Gerhard Stoltenberg, der wohl vor irgendeiner Evangelischen Akademie in Soundso referiert und wieder einmal alles geregelt hatte; das setzte sich fort mit einem Bericht zum Thema »Alte und Kranke feiern das Osterfest«, in dem sie für meinen Geschmack gar zu verweste Gestalten aufmarschieren ließen – immerhin gibt es ja in unserem Land auch noch alte Menschen wie Hans Duschke, der gerade heute nachmittag wieder einmal österlich-festlich getobt hatte; und das erklomm seinen Höhepunkt im Spätprogramm, mit einer Zusammenfassung der Osterfeierlichkeiten am römischen Petersplatz. Etwas Elenderes, Erbarmungswürdigeres, Miserabligeres, Herzzerreißenderes habe ich bis dahin und auch seither nie mehr gehört als die welke, brüchige, ehrvergessene, praktisch schon maustote Stimme des Papstes Paul, mit der er mehrfach »Gloria in excelsis deo« und ähnlichen Unfug grölte und ächzte. Das Infamste dabei war, daß dieser Wackeltenor einem nicht einmal die Chance einräumte, dabei von Herzen zu weinen! Ich verfiel auf den Ausweg, mir in Gedanken Susanne herbeizuzaubern, spürte aber klar und deutlich, daß auch sie nicht die geringste Stütze wider diesen unmenschlichen Gesang zu sein vermocht hätte! Auch die Vorstellung, daß Susanne den Papst packte und überwältigte, finde ich erst jetzt bei der Niederschrift hübsch und hilfreich, damals, ich muß wirklich schwer am Boden gelegen haben, brachte sie mich überhaupt nicht weiter.

Was tun? Mit der Geistesgegenwart, die mir selbst in lästigsten Momenten meist zur Verfügung steht, griff ich zu meinem damals stärksten Gegengift, Kafkas Briefen an Felice Bauer. Kristallinische Lauterkeit, wohin das Auge irrte – Valium für uns, die noch verkrachtere Generation! Da hatten wir es schon! »Ich bin so unsentimental wie möglich«, schrieb da der Doktor Kafka, »aber es ist ganz gewißlich wahr, daß zahllosen Menschen, alten und jungen, das Herz vor Gram, Sehnsucht und Kränkung bricht. Jeder Tag führt den Beweis, daß sich der Mensch nicht an alles gewöhnt.«

Unglaublich. Nicht einmal ein so schöner Satz half. Ich, Freund jeglicher emotioneller Exzesse, war vollkommen ratlos. Restlos abgebröckelt der Glanz des Festtagslebens. Ein vergleichbares Weh hatte mir, soweit ich mich erinnere, noch nie die Seele zerzaust. Tatsächlich! Es gab sie also noch, die Seele. Im technischen Zeitalter. Wer hätte das gedacht! Ich versuchte eine Zeitlang zäh, dies Gefühl namenloser Nichtigkeit auszukosten, registrierte aber schnell, ich war ihm nicht gewachsen. Es ist nicht übertrieben zu sagen, daß ich von meinem Sofa hochsprang, im Zimmer auf- und niederlief und krampfhaft nach einem Ausweg forschte. Furchtbar. Leben ist Tod. Der Tod ist ein Meister aus Deutschland. Lohnte es sich heute überhaupt noch, Triebbefriedigung hin und her, Weiber zu lieben?

Nach mörderischen fünfzehn Minuten bahnte sich die Lösung an. Natürlich! Warum denn nicht gleich! Ich riß die Schallplatte »Lach doch mal mit Jonny« des Volkshumoristen Jonny Buchardt aus dem Plattenständer und legte sie hastig aufs Grammophon. Die Plattenhülle zeigte den Künstler, einen kleinen knüppeligen Mann mit fröhlich glänzendem Gesicht, eingekleidet in einen bläulichen Stangenanzug und ein orangerotes Hemd – marineblau aber hing eine Art Krawatte in der Gegend herum. In der rechten Hand hält Jonny ein Glas, in der linken eine Flasche »Gordon's Dry Gin«, deren Inhalt dem darüber wohl heftig lachenden Mann bogenförmig ins Gesicht spritzt.

Ich beschreibe den Quatsch deshalb so detailliert, weil ich heute davon überzeugt bin, daß mir Jonnys Anblick das Leben rettete. Und ich erinnere mich genau, wie sich bereits bei dieser ersten Betrachtung die Starre meines Gemüts zu einem leisen, lindernden Weinen entkrampfte – und dann erst die Rückseite der Platte! Daß es so etwas Schönes gab! Gezeigt wurde hier Jonny in einem Foto-Strip, der auch das Titelbild wohl näher erklärte. Auf dem ersten Foto deutet Jonny aufgeräumt und wie einladend auf die Schnapsflasche, auf dem zweiten schenkt er sich ins Wasserglas ein, auf dem dritten trinkt er andächtig, auf dem vierten greift er sich benommen an den Kopf. Indessen trinkt er dann auf dem fünften froh weiter bzw. er schenkt neu ein, die Flüssigkeit zischt aber am Glas vorbei auf den Erdboden – gleichzeitig lockert sich irgendwie Jonnys Binder. Die nächsten drei Fotos sind mir nicht ganz einsichtig. Die Schnapsflasche steht jetzt auf dem Stuhl, gleichzeitig scheint Jonny Schnaps auszuspucken. Wieder gießt er ein, wieder spritzt das Getränk vorbei, wozu Jonny eine besonders humoristische Miene aufsetzt. Dann vollzieht der Gin die mir nicht ganz erklärliche Bogenbewegung der Titelseite, und Jonny schaut dem bewundernd und lachend nach. Auf dem zehnten Foto scheint Jonny schwer abgekämpft aufzuatmen. Auf dem elften deutet er gleichsam unverwüstlich auf die Flasche. Auf dem zwölften und letzten hält er sich wohl an der Stuhllehne fest und scheint etwas zu singen.

Erregt, ja aufgewühlt legte ich die Platte auf. Es drang heraus wie Sphärenmusik, wie der Gesang der Äonen. Wie am Ende des 1. Akts von »Faust I«, der ja tatsächlich auch zu Ostern spielt! Schon der dritte Scherz aus dem Mund des Conferenciers entfesselte in mir das reine Glück. Der dicke kleine Jonny will mit einer sehr großen Frau tanzen – sie will nicht:

»Mit einem Kinde tanze ich nicht.« Darauf Jonny:

»Entschuldigen Sie, gnädige Frau, ich wußte nicht, daß Sie eins erwarten.«

Kafka hat es nicht geschafft. Jonny hat es sein müssen. Wir Intellektuellen scheinen vor keiner Überraschung sicher. Fröhlich, geradezu aufgekratzt über dieses ebenso geistige wie lebensbedrohliche Abenteuer, braute ich mir eine Tasse Kaffee und dachte, vollkommen aufgeweicht, an Susanne und Sabine gleichzeitig. So macht man das.

Zugegeben, ich träumte leider etwas recht Krauses zusammen, trotzdem übertrug sich meine Vergnüglichkeit spielend auf den nächsten Tag. Zumal ich bereits gegen Mittag auf den glänzenden Gedanken kam, den Privatier Oskar Zirngiebl in der Wohnung seiner Tanten zu besuchen und mit ihm dieses oder jenes Schwätzchen voranzutreiben.

Zirngiebl, der im Unterhemd und einem weißen Sporthöschen, das ihm fast bis zu den Knien reichte, durch die heiligmäßige Wohnung lief und mehrfach brutal rülpste, fragte mich einleitend so zart und brennend neugierig nach den Schwestern aus, wie es diesem seit langem der zierlichen literarischen Rede entwöhnten Provinzler eben zu Gebote stand; wobei ich sofort scharfsinnig registrierte, daß man Zirngiebls Neugier gleichzeitig vollkommene Interesselosigkeit hätte nennen können; und ich antwortete also bedächtig, sozusagen schamhaft ausweichend, als ob ich von nichts wüßte, ließ aber knallig durchschimmern, daß alle beide Damen unter meiner Fuchtel stünden.

»So. Ja. So«, sagte Zirngiebl versonnen und strich sich mehrfach über sein Turnhemd, unter dem sich ein wuchernder Bierbauch wölbte. »Ja. So...«, murmelte der Privatier – und ahnungslos glaubte ich meinen Triumph sozusagen mit der Grazie taktvoller Verschwiegenheit auskosten zu können.

Im Anschluß, der ächzende und immer wieder rücksichtslos grunzende Privatier hatte sich gerade auf dem Sofa ausgestreckt und ließ gedankenvoll die mächtigen Zehen in der Luft kreisen, gelang es mir dann sogar noch, eine zauberhafte Anekdote aus ihm herauszulocken. Es sei da nämlich etwas ganz Erstaunliches, geradezu Unglaubliches in seiner Wohnung passiert, sagte Zirngiebl und wies, ohne den Körper einen Zentimeter zu liften, auf einen massiven Kleiderschrank, den solle ich mir einmal genau besehen. Das tat ich und gewahrte zuerst nichts, dann aber eine kuriose Delle an einer der Schrankkanten: eine Einbuchtung, die wohl von einer Beschädigung bei einem Umzug herrühren mochte.

»Ach wo!« sagte Zirngiebl und ächzte matt, »bei uns zieht doch seit hunderttausend Jahren schon niemand mehr um«, nein, aber diese Delle sei es schon. Zirngiebl machte eine Pause. Und da sei nämlich folgendes Unwahrscheinliche passiert. Bzw. dazu müsse er, seufzte der Liegende, weiter ausholen.

»Paß auf!« Der Alte seufzte erneut, wahrscheinlich tat ihm dieses oder jenes weh. Wie ich wisse, liege er, Zirngiebl, ja nun die meiste Zeit des Tages in seinem Polsterstuhl da drüben und höre Radio und lese die Seelburger Tageszeitung bzw. den Sportkurier – und hier schickte Zirngiebl einen ewig langen träumerischen Blick zur Zimmerdecke und zündete sich ein Zigarettchen an. So. Und ab und zu lese er auch die »Süddeutsche Zeitung« wegen der fundierten Sportberichterstattung, ergänzte Zirngiebl, ich verstehe schon, lächelte er mich schelmisch und in den Augen das Schmalz der Reife an und vollzog eine Einverständnis heischende zuckende Handbewegung, aber das spiele keine Rolle. Bzw. es sei so, daß er zum Lesen und Radiohören – »Rundfunk«, präzisierte Zirngiebl –, Lesen und Radiohören, der größeren Bequemlichkeit zuliebe, immer seine Beine gegen die Schrankkante lege. Und nun sei bisher die kleine, aber bittere Ungemütlichkeit die gewesen, daß seine Beine wegen des Schwergewichts bzw. Erdanziehungsfaktors so alle zehn Minuten abgesackt seien, so daß er sie wieder hoch habe stemmen müssen. Jetzt habe er es zuerst so versucht, die Beine höher zu stellen, da hätten sie zwar wegen des besseren Einfallswinkels oder, verbesserte Zirngiebl, »Eingangswinkels, ist ja scheißegal!« gehalten, aber das habe nun wiederum einen Muskel zu sehr angestrengt und weh getan. So daß er die Beine wieder in Normalstellung zurückbeordert habe.

»Und jetzt paß auf, Moppel, das glaubst nicht!« sei folgendes Wunder passiert: Durch das anhaltende Lagern der Beine an der Schrankkante sei diese immer mehr abgeschliffen und eingedellt worden – bis sich zuletzt am unteren Ende der Einbuchtung ein kleiner Absatz gebildet habe, vergleichbar einem Kar in Hochgebirgswänden, der die Fersen seiner, Zirngiebls, Füße aufgenommen und plötzlich getragen habe. Er habe dann natürlich dieses Phänomen sofort registriert und Intellekt genug besessen, das Ganze zu stabilisieren, indem er seine Füße noch sorgfältiger als sonst in genau jenen kleinen Absatz zur Ruhe gebettet und manchmal sogar noch etwas nachgeholfen habe und gegengedrückt. Durch dieses aber – und hier lächelte Zirngiebl, seinen Bericht für Sekunden unterbrechend, geradezu erleuchtet – sei der Absatz immer prägnanter geworden, habe an Substanz gewonnen und immer profiliertere Formen angenommen, bis er seit kurzem seine, Zirngiebls, Beine absolut einwandfrei trage. Seitdem seien die Füße nie mehr abgesackt, rief der Privatier feurig und richtete sich sogar von seinem Sofa auf. Was das für ihn bedeute, schloß der Alte seinen Bericht geradezu nachdenklich, könne ich mir ja denken.

Schmunzelnd gratulierte ich dem Privatier zu seinem Glück, und wir schäkerten noch ein Weilchen herum, wie lange er, Zirngiebl, eigentlich zur Schule gegangen sei, ein Lieblingsthema von uns beiden. An diesem Tag kamen wir auf 24 Jahre, einmal hatten wir sogar 27 zusammengebracht, was wohl Weltrekord bedeutet – und derlei Feiertagsplaudereien, wie wir Alten sie eben bevorzugen. Er werde, sagte dann Zirngiebl auf meine Frage hin, heute zu Hause verweilen – »um deine neue Delle besser auszunutzen!« krähte ich scherzhaft, worauf der Privatier nicht nur in ein Wiehern der Freude ausbrach, sondern sich sogar mehrfach auf den leicht vergilbten Schenkel unterhalb der weißen Turnhose patschte, was wohl beides, wie mir schien, in keinem Verhältnis zu meinem Witzchen stand.

»Mensch, Mensch…«, schloß Zirngiebl vor Trägheit schwer atmend und kratzte sich an seinem ausladenden Kopf.

»Was, Mensch Mensch?« hakte ich nach.

»Naja alles, Moppel, alles!« brüllte der Privatier jetzt wieder wie selbstvergessen auf. Eine kleine Stille trat ein: »O weh, o weh!«

»Was?« Ich gab nicht nach.

Plötzlich hatte er es. »Weißt du, was das ist, Moppel? Weißt du das?« schrie der Alte, »nein, du weißt es nämlich nicht, und drum sag ich's dir. Das was das ist und das was wir da machen, das ist die Brillanz des Lebens! Ihihihi ihihihi ihihihi! Die Brillanz des Lebens, ehrlich!«

Schauerlich, aber mir gefiel es. Nach zehn Minuten ging dem Alten die Kraft zum Brüllen aus, er zauberte ein Dosenbier unter dem Sofa hervor, öffnete es und soff es weg. Bevor ich zu Sabine aufbrach, brachte Zirngiebl das Gespräch nochmals kurz und wie lauernd auf die ihm anscheinend höchst ominösen Morlock-Mädels. Wieder versteckte ich mich hinter ein paar ausweichenden Redensarten, allgemeine Heiterkeit und zügiges Gelingen zu suggerieren, was die sexuelle Sphäre angehe und überhaupt, schmierte ich Zirngiebl ums Maul, »die Brillanz des Lebens«.

Noch einmal wieherte der Bonvivant auf, dann verabschiedete ich mich.

Vier Monate später, im Rahmen eines sommerlichen Sandgrubenfests, teilte mir Zirngiebl mit tiefem Ernst mit, er habe mich seinerzeit sozusagen warnen wollen. Alle Seelburger, »du blöder Hund«, seien damals über meine Sabine wohl besser informiert gewesen als ich, »was glaubst du, was da los war!« Damals wäre vielleicht noch etwas zu machen und zu verhindern gewesen, redete Zirngiebl beschwörend auf mich ein und schwenkte in der linken Hand wie eine Fackel sein Seidelglas in den nächtlichen, vom Lagerfeuer durchzuckten Himmel. »Aber das ist ja jetzt gleich, das ist ja jetzt scheißegal, Moppel!« versuchte Zirngiebl mich dröhnend und lachend wieder aufzurichten und ließ seine rechte Pranke auf meine Schulter sausen – in der irrigen Meinung, es sei ja jetzt alles passé. Er ahnte nicht, daß ich gerade an diesem festlichen Freiluftabend am allerheftigsten litt.

Und daß mich also Zirngiebls verspätete Mitteilungen wie ein Gift trafen, dessen Süßigkeit in einen Brei sinnlos zärtlicher Raserei vertröpfelte.

9

Heute, an meinem Schreibtisch, bläst der kalte Wind der Gegenwart rücksichtsloser als je zuvor gegen die blühende Vergangenheit an. Das Herz sticht, die Schläfe pocht, was soll das alles? Warum wird der Mensch so vernichtend dafür bestraft, daß er sich erotisch einmal verhaut? Und warum, vor allem, habe ich die Aufgabe auf mich genommen, die ganze Katastrophe, den ganzen Käse noch einmal aufzuwärmen?

Mit meiner Doppelliebe ging es nach Ostern seelisch drunter und drüber. Zunächst ereignete sich etwas über die Maßen Obskures. Ich ertappte mich dabei, wie ich im Kaffeehaus im Geist einen Abschiedsbrief an Sabine konzipierte, und, weil mir das außerordentlich viel Vergnügen machte, auch gleich einen an Susanne – und dies, obgleich ich zu dieser Zeit keineswegs gewillt war, auch nur auf eine der beiden zu verzichten! Ohne daß ich die elegischen Phrasen, die ich mir damals bereits mundfertig gemacht hatte, noch im Detail wüßte (allzu viele Abschiedspost habe ich zwischenzeitlich ins Land hinausgejagt), ist mir noch der jeweilige Grundgedanke gegenwärtig. Sabine wollte ich sanft, aber nachdrücklich bedeuten, der schwere Intellektuelle, den ich ihr gegenüber darstellte, würde auf kein gutes Ende hinauslaufen (vermutlich habe ich aus Erregung über diesen butterweichen Gedanken sofort einen neuen Espresso bestellt) – Susanne, die mir ja damals noch gar nicht eigen war, was ich wohl kurzzeitig verdämmert hatte, wollte ich loswerden mit dem Hinweis, ein Stern wie sie gehöre in die Metropolen, allein dort könne sie dann ihre eingeborenen Talente entfalten, sich in Ruhe den geeigneten Lebenspartner erwählen usw. – jedenfalls war mein Hintergedanke klar und eitel genug: Fesselung dieser Frau durch schon übergroßen, über alle Begriffe gehenden Edelmut.

Das ganze schöne Projekt – wenn ich mich recht entsinne, hatte ich damals wohl auch schon die Witwe Strunz-Zitzelsberger behutsam im strategischen Hintergrund aufgebaut – erwies sich dann rasch als grotesker Unsinn, insofern, als es schon in den nächsten Tagen zu einer einschneidend neuen Entwicklung kam. Ich hatte mich sozusagen für ein paar Tage von Sabine beurlaubt, entweder möglichst unbehelligt Susanne in ihrer Apotheke heimzusuchen oder aber meine Freiheit guten Freunden zur Verfügung zu stellen, und so traf es sich, daß ich mit einem Bekannten, dem Bleistifthändler Hermann Dammler, eines Nachmittags einen Ratskeller aufsuchte, ein Schwätzchen zu halten, worauf sich jener Dammler besonders leidenschaftlich, eindringlich und intellektuell nachgerade erholsam versteht. Ich schätzte gerade damals solche anspruchslosen Plaudereien aufs äußerste, freute mich geradezu auf die sumpfigen Ströme von Dammlers maßvoll vorwärtskommenden Erzählungen und Erklärungen – es wartete jedoch auf mich eine böse Überraschung, denn in einer Nische des Ratskellers gewahrte ich ein niedliches Pärchen, das sich rasch als Sabine Morlock und Willi Schießlmüller entpuppte, heftig aufeinander einkichernd und die Köpfe bereits vertraulich gegeneinanderstreckend – jedenfalls über dem ganzen Saustall entlud sich ganz unverkennbar ein höchst ordinäres erotisches Gewitter!

Nichts ist mir verhaßter als das krampfhafte Zittern, das in solchen Augenblicken der Ohnmacht meinen vermutlich allzu empfindsamen Körper durchrasselt. Wahrhaftig, mein Kreislauf fing buchstäblich zu wackeln an, wie um als eine Art höherer Richter seinen Herrn zu bestrafen. Eigenartigerweise aber überschwemmte mich noch in den ersten Sekunden des Erkennens der Gedanke, daß ich meinen vorgesehenen Abschiedsbrief ja nun wohl an dieser oder jener Stelle ändern, wahrscheinlich schmerzlicher, schuldfreier gestalten mußte. Und wiederum gleichzeitig hoffte ich inständig, daß Hermann Dammler den Skandal nicht gleichfalls sofort bemerkt hätte (vergebliche Hoffnung – bereits am Abend war die halbe Stadt eingeweiht) – und ich drängte deshalb, kaum fähig, mich aufrecht zu halten, meinen Begleiter hastig in eine entferntere Abteilung des Ratskellers, der Schmach aus dem Weg zu hasten, vermutlich ein haarsträubender Fehler, denn durch dieses kindische Verfahren war der Zeuge Dammler erst recht in mein Desaster eingeweiht.

Mühsam, hinter einer Zigarette verschanzt, in hektischen Zügen Weizenbier in mich stürzend, leierte ich mit dem Bürger Dammler ein Gespräch über Inflation, Stabilität und vor allem Bleistiftpreise an, welche letztere diesem Herrn ganz besonders nah am Herzen lagen – und bei all dem trank ich mir ganz unvorhergesehenerweise einen kräftigen Rausch an. Auch dieses Phänomen analysierte Dammler, wie ich seinem späteren höchst genüßlichen Bericht entnehmen sollte, erstaunlich intelligent und vollkommen richtig.

Abschiedsbriefe, Bleistiftpreise und langfristige Sorgen um mein Wohlergehen rauschten wüst durcheinander. Scharf und rigoros stieß dazu Dammler Zigarettenrauch aus dem Munde. Beim Verlassen des Ratskellers, ich wankte kräftig und spürte noch immer widerliche, zügellose Schmerzen in meiner Herzgegend, war das saubere Pärchen längst über alle Berge.

Hatten die beiden Strolche uns Herren gesehen?

Ich legte mich mit dem Vorsatz zu Bett, morgen Sabine ganz ruhig und sachlich zu mir zu bitten und ohne Umschweife eine Aussprache zu erzwingen. Endete die negativ, so erwog ich beim Einschlafen, würde ich mich endlich frei und ungezwungen auf Susanne werfen können – endete sie positiv, so wäre, kam es mir gedämmert, durch den dramatischen Akzent dieses Nonplusultra, dieses entschiedenen Sinequanon, kurz, dieser Aussprache, sozusagen ein neuer Anfang gesetzt, vielleicht würde sich dann die volle Liebe erst so richtig entfalten, wie ein Wirbelsturm über unsere Köpfe hinwegsausen und uns in neue, völlig unbekannte Glückszonen blasen – und im Hintergrund lauerte noch immer die Existenz Susannes, die dann freilich vermutlich noch ein wenig warten mußte …

Die Aussprache fand statt im »Seelburger Hof«. Ich hätte mir denken sollen, daß dabei nur dummes Zeug herauskommen würde. Sie könne nun mal, flüsterte Sabine verräterisch fahrig, aber unwiderlegbar, den Schießlmüller sehr gut leiden, man habe sich »rein menschlich« auf Anhieb verstanden – und dergleichen trostlose Redensarten mehr, gegen die ich nichts vorzubringen vermochte, ja aus einem Gefühl allgemeiner Gottverlassenheit heraus wohl auch nichts vorbringen wollte, langjährige Eheleute und sonstige erotisch Versierte werden mich kopfnickend verstehen. Zuletzt, sie hatte schon wieder Oberwasser, ließ sich Sabine sogar zu der Ungeheuerlichkeit hinreißen:

»Der Willi ist genauso wie ich.« Ob ich das verstünde?

Ich mußte verstehen. Trotzdem – war Sabine so einfältig und wußte den räuberischen Vormarsch Schießlmüllers wirklich nicht zu durchschauen? – trotzdem gelang es mir, mit einigermaßen wehmutsdurchtränkter Stimme den Gedanken ihr anzusalben, aus solchen freundschaftlichen Begegnungen erwüchsen oft und unversehens die größten Komplikationen, Freundschaft sei durch keine eindeutige Trennlinie von erotischen Neigungen geschieden – ja, und daß sie, Sabine, immer bedenken müsse, sie sei ein hübsches junges Mädchen, und der Herr Schießlmüller schließlich auch nur ein Mann (O Schießlmüller, dezenter konnte ich deine kohlrabenschwarze Sexualmotorik wirklich nicht beschreiben!), und jedenfalls müsse also sie, Sabine, verstehen, daß …

»Ach, Schmonzenz!« strahlte da plötzlich diese junge Dame fröhlich, und beneidenswerte Gesundheit blühte grell aus ihrem Gesicht – da sei ich nun aber wirklich ganz falsch gewickelt – und sie schüttelte wieder einmal (so etwas anmutig Verlogenes hatte ich selten gesehen!) drei-, viermal den Blondkopf geradezu blinkend von links nach rechts und retour, das Ganze zauberisch wie ein Foto von David Hamilton.

»Du?« zwitscherte sie jetzt blechern und tippte mir gegen den Bauchnabel. Es klang wie »Du – uh?« Ich wußte nicht, sollte ich ihr jetzt eine scheuern oder das Debakel nur idiotisch finden. Aber Sabine schmiegte sich plötzlich so fix und heftig an mich, daß nur ein extraordinärer Esel wie ich die kriminelle Verlogenheit dieser Schutzautomatik nicht durchschaute, sondern sie für eine durch hitzige Spontaneität geadelte Zuneigung hielt und mich sofort in sie verliebte – ich meine die Geste. Heute bin ich besonders skeptisch gerade diesen scheinbar überzeugenden Manieren gegenüber. Alles Theater!

Ich muß sagen, daß auch die Nettigkeit des Worts »Schmonzenz« – eine meines Wissens von Sabine erfundene Kontraktion aus »Schmonzette« und »Nonsense« – mir besonders gut gefiel und meine schnell versöhnliche Stimmung wohl mitverursachte; so legen sie uns Sprachgewaltige immer wieder rein! Später ging mir gerade dieser »Schmonzenz« freilich gewaltig auf die Nerven, ja, es erschien mir wie eine Nichtigkeitserklärung allen Lebensernstes durch die Welt der Teenager!

Wir verbrachten einen nahezu schönen Abend miteinander. Er gipfelte in dem Plan, demnächst an einem verlängerten Wochenende – für mich freischaffenden Hausbesitzer ein äußerst lustiges Wort – im Bayerischen Wald alles wieder in Ordnung zu bringen (O Leobold, die Nachwehen deines mächtigen, unversiegbaren Einflusses!) und sozusagen von vorne anzufangen, jedes Schulkind, nur ich nicht, weiß ja, wie ruinös gerade dieser Vorsatz ist! Mir Einfaltspinsel wurde so licht ums Herz, daß ich zuletzt, schon zog bläulich der Sommermorgen herauf, gewünscht hätte, Susanne wäre da und steckte gleichfalls traumvernarrt ihren Kopf mit den unseren zusammen.

Mit dem verlängerten Wochenende wurde es nichts. Drei Tage später, im ANO-Teppichladen, den ich wieder mal zu einem Schwatz aufgesucht hatte, ereilte mich die nächste Katastrophe – es folgte nun überhaupt Schlag auf Schlag.

Sozusagen hinter vorgehaltener Hand – in der freien hielt er eine Flasche Apfelwein »Knaddeldaddel« – flüsterte und raunte mir der alte Hans Duschke zu, ob ich eigentlich wüßte bzw. was ich dazu sage bzw. wie das überhaupt da »mit der kleinen Büchs da und dir steht?«

»Warum?« fragte ich erschrocken heiter – und nun spielte der scharrende Greis seinen informellen Seniorentrumpf mit schon bewundernswerter Schamlosigkeit aus: Es sei mir ja wohl bekannt, kreiste mich dieser Vater der Tücke ein und zwinkerte dabei gleichsam bedenklich ins Leere eines himmelblauen Teppichbodens mit einem hundsgemeinen Röschenmuster drauf – was ich dazu sage und zu bemerken hätte, daß meine Freundin und Alfred Leobold zusammen nach Afrika in Urlaub führen?

Ich fordere den Leser auf, ruhig und ernst zu bleiben und es nicht etwa mir gleichzutun und sogar vom Stuhl hochzuspringen:

»Was?« schrie ich lachend; ein taktischer Fehler von verheerendem Effekt – ich hätte ganz gelassen »ich weiß« sagen sollen, eine Geistesgegenwart, die in solcher Lage freilich nur den wenigsten Sterblichen vergönnt ist.

Mein sprühendlustiges »Was?« brachte den nichtswürdigen Alten endgültig in Vorhand. Wie in tiefem Gram stellte er seinen rechten Fuß auf einen Teppichballen und teilte mir, seinen abgefeimten Hochgenuß mühselig, aber mit der Professionalität des gewiegten Mimen verbergend, alles mit. Jawohl, das sei gestern abend ausgemacht worden, hier im ANO-Teppichladen, wo Sabine seiner, Duschkes, Meinung nach irgendwie aus freien Stücken vorbeigekommen sei – »vielleicht hat sie auch für ihre Firma was besorgen müssen, kann ja sein«, tröstete mich Duschke gut dosiert und bat für den Höhepunkt seines Reports um eine Zigarette – jawohl, und da habe Alfred Leobold die Kleine zu dieser Reise eingeladen, zuerst fahre man mit Herrn Leobolds Wagen, dann bei Fiume gehe es mit dem Mittelmeerkreuzer weiter, und alles, raunte Duschke wie sterbend vor so viel Abgeschmacktheit, für Sabine umsonst; der Alfred habe es ihr versprochen, insgesamt sechs Wochen Afrika, am 25. Mai gehe es los, »und die Sabine, die Kleine, hat natürlich sofort ja gesagt«. Auch mit dem letzten Wort noch suchte mir der ehrvergessene Graukopf ins Fleisch zu säbeln.

Wo war Alfred Leobold? Duschke schien meine Gedanken erraten zu haben:

»Der Alfred ist drüben in der Müller-Wirtschaft Kundschaftssaufen«, fuhr dieser große Lehrer der Rankünе harmlos fort und nahm selber einen Schluck »Knaddeldaddel«. Natürlich stand ich wie vom Schlag gerührt, auch die heftig ins ANO-Lager geblasene Zigarette vermochte letztlich nichts wettzumachen. Duschkes Sadismus war noch nicht gestillt. »Ja, alles klar, die beiden fahren«, er, Duschke, wundere sich nur darüber (jetzt tötete er mich endgültig), daß ich, Moppel, noch nichts davon wisse und (äugte er mich gottlos an) daß ich nicht mitfahre – »Gnädige Frau, ich komme in zwei Sekunden!« krähte er einer Kundin nach, die sich hilfesuchend auf den prächtigen Teppichpaternoster zubewegte.

»Sehen wir uns heute abend?«

Auch dieser letzte lockere Zynismus war wohlkalkuliert. Ich muß das Unternehmen ANO in ziemlich verheddertem Zustand verlassen haben. Mein erster Gedanke war, Susanne anzurufen oder, besser, gleich aufzusuchen. Verblüfft inmitten aller Pein stellte ich fest, daß ich sie seit meiner Premiere am Dorfweiher überhaupt nicht mehr unter vier Augen gesprochen, geschweige denn sonstwie getätschelt hatte! Und warum hatte sie sich nicht selber gemeldet, die dumme Nuß??

Sabine und Alfred Leobold in Afrika! Immer noch fiel ich aus allen Wolken auf die regnerische Stadt Seelburg hinaus. So hatte es ja kommen müssen! Aber dieser Leobold würde vor lauter Schwäche ja nicht einmal bis zum Brennerpaß kommen, und

Sabine hatte keinen Führerschein, fiel es mir in diesem desolaten Moment überraschend zu! Andererseits konnte ich in meinem Zustand nicht gut vor Susanne treten, ich zitterte ja an Händen und Füßen! Dieser Duschke! Dieser Voyeur! Dieser gottvergessene Greis! Afrika! Weites Land! Wohin mochten die beiden steuern? Addis Abeba? Lambarene? Die Vorstellung Alfred Leobolds im Kongo, das Lebenswerk Albert Schweitzers besichtigend und mit etlichen »Geht in Ordnung« und »genau« lobend und dann alle umstehenden 85 Neger zu einem Sechsämter einladend, machte mich, mitten auf der Straße, hemmungslos lachen. Ich registrierte, daß ich meiner Gefühlsäußerungen nicht mehr Herr war. Diese Idioten! Sollte ich die beiden – seit wann standen sie eigentlich in so herzlichem Einvernehmen? – nicht sogar zu ihrer Reise beglückwünschen, sie, sollte ihre Initiative nachlassen, geradezu in diese Reise treiben, auf Nimmerwiedersehen, und ich wäre erlöst, erlöst von zwei Existenzen, die meine humane Position zusehends und nachweislich gefährdeten? Alfred Leobold auf schwankem Schiff, tödlich mitgenommen von Sex mal Sechsämter – eine superbe Vision! Der Ärmste! Herrlich! Ich würde jetzt gleich zu Sabine laufen, sie für diesen Reiseplan zu loben, vielleicht auch noch ein paar feine Spitzen über Alfred Leobolds weltbekannt hervorragende Liebeskraft und -lust ihr ins Gesicht zu schleudern, jawohl – –

Sabine, niedlich im weißen Arbeitskittelchen der Modefirma Zeisig, war erstaunt, mich zu sehen, lächelte mich aber lauwarm an, anscheinend keine Spur von Angst oder schlechtem Gewissen. Mein Humor war plötzlich wie von ungefähr wieder verflogen. Der ich herausfordernd komisch hatte sein wollen, war ich nun abermals zur Gegenstrategie gezwungen, verdammt! Scheinbar bohrend, vermutlich extrem linkisch quallte ich auf diese Dekorateuse ein, ob sie sich »das mit der Afrikareise« gut überlegt habe? Das Wort »lächerlich« verschluckte ich.

Meine Leidensmiene hatte nicht den geringsten Effekt. Ach, ich wisse es also schon – sie, Sabine, habe es mir heute abend »sowieso« sagen wollen, zwitscherte sie fröhlich, freilich nicht überzeugend, und dann quasselte sie in einem fort: Welch eine einmalige Chance dies sei, ganz umsonst zu reisen, sie habe auch schon immer nach Afrika gewollt, und noch dazu mit einem Schiff und – noch einmal –: der Herr Alfred würde alles bezahlen. »Hallo, Günter!« rief sie plötzlich einem vorbeistreichenden jungen Mann im Pop-Kostüm durch das Zeisigsche Auslagen-Fenster zu und klopfte so stürmisch gegen die Scheibe, bis der Nichtsnutz es merkte. Dann ein stummes mimisch-gestisches Gespräch durchs Glas hindurch. Langsam wurde ich wahnsinnig.

Ob sie, fragte ich schneidend, noch nicht auf den Gedanken gekommen sei, daß Herr Leobold ein Mann sei, ich wolle ja, sagte ich grob, nicht deutlicher werden? Praktisch die Wiederholung meiner Rede im Falle Schießlmüller.

Die alte Leier. »Ach so«, lachte Sabine so schelmisch, daß ich erneut die Übersicht verlor, »Schmonzenz«. Das wurde langsam ein Signalwort für mich. »Der Leobold will doch nichts von mir, Schmonzenz! Der hat doch schon zwei Töchter!«

Ich mußte auf dieses unerwartete Argument hin erst einmal schlucken, so etwas hatte ich noch nie gehört. Wollte sie mich auf diese Weise narren? Kein Wunder, daß mir der Stoff eher ausging als unter normalen Umständen.

Ob sie, fragte ich schon mutlos, denn nicht die sozusagen soziologische – ich verbesserte mich – die gesellschaftliche Komponente dieses »aberwitzigen« (sagte ich jetzt doch) Reisevorgangs sehe und begreife?

Nein, sagte Sabine, vermutlich ehrlich.

Ich kam ins Stottern. Nun, sie, Sabine, sei doch »sozusagen« (sagte ich) mit mir befreundet – und selbst wenn ihr der Herr Leobold nur die Wunder und Schönheiten Afrikas zeigen würde, müsse sie doch – o Moppel, Spießer! – die öffentliche Meinung und das Gerede bedenken (und hier erstand das hämisch-wonnige Antlitz Hans Duschkes erneut gräßlich vor meinem Auge), das hiesige Gerüchtewesen, das allein kraft seiner ihm innewohnenden Infamie ein Liebesverhältnis gefährden könne, selbst wenn dieses, log ich, an sich intakt sei – –

»Ach, Schmonzenz!« lachte abermals Sabine, zum Teil hatte sie recht damit. Aber jetzt müsse sie wieder arbeiten, krähte sie – ich weiß nicht: lustig oder doch erregt-fahrig und streichelte mich fix am Arm. Es schnitt ins Fleisch. Ich schwamm total. Gerade noch, daß mir ein scheinbar kräftiges, in Wirklichkeit absolut klägliches Argument einfiel: es sei doch an sich eine Selbstverständlichkeit, daß wir zusammen in den Urlaub reisten. Oder?

»Du fährst ja nicht nach Afrika!« rief Sabine nun heftig, fast schrill.

Das war wahr, unglaublich! Noch war ich aber nicht ganz ausgetrickst:

Es sei doch so gut wie klar gewesen, daß ich zusammen mit ihr nach Italien führe, schwindelte ich blind. Sabine ging nicht einmal auf die Lüge ein.

»Italien mag ich nicht.« Spielerisch, wie mehrdeutig, kreiste sie mit der linken Schulter.

»Und ich?« Ich fürchte, es gelang mir nicht, genügend Pathos in Stimme und Miene zu legen. Der zitternde Gram, die knotigen Gefühle im Herzen machten selbst mir Routinier das Leben schwer. Über die »Antinomie von Recht und Macht« hatte ich einst in dem erwähnten Aufsatz der Zeitschrift »Progressive Justiz« gehandelt. Da hatte ich sie! »Und ich?« Praktisch bat ich um Mitleid.

»Ach, Schmonzenz«, kämpfte diese Jugendliche auf ihre Art nicht einmal ungeschickt und überfrachtete mich jetzt mit einem Gesprudel von wild Durcheinandergemengtem und – wie ich nicht einmal gleich erkannte – höchst Ominösem. Im Herbst, da bekomme sie noch einmal Urlaub, da reisten wir dann nach Jugoslawien, die Susanne und der Schießlmüller und der Mogger kämen auch mit und vielleicht der Röckl Otto und der Nübler Pit und vielleicht nochmals der Leobold »mit seinen Töchtern«, beharrte Sabine äußerst dringlich – es seien doch auch nur sechs Wochen, die sie in Afrika verbringe, und »ich mag dich sehr gern«, reduzierte sie, die Wangen reizend aprikosenfarben, plötzlich und total unvermutet, ihr mir bereits wohlvertrautes »Ich liebe dich«.

Augenblicklich verlor ich die Übersicht. Susanne, Schießlmüller, Mogger? Röckl Otto? Warum wußte ich auch von dieser zweiten Exkursion nichts? Schwer geschwächt, Schütteres im Hirn, gab ich mein letztes Argument preis:
»Und wenn das für uns…« Ich stotterte zärtlich: »Wenn das für uns das Ende ist?«

Sabine zuckte die Achseln, eine klare Sprache, für jeden Dummkopf verständlich. Ich Ober-Einfaltspinsel aber glaubte in dieser rohen Geste den latenten Ausdruck von schmelzender und eben deshalb wortloser Zuneigung herausgelesen zu haben, das bekannte Goethesche »Und wenn ich dich liebe, was geht's dich an?« Sofort und grundlos weich gestimmt, segelte mir eine meisterliche Idee in jenes Hirn, das immerhin einmal Jus und amerikanischen Pragmatismus dazu studiert hatte:

»Hör mal, Sabine«, Blick zu Boden, heroischer Gesichtsausdruck, tremolierender Kavaliersbariton im Mezzopiano, »wir sollten eine Art Vakanz, eine Karenz«, verbesserte ich mich schleunigst, denn Vakanz brachte die Gans sicherlich mit Afrika in Verbindung, »eine Karenz, eine Art Probezeit für uns beide einrichten. Wir sollten uns die zwei nächsten Wochen nicht sehen und genau über uns nachdenken. Und dann«, ich war damals wohl wirklich im Kopf etwas angekränkelt, »von vorne anfangen und«, hier brach sich wohl mein schlechtes Gewissen hinsichtlich Susanne abermals Bahn, »dann wirklich nur füreinander dasein.« Schande über die Phrase!

Die Folter stimmte mich traurig und sentimental. Es hätte mir trotzdem auffallen müssen, wie rasch Sabine zustimmte; keine Spur von Trauer, keine Idee von Reklamation. Es war der schlechteste Einfall meines Lebens, das Anschwellen des Endes, die Ouvertüre zu einem Sommer des Elends. Ich hielt mein Impromptu augenblicklich für blendend, zwang ich doch auch bei dem erwartbaren Erfolg der Karenzzeit Sabine mehr oder weniger dazu, immer noch rechtzeitig das Unternehmen Afrika zurückzupfeifen. Wenn ich es heute wach überdenke, wäre Sabine insofern vermutlich, ihr die Entscheidung zu erleichtern, eine Karenzzeit von zehn Wochen, über die Afrikafahrt hinaus, am allerliebsten gewesen. Eine nicht eben glänzende Empfehlung für meine erotische Unentbehrlichkeit.

Erst jetzt sah ich, daß Sabines Haarsträhnen rötlich schimmerten. Ich wurde sofort noch schwächer. Hatte sie die tönen lassen? Gar für Leobold? Oder war's doch Natur, und ich hatte es bisher nur nicht mitbekommen? O Gott, o Gott! War ich schon geisteskrank?

»In vierzehn Tagen?«

»Ja. Hm. Ja«, rief sie schrill und gedankenlos und dann noch taktloser: »Servus, Moppel!«

Es ging dann aber alles noch viel schneller. Zurückgezogen von Sabine war ich wiederum Realist genug, die vierzehn Tage nicht nutzlos verstreichen zu lassen, zumal ich bei meinen nächsten Besuchen im ANO-Laden mehrfach von geschäftigen Reisevorbereitungen hörte, wie entmutigt aus dem Munde des alten Hans Duschke, der wohl seinem Oberhaupt diesen rasanten geschlechtlichen Coup nicht mehr zugetraut hatte und nun, bei aller Freude über mein Mißgeschick, leise Trauer nicht verwinden konnte – aber auch aus dem Munde von Alfred Leobold, der tapfer von gewissen Autoreparaturen, Reisebüros und Traveller-Checks unkte und sich in diesen Tagen, wie mir schien, besonders eifrig für Afrika warmtrank.

»Wird prima, Moppel«, spielte Alfred Leobold mir gegenüber bewundernswert virtuos und ohne jedes Indiz für Spott den Naiven, »das kannst mir glauben, einwandfrei!« Damit war ich sogar psychologisch entmachtet. Erneut aber fiel mir auf, daß mir von dieser Perspektive her der hastige Krampf sogar gefiel, daß mir dieser Reisende dabei sogar noch werter wurde.

Na denn in Gottes Namen gute Reise! Mir aber führte nach acht Tagen eines jener Wunder, ohne die die Menschheit wohl aussterben würde, eines Nachmittags beim Schachspielen im »Seelburger Hof« Susanne über den Weg. Es befremdete mich zwar ein wenig, daß sie sich dort nach dem Kaufmann Arthur Mogger erkundigte, nun, vielleicht bekam sie noch Geld von dem schnittigen

Bauernschrankhändler, Susanne setzte sich trotzdem treuherzig come una Madonna zu uns Schachspielern und äugte liebevoll auf die kleinen Männer auf dem Brett. Das war die Stunde der Wahrheit.

»Gehst du am Sonntag mit wandern?« Kühler Sound, Hitze im Herzen, mein sizilianischer Angriff verschwamm vor den Augen.

»Ja. Wohin?« Wunder über Wunder.

»Und den andern sag ich dann auch noch Bescheid«, log ich sinnlos ins Prickeln hinein, »um zwei Uhr dann im Seelburger Hof.« Und dann quakte ich noch was von der Lieblichkeit des Lauterachtals.

»Hm«, freute sich Susanne, »prima.« Alfred Leobold hätte es nur vom Klanglichen her schöner sagen können. Den Allgäuer Verlobten konnte ich endgültig vergessen.

So kam es, daß ich einen schon nahezu gewonnenen Angriff gegen den Altkommunisten Alwin Streibl noch glänzend verlor, was mich wegen Susannes himmelschreiender Gegenwart ein wenig verwirrte. Sie schaute aber so allesverzeihend drein, als sei ihr wohlbekannt, daß auch schon ein Fischer, ein Kortschnoj, ein Karpov den Untiefen der Drachenvariante erlegen seien. Als sie sich davonmachte, wagte ich einen eindeutig lüsternen, ja obszönen Blick. Susanne, schöner, unirdischer denn je, lächelte mit geradezu erschreckender Konstanz zurück.

»Also dann Sonntag zwei Uhr. Aber ehrlich, gell, ehrlich?«

Ehrlich, wie orientierungslos das Glück in der Landschaft herumgewitterte!

Wer das gewesen sei, wollte der Altkommunist Streibl, ein zwischen Behäbigkeit und Übernervosität hin- und hergerissener Mann von knapp 50, nach Susannes Auszug wissen. Ich klärte ihn oberflächlich auf.

»Fickst du sie?« fragte er dann umstandslos und sah mich nachdenklich an, das Wissen um die abgründigen Zusammenhänge von Politik, cherchez la femme und überhaupt um das universelle Laster in der westlichen Hemisphäre in den müden Augen.

Ich nuschelte etwas Fahriges.

»Wenn sie mit dir spazierengeht, kannst du sie auch ficken«, belehrte mich der ehemalige Ost-Agent, »noch ein Match? Ich würd gern mal mit Schwarz die Göteborger Variante spielen.«

»Die ist doch widerlegt«, sagte ich entrückt.

»Ist doch scheißegal!« sagte Streibl.

Streibl, übrigens erwerbsunfähig geschrieben, machte ansonsten den ganzen Nachmittag über den Eindruck, als ob er durch besonders gepflegtes Schachspiel, durch allerlei Abwehreleganz und Endspielfinten seinem ansonsten doch wohl recht gehaltlosen Leben einen gewissen bolschewistischen Grundton und überhaupt Pfeffer zu verleihen suchte. Zuletzt erzählte er noch, vorgestern habe er bei einer Kommunionsfeier sehr viel, gestern aber nur wenig getrunken, »gar nicht der Mühe wert!«

Um so mehr, meine ich, der Mühe wert, einmal über die Tiefendimension dieses blitzdummen Satzes nachzudenken. Und auch darüber, was eigentlich unsere Kommunisten andauernd bei Kommunionfeiern zu suchen haben…

Oder war es einfach so, wie Christopher Isherwood schreibt: »Die Leute bilden sich ein, Kommunist zu sein. In Wirklichkeit sind sie es gar nicht.«? O Susanne, wie ist das Leben doch so euphorisch!

Streibl, immerhin, sollte recht behalten, aber auch wieder nicht ganz. Es war wohl der heißeste Tag des Jahres, als Susanne und ich am Sonntagnachmittag losstiefelten. Ein Marsch von zwanzig Kilometern stand auf dem Programm, keine gute Voraussetzung für die hochwuchernde Vollerotik, aber aus irgendwelchen pretiösen Gründen trieb es mich dazu, das Selbstverständliche zu verschleiern. Susanne hatte sich überhaupt nicht gewundert, daß sonst niemand zum Treff gekommen war, ich hatte mich trotzdem fiebrig in irgendwelche Ausreden verflüchtigt. Los!

Der Liebespfad führte durch ein extrem anmutiges Tal mit sanften Hängen zur Linken und Rechten, eine gesegnete Gegend, Schlüsselblumen und Löwenzahn umspielten das romantische Pärchen. Täppisch stürmte es dahin, ein glitzerndes »Heute-Heute!« hallte durchs stille Land, ich spielte abermals den Souveränen, den

Cavaliere und den gehaltvoll wandernden Freizeitgestalter gleichzeitig, geriet aber bald ins Schwitzen und Keuchen, während die heute schon unirdisch schlanke Geliebte wunderbar rüstig drauflosrannte und schon bald die oberen Blusenknöpfe öffnete. Ohne zu schwanken, fragte ich aus einer plötzlichen Eingebung heraus Susanne, ob sie nicht »Zeit« hätte – ich vermied, wie abgeklärt, das Wort »Lust« –, mit mir »und ein paar anderen« (setzte ich hektisch nach) für drei Wochen nach Italien zu fahren, und ich fing, taumelnd im Kopf, an, die Vorzüge der »anderen«, ihre Geselligkeit, ihre Weitgereistheit ins beste Licht zu rücken (es handelte sich um ein paar Frankfurter Jetset-Nichtsnutze unter der Ägide des rüstigen Altjournalisten Rösselmann) – so fast atemlos Susannes Antwort hinauszuzögern, das Glück fester zu schmieden, bevor es erhärtet würde bzw. zerflösse, was weiß denn ich – jedenfalls ein hoher geistiger Genuß, den ich nur jedem theoretisch Interessierten weiterempfehlen kann.

Die Antwort kam, selbst gemessen an höchsten Erwartungen, sensationell:

»Freilich. Prima. Ja.« Und nach ein paar Sekunden, ein kühler angenehmer Schatten in dieser erhitzten Landschaft: »Wenn mir die Apotheke freigibt – aber die gibt mir schon frei.«

Wo das Glück hinpurzelt, da rumort es mit voller Unvernunft weiter. Nein, ich nahm mir kein Herz, sondern überwältigt schloß ich Susanne mitten auf dem Feldweg steif in die Arme, unsere alte Positur vom Dorfweiher annähernd peinlich zu wiederholen. Sie lächelte zum Verzweifeln sanft und nachsichtig.

Es war ein eigenwilliger Spaziergang voller Tücken. Tapfer umschlang ich nach jedem erarbeiteten Kilometer Susanne und küßte sie ab, und sie ließ es sich gefallen und lächelte wohlig – aber die schon herzlos sengende Hitze verlieh diesen Inszenierungen etwas durchaus Unangenehmes, Schweißiges, Unglückseliges, so daß wir jeweils ein wenig mutlos wieder weitertrabten, die müde Hoffnung im Hirn, daß vielleicht doch noch alles anders und besser würde. Am Zielpunkt unserer Wanderung hielten wir kurz Einkehr und schütteten mehrere Coca Cola in uns, dann schlug ich vor, es wäre doch vielleicht am »angenehmsten« (o Trottel!), wenn wir uns in den Schatten des angrenzenden Wäldchens verdrückten, verdächtig oft erwähnte ich gerade dies Schattige als Motiv, noch immer waren mir ja Susannes Sexualpraktiken vollkommen unbekannt. Gleich darauf, nach zehn Minuten etwa, hatte ich sie kennengelernt. Ich wollte gerade am Waldsaum Platz nehmen, ein letztes nachdenklich-schlotterndes Zigarettchen zu schmauchen, da hatte sich Susanne bereits auf dem kleinen Hügel, abgeschirmt von einem Holunderbusch, ausgestreckt, ihre Bluse ausgezogen und den Reißverschluß ihrer Bluejeans geöffnet, wortlos.

Wer immer für das verantwortlich zeichnet, was wir Natur nennen, ein besonders geistreicher Herr kann es nicht gewesen sein. Verstört räkelte ich mich neben die Frau und beobachtete die auf- und niederwippenden Gedanken in meinem Kopf, die immer wieder und eilig zu dem Ende drängten, daß ja nun ich an der Reihe sei. Ich wußte sofort, da war gar nichts zu machen, aus einer Vielzahl von Gründen, die sich jeder Leser nach Belieben selber zusammenrechnen kann. Susanne blinzelte lieb und vollkommen gleichgültig zu den Zweigen auf, die ihr übers hitzerote Gesichtchen pendelten. Schwachsinnig fuhrwerkte die Sonne auf diesem Grauen herum, Erniedrigung, wohin man sah. Ich streichelte Susanne und sagte erstaunlich fest »Jetzt nicht«, worauf sie gehorsam ihren Jeans-Reißverschluß wieder nach oben zog. Hingerissen von wild durcheinanderflegelnden Gefühlen, von der Macht des Kummers, streichelte ich sie heftiger, worauf sie nun etwas überraschend, aber wiederum einsehbar »Nicht« sagte.

Wir kehrten dann ins Dorf zurück und nahmen auf einer Bretterbank unter einer Kastanie des kleinen Wirtsgartens Platz. Liebe ist, fiel es mir ein, nach altüberlieferter Meinung, wenn man die Teile freimacht, daß man besser an die Teile rankommt. Aber das stimmte nicht. Ich besorgte einen großen Krug Bier, wir tranken ihn ziemlich gierig weg. Die schwerblütig raunende Kastanie milderte die Gemeinheit der Hitze, der Abend war jetzt auch nicht mehr fern. Ein steinaltes Mütterchen mit vorgeschobenem, ununterbrochen hin- und herfahrendem Unterkiefer hätschelte auf einen Säugling im Kinderwagen ein, den sie in kleinen Abständen auf- und niederwackeln ließ. Außerdem waren Hühner da, ich kann mich nicht erinnern, jemals so törichte, tröstliche Tiere gesehen zu haben. Das lindgrüne Dach über uns animierte mich, die liebe Susanne ein paarmal an mich zu drücken. So oder so. Eine große Zukunft stand vor uns. Italien. Das Ungewisse, das Ungreifbare. Wie würde alles enden?

Frauen empfinden bekanntlich weniger dämlich sentimental. Susanne hatte mit der alten Frau ein Gespräch angekurbelt, sie stellte sich als die Mutter der gegenwärtigen Wirtin heraus, und dies sei nun schon das fünfte Kind, zahnte die Alte unkeusch und vertrieb mit dem Fuß ein paar Hühner, die um den Kinderwagen scharrten. Das war sehr schön. (Ich würde nicht vergessen dürfen, die Witwe Strunz-Zitzelsberger wegen des Bockbierfests anzurufen.)

Nach Seelburg zurückgekehrt, teilte uns der Wirt des »Seelburger Hofs«, Andreas Rösl, mit, ein Fest finde statt, es seien auch schon »alle« dort, in der Wohnung Schießlmüllers, und wir sollten nachkommen, habe Lattern ihm, Rösl, aufgetragen, sobald wir aus dem Lauterachtal zurückkämen. Furchterregend, was Wirte alles wissen.

Von der Wanderung, noch mehr von dem zwielichtigen Geliebe des Nachmittags ermattet, fuhr ich mit Susanne in die Wohnung Schießlmüllers, nicht ohne, frischluftbetäubt, im Auto noch ein paarmal die melancholischen Wonnen des Petting herzustellen. Bei dem genannten Fest handelte es sich um eins jener unsäglichen, kurzfristig einberufenen und vollkommen amorphen Amusements, wie sie jeden Tag milliardenfach über unser Land hinwegalbern, ohne Sinn und Verstand. Des langen einfältigen Abends kurze Pointe: Sabine betrog mich, meines Wissens zum ersten Male. Fatalerweise war ausgerechnet ich es, der, quietschvergnügt aus einem mir nicht mehr erinnerlichen Grunde in Schießlmüllers Arbeitszimmer springend, diesen und Sabine buchstäblich in flagranti ertappte. Eine halbe Stunde später, von mir – o Wahnsinn! – zur Rede gestellt, teilte mir Sabine mit einer gewissen zitternden und in die Enge getriebenen Schrillheit, aber auch dreist wie von langer Hand einstudiert mit, und ich zitiere wörtlich:

»Du fährst ja auch mit der Susanne nach Italien.«

Ich führte mich relativ gut auf und fand die nächsten Minuten viel Halt darin, über diesen Satz nachzudenken. Ob ich im ersten Augenblick Wut, Ärger, Verzweiflung oder nur eine große Lächerlichkeit empfand, habe ich vergessen – es spielt auch keine Rolle, nein, die entscheidenden Nervenrebellionen stellten sich erst in den nächsten Tagen und Wochen ein. Wahrscheinlich war es ein Gefühl, das ich »die allgemeine zeitgenössische Insuffizienz und Flegelhaftigkeit« bezeichnen möchte. Ein Gefühl, das übrigens wie zufällig, und deshalb habe ich es behalten, der wieder einmal trunkene Teufel Giesbert Lattern kurz vor dem Verenden des lächerlichen Fests, schaurig bleich vor sich hinstarrend, nicht einmal ungeschickt in die Formulierung kleisterte:

»Wo bleiben die inneren Werte, die wir früher gehabt haben? Ich frage, Moppel, dich als einen derjenigen Kräfte, die noch damals die Gemeinschaft…«

Hier war Lattern versandet und hatte wutverzerrt ein neues Bier geöffnet. Zuverlässig weiß ich noch, daß ich nach dem Sabine-Eklat auch keine Chance mehr suchte, mich an Susanne zu klammern. Es hätte ohnedies nicht geklappt, denn diese Schöne tanzte ununterbrochen mit einem Studenten namens Brutus, und offenbar gefiel es ihr ausgezeichnet, und der Student nannte sie auch ein paarmal gewandt »Prinzessin«.

Zuhause, gegen vier Uhr früh, hatte ich einen prächtigen Einfall. Ich braute mir einen starken Kaffee, erbrach eine Flasche Champagner und setzte mich ans offene Fenster, die Morgenröte zu erwarten. Der Versuch, Tränen in die Augen zu pressen, mißlang. Ich legte Mozarts »Bald prangt den Morgen zu verkünden« auf den Plattenteller, dargeboten von den taufrischen Stimmen dreier Regensburger Domspatzen, etwas Geschmackloseres fiel mir nicht ein. »Bald prangt den Morgen zu verkünden«. Mozart! Hatte es der nicht auch, wie jener italienische Strizzi, mit zwei Schwestern zu tun gehabt? Erst jetzt leuchtete mir diese neue heitere Parallele auf! Zum Glück: mich fror plötzlich vor Vergnügen, ich klapperte sogar mit den Zähnen, vor Erwartung, vor Euphorie, vor dem, mit Eichendorff zu reden, künft'gen großen Glück. Naheliegend genug, schalmeiten meine Gedanken um die beiden Schwestern, aber es war etwas Anderes, nahezu Politisches, Sozialrevolutionäres. Im Osten wurde es graugelb. Ein kurzfristig hochkriechendes Elend würgte ich mit drei Zigaretten souverän zurück. Ich trank abwechselnd Kaffee und Champagner. Die nächtliche Mailuft wogte schaurigschön, in der Ferne jaulte eine Eisenbahn auf, später ließen sich Lerchen hören. Hinter den Gartenbäumen begann der Himmel fahl sich zu erhellen – zermalmt von ordinärstem Naturzauber, glaubte ich mich in Italien.

Fünfmal hörte ich die Domspatzen hintereinander, dann legte ich all die Plattenmusik aus meinem Besitz auf, die irgend mit Morgenröte zu tun hatte. Das Sonnenaufgangsquartett von Haydn, die Waldsteinsonate von Beethoven, schließlich – ich schreckte vor nichts mehr zurück – Griegs Peer-Gynth-Morgendämmerung mit ihren abgeschmackten Akkordbrechungen, Richard Straußens Alpensinfonie gräßlichen Gehalts, dann den ersten Satz aus Debussys La Mer, dann Leoncavallos Mattinata und zuletzt, als krönenden Höhepunkt, den Beginn des Dritten Tosca-Aufzugs mit dem Gesang des Hirtenknaben:

»Ach, meine Seufzer,
Ihr wollt mir treu verbleiben!
Schwirret ums Haupt mir,
Kein Sturm kann euch vertreiben!
Daß sie, um die mein Herz verschmachtet,
So mich verachtet, das ist mein Tod.«

Ich hatte eine gute Wahl getroffen: den Vorgeschmack von Seligkeit, ohne das läppische Vehikel von Sexualität. Weich lösend drangen fliedrige Düfte durchs Fenster, irgend etwas raschelte im Gras, dann hörte man etwas fallen. Vergnügt rauchte ich zwei Zigaretten auf einmal. Gegen sieben Uhr, als ich meine Mutter aufstehen hörte, rollte ich mich in mein Bettchen. Befreit vom zuletzt fast lästigen Hochgefühl, schlief ich sofort ein. Ein inhaltsreicher Tag lag wuchtig hinter mir. Morgen würde ich zur Analyse schreiten.

10

Sie fiel nicht gut für mich aus. Sabines Treulosigkeit war zwar glatter Racheakt und als solcher nicht seriös; er sollte aber, zu meiner Überraschung, ein dauernder sein. Damit hatte ich am wenigsten gerechnet. Denn jeder normale Mann glaubt irgendwie an seine Unersetzlichkeit, und bei mir stimmte es sogar, wie mir oft scheint.

Es war der erhabene Greis Duschke, der mir schon am nächsten Tag, ich schwamm noch in einem Sudelbrei von Euphorie, Indifferenz und Herzkribbeln herum, anläßlich seines Mittagsschöppchens in der »Tiroler Weinstube« ohne Scheu mitteilte, daß »das mit dem Willi und der kleinen Morlock schon längst perfekt« sei, und Duschke, im Vollglück seiner Altersgenugtuung, wiederholte immer wieder die Worte »längst perfekt« und dehnte sie grausam mit der unnachgiebigen und maßlosen Perfidie routinierter Rücksichtslosigkeit und äugte mich schamlos an und nippte an seinem Wein, gleich als wollte er mich mit seiner Eröffnung auf die doch recht erfreuliche Tatsache aufmerksam machen, daß ich doch nun auch noch mehr Zeit für ihn und Herrn Leobold hätte.

Was war eigentlich mit Herrn Leobolds und Sabines Afrika-Unternehmen? Plötzlich schien mir das wie Rettung, die Strategie des Zufalls wider die Macht des Schicksals oder was, und ich sprach Duschke möglichst ironisch gleich auch daraufhin an.

»Längst gestorben, längst gestorben!« weinte der Alte beharrlich in zäher Lässigkeit auf – heute nacht noch, offenbar sofort nach der geschlechtlichen Entscheidung, der auch Duschke irgendwie sorgfältig beigewohnt hatte, habe Schießlmüller Sabine die Mitfahrt streng verboten, und sie habe, er, Duschke, sei zufällig daneben gestanden, auch sofort pariert usw., erläuterte Duschke gleichsam nachdenklich, als ob er Sorge trüge, daß Nietzsches bekanntes Peitschen-Wort auch für die heutige Generation noch gelten möchte. Sie, Sabine, raunte Duschke und bestellte locker noch einen Schoppen Wein, habe ein paar Sekunden gemault und schwachen Widerstand geleistet, bis Schießlmüller, erzählte Duschke nun rücksichtslos heiter, plötzlich geschrien hätte: »Den Leobold? In eklatanter Manier mach ich den fertig. Jawohl, Büberl! Mit einer Hand!« Und plötzlich habe Sabine lachend zu Schießlmüller, offenbar in Bewunderung dieses Kraftakts, gesagt, das sei doch sowieso alles nicht ernst gewesen.

»Schmonzenz«, vermute ich, hatte Sabine gelärmt. Und eins stand schon fest: Der Fuhrmann war ein strengerer Gockel als ich. »In eklatanter Manier!« quiekte Duschke noch einmal entrückt nach.

»Aber es war ernst«, fuhr er hörbar ernst und vergnügt fort, »ich weiß es. Bis vor sechs Tagen war es ihr ernst, da wollten die beiden Arschgesichter fahren, da wollten sie nach Afrika hinauf.«

Dieser Mann, ungeachtet seiner geografischen Schwächen, wußte einfach zuviel. Aber ich mußte ihm dankbar sein, ich konnte erstmals wieder ein bißchen innerlich kichern.

Und nun sei alles klar. Duschke zog noch einmal die Zügel straffer, gleich als ob er mich die letzten Minuten schon gar zu nachsichtig behandelt hätte. »Die beiden, der Willi und die Büchs, sind miteinander arschklar.« Wahrhaftig, er stöhnte. Aber plötzlich und vehement warf der popige Alte seinen Körper in Richtung Theke und bestellte einen Cynar-Schnaps, der sei gut für den Magen, wie ich noch dunkel hörte.

Noch war nichts verloren. Mein Kampfgeist erwachte. Den Trumpf Susanne hielt ich noch in der zittrigen Hand und gedachte keineswegs, ihn Duschke gegenüber vorzeitig auszuspielen. Morgen schon würde ich sie aufsuchen und rigoros zu meiner Geliebten machen! Doch bestürzt registrierte ich die erstaunlich klare Gefühlsregung, wie gleichgültig, wie vollkommen unerheblich die schöne Schwester mir buchstäblich über Nacht geworden war – und gleichzeitig, wie tödlich mich die Liebe zu Sabine getroffen hatte, mitten in dem Plauderstündchen mit Hans Duschke. O Gott, es war nicht mehr zu verleugnen! Aufs äußerste verwirrt, trotzte ich mir auf diese Erkenntnis hin noch einen dritten Gedanken ab: ich wollte Susanne als Waffe verwenden bis zum Äußersten, als Waffe gegen die unverschämte Sabine, die da einfach und vollkommen unmotiviert das Lager wechselte, als Waffe gegen mich und mein widerlich pochendes Herz, als Waffe schließlich gegen diese gottverdammte Seelburger Gauner- und Ganovengesellschaft, die da bereits sicherlich ihr Gorgonenhaupt in die Luft reckte und ihre Ohren steif hielt, das Neueste an Unterhaltung und Katastrophen zu erlauschen und einzusacken! Ein Strafgericht von biblischen Ausmaßen möge über sie hereinbrechen und meinetwegen dieses ganze blühende Land überschwemmen . . .

Hans Duschke – ich muß ihn wirklich zu seiner beißenden analytischen Schärfe in allen Arglistigkeiten des Lebens beglückwünschen –, Hans Duschke, Cynar im Leib, ließ mir erneut keine Chance, sofort und unnachgiebig, vermutlich wird es dieser Alte noch einmal weit und mit Sicherheit in die Finsternis der Hölle bringen:

»Und die andere, die Susanne«, bellte er gleichsam murmelnd, »die treibt es jetzt mit dem Arthur, dem Mogger!« Mich traf ein 60jähriger mit allem gewaschener Blick. Der Böse grunzte, zufrieden mit seiner Aussage, bohrte mit den gelben Fingern in den Zähnen und beäugte mich erneut zügellos.

»So? Na prima.« Meine Antwort war einfach zu matt, ihr Ton zu verkrampft, offen lag die Niederlage auf dem Ecktisch der »Tiroler Weinstube«, über den jetzt sofort mehrfach schwungvoll und in einer Art Kreisbewegung der linke Arm Duschkes im ockergelben Sakko wischte, gleichsam die zu Bier- und Schnapsspritzern geronnenen Ungereimtheiten des städtischen Sexuallebens abzuschütteln. Ich bin nicht sicher, ob mir dies der alte Galgenvogel nicht tatsächlich bildlich darzustellen versuchte.

»Ja, ja, schon ewig.« Die bosheitsgeschulte Stimme nahm stählernen Charakter an. »Seit Ostern schon. Schon seit der Wacker-Mathild. Der Mogger ist doch *der* Ficker von Seelburg!«

Wacker-Mathild, so nennt sich, wie bereits kurz erwähnt, eine Gaststätte in der Innenstadt, von der noch ausführlich zu handeln sein wird. Hier hatte offenbar die Liebe zwischen Mogger Arthur und Morlock Susanne begonnen. Mogger, *der* Fi...! Und ich dachte bisher immer, Erich Winter hielte die sexuelle Meisterschaft im Lokalbereich! Hatten sich Duschkes Perspektiven verändert, seine Einsichten in jüngster Zeit erweitert? Susanne? Mogger? Was war das alles? – –

Es gelang mir, mich, begleitet von einem langen aufmerksamen Blick des intriganten Faltigen, halbwegs still davonzumachen. Ein vorerst letzter Knock-out blieb mir nicht erspart.

»Kommst du heute abend, Moppel? Seelburger Hof? Alles klar!«

Duschke wackelte mir gleichsam tröstend mit dem Graukopf nach. Der Sinn war klar: jetzt gehörte ich wieder zu den Alten. Den Alten, denen kein Stich mehr vergönnt ist als das hemmungslose, strotzende, lästerlichste Grunzen, Scharren und Krachmachen.

II

Sabine war telefonisch nicht erreichbar, vermutlich mit dem taufrischen Galan über alle Berge des abendlichen Seelburger Hinterlands. Schauerlich leer meine Wohnung. Ich rief noch einmal an, mich dem blanken Hohn aussetzend. Jetzt teilte mir die alte Morlock rücksichtslos mit, Herr Schießlmüller habe Sabine zu einer Fahrt nach Mimbach abgeholt – und auch Susanne sei mit. Das war also die neue Lage. Wollte mich dieser perverse Schießlmüller kopieren und beide Mädchen in seine schmutzige Freizeitgewalt einbringen?

Wie im Kitschroman planschte draußen Regen nieder. Mir war so bang, daß ich kurzentschlossen die große warm-sentimentale c-moll-Arie aus Verdis »Maskenball« durch die Wohnung schmetterte. Wieder hatte Musik die Feuerprobe zu bestehen, ob sie zu etwas gut war. »Come se fosse l'ultima«, schwelgte ich con slancio und so brünstig, wie es mir Desperado möglich war, »ora del nostro amor«. Es half gar nichts. Ich würde Verdi ab sofort aus meinem Leben streichen.

Ich entdeckte ein Fläschchen Melissengeist in der Hausapotheke, nippte und fand Gefallen an dem heiligen Getränk. Trank die Flasche aus und lief in den »Seelburger Hof«. Kein übler Gedanke – hier hatte sich inzwischen einiges getan. Wellen von Tumult brandeten bis weit über den Hausflur hinaus. Der alte Duschke, vermutlich im Glücksrausch seines Triumphes über mein Seelenheil, hatte eine etwa achtköpfige Mannschaft um sich geschart, der unter anderem die Kräfte Wellner, Winter, Binklmayr, Hümmer, eine der Karins sowie ein gewisser rothaariger Mann namens Werner Wiegler angehörten, der besonders lebensfroh gestimmt schien und bei meinem Eintreten sich vor Lachen krümmte. Hatte das Gelächter bereits mir gegolten?

Ein wahrer Orientalenlärm, aus dem sich schnell die grauengesättigte Stimme des tatsächlich vor Vergnügen auf- und niederwippenden Hans Duschke schälte. »Bums, da fiel die Lampe um!« brüllte der schäumende Alte schlagartig auf mein Elend ein und dann sofort ein anderes bereits erwähntes Lied, meines Wissens gleichfalls aus einer seinerzeit von Duschke inszenierten Operette: »In der Luft«, ließ der Greis seine Stimme niederträchtig hinaufschnellen, »da gibt's kein Puff, da gibt's kein Telefon!«

»Restauration«, also Wiederherstellung, nannte sich dieses Lokal. »Destruktion«, Zerstörung, Zerrüttung müßten es und seinesgleichen heißen! Abermals überschlug sich der erwähnte Werner Wiegler vor Lachen, Wellner und Binklmayr brüllten kurz und abrupt auf, während die anderen Zaungäste eher heiter vor sich hin grinsten. Und als Duschke, der mich erst jetzt bemerkte bzw. wiedererkannte, mich mit hochgerissenen Armen im Stile von Charles de Gaulle begrüßte, sauste auch schon der Wirt, Andreas Rösl, ins Gästezimmer und haderte hämmernd auf den alten Schreihals ein, das gehe nicht an, er habe jetzt zwanzig Jahre zugeschaut, im »Salon« (das Nebenzimmer) säße ein Rudel Stadträte – – – »Auf die ist auch geschissen«, wehrte sich Duschke elegant, nachdem diese Stadträte offenbar Rösls einziges Argument gegen das tobende Inferno waren – und dann, nach kurzem Nachdenken, brüllte Duschke furios: »Wer brüllt, der lebt!« Seltsamerweise zog sich nach diesem erneut beifallumdonnerten Satz Andreas Rösl wieder wortlos hinter seiner Theke zurück, gleich als ob er nur pro forma seiner Gastwirtspflicht Genüge getan hätte und in Wirklichkeit das Brüllen insgeheim billigte. Und sofort wiegelte Hans Duschke die ganze Gästeschaft um sich herum zu erneutem Gezeter und Gejodel auf. »Die Brillanz des Lebens«, krabbelte es durch meinen kranken Kopf. Ich beschloß klein beizugeben und fing an, mich hundsgemein zu betrinken.

Gegen zehn Uhr betrat die Gruppe Schießlmüller, Mogger, Sabine und Susanne den Saal. Die Herren stießen mit verschiedenen, offenbar dem neuen Gemeinschaftsglück entlehnten Kampfschreien wie »Hah!« und »Unglaublich!« und »Aber ehrlich!« an unseren Tisch. Sabine und Susanne – was wollte ich machen? Welch eine niedliche flotte Demütigung! Verschwommen saß ich, zusammen mit acht anderen Wüstlingen, mitten im Viererglück. Gegen Mitternacht saß ich plötzlich woanders, nämlich mit Sabine im Nebenzimmer-Salon und redete, vermutlich so laut, daß auch die Parlamentarier gut zuhören konnten, auf sie mit bewegender Stimme ein, sie müsse sich nun entscheiden. Ein erbärmlicher Aufruf, natürlich.

Sie habe sich entschieden, sagte Sabine. Ich versuche mich noch heute zu erinnern, ob ihre Stimme dabei eiskalt oder doch etwas durchzittert war. Ich weiß nicht einmal, was mir nachträglich lieber wäre.

Einfältig fiel mir nichts Besseres ein als nachzufragen, ob sie sich das auch gut genug überlegt habe, ich denke, meine Betrunkenheit gereichte mir dabei auch nicht zum Vorteil.

Sie könne nicht ewig zwischen zwei Männern schwanken, sagte Sabine. Ein vollkommen richtiger Gedanke. Nur hatte ich bisher nichts vom Schwanken gewußt.

»Das mußt du verstehen«, sagte sie jetzt mit lächerlich einstudierter Kulanz.

Hat sich eigentlich schon mal jemand, außer der faulen Filmkamera, die Mühe gemacht, die Figur, die Körperhaltung, das Muskelspiel einer Frau zu beschreiben, die uns zu verstehen gibt, daß sie von uns nichts mehr wissen will? Diese erbarmungslos »nein« sagende Verlagerung des Schwergewichts auf die linke Hüftflanke, die das Gesäß so machtvoll und heidnisch schwellt und doch nichts als böse Kälte meint! Dieses lässige Kreuzen oder Schließen der Beine, deren Jeans-Umhüllung noch einmal wahrhaft mit Höllenbosheit die Umrisse jener zentralen Leibespartie konturiert, hinter der wir letztlich dauernd her waren! Selbst die geblähten Schulterblätter scheinen ihr Bedauern, ja ihre Verachtung auszudrücken: Weg mit dir, hau ab! – um obendrein und zynisch ein letztes Mal mit sich selbst zu locken!

»Hau ab!« Als Sabine nach einer kleinen Spanne gewissermaßen der Pietät zu ihrem neuen Liebchen zurückjagte, war auch mir der Wunsch als angewiderter Stoßseufzer sehr recht. Leider entlastete er mich nur sehr kurze Zeit.

Susanne war mir an diesem prächtigen Sommerabend Unperson. Darum ließ es mich auch wundersam gleichgültig bzw. es schien mir durchtrainiertem Althumanisten sogar absolut in der Logik der Abläufe, daß sie mir zwanzig Minuten später vor allem Publikum harmlos mitteilte, sie könne leider nicht mit nach Italien, ihre Chefin gebe ihr keinen Urlaub. Vermutlich die Pratze Arthur Moggers, der zur gleichen Zeit besonders vergnügt auf Hans Duschkes törichte Späße lauschte und der, wie mir plötzlich und mit tödlicher Gewißheit aus dem Hinterhirn zuflog, einen schon unermeßlich großen Penis haben mußte, meiner Meinung nach überhaupt die Domäne vieler unserer Kaufleute …

O Italia! O Schmach. O Scham.

Sabine nicht mehr ansehen zu müssen, flüchtete ich jetzt möglichst locker in den Fernsehraum des »Seelburger Hofs«, wo außer ein paar Vertretern und einer schnapsverfallenen Matrone auch der dienstfreie Altkellner Anton saß, erstaunlicherweise im blühendweißen Arbeitskittel, und dem Walter-Jens-Film »Trojanerinnen« zusah. Diese Juxfiguren! Hatten es darauf angelegt, mich, koste es was es wolle, vom Sockel herunterzuholen! Wollten nur mich angesehenen Bürger Seelburgs kompromittieren! Aber ich würde mich zu wehren wissen! Durch die Kraft des Intellekts ging es nicht, das war klar. Sollte ich drei weitere blitzsaubere Weiber aus meiner Trickkiste zaubern? Aber woher nehmen?

Seit einer Weile war Antons Alternativkellner Erwin, anscheinend hatte er die Nase voll vom Dienst, zu unserer Fernsehgesellschaft gestoßen und hatte, gleichfalls im Weißkittel, hinter dem Kollegen Platz genommen. Ein schönes Bild, diese Einsicht gestattete mir selbst noch der brennendste Schmerz: die Dienstkräfte legen die Arbeit nieder und besuchen, im Arbeitstrikot, die Welt der Vergnügungen.

»Spielt der Film bloß im Zimmer, oder haben die auch Schlachten gezeigt?« wollte plötzlich häßlich fränkelnd Erwin vom Vordermann Anton wissen und tippte ihn deshalb auf die Schulter.

»Gaha, nichts Praktisches«, antwortete der Ober Anton verächtlich und schüttete bedächtig einen Schluck Bier nach. Wenn die großen Schicksalsstränge sich verhaspeln, soll man den kleinen Artigkeiten des Lebens erhöhte Aufmerksamkeit schenken. Gaha! Sicherlich war der Ober Anton der einzige Mensch auf der ganzen Welt, der seine Sätze mit »Gaha« eröffnete, unterbrach oder beendete. Der einzige Mensch unter vier Milliarden, die sich sonst so niederschmetternd ähnlich sind! Oder sollte sich in Afrika noch ein Stamm herumtreiben, der gleichfalls dieser Religion unterstand? Afrika! Der arme Herr Leobold. Hatte sich so gefreut auf dieses Land, und nun war auch dieser Streich schiefgegangen. Hochverdient, gaha. Alles war so komplett gehirnvernagelt gaha und anheimelnd. Mußte man da nicht, trotz allem gaha, quietschen vor Entzücken?

Trotzdem blieb mir auch die nächste Strafe nicht erspart. Beim Gang zur Toilette trat, breiteste, zermahlende Lustbarkeit im Fuhrunternehmergesicht, der strahlende Gewinner Schießlmüller auf mich zu, klopfte mir auf die Schulter und sagte mit schwerer Zunge, ich solle mir »nichts draus machen«, es sei eben so gekommen, wie es habe kommen müssen, »der Herr hat's gegeben, der Herr hat's genommen«, kläffte der eklatante Lastwagen-Heini mit schon daimonischer Wucht, deren Prise Blasphemie mich nicht zu versöhnen vermochte – und wir blieben natürlich gute

Freunde, »sicherlich« blieben wir gute Freunde, röhrte der Unmensch.

Mir blieb nur die Wahl, »genau« zu sagen oder »nichts Praktisches« oder aber diesen Flegel in eklatanter Manier zusammenzuschlagen. Ich wählte versuchsweise »nichts Praktisches«, und siehe, Schießlmüller selber fand den Weg zum »genau«. Alfred Leobolds philosophische Schule begann selbst im gemeinen Plebs Früchte zu tragen.

Mit dem Taxi schwärmte ich heim. Wie wunderbar ist doch die Welt! Plötzlich schneite es draußen auf der Straße. Im Bett wußte ich vor lauter Gram nicht, an was ich bei der lästigen Einschlafprozedur denken sollte. Wild entschlossen hämmerte ich mir eine hundertteilige Kette Gaha-gaha-gaha-gaha ins Hirn. Es klappte. Erstaunlich. Ich schlief wie ein Murmeltier.

12

Es war vorne davon die Rede, daß meiner Meinung nach zu viel und zu unordentlich Samen ausgetauscht würde. Ich möchte dies an dieser Stelle präzisieren. Ich denke, es wäre doch wie ein Aufatmen der armen Seelen, wenn eines Tages aufgrund des unwahrscheinlichsten Falles der Wahrscheinlichkeitsrechnung statt der gewohnten Millionen nur fünf Liter pro Tag ausgetauscht würden. Aber nein, es geht immer weiter, und an staatliche Eingriffe, an Rationierung ist überhaupt nicht zu denken, und unter sozialliberalen Vorzeichen am allerwenigsten. Ich meine, der Gesundheits- oder Wissenschaftsminister oder wer immer dafür verantwortlich ist, müßte doch einmal in einer ruhigen Stunde überlegen, wieviel wertvolle Substanz im Sinne des Freudschen Konnex von Kultur und Triebunterdrückung täglich durch sinnlose Sexualität verkommt.

Kaum einer, der noch hergeht, den Trieb unterdrückt und, sei's als Musiker, sei's als Gesellschaftstheoretiker, geistige Produkte vollbringt wie ich. Am Ende stehen Chaos, Anarchie und Barbarei, und der Dumme ist das Volksganze.

Ich meine, natürlich bin auch ich durchaus für eine fortschrittliche Sexualpolitik und -rechtsprechung, und mir ist klar, daß dies ein erzreaktionäres Gewäsch ist, was ich da verzapfe. Aber immerhin ist es meine Meinung, und ohne Scheuklappen soll sie an die Öffentlichkeit!

Mit dem Mute der Verzweiflung schrieb ich Sabine am nächsten Tag einen dreiseitigen Brief. Hätte ich ein Duplikat davon, würde ich ihn hier tolldreist publizieren, dem Leser exemplarisch vorzuführen, wie man auf die verzweifeltste Art doch noch nicht ganz ohne Niveau Süßholz raspeln kann. Der Kunstgriff half indes nichts, meine Bitte, Sabine möchte mich nach Erhalt des Briefs anrufen, verhallte drei Tage lang im Nichts. Das Spiel war aus.

Es begann eine der merkwürdigsten Perioden meines Lebens. Die Ungemütlichkeit der Situation bestand mit einem schnöden Wort darin, daß ich Sabine nun wirklich liebte, was immer das sein mag. Dabei redete ich mir ein paar Tage hoffnungsvoll ein, meine giftige Erregung sei ausschließlich Widerwille. Nein, es war die blitzblanke Liebe. Ausgerechnet Sabine. Diese Gans! Diese flatterndste aller Graugänse hatte es sein müssen! Sabine, mit der ich monatelang nichts als meine Freizeit verbracht, der ich, wie der Engländer sagt, buchstäblich meine Freizeit spendiert hatte! Und Susanne, die allein das Ärgste hätte abwürgen können, durfte nicht mit nach Italien fahren und befand sich zudem in den unnachgiebigen Fängen Arthur Moggers …

Ich begann, meinen allerliebsten Zustand durch die Lektüre einer Biografie Konrad Adenauers verbessern zu wollen. Mit zitternden Händen heldenhaft das Buch haltend, las ich einen Teil jenes wundersam stimmigen, widerstandslosen, in sich geschlossenen, von keinen wildgewordenen Teenagern und ANO-Teppichböden durcheinandergerüttelten Lebenslaufs. Das war die Humanität, von der ich oben sprach! Sollte ich alter, ranzig gewordener Jungsozialist in Ruhestellung tatsächlich mit 35 Jahren der CDU/CSU beitreten, so wie ja auch George Bernard Shaw und Erich Mende mit fortgeschrittenem Alter vernünftig geworden sind und eine neue Heimat gefunden haben? Die war ja wohl Garant für solche herausgemästete Gediegenheit, wie die Stadt Seelburg sie schätzte! Sabine! Zuerst zieht man sie aus dem größten Dreck von Unwissenheit und Kulturlosigkeit, dann werden sie frech und laufen zu den Fuhrunternehmern über! Sicherlich war jener Schießlmüller, politisch zwar vollkommen indifferent, Mitglied der Christlich Sozialen Union. Und Franz Josef Strauß würde diesen parteieigenen Damen schon auf die Finger hauen, wenn sie in seinen eigenen Reihen solche unkontrollierten Umtriebe …

Nein, das war es auch nicht. Vielleicht sollte ich einem Sportverein beitreten. Mich dem Wahnsinn ohne Scheuklappen anheimgeben, meiner zivilisierten Vergangenheit mutig abschwören. Diese vereinseigenen Faschingsbälle und Redouten, diese herrlichen Ausflüge an den Wochenenden …

Sabine ist am Wochenende mit ihrem Kavalier in die Alpen gefahren, die neugewonnene Freiheit in vollen Zügen auszukosten. Hans Duschke, neben mir einer der wenigen, die daheim geblieben sind, hat es mir gesteckt. Diese Monstrositäten an Geschmacklosigkeit, diese kompromißlose Undelikatesse, diese tödlich-krachende Schweinerei, wie sie allein auf unserem Seelburger Mist wachsen kann!

Was werden sie treiben, dort drunten in der Bergwelt?

Schießlmüller wird ungeschlachte Redensarten dreschen, und Sabine über die tobende Naturgewalt dieses Mannes vor Entzücken wiehern. Und irgendwelche vollbärtigen Tölpel aus der Aufzucht Arthur Moggers mit ihren unbeschreiblichen Karins im Hintergrund würden das neue Glück begrüßen und gutheißen, wie sie noch alles gutgeheißen haben, was auf den Namen Sexualität und Alkohol hört. War eigentlich Susanne auch mit von der Partie? Und hatten sie dann genug Bier und Obstschnaps in sich hineingefeuert, würden sie zuerst Zoten zu singen anfangen, dann würde sich noch brüllender die amorphe Geilheit zu Wort melden, die Freier würden blindwütig ihre Gerätschaften herausholen, diese Adolfs, Arthurs, Willis und meine Sabine – –

War denn da kein gerechter Berggeist, der das Gesocks aus den Alpen heraushaute!

Alfred Leobold, war er eigentlich auch unter ihnen? Ich erinnere mich, der Gedanke an den lieblichen Mann in dieser äußerst prekären Situation richtete mich ein wenig auf oder besser, er ließ mich gleichsam seelisch aufhorchen. Freitagmittag war die Rotte weggefahren – jetzt war es vier Uhr. Ich lief zum ANO-Laden.

Der Geschäftsführer des ANO-Teppichladens, Zweigstelle Seelburg, saß zusammengesunken auf einem Stuhl hinter der Ladenkasse, vor ihm aber auf zwei weiteren Stühlchen saßen der alte Karl Malitz in Knickerbockers und versehen wiederum mit dem Reichsbund-Abzeichen – und niemand anderes als Susanne! Eine geradezu zauberhafte Besetzung! Ich muß sagen, daß mir beim Anblick Susannes, die ganz eigenartigerweise am hellen Nachmittag eine Art Abend- oder Theaterkleidchen trug, in einer Weise sanft ums Herz wurde, daß in mir eine so gütig-allesverzeihende Gesinnung hochkroch, daß – daß – ja daß ich Herrn Leobolds ersten Satz, der mich noch unter der Eingangstür empfing, beinah zum Anlaß genommen hätte, allen dreien um den Hals zu fallen:

»Die Else«, würgte Alfred Leobold, der mir an diesem Tag noch durchscheinender, schimmernder, ja wie von einem Nimbus umstrahlt schien, »die Else hat ein Kind, genau, das ist überhaupt nicht aufgefallen. Ah, der Moppel!« weinte Alfred Leobold stramm und reckte mir sein klapperdürres Händchen entgegen, »setz dich her auf meinen Stuhl, ich steh ein bißl, ich steh gern, ich weiß gar nicht, was das ist.« Ein Schatten von schwer deutbarem Spott glitt über sein Gesicht.

Ich begrüßte alle drei unverhohlen emphatisch, der anmutigsten aller Susannen drückte ich sogar ein klägliches Küßchen neben den Braunhaaransatz, worüber ich mich zwar sofort ein bißchen schämte, aber was war das schon gegen Alfred Leobolds nächsten Satz:

»Genau«, fuhr der Kaufmann, kaum hatte ich mich hinter die Ladenkasse verschanzt, stehend fort, »die Else, die tut sich in dem Sinn leicht, die hat einmal einen schweren Unfall gehabt. Sie, Herr Malitz, Sie kennen doch den alten Mann da, den Nübler

Hans, nein, den Metz Gustav, der was da immer die Schulspeisung bei den Weißen Vätern …«

Danke, Herr Leobold, das genügte. Una Lagrima trollte sich wie Lindenblütentee sul viso. In diesem feuchten Augenblick waren des Teppichhändlers Afrika-Eskapaden endgültig verziehen. Ich fühlte, wie das Glück elektrisierend durch mich kroch, als nun auch noch der alte Malitz die Skandale des Bundeswohnungsbauministeriums dazwischensang und dabei beharrlich mit seinem rechten Bergschuh auf- und niederklapperte. Schauer von nicht niederzukriegender Schönheit durchstöberten den umgrenzenden Teppichmisthaufen. Und Susanne, die Perle des Abendlands, hockte in ihrem braunen Ballkleidchen zwischen uns drei alten Faltern, hörte unserem unsittlichen Gerede stillvergnügt zu und ließ die schönen Augen kullern, man hätte vor ihr niederknien und ein Hochamt feiern mögen. Was sie im Rahmen dieser nachmittäglich verschlafenen Feierstunde wollte und sollte, bleibt ungeklärt bis auf den heutigen Tag. Der Herr hat's gegeben, der Herr hat's genommen, mit ihrem Schwager in spe Schießlmüller zu reden, der Name des Herrn sei gepriesen, manchmal hatte er schon gute Witze auf Lager.

»Die Generäle Keitel und Jodl …«, jodelte Malitz vom Kammerton a chromatisch nach es. Der Top-Greis konnte den großen Krieg nicht vergessen.

Plötzlich kramte Alfred Leobold im Schubfach seines Ladentisches herum, zog aus einem Wust von Papieren etwas Grünes hervor und überreichte es mir:

»Da, Moppel, da hast einen Kundenausweis, den kriegst, den kannst haben, wenn mich um sechs Uhr jetzt dann heimfährst, einwandfrei. Mensch, Herr Malitz, ich bin vielleicht fertig heut!« sagte Herr Leobold und lächelte so sanft mit einer Prise märtyrertypischen Koboldigkeit, daß, wäre es nach mir gegangen, ich ihn sofort hätte kanonisieren lassen.

»Geht in Ordnung«, sagte ich, nach Möglichkeit ebenso sanft. Was waren meine läppischen Leiden gegen die Heimsuchungen dieses Teppichkünstlers, der jeden Augenblick umkippen konnte?

Ich fuhr sie alle heim. Zuerst den alten Malitz, der im Wagen mächtig asthmatisch durch die Atemröhre saugte und – ganz unerwartet – einem ihm wohl bekannten Polizisten am Wegesrand die lange Nase zeigte; dann Susanne, über deren nutzlose Ballrobe ich deshalb so schmerzlich-gelöst kichern durfte, weil sie, und dafür bin ich ihr ewig dankbar, nicht mit in den Alpen bei den Grauenreichen weilte; und zuletzt den Besitzer des beigen SEBG L 295, Alfred Leobold, der, wohl den allgemeinen Schmerz zu vertreiben, mit geballten Fäustchen neben mir hing, mir aber dann beinahe doch noch kurz vor seiner Wohnung verlorengegangen wäre, denn plötzlich ließ er mich anhalten, lüftete das Seitenfenster und jammerte »Otto! Otto!« hinaus, worauf ein äußerst geschwind vorbeieilender kugelrunder alter Mann sofort stehenblieb. Diesen Otto wollte nun Alfred Leobold – »und der Moppel geht auch mit« – noch schnell »auf ein Weizenbier, genau« in die Glückauf-Wirtschaft verschleppen, doch Otto beharrte darauf, er müsse zu einer Familienfeier:

»Bist ein prima Mensch, Alfredl, prima, aber es geht nicht, ehrlich nicht, Alfredl, mußt verstehen, Alfredl, ein anderes Mal gern, Alfredl, gell, Alfredl, verstehst mich schon, Alfredl!« Trotz einiger weiterer verzweifelter Anstrengungen Herrn Leobolds blieb Otto hart, und so fuhren wir endlich weiter.

»Ein prima Kerl«, erläuterte mir Alfred Leobold, »der Käsewitter Otto, der hat damals in Pursruck mit den Gipfelstürmern 63 Maß getrunken, 63 Maß, o mei!«

Und dich, fiel mir sofort ein, hat er damals vor Gericht so wundersam entlastet, Alfredl, prima, gell? Ich lieferte Alfred Leobold samt L 295 vor einem Mietsblock ab, der mich irgendwie sofort an Albanien erinnerte, und trabte nach Hause. Das Aida-Finale auf dem Plattenspieler, studierte ich erregt mein grünes Kärtchen:

»Kundenausweis ANO Teppichboden Großvertrieb
A. Nock Großhandel GmbH. Dieser Ausweis berechtigt
bei ANO, A. Nock Großhandel GmbH einzukaufen.
Nur gültig für ANO Teppichböden«

Das Komma war zwar falsch gesetzt bzw. so blind irgendwohin, als habe der Verfasser – Nock selber? – geahnt, daß er diese Disziplin einfach nicht mehr packe, aber die zweifache Betonung der beschränkten Haftung machte, daß ich mich wirklich verjüngt fühlte. Ich beschloß, mich ab morgen der Erziehung Susannes zu widmen. Sollte diese Maßnahme Erfolg zeitigen, könnte man ja immer noch der Erotik nähertreten. Eines Tages würden wir ein hübsches, glückliches und von dem uns umgebenden und umbrausenden Saustall gereinigtes und unabhängiges Pärchen abgeben. Dann würde ich Sabines Neid und Reue beobachten.

Offenbar, meine Forschungen drangen da nie ganz durch, wurde Susanne damals von Arthur Mogger nur sporadisch belästigt, denn tatsächlich, am anderen Tag erklärte sie sich auf meinen fast tonlos vorgetragenen telefonischen Angriff hin sofort bereit zu einem abendlichen Spaziergang. Mein neues erzieherisches Fieber leidlich dämpfend, holte ich sie nach Dienstschluß von ihrer Apotheke ab, und wir fuhren zu einem Wallfahrtsberg, ein paar Kilometer außerhalb Seelburgs. Wie schön sie war im grauen, etwas altmodischen Tuchkostüm! Wir liefen ein Stück durch den Wald, Susanne immer den Blick gerade und erwartungsvoll nach vorne. Erstaunlich! Bei mir lief es also umgekehrt wie in jenem italienischen Roman. Zuerst die weniger Schöne, dann die vollkommen gnadenlose Bellezza! Ich will es kurz machen. In der Wallfahrergaststätte begann ich, zuerst mühsam gebremst, dann haltlos, ja stillos auf das Wunderwesen einzuquallen. Sie sei ein außerordentlich schönes, begabtes und in jedem Fall zu Überdurchschnittlichem geborenes »Menschenkind« (tatsächlich, ich sagte »Menschenkind«!) – und kurz und gut, sie solle doch von diesen unseligen Rowdies und Nichtsnutzen ablassen und zuerst einmal ruhig ihr Pharmaziestudium vollenden und dann –

Susanne lächelte lebhaft verhangen. »Ach so, du meinst die Geschichte mit dem Adolf da, das war doch nichts, das war doch bloß ein Blödsinn, einmal...«

Adolf!? Ich mußte mir schnell einen Schluck Bier nachschütten. Adolf Wellner hatte doch damals seine »Franz Gans« und war als

Schreiner Susannes sowieso nie und nimmer würdig! Das war ja völlig neu! Susanne durchkreuzte sofort meine Gedankenwirbel:

»Und daß der Amigo, der blöde Lattern-Teufel, mir dauernd auflauert«, nuschelte sie hinreißend, »dafür kann ich doch nichts. Und der Arthur hat auch gesagt, wenn er ihn, den Amigo-Teufel, noch einmal erwischt, dann haut er ihn zusammen, sowieso, hat der Arthur gesagt, gell!«

Das war etwas viel auf einmal. Man wird verstehen, daß ich mich bei dieser sicherlich sogar noch fragmentarischen Skizze des sich hier abzeichnenden erotischen Gewusels rasch und unverzüglich in die Offensive begeben mußte. Ich trank also zügig, ja schmetternd noch ein paar Biere in mich hinein, begann, wohlgeduldet, an Susannes ewigschönen braunen Haaren zu spielen, sagte wohl auch noch allerlei Törichtes und Humanitäres und versteifte mich dann darauf, Susanne brühwarm-dämlich anzuhimmeln. Susanne schmunzelte blicklos zurück. Da war auch mein erster Kursus schon zuende, wir bezahlten, flogen ins Freie und taumelten in einen abendumflorten Waldweg hinein. Das hohe Zicklein in dieser vibrierend katholischen Wahnsinnslandschaft! Gierig den Arm um die Hüfte der Frau geschwungen, alberte ich noch einiges, vor dem mich sofort selber ekelte. Diese duftige Mondmilchigkeit! Ohne Mätzchen und unbarmherzig legte ich die Göttliche ins trockene Moos, sie schloß die schönen Augen, das hatten wir schon einmal – rien ne va plus. Ein brauner Schwärmer surrte über uns hin. Links und rechts sonderbare Wurzeln und Moose. Verzweifelt streichelte ich den still, fast steif daliegenden Menschen. Une Automate! Une Automate! Mi sento morir.

So scheiterte die erste meiner Lektionen. Ich hatte mich nicht nur in meiner Förderer- und Beschützerfunktion als vollkommen untauglich erwiesen, ich hatte nicht einmal das zuwege gebracht, was diese Adolfs, Arthurs und Amigos – das hatte ich nun endlich kapiert – wahrscheinlich glänzend zwischen zwei Sechsämtern besorgten. Noch am gleichen Abend, im »Seelburger Hof«, ereilte mich ein weiterer Tiefschlag. Der frech gewordene Gymnasiast Hans Binklmayr ließ, laut genug, durchblicken, er habe von einer gewissen Maggy gehört, diese habe von Herrn Schießlmüller gehört, Sabine habe zu ihm in den Alpen gesagt, der Moppel habe ihr nicht einmal einen Orgasmus beibringen können. Indessen er, Schießlmüller, ganz famos gewesen sein soll.

Wütendes Gebell der Tischteilnehmer Lattern, Wellner, Leber und Luther begrüßte jauchzend diese Information. Womit sichergestellt war, daß die Chronique Scandaleuse der Stadt Seelburg einen neuen Prachteintrag buchen konnte. Ich, der gewaltige Moppel, das Opfer von Médisance und Bierhumor – es war so weit.

Merkwürdigerweise besaß ich noch Geistesschärfe genug, diesem Alpenbericht nicht allzu viel Gewicht beizumessen, was meine sozialerotische Stellung anging, allzu gering die Glaubwürdigkeit Schießlmüllers, allzu bekannt die Tatsache, daß das Gelingen der Liebe seit Adam und Eva von zwei Teilnehmern abhängig ist, Frl. Sabine! Der Schmerz aber über die alle Schranken niederreißende Perfidie der mir noch vor einigen Tagen angehörenden, jetzt erst geliebten Person stach; stach so heftig, daß er, o allgütige Natur, sogar kurzzeitig gelassen machte. Meine moralische Position war erhärtet. Mutig und geduldig würde ich mich – jetzt erst recht – der Schulung und Wandlung Susannes zuwenden können, ja ich gebe zu, daß ich seinerzeit sogar tagelang das Wort »Humanisierung« in meinem Kopf spazierentrug. – Ich sollte endlich die berückende Witwe Strunz-Zitzelsberger anrufen, aber der Erzählerfuror, der Erzählerfuror …

Wenn ich den Gedanken an Christine Strunz-Zitzelsberger wieder zurückweise und scharf nachdenke, war es genau noch neunmal, daß ich damals in den nächsten Tagen auf Susanne einzuwirken versuchte, jeweils am frühen Abend, abwechselnd innerhalb der Mauern Seelburgs oder in freier Natur – einmal kam ich sogar auf die Schnapsidee, durch nachmittägliches Schwimmen mich körperlich auf meinen Vortrag zu präparieren. Ich habe heute noch keine Ahnung, ob Susanne meine Seminare nur widerlich waren oder ob sie vielleicht doch dies oder jenes Lehrreiche aufschnappte, zum Beispiel einmal einen nahezu sinnvollen Sermon über die Frauenbewegung, die gegenwärtig unser Land überflutet und von der verdammten Alice Schwarzer getragen wird, einer ganz ungezogenen Person, die mir einmal in einer Wirtschaft in Frankfurt schwer schadete, indem sie uneingeladen an unseren Tisch kam und toujours und à tout prix auf eine Dame einquallte, die an sich ich gern bequatscht hätte. Immerhin, dieses Schwarzersche Gedankengut nebst dem von Germaine Greer vorgeschlagenen Koitus-Streik der Frauen, den repressiven männlichen Herrschaftsverhältnissen zu trotzen, trug ich nun sehr halben Herzens Susanne vor, meine eigene Beischlafunwilligkeit oder besser -unsicherheit auf ein brauchbares philosophisches Postament zu stellen und gleichzeitig meinen platonisch-altruistischen Charakter zu zementieren. Vielleicht beeindruckte die junge Dame dieses alles auch durchaus – aber den naheliegenden und entscheidenden Denkschritt von der Theorie zu ihrer eigenen Seelburger Wirklichkeit: Mogger, Wellner, Lattern und überhaupt dem ganzen Zigeunerpack zu entsagen und so ihre eigene Neugeburt in die rechten Wege zu leiten, den weigerte sie sich beharrlich nachzuvollziehen – was ich dann jeweils den dritten Abend im »Seelburger Hof« unter großen Freudebekundungen der Freunde zu hören bekam. Noch unklarer ist mir nur, warum dann Susanne überhaupt mit mir spazieren oder in den finsteren Wald rannte. Differenzierte sie wahrhaftig nach den Liebhabern dort, nach dem Alleinunterhalter hier? Und am allerunklarsten war mir ein jedesmal aufs neue, was denn eigentlich ich selber andauernd im Wald wollte.

Die Begrenztheit des Registers der Zärtlichkeiten ist beklemmend, schreibt Montherlant. Vor allem, wenn die wichtigste fehlte. So rauschte es denn wochenlang viertrangige Küsse ohne Sinn, Küsse, die Susanne unter nachsichtigem Lächeln oder besser: Schmunzeln quittierte und dabei blinderstaunt mit ihren Mirella-Freni-Kulleraugen rollte. Das Fazit war ein jedesmal schlechtes Gewissen, genauer: das trübe Gefühl einer absoluten Vergeblichkeit humanistischer Grundposition. Und ängstlich stellte ich bei diesen wahrhaft linkischen Schleckereien fest, daß ich Sabine von Tag zu Tag grimmiger liebte, o Gott!

Susanne war alles gleich. »In welche Gaststätte wollen wir gehen?«

»Du, das ist mir gleich.«

»Wollen wir noch ein wenig in den Wald?«

»Wie du meinst.«

»Hast du morgen Zeit?«

»Wenn du willst.«

Nur die Frage, was sie trinken wolle, beschied ihre rundliche Nachtstimme jeweils klar und präzis mit »Weizenbier«. Ich kannte diesen Typus früher nur aus Büchern – vielleicht könnte ich Susanne Alice Schwarzer später einmal gegen gutes Geld als Beweismaterial verkaufen.

Ein Abend dieser Gattung ist mir in besonders furchterregender Erinnerung. Susanne eine Freude zu machen, die ihr vielleicht nur verschüchtertes Herz auftauen würde, chauffierte ich sie auf ein dörfliches Volksfest im Freien, eins jener Volksvergnügen mit Bierbänken, Schießständen, Karussells und Bratwürsten, die in unserem Land und ganz besonders im Seelburger Raum immer hemmungsloser zur Religion werden und sogar das Fernsehen in seine Schranken verwiesen haben. Die Stimmung war gut, Susanne lebhafter und aufgekratzter als sonst, im Herzen beschloß ich, Kursus hin und Germaine Greer her, sie heute zu beschlafen, sicher würde mir die ländliche Nachtluft meine idiotischen Barrieren wegblasen. Wir küßten uns einleitend ein paarmal graziös und, wie mir schien, nicht einmal ohne Wärme ab, alles schien ganz richtig zu steuern, da fügte es das Unglück, daß Susanne plötzlich mit einer Schiffschaukel fahren wollte, und ich mußte mit.

Diese zehn Minuten sind meinem Hirn eingebrannt für alle Zeit. Bei dem mörderischen Instrument einer Schiffschaukel kommt es ja bekanntlich darauf an, daß beide Partner etwa gleich kräftig sind und gleich geschickt operieren. Das gerade war nun aber ganz und gar nicht der Fall, sondern bereits nach zwei Minuten zitterte ich so jämmerlich an Armen und Beinen, daß ich mir buchstäblich auf die Zähne beißen mußte, um nicht in hohem

Bogen raus und über alle Lande zu fliegen. Und selbst der niedliche Zufall, daß wir beim Schaukeln abwechselnd fast übereinanderlagen (wohl der geheime Sinn dieser Volksbelustigung!), erschien mir gerade wegen seiner Begattungsähnlichkeit grauenhaft zotig, abgeschmackt, lächerlich, impertinent – und während die erstaunlich kräftige jugendliche Susanne strahlte und die Haare dieser Königin der Nacht durch die Luft wirbelten wie auf einer Shampoon-Reklame, wußte ich mich vor Schmerz kaum zu fassen und verfluchte den dummen Fieranten, der sein Gerät nicht, wie üblich, nach fünf Minuten wieder zum Stehen brachte, sondern erst nach zehn – ich hatte Mühe, nach dem Ausstieg nicht ohnmächtig umzufallen. Der feste Vorsatz, nun doch wahrhaftig in Zukunft systematischer Sport zu treiben, um mich dieser akrobatischen Jugend gewachsen zu zeigen, ist mir noch ebenso gegenwärtig wie meine grauenvolle Verlegenheit anschließend auf der Bierbank. Ich zitterte so an den Händen, daß ich kaum meinen Krug zu heben vermochte, weshalb ich schnell zu belanglosen Erzählungen über gewisse eigene Studentenstreiche meine Zuflucht suchte, und ich bin Susanne heute noch dankbar, daß sie herzlich darüber lachte. Der hinreißende Kinder- und Muttertonfall zugleich, der aus ihrer Gurgel hochkletterte, gemahnte an Mozarts Klarinettenkonzert, ja, tatsächlich! Neue Hoffnung blähte mich auf. Aber ich zitterte noch immer so heftig und schwitzte erschütternd aus allen Poren, daß an Beischlaf nicht länger zu denken war. So schmuste ich mich halb zu Tode.

Hans Duschke seinerseits quälte mich jetzt übrigens zwischen den Lektionen mit rüden Redensarten über beide Morlock-Mädels, gegen die er einen plötzlich verschärften Haß an den Tag legte und die er mehrfach als »wilde Familie« charakterisierte. »Wilde Familie!« krähte der erbitterte Greis immer wieder, als ob er alle Welt warnen wollte. Um so erstaunlicher, daß er fast im gleichen Atemzug in die Tiefen des »Seelburger Hofs« hineindonnerte: »Nicht fragen. Flachlegen!«

Sprach er pro domo? Keimte in dem würdelosen Alten letzte Hoffnung auf, daß er bei der vorgeblichen Wildheit der Familie vielleicht doch auch ein letztes Mal auf seine Rechnung kam? Posaunte er sie deshalb aus, um sie gleichsam zu sanktionieren? Und dann zuzuschlagen? Eine eigentümliche Taktik.

13

In diesen Tagen schloß ich eine Versicherung ab, die mir angeblich das Recht gab, für 69,80 DM im Jahr alles bis zum Wert von 300 000 DM kurz und klein zu schlagen. Ich durfte es nur nicht mit Absicht tun. Schade. Trotzdem fühlte ich mich vorübergehend abgeschirmter, gerüsteter, resistenter. Und meine Mutter, der ich die Police zeigte, freute sich riesig, wie das eben Mütter Art ist. Ich glaube sogar, erst jetzt schrieb sie mir jene endgültige Reife zu, die mir das Absolvia-Zeugnis schon vor 16 Jahren – und das ist nun wahrlich nicht mehr zum Lachen – bestätigt hatte. Die Frage blieb freilich und beschäftigte mich eine Zeitlang, wie und wo ich 300 000 DM der Vernichtung überantworten könnte, ohne daß ich es nachweislich wollte. Denn unfreiwillig macht es ja nun wirklich keinen Spaß.

Manchmal glaube ich, unser ganzes Wirtschafts-, ja Staatssystem ist auf solche philosophischen Grenzprobleme mit eingelagerten Bauerntricks gegründet.

Meine Seminare für Susanne setzten sich mit der Ziellosigkeit fort, mit der die Sehnsucht nach Sabine ins Kraut schoß. In sommerlichen Biergärten, auf Kaffeehausterrassen, an stillen Plätzchen im Walde. Von allen guten Geistern verlassen, rumorte und lärmte ich Gimpel immer dummdreister und erbärmlicher auf das blühende Kind ein. Sie solle doch um Gotteswillen ein neues Leben beginnen, abends gute Bücher lesen, die schlechten Freunde und Freundescliquen meiden, sie solle beruflich in eine andere Stadt wechseln (ich würde sofort nachkommen), ja sogar – unverzeihlich, was ich da quakte – sich einen »guten, wirklich guten Freund suchen«! Der unbegabteste aller Lehrer traute sich nur eins nicht auszusprechen: Sie, Susanne, solle doch um Gotteswillen seine eigene Gefährtin werden! Obwohl er halb an dem

Wunsch verdorrte und erstickte. Susanne sollte für die wie eine Heimsuchung geliebte Sabine einspringen, aber gerade diese mörderische Banalität des Motivs mußte sie ja mit einem Hohngelächter durchschauen! Oder war in dieser »wilden Familie« schon alles egal?

Susanne hörte all dieser Schaumschlägerei mit halboffenem Munde zu, was ihr wunderbar stand, blinzelte gelegentlich träumend mit den Augen auf und nieder, in manchem stimmte sie mir sogar zu, zum Beispiel in der Frage des Wohnungswechsels. Den hatte ich eigentlich am wenigsten gemeint, liebe Susanne! Verzweifelt über meine unseligen Anstrengungen trank ich dann jeweils Bier und Wein in mich hinein, bis ich halbbetrunken anfing, widerwärtig an ihr herumzutätscheln und zu -knabbern. Die Frau machte immer sofort – vorsichtig, gleichsam zögernd – mit oder ließ es sich einfach gefallen – und meine ganze schöne Suada war für die Katz gewesen! Ich traktierte sie mit Lebensweisheit – sie bedankte sich mit dem Ertragen von blindem Geschmuse, und die samtenen Schatten ihrer Backenknochen lächelten dazu ins Blaue. Gerade dies Willenlose, Indifferente, unselig Zerstreute manövrierte mich ins dichteste Elend. Gerade dies hatte ich ihr eben doch noch wortreich ausgeredet – und nun kam ich daher, und sofort strafte sie meine Überzeugungskraft Lügen und ließ sich vollständig sinnlos abschlecken!

Die Intensität des Triebs zeigt sich an der Unruhe auch dann, vielleicht vor allem dann, wenn der Reizzustand an der Triebquelle überhaupt nicht aufgehoben werden will. Der Effekt ist nicht unbedingt hübsch: Reglosigkeit nach allen Seiten.

So versteifte sich mein Unvermögen, nicht nur mit Susanne zu schlafen, sondern mich überhaupt irgendwie und mit Anstand aus dem waltenden Seelenschlamassel herauszuwinden. Auf dem Glanzpunkt meines Elends, angefeuert zudem durch die tröstliche Freundschaft der Herren Leobold und Duschke, rauschte ich in eine unleugbare erste Alkoholikerphase meines Lebens.

Das war sehr neu und schön – ich wundere mich noch heute darüber. Nicht daß ich aus Verzweiflung getrunken hätte, mein susannisch-sabinisches Doppelunglück zu vergessen, Trost im Nirwana zu finden – im Gegenteil! Ich trank, um meine Misere zu steigern, weiter zum Erblühen zu bringen, sie in ihrer vollen Unseligkeit auszukosten. Und vielleicht ist dies auch richtig: Ich hatte Angst vor irgend etwas in der Luft liegendem Grausigen und ich wollte die Angst in einem Arbeitsgang vernichten und potenzieren zu intellektueller Erfahrung. Trat der Rausch ein, wurde ich mir jeweils der Ausweglosigkeit der Lage mit einer Süße bewußt, der ich nicht mehr bereit war abzuschwören, sie schien mir das Wahre, das es kühn anzusteuern galt: die Selbstvernichtung als Naturzweck. Kein sehr origineller Gedanke, möglich, aber ein origineller Zustand. Dumpfen, umwölkten Sinns meinen schwesterlichen Unstern bis zum Niedergang zu zelebrieren, das war es! Ich trank praktisch Tag und Nacht. Die Herren Leobold und Duschke sahen's gern und hielten mit.

Die Brillanz des Lebens hatte einen vorläufigen Höhepunkt erreicht. Es gelangen mir in diesem Zusammenhang einige Techniken, über die ich heute staune. Eine Woche lang verlängerte ich meinen Nachtschlaf mehrmals dadurch, daß ich jeweils beim lästigen Erwachen eine Flasche Wein austrank, dadurch zwei Stunden weiterschlummerte, dann wieder eine Flasche trank, erneut einschlief usw. – bis in den Nachmittag hinein, da lief ich dann schnurstracks in den ANO-Laden, pflanzte mich in der Imbiß-Nebenstelle auf, versorgte mich aus Herrn Leobolds Kühlschrank oder legte mich auch gelegentlich auf einen versteckten, dem gewöhnlichen Kundenauge entzogenen Teppichhaufen.

Ein andermal, in der Nacht, fuhr ich mit dem Auto und zehn Bierflaschen auf eine Anhöhe in der Umgebung Seelburgs, starrte von 23 Uhr bis 5 Uhr früh in das Lichtergefunkel unter mir, diese wundersame kalvarienmäßige Höhle des Entsetzens. Die laue Nacht wälzte sich rund um sie her, dunkel flüsterten die Blätterkronen der Bäume, langhin fielen ihre Schatten übers regungslose Gras. Der Mond, voll und rötlich, hing tief über der Stadt, sehr langsam wandernd, gleich als ob er neugierig deren Sündhaftigkeiten inspizieren wolle. Ich trank, was ich in mich hineinpacken konnte. Wiederum fror ich vor Herzeleid und Vergnügen. Gegen 4 Uhr früh glaubte ich, träumte ich wohl, zu sterben. Es war aber nichts. Erst gegen 6 Uhr taumelten die kitschige Schwermut und die Betrunkenheit gemeinsam in den Schlaf hinüber.

Der Schlund meines Lebens war sperrangelweit geöffnet, in ihm starrte hohnvoll der zentralabendländische Gesellschaftsschmutz der Stadt Seelburg. Etwas Verdicktes und zugleich Kribbelndes lag in der Luft und fiel über mich her. Nicht ohne Neugier nahm ich auch wahr, wie rapide jetzt gewisse mir bis dato unverbrüchliche charakterliche Sicherungen dahinschwanden, intellektuelle und moralische Empfindlichkeiten verrotteten – zugunsten eines Neuen und durchaus auch wohlig Erregenden, Verdämmernden – ja, mir kam sogar die sehr dumme Idee, daß darin eine Art Wiedergeburt begründet und beschlossen sein könnte. Weiß man's denn so genau? Manchmal war ich soweit, zu glauben, daß es für mich nichts mehr zu erlernen und schon gar nichts mehr zu erfühlen gäbe. »Dies lastende Leben, du-uh, du, nimm es von mir, dies lastende Leben, dies lastende Leben!« Was wollte man mehr? Wunderbar zwitscherte mir Annelies Kupper die Ariadne-Arie vor, Annelies Kupper, die jetzt auch schon 70 ist und ihr Pfündlein zu tragen haben wird...

Zwischendurch glückte es mir ein paarmal, mein Leid auch ohne die Schwungkraft des Alkohols auszutragen. Das war dann noch schöner. Ich erinnere mich einer vollkommen sinn- und zweckfreien Autofahrt von Seelburg nach München und zurück, die ich, mit Ausnahme der letzten 28 Kilometer, volle 300 Kilometer lang zu durchweinen und zu durchflennen vermochte. Ich heulte, zerwurstelt von Sehnsucht nach irgendwas, buchstäblich Rotz und Wasser, hemmungslos, endlos, erstaunlich, welche Flüssigkeitsmengen in uns alten Männern noch drinstecken! Und noch erstaunlicher, meine Fahrkunst litt in keiner Weise unter diesem unversieglichen Dauersturzbach aus meinen Augen – nicht der ADAC, keine Kriminalpolizei, kein Wasserwirtschaftsamt oder was auch immer hätte irgendwelche Bedenken gegen meinen Fahrstil vorbringen können, im Gegenteil, ich fuhr sicherer denn je.

Ich bin nicht wenig geneigt, den Tip der Straßenverkehrswacht unterzubuttern, die kann ihn dann als neuen Paragrafen der Verkehrsordnung anhängen. Die Bild-Zeitung aber würde den Dreck als Tip an ihre Milliarden Leser weitergeben: »Machen Sie daheim Krach! Dann kracht's auf der Autobahn nicht mehr!« Und ich würde vielleicht eine Professur für Verzweiflung und Verkehrsreform übernehmen dürfen …

Wenn ich heute diese bleichen Sommertage schon sterbensmäßiger Niedergekommenheit Revue passieren lasse, dann dienten nicht zu meinem Besten auch Sätze wie der, gebastelt von der Deutschen Presseagentur: »… scheiterten die Münchener am französischen Torhüter Curkovic, dessen Leistungen seinen in der zweiten Halbzeit vielbeschäftigten Gegenüber Sepp Maier jedoch noch übertraf.«

Zitiert nach dem Seelburger Anzeiger. Ich meine, an diesem Satz ist natürlich nicht nur alles falsch, sondern so vieles, daß man es auf zweieinhalb Zeilen gar nicht für möglich hält. Einmal abgesehen von inhaltlichen Kriterien (ich habe das Spiel ganz anders in Erinnerung) muß es natürlich zuerst einmal »sein Gegenüber« heißen. Zweitens kann eine Leistung trotzdem noch immer nicht ein Gegenüber übertreffen. Drittens ist das doppelte »über« eine sprachliche Taktlosigkeit, die meine Angst und meine Sehnsucht nach wenigstens einer der beiden Schwestern neu entfachte. Viertens ist das »jedoch« zumindest überflüssig, es sei denn, gemeint wäre fünftens, und das halte ich für sehr wahrscheinlich: »dessen Leistung jedoch von seinem Gegenüber Maier noch übertroffen wurde«. Doch lassen wir das, ich meine nur, dergleichen Alltäglichkeiten im Verein mit der Vision, ein vielleicht vom Biere angefeuerter Franz Josef Strauß proklamierte plötzlich den atomaren Gegenschlag … so wird man vielleicht verstehen, warum es mich in diesen Tagen der Pein so hemmungslos zu den Morlock-Schwestern und überhaupt herumtrieb.

»Nicht fragen. Flachlegen!« hatte Hans Duschke kommandiert. Der freche Greis hatte gut reden. Die Zeiten haben sich eben gewandelt. So einfach geht das einfach nicht mehr wie in deiner

Glanzzeit, Hans, als das jubelnde Savoir vivre, Hamlets Sein oder Nichtsein und das Flachlegen Maria Cebotaris noch ein Kinderspiel waren. Unsere skeptische, ja ich möchte sagen zarte Generation, sie verfügt nicht mehr über eure Verve, Chuzpe und jenen über Leichen schreitenden unabdingbaren Sexualwillen, der da das Leben nur als eine bunte Christbaumkugel zu sehen geneigt ist. Die Zeiten haben sich gewandelt, lieber Hans, die Kardinalgemeinheit des bundesdeutschen Nachkriegslebens macht einfach nicht mehr so ohne weiteres geneigt zum Vollzug der Liebe! Oder was sagt ein alter Haudegen wie du zu dem Satz »Der Zuspruch des Museums erfreut sich von Jahr zu Jahr eines immer größeren Zuspruchs« – gesprochen von einem Verantwortlichen in einer der letzten Kulturmagazin-Sendungen im Fernsehen? Kann man nach solch einem niederträchtigen Satz ohne weiteres zu den Weibern rennen?

Ganz im Stich gelassen im Unglück ist auf dieser Welt dennoch keiner. Eine dritte Leidenschaft neben Trinken und Weinen ergriff in diesen Tagen wohltätig mein gemartertes Gemüt: der regelmäßige Besuch unserer Friedhöfe. Ein wahres Labsal. Heiterkeit, wohin das Auge reichte! »Hier ruht ein guter Mann, ein gerechter Mann, ein Idealist. Gotthold Prem. Polizist.« Oder: »Ihr habt mich gehabt, jetzt habe ich euch.« »Hier schläft unser Sonnenscheinchen Hansi (Anderl).« »Ruhestätte Familie Unverzagt.« Schließlich mein Lieblingsgrabkreuz: »Hier ruht unser liebes Kind Hufnagel.« Bezaubernd! Ein Gymnasialprofessor aber hatte auf seinen Grabstein schreiben lassen:

»Ausgezogen bin ich,
Daß das Glück ich erhasche,
Dann hab ich es erhascht,
Jetzt bin ich Asche.«

Das war noch Leben! Der prallvolle Stumpfsinn! Ich wandelte oft stundenlang zwischen den Gräbern hin und her, keine der gesammelten und gemeißelten Verschnarchtheiten sollte mir auskommen!

Einmal nahm ich sogar Alfred Leobold mit auf den Gottesacker. Ein ätzend mildschöner Samstag. Der Geschäftsführer hatte sich zwar nur widerwillig aus der damals schon bevorzugten italienischen Gastwirtschaft Wacker-Mathild abführen lassen, hatte aber schließlich gehorcht und humpelte jetzt bravourös hinter mir durch die Grabreihen her. Eindrucksvoll, was er alles über die Toten wußte:

»Da, Moppel, die alte Inzelsberger-Matz!« lächelte er vor einem glänzend polierten Grabbrocken, der tatsächlich die Inschrift »Barbara Inzelsberger, Metzgersgattin. Et resurrexit tertia die« trug, »das war vielleicht eine Matz, o mei! Ich bin immer gut mit ihr ausgekommen. Wir sind damals beim Reitclub nach Ungarn geritten, o mei, das kannst dir nicht vorstellen, Moppel. Die hat gebrüllt! Der Mann war froh, wie's dann weg war. Krebs«, berichtete Alfred Leobold gewissenhaft, »und da, der Winkler Theo, den hast ja auch noch gekannt, der Duschke hat ihn einmal in der Samariter-Wirtschaft beleidigt. Theo, hat der Duschke gesagt, gell, paß auf deine Frau besser auf. Und Arschgesicht, Arschgesicht hat er ihn geheißen. Wollt er schon auf den Duschke los, wenn ich nicht sag: Theo, der Duschke meint's nicht so. Vierzehn Tag' später war er tot.«

Wieviele Tote Alfred Leobold im Herzen bewahrte! Ich machte ihn auf das Professorengrab mit der meisterlichen Inschrift aufmerksam. »Genau«, sagte der Teppichhändler, »der war zuerst am Humanistischen Gymnasium, dann ist er in die Realschule versetzt worden, weil er immer den Schülern die Schulmilch weggesoffen hat und andere Sachen. Mein Schwippschwager hat ihn noch gekannt, der Ebert Willi. Ich könnt' dir aber jetzt gar nicht mehr genau sagen, an was der gestorben ist, ist der nicht in der Iller ertrunken? Halt, nein, das war der Weichsler Hermann, der damals immer mit dem Lösch Gandhi in der Escamillo-Bar den Sekt …«

Wie schön! Fahl duftend kräuselte sich der Altweibersommer über das Hecken-, Marmor- und Weihwasserunwesen. »Und da«, rief Alfred Leobold und zwinkerte vergnügt auf einen rötlichen

Quader, »da tun 's mich einmal rein.« Tatsächlich, »Familie Leobold« stand da ohne jeden weiteren Firlefanz und – wunderbar! – nur dreieinhalb Meter von der Grabstätte meiner Familie entfernt!

»Aber jetzt noch nicht!« faßte Alfred Leobold pfiffig nach und besah kurz und gleichsam kritisch die Anpflanzung seines fast pompösen Familiengrabs, ob auch alles in Ordnung gehe. »Prima«, befand er und verzog sein Gesichtchen sofort ins Schmerzliche hinüber: »Mensch, ich hätt' jetzt einen Durst, Moppel, ich kann dir's gar nicht sagen. Ich weiß gar nicht, was das ist...«

Ach, das Leben, bevor es verschwindet, hatte doch trotz allem seinen Schliff!

14

Am Maria-Himmelfahrt-Tag, seit Tagen wieder von den traurigen Alkoholfreuden befreit, versetzte ich mir hinsichtlich Susannes einen neuen Impuls – und sollte erneut kläglich scheitern. Schuld hatte ich zweifellos selber, nichts Klügeres als die alte Leier, eine nachmittägliche Wanderung, war mir in den Kopf gesickert, und ich hatte Susanne telefonisch dazu eingeladen, und sie hatte die äußerst glückliche Hand gehabt, dazu ihren erwähnten 16jährigen Bruder mitzubringen, jenes linkische baumlange Bürschchen, das mir einleitend sinngemäß erklärte, es habe schon so viele »Klasse-Sachen« aus unserem Kreis gehört, daß es sich, wenn ich es recht verstanden habe, ab sofort wohl auch eingliedern möchte.

Das hatte noch gefehlt, wäre aber nicht das Schlimmste gewesen, wenn nicht, zufällig oder getrieben vom Wind der sexuellen Allgemeingier, jene gesellschaftliche Neuerwerbung Werner Wiegler, ein Gelegenheitsarbeiter wohl aus der immer mächtiger werdenden Gruppe um den Kaufmann Mogger, zum Start der Wanderung aufgetaucht wäre – und sofort das Heft in die Hand genommen hätte, bevor ich's mich versah. Dieser Wiegler, den sie wegen seines roten Lockengeschmeißes trefflich »Der Rostige« nennen, setzte nämlich eine Kletterpartie in der Fränkischen Schweiz durch, und ich, obgleich gewarnt durch meine Schiffschaukel-Erfahrungen, erklärte mich arglos bereit.

Wiegler erwies sich als fast professioneller Kraxler, fatal, was die Leute alles für Kunststücke beherrschen. »Der Rostige« erklomm nicht nur selber mühelos die gefährlichsten Kalksteinspitzen, sein teuflisches Können gestattete es ihm auch noch spielend, Susanne und ihren hellbegeisterten Bruderlümmel auf die Gipfel zu hieven – und ich beobachtete genau, daß dieser Tölpel übers allgemeine Bergsteigerethos weit hinaus dabei äußerst gezielte Griffe an Susannes Körper vollzog, und endlich hatte er beide Morlocks glücklich droben und posierte glänzend als eine Art Heilige Familie in den strahlendblauen Nachmittagshimmel. Wollte ich mich nicht gänzlich der Lächerlichkeit aussetzen und mich von Wiegler gleichfalls nach oben liften lassen, mußte ich vom Fuß des verdammten Felsens aus bekümmert und leider ohne jede Chance intellektueller Kompensation das alpine Kunstwerk begaffen. Auch beim Herunterklettern ließ es dieser Bewerber nicht an kleinen tätschelnden Aufmerksamkeiten fehlen. Warum ich nicht mit hinauf sei, wollte Wiegler dann in kameradschaftlichem Tonfall, aus dem der Hohn barst, von mir wissen. Mir sei plötzlich schwindelig geworden, blieb ich halbwegs bei der Wahrheit und hoffte flehentlich auf den Effekt zierlicher Morbidität – bei diesem kerngesunden Trio vergebens.

Die Unappetitlichkeit wuchs anschließend in einer Waldschenke. Gemessen an meiner rhetorischen Routine hätte ich darauf wetten mögen, daß ich diese unbedarften Wald- und Felsenmenschen flink in meinen Zwang würde bringen können. Keine Chance! Noch von seinem frischen Kletterruhm zehrend, begann der zehntrangige Playboy mit großer Vulgarität und schauerlich erlogenen Autounfallgeschichten auf Susanne und – pro forma – ihren ungelenken Bruder einzuhämmern (wunderte sich dieses verwilderte Bürschchen eigentlich gar nicht, daß ich nach Sabine nun hinter der anderen Schwester herpfiff?) – da und dort und weiß der Satan wo sei er, Wiegler, an einem Baum »gebrummt«, anschließend den Baum hochgeworfen worden, daraufhin sieben Meter durch die Luft geflogen, wieder auf die Räder gefallen, in dieses oder jenes Dorf weitergerauscht, dort habe man dann für

280 Mark Schnaps und Champagner getrunken, anschließend sei er, Wiegler, »sternhagelbetrunken wie hundert Russen« auf der Polizeiwache erschienen, habe die Beamten lässig »angepflaumt«, anschließend habe man an der Bar der »Eichenmühle« weitergezecht, sei heimwärts noch einmal über die Böschung gefahren – – – unerträglich, lästerlich, der letzte Humbug, brausend vorgetragen und ungemildert von jeder Münchhausen-Ironie, von Wieglers höllischem Lachen über die Flottheit der eigenen Existenz unterbrochen, und dabei machte er Susanne ununterbrochen schöne Augen, soweit diese Giftlöcher überhaupt noch den Begriff der Schönheit nicht zum Witz verdammen – – –

– und ich saß vollkommen entwaffnet daneben, schwarz vom Unglück durch und durch, bar gleichwertiger Glückserlebnisse, gräßlich, gräßlich, und das Morlock-Brüderchen strahlte über diesen unverwüstlichen Gipfelstürmer, und die Gier, baldmöglichst Gleichwertiges zu vollbringen, den Griff nach der Blauen Blume zu wagen, stand dem jugendlichen Dummbeutel ins zarte Gesicht geschrieben – und Susanne? Susanne saß neben dem Kletterer und Kunstflieger, verdächtig rosig angehaucht, wie mir schien, den Brombeermund einen winzigen Spalt geöffnet, und lächelte, lächelte mehr als zufrieden über die Schlüpfrigkeiten des Felsenesels.

Nun, sie lächelte ja praktisch immer, zweifellos – und doch, viel zu selten blinzelten ihre schönen Rehaugen mich an, ihren zutiefst beunruhigten Lehrer und Beschützer, viel viel häufiger und kullernder den rostigen Bergidioten Wiegler, der sich die Krone endlich dadurch aufzusetzen verstand, daß er uns mit seinem – gestohlenen? – BMW 140 Stundenkilometer schnell über die heimatlichen Fluren hinweg zurückchauffierte.

Zum Abschied versprach der entflammte Bruder Morlock noch einmal, zukünftig »immer« zu uns zu kommen, das heute sei »Klasse« gewesen. Na bravo! Plötzlich tat mir der Dummkopf sogar leid, daß ihn das Unheil gar so früh am Kragen griff. Und noch eine Sensation: Der klebrige Kerl Wiegler strich plötzlich wie spielerisch Susanne mehrfach an den zierlichen Schultern und

Armen entlang und strahlte sie lärmend, ja buchstäblich rostig an. Verwirrt, ja gedemütigt zog ich den Kopf ein und trollte mich in irgendeinen Schmollwinkel. Hm. Vielleicht sollte ich mir, war mir schon, im Unterschied zu Zeno Cosini, gar keine der Schwestern bestimmt, tatsächlich ihr attraktives Brüderlein zulegen...

Was spielte sich hier eigentlich ab? Wellner, Mogger, Lattern, jetzt Wiegler! Ja, auch von einem Herrn Pflaum hatte ich schon läuten hören. Wo steckte eigentlich dauernd der Hauptgalan Mogger? Ich würde einmal ernsthaft mit ihm reden müssen, auf daß er ein schärferes Auge auf die herumschwirrenden Bewerber hätte und vor allem seinen eigenen Leuten wie diesem Wiegler gelegentlich eins in die Rippen schlüge! Würde Mogger aber dann nicht zuerst einmal mich verprügeln?

Die Engpässe um Susanne wurden dadurch noch unübersichtlicher, daß man nicht mehr wußte, welchen Informationen zu trauen war. Noch am Abend erfuhr ich von Hans Duschke anläßlich meines vorsichtigen Berichts vom Nachmittag, »das zwischen dem Wiegler und der großen Morlock ist schon uralt, ach ja, uuuralt!« sang der Greis. Der beisitzende Erich Winter gab dagegen zu bedenken, seines Wissens sei »jetzt wieder der Adolf dran«. »Der auch, und der Mogger sowieso«, fuhr Hans Duschke gelassen auf und biß sich vor erregter Boshaftigkeit sogar in die Knöchel seiner Fäuste, gleich als ob er allzu überschüssige Lebenssäfte wegsaugen wollte, »und der Pflaum«. »Der Pflaum?« fragte hell der Bleistifthändler Dammler. »Der Pflaum auch«, seufzte der ehrwürdige Greis Duschke tief und tödlich und faßte dann gleichsam bekennerhaft und als ob die Last des Ganzen auf seinen welken Schultern ruhe, zusammen:

»Zuerst der Arthur, dann der Adolf – aber der Arsch gibt es nicht zu, aber ich, Hans Duschke, weiß es – dann«, raunte Duschke und blinzelte mutlos zur Zimmerdecke, »der Pflaum, dann der Wiegler Werner – und der Schießlmüller soll jetzt auch seine Finger dran haben. Naja, und der Amigo auch, irgendwie«, schloß Duschke resignierend und umkreiste mit dem Zeigefinger die obere Kante seines Bierglases.

»Und du?« fragte mich Hermann Dammler, Heiteres erlauernd, »du fährst doch auch andauernd mit ihr in der Gegend rum«, lockte der Bleistifthändler, erst neulich habe er mich zufällig in Betzendorf »erwischt«, bei einer Kirchweih, aber ich hätte ihn, Dammler, nicht gesehen.

Der erhabene Greis Duschke selber war es, der mich aus der Umklammerung durch Dammlers massive Ironie befreite. »Huren alle beide«, zog der nimmermüde Alte mit verhangener Stimme Bilanz. Erstmals war das Wort gefallen. Gleich als ob der alte Unhold witterte, daß er sich hier vielleicht doch etwas zu weit vorgewagt habe, korrigierte er sich mit einer offenbar in Heimarbeit besonders gut vorbereiteten Formulierung: »Eine vollkommen verwilderte Familie.«

Verzweifelt fegte er mit dem Handrücken den Bierschaum von der gelben Lippe.

Vermutlich hatte damals meine gemischte Passion für Sabine und Susanne bereits ihre Klimax überschritten. Duschkes tabellarische Aufstellung von Susannes Liebhabern mochte der Wahrheit entsprechen. Im Falle Sabine erwog ich, Duschke nun doch nach seinem Beweismaterial für die Hurenschaft auszuforschen, denn abgesehen von meiner Person und der des Schießlmüller wäre dem starken Greis mit Sicherheit bald das Pulver ausgegangen. Kaum mehr Liebe, der gewöhnlichste Gerechtigkeitssinn drängte mich, Sabine zu verteidigen. Doch dieser gottvergessene Alte saß so warm, so wesend, so besonnt im Abendrot seines wunderbaren Informationsvorsprungs resp. seiner Wahnvorstellungen vor uns, er nippte so sokratisch-teiresianisch an seinem abgestandenen Weizenbier, daß ich dieses späte schmelzende Glück nicht zu zerstören wagte. Eigentlich hätte der Dämon sogar wegen Verleumdung angezeigt gehört. Aber was soll's, warum sollte ich ihm, bevor er in die Grube fuhr, die Freuden der letzten Sottisen verleiden? Seiner kohlrabenschwarzen Seele die letzten verschimmelnden Genüsse?

Vielleicht war es aber wirklich nur Feigheit, daß ich mich der an unserem Herrentisch waltenden freud-neid-gemischten Hochstimmung über die endliche Entlarvung der Morlock-Schwestern schließlich anschloß. Schiere Bauernschläue trieb mich dazu; das Duschkesche Tribunal half, mich von Sabine und Susanne ein gutes Stück weiter zu befreien.

»Eine vollkommen verwilderte Familie«, grunzte noch einmal Hans Duschke und kratzte sich mit einer Grimasse am Kinn. Ich fürchtete, er würde gleich vor Genuß einem Herzschlag erliegen.

Arme Gerontologie, er lebte weiter.

15

Die Lage ist wohl die, daß heute die Männer sowieso nicht, die Frauen aber vor lauter Aufgeregtheit – sei's revolutionärer, sei's debiler Ursache – überhaupt nicht mehr lieben können. Nicht, daß meine schwesterliche Krise mit diesem Abend, mit diesem so vieles offenbarenden Abend restlos überwunden gewesen wäre. Susanne – soweit wirkte die Kraft der Duschkeschen Berichterstattung und Bilanz nach und verband sich mit meinen eigenen Erkenntnissen –, Susanne war gestorben, keine Kraft der Welt hätte mich zu einem letzten Rettungsmanöver veranlassen können. Um so gottserbärmlicher umarmten meine Gedanken noch einmal Sabine. Sabine, die schuldlose, die liebe, deren morgenfrische Jugend nur dem vermaledeiten Transporthändlercharme des Faschingsprinzen Schießlmüller ins Messer geraten war! Und hatte nicht neulich jemand – war es nicht erneut Duschke gewesen? – berichtet, es sei bereits zu einem ersten ernsthaften Hauskrach zwischen den beiden gekommen? Sie, die Kleine, habe dem Fuhrmann öffentlich, im Whisky-Schuppen, ins Gesicht geschleudert, er rede neuerdings nur noch immer die gleichen Kabarett-Texte daher? Ja waren das nicht völlig neue unverhoffte Aspekte? »Impotente Kabarett-Texte«, solle sie sogar gesagt haben, fiel es mir noch siedendheiß ein – das hatte sie sicher von mir! Das war exakt meine kritische Schule! Ein begabtes, ein intelligentes Kind, ich hatte es ja immer gewußt! Sollte ich sie anrufen, im letzten Moment den verbrecherischen Armen des kabarettreifen Hampelmanns zu entreißen? Sollte ich ein erneutes steinerweichendes Briefchen zusammenschmieren? Der ganze Jammer um Sabine umprasselte ein letztes Mal mein armes Herz. Lustvoll entfaltete ich, auf mein Sofa hingegossen, die Visio beata eines alle Dämme durchbrechenden Verzeihens, unter Preisgabe sogar der Würde, jenes eingeborenen Guts, das selbst noch über der Liebe rangieren müßte – – –

Schon am Abend war der ganze Zauber wieder verwelkt. Im »Seelburger Hof« war mir die Romanze vergönnt, Sabine über die Schenkel des erneut krachend frohen Fuhrunternehmers streicheln zu sehen, oder besser, sie rieb sie einfach, ein Affentheater, das ich selber nur allzu gut kannte. Es mag ungerecht sein und vielleicht der aufs neue verblasenen Zuversicht anzulasten, aber etwas Vettelhaftes war bei dieser 18jährigen schon nicht mehr zu leugnen. Plötzlich graute mir vor der Liebe.

Zermalmt von Einsamkeit nahm ich sofort Reißaus und legte mich ins Bett, ungehemmt, blödsinnig vor Schläfrigkeit und luderhaftem Leben, vor mich hinzubrüten. In dieser Stunde der erneuten Bedrängnis und des schleichenden Elends bewies ich einmal mehr meine glückliche Hand. Na, warum war ich darauf nicht gleich gekommen! Ich wollte meinen alten Freund Oskar Zirngiebl besuchen, mit ihm die grausam endlose Affaire d'amour sozusagen von den theoretischen Grundfesten her zu beleuchten, und, das gebe ich zu, daß auch dies zu meinen Erwägungen gehörte: zumindestens würde es in Zirngiebls Wallfahrerheim wieder etwas zu staunen geben, dieser zuverlässige Alte würde mich auch diesmal sicherlich nicht schmoren lassen, dafür hatte er einfach zuviel inneren Gehalt!

Schon am späten Vormittag lief ich bei ihm ein. Ich traf den Privatier am Wohnzimmertisch sitzend an, wie mir schien in absolut gelöster Stimmung, in einem wunderbar bauchwärts gewölbten Jerseyhemd, in einer Shortshose und barfuß, und blitzschnell erkannte ich – obwohl der Lebemann das Zeug flugs abzudecken suchte – einen Pack Zeitungen auf dem Wohnzimmertisch, an deren Rändern viele Male, vielleicht ein dutzendmal, in graziösester Schrift die Worte »Oskar Zirngiebl, Seelburg, Schulstraße 2« geschrieben standen. Was für ein Auftakt! Die Hälfte von Sabines Einfluß war bereits weggeblasen! Ich vermochte keinen Augenblick länger an mich zu halten und prustete selig los.

Warum ich lache, fragte vorsichtig und in schamvoller Ahnung Oskar Zirngiebl.

Ich deutete verblümt auf die Zeitungsränder.

»Naja, was ist dann da?«

»Da!« rief ich unbarmherzig.

Es ehrt den Privatier, daß er hier nun endlich brüllend und wie in lodernder Selbsterkenntnis in mein Lachen miteinstimmte und minutenlang geradezu erhaben wieherte: »Heiland der Welt!« rief er mehrmals und dann abwechselnd »Gott, der Gerechte!« und »O Herrgottl von Biberach!« und schlug sich mit der flachen Hand auf den Kopf. Dann abrupte Stille …

Wann er das geschrieben habe? Ich zitterte vor Vergnügen.

»Naja«, sagte Zirngiebl langsam, spielte mit einer Kippe im vollen Aschenbecher und hielt seinen mächtigen Kopf zum Sinnen gerade, »im Lauf der Zeit halt, du weißt ja, Moppel, ich hab natürlich – wie soll ich sagen? – viel … viel … Zeit. Mopperl, Mopperl, ihihihi, ihihi ihihihi!«, fegte es erneut aus dem Zweimeter-Kalligrafen, der jetzt anscheinend vor Verwunderung über sein Leben mehrmals um den Tisch sauste, wie um endlich die Neuzeit hereinzulassen, beide Zimmerfenster aufriß, plötzlich wieder nachdachte und ein erneutes Mal losbrüllte:

»Oskar Zirngiebl, Seelburg, Schulstraße 2. Unglaublich! Unglaublich!«

Beschwingter hätte es gar nicht losgehen können. Dann war die Bahn frei für den philosophischen Bereich. Etwas ängstlich, die Segel der Freude nicht schon gar zu mächtig zu hissen, versuchte ich mich in eine ernstere Grundstimmung zurückzuversetzen und brachte das Gespräch bedachtsam auf das Morlock-Problem, das unsere Stadt gegenwärtig quäle. Zirngiebl, der mir sogar schon etwas angetrunken schien, verstand sofort und ging bereitwillig auf meinen philosophischen Ansturm ein.

»Wie? Wieso? Warum?« fragte der Wohner und sah mich bohrend an, »wer? Moppel?«

»Naja«, wand ich mich hilfesuchend, und Zirngiebl half.

»Ach so, wegen der Sabine da. Weißt, Moppel, Mopperl, da bist ja du der blödste Hund, der allerblödste Hund, das ist ja viel – das ist ja weit unter deinem Niveau, was du da mit dir hast machen lassen und wie sie dich fertiggemacht haben, aber du kannst ja nichts dafür, du bist ja zu dumm«, eröffnete mir Zirngiebl ernst und inständig quallend, geriet aber dann – anscheinend hatte er in letzter Zeit viel Theoretisches über diese Zusammenhänge nachgedacht – dankenswerterweise mehr ins Abstrakte. Ich müsse ja bedenken, erläuterte Zirngiebl und schrieb erneut gedankenlos »Oskar Zirngiebl, Seelburg, Schulstraße 2« an einen Zeitungsrand – ich müsse ja bedenken, daß diese ganzen Weibersachen »ein Produkt, ein Relikt des falschen Denkens« seien, sagte Zirngiebl und steckte sich, vom Tischstuhl zum Lehnstuhl überwechselnd, ein Zigarettchen in Brand. Wir Älteren, fuhr er fort, »wir modernen Menschen müssen oder müßten«, schrie er, »erkennen, Moppel« – hier rülpste er verächtlich – »daß unsere Schulphilosophie, also Plato und das alles, der ganze Scheiß« – nein, er, Zirngiebl, müsse jetzt noch einmal von vorne anfangen. Und mächtig kratzte sich mein Berater an den Genitalien herum.

Sollte ich eingreifen? Sollte ich ihn reden lassen, würde sein blitzdummes Gewäsch mich aus dem Unheil reißen? »Was wir gelernt haben, in der Schule und alles«, fuhr Zirngiebl fort, sei »gut und schön« bzw. nein, eben nicht! Sondern für den modernen Menschen, den modernen Menschen komme es – »jetzt hab ich's!« rief der Philosoph – darauf an (und hier erreichte Zirngiebls Stimme unverhofft die Sphäre des Bedrohlichen), komme es darauf an – »und da wett ich mit dir!« –, daß man sich Gedanken mache und Analysen sowieso und – »und die Konsequenzen ziehst, jawohl!« brüllte Deutschlands wuchtigster Philosoph plötzlich (anscheinend war er betrunkener, als ich gedacht hatte), und er schleuderte sogar mehrfach die beiden Arme nach vorn – »jawohl, du mußt heute Induktion und Deduktion auf einen Nenner bringen, Moppel!« schrie Zirngiebl laut auf und beschaute dann wie erstaunt und allerdings mit zusammengebissenen Zähnen eine Gips-Muttergottes, die plötzlich, grün und blau wie dem Kasperl seine Frau, vor seiner Nase auf einem Harmonium stand. Der rechte Arm, der nicht das Jesuskind tragen mußte, war abgebrochen, anscheinend war der Privatier einmal denkend oder betrunken dagegengeflogen.

»Du mußt schauen«, fuhr Zirngiebl fort, »du mußt schauen, daß bei allem, was du siehst und hörst und was in der Zeitung steht, daß du das Prinzip daran erkennst, das Prinzipip, was immer bei allen Sachen dahintersteckt, was man aber natürlich nicht gleich sieht. Dann erst, mein lieber Moppel, kannst du die Einsicht kriegen in alles, was alles so läuft und ist.« Hier kramte mein Freund längere Zeit in der Vitrine herum, zog endlich eine Flasche Altweiberlikör Cointreau hervor und nahm aus ihr einen gierig-wortlosen Schluck. Atmete pompös durch und fuhr fort:

»Du mußt erkennen, du mußt die Erkenntnis gewinnen, was du eigentlich willst und wo alles hinausläuft, die Welt und die Menschheit, da gehört die Politik dazu, der Sport, der Sport, die Weiber, alles, klar, die Kirche, da gibt es heute oft tolle Burschen darunter! Tolle Burschen darunter, Kamerad Schnürschuh!« fiel Zirngiebl plötzlich erneut über mich her, der ich mich längst behaglich auf dem Sofa ausgestreckt hatte, »entscheidend ist immer das Prinzipip« (Zirngiebl hatte offenbar immer bei diesem Wort eine Art geistigen Schluckauf), »das Prinzip« (nein, diesmal machte er es richtig) »oder mit anderen Worten die Substanz. Jawohl, die Substanz!«

Ein wahrscheinlich letzter, schwach schimmernder Sehnsuchtsflug zu Sabine, dann fragte ich den Denker, was es mit der Substanz auf sich habe.

»Die Substanz«, überlegte Zirngiebl, seufzte und kraulte sich in den schütteren Haaren, »wie soll ich jetzt das sagen? Die Substanz ist … die Substanz«, brüllte Zirngiebl und ballte tatsächlich die linke Hand in der Art der Black-Power-Leute zur Faust, »die Substanz ist, das ist, wenn man weiß, wo es langgeht, persönlich und für die Gemeinschaft, den Altruismus, verstehst du mich? Das ist die Philosophie der Substanz im Gegensatz zum Intellekt« – und hier veränderte sich das sonst vertrauenerweckend massive und holzgeschnitzte Gesicht Oskar Zirngiebls zu einer wahrhaft tückisch-mörderischen Grimasse – »zum Intellekt! Der Intellekt, der Intellekt, das ist der größte Feind der Menschheit und ganz Deutschlands! Natürlich, Moppel, hast mich? Natürlich gehört auch der Intellekt im Prinzipip« (also doch) »zur Substanz. Irgendwie.« Hier rollte der Privatier seine beiden Handinnenflächen zu einer Art Halbkugel. »Intellekt heißt ja Wissen, griechisch und römisch, oder besser: Einsicht – schon, Moppel, aber die Substanz ist viel, viel – – viel wichtiger! Das heißt, wenn der Überblick da ist und die Fähigkeit, die Logik draus zu ziehen oder vielmehr die Konsequenz, auch wenn das Hirn einmal versagt, das *Hirrrn!*« stöhnte Zirngiebl verzweifelt, »daß alles trotzdem gut weiterläuft – ich meine so, Substanz ist, wenn alles gut ist, wenn alles gut abgesichert ist und der Mensch noch immer Lebensfreude hat, hör mir doch auf mit deinem Morlock-Pritscherl!« endete Zirngiebl sensationell, »du mußt doch genügend, du mußt doch ausreichend genug Substanz haben, Moppel, daß du mit deinem Riesenintellekt, nein, Rieseneintellekt nehm ich zurück – daß du mit deinem *guten,* jawohl mit deinem *guten* Intellekt die blöden Weiber niedermachst, wie du's grad brauchst!«

Hier endete Zirngiebl und schaltete sofort das Radio an. Hier endete, dessen bin ich sicher, im wesentlichen auch meine Liebe zu nun endgültig beiden Morlock-Töchtern. Ich blieb den ganzen Tag bei Zirngiebl, und weil es draußen ein wenig tröpfelte, zeigte der Privatier auch keine Neigung auszugehen. Wir veranstalteten noch allerlei Schabernack, liefen kreuz und quer um den Tisch herum, legten uns dann wieder aufs Sofa bzw. in den Sessel und erfreuten uns an Zirngiebls Wunderdelle, gegen 18 Uhr bereitete mir der Lebemann sogar das Vergnügen, vor meinen Augen ein Hemd zu bügeln, zum Dank spielte ich auf dem Harmonium der Gips-Madonna »Es ist ein Ros' entsprungen« und ein paar schräge Weisen. Ich genoß meine wiedergewonnene Souveränität durch mehrstündiges Kettenrauchen bis zur Neige, durch das Radio drangen gefällige Weisen zu uns Freunden, plötzlich hörte ich ein Schnarchen aus dem Polstersessel und ich entschloß mich, gleichfalls einzuschlafen, unbeirrbar die Worte im Ohr:

»Ich mit meinem guten Intellekt kann die blöden Weiber niedermachen, wie ich es brauche.« Das war es. Warum denn nicht gleich?

Am anderen Morgen trat Zirngiebl, zwei Meter hoch, vor mein Bettchen, rüttelte mich wach und schrie:

»Ich bin doch das ärmste Arschloch!«

Warum? wollte ich wissen. Ich konnte kaum reden und denken vor Zigarettenrauch in Mund und Hirn.

»Ach!« rief Zirngiebl, schwang den linken Arm in die Luft, zündete sich eine Zigarette an und stieß zornig den Rauch von sich, »ich bin doch der Allerdümmste. Kein Intellekt! Kein Intellekt!« seufzte Zirngiebl über sich selber, machte plötzlich am offenen Fenster halt und drehte sich zu mir um: »Aber stolz bin ich doch«, schrie Zirngiebl feurig und ritterlich und wies mit dem dicken Zeigefinger geradewegs auf mein Herz, »ein normaler Mensch hält das überhaupt nicht aus. Mensch, und jetzt kommt dann meine Nechte und mein Niffe, halt: mein Nefte und meiner Niche, Mensch – –«

»Neffe und Nichte«, half ich fröhlich.

»Ja, Mensch, meine Neffe und mein Nichte! Und die wollen Nachhilfestunden in Mathematik und ich, ich blöder Hund, kann vor Rausch, brrr!« ächzte der Privatier, »überhaupt noch keine Zahlen sehen, Mensch, Mensch, wenn man so blöd ist – –!«

Wie gebannt sah der Denker nun zum Fenster hinaus auf ein Vögelchen gegenüber auf einem Baum – anscheinend wunderte er sich, daß er überhaupt noch auf dieser Erde war.

Es würde schon irgendwie gehen, verabschiedete ich mich von Zirngiebl und drückte ihm in dankbarer Gesinnung die Hand.

Am Abend entdeckte ich ein Spielchen, das mich für meine gelungene Doppeltrennung von den Morlock-Schwestern geradezu berauschend belohnte. Ich spielte zwanzigmal hintereinander die neapolitanische Canzone »Catari«, bezaubernd geschluchzt von Carlo Bergonzi, und besonders deren windelweich tremolierenden Schluß:

»Tutto è passate e nun te penso più!«

Alles ist vorbei, und ich denk nicht mehr an dich. In deutscher Übersetzung hat der Text wenig Kraft, aber im Original macht er alles, alle Weiber und schon gar die dummen Morlock-Mädels nieder, wie er's braucht. Wenn das der Herr Bergonzi bei dem köstlichsten, erschütterndsten aller Frauennamen, »Catari«, schon so spielend und mit dem edelsten Hautgout schafft, um wieviel leichter gehen da erst Sabine und Susanne baden. Ich kann nur jedem Leser raten, in Krisensituationen ähnlicher Art auf diese gewaltig dröhnende und zerfetzende Musik zurückzugreifen. Dazu ist sie zweifellos da. Entzückt legte ich die Platte ein ums andere Mal auf, planvoll genoß ich das Hinsterben des süßen Wirrwarrs. Finito d'amor. Schmonzenz, mit Sabine zu reden. Das ganze lebensgefährliche Tralala war von den Kräften Zirngiebl und Bergonzi souverän abgeschmettert worden.

16

So weit reichte also die List, deren ich fähig war. Tage-, ja wochenlang überfiel mich barbarische Erleichterung. Es war ausgestanden und ausgeschwitzt.

Ein fröhlicher und überhaupt nicht beschwerlicher Nachhall des doppelten Morlock-Erlebnisses war mir etwa zwei Monate später vergönnt, ich möchte ihn dem Leser als Final-Allegretto nicht vorenthalten. Es handelte sich um eine Art Erntedankfest oder Sommerschlußfest im »Seelburger Hof«, obgleich weder von Ernte noch Dank noch sonstwas Erbaulichem die Rede sein konnte, es tummelten sich aber zu dieser Soirée gegen hundert Personen in den drei Räumlichkeiten des Restaurants herum, nämlich im »Salon«, in der Fernsehkammer, vor allem aber im »Stüberl«, ja auch im Hausflur bildeten sich kleine erregte Gruppen, kurzzeitig waren sogar zwei sehr bewegliche Neger und ein

Türke dabei, den wohl der Privatier Zirngiebl mitgeschleppt hatte und der offenbar noch keinen festen Boden unter den Füßen gefunden hatte, denn er hielt sich ununterbrochen, wie ein Kind an der Rockschürze der Mutter, fast buchstäblich an des ausladenden Bonvivanten violetter Jacke fest – außerdem sollte wohl eine Schar am Gasthaus vorbeistreunender Klosterschülerinnen als sexuelle Hilfstruppe in das Lokal geschleust werden, wofür sich besonders, in der Hoffnung auf Anerkennung, der Kerzenhändler Lattern einsetzte – gerade seine satanische, bereits von Sechsämterresten beschmierte Fratze verschreckte aber wohl den streunenden Weiberhaufen, immerhin ließen sich die Klosterschülerinnen unter der Eingangspforte des »Seelburger Hofs« von Oskar Zirngiebl gern ein Schnäpschen spendieren, aus einer Flasche, die der Lebemann aus dem Handschuhfach seines Autos zauberte.

»Prost, Mädeln!« jauchzte der sommerlich wirkende Mann in die Hauptstraße Seelburgs hinaus, »ihr müßt trinken so lange, bis ihr« – Zirngiebl überlegte kurz und kratzte sich am Kopf – »bis ihr so werdet wie wir alle und ich!« Laut schnatterten die Gänse auf und himmelten den purpurrotgesichtigen Zirngiebl an, der glücklich auf das Kleinzeug hinabsah, ja, einmal sogar flügelartig, gleich dem Starter eines Laufwettbewerbs, die Arme auseinanderbreitete, um dann die beiden riesigen Hände entzückt gegeneinanderpatschen zu lassen.

Im Saal herrschte ein gewaltiges Zischen und Blasen, Hämmern und Brodeln. Immer wieder drängten, an der Tür weitergeschoben von dem starken Schreiner Adolf Wellner, verzweifelt durstige Menschen nach, schwärmten durch die überfüllten Gänge an die vollgestopften Tische und wuchteten sich die ersten Biere in die Kehlen, alle getrieben von der wahnwitzigen Hoffnung auf allerlei Sensationen, Beleidigungen, Rücksichtslosigkeiten und vielleicht auch Purzelbäume und dergleichen – in allen Gesichtern aber spiegelte sich zügellose, niederreißende, ja schamlose Freude.

Zusammengerottet hatten sich neben all den anderen auch die lieblichen Schwestern Susanne und Sabine. Susanne befand sich damals meines Wissens nur noch zwischenzeitlich in der Gewalt

Arthur Moggers, Sabine, in einem grasgrünen Hosenanzug geradezu grotesk zurechtgemacht, gehörte wohl noch immer dem heute besonders verwegenen und mehrfach »Sicherlich!« schreienden Fuhrknecht an. Dieser Schießlmüller war übrigens vor kurzem an mich herangetreten und hatte mir empfohlen, ich solle doch, wohl damit sich alles wieder ausgleiche, seine Ehefrau »übernehmen«, die er in Aschaffenburg sitzen habe, ich könne sie »jederzeit haben, sicherlich«, er, Schießlmüller, wolle uns dann in flagranti ertappen, dann tue er sich mit der Scheidung leichter, anschließend könnten wir dann in den »Hessischen Weinbauern« einen trinken gehen, ein ganz wunderbares Lokal, »sicherlich!«

Hätte ich früher von dem Geheimnis gewußt, daß Schießlmüller verheiratet sei, diese Nachricht würde wohl meine Sabine-Leiden ins Moralische verlängert haben. Jetzt mußte ich nur innerlich heftig lachen! Offenbar hatte auch Sabine erst jetzt die bittere Wahrheit erfahren und auf Scheidung gedrängt! Nein, diese Art von Liebe wäre doch zu weit gegangen und kam ohnedies zu spät, und ich hatte also den niederträchtigen Antrag Schießlmüllers flink abgewehrt.

Ich muß sagen, daß an diesem Sommerabschlußabend Susanne sich ganz unerwartet völlig gehenließ und sehr bald am betrunkensten von allen Teilnehmern war, obwohl auch der Teufel Lattern immer noch und immer wieder und unerbittlich unterschiedliches braunschwarzes Schnapszeug in sich preßte, wie ein neurotischer Biber herumhoppelte und in Abständen, der Glut des Abends zuliebe, kräftig »Hou-hou!« bellte. Was aber den reinen Lärm betraf, wurde die gesamte Hautevolée der Seelburger Jugend wieder einmal in den Schatten gestellt von einem geradezu überirdisch wütenden und heulenden Hans Duschke, der vor allem angesichts der etwa dreißig herumtanzenden und scharwenzelnden Frauen restlos aus der Fassung geriet, in einer Emulsion aus himmlischer Freude und Zorn über sein Alter, sehrender und sengender noch als sonst. Dabei fiel auf, daß der alte Possenreißer in seinem triumphierenden Geschrei sich fast ausschließlich auf die Worte »Büchs«, »Arsch«, »Arschgesicht«, »Sau« und sogar »ficken«

kaprizierte, sie durchfunkelten seine Reden und Rufe und wilden Paraden gleich wie Erkennungsmerkmale, wenn mehrere Personen gleichzeitig in einem Haufen schrien. Synchron zu solchen wütenden Kraftakten und Fürzen verlegte sich der schäumende Alte indessen schamlos auf die sexuelle Ausbeutung seiner Senilität und zog immer wieder diese und jene der ziellos in den Gängen und Winkeln des »Seelburger Hofs« herumlungernden Karins und Banalolitas und La Triviatas an sich und griff – den tapsigen Greisen mimend und unterstreichend – immer wieder geschickt und roh zu, bis die jeweiligen »Büchsen« entzückt aufquietschten und dann, geleitet von einem ärgerlichen Duschkeschen »Du Büchs« oder auch »Du Sau«, ins Dickicht zurückstürzten.

Gleichzeitig aber und drittens nahm ich innerhalb des festlichen Gesamtgeschehens (das hier in allen Einzelheiten zu beschreiben weder Platz genug ist noch einen besonderen Sinn ergäbe) wahr, daß der alte Hans Duschke das diesmal in der Tat furchterregende und abgeschmackte Herumsausen und -fallen der noch vor einem halben Jahr so geachteten und Abstand erzwingenden Morlock-Mädel mit besonders mißbilligendem Ingrimm verfolgte und die beiden völlig ungeniert von einem Tisch zum anderen eiernden Schwestern keine Sekunde aus den alkoholverfilzten Augen verlor, sich dabei aber klar verriet, denn plötzlich sah man den kreisenden Greis mit gespreizten Händen auf Susanne zuwalken und mit dem Wort »Engel!« um ihre Hüfte fassen. Worauf die Ältere der Morlocks – von wegen »venezianisch«!, hohläugig betrunken! – den hemmungslosen Bruder fast vorsichtig, aber doch nachdrücklich zurückstieß, so daß Duschke sogar gegen die Wand taumelte und ums Haar umgeflogen wäre.

»Ihr schamlosen Weiber, ihr schamlosen Morlock-Weiber!« krähte daraufhin, bebend und hochrot im Lustgesicht, der abgeschmetterte Liebhaber, »ihr morbiden Säue, ihr werdet den alten Hans Duschke noch chrrrn …!«

Wie schrieb der Norweger Jens Björneboe in seinem Roman »Der Augenblick der Freiheit« (sic!) über die Germanen? »Ihr am häufigsten gebrauchtes Schimpfwort ›Schwein‹ oder ›Sau‹ ist eigentlich kein Schimpfwort, sondern ein Kosename. Das Schwein ist ihr heiliges Tier . . .« Naja, ganz stimmte es hier nicht, aber mit Freiheit hängt es sicher eng zusammen, trotzdem traten vorerst die Herren Wellner und Wiegler dazwischen, nahmen den ploppigen Platzhirsch bei den Armen und führten den noch immer Kreischenden und »Chrrrn«-Schnaubenden unter besänftigenden Redensarten an seinen gemäßen Sitzplatz zurück, wo Duschke sofort krachend ein ganzes Bier in sich hineinschleuderte, schon während des Trinkvorgangs mit den Augen rollte, sich beinahe verschluckt hätte, als er, noch den Mund im Biere, schon wieder loslegen wollte. Dann schnaubte er wahrhaft unheimlich durch die Nüstern, pumpte kurz und schrie erneut mit machtvoller Stimme in Richtung auf die fünf Meter entfernt schon wieder glänzend von Herrn Lattern gehätschelte Susanne, ja der erbitterte Greis schwang sogar die rechte Faust dabei:

»Das sind Tiere, das sind wilde Tiere! Vollkommen verwilderte Tiere chrrrn! Ich sage dir, Moppel, Moppel, das sind wilde Tiere, und du, nur du bist schuld, daß sie hier sind und unser Niveau drücken chrrrn, diese wilde Familie . . .!«

Man muß Duschke zugeben, daß er seine schalen Altersfreuden mit einem gewissen Pomp zu genießen verstand. Trotzdem setzte ich flugs eine schwer vergrätzte Miene auf und sagte, mit bohrendem Ton in der Stimme, betont kühl, wie denn das eigentlich sei, er, Duschke, befehde doch seit jeher Franz Josef Strauß . . .

»Die Sau!« plärrte Duschke aus Leibeskraft. Diesmal war, ähnlich wie schon seinerzeit beim Schweinebraten, nicht ganz klar, ob er Susanne oder Franz Josef meinte.

Ja, fuhr ich genüßlich, aber auch ein wenig mutlos fort, und eben dieser Strauß habe doch seinerzeit den makabren Vergleich bzw. die makabre Identität zwischen gewissen Menschen und Tieren erfunden, was damals in aller zivilisierten Welt schwer getadelt worden sei und vielleicht der SPD sogar den Wahlkampf gewonnen – –

»Ich bin Jungsozialist!« kreischte mir nun das greise Fossil ins Gesicht und spuckte mich dabei sogar etwas an, »und wenn der

Strauß Kanzler wird, dann ist, und jetzt hör mir bitte gut zu, ich bin linker Flügel, dann ist der alte Duschke der erste, der mit gezogenem und geladenem Revolver vor ihn hintreten wird und…«

Schön und gut, versicherte ich, ihn auszutricksen, aber deswegen könne er, der Jungsozialist Duschke, doch eben nicht jene unhaltbare Straußsche Metapher von den Tieren übernehmen. Die Morlock-Schwestern, versicherte ich von meiner wiedergewonnenen moralischen Höhe herunter, seien ebensowenig Tiere wie alle anderen Menschen, sie seien allenfalls (hier riß mich wohl der Glanz meiner Erfahrung hin, und überraschend stieg im allgemeinen undurchschaubaren Tumult sogar Wehmut hoch) – sie seien allenfalls Automaten! Automaten, wiederholte ich bereits beschämt.

»Automaten? Automaten! Du Arschgesicht, was weißt denn du! Wer spielt denn den ganzen Tag Automat? Wer? 500 Mark im Monat!« schrie Duschke haltlos, aber ich ließ nicht locker. Und übrigens, fuhr ich gleichsam traurig fort, sei es auch sowohl unter seinem, Duschkes, persönlichen Anspruch als auch außerhalb der Partei-Linie des Godesberger Programms, daß er zwei – ich stockte – unbescholtene Mädchen andauernd als »Huren« beschimpfte!

Hier mischte sich auch der zuvor geduldig unserem Gewäsch lauschende Erich Winter in die Debatte. »Hans«, sagte Winter sanft, »so geht's ja wirklich nicht, daß du…«

»Ich habe nie von Huren gesprochen, nie! Ich zeige dich an, wenn du das behauptest, Moppel!«

»Aber, Hans«, sprang mir Erich Winter bei, »ich war doch selber dabei, als du damals, erst am letzten Sonntagabend…«

»Nie! Ich habe nie ›Huren‹ gesagt! Nie! Ich habe nur gesagt, daß die Morlocks verhurt sind! Verhurt!« kämpfte Duschke, sah aber jetzt doch ein wenig betreten drein.

Wo denn da der Unterschied sei, wollte ich gnadenlos wissen.

»Das sind Tiere«, hub der kreischende Greis erneut an, »weil sie vollkommen verwildert sind, das darf man doch sagen!« Duschke sah Erich Winter beschwörend an.

»Aber nicht ›verhurt‹, Hans!« Seit wann war Winter so ein Ehrenmann? »Du kannst es doch auch nicht beweisen. Und wenn sie drei- vier- fünfmal im Jahr ihren Gänger wechseln, dann ist doch das heutzutage ganz normal und …«

»Duschke! Erich! Moppel!« jauchzte jetzt der Kerzenhändler Lattern in unser Gespräch hinein, »hört halt auf!« Offenbar waren dem buntgesinnten Mann unsere Gesichter zu ernst.

»Moment, Amigo!« schnaubte Duschke brodelnd durch, »ich will das nur kurz erklären. Die Morlock-Weiber, die führen sich doch auf wie die letzten Menschen, wie die letzten Menschen, die treiben es doch mit allen …«

»Nein«, fuhr ich tapfer dazwischen, nutzlos.

»… mit allen, ich könnte sie dir aufzählen, hör mir bitte gut zu, Erich!« Bedrohlich hob der kreißende Greis seine zehn Finger zum Abzählen.

»Ja, Hans, aber darum geht's doch nicht!« Auch Winters Miene war jetzt hoffnungslos.

»Dann darf ich«, sagte Duschke fast schelmisch, »doch sagen, daß die Morlocks vernuttelt sind. Ein bissele vernuttelt sind!«

Aber er habe doch, beharrte Winter, von »verhurt« gesprochen.

»Nie!!« brüllte Duschke auf.

»Und von Huren«, blieb ich fest.

»Du Arschgesicht, was weißt denn du? Du?« Grausam fletschte der wonnige Trinculo die Zähne und sah mich durchdringend an. »Toni, ein Bier! Ich zeige dich an, wenn du chrrrn weiter behauptest, ich, Hans Duschke, habe die Morlock-Weiber als Tiere bescholten!«

»Huren, Hans«, sagte ich tonlos.

»Huren bescholten. Die Morlock-Weiber, das sind Tiere, wilde Tiere! Ich habe während der Kriegsjahre Damen gefickt, keine Ladenmädchen, Damen! Damen und keine Tiere! Du Arsch! Erich!« wandte er sich wieder an diesen, »Damen! Erich! Ich war ja kein guter Ficker, aber ein fleißiger! Und die Damen, du dummer Moppel!«, Duschke wechselte erneut die Adresse, »sind immer wieder zu mir gekommen, immer wieder chrrrn!« Der

Grauenvolle sog eilfertig an seinem Bier. »Und dann, wie dann natürlich die Männer, die Ehemänner, wiedergekommen sind, da kannten sie Hans Duschke nicht mehr. Eine wie die andere! *Aber ich habe sie alle gefickt! Alle!*« schrie der gottlose Greis berauscht und drohte tot umzufallen.

Inzwischen hatte die Neugier den Bleistifthändler Dammler an unseren vorwitzigen Tisch getrieben. Während der Ober Anton mit dem Wort »Gaha« und einem tiefen Seufzer ein neues Bier vor Duschke plazierte, fragte Dammler giftig: »Leben die heute noch, Hans?«

»Klar! Mindestens 80 Prozent!« Kaum hatte Duschke wieder Halt gefunden, wandte er sich leider wieder an mich, brüllend nach wie vor über menschliches Maß hinaus: »Und du! Du Arschgesicht! Du intellektuelles Arschgesicht! Wer fickt denn nun die Morlock-Weiber? Du doch nicht! du doch nicht! Sondern der Willi, der Mogger, der Pflaum, der« – »chrrrn«, stob es beim Nachdenken erneut durch Duschkes Adlernase – »der Pflaum, der Wiegler, nur du doch nicht, du Lümmel-intellektuell, du impotente Sau, du wilder Mann, du chrrrn ...«

Hermann Dammler lächelte begeistert. »Hans«, lenkte ich mit unerklärlicher Sanftmut ein, darum gehe es ja gar nicht, aber man könne doch diese »armen Mädchen« (ja sicher, ich schäme mich) deswegen noch nicht Tiere heißen – und nochmals brachte ich die Metapher vom »Automaten« an den stechenden Greis, setzte eine neunmalkluge Miene auf und beging dabei den Fehler, als meine Bildungsquelle »Hoffmanns Erzählungen« zu erwähnen –

»Du saublöder Moppel, du Blödsau!« fiel der Intimus des Bösen nimmermüd über mich Gehetzten her, »wir haben ›Hoffmanns Erzählungen‹ schon 1928 in Dresden rausgebracht, das war die weltberühmte Dresdner Inszenierung mit Maria Schiwiari, Maria Schiwiari!« wiederholte der welke Bacchus, offenbar vermochte er Cebotari nicht mehr richtig auszusprechen, »ich war damals Regieassistent – chrrrn – die weltberühmte Dresdner ›Fledermaus‹ unter Karl Böhm oder wie hieß das Arschgesicht, was weißt denn du, du verwichstes Affenarschgesicht?!«

»Affenarschgesicht« war heute abend neu. Und das Wort »verwichst« scheint sich ja bei uns wirklich langsam als Allzweck-Superlativ zu konsolidieren. Verzagend, aber der Korrektheit zuliebe, brachte ich meine Rede noch einmal auf Franz Josef Strauß, ich wurde erneut kalt abserviert:

»Chrrrn! Chrrrn! CSU-Scheiße! CSU-Scheiße! CSU-Scheiße! Am Arsch! Kauf dir mal für 20 Mark einen Globus und dreh daran rum …«

»Zwanzig?« fragte der Bleistifthändler Dammler überrascht.

»Oder 80 oder 800«, fuhr dieser dunkle Engel reißend fort, »und dreh dran rum, Schätzchen!«, so redete er mich plötzlich an, »dann wirst du sehen, du Arschgesicht, daß die Welt immer röter wird, immer röööter«, frohlockte der Wahnwitzige, »immer rööööter wird, was weißt denn du? Aber wir bleiben gute Freunde, Moppel, ehrlich, gell, gute Freunde«, und der Gesegnete tätschelte mich an Arm und Schulter, »ehrlich!« Und quietschfidel grinste, ja schnurrte Hans Duschke jetzt wie ein alter überwinterungsfroher Kater mitten in den Festtaumel hinein.

Später hörte ich den ehrenwerten Lärmschläger noch einmal aus der Ferne fuchsteufelswild »Das sind Tiere!« keuchen, aber – erstaunlich, erstaunlich – zwanzig Minuten danach war Hans Duschke in traulichem Gespräch mit Sabine am Tresen vorzufinden, wo die beiden zusammen ein Schnäpschen tranken, bei welcher Gelegenheit der verfallende Körper des alten Tunichtgut eine besonders obszöne Krümmung vollzog. Und wiederum zwei Stunden später erklang von Hans Duschkes Tisch her ein leidenschaftlicher Gesang: »Lesbisch, lesbisch und ein bißchen schwul!« dröhnte der Berserker (ich weiß nicht, aus welcher Operette) mit schon gottverdammter Kraft und klopfte mit den Fäusten im Rhythmus auf den Tisch ein. Natürlich hatte der würdelose Greis die Lacher auf seiner Seite, nur der Kerzenhändler Lattern, der gerade wieder auf sein »Hou-hou«-Gebelle verfallen war und gleichzeitig verzweifelt versuchte, beide Beine über den eigenen Satanskopf zu schwingen, rollte wegen dieser unbezwingbaren Konkurrenz unheilvoll mit den Augen und verlegte sich endlich darauf (ich hätte mit jedem gewettet, daß das nun kam), seinen Schmerz mit einem pechschwarzen Sechsämtertropfen zu betäuben. Aus der Distanz hörte ich ihn dann gleich darauf an der Theke ein mir vom Inhalt her schleierhaftes, aber fürchterliches »Sieh dich vor!« auf Herrn Schießlmüller einbläuen, worauf der Fuhrmann aber nur schlicht »Was willst denn, du alter Depp!« erwiderte.

Bevor ich, überraschend früh, aufbrach, war mir, inmitten der gleichbleibenden Lärmbrandungen, noch ein weiteres prickelndes Erotikum vergönnt.

»Gehen wir zu mir?« hörte ich am Zigarettenautomaten den ungeheuer verschlafen herumhängenden Gymnasiasten Hans Binklmayr auf eine der erneut versammelten Karins, der blondesten unter den dreien oder vieren, einträufeln, träumerisch, gerade, daß der junge Mann dabei nicht einnickte, »die Gelegenheit wäre günstig, meine Mutti ist in Schottland.«

Befremdlich genug wollte aber jene Karin gerade nicht mit, sondern wohl lieber weiterzechen, so daß der Gymnasiast, sicherlich auch froh, keine größeren Leistungen mehr erbringen zu müssen, das Flittchen dankbar und verquollen an sich preßte:

»Gutes Mädel, bleib bei mir«, greinte Hans Binklmayr, und da ihm das selber wohl gar zu einfältig erschien, setzte er nach: »Laß dich wärmen.«

Dann zog ich mich zurück. Mit den Morlock-Töchtern hatte ich den ganzen Abend über kein Wort gewechselt. Das offizielle Ende. Ich zog mich endgültig zurück, erstens aus Überzeugung, zweitens aus Taktik und drittens – das muß ich wohl oder übel zugeben – aus mangelnder Gelegenheit. Bei zufriedenstellender seelischer Verfassung und immerhin nun sogar mit gutem Gewissen. Ich hatte die beiden gegenüber Hans Duschke ein letztes Mal und so gut es ging verteidigt. Mehr konnte man von einem Gentleman wie mir nicht verlangen.

Ich zog mich aus dem Fest zurück – und versäumte dabei den erotischen Chefskandal des Jahres. Er wurde mir schon am nächsten Tag von den Teilnehmern bzw. Zaungästen Winter, Wellner,

Duschke und Alfred Leobold in wechselseitiger Vervollkommnung zugespielt und muß sich, nimmt man eine Art Aggregat oder Quersumme der Berichte, so zugetragen haben:

Susanne, wie berichtet schon früh und später angeblich sogar mörderisch betrunken, soll gegen Mitternacht nach einer Schlafstelle verlangt haben bzw. (berichtet Winter) sie sei plötzlich einfach umgeflogen. Daraufhin habe man diese windige Cameliendame naheliegenderweise in Hans Duschkes Einbett-Zimmerchen getragen, Duschke hauste damals gerade kurzfristig und vorübergehend im »Seelburger Hof«. In diesem Bett sei aber bereits Alfred Leobold, der mir an diesem Abend überhaupt nicht aufgefallen war, gelegen. Es hieß dann später sogar, zwischen Leobold und seinem untergebenen Duschke habe damals die Vereinbarung geherrscht, wenn Leobold während des Trinkens müde werde, könne er sich jeweils in Duschkes Bett legen, bis er wieder soweit sei. Denkbar also, daß Leobold nur kurz am Fest teilnahm und sich dann sofort zurückzog, möglich sogar, daß er erst gar nicht ins Festgetriebe hinein –, sondern, von dessen Anblick geschwächt, sofort zu Bett ging. Jedenfalls habe man nun Susanne, deren Vollrausch keinerlei erotische Erwartungen mehr zugelassen habe, zu Leobold »einfach hineingelegt« (Wellner). Nun habe sich aber unten im Festsaal das Gerücht verbreitet, Herr Leobold schlafe oben mit Susanne, was sofort Herrn Leobolds damalige Scheinmätresse Ilona Sommer maßlos auf den Plan gerufen habe, zweitens aber einen Professor Dr. Schläger, der seinerzeit bei der Bremer Universitätsreform dominierend beteiligt gewesen sein soll und den wohl vorher schon die Gier nach Susanne überwältigt hatte, wie insbesondere Erich Winter, schwer schmunzelnd bekräftigt.

Beide, Frau Sommer und Dr. Schläger, seien dann aus unterschiedlichen Motiven hochgerannt in das Zimmer 1 des »Seelburger Hofs«, verfolgt von dem Schreiner Wellner, der seinerseits sich von Frau Sommer für diesen Abend wohl dies oder jenes versprochen hatte. Da sei ihnen dann allen erst einmal, nach Aussage Wellners, der pralle Modergeruch des Duschkeschen Schlafzimmers entgegengefahren, zweitens aber das Bild des friedlich schlummernden Pärchens ohne Leidenschaft, bzw. Herr Leobold sei dann sofort aufgewacht und habe sich, dem schlagartig einsetzenden Keifen der Frau Sommer die Spitze zu nehmen, neben das Bett gelegt. Ins Bett gehüpft sei aber sofort der Dr. Schläger aus Bremen und habe dort vor den Augen der Frau Sommer und des Schreiners Wellner begonnen, die Vorbereitungen für den Geschlechtsverkehr zu treffen, indessen Frau Sommer den brachliegenden Leobold weiter beschimpfte. Susanne habe dann, meint Wellner, im Halbschlaf langsam »mitgemacht«. Endlich sei Herr Leobold der Trubel zu widerlich geworden, »verstehst, Moppel, ich will doch gar nichts von der Frau, nie!« (Leobold), er sei nun nach unten in den Festsaal und habe sich von der dort anwesenden Freundesfamilie del Torro den Hausschlüssel geben lassen, um dort ruhig schlafen zu können. Daraufhin sei Leobold mit dem Taxi weg.

Nun aber sei es (Aussage Winter) dem Schreiner Wellner gelungen, Frau Sommer an die Bar zu schleppen, um sie dort mit einigen Schnäpsen vielleicht doch noch gefügiger zu machen, doch habe nun der Senior der Boshaftigkeit, Duschke, nach Erkenntnis der verzwickten Zusammenhänge die Frau Sommer dahingehend aufgestachelt, sie solle sofort in die Wohnung del Torro fahren, er, Duschke, glaube beobachtet zu haben, daß Leobold mit einer der Karins davon sei. Jetzt sei die Frau Sommer mit dem noch immer hoffnungsfrohen Schreiner Wellner im Schlepp in die Wohnung del Torro gebraust, man habe mit dem Zweitschlüssel der Frau Grete del Torro geöffnet, und jetzt (Aussage Wellner und Leobold) habe Frau Sommer sofort mit allerlei Vasen, Kinderspielzeug und Aschenbechern auf den wehrlos in seinem Bettchen ausgestreckten Alfred Leobold gefeuert – zusammen mit dem im neutralen Hintergrund abwartenden Schreiner Wellner muß das ein reizender Anblick gewesen sein! Alfred Leobold im Bett habe sich nicht gerührt noch irgendwie geäußert – erst als ihn Frau Sommer endlich mit einer Vase am Hals gestreift hatte, habe, berichtet Wellner, Alfred Leobold sich hochgerichtet und ganz langsam gesagt: »Geht in Ordnung, Ilona, geht in Ordnung. Aber jetzt hörst auf.«

Darauf soll, überwältigt vom Rausch und von der Gütigkeit Alfred Leobolds, Ilona Sommer buchstäblich zu des Geliebten Füßen niedergefallen sein und um Verzeihung gefleht haben. Darauf habe, erzählt roh lachend der Schreiner Wellner, der Teppichhändler aus seinem Bett noch einmal »Geht in Ordnung« hervorgeflüstert – nach meinen Forschungen die letzte erotische Aktion im Leben Alfred Leobolds.

Zuletzt sei die Gruppe Sommer-Wellner irgendwann wieder verschwunden. Ob es zwischen den beiden noch zum Geschlechtsverkehr gereicht hat, ist zweifelhaft. Immerhin, der Schreiner Wellner knurrt verdächtig unwirsch, wenn man ihn darauf anspricht, und vollzieht eine abschüttelnde Handbewegung …

Ich selber war – das hatte wenigstens Sinn – saftig betrunken heimgekommen und erwachte tags darauf unter der Last eines geradezu strahlenden Kopfwehs, mit Franz Kafka zu sprechen. Überhaupt Kafka! Es ist doch tief verwunderlich, daß einer, der sein Leben lang der Blödmann war, posthum von allen Seiten mit nicht einmal verlogener Liebe überschüttet wird. Gottseidank hat er das nicht mehr erleben müssen, genau wie Herr Leobold, er wäre davon, mit Oskar Zirngiebl zu reden, vollkommen niedergemacht worden und sofort vor die Hunde gegangen, deren Geschlecht er eine so niedliche Erzählung gewidmet hat. Evviva aber Max Brod, der, obwohl selber nicht der Hellste, als erster diese zweitschönste aller Seelen erkannt hat! Obwohl auch sie nicht ganz frei war von reaktionärem männlichem Imperialismus.

2. Teil

»Eigentlich geht überhaupt alles
in Ordnung.« (Frisch, Tagebücher)

»Übrigens waren sie alle etwas unsicher
in der Beurteilung ihrer Macht:
und ob ihnen denn jetzt auch wirklich
alles oder nur manches erlaubt war?«
(Dostojewski, Der Idiot)

1

Alfred Leobold selber war es ja gewesen, der mich seinerzeit, noch in den Tagen meines schwesterlichen Doppelsterns, geschmeidig dazu eingeladen hatte, mit der Schreibmaschine in seinem Unternehmen mitzuarbeiten. Ich hatte ja auch sofort die größte Lust dazu gehabt, der Vorschlag war mir in meinem Zustand völliger Untätigkeit sehr willkommen, denn Sabine allein vermochte meinen Alltag keineswegs komplett auszufüllen, und Susanne war damals, Mitte März, noch nicht so greifbar, als daß sie mir als echtes Problem so gut wie nachdem die Zeit hätte vertreiben können. Kurz, die alte Leoboldsche Einladung sowie meine schnelle Erkenntnis der Nichtüberraschbarkeit des Geschäftsführers des ANO-Ladens verhalfen mir dazu, einen ersten wirklichen Höhepunkt in der Geschichte dieses glänzenden Handelshauses zu inszenieren.

Besser: um den Grad der Toleranz, das scheinbar unermeßliche und unerschütterliche Entgegenkommen des geschäftsführenden Herrn Leobold gleichsam zu testen, leistete ich eines mürben Nachmittags tatsächlich dieser Einladung Folge, fuhr mit meiner Olivetti-Lettera-Schreibmaschine zu ANO, nahm im Neben- und Trinkgemach Platz, packte aus einer eindrucksvollen Aktenmappe allerlei Packen Schreibpapier aus und setzte dazu an, das »Kapital« von Karl Marx in die Tasten zu hämmern; erstens, um diesem schwierigen strapaziösen Gegenstand in angenehmster Umgebung, möglicherweise geleitet durch zwei versierte Geschäftsleute, endlich und spät genug näherzukommen (zu Hause, unter dem Druck meines Studierzimmers, würde ich es mein Leben lang nicht mehr schaffen); zweitens aber, um Herrn Leobold, sollte dieser einen prüfenden Blick in meine Arbeit werfen, durch die Strahlkraft von Worten wie »Gebrauchswert«, »Warenkörper« und »Tauschwert« zu beeindrucken, ja mir vielleicht sogar das ganze Brimborium des alten Marx durch praktische Beispiele aus dem Teppichlager besser einzuprägen. Dazu kam es aber nicht, sondern Herr Leobold verschwendete keinen Blick auf die Art meiner schriftlichen Arbeit, sondern stellte nur viermal innerhalb von drei Stunden mit den Worten »Da, Moppel, trink!« Bier neben die Schreibmaschine, indessen Hans Duschke, der an diesem Tag äußerst beschäftigt wirkte und behend zwischen mehreren Kundengruppen hin- und herschwankte, mir mehrfach, in offenbarer Erkenntnis meiner Finte, herzhaft zuwinkte.

Allein der dicke Teppichverleger Zier beobachtete den neuen Bürogast etwas verwundert, nahm mich aber dann wohl auch als letztlich gegeben hin.

Immerhin gelang es mir so, während der folgenden vier Geschäftstage, die ersten 45 Druckseiten des »Kapitals« niederzuschreiben, und Begriffe wie »einfache, einzelne oder zufällige Wertform« fließen mir seither flott von der Zunge, das ehemalige Jus-Studium erleichterte mir das Begreifen. Und Sätze wie den: »Indem eine Ware A (die Leinwand) ihren Wert im Gebrauchswert einer verschiedenartigen Ware B (dem Rock) ausdrückt, drückt sie letzterer selbst eine eigentümliche Wertform auf, die des Äquivalents« – solche eigentlich düsteren Sätze glaubte ich immer dann um so besser zu begreifen, wenn Herr Leobold, dem sein jüngster Mitarbeiter auch in den folgenden Tagen nicht lästig wurde, mir mit Worten wie »Prost«, »prima« oder »genau« ein neues Fläschchen zuschob. Genau. Das war das Äquivalent. Irgendwie war schon alles gleich.

Überhaupt müßte man einmal systematisch untersuchen, was heutzutage in Deutschland alles unter dem Begriff »Büro« oder gar

»Bureau« kursiert. Der letzte Humbug, die tödlichsten und verwegensten Publikumsnarreteien …

Nil admirari. Ich hatte bis dahin in meinem Leben noch nie jemanden gesehen, dem vielseitige Erfahrungen diesen stoischen Grundsatz so ins Bewußtsein getrichtert hätten wie Alfred Leobold. Vierzehn Tage später – es muß in der Karwoche gewesen sein, damals als ich Sabine und Susanne fest in meinem Griff wähnte – ging ich einen Schritt weiter. Ich überredete den Gymnasiasten Hans Binklmayr, der anscheinend damals seine Studien schon weitgehend beschlossen hatte, der praktisch immer Zeit hatte und den das blendende Alkoholangebot gleichfalls immer häufiger und zielloser zu ANO führte, dazu, mit mir zusammen (vermutlich war ich allein zu feige) den folgenden Coup durchzuführen: wir würden uns von dem Gebrauchtwarenhändler Grystuff, dem ich damals auf mancherlei Art geschäftlich verbunden war, zwei Reißbretter und technisches Zeichengerät besorgen, dazu jeder zwei Flaschen Sekt, die ich Binklmayr zu zahlen versprach, nachdem über des Gymnasiasten bis dahin feurig begeistertes Gesicht ein Schatten gefallen war – und schon leuchteten seine Augen erneut hoffnungsvoll auf: und mit all diesen Gerätschaften sollten wir uns mitten in den ANO-Publikumsverkehr auf zwei Teppichballen setzen und zu zeichnen und Sekt zu trinken beginnen. Und beobachten, was dann geschähe.

Es geschah, wie ich fast erwartet hatte, nichts. Hans Duschke, der hier vielleicht doch einzuschreiten bereit gewesen wäre, hatte gerade seinen freien Tag; so daß Alfred Leobold beschäftigter als sonst und mit sichtlich schmerzverkrümmten Gesichtchen von einem Teppichballen zum anderen staksen mußte und nur in einer kurzen Pause mich, als den Älteren und Reiferen, mahnte, wir sollten mit der Zeichentusche aufpassen, auf daß alles in Ordnung gehe. Die an diesem Tag nicht sehr zahlreiche Kundschaft wunderte sich gleichfalls nicht: man hielt uns wohl für eine Art Werkstudenten oder vielleicht auch Inventurnehmer oder dergleichen Undurchschaubares. Und obwohl der Gymnasiast fortwährend und fast noch dämlicher und betrunkener als ich kicherte, seine jugendliche Euphorie kaum im Zaum zu halten wußte und völlig hemmungslos den Sekt in den strohblonden Heino-Kopf hineinschüttete (ich selber hielt mich eine Zeitlang, wegen Beobachtungsrücksichten, zurück), behandelte uns doch das Teppichpublikum geradezu zuvorkommend und machte fast immer einen ehrfürchtigen Bogen um uns nichtsnutzige Lümmel, gleich als ob man uns nicht stören wollte, ja gewissermaßen, als ob sie – so hirnverbrannt stehen unsere Bürger unter dem Druck der kapitalistischen Verkehrsformen! – als ob sie unsere Arbeit für so gravierend erachteten, daß sie sogar dann auf die von uns besetzten Teppiche verzichten wollten, wenn gerade diese ihnen am meisten zusagten. Ja, sah denn dieser närrische Pöbel nicht die leeren und halbvollen Sektflaschen zu unseren Füßen kollern!

Der Gymnasiast und ich hatten am Abend, mit Tusche und Lineal, den Innenraum des ANO-Teppichladens fertiggezeichnet, die letzten Striche unter unaufhörlichem Kichern, Gluckern und mit mehreren technischen Ausrutschern. Es beleuchtet Herrn Leobolds feinen Humor, daß er, am Feierabend unsere Werke betrachtend, mit einem sehr präzisen, abgewogenen Lächeln, einem Lächeln, das vielleicht nur den empfindsamsten Geistern dieses Landes zu Gebote steht, »prima, ehrlich« sagte und zuletzt uns Trunkenbolde samt Zeichengerät in seinen L 295-er Wagen verlud und nach Hause chauffierte.

»Ich hab gar nicht gewußt, Binki, daß du so prima malen kannst. Ganz prima. Vom Moppel weiß ich's ja.«

Nichts wußte er! Gleichviel, später erfuhr ich, daß Alfred Leobold am Abend im Gasthaus »Wacker-Mathild«, das ihm zu dieser Zeit schon regelmäßiger Aufenthalt geworden war, über unser beider nachmittägliches ANO-Gastspiel berichtet hatte, gewissermaßen (wenn Adolf Wellners Erzählung zu trauen ist) lächelnd vorwurfsvoll, aber auch bewundernd und anerkennend: was das vielleicht für Kerle seien! Auf die Frage der alten Wacker Mathild hin, warum er, Leobold, das nicht unterbunden habe, soll der Geschäftsführer wörtlich »Ach wo, was hätt ich denn machen sollen?« zurückgefragt haben.

Was der Schreiner »King-Kong« Wellner, der damals auch Jean Marais immer ähnlicher wurde und deshalb den Kopf wohl auch entsprechend hoch trug, vielleicht auch, weil er damals schon der Pressure-group um Susanne sich zuzählen mochte, – was Wellner von der Sache hielt, war nicht herauszukriegen, so eindringlich ich auch in die verstümmelte Gedankenwelt dieses Handwerksmanns hinein zu forschen suchte; wahrscheinlich war da einfach kein Fleckchen mehr, das über Gut und Böse kompetente Urteile zu fällen vermochte.

Sabine, der ich die Geschichte gleichfalls erzählte, mußte erstaunlicherweise überhaupt nicht lachen; was ausnahmsweise für sie spricht. Ich selber fand den Krampf noch lange Zeit hinreißend.

2

Zu dieser Zeit war der ANO-Teppichladen bereits ein recht beliebtes nachmittägliches Ausflugsziel eines Teils unserer älteren und jüngeren Seelburger Streuner und Tagediebe geworden. Sie fanden in diesem Taubenschlag endlich jene kostenlose, mühelose und fast qualifizierte Unterhaltung, die sie mehr oder weniger seit ihrem Schulabgang gesucht hatten und doch letztlich immer schmerzlich hatten entbehren müssen. Fast täglich fand sich nun eine kleinere oder mittlere Freizeitgruppe bei Herrn Leobold und Herrn Duschke ein – wenn ich mich heute rückerinnere, so tauchen ganz besonders nachhaltig die grauenhaft vergnügungssüchtigen Gesichter der Herren Binklmayr, Schießlmüller, Wellner – ja, und letzten Endes auch meines auf, obgleich ich behaupten möchte, daß meine fortgesetzte und gesteigerte Gegenwart im ANO-Laden zum Teil eher intellektuelle Gründe hatte: Ich wollte mich wohl einfach über diese neue Form der Freizeitgestaltung, diese bezaubernde Kreation des Jahrhundertausklangs informieren, und dazu mußte ich ja wohl mit Haut und Haaren mitmachen. Zum anderen genoß ich das unerhörte ANO-Leben als geistige Erholung nach meiner damals bevorzugten Vormittagsbeschäftigung: dem überaus strapaziösen Studium der besten Schachpartien aller Zeiten, und wer einmal jene Gehirnakrobatien eines Steinitz, Capablanca, Bronstein und Michael Tal nachvollzogen hat, der wird mein Motiv, meine Ökonomie vielleicht verstehen …

Drittens war meine ANO-Existenz gewissermaßen durch jenes »Gefühl der Humanität« gedeckt, von dem der alte Kant noch sprach, als es schon mächtig mit ihm abwärts ging und er dennoch jene abendländischen Fäden von Kultur und Zivilisation nicht aus der Hand zu geben bereit war, und die auch, meiner Meinung nach, Alfred Leobold fest und entschlossen in den klapprigen, dürrgetrunkenen Fingern hielt, als er mir damals, gleichsam schon hinsiechend, den ANO-Kundenausweis überreicht hatte, den ich bis heute besitze und hoch in Ehren halte.

Es muß zu der Zeit gewesen sein, als der Verlust meiner Macht über die beiden Schwestern bereits feststand – da begegnete ich eines Tags einem in Seelburg ziemlich verrufenen Frauenzimmer namens Hilde, das heißt, diese schon recht verrottete und im Gesamteindruck verquollene 16jährige lief mir eines Morgens beim Stadtbummel in die Quere und drang sofort unappetitlich und in der Weise in mich ein, ich solle ihr gefälligst einen angenehmen und bunten Tag gestalten und sie (das witterte ich ohne Verzug) wohl auch noch irgendwie generell freihalten – dafür, deutete das kesse Stück an, könne ich mit ihr gewissermaßen tun, was mir beliebte.

Die Sorge um mein schönes Geld, aber wohl auch die Reserve gegen einen unerwarteten und vermutlich unerquicklichen Beischlaf flüsterten mir nun die duftige Idee ein, die Halbwüchsige zu ANO zu verschleppen, wo ich mich diesem Weib gegenüber gleichsam hinter den Herren Leobold und Duschke verstecken könnte. Und ich berauschte sofort und eindringlich jene Hilde mit der Vision eines sagenhaft aufgeräumten Nachmittags im Kreise vielleicht zahlreicher »prima Kerls«, mit Herrn Leobold zu sprechen. Und von Getränken ließ ich auch dies und jenes fallen.

Der Nachmittag gelang denn auch auf das befriedigendste. Skandalös, wie viele – und gerade junge! – Menschen heute, aufgrund der fortschrittlichen Arbeitslosengesetzgebung und sonstiger sozialer Unvorsichtigkeiten, in der Lage sind, auf Abruf alles liegen und stehen zu lassen und ihrem Tagesverlauf eine ganz neue und unerwartete Richtung zu geben! Herr Leobold hieß auch die Nachwuchskraft Hilde auf das freundlichste willkommen, und der Fratz erkannte wohl auch sehr schnell, daß bei diesem anscheinend großmächtigen Geschäftsmann sicherlich eher Geld abzuzweigen wäre als bei mir – und der abgebrühte Teenager war versiert genug, seine Brüste gegen den seriösen Weißkittel Herrn Leobolds hin spielen zu lassen. So daß ich mich bald Herrn Duschke zuwenden konnte, der gerade im offiziellen Geschäftsraum einer unglaublich gescheckt kostümierten Matrone einen feuerroten »Kamelsattelhocker« für sage und schreibe 98 Mark aufzuschwätzen suchte. Um dieses begnadete Schauspiel besser beobachten zu können, nahm ich buchstäblich zu Füßen der beiden Handelspartner Platz, auf einem sogenannten »Schmuckhund Pluto« (69,50 Mark), schmauchte erwartungsvoll ein Zigarettchen und sah den beiden Alten zu.

Duschke lehnte sich dabei mit dem linken Arm an eine Teppichwand, wahrscheinlich um nicht umzufallen, denn aus seinem Munde kam ein bekanntes Düftchen herausgeflattert, aus dem ich mindestens Weizenbier und Apfelwein herausdestillierte, es war aber nach meiner Überzeugung auch etwas Süßes darunter – nur die Matrone störte das offenbar gar nicht, vermutlich hatte sie heute selber schon ausgiebig gezecht.

»Gnädige Frau«, raunte Duschke mit niederzwingendem, gefügig machendem Bariton, »ich bin ein alter Mann. Ich habe kein Interesse daran – ich rede ganz offen zu Ihnen –, Sie zu bescheißen. Stört es Sie, wenn ich rauche? Aber dieser Schmuckhund ist das Beste, was Sie auf diesem Gebiet in dieser Saison – und ich rede von der Bundesrepublik …«

Da flog die Tür auf, und herein mitten in das anmutige Spektakel segelte mit Pomp der Kerzenhändler und Teufel Lattern. Er schlenzte mit vorgebeugtem Oberkörper auf uns zu, begrüßte, die Verlegenheit über seinen offenkundigen Rausch mit Stolz über ihn mischend, Hans Duschke, mich und verblüffenderweise auch die Alte mit strammem, katholischem Handschlag, berichtete aufgewühlt, er müsse jetzt gleich mit dem Kombi-Wagen Ewiges Licht sowie »geweihte Körnlein« nach Passau, Deggendorf und anschließend zum Bischof von Eichstätt fahren, er habe nur noch schnell vorbeischauen wollen, »wie es euch in eurem Laden da geht«, sagte Lattern recht unpassend und schien sogar vor aufgeregter Freude zu weinen, riß sich aber dann doch am Riemen, und um jetzt noch etwas besonders Anmutiges und Effektvolles vorzubringen, erzählte er mit jämmerlicher Leutseligkeit Duschke und der mit diesem jungen Mann offenbar hochzufriedenen Matrone, der Bischof von Eichstätt habe nämlich immer das Rheuma und die Gicht und alles, und nur seine, Latterns, geweihte Körnlein vermöchten dem alten Herrn Hilfe zu bringen, bzw. (log Lattern kreuz und quer durch das ANO-Lager) er, Lattern, bringe dem Bischof die Körnlein mit, die seien aus dem Fichtelgebirge, »wie der Sechsämter!« brüllte Lattern obszön, er bringe die Körnlein mit, der Bischof segne sie dann, fresse ein paar, und den Rest habe er, Lattern, in dieser Dose!

Triumphierend klaubte sie Lattern aus der Jacke, hielt sie Duschke und der Alten unter die Nase und verzeichnete einen überraschenden Erfolg. Denn die Frau wandte ihr Interesse plötzlich vollständig von dem grauenreichen Kamelsattelhocker ab und berichtete Lattern, daß auch sie jeden Morgen beim Aufstehen unter einem gewissen Schwindel leide, unter Tag vergehe das wieder (vermutlich unter dem Einfluß von allerlei dunklen Likörchen!) – jedenfalls: ob sie die Körnlein einmal sehen und gegebenenfalls kaufen könne?

Lattern, von seinem unverhofften Erfolg verzaubert, packte darauf die Alte beidhändig an den Schultern und log hemmungslos weiter, praktisch beziehe ja der gesamte deutsche Episkopat seine Körnlein, »alle, alle, der Döpfner, der Graber, der Dings, der andere …« – hier schon fiel Lattern nichts mehr ein, und deswegen stürzte er sich rasch ins Freie – angeblich mußte er im Auto nachsehen, wann er beim Bischof von Eichstätt gemeldet sei –, kam wieder, öffnete zum Beweis jetzt endlich seine Zauberdose, in der sich wohl eine Art Myrrhe befand, von der sich Lattern entschlossen etwa ein Dutzend Körnlein in den Mund schob, so daß die Alte endlich von deren Nutzen überzeugt war. Ich kriegte auch ein paar ab, die Alte aber ließ sich gleich eine leere Streichholzschachtel damit auffüllen und fragte hocherfreut, was sie denn schuldig sei.

»Nichts, Mutter, nichts!« brüllte Lattern leidenschaftlich, überlegte es sich aber dann doch anders, griff sich wie denkend an den Kopf und korrigierte sich: »An sich nichts, aber wenn S' uns ein Fläscherl Sechsämter bringen könnten, so eine für 20 Mark, auf daß«, verfiel Lattern wieder einmal in seinen geliebten alttestamentarischen Tonfall, »für alle genugsam da sei, wenn das Abendmahl bereitsteht. Hah! Ich freu mich, ich freu mich!« jauchzte Lattern und machte ganz überraschend einen Arabersprung im Teppichlager.

Die alte Mamsell zückte sofort einen Zwanzigmarkschein, vergaß aber nicht, wegen der Krankenversicherung eine Quittung zu fordern. Da war nun freilich guter Rat teuer, denn Lattern hatte nichts dergleichen bei sich, so daß sich die Lösung des Konflikts wieder einmal der wachen Geistesgegenwart Hans Duschkes verdankte, der, anscheinend überwältigt durch seinen eigenen Schalk, einen ANO-Kassenzettel ergriff, »Arzneimittel 20 Mark« drauf schrieb und ihn der Alten, versehen sogar mit einem Stempel, überreichte.

Worauf sich das Unwesen, begleitet von einem sinnleeren Duschkeschen »Gnädige Frau, das Vergnügen war ganz auf meiner Seite«, schlurfend davonmachte.

Schon hatte Lattern, geradezu zitternd vor Alltagslust, die Sechsämterflasche beigebracht und war mit ihr entzückt ins ANO-Nebengebäude gestürzt – da registrierte er die kleine Hilde im vertrauten Gespräch mit Alfred Leobold (wie ich noch am Abend erfuhr, hatte sie dem Geschäftsführer zwischenzeitlich 30 Mark abgeknöpft) – und damit war es um des Kerzenkaufmanns Besinnung vollends geschehen. Er umgriff die junge Frau sofort von hinten, preßte sie hin und her und schwang über ihrem Kopf die Braunes verheißende Schnapsflasche, worauf er, erstaunlich höflich, Frl. Hilde zuerst zu trinken gab, dann dem alten hingegossen lachenden Duschke, dann Alfred Leobold, dann mir, und schließlich wuchtete er den Rest fast vollständig in seinen geweihten Körper, eine Leistung, die Hans Duschke tatsächlich zu einem kurzen, besinnungslosen Beifallklatschen veranlaßte, indessen Herr Leobold abgrundtief zufrieden lächelte, ja, wenn ich mich recht erinnere, vor Vergnügen leis schnaubte.

Für Augenblicke muß Latterns wendiger Körper doch schockiert gewesen sein, denn der Kerzenhändler rülpste ein paarmal nachdenklich und ließ dann allerhand Bräunliches und Schleimiges aus der Nase tropfen – dann hatte er sich im Prinzip wieder unter Kontrolle, umfing erneut rücksichtslos die kleine Hilde, der dieser stinkende Teufel anscheinend recht gut gefiel (womit ich auch endgültig entlastet war) – beide wackelten fast verzückt mit ihren Körperchen hin und her, und in einer Atempause rief mir Lattern glühend zu:

»Moppel, ich sage dir etwas! Ich sage dir, die Situation ist, daß ich euch empfinde wie wunderbare Pflocken! Jawohl, Pflocken!« wiederholte der Kerzenhändler begeistert, verwirrt über seinen unverhofften Wortwitz. Der alte Unhold Duschke lachte scheppernd, Herr Leobold aber äugte jetzt verstohlen ins Teppichlager, ob wohl auch alles in Ordnung gehe und nicht etwa ein Kunde störe – und dann beeilte er sich, dem neuen Paar überraschend und wahrhaft großherzig zu eröffnen, sie könnten »jederzeit« in den Keller gehen, nur auf den Teppichen könnten sie es nicht machen, weil heute »eventuell« (bei Leobold klang es wie »evendöll«) der oberste ANO-Besitzer Alfred Nock zur Inspektion vorbeischaue.

Beim Schreiben muß ich erneut lachen, wenn ich an das Leoboldsche »evendöll« denke, das ich hier, wenn mich nicht alles täuscht, zum ersten Mal vernahm, das mich später so bezaubern und vielfach nachdenklich stimmen sollte: seine spezifische Artikulation durch Alfred Leobold nahm dem Wort sozusagen den letzten Rest an Schärfe und Bedrohlichkeit, die Umwandlung des

Konsonanten ins Stimmhafte nebst der beiden Vokale in einen Diphtong strahlte etwas so universell Begütigendes, Kalmierendes aus, daß, ja daß mir dazu nur das bekannte Brentano-Wort einfällt: »Alles ist friedlich wohlwollend verbunden, bietet sich tröstend und trauernd die Hand, sind durch die Nächte die Lichter gewunden, alles ist ewig im Innern verwandt.« Ist das nicht wunderbar?

»Hurra!« brüllte tatsächlich Lattern, dem der Gedanke anscheinend selber gar nicht gekommen war, vielleicht hatte er über der Hektik der geweihten Körnlein und des Sechsämters auch das eigentliche Ziel der Erotik kurzzeitig aus dem Gesichtsfeld verloren: aber um so schleuniger zerrte er nun die kleine Hilde davon – unwahrscheinlich, wie das Kleinzeug mithopste, das doch nun tatsächlich Geld und Liebe in einem Aufwasch bekam! –, und wir drei Kaufleute hatten erneut etwas zu lachen und eröffneten erfreut drei Flaschen Bier.

Es sei ja nur wegen dem Herrn Nock aus München, der heute »evendöll« eintreffen werde, wiederholte Herr Leobold entschuldigend, sonst könnten die beiden »jederzeit« auch auf den Teppichen … das ginge sonst schon »in Ordnung«, »normal jederzeit« – – und plötzlich tappte Alfred Leobold aus dem windstillen Nebenzimmer, offenbar um das Paar zu kontrollieren, kehrte gleich darauf mit einer weniger zornigen als traurigen Miene zurück und berichtete mit müder Handbewegung, »die Blödeln« seien nun doch nicht im Keller, sondern lägen auf dem Teppich hinter der großen Rolle, sehen könne man sie zwar nicht, aber hören … und wenn jemand hereinkomme … doch diesmal war es der greise Schelm Duschke, der jede verhaltenstechnische Vorsicht beiseite räumte und mit einem »Prost, Herr Lääävool! Sind doch junge Leute!« diesem verantwortungstragenden Herrn lebhaft auf die Schulter klopfte. »Unglaublich!« flüsterte mir der Großvater der Tücke behend zu, das müsse ich doch zugeben! Ich gab zu.

»Hurra!« Mit einem Schrei fiel Lattern zehn Minuten später wieder in unseren Privatraum, »Herr Leobold«, kreischte er sofort gurgelnd und fiel diesen an, »ich sage Ihnen, ich sage dir, jede Paarung ist als Situation etwas Wunderbares!« – und während Herr

Leobold sein welkes »genau« raunte, verbesserte sich Lattern gräßlich schreiend: »Versuche mich bitte zu verstehen, Leobold, alter Depp, jede Paarung ist als Situation irgendwie wunderbar – im Großen und Ganzen kommt dadurch letztlich auch eine glückliche Gesellschaft zustande, und, Leobold, das gilt auch für dich!«

Ein neuerliches »genau, Amigo« ging in Hans Duschkes ekstatischem Röhren unter, was Lattern, der von seiner windigen Dulcinea geradezu liebevoll beäugt wurde und der ihr jetzt gleichsam symbolisch den Daumen gegen die Brustspitze drückte, erneut anstachelte. »Du bist Zeuge!« schrie Lattern, worauf ihm anscheinend nichts mehr einfiel, so daß er kurz, düster und dämlich vor sich hinstarrte, gleich als ob er sich an seine Verantwortung, nämlich an die Fuhren Kerzen, Ewiges Licht und Körnlein in seinem Kombi, erinnere; doch blitzartig gelang es ihm dann, erneut ein charmantes Lächeln in sein Teufelsantlitz zu zaubern:

»Leobold!« säuselte der Kerzenhändler nun ganz zart und schmeichelte dem Zurückweichenden aus kurzer Distanz ins Gesicht, »Leobold, du als smarter Mensch solltest mich nicht länger … nicht länger … infamieren!« schrie Lattern wie aufhorchend, als ob er selber überrascht sei, was Enormes aus seinem Inneren herauszuholen sei, »sondern du als Kaufmann vom alten Schlag solltest jetzt … hm … eine Maß zahlen!« Und herzig grinste der Kerzenhändler dem Teppichkollegen ins mürbe Gesicht.

Ein Wink Alfred Leobolds genügte, und ich eilte zu ihm. Noch während der Geschäftsführer pflichtgemäß seinen Zehnmarkschein zog, brach indessen Lattern zusammen.

»Mir geht's gut, mir geht's gut!« gurgelte er, hielt die linke Hand gegen den Magen und beugte den Kopf elend zu Boden, »nein, mir geht's gar nicht gut, die geweihten Körner, verflucht!«

Worauf Alfred Leobold mit einer Tücke, die ich ihm bis dahin nicht zugetraut hatte, dem schlimm Hängenden und Würgenden aus dem Kühlschrank eine Flasche Magenbitter reichte, nein, diese dem Kerzenhändler mit schamlosem Rachetriumph im bleichen Antlitz buchstäblich gewaltsam einträufelte, wie eine Mutter dem Kinde ununterbrochen gut und sinnlos zuredend: »Den trink …

ja ... genau ... dann geht's dir wieder gut ... trink nur, fest ... freilich ... das geht dann schon in Ordnung.«

Lattern, Augen geschlossen, trank, spuckte das Zeug sofort wieder aus und rannte plötzlich, wie vom Teufel gejagt, aus dem Teppichnebenraum zur Tür hinaus, verfolgt von seiner Sexschwarte, die aber noch schnell ihr Glas Bier leertrank – angeblich, hieß es später, seien die beiden in den Wald gefahren, wo Lattern dem Mädchen »alles erklärt« und ein Feuer angezündet habe. Jedenfalls, die beiden Teppichhändler und ich waren wieder unter uns. Vergnügt wie selten genoß Herr Leobold seinen Magenbitter-Coup, ja mir schien erstmals, ein leichtes Rosa der warmen Freude überkroch sein heiligmäßiges Gesichtchen. Der nichtsnutzige Greis Duschke dagegen konnte seine hohe Freude, wieder einmal einem Beischlaf zumindest theoretisch beigewohnt zu haben, noch immer nicht dämpfen: vor Erregung lief er mehrmals aus der Gemütlichkeit der ANO-Nebenstelle ins Teppichlager und ließ dort wie besinnungslos entzückt ein sogenanntes »Teppichdrehstudio«, eine Art Karussell, kreisen.

Kurz vor Feierabend verirrte sich ein Mann mittleren Alters ins Geschäft, der, zur Abwechslung von Leobold empfangen, einen »Herrn Dotsch« zu sprechen wünschte.

Leobold beschied den Mann, der Duschke sei nicht mehr da, sondern »beim Ingenieur«.

Der Herr Dotsch habe aber fest versprochen, heute abend hier zu sein, wegen dem Farbfernseher, jaulte der Mann hilfeheischend.

Der »Herr Dotsch«, ahmte nun gleichsam verächtlich Herr Leobold seinen Besucher nach und mimte überraschend gut Strenge, sei hier nicht als Fernseh-, sondern als Teppichverkäufer!

»Nein, nicht verkaufen! Kaufen will er ihn. Der Dotsch«, wimmerte der Mann erbärmlich, aber Leobold blieb hart:

»Kaufen! Verkaufen! Der Dotsch, der Dotsch! Jetzt machen S', daß Sie weiterkommen, gell! Sonst hol ich die Polizei! Wir sind ein Teppichladen und kein Fernsehzirkus. Los!«

Und ungnädig mußte der Arme abziehen. Das einzige Mal, daß ich mich erinnere, Alfred Leobold wirklich ungehalten erlebt zu haben. Wollte er sich für den unwürdigen Koitus Latterns auf seinen Teppichen als strenger Geschäftsführer rehabilitieren? Wollte er seinen Teppichbunker gegen ungebetene Kräfte von außen abschirmen? Oder glaubte er zwischenhinein immer wieder selber mal dran, daß dies ein seriöses Unternehmen sei?

Im wetterfesten Nebenzimmer hatte mir zwischenzeitlich Hans Duschke saftig ins Ohr geraunt, der Dummkopf da draußen wolle ihm seit acht Wochen seinen alten Fernseher verkaufen, weil er, Duschke, einst, dem Herrn Schnaps »herauszukitzeln«, ihm eine diesbezügliche Zusage gemacht habe. Aber natürlich denke er, Duschke, nicht im Traum daran, denn: »Moppel, in dem Augenblick, in dem Hans Duschke einen Fernseher hat, bin ich ein toter Mann!« bellte Duschke verhohlen und ächzte gleichsam unter der Wucht dieses Satzes, nahm ein Schlückchen und schwallte auf den zurückgekehrten Herrn Leobold ein, ja der Alte arbeitete gewissermaßen mit Händen und Füßen, dem Vorgesetzten für seine aufopferungsvolle Solidarität zu danken.

»Da könnt' ja jeder kommen«, rief Alfred Leobold matt und feurig zugleich. Ein Satz, den ich bis heute nicht verstanden habe und den ich deshalb hier uninterpretiert so stehen lassen möchte. Irgend etwas wird er schon bedeuten.

»Danke, danke, ehrlich, Kollege!« quallte Duschke und krallte sich hingebend an des Geschäftsführers weißem Mäntelchen fest. »Ich danke Ihnen, alles klar.«

Auf dem Fußboden lag eine Art Buch, »Bodenlegerlexikon« stand drauf. Im Abfallkorb diesmal Hähnchenknochen, offenbar die Reste von Duschkes Mittagsmahl. Mir wurde leicht und schwer ums Herz. Herr Leobold, offenbar erschöpft, öffnete noch ein paarmal die Schreibtischschublade und kramte blind zwischen einem Packen Lieferscheinen und Kassenzetteln herum. Später stieß noch der Chef-Verleger Zier zu der träumerischen Gruppe und stellte sich bei zärtlicher Radiomusik für ein Weilchen an den Kühlschrank. Schlag 18 Uhr verschloß Alfred Leobold den Laden und beorderte Duschke und mich weißgottwohin: wenn nicht die Tage, die Abende jener Zeit verschwimmen mir.

In diesen Tagen des heitersten Teppichfrühlings erfuhr ich, zum Teil von ihm selber, zum größeren Teil aber von Hans Duschke, Wichtiges aus Herrn Leobolds familiärem und beruflichem Werdegang. Soziologen unter meinen Lesern könnte es interessieren, daß Alfred Leobold bereits seit nunmehr 24 Jahren im Verkauf tätig war, seit seiner Lehrzeit, die dieser Sohn eines hiesigen Gerichtsbeamten bei der Seelburger Firma Meßmann abgeleistet hatte, dort hatte Leobold auch die nächsten 20 Jahre über gedient, zuletzt als hochgradiger Abteilungsleiter für Teppiche und Gardinen (die Symbolik will, daß ich bei Duschkes Bericht zuerst »Teppiche und Kantine« verstanden habe) – und alles sei also furchtbar und dynamisch vorwärtsgegangen, bis es dann vor einem Jahr in dieser Abteilung zu gewissen Unregelmäßigkeiten und Differenzen zwischen Alfred Leobold und dem jungen Meßmann gekommen sei bzw. –

– nein, es sei alles ganz anders gewesen, korrigierte Hans Duschke und fing seinen Bericht nachdenklich noch einmal von vorne an.

Der Juniorchef Meßmann habe Leobold damals unwahrscheinlich gefördert, weil dieser ihm bei seinen abendlichen Touren besonders strebsam und ausdauernd Gesellschaft geleistet habe, in der »Glückauf«-Wirtschaft vor allem und anschließend in der »Capri-Bar«, und dieses Mäzenat des jungen Meßmann habe nun Leobold nicht nur beruflich rasch vorwärtsgebracht, sondern ihm in der Folge bald auch eine ausnehmend schöne Ehefrau Erika aus dem Meßmannschen Gardinen-Sektor zugeführt, zu welchem Glück sich bald zwei niedliche Töchter, heute sechs und neun Jahre alt, gesellt hätten. Im Hochgefühl dieser verblüffend schönen Entwicklung – wußte nun Duschke und setzte eine besonders geistfunkelnde Miene auf – habe Alfred Leobold jetzt auch angefangen, in sämtlichen Seelburger Nachtlokalen den Playboy und Lokalmatador vorzustellen, im besonderen habe er angefangen zu spielen, »und saufen sowieso«, rief Duschke, er sei dabei wohl auch übermäßig spendabel geworden, habe vermutlich auch damals schon seiner zarten Gesundheit nachhaltigen Schaden zugefügt – und vor allem und zusehends und rücksichtslos sein Eheleben vernachlässigt.

Woher Hans Duschke auch immer das so genau wußte – das Folgende soll sich nun so abgespielt haben: »Alfred«, habe damals Leobolds Ehefrau Erika immer wieder gesagt, »Alfred, treib es nicht zu weit, entweder ich oder deine Freunde, überleg es dir gut«, äffte Duschke melodramatisch nach. Genau, hatte, nach Duschke, damals Alfred Leobold geantwortet, das gehe in Ordnung. Sei es aber nicht gegangen, wußte Duschke und furchte die Stirn, sondern eines Tages habe Alfred Leobold der Scheidung ins düstere Auge schauen müssen.

Daraufhin habe sich – »logisch!« krähte Duschke – zuerst einmal Leobolds Alkoholverbrauch entschieden gesteigert, was wiederum (ich fasse hier Duschkes wilden Lärm zusammen) eine zusätzliche Einbuße an Gesundheit mit sich geführt habe, insbesondere dergestalt, daß Leobold eines Tages »praktisch nichts mehr« habe essen können (wie es Leobold mir gegenüber mehrfach ergreifend zum Ausdruck brachte) – was wiederum der Karriere des Geschäftsmanns bei der Firma Meßmann nicht eben zugute gekommen sei, vielmehr habe sich diese, als Alfred Leobold wochenlang in nicht allzu wachem Zustand seiner Arbeit nachgegangen sei, eines Tages in wechselseitigem Einvernehmen von diesem langjährigen Mitarbeiter getrennt, doch habe das »überhaupt nichts ausgemacht, ach wo« (bekräftigte Alfred Leobold munter), weil in diesen Wochen gerade die expandierende ANO-Firma aus München in Seelburg ihre Pforten geöffnet und nach einem versierten Teppichfachmann Ausschau gehalten habe, und im Zuge desselben habe man »natürlich« (betonte Leobold) ihn, der mit den allerbesten Referenzen gerüstet gewesen sei, engagiert, – indessen gleichzeitig Hans Duschke aus der Hosenbranche heraus zugestiegen sei.

Bitter, daß nun etwa zur gleichen Zeit Herrn Leobolds Ex-Gattin Erika sich wieder verheiratet hatte, nämlich mit einem pensionierten Bundesbahnamtmann namens Jatz, einem 55jährigen Seelburger Bürger, und diesen neuen Coup seiner ehemaligen

Ehefrau habe Alfred Leobold schon gar nicht mehr einsehen wollen und noch leidenschaftlicher als zuvor zur Flasche gegriffen, gefördert nicht zuletzt, nach meiner eigenen Beobachtung, durch das gute Zureden Hans Duschkes, der sich wohl seinerseits in den warmen ANO-Räumlichkeiten einen gemütlichen Lebensabend versprach, und der würde halt (so listig sind unsere alten Schauspieler!) um so gemütlicher ausfallen, je benommener Duschkes neuer Vorgesetzter die Leitung der Filiale erledigte.

In dieser Zeit des Transfers von Meßmann zu ANO muß es dann auch zu jenem mutmaßlichen Anschlag des geschiedenen Leobold auf das Auto der Gattin Erika gekommen sein, von dessen gerichtlichem Nachspiel samt den hervorragenden Zeugenaussagen des Gipfelstürmers Otto Käsewitter vorne die Rede war.

Sic transit gloria mundi. Von Tag zu Tag wurde mir so Alfred Leobolds Vergangenheit vertrauter, sein rapider Aufstieg zu den allerhöchsten Wirtschaftsspitzen unserer Stadt, aber auch sein zügig sinkender Stern, vor allem seit der Zeit, da der Komet Hans Duschke und ich ihm über den Weg gelaufen waren. Im übrigen bin ich jetzt ziemlich verärgert, denn vor einer halben Stunde, mitten in meine schwierige Leobold-Analyse hinein, hat die reizende Witwe Strunz-Zitzelsberger angerufen und mir erstaunlich kalt mitgeteilt, daß aus der ins Auge gefaßten Bockbierbegegnung nun leider nichts werden würde, denn sie müsse übers Wochenende zu einer Cousine nach Traunstein fahren. Skandal! Das glaubt doch niemand! Ich möchte nur wissen, was das für eine öde Cousine ist! Und dabei hatte ich mir schon die allerschönsten Redensarten, eine internationale Kollektion von gepflegten Schnulzen und Augenaufschlägen zurechtgelegt, sie unter der Gewalt des Starkbiers unter Druck zu setzen und sie womöglich psychisch-emotional zu überwältigen, ja, ich hatte mir gestern abend sogar schon etliche weiße Härchen auf meinem Kopf ausgerupft! Sie sollte nur so weitermachen, diese betäubende Witwe, dann würde ich sie eines Tages unbarmherzig aus meiner heimlichen Vormerkliste streichen und sofort das Schreibzeug niederlegen! Und die Nachwelt hatte den Schaden, und sie den Schaden und den Spott obendrein! Nein, natürlich nicht, der Spott würde natürlich über mich niederprasseln, aber immerhin, es würde ja vielleicht niemand merken, oder aber ich würfe alle verräterischen Witwe-Passagen klammheimlich aus dem Text und würde diesen dann eben unter allen Symptomen von Tragik und Geworfenheit als lockeres Fragment publizieren...

Jedenfalls, es war wohl Ende August, als ein weiterer entscheidender Einschnitt in die Geschichte dieses immer weniger überzeugenden Teppichladens ANO erfolgte. (Ich muß einfach den witwelichen Schmerz überwinden und verbissen weitertippen.) Auf irgendwelche höhere Weisung hin zog nämlich der gesamte Betrieb aus der Schlachthausstraße aus und in ein Lokal am (der Leser beachte abermals die erhellende Symbolik!) Fortschrittsplatz ein, einen historisch nicht wertlosen Altbau an der Peripherie des Seelburger Stadtzentrums – anscheinend wollte Herr Nock über diese verkehrstechnische Delikatesse seine Mitarbeiter zu nochmals gesteigerten Leistungen antreiben.

Innerhalb von zwei Tagen wurden sämtliche Ballen, Rollen, Fliesen und Schmuckhunde in das neue Haus am Fortschrittsplatz geschafft und im Raum postiert, auch der schöne alte Kühlschrank fehlte nicht – und schon zu Herbstanfang nahmen Herr Leobold und Herr Duschke ihre angestammten Plätze wieder ein und erwarteten beherzt den anstehenden Winter.

Das neue Haus, die neuen Verkaufsräume erwiesen sich als noch prächtiger, leuchtender, ja gewissermaßen weltläufiger als der alte Barackenschuppen – nur bedauerten alle Premierenbesucher nachhaltig den Fortfall der schönen isolierten Teppichnebenstelle. Vielmehr stand der legendäre ANO-Kühlschrank jetzt etwas verloren in einer Ecke, und vorerst mußten die tätigen Herren hinter der Ladenkasse und schutzlos vor den Augen der bereits bedrohlich hereinschwärmenden Kundschaft trinken. Was ihnen wohl selber überhaupt nicht zusagte, und tatsächlich, schon nach einer Woche hatten sie mit ein paar übermannshohen Teppichrollen eine Art Behelfsbar installiert, die Hans Duschke in der Folge auch »Erfrischungsecke« nannte, und innerhalb deren man den Augen

Neugieriger und Unbefugter erneut tadellos entzogen war und sich aufführen konnte, wie man wollte.

Da ich mich in den folgenden Tagen und Wochen sehr häufig in dieser etwa fünf Quadratmeter großen Zelle aufhielt und über die Teppichwand hinweg den erregenden Stimmen der beiden Verkäufer lauschte, entdeckte ich auch bald das kostbarste Geheimnis des Raums. In seiner Mitte nämlich befand sich, hochkant gestellt, eine Isolierpapierrolle, aus deren Mittelloch eines Tages ein kleines Sechsämterfläschchen vorwitzig herausspitzte. Ich ging der Sache nun nach und entdeckte, daß der Luftschacht voll mit jenen braunen Fläschchen gestopft war! Ich erinnere mich, daß mich in diesem Augenblick eine geradezu überirdische Freude überfiel – und im folgenden erfuhr ich, daß es sich bei dieser sensationellen Einrichtung um eine überaus kluge Maßnahme der beiden Teppichherren handelte: Um unerwartetem Besuch, etwa Herrn Nocks, vorzubeugen, auch damit nicht immer im Papierkorb oder zwischen den Teppichrollen die verräterischen Überreste des Arbeitstags auftauchten, hatte, wie mir der verschlagene Alte Duschke in schelmischer Begeisterung erzählte, Herr Leobold angeordnet, das Zeug solle, nachdem der Inhalt weggetrunken sei, in jenem Schacht versenkt werden. Sei der Schacht voll und quelle über, hebe man die Rolle einfach hoch und kehre die auf einen Haufen herunterpurzelnden Fläschchen stracks und in einem Aufwasch zur Türe hinaus. So erspare man sich Arbeit und Ärger und Zeit.

Und übrigens gelte diese Anordnung natürlich auch für Gäste, schloß Duschke, und der alte Galgenvogel mußte so heftig lachen, daß er gleichsam in der Enge seines weißen, aber auch erstaunlich angegrünten Kittelchens nicht mehr aus noch ein wußte und mir deshalb zwei Mark in die Hand drückte, ich solle gegenüber gleich zwei Fläschchen besorgen, dann könne ich das Versenken sofort ausprobieren, stachelte der greise Berserker.

»Gegenüber« – das erfuhr ich gleich darauf – handelte es sich um eine kleine, recht vorweltliche und mit allem Unfug dieses Landes vollgestopfte Kolonialwarenhandlung, in der zwei ungeheuer dicke Frauen residierten, Mutter und Tochter, genannt Schneeflöckchen I und Schneeflöckchen II, die, so erfuhr ich, zurückgekehrt, von Hans Duschke, nach dem ANO-Umzug sofort auf Anweisung Alfred Leobolds hin ihr Sortiment um Sechsämtertropfen in verschiedenen Flaschengrößen erweitert hatten – ja ein weiterführendes Gerücht, das mich über den Gymnasiasten Hans Binklmayr erreichte, wollte wissen, die beiden Schneeflöckchen seien im Zuge der auch in Seelburg grassierenden Supermärkte kurz vor der Liquidation ihres kleinen Ladens gestanden, bis ihnen der Himmel die Rettung in Gestalt der ANO-Herren über den Weg geschickt habe.

Nun, aber auch mit dem ANO-Laden selber ging es jetzt immer steiler bergauf. Mag sein, daß die von Herrn Nock ins geldgierige Auge gefaßte günstige Geschäftslage den Publikumsverkehr beschwingte – meiner Meinung nach war es vielmehr um diese Zeit herum bereits so, daß viele, wenngleich längst nicht alle Kunden einfach deshalb hereindrückten, die neuen Herren in all ihrer Spektakularität anzuschauen und zu bewundern – so wie ja auch und vor allem ich – ja ich fühlte mich gewissermaßen als Vorreiter dieser neuen Bewegung, die ich mit Vorbehalt, aber cum grano salis dahingehend zusammenfassen möchte: daß in der Periode des absterbenden Spätkapitalismus der Mensch weder auf eine besonders gediegene Ware mehr aus ist noch auf einen halbwegs zivilen Service, sondern gleichsam auf das Schauspiel der in ihrem eigenen Gift herumtorkelnden Spätlinge der hochkapitalistischen Verkaufstechnik. Oder, anders gesagt: noch heute erregt mich aufs äußerste der Gedanke, daß auch in unseren großen Handelszentren wie Kaufhof, Horten und Quelle hinter scheinbar seriösen Wänden die aberwitzigsten Trinkgelage vor sich gehen; daß, während vorne in den öffentlichen Verkaufsabteilungen eine Minderheit von Mitarbeitern das Notwendigste an Kundenbetreuung besorgt, hinter den Wänden wahrhaft der Teufel los ist: daß das geheime Leben der großen Kaufhäuser in Wirklichkeit in unzähligen kleinen Zellen unverschämtester Niedertracht stattfindet. Und zum dritten beflügelte mich schon damals bei der Firma ANO die wirtschaftspolitisch emanzipatorische Leitidee, daß eingenommene Gelder direttissima wieder in die Getränkeindustrie gepumpt werden – gewissermaßen die berühmte Warenzirkulation an Ort und Stelle, auf kleinstem Raum, was meiner Ansicht nach durchaus Chancen hätte, den Kapitalismus wenn nicht zu überwinden, so doch zu humanisieren. Wunderbar! Ich gedenke, wenn ich diesen Roman hinter mir habe, über diese Innovation in ihrer vielperspektivischen Schönheit vielleicht einmal einen kleinen erhellenden Essay zu schreiben …

Es war der reine Wahnsinn! Zum Teil nahm der Publikumsansturm in diesen Herbsttagen dermaßen erschreckende Formen an, daß die beiden Hauptsehenswürdigkeiten sich oft nicht einmal in der Lage sahen, mit uns Gästen in der abgeschirmten Erfrischungsecke ein Schwätzchen zu halten oder auch ein wenig zu zechen. Weil aber gleichzeitig der Zuspruch dieser Gäste noch zugenommen hatte – und insbesondere Herr Schießlmüller pflegte nun tagein-tagaus, wie ehedem ich, seine Nachmittagsstunden bis zur Ankunft Sabines bei ANO zu verbringen – weil viele der Unseren diese nachmittäglichen Dämmerstunden bei ANO nicht mehr missen mochten, geschah es, daß die beiden dafür bezahlten Angestellten vorne zwischen Kunden und Teppichen herumschnauften, während im sicheren Hinterhalt der großen Rollen regelmäßig kleinere Gesellschaften mit unterschiedlichen Gästen statthatten – ich erinnere mich aus dieser Periode besonders des Besuchs eines jungen Veterinärmediziner-Ehepaars aus München, das mit seinem schwarzen Pudel angerückt war, während gleichzeitig Frau Ilona Sommer, die schon erwähnte Scheingeliebte Alfred Leobolds, ihren gewaltigen Neufundländer eingeschleppt hatte, und während die beiden Köter sichtlich aufgekratzt herumtobten, standen wir Menschen nicht nach und rissen kreuz und quer unsere Witze, und plötzlich rief die junge Ehefrau, die wieder einmal Karin hieß, ihr Vieh, nahm es bei der treuherzigen Pfote und redete auf es ein:

»Alfred, bürstel alles, was dir in den Weg kommt, damit alle Hunde in der Nachbarschaft genauso gräuslich werden wie du!«

Worauf der Köter wildentschlossen wieder davonsprang, Frau Ilona Sommer aber griff das Stichwort auf und quallte in bestialischer Sentimentalität auf uns ein, einen besseren Liebhaber als den Alfred (in diesem Fall Leobold) gebe es überhaupt nicht mehr, wer einmal den Leobold »gehabt« habe, der könne sich nie mehr auf einen anderen einlassen und konzentrieren. »Nie!«

Was erhoffte sich die buntbemalte Frau von solch wilden Lügen? Die noch dazu keine zehn Minuten später deutlich ins Dämmerlicht unserer lächerlichen Runde traten, in Gestalt Alfred Leobolds, der einen abgrundtief mitgenommenen Eindruck machte, sich kaum auf den Beinen zu halten vermochte und doch, ganz Salonlöwe, insbesondere für seine Ehrengäste aus der Großstadt, Worte von fast betörender Feinsäuberlichkeit fand:

»Karin, alles in Ordnung? Prima, Fritz, prima«, ächzte Alfred Leobold, widerlich angehimmelt von Frau Ilona, und öffnete dann freilich rasch den Mund, um ein paar elendstillende Tropfen einzusaugen. Was war das eigentlich noch immer für ein merkwürdiges Relikt an Erotik, das diese Ilona und ihr Hund hier hereintrugen? Wollte diese Frau uns allen – mir! – Alfred Leobold abspenstig machen?

3

Der Gästeverkehr bei ANO erweiterte und stabilisierte sich nun in dem Maße, in dem die anfängliche Hektik, der erste Begeisterungstaumel über diese neue Entdeckung einem geregelten nachmittäglichen Miteinander der Welt der Arbeit und der der Muße wich. »Mach dir ein paar schöne Stunden, geh zu ANO!« – diese damals wohl von mir erfundene und ausposaunte Losung erfaßte immer weitere Kreise, zum Teil sogar recht obskure, und zwar in paralleler Bewegung den Freundeskreis Alfred Leobolds und Hans Duschkes ebenso sehr wie das ordinäre Seelburger Käuferpublikum.

Das hatte dann unter anderem zur Folge, daß die beiden Herren sich so überlastet sahen, daß sie von München Verstärkung anforderten, die sich auch bald in der Gestalt eines jugendlichen

Laffen namens Herr Peter einstellte, eines volontierenden Großkaufmannssohnes, der aber von Anfang an fruchtlos in der Gegend herumlungerte, ständig eine Flasche Bier in der Hand hielt und diese – seine einzige reelle Leistung – gelegentlich gutmütig dem feurig vorbeikeuchenden Hans Duschke unter die Nase hielt, worauf dieser erhitzte Alte jeweils dankbar einen Schluck in sich goß. Ein paar Wochen später nahm sich der gemütliche junge Herr vertieft der jetzt praktisch ständig gastierenden Frau Ilona an, dergestalt, daß diese ärgerliche Frau, bisher überaus hartnäckig an einem Leben an der Seite Alfred Leobolds interessiert, allmählich in Herrn Peter den mächtigeren und einflußreicheren Teppich-Manager sich suggerierte – binnen acht Tagen kam es dann wohl zu einer Art Verlobung, worauf das Pärchen sofort die Segel strich, aus dem ANO-Laden verschwand, eine Zeitlang mehr oder weniger streunend in Seelburg gesehen wurde und sich schließlich in nichts auflöste. Immerhin hatten die beiden unseligen Gestalten eines erreicht: Herrn Leobold endgültig und unwiderruflich aus den Ketten der Sexualität zu erlösen, so daß er nun noch mehr als vorher voll und ganz der Gemeinschaft zur Verfügung stand. Es gab kein Entrinnen mehr.

Die genannten Ketten quälten freilich in diesen schütteren Frühherbsttagen um so mehr – mich. Da wollte es denn das Glück, daß ich, eben schmerzlich von den Morlock-Schwestern verabschiedet, eigenartigerweise und ausgerechnet durch die Vermittlung des Fuhrunternehmers Schießlmüller bei einem Schulsportfest die nachmalige reizende Witwe Christine Strunz-Zitzelsberger kennenlernte, die ich hiermit in der offiziellen Roman-Haupthandlung begrüße, die damals freilich noch glänzend an der Seite ihres Gatten lebte, nämlich in einem winzigen Häuschen mitten im Grünen, an einem kleinen, Seelburg vorgelagerten See, – irgendwie liebten wir uns auch auf Anhieb, und jedenfalls gelang es mir bald, bei dieser nachmaligen Witwe ein Rendezvous am Seeufer zu erwirken, dem sich bald mehrere und immer delikatere anschlossen – ich alternierte damals in meiner Nachmittagsgestaltung sehr regelmäßig zwischen der Witwe und ANO, das lief wie geschmiert – und alles in allem war ich sehr froh, mich bei dieser grünen Witwe für den Verlust der Förstertöchter schadlos halten zu dürfen und so auch meine Rehabilitation vorantreiben zu können. Christine Strunz-Zitzelsberger! Bell' Adorata! Nome amato! Auch wenn sie seinerzeit nur Strunz hieß und ihren von mir inniggeliebten Mädchennamen erst ein Jahr später durch ein gütiges Geschick wiederempfing! Denn während ja nun »Strunz« ganz eindeutig die Gewalt des Gatten widerspiegelte, vereinigen sich in »Zitzelsberger« aufs Anmutigste das Prinzip des Ewig-Weiblichen im ersten Teil, im zweiten aber kommt das Seelburgisch-Erdverbundene zu seinem Recht! So mußte es sein, die ideale Synthese!

Unvergeßlich die Stunden, die enteilenden, da wir unter allerlei koketten Mätzchen am Seeufer Tischtennis spielten, indessen der Gatte weit entfernt in einem Fischgroßmarkt seiner übelriechenden Arbeit nachging! Und wie berückend die Witwe im Rahmen dieses verschwiegenen Komplotts jedesmal aufjapste, wenn sie, die Pracht des blühenden Körpers in den knappsten aller Bikinis gepreßt, von mir den kleinen weißen Ball an den weiblichsten Teil ihres lodernden Leibes geschmettert bekam ... o Gott! Ich würde, übermannt von Erinnerung, jedenfalls nicht nur sofort dröhnend an meinem Romanwerk weiter herumfuhrwerken, sondern diese schönste aller Frauen übermorgen, wenn sie von ihrer verdammten Cousine zurückkehrte, sofort aufs neue telefonisch umschmeicheln und umgarnen, rücksichtslos, bis zur Selbstpreisgabe ... o blaublinzelnd Blondblättrige! Blankbusige! Blume du! Ich würde noch ganz und gar blödsinnig werden!

Übrigens war dann auch an Wochenenden gelegentlich Hans Duschke bei solchen Tischtennispartien beteiligt, ein absoluter Routinier auf diesem Gebiet und, wie erwähnt, ehemaliger schlesischer Jugendmeister, den ich trotzdem eines Nachmittags mit 19:12 schon fest in der Zange hatte, um dann doch noch mit 20:22 schmählich einzugehen – ausschließlich deswegen, weil die nachmalige Witwe mich mit erotischen, ja ich muß schon sagen obszönen und ordinären Redensarten dermaßen aufpeitschte und mir mit einem langen Grashalm andauernd so enervierend am Bauch und Unterleib herumkitzelte, daß mir die Tränen in die Augen traten, sich mit dem herumströmenden Schweiß vermischten – und am Ende war die Blamage total, und Duschke, dieser Engel der Heimtücke, lachte und lachte, und die Witwe war überhaupt nicht mehr reizend, sondern ein fleischiges Bündel an roher Niedertracht, und eingeschnappt muffelte ich dann irgendwie heim – –

Doch Tischtennis hin, Erotik her – als diese Zeit eines glänzenden Altweibersommers ihrem Ende sich zuneigte, kam es bei ANO zunehmend zu unliebsamen Zwischenfällen und Ausschreitungen. Es begann wohl damit, daß Herr Leobold eines Morgens aus heiterem Himmel und sozusagen freihändig seinem Helfershelfer Duschke kündigte, weil dieser zum fünften Mal hintereinander zu spät zur Arbeit erschienen sei, und dies »besoffen«, wie Herr Leobold mir gegenüber zürnte – nach Duschkes Bericht soll sich Leobold freilich zu dieser Zeit »selber kaum auf den Füßen« habe halten können. Um 11 Uhr ausgesprochen, wurde diese Kündigung zwar bereits um 11.30 Uhr wieder rückgängig gemacht, ja nach dem Bericht des Schreiners Adolf Wellner, der, aus einem Arbeitsverhältnis gerade ausgeschieden, bei ANO ein wenig Teppiche ausladen half, tranken sich die beiden Herren sogar anschließend in der Erfrischungsecke sozusagen ewige Freundschaft zu – aber der mißliche Vorfall bildete dann doch den Auftakt zu einer wahren Kette von wechselseitigen Verleumdungen, Boshaftigkeiten und sonstigen Unerquicklichkeiten.

Bereits vier Tage später war Duschke erneut gekündigt, diesmal wegen angeblich maßloser Überschreitung der Mittagspause, bzw. – wie mir erneut Herr Leobold wahrhaft angewidert berichtete – Hans Duschke war, nachdem er den ANO-Betrieb gegen Mittag zusammen mit dem zufällig vorbeikommenden Erich Winter verlassen hatte, erst kurz vor Feierabend wiedergekehrt, das blühend weiße Kittelchen vollkommen verdreckt, im Gesicht ein paar frische Schrammen, die zum Teil noch bluteten, »und natürlich wieder besoffen« (wie Herr Leobold eigentümlich mutlos es formulierte) – und außerdem sei Duschke mit vollem Schwung zur Tür herein gegen das Teppich-Paternoster gefallen und dort umgekippt.

»Und dann mußt dir vorstellen«, entrüstete sich mit einigem Pathos Alfred Leobold und nahm bedächtig und trüben Auges einen Schluck Sechsämter in sich auf, »dann steht da die Frau Unold, Moppel, die kennst ja, die Schwester von dem Stadtrat da, der was neulich beim Reitverein die 120 Bratwürstl spendiert hat, wo dann der alte Malitz am Marktplatz 25 Stück weiterverkauft hat, bis dem Willi sein Schwager, der Polizist da, gekommen ist, der dann den Malitz mitgenommen hat – da steht die Frau Unold«, fuhr Alfred Leobold gelassen fort und verlor keineswegs die Richtung, »und der Duschke? Was macht er, der Duschke? ›Gnädige Frau‹, brüllt er, der Duschke, gell, ›dieses Angebot‹, toleriert er, ›dieses Angebot werden Sie sonst in Seelburg vergeblich suchen und finden!‹ – und die Frau will sich umdrehen und gehen, jetzt packt er, der Duschke, sie bei der Hand und will ihr – ich denk, ich seh' nicht richtig – einen Handkuß, einen Handkuß, gell, geben, und dabei, mußt dir vorstellen, Moppel!« beschwerte sich Alfred Leobold und packte mich nun gleichfalls völlig kraftlos an der Hand, »verliert er, der alte Depp, das Gleichgewicht, genau, und fliegt wieder hin und reißt die alte Frau mit um – das hättest, Moppel, sehen sollen, wie die zwei da unten am Boden drunten sich gewälzelt haben!«

Fröstelnd schüttelte sich Herr Leobold am ganzen Körper und schob sich eine Zigarette zwischen die klapprigen Zähnchen, fernblickend und, wenn ich mich nicht sehr irre, jetzt auch mit einem Zug feuchten Stolzes, versteckt in den Mundwinkeln.

Und ob ich heute abend mit nach Erlheim fahre, da gebe es eine Schlachtschüssel, genau, und der Weigl Karl und der Hierl James und der Höllerer Tschumpel seien auch dort, »prima Kerl aus der Siemens-Clique!«

Diese Kündigung war einzusehen. Heute noch, während ich dies niederschreibe, wundere ich mich darüber, daß der Saustall ANO nicht schon früher ins Wanken geraten war. Indessen,

Duschke hatte, wie ich erst eine Woche später (von ihm) erfuhr, bereits zum Gegenschlag ausgeholt. Dieser Meister der Infamie ebenso wie des Überlebenswillens hatte nämlich seine durch die Kündigung gewonnene Freiheit genutzt, hatte sich eine Fahrkarte gekauft und war zum allerhöchsten Herrn Alfred Nock nach München gereist. Dort sei er, berichtete Duschke mit Pomp, auf das herzlichste empfangen worden, vom »zweithöchsten ANO-Mann«, dem Prokuristen Viebig. »Herr Viebig«, habe er, Duschke, gesagt, und Duschke schnarrte dabei furios und erschreckend durch die Luftröhre, »entweder der Leobold oder ich. Ich bitte Sie! Die Vertrauensbasis ist im Arsch. Entscheiden Sie sich, Herr Viebig. Herr Leobold kostet Sie 3,6 im Monat, ich nur 1,6. Herr Viebig, ich bin ein alter Mann! Sie haben die Entscheidungsgewalt!«

Herr Viebig habe daraufhin ihn, Duschke, aufs schönste getröstet, ihm »im Vertrauen« mitgeteilt, er, Duschke, schrie der grausige Greis, sei mit 2570 Punkten der siebtbeste Teppichverkäufer der Welt – »stop!« schrie Duschke, »nicht der Welt! Am Arsch! Der siebtbeste ANO-Verkäufer im Bundesgebiet!«, außerdem habe Viebig ihm, Duschke, zuletzt noch »durch die Blume, Moppel! Du verstehst mich bitte! Durch die Blume!« mitgeteilt, er, Duschke, solle noch ein paar Monate aushalten, länger werde der Herr Leobold sowieso nicht der ANO-Firma angehören. Und natürlich sei dann die Kündigung sofort ausradiert worden, ja, Viebig habe ihm, Duschke, zuletzt sogar noch Sekt eingeschenkt – »Sekt!« kreischte der Grausame festlich auf, »und du weißt, Moppel, was das in der Teppichbranche bedeutet!«

Das wußte ich. O Gott! Ich registrierte auch, daß Duschke bald wieder in aller Frische bei ANO herumlief und krachte, gestärkt offenbar, vielleicht noch eine Idee feuriger als je zuvor. Es herrschte dann auch wieder ein nicht nur freundlicher und zutraulicher Ton zwischen den beiden Cracks, kurzzeitig schien sich die auf das gemeinsame Los gegründete Freundschaft der beiden sogar noch einmal zu verdichten. Im November war es wohl, als die beiden Herren zusammen in den ANO-Räumen tatsächlich ein

Fest veranstalteten. Herr Leobold, keck oder aber bereits aufgabebereit, schloß seine Pforten eine Stunde früher als vorgeschrieben, und wir bereiteten eine richtige Party, es wurde sogar ein bißchen getanzt, nämlich zwischen dem lokalen Kunstmaler Herbert Schedel und der schon wieder gastierenden Frau Karin aus München (diesmal ohne Hund), gleichfalls zwischen Arthur Mogger und Susanne Morlock, deren beider Liebe wohl zu diesem Zeitpunkt gerade einen neuen Höhepunkt erreichte. Herr Schießlmüller und Sabine waren mit von der Partie, ferner ich, eine kleine Horde der »Chemiestudenten« aus dem Gasthaus Wacker-Mathild, abermals fast durchgehend verlotterte Gestalten untersten Rangs – schließlich der Teufel Lattern, der ein paar Kerzen und Schalen Ewigen Lichts mitgeschleppt hatte, welche den ANO-Salon bald traulich illuminierten und (daran erinnere ich mich buchstäblich proustisch) auf einem besonders scheußlichen, mit Gebirge und Wasserfall bemalten Teppich den wahrhaftigen Eindruck eines Alpenglühns hervorriefen. Das heißt, sie schmolzen gewissermaßen den im Tageslicht sagenhaft blauen Himmel in etwas Violettes, unendlich Heimwehgesättigtes hinüber …

Die Jeunesse dorée unserer Stadt fühlte sich sichtlich pudelwohl unter diesem Protektorat der Alpen ebenso wie der damals noch allgemein waltenden wirtschaftlichen Konjunktur. Alfred Leobolds Stimme drängte mehrfach hauchzart zum Feiern, man muß auch zugeben, daß er erneut mit großer Umsicht die Szene dirigierte, im Stil eines Mannes, der würdig war, ein Handelsunternehmen zu leiten, und alles versuchte, das Feuerwerk zu schüren, auf daß nicht etwa nachträglich Beschwerde über ihn als den Oberverantwortlichen geführt würde. Dabei half ihm eingangs der Kunstmaler Schedel, der eine kleine, aus einer Zigarrenkiste selbstgefertigte Geige mit nur einer Saite mitgebracht hatte und, den krausen Kopf schmunzelnd gegen Hans Duschke geneigt, »O mein Papa« fiedelte, worauf der Alte zuerst gerührt ward, dann aber frech und gebieterisch, und auf einmal – das Fest war noch keine 20 Minuten alt – verlangte der wundersame Greis, Frau Karins »Musch« von unten her sehen zu dürfen; was diese zuerst nicht gleich kapierte, bei Duschkes zweitem Vorpreschen aber kurz und abschlägig beschied.

»Für 20 Mark«, bat schmeichelnd, ja knitternd Duschke. Es war erschreckend, aber ich mußte lachen. Dem alten Treibauf rann tatsächlich Speichel aus dem Mund.

»Du alter Depp, du!« sagte kaltblütig Frau Karin.

»Hör mal, ich bin ein alter Mann«, jammerte nun Duschke wieder einmal gleißend, »du Büchs machst mir eine wirkliche Freude damit, ehrlich! Für 20 Mark.« Und schon tätschelte das greise Ungeheuer tastend an Frau Karins Rücken herum. Erstaunlich, erstaunlich, wie doch – trotz härtester Gegenwehr mit Alkohol – die Sexualität noch in unseren ältesten und ranzigsten Mitbürgern herumfuhrwerkt und würgt und würgt…

»So hör doch auf, du alter Bock!« trotzte Frau Karin, »du hast doch in deinem Leben schon genug Büchsen gesehen!«

Herr Schießlmüller sowie zwei, drei Chemiestudenten lachten besonders hingegeben.

»Nicht genug! Nicht genug, du Büchs!« ächzte der alte Hexenmeister, um dann humoristisch-schmeichelnd fortzufahren: »Gerade deine würde ich doch so gerne noch sehen, Karin, glaube mir bitte!«

»Nichts. Und jetzt nimm einmal deine dreckige Pratze von meinem Buckel da!« Frau Karin lachte hell.

»Ah, du alte Sau!« fiel Shakespeares ehedem treuester Narr platt aus der Rolle, »du verfluchte…«

»Sie, Herr Duschke…«, wollte hier Herr Leobold zart einschreiten, um das Ärgste zu vereiteln, aber inzwischen schien dem Kerzenhändler Lattern der ganze bisherige Festablauf nicht mehr zu gefallen, und um sich nachdrücklicher in den Vordergrund zu zerren, rief er drohend und verlockend zugleich:

»Die Situation ist meines Wissens, lieber Hans Duschke, die, daß –«, und hier dachte er ein paar Sekunden durchfurcht nach: »Wir sind, lieber Hans, alle noch sehr renitent und befinden uns als Gruppe in der Situation der Verlangsamung, aber ich werde euch…«

»Du bist ja bloß ein Kerzenhändler, ein ganz primitiver Kerzenhändler!« höhnte grob, aber prägnant der Kunstmaler Schedel dazwischen und kratzte sich triumphal am Lockenkopf.

»Mein lieber Habby Schedel!« rief Lattern zurück und suchte Boden zu gewinnen, »dir ganz besonders sage ich, für dich und deine mickrige Situation …«, doch Schedel fuhr erneut souverän dazwischen:

»Primitiv wie alle Händler und Briefhändler und sonstigen Subjektwerber!« Gluckernd freute sich der Künstler seiner geglückten Polemik und ließ sich Feuer geben.

»Sie, Herr Duschke …«, versuchte abermals Alfred Leobold das verquollene Geschehen in den Griff zu kriegen, wurde aber diesmal von Frau Karin zurückgepfiffen:

»Mein lieber Amigo, dein blödes Gerede hören wir doch jetzt seit 15 Jahren!«

»15?« Lattern fuhr auf: »Ich sage dir: 18!«

»Dein dummes Gerede, dein Gewichse …«

»Von wegen Gewichse!« Lattern war aufgesprungen und deutete mit dem ausgestreckten Zeigefinger auf Frau Karin, »du selber, nur du, du bist ein Gewichse, ich bin kein Gewichse. Ich bin bis in die Materie vorgedrungen! Was? Was?«

»Nichts«, rief gemütlich Hans Duschke und lachte froh.

»Was? Ich werde einen Streit vom Baume schütteln! Wertgute Menschen werden vernichtet! Wertgute Wichser! Während du, du …«

»Amigo«, bat Alfred Leobold sachlich, »setz dich halt hin.«

»Der Herr hat's gegeben, der Herr hat's genommen«, rief in atemloser Freude der Fuhrunternehmer Schießlmüller, vergriff sich aber dabei gefährlich:

»Und gerade du, mein tödlicher Willi Schießlmüller!« bellte Lattern und sprang ein paar Schritte auf diesen zu, »du solltest dich primär vorsehen. Wer hat das Ewige Licht mitgebracht? Ich habe das Ewige Licht mitgebracht. Ich blink schon noch durch, jawohl! Und du? Ich sage dir, wertgute Wichser werden dahingerichtet und vernichtet. Ich? Ich bin ein wetterfester, ein reifer

Wichser! Ich hab mit euch Scheißern, euch kleinen, die Situation abgeschlossen!«

»Briefhändler und sonstige Subjektwerber«, wiederholte der Maler Schedel dröhnend und geistesgegenwärtig seinen Scherz.

»Halt dein Maul, Amigo«, assistierte Schießlmüller und nahm erregt einen Schluck Champagner.

»Mein tödlicher Schießlmüller«, kämpfte Lattern weiter, »ich werde heute nacht an dich denken …«

»Wenn ich in meines Vaters Reich komme«, sprang ich hier bei, aber das war wohl nicht das Richtige.

»Ich werde an dich denken, jawohl!«

»Hähähä!« lachte selig Hans Duschke, der Verruchte hatte offenbar die Erotik schon wieder vergessen. Ein Chemiestudent, der bisher dem Streit fast ängstlich offenen Mundes gefolgt war, nahm sich ein Herz und lachte jetzt auch.

»Sicherlich«, sagte leise Schießlmüller, offenbar zu Sabine. Die gluckerte glücklich. War blitzartig Geschlechtsverkehr vereinbart worden? Sabine und Susanne! Die glanzlose Erkenntnis, einen Teil meiner besten Jahre zwei solch unwiderruflichen Schafen gewidmet zu haben, jagte mir in diesem Augenblick der Festhöhepunkte trockene Tränen der Wut und der Enttäuschung in die schmerzenden Augen. Was aber meinen Brustkorb so niederträchtig hob und senkte, war das Gefühl hemmungsloser, triumphaler Trauer darüber, daß mir die beiden nun nicht einmal mehr Schmerz zuzufügen vermochten – ein Gefühl, das selbst über den Glanz der seinerzeitigen Befreiungstat der Herren Zirngiebl und Bergonzi hinauswies. All out …

»… ich werde, du Hund, Schießlmüller, an dich denken und ich werde 90 Kerzen anzünden, damit der Herr, der Herre dich – jawohl, und das sage ich jetzt, ohne der Situation Scheuklappen aufzuwiegeln – damit du eines siebenfachen gräßlichen Todes stirbst, jawohl!«

Lattern hatte beide Arme hochgerissen. Einige Festgäste brummelten gedämpft Unmut. Ein Chemiestudent las in einem Teppich-Prospekt.

»Eines hundsgemeinen Todes stirbst, wenn ich heute nacht 80 Kerzen anzündle!« steigerte Lattern nach rückwärts.

Ob man dabeisein könne, wollte Hans Duschke fröhlich gackernd wissen.

»Jawohl, mein lieber Hans«, rief Lattern eifrig, offenbar dankbar, von seinen doch allzu verwegenen Gedankenpfaden wieder heruntergeholt zu sein, »alle, alle! Ihr seid alle dazu eingeladen, mit Ausnahme von dem da!« schrie Lattern und deutete furchtbar auf Schießlmüller, »von dem da und seinem Pritscherl. Und ich werde den besten Meßwein ausschenken, den mir der Pfarrer von Siebeneichen überantwortet hat!« (Das konnte schon nicht mehr von Seelburgs Pfadfindern herrühren: dieser Mann war einfach 2000 Jahre zu spät auf die Welt gekommen.) »Ihr kommt alle! Alle! Und wir werden tanzen! Jawohl, tanzen!« jauchzte Lattern, schloß die falschen Augen und sog wie wahnsüchtig an der Sechsämterflasche.

»Von wegen Pritscherl!« maulte Schießlmüller mutlos nach. Das war offenbar die ganze Pflichtverteidigung seiner sauberen Geliebten. Und fasziniert beobachtete ich, wie einfältig, wie pervertiert fröhlich sich dieses von mir noch bis vor kurzem herztötend geliebte Gottesnärrchen an den Transportesel schmiegte, ohne sich im geringsten über seine Qualifikation als »Pritscherl« zu grämen.

»Jawohl ist es eine Sau!« toste Lattern mutig. »Bzw. ein Pritscherl!« milderte er nicht ohne Angst.

»Wer? Von wem ist die Rede?« wollte Hans Duschke fast sachlichen Tonfalls wissen. Offenbar war er während der letzten Sekunden etwas eingenickt gewesen.

Vor meinen Augen begann es irgendwie zu schwimmen.

»Die da!« grunzte Lattern und deutete bravourös auf Sabine, die freudig aufkreischte. Unglaublich!

»Ach so, die junge Büchs«, sagte Hans Duschke, zog gleichgültig die Nasenflügel hoch und griff nach seinem Gläschen. »Ist doch ein nettes Mädchen!« Ich war sehr verblüfft.

»Jawohl! Jawohl!« Lattern suchte nach einer Fortsetzung, bebend vor Angst, daß ihm die ohnedies wackelnde Herrschaft entrissen würde. »Wie hat sie's denn damals mit dem Moppel gemacht, wie sie ihn hinten und vorne ausgeschmiert hat!«

»Das war gar nichts, du!« griff hier erstmals die schöne Susanne in das waltende Gepöbel ein. O neue Wirrsal! Was wollte sie damit sagen?

»Der Moppel und ich«, erwiderte Schießlmüller merkwürdig genug seiner Braut, »sind lang wieder prima Freunde, sicherlich, weil er ein prima Kerl ist«, so manövrierte mich der Transportidiot in neue Peinlichkeit.

»Ein ganz prima Kerl«, tauchte jetzt die schwache Stimme Alfred Leobolds empor. Die freundliche Miene des Betrunkenen zerstob in tausend sich jagenden Bildern der Gemeinheit. Gut erinnere ich mich, daß ein Jäger-Hochsitz darunter war, von dem aus ein Grünhut rigoros auf alles böllerte, was ihm unter die Augen kam. Kläglich suchte ich nach einem klärenden Manneswort:

»Was die Sabine und mich angeht …« – weiter kam ich nicht, der Kunstmaler Schedel vereitelte es:

»CSU-ler mausen nur unter uns, gell, Willi?«

»Jawohl!« brüllte der Fuhrknecht los, dann fabrizierte er unerwartet ein nachdenkliches Gesicht. Knirschend rieb Arthur Mogger die Zähne zusammen. Diese minimalen Triebstöße in diesen ausladenden Körpern! Ohnmacht und Scham ließen mich wild zur Flasche greifen. »Mach dir nichts draus, Moppel!« Plötzlich fuhr mir Sabine mit der Hand über den Hinterkopf. Ich war schon drauf und dran, ihr abermals Rührung zusickern zu lassen, da kreischte sie in voller Widerlichkeit auf. Die Todesfuge. Ich befand mich in einem Zustand lähmender Dummheit, vermochte indessen noch immer und sogar besonders klar die Geräusche der Gemeinheit um mich herum aufzunehmen. »Ein Futurist ist ein Arschgesicht«, hörte ich einmal den wüsten Greis Duschke aufheulen, »der lebt von gestern.« Durfte dergleichen ungestraft stattfinden? Gab es noch ein Gesetz, das wenigstens die gröbsten Geistesverbrechen verfolgte und ahndete?

Irgendwelche Verwehungen streiften mich. Dieses Kratzen im Hirn! »Hirnschwurbel« hatte es Schießlmüller einst genannt …

Gleichzeitig blödsinnig aufgequellte, großräumige Stimmungen umfingen mich. War ich nicht mehr bei Sinnen ...?

Und während ich so, zügig vor mich hintrinkend, Trübsal blies und, meiner Erinnerung nach, Lattern und Schießlmüller in ihrem Gezeter fortfuhren, registrierte ich plötzlich aufhorchend, daß Alfred Leobold rechts neben mir, zierlich auf seinem Stühlchen hockend, gleichsam geistesabwesend, aber auch wie in großem Schmerz, vor sich hinsummte: unablässig die Tonfolge c-a-g, c-a-g.

»Das sind die Komplikationen meines Effekts!« kreischte Lattern – offensichtlich vertat er sich hier gleich mit zwei Fremdwörtern.

»Bist ja bloß ein alter Aff!« konterte Schießlmüller, für diesen einfältigen Mann wahrhaft souverän. Jetzt hörte man im Hintergrund den Maler Schedel leise auf Arthur Mogger einreden, er habe da in den Kellerruinen des Seelburger Stadttheaters Totenköpfe gefunden, aus denen könne man »Klasse Seidel-Krügel machen und in der Ami-Kaserne verhökern, der Leo macht den Kontakt.«

»25 Mark, Karin, nur einmal zwei Minuten!« greinte Duschke auf einmal steigernd auf sein Opfer ein – – –

Und Alfred Leobold summte und summte. Die sanfte Melodie des Kummers. Das Raunen des Universums. Eine erhabene Müdigkeit schien mir in der Weise des Geschäftsführers eingegraben, der typisch Schopenhauersche Wille zum Ende. Ich lauschte immer angespannter: Es war fast haargenau die Tonfolge von Beethovens Les-Adieux-Sonate, nur noch eine Spur verhangener, ausgedörrter. Wunderbar! Wenn er jetzt stürbe, hätte alles Leid ein Ende ... Neinneinnein, Alfred Leobold mußte leben! Was geschähe denn sonst mit mir? Sein Summen schnöd unterbrechend, schlug ich, ihm zur Aufheiterung zu verhelfen, nun laut vor, etwas zu singen und allen Binnenstreit links liegenzulassen, letztlich seien wir doch eine verschworene Gemeinschaft, irgend so einen Unsinn soll ich dahergeredet haben, wie mir Hans Duschke am andern Tag steckte – denn an den folgenden Vorgang erinnere ich mich nur noch dunkel. Wenn man Duschke Glauben schenken darf, hätten wir zunächst gemeinsam »Wohlauf, die Luft geht frisch und rein« und sodann »Roll me over« gesungen, dann, nach vielem Hin und Her und nachdem neue Sektflaschen geöffnet worden waren, hätte ich der versammelten Gesellschaft das Lied aus dem »Bettelstudenten« vorgeschmettert:

»Der Pole trinkt galant
Champagner aus seiner Dame Schuh,
Die Sitte hier zu Land
Trinkt aus dem Schuh der Braut immerzu…«

– was mich besonders erstaunt, weil ich das Lied damals noch gar nicht kannte, jedenfalls, beim Refrain, dem »Trinke zu, trinke zu aus dem schönen kleinen Schuh«, habe zuerst er, der alte Operettenhase Duschke, miteinstimmen können, nach der dritten Strophe aber hätten bereits alle mitgebrüllt, und auf eine gemeinsame Idee Schedels und – reizend! – Alfred Leobolds hin habe man dann auch etwas Sekt in die Schuhe von Susanne, Sabine und Karin gekippt (was ich wohl wegen meines selbstvergessenen Singens nicht mitgekriegt hätte), auch habe dann der wiederversöhnte Kerzenhändler Lattern nicht versäumt, den Sekt wieder aufzuschlürfen, und Lattern habe auch beim Wiederüberstreifen von Frau Karins Schuh diese kräftig in die Zehe gebissen –

– sodann habe er, Duschke, noch das Lied aus der »Fledermaus« gesungen, »Die Majestät wird anerkannt«, und zuletzt hätte ich mich noch an dem Trinklied aus »Traviata« versucht, aber dieses »Libiamo, libiamo« sei schon ein gräusliches Gekrächze geworden und völlig danebengegangen – –

Das Ende des Fests ist mir wieder recht gegenwärtig. Der Gymnasiast Binklmayr hatte wohl von irgendwoher Wind bekommen, daß hier etwas Außerordentliches gespielt würde. Er habe, erzählte er glückschnaubend beim Eindringen, schon eine halbe Stunde am Auslagenfenster gepocht, nachdem er noch Licht gesehen habe –

»Genau«, eröffnete hier Alfred Leobold, das habe er schon gehört, er habe aber gedacht, das sei der alte Malitz, der nachts öfter vorbeikomme und klopfe, »ich weiß auch nicht, was der alte

Mann da will, der hat doch eine schöne Rente«, erläuterte sanft fortlächelnd Herr Leobold – jedenfalls war der vergnügungssüchtige Gymnasiast nun da und versuchte, mit selbstmörderischen Schlucken alles nachzuholen, was wir ihm voraushatten, plötzlich drehte er sich wie träumend im Kreise und teilte uns mit, seine Mutti sei ihm doch die liebste – zuerst komme seine Mutti, dann sein Auto und als drittes sein künftiges Medizinstudium. Fiel auf die Knie und barg seinen Kopf in Frau Karins Rock.

»Mein lieber Binklmüller oder wie du heißt«, versuchte da über die Pietà dieses jungen Mannes der Kerzenhändler Lattern die Szene erneut in seine Gewalt zu bekommen, »mit solchen Mätzchen, mit diesen Wichsqualitäten, welche du für uns hier indizierst…«

Da – möglicherweise erschüttert durch das Fremdwortkauderwelsch – fuhr der angehende Student wieder hoch und setzte, sich die Augen reibend, zu einer schwer lallenden Erklärung an, wie seiner Meinung nach die Welt entstanden sei: Es sei da nämlich plötzlich ein »Urknall« erfolgt bzw. gleichzeitig im Sibirischen ein »Urei« gefunden worden – – ich hörte aber dann auf den Quatsch nicht weiter hin, sondern etwas weiter nach hinten, wo der Kaufmann Mogger, die rohe Hand im Haarwuschel seiner Geliebten Susanne, eben ein sehr ernstes und leises Gespräch mit Alfred Leobold führte, in dem es, wenn ich recht gehört habe, darum ging, mit Nähmaschinen Unsummen von Geldern zu machen, »bei dem Geschäft können wir uns, Alfredl, krumm und dumm verdienen, Alfredl, das einzige ist die Sache mit der Banksicherheit, Alfred!«

»Sowieso, Arthur«, parierte Alfred Leobold ebenso müd wie souverän und schlug gleichzeitig (und im Zusammenhang mit Moggers kommerziellen Ansinnen sogar ein wenig rücksichtslos) vor, noch ein wenig in den »Seelburger Hof« überzuwechseln – wohl in der rührenden Hoffnung, daß es dort »evendöll« noch lustiger würde.

Freude züngelte erneut auf, als wir alle auf den traulich erleuchteten Fortschrittsplatz hinausfielen. Eine leicht herbstliche Heimwehkühle trieb uns in den »Seelburger Hof«.

Halten wir fest: Ich meine, insgeheim bin ich ein großer Freund aller Art von Exzessen, wenn sie sich nur humoristisch genug vollziehen, aber in diesem Augenblick hatte ich das Gefühl (und habe es bei der Niederschrift erneut), daß eine vorübergehende Prohibition diesem Land ganz gut tun würde. Aber andererseits scheint das Trinken doch wieder auch nicht nur das Gesetz zu sein, nach dem wir angetreten, sondern sogar gewissermaßen die uns allen auferlegte Pflicht. Denn was sagt man sonst zu dem folgenden Artikel, veröffentlicht am 19. 6. in der »Bild«-Zeitung?

JEDE MENGE ALKOHOL IN DER MILCHSTRASSE

o. a. Toronto. Die Milchstraße müßte eigentlich Schnapsstraße heißen. Wissenschaftler haben festgestellt, daß das Sternensystem, das 30 000 Lichtjahre von der Erde entfernt ist, mehr Alkohol enthält, als jemals auf der Erde getrunken wurde, und zwar in Gasform. Er verteilt sich auf einen Raum von zehn Lichtjahren Durchmesser (Ein Lichtjahr: 630mal die Entfernung zwischen Erde und Sonne).

So ist das also. Und noch ein Wort zum Alkohol. Vielleicht kommt manchem meiner Leser auch langsam der Verdacht, daß so viel und kontinuierlich wie in diesem Roman bzw. in Seelburg gar nie getrunken werden kann. Es ist aber wahr! Das schwöre ich! Meiner Ansicht nach jedenfalls würde die Hälfte auch genügen …

4

Aber nichts dergleichen an rettender Einsicht. Obgleich seit kurzem speziell die Teppichherren die Gefahren des Alkohols zumindest theoretisch einzusehen schienen. Das heißt, in den nächsten, recht lastenden Novemberwochen, in einer Zeit, da der Mensch ganz besonders bedürftig nach einem Unterschlupf in der Wärme der Geschäftswelt ist, beobachtete ich einen Wechsel der Taktik im zunehmend zermürbenden Konkurrenzgeschehen zwischen Alfred Leobold und dem Sekundanten Hans Duschke. Neue Machenschaften: Nicht mehr die schnöde Kündigung war jetzt strategisches Kriterium, den jeweils anderen niederzuhalten, sondern die wechselseitige Wachsamkeit und Kontrolle des Alkoholspiegels samt anschließender Denunziation gegenüber Freunden und Gönnern.

»Das glaubst gar nicht, Moppel!« drang Alfred Leobold eines Nachmittags gleich nach meiner Ankunft in mich, »der Duschke! Der hat jetzt im ›Samariter-Hof‹ – ich hab's selber gesehen – drei Bier und acht Schnaps getrunken, und jetzt, wie er wieder zurück ist, hat er schon wieder so eine Flasche Apfelwein, das Gelump da. Und so bedient er die Kundschaft! Stinkt aus dem Maul wie ... unheimlich! Geh, Moppel, sei so gut, mir ist jetzt nicht recht gut, gehst zum Schneeflöckchen rüber und holst drei Sechsämter, bist so gut. Nein, bringst gleich fünf mit, damit nachher nicht immer ...«

»Unglaublich!« zeterte schon am übernächsten Tag Hans Duschke auf mich ein, »der Leobold!« Hier senkte Duschke die Stimme: »Der Leobold, ich sage dir bitte, der macht es nicht mehr lange. Gestern bleibt er den ganzen Tag weg und kommt erst um fünf Uhr abends wieder. Bei der Kundschaft will er gewesen sein. Kommt hereingewackelt, setzt sich auf seinen Stuhl und schläft ein. Unglaublich!« raunte Duschke anrührend, »und ich alter Mann muß natürlich doppelt so viele Leute bedienen, ich alter Mann, die Arschgesichter scheißen sich nichts darum, daß ich ein alter Mann bin.« Und Duschke wackelte erbarmungswürdig mit dem Kopf gegen die Zimmerdecke, die Frage symbolisierend, wie das denn nun weitergehen solle.

Natürlich wußte ich es auch nicht, ich hatte auch nur einen sehr undeutlichen Begriff von Soll und Haben in diesem Unternehmen, ich war ja auch mehr am Personellen interessiert, und auf diesem Gebiet hielt ich allerdings meine Ohren offen. So brachte ich z. B. über den Gymnasiasten Binklmayr in Erfahrung, daß noch am nämlichen Tag eine Periode eingesetzt haben soll, in der beide Männer angeblich tagelang nicht mehr miteinander sprachen. Um auch diesen Spaß nicht zu versäumen, eilte ich, sofort nach Binklmayrs Rapport, zu ANO, mich zu überzeugen –

erlebte aber eine nette Überraschung. Die beiden Teppich-Kaufleute schrien nämlich gerade hart aufeinander ein, wie ich dies zumindest bei Herrn Leobold in dieser Kraft und Leidenschaft noch nie erlebt hatte.

»Jawohl!« rief Herr Leobold, »einwandfrei!«

»Wer macht hier die Umsätze?« kreischte Duschke.

»Sie vielleicht?« parierte Leobold. »Servus, Moppel!« grüßte er mich mildsüß.

»Ja, vielleicht der Rucksacksepp?« Duschke, breitbeinig, eine Hand zur Faust geballt, verlegte sich aufs Sarkastische. Sogar sein Weißkittelchen schien sich vor Ironie zu sträuben.

»Genau«, zuckelte gleichwie hoffnungslos Leobold nach.

Was denn los sei, wollte ich vermittelnd einschreiten, der ich vor Vergnügen bebte. »Der Leobold sagt...«, krähte eifrig Duschke. »Hör einmal zu, Moppel, der Duschke, gell, der Duschke hat gesagt...«, fuhr Leobold, ungalant wie selten, dazwischen und färbte den Ton mir gegenüber sofort wieder ins Milde und Konspirative, es war eine Reverenz vor meiner hohen Intellektualität, »der Duschke sagt...«

»Herr Leobold, ich warne Sie!«

Ich glaube, es gelang mir tatsächlich ohne Schalk »aber meine Herren!« zu sagen, und dann stellte sich heraus, daß Duschke der Meinung war, er ernähre Alfred Leobold praktisch mit seiner Verkaufsprovision, indem nämlich er, Duschke, das habe er herausgefunden, pro Abschluß ein Prozent kassiere, indessen Leobold zweieinhalb Prozent einstecke. Sofort und abschätzig wandte Herr Leobold nun dagegen ein, wenn er von dieser Duschkeschen Provision leben müßte, wäre er schon längst »verdurstet« – er sagte tatsächlich nicht »verhungert« – –!

– – »Hören Sie bitte, Herr Lääwoohl!« geiferte erneut atemlos Hans Duschke und schlug sich gegen die Stirn, »ich bin der siebtbeste Verkäufer im Bundesgebiet, bitte, und ich werde mir von Ihnen meinen Lebensabend nicht ruinieren lassen. Chrrn! Ich habe Sie vor einem Jahr freiwillig aus der Gosse gezogen, als Sie bei Meßmann gefeuert wurden...«

»Was?« fragte Leobold, wohl zu Recht überrascht.

»... Sie ruinieren mich nicht«, bügelte Duschke den Gefährten weiter nieder, »merken Sie sich das, ja, bitte, meine Herren, mein Herr, und wenn Sie zehnmal mein Vorgesetzter sind! Am Arsch! Mein Vorgeschätzter!« versprach sich jetzt das alte Ungewitter unnötig und schnaubte hastig, »wer hat denn im letzten Monat 600000 Mark Umsatz gemacht, wer bitte? Ich bitte Sie!«

»Wieviel?« fragte Alfred Leobold, plötzlich heiter.

»600000, mein Herr!« beharrte Hans Duschke laut. Ein Sonnenstrahl irrlichterte dem Greis im Gesicht herum, und wenn ich mich nicht täuschte, haschte er nach ihm.

»Sie meinen vielleicht 50000!« berichtigte kühl-abschätzig Alfred Leobold.

Ich nahm interessiert auf einem sogenannten Spitzmaushocker für 39,50 DM Platz, zündete eine Zigarette an und registrierte schon fast ohne Bestürzung, daß im hinteren Teil des Teppichsalons gezählte sechs Kunden herumstanden und ja wohl gleichfalls den aufpeitschenden Disput mit anhören konnten.

»600000 – mein letztes Wort. Moppel, du bist Zeuge!« fiel Hans Duschke über mich her.

»Und wissen Sie, was ich Ihnen sag?« Alfred Leobold machte es spannend: »50000 – und nicht mehr. Nie!«

»Da wette ich!« schrie nun fast verzweifelt Hans Duschke auf. »Da wetten wir, da wette ich mit Ihnen um 100000 Mark! Um 100 Mark, Herr Lääwoohl!«

»Genau«, sagte virtuos Alfred Leobold und machte mir Hockendem gegenüber die Handbewegung milder Resignation angesichts der Toren dieser Erde. »Da sind 100 Mark«, und Herr Leobold klaubte etwas zittrig, aber doch überzeugend einen blauen Schein aus seinem Portemonnaie und entfaltete ihn auf dem Kassentisch, »100 Mark.«

»Und da sind nochmals 100!« Spontan zog Duschke mit, riß aus den Tiefen seiner Hosentasche gleichfalls einen blauen Schein und knallte ihn neben den anderen. Es war aber nur ein Zehnmarkschein. Worauf Duschke wütend zu suchen begann, heute morgen sei das noch ein Hundertmarkschein gewesen, irgendwie gehe das nicht mit rechten Dingen zu, immer wenn er Geld mitnehme, habe er plötzlich keines mehr, bald scheiße er auf das ganze Geld überhaupt – es kamen dann aber jedenfalls, zum Teil aus der Reverstasche, zum Teil aus einer Zündholzschachtel, zusammen nur mehr sieben Mark dazu, so daß Duschkes 17 Mark – »das andere kommt morgen, ehrlich, ich bitte Sie!« – schließlich gegen Alfred Leobolds 100 Mark antraten – und prompt verloren. Voll erstaunter Neugier sah ich den beiden Herren über die Schulter, als Alfred Leobold gewichtig, ja würdevoll aus dem Schubfach des Kassentisches eine Art verwittertes Geschäftsbuch hervorzog, aus dem nach kurzem Hin und Her klar und unwiderleglich hervorging, daß Hans Duschke im Vormonat 48 000 DM, im wiederum vorhergehenden Monat 43 000 DM erwirtschaftet hatte.

»Ich bin«, wehrte sich Hans Duschke nach Kenntnisnahme verzweifelt, »der siebtbeste Verkäufer Deutschlands. Wetten!« Strähnen von glitzerndweißem Lockenhaar in der Art genialer Pianisten der Liszt-Ära fielen dem alten Mann nach hinten. »Ich wette mit Ihnen!« heulte er hilflos.

»Sowieso«, antwortete Alfred Leobold glänzend und lächelte mich als Kronzeugen hold an.

»Da muß ich einen Nuller übersehen haben!« grunzte der ausgetrickste Greis kläglich nach, »Herr Leobold, ich …«

»Nicht übersehen«, korrigierte der Geschäftsführer zu Recht und aus Caprice, »zuviel gesehen, zuviel gesehen!«

»Sie werden sofort bedient!« rief plötzlich Duschke nach rückwärts in den Kundenhaufen hinein.

»Einen Nuller und 12 000 Mark dazu.« Herr Leobolds Geistesgegenwart in Dingen der Kalkulation erweckte meine nachhaltige Aufmerksamkeit.

»Einen Nuller«, echote sinnlos Hans Duschke. Und saugte rücksichtslos Schleim durch die Atemröhre hoch.

»Genau«, sagte Alfred Leobold anbetungswürdig, »und da schieben S' jetzt Ihr Geld wieder ein, sonst können S' heut abend nichts trinken.« Dieser Mann dachte wahrhaftig an alles.

»Und jetzt trinken wir einen Schnaps zur Versöhnung«, auch Hans Duschke demonstrierte nun hohe Delikatesse, »zur Versöhnung, Herr Leobold, bleiben wir gute Freunde, ehrlich, Moppel, 600 000, ich Arsch, Moppel, hier hast du drei Mark, hol bitte sofort drei Schnaps!« Ich hatte richtig gesehen: jubelnd, nein, wie um sich selber aus der beklemmenden Lage zu befreien, hatte Duschke die Arme hochgeworfen.

Ein bißchen verbittert war ich schon, daß ich jetzt immer häufiger den Herren den Schnaps zu holen hatte, während es früher doch die Herren gewesen waren, die mich selbst in dieser Beziehung noch verwöhnt hatten – indessen, vermutlich wäre es einfach unfein gewesen, die Wiederversöhnten, die sich jetzt sicherlich eine Menge zu sagen hatten, hier und jetzt auseinanderzureißen, ich lief also zu Schneeflöckchen und besorgte das köstliche Naß. Es wurde wieder einmal ein sehr geselliger Nachmittag à la ANO.

An dieser Stelle möchte ich eine kleine Atempause einlegen und erneut auf die Frage zurückkommen, die vermutlich drängendste Leserfrage: warum ich mich in diesen Früh- und Spätherbsttagen gar so unwiderstehlich und regelmäßig bei ANO herumtrieb, ich hätte ja auch dort gleich eine bezahlte Position annehmen können, wie mir bei der Niederschrift immer wieder siedendheiß auffällt. Nun, erstens ging das nicht wegen der reizenden Witwe, die ja auch gelegentlich heimgesucht werden wollte, zweitens bzw. andersherum kam da sicherlich sehr Unterschiedliches an Motivationen zusammen, und ich verleugne auch keineswegs eine gewisse Inhaltslosigkeit und Öde meiner damaligen Existenz. Es war wohl die Suche nach Halt und dergleichen, ich meine aber, der entscheidende Grund wird dem Leser dann einleuchten, wenn er die folgende Zeitungsmeldung liest, erschienen erst vor ein paar Tagen im Seelburger Kreisanzeiger:

»Lieblinge der Nation gegen Krebs. ›Ich drücke beide Daumen‹, ließ Mildred Scheel den 40jährigen Produzenten Wolfgang Rademann wissen, der am Montag in der Kölner Sporthalle mit den Proben für die ›Super-Gala-Show der Nation‹ begann, die insgesamt 42 der Topstars von Film, Fernsehen und Bühne für einen guten Zweck präsentiert: für die Deutsche Krebshilfe.

›Wir haben so viele Lieblinge der Nation, daß nur jeder einen kleinen Beitrag leisten kann‹, sagte der Produzent … Mitwirken werden die Sänger Anneliese Rothenberger, Rudolf Schock, Katja Ebstein, Johannes Heesters und Freddy Quinn, die Musiker Franz Grothe, Kurt Edelhagen und Paul Kuhn, die Schauspieler Lilli Palmer, Inge Meysel, Marika Rökk, Heinz Rühmann, Gustav Knuth, Olga Tschechowa, Hans Söhnker, Elisabeth Flickenschildt, Paul Hörbiger, Heidi Kabel, Erik Ode, Horst Tappert, Liselotte Pulver, Hansjörg Felmy, Rudolf Prack, die Kessler-Zwillinge. Ferner die TV-Unterhalter Lou van Burg, Peter Frankenfeld, Hans-Joachim Kulenkampff, Robert Lembke, Ilja Richter, Hans-Jürgen Rosenbauer, Hans Rosenthal, Heinz Schenk, Gisela Schlüter, Günter Schramm, Heinz Sielmann, Ernst Stankovski und Wim Thoelke. Ein weiterer Gast ist Gunter Sachs.«

Spuk! Wahnsinn! Verrat! Betrachten wir sine ira et studio diese Liste verbrecherischer Naturgemeinheit und hinterhältiger Intellektualinfamie, dann, glaube ich, hat man – und hier erreicht mein Roman einen inhaltlichen Höhepunkt – allen Anlaß, jeden Morgen unserem Herrgott zu danken, daß man kein »Liebling der Nation« geworden ist. Und kein Nürnberger. Und kein Amerikaner. Versenken wir uns aber erneut in die Kollektion von Monstern und Dummbeuteln, die täglich durch die Penetranz ihrer unsäglichen Existenz auf unsere zarte Psyche eindräuen und sie fast zerschmettern; dann wird man abermals verstehen, warum es mich damals ununterbrochen zum ANO-Laden trieb: den Menschen – den wahren und guten Menschen – zu suchen und zu finden.

Ich meine, das ist heute die dringlichste Aufgabe gerade für uns Schwerintellektuelle!

Alles ist freundlich wohlwollend verbunden: Gut gesagt, Freund Clemens Brentano – die Versöhnung zwischen Alfred Leobold und Hans Duschke indessen war leider nicht von Dauer. Ich weiß nicht, ob es auf dieser Welt weise Menschen gibt, die zu erklären vermögen, warum zwei Männer, die nach zahllosen Schicksalsschlägen im allgemeinen sowohl als im Wirtschaftsleben in einem wohlgeordneten Teppichladen ein schönes Ein- und Auskommen finden könnten, wenn auch, zugegeben, auf nicht ganz einwandfreie Art, – warum diese Menschen dann trotzdem mit Nachdruck an ihrem eigenen Ruin zimmern müssen, anstatt der sozialen Trübsal in voller Eintracht und im Sinne von Marcuses »großer Verweigerung« wenigstens privaten Glanz und Luxus entgegenzusetzen.

Gerade im Fall ANO. Wie schön hätten die beiden Teppichherren zusammen hausen, sich gemeinsam die Zeit vertreiben und endlich gelassen dem Tod ins Auge sehen können! Aber nein! Die Misere erreichte vielmehr einen neuen Höhepunkt mit der ersten Adventswoche, als plötzlich eine ausladende Fahne über dem ANO-Eingang prangte:

WERBEWOCHE!
SUPER-TEPPICH-VERKAUFSHALLE!

– jawohl, tatsächlich mit zwei Ausrufzeichen, und dazu hatte Herr Nock, wie ich besuchsweise bemerkte, herbstliche Laub-Imitationen ausstreuen lassen, was meinem Gefühl nach irgendwie im Widerspruch zueinander stand – vor allem aber ging drinnen, in der neuerdings so genannten »Verkaufshalle«, alles seinen alten Gang, aufgestachelt freilich noch durch die Hetze der Vorweihnachtstage.

Die beiden Herren, das wurde Gästen schnell deutlich, arbeiteten gleichsam nebeneinanderher, allem Anschein nach auch ohne zentrale Steuerung. Herr Leobold humpelte, durch die schon unglaubliche Macht des Kundenandrangs genötigt, nahezu waidwund hin und her, mußte sich immer wieder setzen und schloß gelegentlich kraft- und besinnungslos die Augen, indem die im Zuge der Super-Fahne anscheinend vollends aufgepeitschte Kundschaft durch die Super-Halle wütete und den unerhörtesten Unsinn zusammenzukaufen trachtete. Hans Duschke seinerseits markierte nun den Super-Verkäufer durch dick und dünn, hervorragend ließ er immer wieder das Teppich-Paternoster auf- und niedersausen, lag auch oft aufopfernd, ja erbarmungswürdig auf dem Bauch und schnitt mit einer riesigen Schere Teppiche zurecht – und hatte allem Anschein nach überhaupt keine Zeit mehr für uns Gäste, am wenigsten für mich, was mich geradezu beleidigte, ich dachte zuerst, er sammle verbissen Pluspunkte für den Endkampf gegen Alfred Leobold – den wahren Grund für des Alten unübersehbare Reserve erfuhr ich erst Wochen später, wieder über den Gymnasiasten Binklmayr, der überhaupt fast noch mehr wußte als ich, anstatt seine Schulaufgaben ordentlich zu machen. Duschke habe sich, bedeutete mir Binklmayr, in jenen Tagen ihm gegenüber dahingehend beschwert, daß wir – »und vor allem der Moppel!« – nicht mehr wie früher in erster Linie ihn, Duschke, bei ANO besuchen kämen, sondern Alfred Leobold, seinen Erzfeind!

»Und ich sage dir eins«, habe Duschke ihm, Binklmayr, geradezu sengend untergejubelt, »der Leobold war eine gesellschaftliche Null, bevor ich ihn zu euch geschleppt habe. Ich! Eine Null und ein Niemand!« Und dies sei die Wahrheit und nichts als die Wahrheit, habe der Alte überaus bitter und anklagend geseufzt, berichtete der Gymnasiast naseweis kichernd.

Auch mich amüsierte das, köstlich sogar, Duschke hatte aber nicht ganz unrecht, und so nahm ich mir schlechten Gewissens vor, ihn wieder verstärkt ins Zentrum meiner Aufmerksamkeit zu rücken. Ein guter Vorsatz, denn bereits am nächsten Tag wurde ich Zeuge eines Verkaufsgesprächs zwischen ihm und einem pastorenartigen Manne, der zusammen mit seiner Gattin einen Teppich mit Berbermuster kaufen wollte. Ich gesellte mich, damals auf dem Höhepunkt meiner Dreistigkeit, kaltblütig zu der Dreiergruppe, gleichsam als ob ich hier bei Duschke volontierte und die Verkaufstechnik erlernte. Der Pastorenesel, einer der widerlichsten Menschen, die ich in meinem Leben gesehen habe, heulte greinend und wie im Schmierentheater auf den alten Duschke ein, es könne ruhig ein teures Stück sein, aber unter allen Umständen Berbermuster.

»Gut«, murmelte Duschke erschreckend laut vor sich hin, »dann zeig ich Ihnen den Scheiß.«

Worauf wir vier uns in die zuständige Ecke begaben, wo dann Duschke sehr lustlos und sogar rabiat sein Angebot präsentierte, gräuliche Ungeheuer von vulgären Lappen, die aber die Pastorengattin sofort in Entzücken versetzten, so maßlos, daß der offenbar vor nichts mehr zurückschreckende Duschke sie schamlos sexuell zu mustern begann, ich befürchtete schon die schlimmsten Ausfälle – die dumme Kuh wurde aber sofort von ihrem Gatten noch übertroffen, der glucksend auf Hans Duschke einwinselte:

»An sich schätze ich keine Teppiche im Schlafzimmer! Sie verstehen, mein Herr. Aber heute morgen hat sie mich« – und vollkommen irrsinnig deutete der Pastor auf seinen Drachen – »hat sie mich bei einem zärtlichen tête-à-tête überzeugt. Hihihi! Tatsächlich überzeugt. Hihihi!«

Und wahrhaftig, der Pastor kniff seine Gattin in die Hüfte, und beide brachen sofort in ein erregtes, eindeutig unzüchtiges Meckern aus.

»Bedienst du sie weiter, Moppel?« Hans Duschke meisterte tolldreist die Situation: »Ich geh mal gerade scheißen.«

Hah? Ließ er sich ganz harmlos hinreißen? Duschke: »Herrschaften, Sie entschuldigen mich bitte. Ein tête-à-tête im Schlafzimmer mit Berberteppich ist wie Kaviar und Sekt«, lachte der Alte nun fast goldig, »Sie entschuldigen mich, mein junger Freund wird Ihnen Gesellschaft leisten.« Und heftig rannte Duschke davon, die Beine von sich wirbelnd.

Schwer erklärlich, aber die beiden Altidioten nahmen weder Duschkes Rückzug noch seine rüden Sprüche krumm, ja tatsächlich gelang es mir, in meiner neuen Funktion – endlich hatte ich es geschafft! Ich war vollwertiger ANO-Mann! –, zwar noch recht nervös, den beiden Ungeheuren einen Berberteppich anzudrehen, den ich, aufgestachelt durch Duschkes Vorbild, als »besonders intim und grazil« empfahl. Den Preis konnte ich vom Schildchen ablesen. Am Ende schrieb Herr Leobold, ohne sich zu wundern, die Rechnung aus, und zusammen mit Herrn Zier, dem Verleger, schleppte ich die Rolle zu dem VW Variant des wunderlichen Ehepaars.

Duschke, zurückgekehrt, konnte sich zuerst an nichts erinnern. Mühsam aufgeklärt, lachte er herzlich und schüttelte mir sogar die Hand. Ich bin sicher, er hat aber meinen Verkaufserfolg gleich wieder vergessen. In seinem Kopfe bohrte damals anderes: das große Komplott gegen Leobold nahm den Greis vollkommen gefangen und verfinsterte sein Erinnerungsvermögen.

Ein ähnlich exzessiver Vorfall ereignete sich dann am vierten verkaufsoffenen Adventsamstag, den ich in seiner vollen Länge bei ANO verlebte. Herr Leobold, unter der Last des Weihnachtsgeschäfts nahezu zusammengebrochen, hatte diesbezügliche Dispositionen getroffen, und offenbar frei Schnauze und ohne Rücksprache mit der ANO-Zentrale, den Schreiner Wellner, den Gymnasiasten Binklmayr und mich als sozusagen zusätzliche Verkaufshelfer zu ANO beordert, zuzupacken, wo Not am Manne sei. Er versprach uns dafür 80 Mark auf die Hand, aus gewissen Spesen-Reserve-Fonds der Firma – »und Sechsämter was ihr wollt sowieso.«

Das letzte stimmte besonders gut. Ein gütiges Wunder fügte es, daß der Publikumsandrang an diesem letzten Arbeitstag des Jahres gegen Nachmittag etwas nachließ, so daß Hans Duschke alle anfallende Arbeit praktisch alleine meistern konnte. Alfred Leobold war, wohl auch im Bewußtsein seiner klugen Entlastungsmaßnahme, bereits gegen Mittag ziemlich arbeitsunfähig zusammengetrunken, und im weihnachtlichen Glitzern des sich matt herniedersenkenden Nachmittags waren auch wir Helfershelfer, von Leobold immer wieder angefeuert, praktisch knockout geschlagen und lümmelten nur noch taumelnd und träumend in der Erfrischungsecke herum, den Kühlschrank von seinen Restinhalten zu säubern.

Vermutlich aus irgendwelchen Gewissens- und Verantwortungsgründen hielt indessen Alfred Leobold seine öffentliche Stellung hinter der Ladenkasse, saß geduckt, völlig zusammengesunken, ja geradezu niedergetrommelt auf seinem Stühlchen, äugte blind und gedankenschwer vor sich hin, ein sterbender Heros – gewissermaßen als Schwert aber hielt der ANO-Geschäftsführer eine große Flasche Sechsämter in der Hand. Führte sie ab und zu ziemlich kraftlos zum Mund, wie wir von unserer Erfrischungsbastion aus gut sehen konnten, und schien irgendwie die Zeit stillstehen zu lassen.

Zwischendurch wankte dieser wahrhaft edle Mann immer wieder zu uns in den Hinterhalt, ließ uns von der Flasche kosten und einmal brabbelte er auch, er sei jetzt froh, wenn Weihnachten sei.

Zottelte wieder nach vorne und stellte sich tapfer dem Anblick der spärlicher werdenden Kundschaft. Wie harmlos dieser Kapitalismus doch war! War es nicht wie im Märchen? Alle hier auf dieser Erde mögen und helfen einander irgendwie, der Handel blüht, der Fortschritt scheint gesichert, und der Pluralismus der Wünsche läßt jeden auf seine Kosten kommen. Die Getränkeindustrie stützt sich auf Teppiche, der Teppichhandel trinkt dunkel vor sich hin …

Es war gegen 17 Uhr, als Alfred Leobold vorne einmal mehr die Flasche zu den Lippen führte, im gleichen Augenblick aber ein Halbneger zur Tür hereintrat und sich vor dem Geschäftsführer postierte. Wenn ich heute scharf nachdenke und differenzierende Vergleiche ziehe, dann waren es die folgenden zehn Sekunden, die das meiner Ansicht nach erhabenste Schauspiel in der Geschichte des ANO-Teppichladens zum Aufschimmern brachten:

Ungerührt durch den Frontalzusammenstoß mit dem Neger beließ Alfred Leobold die braune Flasche noch für etwa fünf Atemzüge in seinem Mund, geschlossenen Auges, gleich als ob er schliefe und vergessen hatte, sie abzusetzen. Den Gesichtsausdruck des Negers möchte ich als »geduldig-wartend« und »verständnisvoll« charakterisieren, voll jener Gelassenheit, die Negern gemeinhin nachgerühmt wird.

Als Alfred Leobold die Augen wieder aufschlug und sehr verwundert den dunklen Gast beäugte, erkundigte sich dieser artig und in gebrochenem Deutsch nach einem (wenn ich es richtig verstanden habe) »kleinen schönen blauen Läufer, es kann aber auch grün sein, okay?«

Alfred Leobold rappelte sich nur ein wenig hoch. »Genau«, ächzte er tonlos und unter Schmerzen, »wird erledigt.« Bedächtig deutete er mit der fast leeren Flasche in den dämmrigen Hinterbereich der Super-Verkaufshalle, »Herr Duschke ... Herr Duschke wird Sie bedienen.« Und nahm, dem Kunden ins Auge blickend, furchtlos einen neuen Schluck. Non temer, amato bene ... Leise rieselt der Schnee ... In dulci jubilo ...

Zwei Stunden später war es überstanden. Die Weihnachtsfeierlichkeiten umfingen uns. Wir alle hatten Erholung sehr nötig.

5

Ob es vielleicht so war, daß das sehr fragile Gefüge des späten Kapitalismus Fragwürdigkeiten des ANO-Schlags gewissermaßen als Ferment brauchte? Als das Salz in der verwesenden Suppe des ordinären Betrugs, der niemand mehr interessierte? Während die Technik hier sogar unsere anspruchsvollsten Neger zufriedenstellte!

Rasch das Nötigste. Alfred Leobold ging mir während der Festtage ein wenig aus den Augen verloren, jedenfalls erinnere ich mich keiner besonderen Scherze oder Exzesse, vermutlich mußte er sich doch über längere Zeit von den mörderischen Anstrengungen der letzten Geschäftstage erholen, Kraft für das neue Jahr zu gewinnen. Dagegen sorgte der unermüdlich streunende Greis Duschke auch in diesen Tagen des Festesfriedens mindestens zweimal für nette Unterhaltung. Zuerst am Heiligen Abend. Wie ich später erfuhr, war der tatenfrohe alte Mann zusammen mit dem gleichfalls familienlosen Erich Winter dem Lichterglanz in eine Amerikanerbar entflohen, hatte dort (nach Winters Bericht) kräftig einen über den Durst getrunken, jammernd über seine Vereinsamung, aber das war natürlich nur eine dumme Ausrede – zum Ausklang des Abends sei dann Hans Duschke gerade in dem Augenblick über den festlich illuminierten Seelburger Marktplatz gesegelt, als die Christmette zu Ende war und die gediegenere Bevölkerung aus der Pfarrkirche strömte.

Der Anblick der sich nun zu Christi Ankunft die Hände schüttelnden Seelburger Bürger habe nun, erzählt Winter, den bereits entfachten Duschke so hemmungslos erbost, daß er wie eine Furie in die schon fast leere Kirche geflattert sei, den Pfarrer wegen »Volksbetrugs« zur Rede zu stellen:

»Glaube mir bitte, Erich, ich werde diesen Arsch zerschmettern!«

Er, Winter, sei dann, das Ärgste zu verhüten, dem Tobenden nach, der zuerst orientierungslos im Domschiff von St. Martin auf- und abgesaust sei und mehrere Gläubige grob auf den Verbleib des Geistlichen hin angeschnauzt habe. Bis wohl der Pfarrer selber auf den merkwürdigen Gast aufmerksam geworden und ihm in den Weg getreten sei und mit einer sanft fordernden Armbewegung zum Verlassen der Kirche aufgefordert habe. Daraufhin habe Duschke, so berichtet Winter und schmunzelt erinnerungsschwer, dem Geistlichen unter mehrfachem Rülpsen, aber sonst durchaus formvoll eine »öffentliche Diskussion vor versammelter Mannschaft« (womit Duschke die Mettenbesucher gemeint haben muß) angetragen, »diesen verlogenen Brüdern und Gangstern die Wahrheit über den Kopf zu stülpen, Herr Senf«, habe Hans Duschke den Stadtpfarrer Prälat Gimpel plötzlich angefunkelt und sogar die Arme geschwungen.

Der Geistliche, höhnte später Duschke, habe jetzt »seine katholischste Fresse aufgesetzt, du kennst sie, Moppel, diese … ääähäääh«, stöhnte Duschke, »fiese, arrogante, miese, süffisante, salbungsvolle katholische Uäääh-Fresse, diese pastorale Sau, die mir schon seit 38 bzw. 48 stinkt!« Und weil Duschke in der noch weihrauchdurchschwängerten Kirche einen recht bedrohlichen Lärm geschlagen haben muß, habe Pfarrer Gimpel die beiden Herren, Ärgstes zu verhüten, in die Sakristei gebeten, wo Duschke dann sofort dahingehend ausgepackt habe: hier werde »mit allem Glanz und Lichtlein und Scheiß« die Christmette gefeiert, »in Biafra aber verrecken die Kinder« – hier hatte Duschke die jüngste Entwicklung wohl nicht ganz mitbekommen, bzw. der Abend hatte sein Zeitgefühl verwirrt.

Der Pfarrer bestand darauf, daß die Kirche über Caritas und Misereor sich durchaus um die Heiden kümmere.

»Sehen Sie, Herr Senf«, habe sich nun Duschke gewehrt und eine betont verschmitzte Miene aufgesetzt, »das ist die Scheiße, das ist die Taktik der katholischen Kirche. Aber ich durchschaue sie. Der alte Duschke weiß alles. Das ist genau die imperialistische Politik des Papstes! Negerkinder einfangen! Negerkinder einfangen! Und wie war es im Dritten Reich? Ich bitte Sie! Ich frage Sie! Mit wem? Nein, nicht mit den Heidenkindern – sondern? – der alte Duschke weiß es, sondern? Ich frage Sie –«

Der Pfarrer habe nun, erinnert sich Erich Winter, Duschke darum ersucht, die Sakristei zu verlassen, er setze aber das Gespräch jederzeit mit ihm fort, sofern das Pfarrkind es wünsche, in seiner, des Pfarrers, Privatwohnung.

»In Ordnung!« habe nun Duschke mehrfach begeistert gegröhlt, »wir bereiten uns wechselseitig bzw. unabhängig voneinander auf das Gespräch vor, wie im Fernsehen, ich bringe mein Material mit, Sie das Ihre, denn heute abend schaffen wir das nicht mehr«, habe Duschke wörtlich gesagt, »seien wir doch ehrlich, Herr Pfarrer, heute abend haben wir doch beide den Kragen voll!« – und bei diesen Worten habe Hans Duschke dem Geistlichen heiter auf die noch mit einem heiligen Gewand umhüllte Schulter getätschelt und – darin wähnt sich Erich Winter sicher – dabei immer wieder pfiffige, gleichsam aufforderische Blicke auf mehrere Flaschen Meßwein geworfen, die auf einer Anrichte in der Sakristei gestanden hätten.

Zuletzt sei man vom Pfarrer mit Handschlag aus der Kirche geleitet worden und noch ein wenig in die »Silberbar« gewechselt, wo dann Duschke sich ununterbrochen beklagt habe, daß »die Sau« den Meßwein nicht »herausgegeben« hatte.

Der zweite große Eingriff Hans Duschkes während der Festtage traf meinen Freund Alois Sägerer, einen Pressevertreter aus München, der besuchsweise bei seinen Eltern in Seelburg weilte. Duschke hatte Sägerer am Abend des zweiten Feiertags telefonisch und, nach Sägerer, extrem aufgeregt in den »Seelburger Hof« bestellt, unter der Verlockung, daß Sägerer, wie Duschke immer wieder betont habe, »auf die Schnelle jede Menge Kohlen machen«

könne. Wohl um sich besser gegen den Alten abzusichern, hatte Sägerer nun auch mich zu der Konferenz bestellt, und so trafen wir denn unseren Kohlen-Wundermann, wie er bereits bedrohlich nachdenklich vor sich hin starrte, erwartungsvoll nahmen wir Platz, und nach einer Weile prickelnden Schweigens forderte Sägerer Duschke auf, nun Farbe zu bekennen.

Duschke hatte aber wohl die Ouvertüre seines Coups noch nicht richtig und rhetorisch stichhaltig im Griff, und er bedeutete uns deshalb durch ein paar Bedenkzeit heischende Handbewegungen herrisch, ihn noch für einige Sekunden zu schonen, in denen der Alte immer gleißender vor sich hin sah, und plötzlich keuchte er:

»Natürlich kannst du auch mitmachen, Moppel, dann teilen wir eben den Gewinn durch drei.«

Worum es denn nun gehe, wollten wir ganz schamhaft wissen.

»Hör mal, Sägerer, ich frage dich, was zahlt eine Illustrierte heute für fünf Seiten Text und – wie heißt das andere? – für Text und Fotos? Fotos und Text?«

Alois Sägerer gab zu bedenken, die Tarife seien sehr verschieden, es komme wohl auch auf die Bild- und Textqualität an und gleichermaßen auf das Thema …

»Exakt!« alternierte begeistert hochfahrend Duschke Alfred Leobolds Lieblingswort, »und ich sage dir, ich garantiere dir, wir werden Kohlen machen, das glaubst du nicht, Sägerer, und dich, Moppel, werden wir prozentual beteiligen. Wieviel ist 5000 Mark durch drei? Toni, drei Steinhäger!« Fürs erste erschöpft, lehnte sich der Körper knackend an die Banklehne zurück.

Beharrlich wollten Alois Sägerer und ich jetzt wissen, wie das zugehen solle.

»Ich muß anders anfangen«, flüsterte Hans Duschke mysteriös und nippte, ziviler als sonst, an seinem Getränk. »Schau mal, Sägerer, es wird doch heute so viel geschrieben, und aller Scheiß wird geschrieben!« krakeelte jetzt ebenso barbarisch wie übergangslos Hans Duschke, »das mußt du doch zugeben als Fachmann, es wird doch heute aller Scheiß geschrieben, und du schreibst doch auch nur Scheißdreck über Münchner Politik und Ärsche, hab ich recht oder nit?«

Eine brenzlige Situation. Gespannt äugte der durch das Weihnachtsfest intellektuell zweifellos noch mehr verwahrloste Alte den Journalisten an. Der nickte versonnen und blinzelte mir insgeheim zu –

»– und nun wäre doch möglich, wäre drin«, fuhr Duschke fort, »daß auch mal was Gutes geschrieben wird und gedruckt wird, hab ich recht? Oder nit? Ich sage dir, Sägerer, ich sage dir, Moppel, wir können in drei, in zwei Tagen mindestens 5000 oder 3000 Eier machen, wir brauchen bloß einen Fotoapparat und zwei Tage Zeit, ich nehme zwei Tage bei ANO frei, und da machen wir die tollste Sache aller Zeiten!« schrie Duschke nun unerbittlich auf, »so was Gutes gibt's gar nicht! Paß auf, Sägerer, hör mir bitte gut zu. Ich muß folgendes vorausschicken. Ich bin heute früh – wie immer! – beim Spielen gewesen, beim Geldautomatspielen«, flüsterte Duschke nun wieder fast bebend, »ich gehe ja oft, ich alter Mann gehe ja oft zum Automaten«, jetzt mühte sich Duschke vollends theatralisch um einen mitleiderheischenden Klang, »ich werfe jeden Tag 20 Mark rein und verliere jeden Tag 20 Mark, die frißt der Automat, und nun beobachte ich natürlich in den verschiedenen Kneipen, wie auch die anderen alten Leute ihr Geld so reinwerfen, und da kommt man natürlich mit denen ins Gespräch, und da sagt mir neulich in der Samariter-Wirtschaft so ein alter Mann, er wirft im Monat 900 Mark rein, und damit bleiben ihm im Monat noch 300 Mark. 300 Mark«, wiederholte Hans Duschke anklagend, »unglaublich! Unglaublich!« – das Crescendo kam überwältigend – »mußt du zugeben, Sägerer! Moppel! Unglaublich! Und dann sagt mir beim Gradl, in der alten Gradl-Wirtschaft da so ein anderer alter Mann – halt! Stop! Eine alte Frau war es, eine alte Frau, die auch den ganzen Tag spielt, sie wirft 500 Mark von ihren 700 Mark Rente rein. Und so ist es überall, Sägerer! Das ist ein soziales Phänomen!« donnerte Duschke nun wieder con brio, »unglaublich! Verstehst du mich bitte? Das sind Ehepaare! Sägerer! Ehepaare! Glaubst du mir das bitte!«

Alois Sägerer nickte vorsichtig mit dem erstaunlich Kant-ähnlichen Journalistenkopf. »Richtig, Hans, nur …« Das hätte er besser unterlassen:

»Ehepaare! Was glaubst denn du! Der Automat! Ehepaare! Nicht der alte Mann und die alte Frau, die spielen! Du Arsch! Nein! Der Automat und die alten Leute sind Ehepaare! Liebespaare!« steigerte sich Hans Duschke zischend und sog abermals Schleim aus der Gurgel hoch; der Mund zuckte mehrfach erregt nach rechts: »Und ich sage dir, wir machen damit Kohlen, unheimliche Kohlen! Wir – merke dir bitte, was ich jetzt sage – gehen nämlich her und fotografieren diese alten Leute in Seelburg, in Nürnberg und in München, und dann machen wir ganz kurze Texte und Scheiß dazu, Zack, und in einem Tag haben wir den ganzen Scheiß zusammengeschrieben, nullachtfünfzehn! – und ich sage dir, Moppel, das wird eine Geschichte, die dir die Chefredakteure aus den Händen reißen! Das ist die soziale Urschicht!« trieb der wüste Mann sein Organ jetzt ins Unermeßliche, »zehntausend ist das mindeste, was wir absahnen! Du, Sägerer, schreibst es, und der Moppel kauft sich einen Fotoapparat und drückt drauf, wenn es soweit ist – ich sage dir, leichter haben wir noch kein Geld verdient, ich bin jetzt lange genug bei dem ANO-Scheiß, das wird eine erstklassige Sozialstudie, eine Sozial-Enquete!« schloß Duschke schneidend, um noch einmal wie sterbend zu flüstern: »Wir machen mindestens … wieviel ist 10 000 durch drei? Weißt du es bitte? Mindestens 2000 Mark. Jeder!«

Um noch zügelloser Geldautomat spielen zu können, dachte ich geistesgegenwärtig, beobachtete aber dann scharf, wie der sanfte Sägerer sich aus der schwindelerregenden Affaire ziehen würde – bebend sah ihm der entbrannte Duschke bereits ins Auge.

Alois Sägerer, sonst ein Routinier in der Abwehr von Unerquicklichkeiten und Dämonien, geriet spürbar ins Schwimmen, als er Duschke zunächst einmal recht gab. Die soziale Motivation sei »Klasse« – worauf Duschke »meine Rede!« brüllte sowie »wir machen damit wahnsinnig Scheine!« – doch dann unterlief Alois Sägerer der Lapsus, seinerseits drei Schnäpse zu bestellen, was

Duschke wohl schon als Endsieg oder gar Erfolgsprämie auslegte; um so schlimmer wurde Sägerers Fiasko. Die Idee sei sehr schön, wand sich der Journalist und rauchte ziellos, aber leider auch nicht ganz neu. Dergleichen habe es in Illustrierten schon gegeben, was nicht weiter schlimm wäre, wenn das Thema sich besser »verkaufen« ließe, brütete der Pressevertreter bedenklich – es kämen dafür in Deutschland allenfalls drei Magazine in Frage, wollte man es »seriös« machen, in diesem Falle aber wären unendliche Recherchen erforderlich (jetzt legte Alois Sägerer sogar Gram in die träge Miene), wie gesagt, das sei alles nicht so einfach, wenn, dann müßten wir drei uns ein Vierteljahr Zeit nehmen, er, Duschke, müsse dazu wohl auch bei ANO aufkündigen, bog Sägerer nun brutal ab, und Automaten hin und her, ANO sei schließlich ANO, und jedenfalls – –

»Du Arsch!« Hans Duschke war aufgesprungen, hatte sich wieder gesetzt und war erneut aufgesprungen; die linke Hand hielt dabei ständig das Bierglas fest. »Du bist Journalist? Du willst chrrrn Journalist sein? Chrrrn. Ich sage dir, wer du bist. Weißt du, was du bist? Eine Hure, eine Hure bist du, Sägerer! Eine Hure! Mein letztes Wort!« Hier warf die Erregung den alten Mann erneut um und auf die Bank zurück. »Lieber Hans«, flötete Sägerer nun lästerlich, »ich sage ja nur, daß wenn …«

»Milliarden alter Leute chrrrn leiden heute unter einem, mein Herr Journalist, einem chrrrn« – der Alte gurgelte immer verwahrloster – »unter einer Sache chrrrn, und das ist die Einsamkeit. Die Einsamkeit, die sie an den Automat treibt …«

Das wisse er doch, wandte Sägerer zart ein, aber …

»… und du, du junger Mensch, du weißt es nicht!« In Hans Duschke würgten nun tatsächlich Tränen der Wut. »Die Einsamkeit! Was weißt denn du! Du alter Arsch! Wir hätten 10 000 Mark, wir hätten 20 000 Mark machen können, aber ihr, ihr habt ja die Kohlen …!«

»Und können deshalb auch wahllos Geldautomat spielen ohne Sozial-Enqu …«, murmelte fast unhörbar Alois Sägerer, aber Duschke hatte aufgepaßt:

»Was?«

»Ach nichts, Hans.«

»Du Arsch!«

»Genau«, höhnte Sägerer leise, »jetzt paß mal auf, Hans. Wir können die Geschichte ja vielleicht trotzdem…«, aber hier hatte sich der Pressevertreter verrechnet. Unverkennbar trug Hans Duschkes Miene nun den Stempel der Grausamkeit:

»Nichts! Niemals! Keinen Meter macht Hans Duschke mit dir zusammen, keinen Meter! Du Arsch schreibst in München über Mode und Mieder und Stadtratsitzungen und die ganzen Ärsche und Sozialdemokraten, aber wenn du mal an das wirkliche Soziale wie du und ich, du Hure! Chrrrn!« – hier ging Duschke kurzzeitig der Atem aus, deshalb schlug er mit der Rechten dreimal auf den Tisch, dann hatte er sich wieder gefangen: »Die Sache ist für mich, für Hans Duschke, gestorben. Ich mache sie alleine und kassiere das Geld alleine. Ich, der alte Duschke, ich sage euch, was ihr seid: Huren! Huren!« ächzte modernd unser neuer Sozialarbeiter, während der Ober Anton gerade 20 Pfennige in den Geldautomaten warf, »Huren! Sägerer! Moppel! Alles Huren!« jodelte der ergreifende Greis, sprang hoch, vollführte ein paar äußerst brenzlige Körperbewegungen, stürzte zur Tür des »Seelburger Hofs«, drehte sich noch einmal zu uns um und pfefferte uns ein letztes »Huren!« in die aufgewühlten Gesichter.

Im gleichen Augenblick öffnete sich die Türe und gab den Blick frei auf die Silhouetten der beiden Morlock-Mädels, die, allgemeine Erwartungsfreude in den jungdummen Gesichtern, hereindringen wollten. Was Hans Duschke zu einem, das muß ihm die Gerechtigkeit lassen, eleganten Umdenk-Manöver animierte:

»Huren! Wilde Huren!« schmetterte er den beiden Süßen ins Antlitz. »Geht nur rein, kommt, und setzt euch zu den beiden anderen Huren da! Chrrrn! Ihr Huren, ihr!« Taumelte in den Hausgang und verschwand.

Wieder quiekten die beiden Morlocks gleichsam froh über ihre Hurenschaft und setzten sich aufgeräumt zu uns. Sabine hatte Alois Sägerer, wie gehabt, »vom Auto aus gestern vormittag in der Löffelstraße gesehen, du mich auch?«, Susanne berichtete von einem in Aussicht genommenen Fest Arthur Moggers, »ihr kommt alle, gell?«, und insgesamt verbrachten wir vier Huren noch einen recht vergnügten Abend miteinander, ja um ein Haar wäre, hätte ich mich nicht energisch dagegen gewehrt, meine alte Doppelliebe wieder hochgezüngelt; weil aber der Pressevertreter Alois Sägerer nach einer gewissen Zeit an Susannes Taille herumzutapsen anfing, verlegte ich mich lieber auf Beobachtung – – – alles in allem ein sehr befriedigender Abend, indes der alte Duschke draußen durch die winterliche Einsamkeit wütete und sicherlich zum nächsten Geldautomaten hastete, sich mit ihm zu vermählen.

Berechtigt ist längst die Frage, warum ich, warum wir Jungen uns dauernd um einen Greis wie Duschke scharten, warum wir ihn überhaupt zuließen. Die Antwort weiß der Wind. War es die Suche nach einer Vatergestalt in der nach Freuds Wille vaterlosen Gesellschaft? Oder im Gegenteil der unbewußte Wunsch, den Vater von seiner ungutesten Seite zu sehen? War es, psychologisch noch erwägenswerter, gar die Anziehungskraft des Todes, die wir in diesem Duschke-Symbol genossen? Oder suchten wir, Geschädigte der ökologischen Krise, einfach zwanghaft den beruhigenden Lärm, ohne den nichts mehr geht?

Wie schön war doch auch Hans Duschkes Einspurigkeit! In einem Brei von gebrochenen Naturen behauptete er allein den eingeborenen Geist des 20. Jahrhunderts: den krach-, beleidigungs- und schnapsdurchfluteten Willen zu Geld, Geltung und damit abermals – Krach!

Immerhin hatte uns der Alte noch einen kleinen Streich gespielt. Alois Sägerer und ich mußten wohl oder übel für die drei im Vortaumel der Einsamkeits-Honorare genossenen Steinhäger aufkommen.

6

Das neue Jahr sah die beiden ANO-Herren frisch gestärkt. Schon am 2. Januar kam es zu einer neuerlichen Kündigung Hans Duschkes, die, nimmt man Leobolds und Duschkes Aussagen zusammen, sich etwa so abgespielt haben muß: Er, Duschke, berichtete dieser, sei gegen 11 Uhr zur Arbeit erschienen, da habe ihm Herr Leobold – »und ich habe gleich an seiner Visage erkannt, daß was ist« – mitgeteilt, er, Leobold, habe eben bei ANO in München angerufen, er, Leobold, kündige hiermit ihm, Duschke, bzw. er beantrage die Kündigung.

Warum er das getan habe, habe er, Duschke, wissen wollen. Naja, habe Leobold gesagt, weil er, Duschke, schon wieder zu spät komme, offiziell aber habe er, Leobold, in München hinterlassen, der Duschke habe einen Herzinfarkt erlitten und deswegen freiwillig gekündigt – »das ist dann viel besser für Sie als alter Mann«, habe Leobold hinzugefügt. »Sie können also wieder heimgehen und sich ausschlafen. Morgen kommt dann ein Neuer. Also Wiedersehen.«

Nun habe er, Duschke, sofort seinen Freund Viebig in München angerufen, die Sache, wie gewohnt, zu revidieren. Wirklich sei Herr Viebig sehr überrascht gewesen, es sei tatsächlich ein Rapport Leobolds eingegangen, der auf Herzinfarkt gelautet hätte, was denn in Seelburg eigentlich los sei? Davon könne keine Rede sein, er sei kerngesund und von der Weihnachtsruhe gut erholt, habe er, Duschke, gesagt. Dann kündige er also nicht, habe Viebig »direkt erleichtert« (Duschke) gefragt. Nein, habe er, Duschke, beteuert – und dann, so versicherte mir gegenüber Herr Leobold, »hat er, der Duschke, ins Telefon gebrüllt, er bitte darum, ›ich bitte darum‹, hat er gesagt, ›daß der Leobold weg muß‹«, lächelte mir zwei Tage später Alfred Leobold vor, »o mei, o mei, der Duschke …«

Wie stets war Duschke schon zum Mittagessen wieder vollgültiges Mitglied des ANO-Ladens. Immerhin – vertraute mir, freilich erst ein halbes Jahr später, als Alfred Leobold längst seinen Hut genommen hatte, wiederum Duschke an – habe es Leobold bereits am Nachmittag wieder andersherum versucht. Er, Duschke, sei am Boden gekniet und habe einen Teppichboden der Länge nach auf 4,20 Meter zurechtgeschnitten. Da sei auf einmal – »und so etwas hat es noch nie gegeben, solange die Welt besteht, Moppel, hör gut zu!« – Alfred Leobold zu ihm getreten, habe nachgemessen und sei auf 4,23 Meter gekommen. Was mit den drei Zentimetern sei? »Echt drohend hat er sich vor mich hingestellt, der Arsch!« Das sei Kulanz- bzw. Toleranzgrenze, habe er, Duschke, gesagt. Es habe sich jetzt sowohl mit der Kulanz als mit der Toleranz aufgehört, habe Leobold scharf erwidert – »er hat sich direkt angestrengt, chrrn, das Männlein«, freute sich Duschke noch Monate nachher –, er, Duschke, solle sofort den Differenzbetrag von 3,50 Mark aus eigener Tasche begleichen, sonst melde er, Leobold, es der Zentrale. Das habe aber Leobold nur deswegen gemacht, schnarrte Duschke und zwickte barbarisch-vergnügt die greisen Augen zusammen, weil er vom »Mittagsschoppen« her gewußt habe, daß er, Duschke, keinen Pfennig Geld bei sich geführt habe. Jedenfalls, an diesem Punkt der Kontroverse will Duschke sich vom Boden hochgehangelt haben, hart an Leobold herangetreten sein und feierlich verkündet haben:

»Herr Leobold, Sie machen einen Fehler. Ich warne Sie. Sie wollen mich liquidieren, Herr Leobold. Aber das schaffen Sie nicht. Sie sind nicht stark genug. Sehen Sie, Herr Leobold, ich komme vom Theater her, und wo, ich frage Sie, ist der Nährboden aller Intrige? Wo?«

Herr Leobold habe es nicht gewußt.

»Herr Leobold«, habe er, Duschke, gesagt, »der Nährboden, die Mutterstätte aller Intrigen ist das Theater. Also kommen Sie mir nicht blöd!«

Daraufhin soll Leobold erst einmal die Segel gestrichen haben. Eines nur verstehe ich nicht. Ich erinnere mich ganz genau, die beiden Streithähne an ebendiesem 2. Januar am Abend in der Gaststätte Wacker-Mathild angetroffen zu haben, und dabei hatte Duschke den ganzen Abend immer wieder hallend gebrüllt: »Herr Leobold, Herr Lääwoohl! Zahlen Sie einen Schnaps, Herr Lääwoohl!« Und tatsächlich, ich täusche mich nicht, ließ Alfred Leobold, den Quälgeist abzuschütteln, dem grausamen Alten mindestens acht braune Schnäpse kredenzen.

Daß ausgerechnet ein Brüllaff wie Duschke über die ihn angeblich zum Geldautomaten schleudernde Einsamkeit klagen mußte!

War Duschkes Gebrüll Triumph, war es die zusätzliche Rache des kleinen Mannes, der mit 1,6 auskommen mußte, während er den anderen mit 3,6 thronen wußte? War es die Scham, die wechselseitige Scham, die den einen so massiv trinken, den anderen so demütig zahlen hieß? Aber was sollte das? Meinem Gefühl nach hatte sich Alfred ANO-Nock doch nur deshalb nach Seelburg gesetzt, um zwei verblühenden Kaufleuten eine letzte sichere Plattform zu bieten – und nicht bloß einem!

Um Mitternacht tobte Duschke – vermutlich im Rausch seines psychologischen Sieges – so taumelnd herum, daß mir, was mir zu dieser Zeit noch selten genug passierte, etwas bange um die Zukunft der Menschheit wurde. Ich glaube mich sogar daran zu erinnern, von diesem Tag an begann ich, mein eigenes Trinken vorübergehend stark zu beschneiden, leider nicht ausdauernd genug. Aber was heißt schon »leider«? Wäre ich nicht erst selber ein halbes Jahr später zu wahrer Hochform, zu erstaunlichen Gipfelleistungen aufgelaufen, hätte ich das vorliegende Romangeschehen sicher nicht so einleuchtend und prägnant beschreiben können, und eine enttäuschte Leserschaft hätte den Schaden davon. Gewiß kann ich darauf nicht besonders stolz sein, aber es muß alles kommen, wie es kommt.

Zweifellos, Kulanz und Toleranz hatten ihre Grenzen erreicht. Eines zeichnete sich, trotz des stürmischen Jahresbeginns, bald ab, ohne daß es jemand hätte rational begründen können: das langsame Dahinsiechen und Absterben des Teppichhauses ANO oder doch seiner wohl erhabensten Epoche. Sehr feine Naturen wie ich witterten gleichsam mit dem Hereindringen der ersten januarischen Sonnenstrahlen das Heraufziehen der Götterdämmerung, des Steinernen Gasts oder was weiß denn ich – und ganz allgemein gesprochen ließen wohl auch die Bärenkräfte der Hauptinsassen, Leobolds und Duschkes, spürbar nach, ja es schien gerade in diesem ersten Monat des Jahres, als zögen sie sich beide in den verdienten Winterschlaf zurück, ausgemergelt, schwachgetrunken, aber auch schon Neues brütend. Heute weiß ich nämlich, daß die Stille eine scheinhafte war; daß auf der einen Seite Hans Duschke heimlich, leise und sozusagen mit zusammengebissenen Zähnen dem zähen Gedanken nachhing, wie er Alfred Leobold entfernen könne; indessen eben dieser wohl Verschiedenes zusammendachte, vor allem aber mit dem kühnen Plan spazierenging, die Waffen überhaupt zu strecken, und so Hans Duschke gewissermaßen von einer höheren Warte aus erneut den Herrn und Meister zu zeigen.

Zufall oder dichterischer Sinn – eines Morgens, in meinem Bettchen den Seelburger Anzeiger studierend, traf mein Blick auf eine großformatige Anzeige: »ANO beweist wieder seine Leistungsstärke!« Ich rieb mir buchstäblich die Hände vor Vergnügen über die Botschaft. Nichts wie hin! Zur Verstärkung besorgte ich mir gegen Mittag den Gymnasiasten Hans Binklmayr, der wie immer Zeit hatte, in letzter Zeit auch nichts Genaueres über die Teppichherren mehr gehört hatte und sogar den mildschönen Gedanken vortrug: »Vielleicht sind die beiden traurig, vielleicht fühlen sie sich einsam und haben deswegen die Zeitungsanzeige aufgegeben.«

»Leistungsstärke« stimmte nur bedingt. Was uns zuerst empfing und aufs schönste belohnte, war der schimmernde, schmerzlich-edle (mir fällt kein präziserer Begriff ein) Altweiberfrühling eines einstmals blühenden Handelsunternehmens. In der gottseidank leeren Super-Verkaufshalle hockten friedsam nebeneinander Herr Leobold und der uralte Herr Malitz, Duschkes Schwager, auf zwei Stühlchen und hatten sichtlich Mühe, vor Müdigkeit nicht herunterzukippen.

»Ah, der Binki! Ah, der Moppel!« rief heroisch, fast drahtig fortlächelnd Herr Leobold.

»Meine Herren, ich begrüße Sie«, begrüßte uns, unnötig von seinem Stuhl hochkletternd, Herr Malitz in braunen Bundhosen und hielt seine Knollennase und seine eingefallenen Pausbäckchen stramm ins kühle Sonnenlicht. Verblüffenderweise hatte er die neueste Ausgabe des »Spiegel« in der Hand.

Herr Leobold hieß uns mit einer resignierenden Handbewegung auf einer der Teppichhalden Platz nehmen. Vor Hinfälligkeit vergaß der edle Mann diesmal sogar, uns Geld für Schnaps in die

Hand zu drücken. Spielte vielmehr mit seiner offenbar seit Jahresneubeginn geschaffenen Hauszeitung »ANO-Teppichboden-Illustrierte« und blätterte ohnmächtig ein wenig drin herum. Seitlich im Hintergrund von Leobolds Köpfchen war ein Schildchen neuangebracht: »Der absolute Renner«. Mein Gott, es war erneut zum Wahnsinnigwerden!

»O mei«, seufzte Alfred Leobold und lächelte eilig.

Malitz schnaufte plötzlich mit jener Heftigkeit, die nur unseren Greisen zu Gebote steht, durch die Nase und fragte den spürbar schnapsgierigen Gymnasiasten, wie es seiner Mutter gehe. »O danke der Nachfrage«, sagte Binklmayr und lächelte blind und töricht. Mehr fiel diesem jungen Menschen zu dieser Energieleistung des Greisen nicht ein.

»Der Teppichpaternoster da hinten«, raffte sich nach einer Weile ewigkeitlichen Schweigens Alfred Leobold wesenlos auf, »das ist vielleicht was Komisches. Der Herr Zier und ich wollen gar nicht mehr hinlangen, weil es uns immer, wenn wir auf den Knopf drücken, elektrisiert. Nur wenn der Duschke hindrückt, dann geht's. Den elektrisiert's zwar auch, sagt er, aber nicht so stark wie uns. Komisch«, sagte Herr Leobold, nickte uns zweimal pfiffig zu und ließ den Kopf dann wieder herabsacken.

Eigenartigerweise beschäftigt mich diese Kurzerzählung noch heute. War es möglich, daß ein durch Alkohol so gut gepanzerter Mensch wie Duschke gegen Elektrizität weitgehend immun wird? Oder konnte dieser Mensch gar die verschiedenen Befindlichkeiten zwischen Schmerz und Wohlgefühl etwa nicht richtig mehr auseinandersortieren …?

»Der Duschke ist übrigens hinten, in der Fliesen-Abteilung«, ließ sich Alfred Leobold nach ein paar Minuten beiläufig wieder vernehmen. Weil ich Duschke nicht noch weiter brüskieren wollte, indem ich ausschließlich Leobold die Ehre gab; der Gymnasiast vermutlich, weil er sich im Fliesen-Sektor Trinkbares versprach, brachen wir auf, uns in das – wie Binklmayr schon wußte – neugeschaffene Fliesen-Zimmer abzusetzen. Wir wollten eindringen, doch die Tür war versperrt. Wir klopften und hörten daraufhin einen ungezogenen, unbeschreiblichen Schrei. Wie ein Mensch im Todeskampf. Wir klopften abermals.

»Wer da?« quallte eine bekannte Stimme.

»Wir sind's, Hans!« rief Binklmayr.

Erneut ein Urwaldschrei, dann ein Schloßknirschen, die Tür flog auf und Hans Duschke Binklmayr in die offenen Arme.

»Hans!« schrie Duschke.

»Hans!« jubelte Binklmayr zurück.

Im Fortgang Satanisches: Duschke zerrte uns in eine Art Rumpelkammer und teilte uns dabei in einer unentwirrbaren Mischung aus Seligkeit, Sportlichkeit und blühendem Jammer mit, wir müßten das verstehen, er habe heute bereits 14 halbe Liter Starkbier und sechs oder zehn Jägermeister getrunken, »aber wir bleiben Freunde, Binki, Moppel! Oder nit?« – und Duschke hing an dem Gymnasiasten, was mir den Blick nun freigab auf einen namenlosen Saustall in dem Fliesen-Etablissement. Neben den leeren von Duschke bereits genannten Flaschen standen und lagen, in einer Ecke, auf unterschiedlichen Kartons, Schachteln und Abfall-Fliesen, auch noch eine halbvolle Flasche Sekt, eine fast leere Flasche Apfelwein »Knaddeldaddel« sowie eine Tasse, in der wohl Kaffeereste herumhingen – vor allem aber, gelagert auf Zeitungs- und Butterbrotpapier, ein halber Laib Brot, eine verlaufende Kleinpackung Butter, ein Fäßchen Senf und endlich die niederschmetternden Reste einer Streichwurst, auf dem Boden aber lag ein halbes Eckchen Käse und ein beschmiertes Messer – – das bare, ungeteilte Entsetzen, die Apokalypse, der Weltuntergang – –

– und Duschke ging nun wackelnd daran, mit dem Messer zuerst Butter auf einen mit der Hand heruntergewürgten Brotbrocken zu streichen, das gelang auch halbwegs, doch dann die volle Katastrophe: immer wieder versuchte das Ungeheuer, einen aus der Haut herausgefuhrwerkten Batzen Wurst auf das Brot zu kleben, indessen immer wieder fiel das Stück herunter, einmal auf das Zeitungspapier, einmal auf den Fußboden, wo, wie ich jetzt erst sah bzw. mir erst jetzt wieder einfällt, auch eine zertretene Essiggurke lag und in einer Rille irgend etwas Verschüttetes seine

Spuren zog – – das Wurststück wollte und wollte nicht aufs Brot, und anstatt daß Duschke Wurst und Brot separat verschlungen hätte, knallte er beides immer verzweifelter und gleichzeitig bedenkenloser aufeinander, grunzte mehrfach »am Arsch!«, vergaß sein Mahl zwischenzeitlich wieder, klopfte immer wieder blendend dem Gymnasiasten auf die Schulter und bot uns beiden vom Rest des Apfelweins, und plötzlich fiel ihm etwas ein, er krabbelte zwischen zwei Fliesen-Regalen herum, bückte sich knarrend, rülpste und brachte endlich strahlend eine volle Flasche Strohrum zum Vorschein.

»Was sagst du dazu, Binki?« jauchzte der alte Mann hingerissen, »bei Albert gekauft, für 6,80 Mark. Mußt du versuchen, versuchen, Binki, du auch, Moppel, das ist kein gewöhnlicher Strohrum. Das ist ein Rum, der ist milde, der bekommt mir. Aaah! Das ist Rum, der gleitet. Verstehst du mich bitte?« wiederholte Hans Duschke schnarrend und sang dann in der fast mit Herrn Leobolds Summen identischen Tonfolge a-g-f »der glei-hei-tet. Irre! Irre!«

Mutlos, schwindelig setzte ich mich auf einem Fliesen-Haufen mitten in dem Hexenkessel nieder, der Gymnasiast ließ sich sogar überschwänglich zur Erde plumpsen, führte den angebotenen Rum zum Mund, krächzte »Ah! Ganz gut!« und schleckte sich die Lippen. Hans Duschke hatte mit dem ersten Zug gleitenden Strohrums seine vorherigen Eßanstrengungen vergessen, er machte es sich auf einem Teppichballen gemütlich, strich sich in verbrecherischer Wollust den Schnauzbart und reichte dem Gymnasiasten erneut die Rumflasche. Was mich angeht, so lehnte ich mit einiger Willensanstrengung den gleitenden Fusel ab und beobachtete vielmehr verstört und benommen die Brotkrümel zu meinen Füßen. Brot und Spiele. Der Schmutz des Säkulums. Meine Güte, vielleicht gab es doch einen Allmächtigen, der nicht mehr lange zuschauen und eines Tages einschreiten würde und die Saubande …

»Ist doch schön hier! Nicht, Binki? Ehrlich! Der alte Duschke hält hier noch die Stellung, wenn Herr Leobold schon längst … gib mir doch bitte die Flasche, danke, ehrlich, chrrn!«

Als Hans Duschke ansetzte, klopfte es an die Türe, und die zarte Stimme Alfred Leobolds bat den Mitarbeiter spürbar dringlich nach vorne. Ein Kunde sei da und wolle Fliesen kaufen. »Gleich, Herr Duschke, gell!«

»Arschgesicht!« brummte wie im Traume Duschke, riß sich hoch und stürzte zur Tür hinaus, das Segeln des weißen Mäntelchens habe ich jederzeit filmisch präsent. Der Gymnasiast und ich verharrten am Boden in unserer Ecke und starrten, glücklich oder verdreht, vor uns hin. Binklmayr sog noch einmal gierig Rum ein, ich strich mir, weil mir nichts Stichhaltigeres einfiel, ein Wurstbrot. Sollte ich mich Duschke, wenn er noch älter und haltloser würde, als Wurstanstreicher verdingen? Der Alte würde den Krempel kaufen, und ich würde im ANO-Betrieb für seine tadellose Ernährung sorgen. Ein solch durstiger Körper brauchte wohlbestellte Kost. Wohlbestellt? Wahrscheinlich würde ich auch bald nervenkrank. Oder wir würden vielleicht zusammen mit der Firma ANO eine neue Verkaufs- und Versorgungsstrategie kreieren und den Markt mit einem neuen Mixed-Media-System innovieren …

In weitem Bogen flog die Fliesentür auf. Mit machtvollem Satz flog Hans Duschke an uns vorbei, hinter sich aber zog er drei Menschen nach, wie sich herausstellte, ein ländliches Ehepaar mit halbwüchsiger Tochter, eine völlig verhärmte Gruppe, und als die drei uns beherzt weiter Herumlümmelnde wahrnahmen, rief Duschke, indem er auf den Gymnasiasten und mich wies: »Und dies hier ist unser Picknick-Abteil!«

Saugende Unterwelt im Hinterzimmer. Naja, irgendwie würden auch diese Fliesen-Dummköpfe es fressen. Der Gymnasiast und ich blieben in unserer flegelhaften, absolut vertrauenszerstörenden Stellung hocken, rauchten ein Zigarettchen und sahen Hans Duschkes nun einsetzendem, zwar polterndem, aber doch unverständlich souveränem, ja glänzendem Verkaufsgespräch zu. »Ich kann Ihnen für 14,80 pro Fliese keine Königsschlösser versprechen, aber wenn Sie etwas wirklich Gutes …«, begann die Suada. »Gnädige Frau, Sie sehen übrigens unwahrscheinlich gut aus, ehrlich! Als Sie das letzte Mal hier waren … Chrrn …!« War es das innerste Geheimnis des Kapitalismus, die Kundschaft bis zur beiderseitigen Selbstauflösung zu narren?

»Gnädige Frau, ich schwöre Ihnen ...«

Ich machte dem Studenten ein Zeichen, nun wieder nach vorne zu Herrn Leobold zu wandern. »Bounty«, »Madison«, »Schweden«, »Sorrento«, »Casino«, »Fünf Jahre Garantie«, »einfach hinlegen!« – so schimmerte es taumelig aus allen Ecken. Ja, tatsächlich, müßte man da, mit Brecht zu reden, sich nicht einfach hinlegen?

Herr Leobold und Herr Malitz saßen, wie wir sie verlassen hatten. Leise Radiomusik summte inzwischen. Ein Kunde trat aus irgendeinem unsichtbaren Hintergrund an die Kasse zu Herrn Leobold, deutete auf einen grasgrünen Teppich nahe dem Paternoster und sagte, den nehme er. »Genau«, flüsterte Leobold, »Herr Duschke kommt dann gleich.« Und nahm rücksichtslos einen Schluck Bier.

Der Kunde, der mich irgendwie an den neuerdings ins Zwielicht geratenen Staatsminister Heubl erinnerte und einen schönen grünen Jägerpullover trug, umtänzelte nochmals seine scheußliche, etwa vier mal vier Meter große Errungenschaft, trat dann erneut vor Leobold und fragte gleichsam auffordernd: »Der ist doch schön. Oder?«

Ich stand neben Malitz, als Alfred Leobold seine Bierflasche abstellte, sich mühsam, aber doch grazil hochräkelte, sich mit jetzt schon äußerster Anstrengung über den Ladentisch beugte, den Kunden, als ob er ihm etwas mitteilen wollte, das kaum für anderer Leute Ohren bestimmt sei, zu sich winkte, ganz nahe, sodann auf den grünen Teppich, schließlich auf die grüne Kleidung des Kunden deutete und nicht ohne Qual, aber doch flüssig sagte:

»Sie ... Sie, der Teppichboden da ... *der paßt wunderbar zu Ihrem Pullover. Genau.*«

Und wieder auf sein Stühlchen zurücksank.

Alfred Leobolds Kopf fiel auf die Brust, im Gesicht machte sich eine Art wehe Zufriedenheit breit. Während der Gymnasiast noch etwas bleiben wollte, hatte ich nach diesem Capriccio genug und verabschiedete mich. Er habe sich gefreut, mich kennenzulernen, rief freudig Herr Malitz. Blöde starrte ich ihn an. Nein, es rentierte nicht, diesen burlesken Gottessohn zu korrigieren. »Das bietet nur ANO!« flatterte mir aus dem Schaufenster ein letzter Abschied ins Auge. Ich nahm mir vor, dem ANO-Wesen für eine Weile Ade zu sagen und mich ersatzweise wieder verstärkt meinen Studien zu widmen oder, je nach Gelegenheit, Weibern.

Ein Entschluß, der mir um so leichter fiel, als zwei Wochen später, Mitte Februar, auch Alfred Leobold dieser Firma aufsagte und für den Rest seiner irdischen Existenz ins freie Leben überwechselte, niemand wußte damals genau, warum, aber alle Interpretationen waren wohl irgendwie letzten Endes richtig; es mußte einfach sein.

3. Teil

»... die freie Welt der Männer. Alle Wege führen in die Kneipe.«
(London, König Alkohol)

»Es war eine äußerst gemischte Gesellschaft, die sich durch völlige Ungeniertheit auszeichnete. Manche kamen im Straßenkostüm, in Mänteln und Pelzen herein. Alle machten beim Eintreten den Eindruck, als verließen sie sich aufeinander; niemand hatte wohl allein den Mut dazu gehabt, alle schienen sich aber gegenseitig weiterzuschieben.«
(Dostojewski, Der Idiot)

»›Ein Totenhaus‹, sagte ich zu mir, wenn ich zuweilen in der Dämmerung von der kleinen Treppe unserer Kaserne aus auf die Arrestanten blickte ...«
(Dostojewski, Totenhaus)

I

Eigentlich wollte ich diesen dritten Romanteil schön sanft, rückschauend und besinnlich anfangen lassen, aber es geht nicht. Ich bin sehr enttäuscht. In der Freude, im Rausch der Beendigung des zweiten Teils habe ich sofort die reizende Witwe angerufen, gleichsam auf dieser entscheidenden Zwischenetappe neue Kraft und eine erste Belohnung einzuholen – und was war? Nichts war! Allein die Stimme der Witwe kam mir schon sehr verdächtig vor, sie begriff sogar längere Zeit gar nicht, wer ich sei, bis sie es dann endlich gefressen hatte – und dann merkte ich unschwer aus ihrem feuchten Gebrammel, daß sie – am hellen Nachmittag – getrunken hatte! Ich meine, es ehrt die Witwe, daß sie das sofort nicht nur zugab, sondern allem Anschein nach noch stolz darauf war: ja sie lud mich sogar beschwingt ein, sofort zu ihr zu kommen, Portwein sei wahrhaftig das achte Weltwunder, jaulte diese mir so überaus charmant erinnerliche Person ins Telefon, Portwein, ja, und »der Helmut« sei auch da, und im Hintergrund hörte man gleichzeitig hocherotische Miles-Davis-Klänge zuckeln...

Muß denn in diesem Westeuropa, in Sonderheit in diesem Regierungsbezirk, andauernd getrunken werden! Verdammt! Natürlich nahm ich sofort Abstand. Ich meine, ich habe nichts gegen Miles Davis, im Gegenteil, obwohl mir einmal ein sehr verehrtes Fräulein Birgit Majewski gebeichtet hat, Davis habe ihr nur dann ein Rundfunk-Interview gewähren wollen, wenn sie sich nach dem Konzert ihm hingebe usw. – ich bin auch moralisch nicht befugt, ein Schlückchen hie und da am Nachmittag zu disqualifizieren, auch hat mein wacher Realitätssinn nichts dagegen vorzubringen, daß sich blutjunge Witwen, den Gesetzen der Natur gehorchend, immer wieder mal von gewissen Helmuts umdackeln lassen – und doch, es war, ich übertreibe nicht, als sei mir plötzlich der Erdboden unter den Beinen weggerafft. Was denn! Ich quäle mich da unter mörderischen Anstrengungen durch die Tragik der Romanstruktur, überlege flaubertgleich ein jedes Wort auf seine Schönheit und Stichhaltigkeit der Witwe gegenüber – und sie? Und sie? Läßt sich vermutlich von diesem lausigen Helmut kraulen und am Haar zupfen, wenn nichts Verdammenswerteres! – und ich saß da tödlich in meinem Romanbrei herum, gerade daß ich das letzte Kapitel so rund und souverän abgeschlossen hatte – –

Verflucht! Verdattert hatte ich, ohne auch nur mehr die Kraft für ein kokettes Abschiedswort aufzubringen, den Hörer aufgelegt. Das weltbekannte elektrisierende Fluten der Urangst in den Adern. Eigentlich ganz angenehm. Was nun? Verzweiflung? Resignation? Einen Memory-Rausch zugunsten Alfred Leobolds, und damit hat sich's? Nichts da, Moppel! *Da* wird geblieben! Dunkle Zuständlichkeiten müssen im Sinne Freuds kulturell fruchtbar gemacht werden. Sofort. Und vielleicht gab mir gerade mein witwelicher Unstern nun den souveränen Blick für die Laster unserer Zeit, den epischen Titanengriff, den kritischen Stachel, die allerschönsten Formulierungen ein! Und ich fahre also erst einmal, Witwe hin, Helmut her, geschlagen zwar, doch nicht vernichtet, in meinem Texte fort. (Die Witwe, bei allem Liebreiz, würde sich immerhin vorsehen müssen: ein weiteres Mal ließe ich mich nicht zum Narren halten. Dann würde ich einfach den ganzen Krempel hinschmeißen oder ins Blaue hineinschreiben!) – – –

Alfred Leobold zog sich mit seinem Abgang aus der unvergeßlichen Firma ANO schlagartig und mit beeindruckender Konsequenz in das schon mehrfach erwähnte Bierlokal »Wacker-Mathild« zurück und verließ es in den nächsten (ich habe gerade nachgezählt) 390 Tagen nur noch in relativ wenigen Ausnahmefällen. Daß dieses Lokal in der Seelburger Altstadt in einer Sackgasse namens »In der Brüh« stand, finde auch ich schon doppelt impertinent, ist aber einfach die reine Wahrheit. In der ersten Zeit sah ich Leobold dort gelegentlich sitzen, übrigens am äußersten Ende jenes Tisches, der, von der Eingangstür aus gesehen, am äußersten Ende der Gastwirtschaft aufgestellt war – auf die verheerend symbolischen Bezüge unserer zeitgenössischen Realität brauche ich den Leser ja inzwischen kaum noch zu verweisen: in diesem Falle schien es mir sofort so, als ob Alfred Leobold möglichst weit und entschieden von der Außenwelt abrückte, damit nicht etwa ein blinder Zugwind ihn streifte und endgültig umfegte.

Dort, bei »Wacker-Mathild«, wo Alfred Leobold auch schon vordem häufig Einkehr gehalten hatte, trank der nunmehrige Privatmann abwechselnd Weizenbier und Sechsämtertropfen, plauderte mit Freunden und Bekannten, überwiegend den bereits genannten »Chemiestudenten« (auf sie komme ich zurück), über dies und das und spielte gelegentlich Karten, in bunter Folge »Schafkopf«, »Watten«, Skat, 17 und 4, »Lügen« und endlich ein Spiel, das sie »Dreck« nannten, das ich selber nicht beherrschte, auch nie in einem Karten-Lehrbuch fand, das aber meinen Erkundigungen nach das Äußerste an Einfallslosigkeit und Gedankenarmut darstellen muß. Nichtsdestoweniger möchte ich an dieser Stelle ein kurzes Plädoyer für Kartenspiel allgemein einlegen. Ich selber schätze es hoch, nun, das braucht nichts zu beweisen. Aber ich, der ich mich in meinem Leben schon so gierig auf zahlreichen

Feldern herumgetrieben habe, auf Jus, Musik, Religion, Philosophie, Schach, Großhandel, Mietwirtschaft, Amerikanistik, Fußball, ja sogar (als junger Mensch) der Malerei und Plastik, ferner Schiffebau, Kulturgeschichte usw. – in dieser meiner Eigenschaft als Weltbürger auf allen Gebieten fühle ich mich befähigt zu erklären, daß das Kartenspiel – allen Unkenrufen gerade aus »aufgeklärten Kreisen« ins Gesicht schlagend – eine der größten kulturellen Errungenschaften der Menschen darstellt, wenn nicht die größte!

So.

Insgesamt, erinnere ich mich, machte Alfred Leobold in diesen ersten frühsommerlichen Monaten der wiedergewonnenen Freiheit einen lässigen, heiteren, oft fast aufgeräumten, vor allem aber einen geradezu bedrohlich zufriedenen Eindruck.

»Ah, der Moppel!« begrüßte er mich jeweils mit feiner, brüchiger Stimme und lächelte traulich.

»Einer hat ihn geschafft!« hörte man in dieser Zeit den unbarmherzigen Greis Duschke pastos herumposaunen, »und das war ich!« Ich weiß bis heute nicht, ob das Duschke selber glaubte, noch weiß ich, ob er darüber wirklich besonders froh gewesen wäre. Immerhin, wie schön, daß er allen Befürchtungen zum Trotz nie tiefere Gefühle aufkommen ließ, sondern nur die allergröbsten. Gehen wir mit unseren Alten auch nicht gar zu streng ins Gericht, sie meinen es oft nicht so, sondern lärmen halt so vor sich hin, bis Freund Hein sie eines Tages errafft.

Aus der Umgebung Alfred Leobolds dagegen hörte man, was die neue Lebensgestaltung des einstigen ANO-Führers anging, Unterschiedliches, Unentwirrbares, weitgehend Verfließendes. Von einem Skiunfall war gelegentlich die Rede, der Alfred Leobold angeblich zwang, die Krankenkasse einzuschalten. Man bekam die Version zu hören, Leobold werde demnächst von Herrn ANO-Nock mit einer höheren, überregionalen Aufgabe betraut. Ferner gab es den Hinweis, Leobold werde demnächst in die Firma seines Bruders nach Forchheim überwechseln. Der Fuhrunternehmer Schießlmüller dagegen wußte seinerseits zu berichten, Herr

Leobold habe ihm neulich in der »Wacker-Mathild« anvertraut, er habe nun 25 Jahre gearbeitet, jetzt lange es.

Ich selber wollte aus eingefleischter Delikatesse und Apartheit in dieser Sache nicht in meinen Freund dringen, zum anderen erkaltete damals mit Leobolds ANO-Hinschied mein leidenschaftliches Interesse für diesen Mann vorübergehend ein wenig (was ich, bedenke ich es heute, überhaupt nicht verstehe – wie viele unbezahlbare Tage und Stunden sind mir dadurch unwiederbringlich verloren!) – zum dritten verlor ich ihn während der nächsten drei Monate weitgehend aus dem Auge, indem ich mich einer ausgedehnten Inspektionsreise in die italienischen Städte Urbino, Siena, Lucca und Busseto, den Geburtsort Verdis, hingab, dem Geist der mediterranen Kultur meine Aufwartung zu machen. Ein guter Schicksalsstern leitete mich universal Interessierten, dem das Neue, die schöpferische Unruhe wesensmäßig ist, in die begeisternde, atemberaubende Welt der Antike, der Kunst und der sonnendurchfluteten Naturschönheit, es war eine unvergeßliche Epoche meines Lebens, meine Mutter bezahlte, was Hans Duschke hoffentlich nie erfährt, sonst tötet ihn die Wut auf die Elite der Privilegierten dieser Erde!

Ich stattete dem Gasthaus des Tenors und Commendatore Bergonzi einen Besuch ab, dem ich auch beim Weine steckte, wie schön er mich einst zusammen mit Oskar Zirngiebl aus dem Liebeselend gerissen, was dem warmherzigen Sänger sehr gefiel – ich lernte auch sonst sehr nette Persönlichkeiten kennen, unter anderem einen bezaubernden Wirt namens Attilio zu Monterosso (Cinque Terre), der abends in seiner winzigen Osteria »Il primo Tango« vorzutragen pflegte, mit brechender Stimme, aber immer aus dem Geist südlicher Heiterkeit heraus – – heute freilich will mir doch irgendwie scheinen, als hätte ich nicht reisen dürfen, sondern Alfred Leobold, wie gesagt, auch in dieser vorentscheidenden Phase unter Kontrolle halten müssen, ich wollte, ich wüßte exakter, was er in diesen sommerlichen Tagen alles getrieben hat.

Jedenfalls, bei meiner Rückkunft befand sich, wie mir der Schreiner Adolf Wellner mit der ausdrucksvollen Miene und Geste des sozusagen Abschreibbaren flüsterte, Alfred Leobold im Seelburger Marienkrankenhaus. Ferner ging aus Wellners Reden und Signalen hervor, daß sich während der letzten Monate Exzesse von hohem Rang abgespielt haben mußten.

Mit meinem Freund Alois Sägerer, dem Münchner Pressevertreter, der gerade zu Seelburg seinen Urlaub verlebte, machte ich mich auf, den Kranken zu besichtigen. Uns empfing ein allem Anschein nach heiterer, vollkommen ausgeglichener Mensch. Der Kranke, in einem adretten Bademantel, ging gerade in seinem Zweibettzimmer auf und ab, streckte uns Besuchern froh die Hand entgegen, bat uns auf den hübschen kleinen Balkon und machte sich anheischig, sofort Bier (»prima Bier«) vom Krankenhauskiosk zu besorgen. Alfred Leobold ersparte uns sozusagen demonstrativ den Ritus, des langen und breiten über seine Krankheit Auskunft zu geben, sondern teilte uns, die wir nun zu dritt über das spätsommerlich reife Panorama Seelburgs unsere Blicke schweifen ließen, sofort eine spaßige Anekdote mit, nämlich bis gestern habe noch der alte Malermeister Strauch neben ihm im Bett gelegen – »den kennst bestimmt, Moppel, der was damals seine Tochter so geschlagen hat, ist doch in der Zeitung gestanden, das war vielleicht ein Zeug, du kennst ihn garantiert auch, Sägerer, genau« – nun sei, teilte Alfred Leobold mit schelmischer, wenngleich (erst jetzt sah ich es) schmerzgepeinigter Miene mit, dieser Strauch gestern die ganze Nacht wach gewesen und habe »gebrüllt wie eine alte Sau, o mei!«, und um 11 Uhr sei dann endlich die Nachtschwester gekommen und habe Strauch gefragt, warum er so brülle. Da habe – er, Leobold, habe es genau gehört – Strauch gefragt, was heute für ein Tag sei. Da habe die Schwester gesagt: Samstag. Da habe Strauch gefragt, wieviel Uhr. Da habe die Schwester gesagt: 11 Uhr. Da habe Strauch gesagt: »Scheiße, dann sterb ich heut wieder nicht!« Und tatsächlich, schloß Leobold und sah plötzlich ruckartig über seine Schulter, sei Strauch erst 20 Minuten nach 1 Uhr gestorben. »Mußt dir vorstellen«, wiederholte Alfred Leobold sorglich, falls wir die Pointe verschlafen haben sollten, »er sagt, ›Scheiße, heut sterb ich also wieder nicht‹, und dann stirbt er tatsächlich heut nicht, sondern« – hier geriet Alfred Leobold ins Schwimmen – »praktisch gestern, wie gestern heut war, stirbt er nicht, aber heut, also praktisch morgen, stirbt er ihnen tatsächlich!«

Sie hätten dann Strauch auch gleich weggetan, und seitdem sei das Bett frei, redete sich Alfred Leobold seine Pein vom Leibe, und er hole uns auch jederzeit Bier vom Kiosk, wenn wir nur wollten, »du kennst es ja, das Bier, da heroben«, sagte Leobold offenbar halb bewußtlos zu Alois Sägerer und klemmte sich mühvoll ein Zigarettchen in den Mund, das dort nervös auf- und niederwippte.

Beiläufig teilten wir Alfred Leobold mit, wir beide führen nächste Woche in Urlaub, nach Südtirol, und, um den Patienten aufzuheitern und ihm das Gefühl der allgemeinen Zugehörigkeit zu schenken, neckten wir, es wäre natürlich schön, wenn er, Alfred, da mittun könnte.

»Geht in Ordnung«, antwortete zügig der Kranke, der Arzt habe zwar gesagt, er, Leobold, müsse noch für drei Wochen im Krankenhaus bleiben, aber das mache nichts, er bleibe allenfalls jetzt noch zwei Wochen, »wenn's aber drauf ankommt, auch nur eine Woche«, und dann könne er »jederzeit mit sowieso«, schloß der Kranke seine Rede, die ihm sichtlich immer schwerer fiel, sonnig.

Ich muß sagen, daß mir der Gedanke an einen neuerlichen Auslandaufenthalt, diesmal im Verein mit Herrn Leobold, spontan aufs wärmste zusagte; ich halte es aber auch für möglich, daß ich mir, nebenbei, inmitten der Welt der Dolomiten, für Herrn Leobold raschere Genesung versprach, war es doch möglich, daß dieser welke Mann vielleicht nur den Reiz der Fremde, die Begegnung mit neuen Erlebnissen benötigte, um nach den – jeden Menschen außer Duschke niedermetzelnden – ANO-Tagen vollends zu gesunden. Und innig leuchtete in mir die erneute alte, durch meinen Italienaufenthalt nur hingehaltene Begeisterung für diesen erlauchten Mann auf – Herr Leobold war sicherlich auch ein ausgezeichneter Reisender, und vielleicht flackerte durch mein Unterbewußtsein auch damals schon die Vision eines ständigen Freizeit- und auch Reisebegleiters, nachdem ja nun Alfred Leobold seine Verkaufstätigkeit ebenso rigoros eingestellt zu haben schien wie seine Sehnsucht nach dem anderen Geschlecht, das mich in jenen Tagen gleichfalls herzlich wenig interessierte, meistens jedenfalls – –

»Dann werd nur bald wieder gesund, Alfred!« sagte ich scheinbar mit neutraler Herzlichkeit, in Wirklichkeit geradezu ängstlich entflammt.

»Sowieso, Moppel«, erwiderte Leobold makellos, etwaige Bedenken hinwegwischend, »dann fahren wir, Sägerer. Bist ein prima Kerl, Sägerer. Ich kenn dich ja schon von den Ministranten her. Ich hol euch auch jederzeit Bier, wenn ...«

Alois Sägerer war es, der beim Abschied den Patienten behutsam darauf ansprach, was ihm denn eigentlich fehle. Leobold machte eine Handbewegung, die wohl Lächerlichkeit ausdrücken sollte. Nichts fehlte ihm – es gehe alles in Ordnung; und der Kranke biß auf die Zähne. Naja, der Oberarzt da, der komme immer herein, aber die Schwestern seien auch in Ordnung, mit Ausnahme seines Eintreffens hier im Krankenhaus. Er sei, berichtete Leobold, direkt von der »Wacker-Mathild« hierher eingeliefert worden, Arthur Mogger habe ihn eigenhändig hierhergefahren, und er sei auch an der Pforte anständig aufgenommen worden, »Personalien, alles«, man habe ihn dann auf ein Zimmer 201 gewiesen, wo er warten solle, da sei er dann die ganze Nacht gesessen, zuletzt habe er sich auf eine Bank gelegt, in der Frühe sei dann eine Schwester gekommen und habe gefragt, was er da wolle. Naja, er sei hier als Kranker, habe er, Leobold, geantwortet. Und da habe sich dann herausgestellt, daß man ihn schon die ganze Nacht gesucht habe. Und endlich habe man ihn in ein Bett gelegt.

»O mei, war ich müd. Was macht denn eigentlich der Duschke?« schloß Alfred auf der hektischen Suche nach einem Ausweg aus dem Krankenhausbereich.

Alois Sägerer ließ aber nun nicht mehr locker: irgendeine konkrete Krankheit sei aber dann doch sicher festgestellt worden. »Nichts«, wiegelte Leobold ab, ja, naja, der Dr. Fink habe »natürlich eine Leberpunktion gemacht wegen der Szirrhoscardiac, naja«, und die Lunge sei natürlich auch nicht mehr die beste (voll Schalk führte Leobold ein imaginäres Zigarettchen zum blauen Mund), am Magen habe er »ein Geschwür und natürlich die Gastritis sowieso. Und der Darm« – Alfred Leobold tastete wie suchend nach unten – »macht halt einen so grausam hohen Blutdruck.« Ach so, und dann sei da noch »was Komisches«, er habe eine »paß auf, Moppel, eine Aortenzwischenschichtlustseuchenentzündung«, kicherte Leobold fast fröhlich und hell wiehernd, wie ich ihn noch nie gehört hatte, »das hat der Arzt da gesagt, aber das einzige Wilde ist eigentlich die Leberpunktion gewesen. Da hat er mit der Nadel was aus der Leber rausgezwickt, ich weiß gar nicht, was, und hat mit so einem Fotoapparat die Leber angeschaut.« Naja, und die Gefäße seien halt auch kaputt und die Niere wahrscheinlich auch, da gebe es eine Entzündung und einen Abszeß – »aber an sich geht alles in Ordnung«, beendete Alfred Leobold fast unwirsch seine Diagnose; hier hatte ich ihn erstmals wirklich in Verdacht, er wolle uns beide veralbern; oder war es doch einfach tiefste Goetheische Naturfrömmigkeit gemixt mit stoischem Laissez faire, was den Kranken zu so einem Unsinn anstiftete?

»Also, wir fahren dann nach Tirol oder wohin, alles in Ordnung, Moppel?«

Rauschender als sonst noch ging heute alles in Ordnung mit Alfred Leobold, auch Alois Sägerer hatte es registriert und war beeindruckt, und auf dem Heimmarsch hatten wir unsere helle Freude an dem tapferen Kranken. Wie schön wäre es, cremten wir beide uns ununterbrochen im italienischen Eiscafé ins Gesicht, würde er unseren Kurzurlaub in Norditalien bereichern; wobei ich heute nur wissen möchte, warum ich damals ständig Urlaub machen mußte …

Vier Tage später besuchten wir Alfred Leobold ein erneutes Mal im Krankenhaus. Es war wie ein Hurrikan. Jawohl, genau, garantiert, sowieso, einwandfrei würde er mitkommen, ins Gebirge, prima, freilich, das Gebirge, er kenne es schon, versicherte unser Freund ein ums andere Mal, der Arzt habe gesagt, in sechs Tagen sei er gesund, »wird prima«, freute sich Leobold, biß sich vorsorglich auf die Zunge und strich sich träumerisch über die dünnen Schenkel.

Ob er denn nicht vielleicht doch noch zu schwach sei, die lange Reise anzutreten, gab Alois Sägerer etwas unklug zu bedenken. Ich wollte Sägerer gerade beschwichtigen – gegen den Trieb nach einer einmal ins Auge gefaßten, schon greifbaren Lust kann nur ein Heiliger an –, doch Alfred Leobold hatte das Problem schon selber überdacht und im Griff. Der Mogger Arthur fahre ihn »hinunter«, wir sollten ihnen beiden nur das Dorf und das Wirtshaus genau aufmalen. Es werde alles prima.

Noch einmal besuchte ich Alfred Leobold im Krankenhaus, ich traf ihn diesmal am Kiosk an, wo er mit ein paar anderen Männern, die sich wohl über ihre Leiden angefreundet hatten, ein Fläschchen Bier hob, und ich beschrieb ihm die gesamte Reiseroute zu dem Dolomitendorf Campill und zeichnete alles auf ein Zettelchen. »Bist ein prima Kerl, Moppel«, bedankte sich Alfred Leobold warm, »dich mag ich und den Winter Erich, weil ihr seid ehrlich, und der Sägerer natürlich auch«, und dann noch mehrfach und immer wirbelnder, wie ein Elfentanz in der schwirrenden Erotik eines blumig-affigen Mittsommernachtstraums: es werde alles einwandfrei funktionieren, »normal« sei er gesund, »das andere« könne er »dann erledigen«, und dem Winter Erich solle ich schöne Grüße sagen und »auf meinen Namen einen Schnaps ausgeben, da, hast zwei Mark«, und er lasse sich also dann vom Mogger oder vom Hümmer Heinz »hinunterfahren«, die hätten ja immer Zeit. Herrgott, wie artig und aufgeregt meine Prosa plätschert, je mehr sie auf die große Reise zutänzelt!

Gerade als ich weggehen wollte, kam eine Schwester des Wegs und maß routinemäßig Alfred Leobolds Blutdruck. Sah dem Patienten bestürzt ins Gesicht und maß noch einmal. Ob er sich durch meinen Besuch besonders aufgeregt habe, fragte die Schwester Leobold.

Nein, warum?

Er, Leobold, habe normalerweise 90 Blutdruck, jetzt aber tatsächlich 200. So etwas habe sie, die Schwester, noch nie erlebt.

»Das gibt's alles, Schwester.« Alfred Leobold lächelte gewinnend und, wie mir schien, sogar irgendwie stolz über seine medizinische Glanztat, und als er mich aus dem Hause geleitete, gewann ich den Eindruck, als ob er geradezu erleichtert sei, mir für meine Alpeneinladung gleichfalls etwas Angenehmes und sogar Sensationelles rückbeschert zu haben. Ein unfaßlich hochherziger Mann.

Wohlgemut rannte ich in die Stadt zurück (aus einem bestimmten geheimen Grund wird die reizende Witwe Strunz-Zitzelsberger jetzt aufkichern, wenn sie den Satz liest), eilte zu einem neueingerichteten Wein-Ausschank am Marktplatz, wo der Abendwind und Hans Duschke aus gegensätzlichen Richtungen gerade aufeinander losfuhren.

»Moppel!« strahlte Duschke, der eine, wie sich zeigte, mit Brot und Heringen gefüllte Plastiktasche mit sich schleppte, »darf ich dich zu einem Bier einladen, du Lümmel?«

Er durfte. Duschke trug an diesem Abend einen dunkelblauen Anzug, ein hellblaues Hemd und eine irgendwie internationale Krawatte – ich muß zugeben, zusammen mit den fast ordentlichen Silbersträhnen eine Gesamterscheinung, die nicht nur blendete, sondern alles ihn Umgebende buchstäblich niederriß. Kein Fernsehbaron würde ihm in dieser Verfassung das Wasser reichen können.

Wir inspizierten zuerst den Wein-Ausschank, dann machte Hans Duschke aus einem zehn Biere, ließ sich von unserer Italienfahrt berichten, keuchte mehrfach »freut mich, daß du dich um Lääwoohl kümmerst, ehrlich!«, vergaß die Fahrt wieder, randalierte anmutig wie selten, und erst gegen 2 Uhr früh flog der alte Spaßmacher nach Hause, seinen Hering in den schauerlichen Magen zu zwängen. Ich finde, solche heiteren und überflüssigen Intermezzi sind letztlich das Beste am Dasein, ehrlich!

Die folgende Woche in den Alpen verleitet mich zu der sonst verabscheuten Vokabel »unvergeßlich«. Eingestehen muß ich, daß ich mich trotz des niedlichen Pressevertreters Alois Sägerer liebsamer Gegenwart, trotz zahlreicher angenehmer Wanderpartien, wie sie uns älteren Herren so gut zu Gesichte stehen, trotz abendlicher Kurzweil beim Brettspiel, trotz meiner kontinuierlich und geradezu süchtig eingesaugten Grappa-Espresso-Spezialkompotts, die allein einem gegen Süden den Weg zu weisen vermögen – daß ich mich von der Ankunft in dem 300-Seelen-Nest Campill an sofort leidenschaftlich nach Alfred Leobold sehnte, ihn geradezu in dieses ebenso einödhafte wie kreuzfidele Dolomitendorf beschwor, ich denke, dem Pressevertreter Sägerer entging meine Unruhe und mein lächerliches Geseufze um so weniger, als auch er, gewissermaßen als Repräsentant des Zeitgeists, vor Neugier auf die zu erwartenden Wunder bald platzen mußte.

In der Nacht zum Mittwoch, drei Tage nach unserem Eintreffen, wurde ich erlöst.

2

Es war gegen 2.30 Uhr nachts, ich lag im Halbschlaf, meine letzte unwürdige Schachniederlage in die Niederungen des Bewußtseins zurückdrängend, da erhob sich im Treppenhaus der Pension ein kurzer, knallender, ruckelnder Lärm, Sekunden später flog die Tür auf, das Licht ging an, und sichtbar wurden – von vorne nach hinten – unsere Alt-Herbergsmutter Fiorenza Pizei, der jennerweinbärtige Unhold Mogger, hinter Mogger aber, den Kopf über dessen massive Schulter geworfen, das tödlich zarte Antlitz von Herrn Alfred Leobold. Fausto di, oh gioia!

Ich stünde gern noch einmal auf, brummelte ich verstört-verzückt, wenn wir noch eine Flasche Wein kriegten.

Frau Pizei nickte. Eine Flasche? Naja, gut.

»Zwei!« brüllte der Unhold Mogger.

»Vier!« wisperte todesmutig aus dem Hintergrund hervor Alfred Leobold. Ich hätte ihn sofort streicheln mögen.

Alois Sägerer, dieser bedenklich träge Pressevertreter, war zum Empfang nicht mehr wach zu kriegen, sondern schnurgelte, als ich ihn rüttelte, nur »Stammtisch« und »hohes Gefängnis«, so nahmen denn wir drei am Frühstückstisch der Pension Platz, umsaust vom schlingernden Nachtwind, ständig umschlichen von der zu Recht das Ärgste argwöhnenden Mutter Pizei, die auch tatsächlich noch zwei Liter Kalterer See heranschaffte.

»O mei«, wollte Alfred Leobold, der einen elenden, aber gleichzeitig überirdisch freudigen Eindruck machte, das Gespräch eröffnen, aber Arthur Mogger fuhr dazwischen, das sei vielleicht jetzt ein Durcheinander gewesen, um 14 Uhr sei man von der »Wacker-Mathild« aufgebrochen, dann in Tegernsee im »Bräustüberl« eingekehrt, am Brennerpaß sei schon Mitternacht gewesen, und beide hätten plötzlich keine Ahnung mehr gehabt, wo sie sich eigentlich befänden, irgendwie seien sie dann nach Brixen geraten – »Italien«, sagte leis und erregt Alfred Leobold, der vielleicht noch gar nicht wußte, daß er sich auch jetzt in Italien befand –, da hätten sie dann einen Schutzmann nach einem gewissen Campill gefragt, »das hat er noch gewußt, der Alfred, der Hund!« erläuterte Mogger und bestellte unmäßig krachend einen kalten Aufschnitt; jedenfalls habe der Polizist – »Carabinieri«, ergänzte hauchend Alfred Leobold – sie dann in eine Kneipe gepackt, dort hätte »die ganze verlumpte Mannschaft« (sagte Mogger, vermutlich meinte er die Gäste) nach einem Campill gesucht und schließlich auch gefunden, »ganz hinten«, sagte Alfred Leobold spitzbübisch. Da sei es dann noch einmal »rundgegangen« (Mogger), der Polizist habe – »vor seinen Augen hat jeder von uns vier Grappa weggeputzt, stimmt's, Alfred?« – ihnen dann noch auf der Straße gute Fahrt gewunschen, dann sei man »weitergedonnert«, durch ein langes Felsental »und dann den Berg hinauf«, da sei es »links vielleicht runtergegangen, o mei!« beschwor Alfred Leobold andächtig die überstandene Gefahr und nippte verbissen an seinem Rotwein, aber er wollte nicht mehr recht hinein – ja, und dann habe man schon umkehren wollen, »ich sag zum Alfred, Alfred, sag ich, da ist der Ofen aus« (Mogger), plötzlich aber habe an einem Dorfende Alfred Leobold mein Auto gesehen und erkannt, vor der Pension, da habe man dann gewußt, daß man da sei, da habe man dann gepocht, lang gepocht, ewig lang gepocht, endlich sei »die alte Frau da«, Mogger deutete rückwärts in die

Küche zu Frau Pizei, in der Tür erschienen, habe aber die Tür sofort wieder zugeknallt – »wie sie dich gesehen hat, Arthur, wie sie dich gesehen hat!« (geradezu frenetisch beeilte sich Alfred Leobold, seinen Scherz nach Hause zu bringen) – »gelt, da sind S' erschrocken!« rief Arthur Mogger und lachte Frau Pizei, die nun den Aufschnitt daherschleppte, röhrend an, »wie ich dahergekommen bin, hähähä!« Und gierig machte sich der Kaufmann über seine ausladende Platte voll älplerischer Delikatessen.

»Aber eine erstklassige Fahrt war's, Alfred!« Mit vollem Mund riß sich Mogger von seinem Teller hoch, ein knalliger Fehler, denn mit einer unkontrollierten Armbewegung fegte er dabei sein adrettes Playboy-Federhütchen vom wüsten Kopfe, das Hütchen segelte genau auf die volle Rotweinflasche zu, ließ diese taumeln – mit einem harten Griff versuchte Mogger die Rettung, stieß aber dabei die Flasche endgültig um, so daß sie den kleinen Tisch sowie Moggers Brotzeitteller restlos überflutete und rot einfärbte, während sich der Hut noch eine Weile taumelnd im Zimmer herumtrieb.

»Sakrament!« ärgerte sich lachend Mogger und schmatzte einen Bissen hinunter.

»Sie, Frau, bringen S' eine andere Flasche!« sputete sich Alfred Leobold mondän, damit das auch ja nicht vergessen würde.

Bevor er, erstmals, zusammenbrach, erzählte Herr Leobold noch eine hübsche Geschichte aus seinen letzten Krankenhaustagen. Er habe da, »praktisch schon wieder gesund«, einen Spaziergang um das Krankenhaus herum gemacht und sei dabei plötzlich in die »Wacker-Mathild« geraten, habe dort – ich, Moppel, könne mir ja vorstellen, was für einen Durst er, Leobold, gehabt habe – ungefähr fünf Weizenbier und sieben Sechsämter getrunken, da habe ihn bei seiner Rückkunft, »ich weiß gar nicht, warum«, ein so ein blöder Arzt angehalten, mit einem Pfleger dabei, und habe ihn gefragt, wie er denn in das Krankenhaus da hereinkomme. Er wohne da, habe er, Leobold, geantwortet (wieder lächelte Alfred Leobold forciert beifallsheischend über seinen kleinen Scherz), da habe der Arzt geschrien:

»Mann, Sie sind ja schwer betrunken!«

»Genau«, habe er, Leobold, geantwortet.

»Hauchen Sie den Mann da mal an!« habe der blöde Arzt weitergetobt und auf den Pfleger gedeutet.

»Warum soll ich dann Sie nicht anhauchen?« habe er, Leobold, zurückgefragt, »warum soll ich dann Sie nicht anhauchen, dann hätten S' wenigstens was davon, ich kann doch genauso gut Sie anhauchen!« wiederholte Leobold, erneut ängstlich auf Applaus bedacht, seinen fast sozialkritischen Knalleffekt, und als wir lachten, versuchte er sich, zum Lohn, auch noch einen Schluck Wein einzupressen, es gelang aber nicht, sondern Alfred Leobold spuckte nun allerlei Schleim von sich, stand auf, sagte »also, gut Nacht«, taumelte, hielt sich an einem Schrank fest und ächzte »Mensch, Mensch«, und als Mogger und ich hinzusprangen und Mogger ärgerlich »Mensch, Alfredl, was machst mir denn!« rief, flüsterte Herr Leobold »das Bier und der Wein« vor sich hin.

Wir trugen den Kranken auf sein Zimmer und legten ihn auf sein Bett.

»Wird schon wieder, Alfred«, munterte Mogger brutal auf.

»Sowieso, Arthur«, stöhnte der Neuankömmling. Es klang wie »Addua«. Wie freute ich mich auf den nächsten Tag.

Ah que bell' aria fresca! Das allerheiterste Herbstwetter war uns beschert. Alois Sägerer saß schon quietschvergnügt mit den beiden Kaufleuten am Frühstückstisch und ließ sich die Geschichten der Nacht berichten, ja die Herren ließen sogar aus reiner Wiedersehensfreude einen ersten morgendlichen Obstschnaps auffahren, und Alfred Leobold, scheinbar gut erholt, bat zum Kartenspiel.

Aber an einem solch herrlichen Herbsttag müsse man doch ein wenig laufen, es treibe einen doch geradezu auf die Berge und Almen hinauf, gebot ich Einhalt und deutete gewinnend zum Fenster hinaus, das in der Tat den Blick auf eine traumhaft schöne Bilderbuchlandschaft eröffnete.

Es rentiere sich doch kaum mehr, wehrte sich Alfred Leobold, gleich sei doch Mittagessen.

Aber Alfred, korrigierte Alois Sägerer, jetzt sei es 11 Uhr, das Mittagessen aber sei um 1 Uhr, da könne man doch noch die höchsten Gipfel packen, lockte der Pressemann. »Da schau«, assistierte sogar der Unhold Mogger, der heute einen besonders putzmunteren Eindruck machte, schnaubend, »da schau raus, Alfredl, da mußt kraxeln und nicht kartenspielen, Alfredl!« Er drang nicht durch:

»Spazierengehen könnt ihr daheim auch«, konterte Alfred Leobold – wenn ich es heute überlege, ein erstaunlich richtiger Satz, er half dem Wackeren indes nicht weiter, sondern wir drei brachen auf, während Alfred Leobold, sichtlich enttäuscht, ankündigte, er werde einen kleinen Frühschoppen abhalten, »dann Zeitung lesen und alles« und sich dann wieder ein wenig ins Bett legen.

Auf Herrn Leobolds bewegende Bitte hin nahmen auch wir Wanderer rasch noch einen Obstschnaps, ein »Zischerl«, wie Alfred Leobold sich neuerdings ausdrückte, dann ging es hinein in die erhabene und glänzende Bergwelt, Hölderlin nennt sie sogar »edelmütig«, und recht hat er. Auf einer Wiese lungerten ein paar Golfspieler. Beim näheren Hinsehen stellte sich heraus, daß es scheckige Kühe waren. Naja, auch gut.

Bei unserer Rückkunft fehlte von Alfred Leobold zunächst jede Spur, bis ich ihn in seinem Zimmer, zusammengekrümmt auf seinem Bettchen, fand. »Furchtbar«, jaulte mir mein Liebling entgegen, »furchtbar, ganz furchtbar« gehe es ihm, er habe sich jetzt niedergelegt, weil er nicht mehr habe stehen können, und sitzen könne er »sowieso« nicht, ich müsse schon entschuldigen. Der Ex-Teppich-Matador seufzte steil und erschütternd durch. »Und da!« rief er plötzlich in kaum mehr gezügeltem Zorn, griff zitternd ins Nachtkästchen und zog einen kleine Plastiksack heraus: das seien »lauter Tabletten und Gelump«, das ihm der Doktor beim Abschied aus dem Krankenhaus mit auf den Weg gegeben habe, »für Leber und Herz und alles, aber ich freß es nicht«, jammerte Alfred Leobold steinerweichend, »ich bin doch nicht krank«, und nachhaltig drückte er mir das prall mit Pharmaka gefüllte Säckchen in die Hand, mit einem geradezu glühenden Leidensausdruck im Gesicht: »Da, wirfst das Zeug da in den Bach da drunten rein, damit's weg ist!«

Wie schön! Herr Leobold wollte »das Zeug« nicht einfach in den Abfalleimer oder Ofen geworfen haben, sondern direkt den Elementen anvertraut wissen, damit es auch endgültig weg sei! Der Herr hat es gegeben, der Herr hat es genommen, der Kreislauf der Vernichtung war der Naturzweck, na, Thomas Bernhard, wer sagt's denn!

Schafsgesichtig beobachtete ich, wie mein Freund nun zur Abwechslung wieder hochkrabbelte und vorschlug, vor dem Essen noch ein »Zischerl« zu machen, vielleicht werde es ihm dann »besser«, sagte er todesmutig, nein, natürlich: »evendöll«, sagte er mit sprachlicher Meisterschaft.

»Geht in Ordnung«, versuchte ich mich dieser Pracht rücksichtslos anzuschmiegen.

»Genau«, parierte Alfred Leobold, und wir stiefelten los. Vor einem der urweltlichen Bauernhäuser auf einer Bank saß eine alte Frau, sah in den Boden und schmauchte eine Pfeife. Etwas verwegen Fransiges schnurrte und zuckelte durch meinen Schädel. Prima.

Beim Mittagessen saß – o Wunder – Alfred Leobold dann tatsächlich schon wieder recht sicher und aufrecht auf seinem Stuhl, vermochte allerdings sein Essen nicht zu sich zu nehmen, sondern kostete nur ein winziges Stück Fleisch. »Ganz prima, Arthur, iß du!« sagte er einladend und schob dem Kaufmann seine Portion hin. Arthur Mogger fraß sie weg und rieb sich dann übers stattliche Bäuchlein: »Da schau, Alfred, das kann mir niemand nehmen«, grunzte der Räuberhauptmann und bleckte die Zähne vor allgemeiner Lebenslust.

»Genau«, antwortete Alfred Leobold, eine weitere Perle in dieser hinreißenden Kette.

Für den Nachmittag war, von Mogger und Sägerer, ein Ausflug ins benachbarte Grödnertal ins Auge gefaßt worden. »Jawohl, da spielen wir dann Schafkopf«, rief Alfred Leobold und suchte sofort und geistesgegenwärtig die Regie zu erhaschen.

»Sowieso«, sagte diesmal zur Abwechslung Alois Sägerer und lachte herzhaft. Ich weiß bis heute nicht, ob er das alles komisch fand.

Die Fahrt in Alfred Leobolds L295 mit Arthur Mogger am Steuer führte durch das wildromantische Gadertal, dessen enge Kurven der Kaufmann so schwungvoll nahm, daß Alfred Leobold aus dem Hintersitz hervor immer wieder »Arthur, tu halt langsam, tu halt langsam, Arthur!« hervorgreinte, und schon zehn Minuten nach Antritt der Tour schlug er jammernd vor, beim nächsten am Weg liegenden »Sporthotel« ein »Zischerl« zu machen. Warum er denn jetzt schon pieseln müsse, tobte überraschend laut der Fahrer Mogger. »Nein, Arthur, ein Zischerl Bier!« jaulte schrecklich schön Leobold, und dann lächelte er gleißend: »Zuerst ein Zischerl oben rein, dann ein Zischerl unten raus, genau, Addua!« In diesem Augenblick schien mir nicht nur Alfred Leobolds Welt wieder um ein Stückchen einsichtiger geworden zu sein: um den durchaus heraklitmäßig gedachten Kreislauf des Zischens; endgültig eröffnete sich mir auch der Stellenwert des Wörtchens »genau«. Es bedeutete in charmantester Form nicht mehr und nicht weniger als »grauenhaft«, seine Massierung aber signalisierte genau das allmähliche Überhandnehmen und Unerträglichwerden des Grauenhaften.

»Hättest halt gehalten, Arthur!« schluchzte jetzt erneut Alfred Leobold, »hättest halt beim letzten Sporthotel da gehalten, der Moppel hätt' ja auch ein Zischerl machen wollen!« So war es. Befähigte ihn der Schmerz plötzlich zum Gedankenlesen? Mir machte ein starkes Herzflattern Pein – eine Art Projektion von Leobolds Leid auf mich? Etwas verlegen und Rücksichtnahme auf den Kranken vorgaukelnd, gab ich unserem Fahrer zu verstehen – »Arthur, tu halt langsam«, weinte es wieder von hinten her –, beim nächsten Sporthotel möge er anhalten, wir hätten ja Zeit, »für ein Zischerl«, ergänzte Alfred Leobold äußerst hartnäckig.

Am Tresen fühlte sich Alfred Leobold sofort sicherer. Er zahlte uns generös vier Biere, nötigte uns in der Freude der wiedergewonnenen Lebensgeister auch je einen doppelten Obstschnaps auf, er selber flößte den seinen außerordentlich bedächtig, ja verehrend in seinen Mund, und im Fortgang der Reise fühlte sich Alfred Leobold sogar zu einem reizenden Späßchen aufgelegt:

Arthur Mogger beabsichtigte nämlich einen Wirt namens Weber Uli, der angeblich auf dem Scheitelpunkt des Grödnerjochs hauste, aufzusuchen, bei diesem für die bevorstehenden Neujahrstage Zimmer für 32 Mann, nämlich Freunde aus dem Umkreis des Gasthauses »Wacker-Mathild«, vorzubestellen – was nun Alfred Leobold überhaupt nicht in den Kram paßte, denn, wenn ich es richtig verstanden habe, wollte er diese Leute um Neujahr selber um sich haben: und er leistete also von Beginn an erstaunlichen Widerstand, diesen Weber Uli zu suchen und am Ende gar zu finden. Arthur Mogger fragte in unterschiedlichen Gaststätten nach, wo hier Weber Uli daheim sei, für Alfred Leobold und mich übrigens Gelegenheit, jeweils ein »Zischerl« zu machen. Und dabei wurde Herr Leobold immer aufgekratzter und beschwingter: denn niemand wußte von einem Weber Uli.

»Es gibt keinen Weber Uli«, griente er satt von hinten hervor.

»Freilich gibt's den, Alfred!« schrie Mogger und stürzte die schwindelerregende Paßstraße noch hektischer hinab.

»Tu halt langsam, Arthur.«

»Freilich gibt's den Weber Uli, ich hab doch schon viermal mit ihm telefoniert!« Mogger platzte fast.

»Aber nicht da«, konterte kühl und immer kreuzfideler Alfred Leobold, »nicht in dem Tal da. Am Gardasee, ja, da gibt's einen Haufen Weber Ulis«, dieser todkranke Mann erreichte plötzlich einsame Sphären mitteleuropäischen Spitzenhumors, »am Gardasee, jederzeit, sowieso …«

»Ach, Alfred, Depp!« ächzte der Kaufmann am Steuer und schien zu resignieren, aber sein Widersacher gab noch nicht nach:

»Horch, Arthur!« begann er nach einer Weile erneut und kniff Alois Sägerer und mich immer wieder in den Arm, um uns auf das schmähliche Ausgetrickstwerden Moggers aufmerksam zu machen, »horch, Arthur, das wirst halt am Telefon falsch verstanden haben, das wird halt …«

»Nein, alles!« brüllte sinnlos und erhitzt Mogger.

»... ein Schreiner Uli sein, der eine Weberei hat. Das gibt's oft. Das wirst halt am Telefon falsch verstanden haben, Arthur!« Mogger zog den Steirerhut noch tiefer über die Stirn.

»... Schreiner Uli, genau«, Alfred Leobold nützte die Spanne seiner wiedererblühten Lebenskraft voll aus, die kurzfristig überstandene Todespanik machte den Seligen geradezu feixen, »das ist schon oft passiert, daß jemand am Telefon was falsch verstanden hat. Am Gardasee, in Riva vor allem, hat's jede Menge Weber Ulis und alles. Da mußt hinfahren.«

Auch in Wolkenstein wußte niemand etwas von einem Weber Uli.

Was Alfred Leobold, seinen Triumph auszukosten, ein weiteres Bier zuspielte. Später in St. Ulrich wollten wir schnell einem befreundeten Hoteliers-Ehepaar Grüßgott sagen, doch kaum hatte Alfred Leobold die Tische in dieser Pension wahrgenommen, bat er erneut und diesmal nahezu unwiderstehlich zum Kartenspiel. Aber wir sollten doch lieber auf die wunderschöne Seiser Alm hinauffahren, versuchte ich es, weniger überzeugend als am Morgen, das wunderschöne Wetter, der erhaben bizarre Langkofel...

»Ach wo, nichts«, beschied Alfred Leobold kategorisch und bestellte so umsichtig von Frau Christel Spielkarten sowie vier Bier und vier Obstschnäpse, daß jeder Widerstand in sich zusammenbrach. Da war nichts zu machen.

»Tu raus auf Herz!« schmetterte Alfred Leobold zart und verlor glanzlos. Ein neues Wunder an Güte: er hatte den Solo offenbar nur gespielt, um für die rechte Auftakts-Rasanz zu sorgen. »Evendöll« hätte er ihn gewinnen können, schelmte gewinnend und allerliebst dieser hochherzige Mann und schob uns verächtlich die Münzen zu, »du gibst, Arthur«, machte er Dampf.

Dann geschah es. Mitten im zweiten Spiel legte Alfred Leobold die Spielkarten vorsichtig auf den Tisch, schraubte sich vom Stuhl hoch und trat tastend ans große Veranda-Fenster.

Was denn sei, wollte Mogger zornig wissen.

»Da geh her, Moppel!« wisperte Herr Leobold tonlos, »schau!« Und er sah blicklos zum Fenster hinaus.

Nun wurde ich doch (wie in einem letzten Aufbegehren von Kritik) recht ungehalten und schrie zum Fenster hin, wir würden jetzt nicht zum Fenster hinausschauen, sondern kartenspielen, er, Leobold, habe doch danach gedrängt ...

»Ja, genau«, antwortete Herr Leobold und preßte inbrünstig die Hand gegen die Fensterscheibe, »schau, Moppel ...!«

»Was ist denn, Alfred!« brüllte Mogger ärgerlich, weil er ein schönes Spiel laufen hatte. Verwundert, aber auch irgendwie abgebrüht äugte der Pressevertreter Sägerer drein.

Ich war nun doch neugierig geworden, im untersten Bewußtsein vielleicht auch etwas besorgt um den Freund, und trat also zu ihm, Zorn mimend: was denn nun sei?

»Naja«, deutete Leobold auf die gegenüberliegende sonnig herbstliche Seceda.

»Was denn?« rief ich.

»Berg Berg«, sagte tonlos Herr Leobold.

»Was Berg? Freilich Berg!« fuhr ich ihn grimmig und dümmlich an; ich bereue es heute, und meine Grobheit beschämt mich.

»Berg«, wiederholte Leobold hilfesuchend.

Freilich seien hier Berge, schrie Arthur Mogger roh von hinten.

»Genau«, flüsterte jetzt delikat Alfred Leobold, drehte sich um und stocherte zu seinen Karten zurück, bleich bis zur vollkommenen Transparenz, ja Körperlosigkeit. Und bestellte träumerisch vier Obstschnäpse. Verlor einen angesagten Durchmarsch ohne Grün-Ober – »ich hab den Grün-König für den Grün-Ober gehalten, die schau'n sich so ähnlich, naja, ist ja gleich« – und bezahlte, was mir sehr erinnerlich ist, mit geradezu hektischer Freude, ein Zug, der mich auch später an Alfred Leobold immer wieder fesselte und entzückte: Niederlagen müssen nur mächtig genug ausfallen, um, vermutlich nach den Gesetzen Hegels, wieder in maßlose Freude umzukippen, ja in das Gefühl der Weltherrschaft. Oder, um es etwas weniger geschwollen und mit Italo Svevo auszudrücken: »Wahrlich, das war eine unzweideutige

Äußerung von Krankheit oder von Herzensgüte, jedenfalls von zwei menschlichen Eigenschaften, die in inniger Beziehung zueinander stehen. Dies ist die Wahrheit über mich und Guido.«

Und über Alfred Leobold, da möchte ich wetten! – Auch in St. Ulrich wußte niemand von einem Weber Uli, so daß Arthur Mogger unverrichteter Dinge wieder nach Campill zurückchauffieren mußte. Alfred Leobold ließ sich, wie im Wechselfieber jetzt wieder eingebettet in die lauterste Wonne, während der Fahrt über das Joch die Chance nicht entgehen, Arthur Mogger erneut den Meister zu zeigen.

»Und, Arthur, schau her«, spottete er unermüdlich und wie besessen von seinem Rücksitz hervor, »da könntet ihr ja gar nicht Skifahren, da gibt's ja nirgends Skipisten!«

»Du Aff!« Mogger, nun vollends wutentrückt, ließ das Steuerrad los und deutete mit beiden Händen zum Fenster hinaus: überall könne man hier prächtig Skifahren, was sollten denn sonst die vielen Lifte?

»Das sind Bieraufzüge, Arthur!« parierte Leobold feierlich.

Ich glaube, an dieser Stelle, hoch schlingernd auf dem Grödnerjoch, verliebte ich mich endgültig in ihn.

O dolce notte, scendere! Am Abend, zurück in Campill, spielten wir wieder Karten. Nach drei Stunden, gegen Mitternacht, fächerte Alfred Leobold erneut und behutsam sein Blatt auf den Tisch, begann zu stöhnen und legte sich auf die Wirtsbank: Er glaube, es sei jetzt aus, wir müßten schon entschuldigen. Am anderen Tisch sang eine wildgewordene Mannschaft grüner Gebirgsjäger vaterländische Lieder und Alpenzoten. Als Leobold sank, heulten sie gerade noch lauter auf.

Ah! Non lasciarmi!

Noch einmal, mit brechender Stimme, raunte der Kranke Alois Sägerer zu, er müsse schon verzeihen, aber er könne das Blatt nicht mehr halten.

»Geht in Ordnung, Alfred!« stemmte Mogger mißmutig und mörderisch heraus; dieser Satz stammte zweifellos aus dem Geist der Finsternis. L'ora fatale è suonata. Es war zum Schreien.

Wütend machte ich den tollgewordenen Gebirgsjägern Zeichen, sie sollten ihren schweinischen Gesang abbrechen, hier liege ein Sterbender, rief ich wohl sogar betrunken und im Zuge diffuser unbeholfener Herzenswärme, und ich gab der Wirtin den Auftrag eines Tees mit Rum, aber schnell!

Alfred Leobold rann jetzt der Angstschweiß übers niedliche Gesicht, das er, sich wieder etwas hochrappelnd, nun teilweise mit den klapperdürren Händchen abschirmte. »O mei, o mei«, schluchzte er – diesmal ging es nicht in Ordnung. Alois Sägerer steckte sich in scheinbarer Gelassenheit eine Zigarette an und sah zur Zimmerdecke empor, die typische optimistische Weltanschauung des Presse-Menschen, daß am Ende doch alles wieder gut würde. Aber Arthur Mogger kam plötzlich die Idee, Christenpflicht im Räuberantlitz, Alfred Leobold die Hand zu halten, ein wunderbares Bild dolomitischer Dolorosa und Niedertracht!

Wir flößten nun Alfred Leobold den Tee ein, anscheinend bekam dem Kranken allein das Gefühl des Trinkens schon gut, er gewann wieder etwas an Haltung, wischte sich schamhaft den Schweiß von der Stirn und das Wasser aus den geröteten Augen – vor Freude gab ich gleich noch einen Tee in Auftrag, diesmal, obwohl zurechtgewiesen durch den klügeren Sägerer, mit zwei Rum. Auch ihn schlürfte Alfred Leobold anmutig in sich hinein, plötzlich lächelte er und sagte, seinetwegen könnten wir nun weiterspielen. Caro mio ben!

Die Gebirgsjäger verstanden dieses tatsächlich überirdische Lächeln wohl als Signal, daß das Leben nunmehr zügig weitergehe, und sie brüllten erneut los, so daß Leobold schmerzlich zusammenzuckte, indessen sein Lächeln bravourös über die Runden brachte. Ob er, Sägerer, wandte er sich an diesen, ihm, Leobold, glaube, er, Leobold, habe gedacht, jetzt gehe es dahin?

»Ist schon gut, Alfred«, kalmierte der Pressemann.

»Ehrlich, Sägerer«, insistierte Leobold sotto voce.

»Und morgen, Alfred, kriegst keinen Schnaps mehr, Alfredl«, endete Mogger brüsk das Idyll. Für meinen Geschmack allzu weise grinste Alois Sägerer.

»Genau. Aber Bier«, antwortete Alfred Leobold und gähnte.

Wir nahmen ihn zu zweit unter den Armen und trugen ihn so vorsichtig durchs Dorf. Auf halber Wegstrecke bat Alfred Leobold, wir möchten ihn kurz abstellen, er müsse »ein Zischerl machen«. Wir stellten uns fangbereit daneben. Ein leiser und grauer nächtlicher Windstoß, der durch das Gadertal fuhr, warf den Pinkler fast um, doch wir waren zur Stelle. Dann machte sich Alfred Leobold noch einmal frei, indem er unsere helfenden Arme abschüttelte, und begann wie tändelnd in seiner Jackentasche herumzukramen. »Unglaublich«, lächelte er bezwingend.

»Was ist unglaublich, Alfredl?« Tränen frömmelnder Aufregung sickerten mir in die Augen.

»Glaubst, Arthur, ich hab mir jetzt in eineinhalb Stunden vier 20er-Packungen Zigaretten gekauft, und jetzt ist keine mehr da, Arthur!« Leobold lächelte Mogger schäkernd an. Auch in der Stunde der höchsten Gefahr ließ es sich der Mann nicht nehmen, dem gesundheitlich haushoch überlegenen Kaufmann eins auszuwischen. O gaudio sopremo!

»Geht es in Ordnung?« verabschiedete ich mich von Alfred Leobold, der sofort ins Bett fiel. Ich konnte, von Dünkel beschwingt, plötzlich nicht mehr anders.

»Freilich«, antwortete der Göttliche zu meiner leisen Enttäuschung.

Ich bohrte salbungsvoll nach. Ob er glaube, gut schlafen zu können? Ah no, no, no pianger, corragio …

»Genau«, sagte Leobold fest. Endlich! Va bene, va benissimo.

Mit wirren, albernen, dummdreisten Gedanken flegelte ich in den Schlaf. Wie herrlich, daß ich schon wieder in Italien war! Meine Hochzeitsreise! Brautbett und Totenbett! »Berg – Berg« – seine Reisebeschreibung. Das nenne ich lakonischen Stil, keine Chance für Hemingway! Vielleicht war ich nicht mehr ganz richtig im Kopf! Das sind keine Skilifte, sondern Bieraufzüge. Alles klar. –

Am Morgen erschien zuerst Arthur Mogger am Frühstückstisch und teilte mit, Alfred Leobold kleide sich gerade an und habe ihm, Mogger, gerade noch einmal fest zugesagt, heute Abstand von

Schnaps zu nehmen. Bier dürfe er aber trinken, was er hineinbringe, habe Leobold gesagt. Alois Sägerer schmunzelte verwegen. Er, Mogger, gehe sich jetzt waschen – dann könnten wir seinetwegen sofort wieder kartenspielen. Zehn Minuten später erschien, zerknittert von der überstandenen Agonie, aber lächelnd, Alfred Leobold. Ein bravouröser Auftritt! »Das glaubst nicht, Moppel, aber der Arthur wascht sich jetzt seit zehn Minuten seinen Sack, unglaublich!«

»Der will halt allzeit bereit sein«, scherzte Alois Sägerer.

»Unglaublich, auch gestern schon. Ununterbrochen wascht er seinen Sack. Mit dem kannst nirgends hinfahren. Ich möcht' bloß wissen, warum er andauernd seinen Sack wascht.« Leobold zwinkerte pfiffig. »Mußt einmal zuschauen, Sägerer. Der wird seinen Sack halt jetzt bald studieren lassen, Moppel! Und drei Obstler, Fräulein!« Flink nahm Alfred Leobold das dienstfertig vorbeistreichende Fräulein Agata Pizei wahr und schnalzte sogar lebenslustig mit dem Finger.

Dann wandte sich mein Liebling an mich:

»Und paß auf, Moppel, wir machen jetzt dann im Dezember eine Reise nach Seattle. Nach Seattle. Ganz prima. Einwandfrei. Seattle, da hab ich einen Verwandten in Seattle. Seattle liegt an der kanadischen Grenze. Wir fliegen mit dem Flugzeug, und dann fahren wir mit dem Auto an der Grenze entlang. Das Auto leihen wir uns. Und heimwärts fahren wir dann über Genua, genau, Genua, dann wieder rauf nach St. Ulrich, da kehren wir dann bei der Christl wieder ein, dann Pertisau, München und wieder heim. Und natürlich Campill sowieso. Kostet 1000 Mark der Flug. Im November fahren wir.«

Blieben also noch drei Monate. Ich wandte schwach und widerstandslos ein, ich wüßte eigentlich nicht genau, was ich in Seattle sollte.

»Jjjjaah«, stoppte mich Alfred Leobold mit einer wahren Koloratur an j- und a-Tönen elegant, »wir fliegen rüber, dann mieten wir uns ein Auto und fahren die ganze Grenze entlang. Geht immer schnurgerade!«

Der Kaufmann Mogger war zurückgekommen. »Was willst dann in Seattle?« erkundigte sich auch er.

»Und du, Sägerer«, antwortete Alfred Leobold, »du kannst dann auch mitfliegen, und drüber schreiben, über Seattle lesen die Leute gern was, bist ein prima Kerl, Sägerer!« Schon wieder tropfte mir etwas Warmes über die Wangen. Dann machten wir uns auf, im Campiller Sporthotel eine Art Frühschoppen abzuleisten.

»Aber keinen Schnaps!« brüllte noch einmal Arthur Mogger.

»Einwandfrei«, antwortete Leobold transzendental und lächelte undeutlich. Alois Sägerer grinste windschief, Arthur Mogger putzte seine Brille und fegte dabei ein verblüffend blindes Antlitz frei. Etwas Verwestes, nahezu sexuell prickelnd, streifte mich.

»Und dann fahren wir nach Prag«, sorgte Alfred Leobold, offenbar beflügelt von Todestrotz, für neue Überraschung. »Und dann nach Heidelberg«. Dort habe er gute Freunde, wenn ich Leobold richtig verstanden habe. »Sägerer, kommst mit? Dann sind wir drei.« Das Flehen um Zuneigung in diesem verlöschenden Gesichtchen! Dann war auch schon das Mittagessen da.

Frl. Agata erkundigte sich, ob ein Nachtisch erwünscht sei. Alfred Leobold, erneut außerstande, etwas Warmes herunterzuwürgen, fragte wahrhaft geistesgegenwärtig, was es gebe. Käse oder Obst, wisperte Frl. Agata. »Genau«, schelmte Leobold massiv und zärtlich, »Obst. Bringen S' vier Obstler, Fräulein!« Das Eisige, die Gipfelschauer. Arthur Mogger schrie auf. Es gebe, protestierte der knallige Sekundant fast warm, heute keinen Schnaps, er, Alfred, habe es doch fest versprochen. »Genau, Arthur«, flötete Leobold sanft-silbrig, »wenn's Obst gibt, müssen wir eins trinken, Sägerer!« Traumhaft lächelte er uns an. Er war einfach unschlagbar und wußte es.

Erneut forderte Alfred Leobold zum Kartenspielen auf. Wir drei argumentierten schwach dagegen: wir wollten ein wenig laufen, ins benachbarte St. Martino, schlug Alois Sägerer wendig vor. »Genau«, flüsterte Alfred Leobold, und mir wurde immer metaphysischer zumute, und ich bestellte – wie mir Alois Sägerer später grinsend erzählte – einen Espresso und zwei Grappas, indessen

Alfred Leobold bezwingend sagte: »Genau, Arthur, wir fahren jetzt nach St. Martin oder wie das Zeug heißt und spielen Karten, sowieso, Arthur, Mensch, ich hätt jetzt Lust auf was Saures, also, auf geht's, Sägerer, Moppel, alle!«

In St. Martino, nach zwei Spielen, legte Alfred Leobold, ähnlich wie am Vortag in St. Ulrich, das Blatt beiseite und krabbelte vom Tisch weg. Vermutlich schon lustvoll scherzend, schrie ich erneut auf, daß wir jetzt Karten spielten und nicht »Berg Berg anschauen« würden, das könnten wir daheim auch, verlängerte geschmeidig Alois Sägerer und grinste wehmütig. Doch mit einer wortlosen, allgemein Gutes signalisierenden Handbewegung verschwand Alfred Leobold, kam nach fünf Minuten wieder und lächelte sphinxhaft: »Gleich kommt's.«

Zehn Minuten später kam eine herrliche, riesenhafte Wurstplatte angefahren. »Da«, deutete Alfred Leobold verschämt und sieghaft auf sie, wir sollten zugreifen, »genau«. Arthur Mogger war es, der den Freund darauf hinwies, daß wir doch eben erst von einem ausladenden Mittagessen kämen, und roh griff aber Mogger in die Wurstpracht hinein und verschlang geschlossenen Auges ein Stück Leberkäse. »Und Fräulein«, rief Leobold froh der Wurstbringerin zu, »bringen S' noch vier Obstler!« Grandios! Er gab nicht auf! Und Mogger leistete auch nur noch verhalten Widerstand. »Alfred, nichts!«

»Glaubst, Sägerer, der Mogger läßt mich einen Schnaps trinken? Der läßt mich keinen trinken, Sägerer. Was er nur hat?« Ich möchte dem Pressemann nicht zu nahe treten, aber gerade er, als Vertreter der Aufklärung, hätte hier vielleicht mit ein paar gezielten Worten einschreiten müssen und nicht nur so liberal grinsen dürfen …

»Die Ärzte«, ächzte Mogger leidenschaftlich und nahm einen maßlosen Schluck Bier in sich auf, »haben dir den Schnaps verboten, Alfred, sag ich dir!«

»Ach wo«, parierte Alfred Leobold virtuos.

»Jawohl!« rief Mogger.

»Jetzt ist schon alles gleich«, raunte Alfred Leobold.

»Du Ochs!« kreischte Mogger, »die Ärzte im Krankenhaus haben studiert! Studiert! Alfred!«

»Du, Moppel«, wich Alfred Leobold tändelnd aus, »hast du den Sack mit den Tabletten in den Bach geworfen? Damit's weg ist?«

Ich log ein Ja zusammen. »Prima«, sagte Alfred Leobold überraschend und gestochen scharf, »bist ein ganz prima Kerl, Sägerer, tu raus auf Grün!«

Wahrscheinlich geschwächt durch die letzten Tage, unterliefen Alfred Leobold beim Kartenspielen vereinzelte, aber wahrhaft bitterliche Fehler, die zufällig jeweils Arthur Mogger mitzubezahlen hatte.

»Alfred, du bist ja ein Rindvieh!« brüllte aufgewühlt der Kaufmann und kratzte sich an seinem saubergewaschenen Genital, »du mußt Herz bringen, dann gewinnen wir das Spiel tausendprozentig!«

Das Geschrei muß durch das ganze Gadertal gehallt haben.

»Genau, Arthur. Fehler sind dazu da, daß sie gemacht werden, Arthur!« sagte geradezu quirlig Alfred Leobold. Der Tödliche befand sich erneut in einer Art Hochform.

Eine halbe Stunde später war es wieder so weit. Alfred Leobold griff verheerend fehl und sah sich einem erstaunlich langen Angriff Moggers ausgesetzt:

»Du bist ja blöd, Alfred, du mußt zuerst Eichel bringen, dann stech ich rein und dann sitzt du, wenn ich mein Grün bringe, in der Hinterhand, Alfred, du Rindvieh! Und dann kann der Sägerer mit seinem Roten gar nichts mehr machen, weil ich ihn mit dem Grünen abfang, Alfred, dann hätten wir das Spiel garantiert gewonnen, du setzt dann einen Unter und ich werf meine Sau weg, und zuletzt schmierst du mir deinen Zehner, du Aff, dann gewinnen wir das Spiel, da garantier ich dir hundertmal tausendprozentig. Wir machen 63 Augen!«

Anscheinend sind unsere deutschen Kaufleute wirklich helle Köpfe. Aber gegen die pensionierten können sie natürlich nicht an:

»Arthur«, sagte Alfred Leobold und egalisierte mit einer meines Erachtens sehr originellen Variante Hemingwayschen Gedankenguts sein Malheur: »Spiele sind dazu da, daß sie verloren werden, Arthur!« knitterte es fröhlich aus seinem zuckenden Mund.

Mogger brüllte kläglich zurück, unter den beschriebenen Umständen machten sie 63 Augen, jawohl!

»Spiele, Arthur«, beharrte Leobold unerschütterlich, und Alois Sägerer sah ihn nun gleichfalls fast verliebt an, »sind dazu da, daß sie verloren werden.«

»Gewonnen!« brüllte der Kaufmann ohne jeden Glanz.

»Nein, schau, Arthur«, wimmerte Alfred Leobold verschmitzt, »du mußt ja bedenken – Mensch ist mir schlecht –, daß in Südtirol nicht so viel nach deinem Willen geht wie sonst.« Und würdevoll trumpfte er nach diesem Satz mit Grün. »Mensch, Sägerer, bin ich froh, daß ich da bin in Campill!«

»In St. Martin«, korrigierte der Pressemann.

»Oder in St. Martin«, sagte Alfred Leobold.

Gegen 16 Uhr stahl sich der Unirdische erneut wortlos vom Kartentisch davon und verschwand. Ratlos sahen wir drei uns an. Zehn Minuten später kehrte unser herrlicher Freund zurück und drückte mir einen mit Südtiroler Trinkmotiven vollgemalten Aschenbecher in die Hand. »Da, Moppel«, sagte er inständig, »für die Sabine. Den gibst ihr. Da.«

Ich lehnte mich nachdenklich zurück, ratlos, was ich sagen sollte. Das hatte noch gefehlt.

»Prima Weib«, fuhr Herr Leobold innig fort und sah mir beherrschend ins Auge, »den gibst ihr. Du siehst sie schon einmal wieder. Und dann sagst ihr einen schönen Gruß.«

»Welche Sabine?« log ich mich einfältig zurecht.

»Naja, die da. Du kennst sie doch«, erläuterte Alfred Leobold, während es mich lauwarm überlief. Ausgerechnet Sabine! In dieser bizarr-dunklen Dolomiteneinsamkeit, der vom Tod durchwehten! Schauderhaft! Und dabei hatte ich doch die Sexualität zugunsten von Alfred Leobold schon so schön ad acta gelegt ... so etwas Idiotisches ...

»Sabine«, sagte Leobold und drückte mir den Aschenbecher noch einmal warm in die Hand, »prima.« Seine Sätze reiften zu einer immer kürzeren Inständigkeit.

»Alfred!« johlte Mogger dazwischen, »die bürstelt doch jetzt der Schießlmüller!«

»Genau«, wehrte auch dies Alfred Leobold mit dem kleinen Finger ab, um wie erleuchtet fortzufahren: »Und im Dezember fahren wir dann nach Seattle. Da, der Aschenbecher, Moppel. Sägerer, hast einen Solo, ich tät einen Solo spielen, wenn ich einen hätt.«

»Dankschön, Alfred«, brummelte ich schmelzend.

»Einwandfrei«, sagte Alfred Leobold glitzernd.

»Eichel sticht!« rief froh Alois Sägerer und schielte mich gerissen an. O Sabina, Sabina, quanta pena mi costi! Vollkommen traumvernarrt. In brenzligen Situationen liefen mir Verstand und Gefühl fast immer in die Oper ein.

»Fräulein, wir kriegen dann noch vier Obstler«, bedeutete Alfred Leobold der vorbeihuschenden Bedienung und hob signalhaft das Ärmchen. Damit hatte er es endgültig geschafft, Arthur Mogger schritt nicht mehr ein. Ich trank das Zeug weg und dachte, sentimentaler Esel, der ich bin, vielleicht ein letztes Mal, mit jener Inbrunst, die uns so rücksichtslos dem Schwachsinn ausliefert, an Sabine, die Unsterbliche …

Gegen 18 Uhr, er hatte bereits einen Mächtigen in der Krone, unterlief Alfred Leobold ein letzter katastrophaler Fehler. Seltsam, wenn ich bedenke, daß auch mein zweiter Vorname auf »Alois« lautete, saßen hier vier As vereint an einem Tisch und hielten das Universum zusammen, Alfred, Arthur, Alois, Alois … unglaublich … und diese vier As hielten seit Stunden viermal ein As in den Händen und tauschten Geld und schenkten sich zum Teil sogar Aschenbecher und …

… Genüsse und … Liebe … und der Wald rauschte immerfort den Gaderbach entlang usw. …

Diesmal sprang Arthur Mogger bei seiner Leobold-Schelte sogar auf:

»Alfred, du hirnverblendeter Narr! Du mußt …«

Ein dritter – ich stehe nicht an zu sagen sterngekränzter – Kernsatz war Alfred Leobold gegönnt:

»Arthur«, sagte er und deutete lustig auf sein Geldschüsselchen, in dem sich tatsächlich ein Gewinn von etwa 40 Mark tummelte, »ich spiel halt immer so, daß ich gewinn, Arthur!« Für das letzte »Arthur« spendierte ich Leobold sofort und hingebend einen Obstschnaps, und mein Freund revanchierte sich ebenso zügig mit »zwei doppelte, Fräulein!« Die Witwe Strunz-Zitzelsberger, an die ich damals freilich am allerwenigsten dachte, würde sich sehr zusammenreißen müssen. Sie wird in den nächsten zwei Stunden anrufen müssen und schwören, von jenem trostlosen Helmut abzulassen! Denn ich bin drauf und dran, jetzt bei dieser Retrospektive mich erneut in Alfred Leobold zu vergaffen, dann hat sie es!

Frischvergnügt fuhren wir irgendwann nach Campill zurück. Nach dem Abendessen unternahm ich, die verwirrten Sinne zu besänftigen, einen Spaziergang mit Arthur Mogger, den flüsternden, Obskures rauschenden Campillbach entlang. Dieser starke, würzige Wasserduft! Der Himmel war vollkommen sternenlos.

»Der Alfred«, faßte sofort und energisch Arthur Mogger die letzten beiden Tage zusammen, »der Alfred braucht eine Frau, eine gescheite Frau« – ein glatter Unsinn, hatte er doch uns.

Dabei, fuhr Mogger sozusagen mit der Verve treuer unabdingbarer Freundschaft fort, habe er, Mogger, ihm, Alfred, immer wieder angeboten, er könne die Susanne haben, »jederzeit, hab ich gesagt, Alfred, jederzeit kannst sie haben – du kennst sie ja, Moppel, ist ja ein Trumm Weib!« brüllte Mogger so rüd in die Nacht, daß ich einen Moment lang versucht war, ihn den Abhang hinunter in den Bach zu stoßen. »Jederzeit!«

Jetzt spürte Arthur Mogger wohl, daß er sich hier ein wenig zu weit in die Zonen des Lumpigen und Dämonischen vorgewagt hatte, so daß selbst diesem steirerhutbewehrten Gemütsgangster ein wenig grausig wurde – und er versuchte sich also zu korrigieren: »Weißt du, Moppel, es ist ja nicht bloß so, daß das bloß eine blöde Sau wäre, die Susanne, eine blöde Sau wie die anderen. Ich mag sie, ehrlich gesagt, gern. Die ist nicht nur körperlich gut da, pfennniggut, sondern die hat auch durchaus, Moppel«, der Kaufmann suchte scharf nach dem rechten Wort, »durchaus ihre geistigen Qualitäten, völlig klar! Die Susanne, die ist intelligent, sauber«, Mogger überlegte ein paar Sekunden ins Nachtblau hinein, »intelligent, sauber, hat einen guten Körperbau und macht jeden Scheiß mit, jawohl!«

Jetzt wäre ich beinahe selber in den Campillbach gefallen: die direkteste und nachhaltigste Form von Flucht. Ich sagte aber, ja, Susanne sei »in Ordnung«. Moggers ganze Haltung quittierte für dies Kompliment: »Genau«, rief er brünstig und blieb pathetisch stehen. Alles war bestimmt zu Vernichtung und Verwesung. Wie gottverlassen, wie grauenhaft naturgemein plötzlich dieses sanfte Tal durch das Weltall zuckelte! In meinen Adern tobte das Gift der letzten Tage. Allora, lief da nicht im Geschwindschritt eine Maus über den Feldweg? – Wann würde der Papst persönlich wegen der Ferkeleien in seinem Land Alarm schlagen?

Bei unserer Heimkehr stellte sich heraus, daß Alfred Leobold und Alois Sägerer gerade um eine Flasche Sekt eine Schachpartie vereinbart hatten. Schrecklos betrat der Todgeweihte auch diese Bahn des Grauens. Mit einem Rest von Geistesgegenwart schrieb ich die Partie sofort mit; wenn ich es recht verstanden habe, eine Variante der Französischen Verteidigung, die Campiller Champagner-Verteidigung, CCV, dargeboten vom Christlichen Club Verendender, o Gott – – –

	Sägerer (Weiß)	–	Leobold (Schwarz)
1.	e4	–	e6
2.	d4	–	d6
3.	Sc3	–	f6
4.	Sf3	–	e5
5.	d5	–	a5
6.	Lb5	–	Ld7
7.	De2	–	LxL
8.	DxL	–	Kf7
9.	Db7	–	Ta6

Hier zog Alfred Leobold zuerst Ta7, korrigierte sich aber sofort mit den Worten »Nein, anders, Mensch, ist mir schlecht«.

10.	Sb5	–	Sh6
11.	Sc7	–	Tc6
12.	Se6	–	Kg8
13.	Lh6	–	gh6
14.	Sh4	–	De8
15.	Sf5	–	Le7

Eine folgenschwere Entscheidung. Ein letztes Aufbäumen des Willens, ein beherztes Abbröckeln jeder Vernunft, der Welt melden Weise nichts mehr …

16.	Dc8	–	DxD
17.	O–O	–	Tc2
18.	h3	–	Tb2
19.	Tb1	–	Dc2
20.	a3	–	

An dieser Stelle sah Alfred Leobold Alois Sägerer so erstaunt und doch halb ängstlich an wie Boris Spassky seinen Widersacher Bobby Fischer beim berühmten vergifteten Läuferzug in der ersten Turnierpartie 1972. Zog aber dann korrekt:

		–	… TxT
21.	TxT	–	DxT
22.	Kh2	–	De4
23.	g4	–	Ld8
24.	a4	–	Lb6
25.	h4	–	Le3
26.	fxL	–	Dg4
27.	Sh6 matt.		

Alfred Leobold versuchte zwar noch, nach einigen Minuten Dämmerns, indem er seine Dame auf g7 postierte, das Matt zu decken, aber Alois Sägerer sagte barsch »Geht nicht!« und nippte bereits froh an seinem Sekt. Ich meine, gemessen an der Kaltblütigkeit, mit der Weiß den längst errungenen Sieg auf des Messers Schneide hatte stehenlassen, immer dem Risiko ausgesetzt, der blanke Unfug möchte Schwarz noch in den Sieg hineintaumeln lassen, bekam Sägerer den Champagner zu Recht. Was aber war dieses ordinäre Hasardspiel schon gegen Alfred Leobolds Schlußwort, nachdem er einige Minuten, die Wange in die rechte Hand gestützt, das Schachbrett betrachtet hatte und schließlich zur Einsicht gekommen war, daß Dg7 nichts bringt:

»Prima Partie, Sägerer«, lächelte er charmant und mit dem leisen Vorwurf des eigentlichen Siegers im Antlitz, dem nur die Kraft des Unberechenbaren einen Streich gespielt hatte, wie das ja auch einem Aljechin hin und wieder passiert ist, »bist ein prima Kerl. Ein Hund. Genau, das hab ich übersehen da hinten.«

Wie sagte doch der große Tartakower? »Die Fehler sind das Salz des Schachspiels.« Genau.

Und Alfred Leobold bot für eine weitere Flasche Sekt sofort Revanche. Die Bestell- im Verein mit der Verlierwut kannte keine Grenzen mehr. Ich glaube, hier hatte ich erstmals Alfred Leobolds Technik in ihrer meiner Ansicht nach auf dem ganzen Erdball einzigartigen Humanität vollkommen durchschaut. Es ging ja nicht einfach darum, den Freunden die Flaschen und Tropfen zielsicher und hemmungslos zu spenden und einzubläuen, sondern sie erst nach aufopferndem, wenngleich aussichtslosem Kampf anständig zu verlieren. Daß der Zweck dieses menschenfreundlichen Unternehmens gleichwohl auf die gezielte Mitvernichtung der Freunde hinauslief, machte das Ganze ja doch nur noch pikanter, superber, irisierender, wenn ich es heute richtig verstehe ...

»Und paß auf, Moppel«, fuhr Herr Leobold fort und strahlte mir matt ins Auge und machte seinen wenn nicht schachlichen, so doch menschlichen Sieg perfekt, »daß wir evendöll zuerst nach Prag rüberrutschen und kaufen uns ein böhmisches Bier, ich kenn da eine prima Wirtschaft, gleich links an dem Platz, dann fliegen wir von Prag nach Seattle, da bleiben wir dann 14 Tage und schauen uns alles an, und dann fahren wir über Campill wieder heim, normal. Aber, Sägerer, wenn ich meinen König nicht in das blöde Loch dahinten reinstell, dann siehst kein Land. Arthur, spielst eine mit?«

»Alfred, ich kann keins«, sagte Mogger und bohrte in der Nase, »wir spielen bloß Dame, ich kann bloß Dame.«

»Also Dame«, lockte Alfred Leobold, »eine Flasche Sekt sowieso. Der Arthur hat's halt immer mit die Damen«, charmierte er diesen flaumig.

Im Halbschlaf nahm ich den Beginn des Dame-Matches wahr. Wer sollte den Unsinn trinken? Taumelig, geschüttelt auch von Übelkeit, zog ich mich auf mein Zimmer zurück und legte mich aufs Bett. Rauchte drauflos. Stellte fest, daß mir jetzt doch auch nach Sekt zumute war, sprang nochmals zu Frl. Agata hinunter und schleppte mir ein Fläschchen hoch. »Nur das Vernünftige ist wirklich«, sagt Hegel. Und Luis Trenker behauptet gar unablässig, hier in den Dolomiten herrsche die Gesundheit und das schöne Leben. Ja Pfeifendeckel. Dg7, jawohl, das war sie wohl, die Weltenformel. Und Alfred Leobold hatte sie erfunden. Würden die drei da unten heute nochmals zum Kartenspielen anfangen? Das Unaufhörliche. Geht in Ordnung: Dg7, intelligent, sauber, guter Körperbau, macht jeden Scheißdreck mit. Das neue Weiblichkeitsideal, und nicht einmal übel. Susanne, Sabine seine Vorreiterinnen …

Von Sehnsucht, Hirndreck und Schnapsgift geschüttelt, schlummerte ich mühsam ein. Ich muß sehr schlecht geschlafen haben und erinnere mich eines äußerst unangenehmen Traums. Ich stand, nach der Art von Zirkusakrobaten, aufgestützt mit einem Handballen auf einem etwa acht Meter hohen extrem dünnen Stab, der wiederum am Boden nicht befestigt war, sondern allein durch mein Balancevermögen lotrecht gehalten wurde, und das Ganze zudem im Handstand. Zweifellos ein recht anmutiges Bild, aber auch der bisher tückischste Traum in meinem Leben. Ich wollte, ich wäre sofort heruntergepurzelt, in die Schlünde der Hölle, dann wäre es wenigstens überstanden gewesen – – –

Am Morgen schlug der Regen gegen das Fenster. Mir war elend zumute. Keine Spur von Faustscher Schlafverjüngung. Noch immer dröhnte es auf mich ein: Dg7 – jetzt ist schon alles gleich – spazierengehen kann man daheim auch – vier Packungen Zigaretten in eineinhalb Stunden – Lust auf was Saures – Berg Berg – Fehler sind dazu da, daß sie gemacht werden – Fräulein, vier doppelte – Spiele sind dazu da, daß sie verloren werden – raus auf Herz – sauberer Intellekt – guter Körperbau – die Sackwäsche – Seattle – Prag – prima Partie – ein flotter Aschenbecher – – – noch einmal zogen die eisigen Gipfel einer Alpenfahrt prunkend und weinerlich an meinem verkaterten Hirn vorbei. Der Gipfel der Sexualität war erreicht. Alfred Leobold hatte es sein müssen. War man wirklich dazu auf der Welt, mit 36 Jahren zu dieser Erkenntnis vorzudringen?

Alfred Leobold und Arthur Mogger verabschiedeten sich von Alois Sägerer und mir, die wir erst am andern Tag aufbrechen wollten, mit einem Weizenbierfrühstück. Leobold präsentierte sich heiter und überaus gesprächig und teilte immer wieder mit, er ärgere sich nur, daß er gestern keine spitzen schwarzen Schuhe gekauft habe, so gern hätte er welche gekauft, er habe es sich so fest vorgenommen, ja gewissermaßen (wenn ich es recht verstanden habe) sei dies der eigentliche Reisezweck gewesen, aber die Zeit habe halt einfach nicht dazu gereicht, und andererseits könne man natürlich in Italien »sowieso« keine Schuhe kaufen, ich, Moppel, wisse das ja genauso gut wie er, der sein Leben lang seine Schuhe in Seelburg hinter der Spitalkirche gekauft habe, wo er, Sägerer, sie ja auch immer kaufe …

Abschiedsgewärtig, schon unter der Tür, war zwischen Alfred Leobold und Arthur Mogger plötzlich die Rede von einem Fest, das heute nachmittag bei »Wacker-Mathild« in Seelburg stattfinde, wobei sich nun die Frage stelle, »ob wir unterwegs nochmals einkehren sollen oder brummen wir gleich durch zur Mathild?« fragte Mogger.

»Brummen wir durch, Arthur!« entschied Leobold. Eine edle Morgengabe meines Freundes: Ich hatte so etwas noch nie gehört, daß man durch drei Länder hindurch nicht in eine bestimmte Stadt, sondern in ein Lokal fährt bzw. brummt.

Mit einem lustigen zweimaligen Hupen Moggers rauschte der L 295 den Berghang hinab und davon.

Im Anschluß – ich glaube, mir flatterten aus vielerlei Gründen Herz und Glieder – berichtete mir Alois Sägerer, dieser erstaunlich hartgesottene Pressevertreter, kühl den Verlauf des Dame-Spiels vom Abend. Es habe da zwei Partien gegeben, beide um eine Flasche Sekt, beide mit scharfem Verlauf. In der ersten sei es zu dem Endspiel Dame mit Bauer (Mogger) gegen die alleinstehende Dame (Leobold) gekommen, und obwohl dieses Endspiel bekanntlich spielend zu gewinnen ist, habe Mogger seine Dame, aus Angst, von der gegnerischen geschlagen zu werden, immer nur auf die Randfelder gestellt, so daß Alfred Leobold den Bauern gut und sicher unter Kontrolle habe halten können. Nach einer halben Stunde erst habe Mogger seine Furcht überwunden, sei mit der Dame dem Bauern zu Hilfe geeilt und habe diesen dann auch knapp und verdient verwandelt und gewonnen.

Alfred Leobold sei sehr überrascht gewesen und habe Revanche gefordert, bei der es dann glücklich zu dem Endspiel Dame gegen Dame gekommen sei. Leobold habe sofort Remis geboten, indessen Mogger, wohl entflammt vom ersten Sieg, habe auch hier seine Chance gewittert und immer wieder gebrüllt, der Sekt gehöre ihm schon, worauf Alfred Leobold etwa (nach Sägerer) zwanzigmal abwechselnd »Nie, Arthur!« oder »Niemals, Arthur!« oder »Ach wo, Arthur!« geantwortet habe. So seien die beiden Damen, nach dem Bericht des Pressevertreters, eine Dreiviertelstunde umeinander herumgeschlichen, bis Alfred Leobold – total erschöpft oder aus purer Ritterlichkeit – endlich die seine direkt vor die Moggers postiert habe, was dieser zuerst eine Zeitlang gar nicht begriffen habe, endlich aber sei er »mit einem unglaublichen Schrei, das mußt du in deinem Zimmer noch gehört haben« (Sägerer) über Leobolds Figur gehüpft, habe die Dame an sich gerissen und »gewonnen, gewonnen!« gebrüllt.

Alfred Leobold aber soll hier die verblüffende Antwort gegeben haben: »Arthur, was machst dann, wenn ich jetzt deine Dame schlag?«

Später habe, erzählte Sägerer, Alfred Leobold noch eine etwas unverständliche Geschichte von einem gewissen Käsewitter Otto und einem Gericht zum besten gegeben, dann sei man alle Mann hoch in die Zimmer getappt.

Große Begebenheiten zeichnen sich gern durch Nachspiele aus. Mit der Abreise der beiden Kaufleute und mit Sägerers und meiner Heimfahrt am folgenden Tag war unser Auslandsabenteuer noch keineswegs abgeschlossen. In der Ortschaft Pertisau im österreichisch Tirolerischen, wo Sägerer und ich in einer befreundeten Pension zu Mittag speisten, erreichte uns beide ein überraschender Anruf Arthur Moggers aus der Gastwirtschaft »Wacker-Mathild« zu Seelburg: Sägerer und ich sollten in Pertisau verharren »und inzwischen die Karten mischen«, er, Mogger, und Alfred Leobold führen von Seelburg aus jetzt sofort wieder zurück nach Italien, bzw. es sei so: Er, Mogger, fahre schnell nach Padua, um dort Babywäsche en gros einzukaufen, »für 25 Pfennig den Lappen, das Geschäft meines Lebens, Moppel!«, und Alfred Leobold fahre bis Pertisau mit, dort spielten wir ein wenig Karten, dann fahre er, Mogger, mit Leobolds L 295 nach Padua weiter, während Alfred Leobold mit uns beiden nach München bzw. Seelburg wieder »zurückrausche«.

Arthur in Padua! Addua in Padua! Freund aller heiteren Sensationen, vielleicht auch aus noch uneingestandener Sehnsucht nach Alfred Leobold, gefiel mir das alles sehr, und ich sagte Mogger sofort zu. Wurde aber vom zugeeilten Alois Sägerer barsch zurechtgewiesen: er müsse heute und gleich unbedingt nach München zurück, und ich rief also Mogger bei »Wacker-Mathild« zurück, ihm die neue Entwicklung mitzuteilen. Der Kaufmann nahm kurz Rücksprache mit Alfred Leobold, der allem Anschein nach gerade Karten spielte, denn plötzlich hörte ich entfernt seine Stimme »2 Mark 40, Adolf« sagen – schließlich bequemte sich Leobold selber ans Telefongerät, und rasch lösten wir jetzt alle Probleme. Mogger würde nach Padua reisen und Alfred Leobold bis München mitnehmen, dort träfen wir uns alle in der Wohnung Sägerers, »prima, ich will sowieso schon lang einmal nach München und alles kennenlernen, die Lokale, wo der Sägerer immer ist, und alles«, greinte Alfred Leobold mit der reizendsten Mattigkeit in das vom Mittagslärm der Gastwirtschaft »Wacker-Mathild« berauschte Gerät. »In zwei Stunden, gell, Moppel, in München normal!«

Haargenau zwei Stunden später schellte es an Alois Sägerers Wohnungstür. Zur Tür herein stakste unsicher und wackelig, aber in prächtigem marineblauem Anzug mit Krawatte Alfred Leobold und forderte uns bittend, doch sehr unnachgiebig auf, jetzt sofort mit ihm in das Lokal »Seerose« zu fahren, von dem habe er schon soviel Gutes gehört, und das sei ja auch Alois Sägerers Stammlokal. »Wie war's am Brenner? In Ordnung? Bei uns gestern auch. Alles, Arthur ist gefahren. Und dann bei der Wacker-Mathild. Alle haben toleriert. Und der Duschke! Geschrien! Also, jetzt macht euch fertig, in die Seerose.«

Sägerer, der sich nur ungern aus dem gewohnten Trott bringen läßt, forderte den Hektischen auf, sich doch zuerst einmal zu setzen und ein wenig fernzusehen, für einen Lokalbesuch sei es jetzt, sechs Uhr abends, noch viel zu zeitig, und außerdem mache die »Seerose« gerade Betriebsferien, man müsse also in den »Kaisergarten« ausweichen.

Also, antwortete Alfred Leobold flehentlich, wir führen jetzt mit dem Taxi in die »Seerose«.

Die habe geschlossen, konterte müd Alois Sägerer und warf seine altklugen Blicke auf die Sportschau mit dem Tor des Monats – die seelischen Bedürfnisse unserer Pressevertreter bedürften auch einmal einer Repräsentativ-Analyse.

Die habe schon auf, kämpfte Alfred Leobold zag, aber fest. Auch ich mußte jetzt ein kleines Gähnen der geistig-seelischen Parforce-Anstrengung unterdrücken. Er, Leobold, solle sich jetzt einmal hersetzen und Ruhe geben, schauspielerte Alois Sägerer den Mürrischen, aber unfasziniert ließ auch ihn das neue Wunder keineswegs.

Also, er, Leobold, fahre dann mit dem Taxi in die »Seerose« voraus.

Die habe geschlossen, flüsterte ich.

Wir sollten dann nachkommen, jammerte Alfred Leobold, er fahre jetzt dann mit dem Taxi hin. Taxis gebe es ja genug in München, er werde schon eins finden.

Er könne, wenn es schon sein müsse, sehr gut mit der U-Bahn fahren, sagte Sägerer, und warum er das sagte, bleibt sein Geheimnis: die fahre vor dem Haus weg und genau bis zur »Seerose«.

Ob er, Sägerer, ihm, Leobold, ein Taxi bestellen würde, bat der Gast und nagte bleich an seiner Lippe. Dann sah er kurz und mit einer geradezu schwungvollen Kopfbewegung zu Alois Sägerers Balkonfenster hinaus.

Der Taxistand sei gleichfalls vor dem Haus, erläuterte jetzt wieder milder Alois Sägerer.

Dann sei es ja prima, sagte Alfred Leobold, lächelte geistlich und schraubte sich planvoll zur Tür hinaus.

Etwas Berauschendes, Aufwühlendes strich gegenwärtig über die Alpenländer. Kann man es verstehen, daß ich mir des Abends in der Gaststätte »Kaisergarten« einen scharfen Rausch antrank, so unbarmherzig, daß sogar der mit allen Wassern gewaschene Pressevertreter mich verwarnen mußte? Ziemlich betäubt traf ich anderentags in Seelburg ein.

3

Noch am Nachmittag sah ich Alfred Leobold in der italienischen Velhornwirtschaft »Wacker-Mathild« wieder.

Genau, lächelte er mich, wieder umgekleidet in eine fast sportliche braune Lederjacke, bedächtig an: Er sei gestern mit dem Taxi zur »Seerose« gefahren, da sei aber geschlossen gewesen, »komisch«, sagte Alfred Leobold smorzando, dabei habe er sich so gefreut, da sei er »natürlich« mit dem Taxi gleich weiter zum Hauptbahnhof, da sei dann sofort ein prima Schnellzug mit Speisewagen – und »Getränkewagen«, betonte Herr Leobold und lächelte innig – weggefahren, so daß er bereits um zehn Uhr nachts in der »Wacker-Mathild« zurück gewesen sei, wo auch bereits »alle anderen« dagesessen hätten, man habe noch ein wenig Karten gespielt und sei dann zuletzt nach Götzendorf gefahren und habe mit den Bauern Sekt getrunken, der Hümmer Heinz habe ihn zurückchauffiert, der fahre vielleicht jetzt auch nach Seattle »und alles«

mit, und insgesamt sei das mit Campill eine schöne Reise gewesen, Arthur Mogger sei gleichfalls zufrieden gewesen, »Mathild, zwei Sechsämter, für den Moppel auch einen, Mathild!«

Es war wie das sinnlose Murmeln von Sternennebeln. Ich bin sicher, es war in diesem Augenblick, daß ich beschloß, leicht tränenden Auges den alkoholischen Dreck hinunterwürgend, das Leben und Sterben Alfred Leobolds zu Papier zu bringen, koste es, was es wolle, und wäre dies auch mein höchstpersönlicher Ruin. Und schlagartig stellte sich auch ein zweiter Gedanke ein – erstaunlich, erstaunlich, welche artigen Facetten selbst ein verrottetes Hirn gelegentlich noch wahrzunehmen vermag: Ich würde, das trichterte ich mir sofort ein, nicht eher mit der Beschreibung beginnen, bevor Alfred Leobold nicht tot wäre, denn sonst, so erkannte ich messerscharf, ergäbe die Beschreibung weder Sinn noch ein literarisch brauchbares Ende, irgendeine Logik.

Mein Gott, wenn ich es heute erinnere, ich mußte mir wahrlich Gewalt antun, meine plötzlich und rauschhaft hochschwallende Schreiblust zu zügeln, um zuerst auf meines geliebten Freundes Ableben zu warten, ja der elende Geist der Dichtung gab mir sogar noch in der nämlichen Sekunde den Gedanken an ein weiteres Dilemma ein: Ich mußte ja einerseits Alfred Leobolds Tod herbeihoffen, ihm aber andererseits noch viele Tage, ja Monate und Jahre an den Hals wünschen, um möglichst viel Wertvolles aus ihm herauszupressen, meine Darstellung anzureichern und innerlich zu vollenden.

Und während jetzt Alfred Leobold zwei weitere Sechsämter in Auftrag gab und in den grauenden Nachmittag hineinblinzelte, trollte mir schon durchs Hirn die wahrhaft ekelerregende Selbstbeweihräucherung: das Buch würde sich ja sicherlich zu pädagogischen Zwecken verwenden lassen, zu Nutz und Frommen der heranwachsenden Jugend, damit sie nicht dieselben Fehler wiederhole usw. usf. – und genau bedacht, muß ich heute sagen, könnte das sogar richtig sein!

O Lumperei der Literatur! Verliebt sah ich mein Opfer an. Brav saß es vor mir und spielte mit der Zigarettenschachtel. Gleich würde ich nach Hause laufen, mit einem starken Kaffee den sich im Kopfe wälzenden Schnaps-Dreck zu vertreiben und mir die ersten Notizen zu machen …

Die Angst vor dem Widerlichen, ja Schweinischen, das da auf mich zukam! Aber reagierte mein Gewissen nicht allzu skrupulös? Wurde nicht alle menschheitsfördernde Erkenntnis durch eine gewisse Kaltblütigkeit bezahlt? Bzw. einfacher gefragt: würde so ein Romänchen meinem nichtsnutzigen Leben nicht endlich wenigstens den Anschein von Berechtigung aufkleben? Und fest und unnachgiebig schwor ich mir ein erneutes Mal, in jedem Falle mit Niederschrift und gar Veröffentlichung auf Herrn Leobolds vermutlich baldiges Verscheiden zu warten – es genauso zu halten wie – ja, genau! Wie Humbert Humbert mit seiner unsterblichen Lolita! Wie Schuppen fiel es mir von den Augen! Was denn anderes war Alfred Leobold für mich gleichfalls Intellektuellen als jene kleine, böse endende Nymphe aus den Staaten, mit deren Lebensbeschreibung der Professor ja auch »nichts Geringeres anstrebt als eine moralische Verklärung«, wie Nabokov es so vorbildlich formuliert. Und auch ich will ja mit meinem Leobold-Buch nichts anderes als »uns alle – Eltern, Fürsorger, Erzieher – dazu veranlassen sich mit noch größerer Wachsamkeit und Hellsicht der Aufgabe zu widmen, eine bessere Generation in einer weniger unsicheren Welt großzuziehen«.

Genauso ist es! Damit war das Dilemma ja schon auch ausgeräumt! Das würde meinem Bericht den Stempel des Aufklärerischen aufprägen, das Flair des Pägagogischen, die dialektisch abgesicherte Chuzpe unabweisbarer Modernität! Und von dem materiellen Ertrag könnte man einen Teil den Anonymen Alkoholikern überweisen oder aber im Rahmen einer Hommage ein paar Runden schmeißen – – Alfred Leobold saß mir still leidend gegenüber, ein nichtsahnendes Opfer großer Poesie am Rande der Hybris. Wie hübsch und manierlich er sich bereits zum Sterben eine Zigarette ins blutleere Mäulchen preßte! Wie souverän, wie unablenkbar er seinen Weg zu Ende ging, gräßlich, – aber ästhetisch überzeugend!

Lolita – Leobold! Ja war es denn nicht auch so, daß die beiden über drei Buchstaben gemeinsam verfügten? Lol-, hier wie dort. Loly! »Licht meines Lebens. Feuer meiner Lenden. Meine Sünde, meine Seele.« (Man verzeihe mir bitte, so gut es geht, mein aus der Erregung des literarischen Abenteuers geborenes überaus geschmackloses Scherzchen. Dient es doch, wie alle diese Aufzeichnungen, rücksichtslos gewissenhafter Wahrhaftigkeit und Wahrheitsfindung…)

Wie gemütlich doch Leidenschaft sein kann! Respekt, Moppel! Jetzt marschierten fast im Gänsemarsch die Chemiestudenten Leber Heini, Stickel Herbert, Willfurtner Charly und Nübler Pit, die ich alle schon kannte, in die italienische Velhornwirtschaft, mit ihnen, leeren Blicks, das Mädchen Karin. Setzten sich, der Reihe nach freundlich von Leobold angelächelt, zu uns und bestellten fast lautlos Weizenbiere. Ich machte mich, verworren Arbeit vorschützend, davon. Diese Träger des Alltags konnte ich momentan noch nicht gebrauchen. Wir sähen uns ja morgen wieder, raunte ich Alfred Leobold zu.

»Sowieso«, antwortete der Held wissenden Blicks und würgte sich im gleichen Augenblick etwas Bier in das Leibchen.

Ich erinnere mich, daß ich zu Hause, meine aufgewühlten Sinne niederzuquetschen, sogar zwei Palestrina-Messen abhörte. Normalerweise jage ich sie umgekehrt durch Verdi erst richtig empor. Und mit Sicherheit, denke ich, schaute es auf der Welt anders aus, wenn mehr Menschen so geschickt operierten wie ich.

4

Von jener Stunde an galt mein überragendes, ja hauptberufliches Augenmerk der möglichst systematischen Überwachung und Beschattung Alfred Leobolds, Gottes vermutlich auserwähltem Sohn, wie ich jedenfalls im gegenwärtigen Moment der Niederschrift felsenfest glaube.

Ein Wort zu der italienischen Velhornwirtschaft »Wacker-Mathild«, in der ich nun monatelang meine Studien vorantrieb. Es handelt sich bei diesem Lokal um einen lochartigen Saal im Herzen Seelburgs, seinen kuriosen Doppelnamen empfing es meines Wissens daher, daß einst ein vorwitziger Italiener namens Magnapane eine der Velhorn-Töchter ehelichte, aus dem bereits vorhandenen Wirtschaftsraum für vorwiegend Viehhändler und Rentner vorübergehend eine Pizzeria zauberte – später verschwand dann dieser Herr wieder, worauf die Tochter Mathild Velhorn alias Magnapane einen gewissen Wacker heiratete und aus der nicht gerade gutbeleumdeten Pizzeria wieder ein gutbürgerliches Lokal machte, in dem es außer den gebräuchlichsten Alkoholica nur Pfälzer und Bratwürste und dergleichen zum Essen gab, was offenbar auch vollkommen genügte. Nur Samstag und Sonntag gab es auch Braten.

Bevorzugt heimgesucht wurde die vormals italienische Velhornwirtschaft jetzt wieder von Handlungsreisenden der niederen Klasse, älteren Handwerksburschen, pensionierten Landwirten, allerlei Arbeitslosen, ferner und vor allem von einer Putzfrau namens Frau Herzog, die, im ständigen Weißwein-Rausch, sich darauf kapriziert hatte, mit der Tageszeitung auf Fliegen einzuschlagen, aber nie eine traf – – und neuerdings ganz besonders von einem Rudel der sogenannten Chemiestudenten, jungen Männern zwischen 20 und 30, einer wilden, zum Teil furchterregenden, aber überwiegend doch harmlosen Horde, fast ein Dutzend Leute, die wiederum irgendwie emotional oder organisatorisch mehr oder weniger unter der Fuchtel des Kaufmanns Arthur Mogger standen, die diesbezüglichen Hintergründe sind mir bis heute nicht ganz transparent.

Ein dunkles, dämmriges, schummriges, ständig von allerlei Rauch-, Alkohol- und Krautschwaden durchfurchtes Loch – ja dieser erste Eindruck war und blieb der beherrschende. Vier Tischgruppen, der Reihe nach quer, ein Doppeltisch längs dagegengestemmt; zwischen Gästeraum und Küche ein altes untaugliches Klavier, auf ihm ein noch älterer Radiokasten. Ihn bedienend, auf einem Stuhl neben dem Tresen plaziert, stets dämmernd, die über dem italienischen Abenteuer alt gewordene Wacker-

Mathild, ein geschlechtsloses Häuflein von einem gleichwohl noch geldwilligen Menschen. »Ruhetag« gab es in diesem Lokal keinen.

Links in der äußersten Ecke hing ein Herrgott, genau über Herrn Leobolds Stammplatz, und hier finde ich die Symbolik schon fast zu trivial. Sonst war der Raum bilderlos. In einer Art Zwischenkammer zur Küche hin stand ein Farbfernseher, vor dem praktisch immer ein unvorstellbar dickes männliches Kind namens »Seppi« hockte. Der Kasten stand abgewandt zum Gästezimmer, von dort aus wollte offenbar niemand die buntflimmernden Bilder sehen.

Aus Gründen, die ich bis heute nicht ganz durchschaue, war der Gesamtraum, wie gesagt, in eine solch immerwährende Düsternis, ein Zwielicht, möchte ich meinen, gehüllt, daß einem ganz bange davon wurde und man jeweils bereits um 14 Uhr das elektrische Licht anschalten mußte. Das erlaubte dann, zur Not die Zeitung zu lesen und sein Spielkartenblatt zu entziffern, steigerte die Düsternis aber gleichsam ins Spirituelle.

Und noch etwas fiel mir auf: in der Straße hinter den Fenstern der Wacker-Wirtschaft schien es unaufhörlich zu nieseln – auch dann, wenn es draußen ganz trocken war!

Alfred Leobold, ich berichtete es schon, saß, und das sollte sich auch nie mehr ändern, mit geradezu beängstigender Konsequenz an seinem äußersten Eckplatz, während es, ganz im Gegensatz dazu, den alten Duschke, der hier auch ein und aus ging, praktisch an allen Tischen des Lokals herumtrieb. Ich habe meine Meinung zu Leobolds Eckplatz bereits abgegeben. Ein Kunstgriff, sich auch vor dem leisesten Luftzug soweit wie möglich zu schützen, der notgedrungen beim Eintreffen neuer Gäste auch dieses windgeschützte Gehöft streifen und überfächeln mußte. Gleichzeitig war sein Eckthron geeignet, ihn nicht nur sein Reich jederzeit vollständig übersehen zu lassen, er wehrte ihm auch drohende Lästigkeiten ab: wenn etwa Hans Duschke einmal ausrutschte und auf andere Gäste kippte, konnte es niemals ihn, Leobold, treffen. Nach meinen sonstigen Erfahrungen konnte das alles kein Zufall sein. An diesem Mann war eben alles symbolisch bzw. auf der anderen Seite bis ins Letzte auskalkuliert. Ein Lebensabend im Zeichen metaphysischer Raffinesse.

Im übrigen ist mir gerade ein neuer schlagender Grund eingefallen, warum ich Alfred Leobolds Leben und Sterben aufzeichnen muß. Ich meine, es ist doch einfach so, die einen veranstalten den Unfug, die anderen schreiben – berichtend oder analysierend – darüber. Das ist das Gesetz, nach dem wir antreten müssen. Wo wären denn sonst ein Hegel, ein Adorno, ein Brecht geblieben? Vermutlich hätten sie ohne das notwendige Maß innerweltlicher Dummheit ganz schön blöd aus der Wäsche geschaut! Und wären vielleicht sogar verhungert. Das kann mir als Hausbesitzer natürlich nicht passieren…

Was mir zuerst, in diesen verhangener werdenden Oktobertagen, von Alfred Leobolds neuem Wirkungskreis »Wacker-Mathild« ins Auge stach, war die Tatsache, daß etwa die Hälfte der wohl zwanzig Stammkräfte bereits um 10 Uhr oder 11 Uhr morgens das Lokal betrat, dort den ganzen Tag über verharrte und gegen 20 Uhr wieder verschwand, wortlos und ohne größeres Pathos hinauswackelnd.

Ein Teil der Mitarbeiter erschien gegen 14 Uhr und zog demgemäß erst gegen 22 Uhr wieder davon – ein ziemlich genau bemessener Achtstundentag, wie ich rasch erkannte. Nur ein paar Ausnahmemenschen, wie der noch gelegentlich werktätige Schreiner Wellner, erschienen gegen 16 oder 17 Uhr und gingen gegen Mitternacht wieder ihrer Wege.

Alfred Leobold, das hatte ich bald heraus, verfolgte einen besonders exakt bemessenen Turnus, allerdings während der ersten ihm noch verbleibenden Zeit sozusagen im Überstunden-System. Mit geringfügigen Ausnahmen, die dann stets durch dringende geschäftliche Affairen wie TÜV, Kirchensteuerzahlen und sonstige Ämterangelegenheiten begründet wurden, erschien Leobold um 10.30 Uhr und ließ sich gegen 23.30 Uhr mit dem L 295 wieder nach Hause kutschieren. Das exakt vor der Eingangspforte der italienischen Velhornwirtschaft parkende, stets ein wenig schiefer als die benachbarten Fahrzeuge hingefeuerte Auto wurde für mich dabei zum zuverlässigsten Garanten, daß Alfred Leobold präsent sei, und ich also zu Besuch kommen konnte.

Und noch ein Grund fällt mir gerade ein, warum ich mich seinerzeit entschließen mußte, Alfred Leobolds letzte Tage zu beobachten und schriftlich festzuhalten. Denn wenn der Mann einst gestorben wäre, würde allenfalls noch Hans Duschke hin und wieder unbedacht über ihn herrasseln. So aber, unter meiner Ägide, kann die Spur von seinen Erdentagen nicht in Äonen untergehn, wenn sonst alles gut geht –

– doch Scherz beiseite. Ja, der beige L 295! Fast wie ein Symbol prangte er unter dem Wackerschen Wirtshausschildchen, dafür: daß das Leben noch am Laufen sei, eingeengt zwar und stark beschnitten, aber die Voluminosität des Fahrzeugs kündete gleichzeitig von Glanz und Gepränge, und gerade das windschief Hingeschleuderte verwies auf den Pfiff und Pfeffer dieser letzten Monate, und daß der Wagen ewig lange schon nicht mehr gewaschen worden war und immer verdreckter dreinsah, beleuchtete ja nur Alfred Leobolds entschiedene Abwendung von dümmlichem bürgerlichem Prestigedenken zugunsten eines Vergeistigten und Erdabgewandten –

– jedenfalls, was mich angeht, so trat ich meine Beobachterposition in den ersten Wochen gleichfalls sehr pünktlich um 10.30 Uhr an und verweilte dann durchgehend bei Alfred Leobold oder verließ ihn jeweils nur kurzfristig, etwa um Hans Duschke in seinem halbverwaisten ANO-Laden aufzusuchen, auch diesen wichtigen Informationsdraht warmzuhalten, und tatsächlich gelang mir kurz vor Allerheiligen ein hübscher Neuerwerb an Erkenntnissen: ein Rudel Menschen, offenbar verschiedene Käufergruppen, umstanden eines Tages das Teppich-Drehstudio und quatschten und deuteten verworren auf die unterschiedlichen abgeschmackt-kunterbunten Fliesen-Fleckelchen – Duschke aber stand im Hintergrund, stützte sich mit der Rechten auf den Kassentisch und brüllte plötzlich in das undurchsichtige Kunden-Gewusel hinein:

»Alles schön! Nicht wahr? Schön! Man kann sich gar nicht entscheiden!«

Oder ich wich gelegentlich schnell in unser Hallenbad oder die Sauna aus, mich möglichst fit zu halten für die erwartbaren schweren Stunden. Bis etwa Weihnachten aber saß ich, wie Alfred Leobold, praktisch immer in der »Wacker-Mathild«; erst nachher beschränkte ich mich auf eine Art von Stichproben, auf die Gründe komme ich zurück.

So schwanden hin die Tage. Übrigens war auch Hans Duschke immer häufiger Gast bei »Wacker-Mathild«, er kugelte meist gegen 19 Uhr in die Stube und schlingerte gegen 0.30 Uhr als letzter hinaus. Ein besonders faunischer Auftritt ist mir noch sehr gegenwärtig. »Du Büchs!« vernahm man von irgendwoher plötzlich seine runzelige, aber unwiderstehliche Stimme; offenbar quallte sie auf irgendeine Olga oder Karin oder sonstwas Wahnsinniges ein. »Machen wir morgen einen Frühschoppen? Ja? Einen Frühschoppen? Ich frage dich! Hör gut zu! Verstehst du mich bitte? Du kommst? Ja! Einen Frühschoppen, du Büchs! Wir werden einen Frühschoppen machen … aaahh …!«

Warum war ich nicht in Nepal geboren? Warum nicht in der Mongolei? Schlimmer konnte es dort auch nicht zugehen, hör mir doch auf!

5

Die Wacker-Herren, in Sonderheit Alfred Leobold und seine Chemiestudenten, setzten sich jeweils nach und nach zueinander, um spätestens 13 Uhr war fast immer der erste Acht-Mann-Tisch besetzt, gegen 18 Uhr waren es zwei, gegen 23 Uhr, bevor die ersten den Rückzug antraten, oft drei.

Manche dieser offenkundig unter allerlei Verschleppungen, Verschlampungen und überhaupt Verlotterungen leidenden Gestalten erschienen allerdings in so anständiger Kleidung, daß sie jederzeit in einer Bank hätten anfangen können zu arbeiten, ein gewisser Oeller Edi brachte sogar gelegentlich ein Aktenköfferchen mit: wie sich herausstellte, befanden sich darin seine Unterlagen, mit denen er dem Wacker-Kind »Seppi« beim Schulaufgabenmachen half, mitten im Lokal, wie ich von Alfred Leobold erfuhr: für zwei Weizenbiere.

Das Treiben der Chemieherren samt Herrn Leobold ist schwer zu beschreiben und noch schwerer zu deuten. Irgendwie schien es mir dreigeteilt. Sie nippten allesamt brütend Weizenbier in sich hinein und schwiegen, praktisch unterbrachen oft nur Neubestellungen die dröhnende Stille. Oder, was aber entschieden seltener vorkam, sie führten leise, verhaltene, anscheinend vollkommen interesselose, durchschnittlich dreiminütige Kurzgespräche über Themen der unterschiedlichsten Art und Herkunft, meist mit lokalem oder rein menschlichem Bezug. Oder aber sie verständigten sich fast wortlos auf das Spiel »Dreck«, das ich nie begriffen habe, gottseidank, ich vermute, das wäre mein endgültiger Ruin gewesen. Auch dieses Spiel, bei dem es um erstaunlich hohe Einsätze ging, verlief meist ruhig und heiter, besonders Alfred Leobold machte es sichtlich Spaß, und vor allem nach Verlustpartien schmunzelte er jeweils gnadenlos über sie hin. Wann würde er von dieser Gaststätte, von dieser Eck-Wirtshausbank aus, die Weltherrschaft antreten?

Getrunken wurde, wie erwähnt, beharrlichen Weizenbier, mit Ausnahme von Alfred Leobold, der ziemlich synchron zu jedem Weizenbier einen Sechsämter in Auftrag gab, ein Arrangement, das, ich mußte ja immer mittrinken, tatsächlich nicht übel schmeckt und es in sich hat; so daß Leobold meist zum Tagesausklang zwölf Weizenbiere (das entspricht sechs Litern) und ebenso viele Schnäpse zu begleichen hatte. Diesem Grundeinsatz gewann er allerdings zahlreiche, insgesamt freilich recht konstante Varianten ab. Nach jeder (meiner Beobachtung nach) vierten »Dreck«-Runde gab es Schnaps auch für die drei Kombattanten. Außerdem, zahlte einer der Herren oder ich Alfred Leobold einen Schnaps, bekam er postwendend mindestens zwei retour.

Von den Chemiestudenten zahlte, so viele brachte Alfred Leobold damals schon wohl nicht mehr hinunter, jeder im Durchschnitt 15 Biere. Ich weiß bis heute nicht, woher die Herren ihr

Geld bezogen. Hans Duschke vermutete einmal laut und brünstig, »das Lumpenpack versäuft über Honnef meine Steuergelder, die ich alter Mann hart verdienen muß, und wenn ich am Arsch daherkomme, muß ich alter Mann Teppiche rollen, und diese Burschen versaufen meine Arbeitskraft!« Und der Alte machte mit dieser These tagelang Krach. Und vergaß sie dann wieder. Und vertrank selber noch ganz andere Gelder. Daß ein Radaubruder wie dieser Duschke ausgerechnet in einer Stadt namens Seelburg leben muß!

Immerhin, auch mir gab das Wesen dieser jugendlichen Desperados natürlich zu denken, obwohl ich gleichzeitig wiederum den Urgrund gar nicht in Erfahrung zu bringen wünschte, allzu gähnende Leere hätte mich wahrscheinlich geblendet – aber eines Tages richtete ich, sonst war nur noch Alfred Leobold anwesend, doch das Wort an einen gewissen Luther Ferdl, wie das eigentlich mit ihnen zugehe, ob sie studierten, ihr Studium ausgesetzt hätten, oder wie oder was?

Jaja, er hätte früher schon studiert, sabberte Luther und schwang allzu erregt sein Bier hoch, aber dann sei das Geld ausgegangen, da habe er aufhören müssen.

Ob er später weiterzumachen gedenke?

»Jaja, wenn's ist, freilich.«

Chemie?

»Und Physik.« Irgend etwas stimmte da nicht.

Wie viele Semester er schon habe?

»Legal fünf.« Hinter dem dreisten Blick lungerte die Angst. Ich fand das sehr eindrucksvoll. Er hatte sagen wollen »ordentlich fünf« oder ähnlich. Aber die Faszination des Verbrechens, der Gesetzeslosigkeit gaunerte sich hier freudisch sogar noch ins Vokabular des Hochschulbereichs.

»Machen wir schon, Ferdl«, begütigte Alfred Leobold.

Alfred Leobold trug in der Zeit seines langsamen Ablebens fast immer eine rotbraune Lederjacke der allerbesten Qualität, darunter ein winzigkariertes Hemdchen und eine gesprenkelte Krawatte oder aber einen schwarzen Rollkragenpullover, der stark ins Vergeistigte und Kämpferische zugleich deutete; ich bin mir da bis heute nicht sicher. Die dünnen O-Beinchen umhüllte eine stets sorgfältig gebügelte dunkelgraue Gabardinehose, das Ganze wurde elegant abgeschlossen durch schwarze, spitz zulaufende Schuhchen. Mit Beginn des Advents erschien mein Freund in einem soliden, langabfallenden, blaugrauen Wintermantel, der seiner gebrechlichen Statur etwas überraschend Kompaktes, nahezu beamtenmäßig Robustes verlieh.

In der ersten Phase meiner verschärften Forschungen wurde mir klar, daß sich Alfred Leobolds Lieblingswörter immer mehr in den Vordergrund schoben, ja nahezu absolut die Herrschaft in seinem Sprachetat antraten, der sich weiterhin, systematischer und, wie mir schien, energischer als zuvor, reduzierte, Überflüssiges souverän abschüttelnd. Und ich stellte damals schon eine Tabelle derjenigen Wörter Herr Leobolds zusammen, denen er bevorzugt das Vertrauen schenkte und die seine Ausführungen wesentlich trugen:

Geht in Ordnung
Sowieso
Einwandfrei
Genau (gé-nau bzw. ge-náu)
Ja (gespr.: »jjjaah«)
Genau ja
Prima
Ganz prima
Freilich
Normal
Hm
Eventuell (gespr.: »evendöll«)
Nie!
Ach wo! (oder: ah wo!)
O mei!

Wie man sieht, habe ich dieses Grundvokabular bereits etwas gegliedert. Die ersten zehn Wörter signalisierten zweifelsfrei Positives, eine bejahende, affirmative Einstellung zum allgemeinen

Leben. Nummer 11 und 12 standen für eher neutrale oder ambivalente Sachverhalte, deuteten auf ein gewisses Unentschieden, freilich mit schon leichter Neigung zum Guten, zum Geist des Optimismus. Gleichfalls der Ausruf »O mei!« tendierte nach beiden Seiten – einzig die Leoboldschen »Nie!« und »Ach wo!« drückten kategorisch Negation aus. Weil sie aber ihrerseits fast immer negative Sachverhalte betrafen – z. B. die Frage, ob »Wacker Mathild« eventuell morgen geschlossen sei –, nahm auch dieses wunderbar entschiedene »Nie!« durch doppelte Verneinung fast immer positiven Charakter an wie der ganze Kerl – ich habe einmal den Test gemacht und Alfred Leobold mit besorgter Miene gefragt, ob er sich etwa nicht wohl fühle, und sofort patschte ein saftiges »Nie!« zurück. Gleich darauf taperte mein Mann freilich auf den Abort der Velhornwirtschaft, um sich zu erbrechen. Das war die Dialektik.

»Evendöll«, das ohnedies ins Positive tendierende, über das ich schon vorne kurz referiert habe, gebrauchte Alfred Leobold meist in eleganten Satzkonstruktionen der Art: »Paß auf, Arthur, daß wir morgen evendöll wieder Karten spielen« oder einfach, seinen Wunsch auszudrücken, er wolle jetzt heimgehen: »Daß wir jetzt evendöll heimgehen.«

Eigenartig und fast undurchschaubar pretiös baute Alfred Leobold das »normal« in seine Sätzchen ein: »Und evendöll, Arthur, daß wir dann morgen normal nach Emhof brummen …« Ich dachte damals lang über die genaue Bedeutung dieses zunächst befremdenden »normal« nach, bin aber heute der festen Überzeugung, daß es als eine Art Hilfs-Adverb das längere und syntaktisch ungefügere »Geht in Ordnung« ersetzen sollte, um Satzungetüme einer Länge zu vermeiden, die Alfred Leobolds nachlassende Atemkräfte zweifellos überfordert hätten, der Art: »Und wenn es dann, Arthur, in Ordnung gehen sollte, daß wir auch wirklich nach Emhof fahren können« bzw. auch: »Ich hoffe, Arthur, daß es dann morgen in Ordnung geht, daß wir nach Emhof fahren, dann …« Frägt sich nur, warum Alfred Leobold dann nicht gleich das geliebte »genau« plazierte. Denn gegen den Satz: »Daß wir morgen genau nach Emhof brummen« wäre überhaupt nichts einzuwenden gewesen.

Von dem »genau« selber ging schon theoretisierend die Rede. Daß es nichts anderes als »grauenhaft« bedeutete – wie übrigens alle anderen Phonetika auch –, hat wohl mittlerweile der einfältigste unter meinen Lesern begriffen …

Voi che entrate usf. Kann man es mir verdenken, daß es, im Zuge solcher entscheidenden Analysen, mit mir damals immer mehr bergab ging? Ich spürte das sehr wohl, hatte aber meine ebenso moralische wie geistesgeschichtliche Verantwortung zu tragen, genau! Der ich mich immer mehr und widerstandsloser in das Gravitationsfeld Alfred Leobolds versenkte, verfing ich mich damals auch, treu und anhänglich wie nur einer, mich dem großen Meister immer mehr anzuschmiegen, ein zweites Mal und ganz haarsträubend in den Fängen des Alkoholischen. Das ging schon in Ordnung. Ich, der ich einst Jus und Musik studierte hatte – wie kann man eigentlich so etwas Dämliches hintereinander studieren! –, weihte diese wehen Tage ganz meinem Herrn: seinem Sterben beiwohnend, wollte ich ihm auch geistig nahe sein, dem Scheußlichen ins Auge zu sehen, meiner soliden bürgerlichen Existenz den Rücken zu kehren.

Ich trank über weite Strecken und so gut es ging parallel zu Alfred Leobold, und das war nicht wenig. Einmal trank ich mich sogar halbtot, hergemeuchelt freilich von einem Schlag aus anderer Richtung: von Hans Duschke erfuhr ich eines trübsinnigen Mittags, Sabine habe seinerzeit, vor knapp zwei Jahren, – wie die Zeit vergeht! – meinen wahrlich dem Schmerz abgewürgten Bittbrief an sie dem Fuhrunternehmer Schießlmüller zu lesen gegeben, die beiden hätten sich darüber krankgelacht, und auch in der Öffentlichkeit sei der Wisch zeitweise kursiert. Der Gipfel der Niedertracht war erreicht. Ein Akt erhabener Primitivität und Naturgemeinheit! Das mußte gefeiert werden! Ich glaube, ich erlitt eine richtiggehende Schnapsvergiftung und war tagelang tot.

»Prima, Moppel, daß du wieder da bist!« Ich wollte mich eine Zeitlang mit Kamillentee kurieren, aber mit sanfter Gewalt zwang mich Alfred Leobold zum Sechsämter zurück: »Da trink!« bat er zum wiederholten Male und deutete auf ein Fläschchen auf dem Tisch von Wacker: »Edel-Sechsämter. Viel besser als Sechsämter.« Zum Lächeln gereizt langte ich zu, zumal Alfred Leobold sofort zu einem neuen Schlag ausholte:

»Heinz«, wandte er sich an den Chemiestudenten Hümmer, »du kennst doch den Chines' aus der Gasfabrikstraß, freilich kennst du ihn, der was immer mit seinem Handwägerl …«

Non temer, amato bene.

Das Paralleltrinken machte Spaß. Noch vergleichsweise jung und kräftig, schüttete ich oft sogar, bestaunt von meinem Idol, noch etwas mehr in mich hinein als dieses. Ich sah mein Gegenüber in seiner phosphoreszierenden Düsternis an und wähnte wohlig mein eigenes Sterben vorwegzuleben. Mein bleich Lieb – als Spiegel meiner künftigen Existenz. Sehr, sehr schön! Glückliche Augenblicke, wenn Alfred Leobold immer wieder unerschrocken »Mathild, zwei Doppelte!« ächzte! Da dachte ich oft, ich redete zu mir selber.

Heute will es mir scheinen, daß das ein ausgemachter Schmarren war und ist …

Ich tat praktisch gar nichts mehr und hatte auch davon Abstand genommen, irgend Tätigkeit vorzuschützen, und merkwürdig, niemand nahm mir das krumm, niemand fand es auch nur befremdlich! Wenn ich nicht gerade Alfred Leobold beschattete und seine heiligmäßigen Sätze sammelte und analysierte, mir auch bei seinem Anblick in die eigene Seele zu staunen und zu glotzen, dann lag ich zu Hause, trank Schnaps und zur Abwechslung Kaffee wie ein Türke, sah sterbenswollüstig zum Fenster hinaus oder las hingerissen die Seelburger Tageszeitung:

»Arthur Mogger gibt bekannt«,

stand da tatsächlich und sündhaft inmitten der diversen Kleinanzeigen, täglichen Denkmälern konzessionierter Obszönität:

»Mädchenzimmer, komplett mit
Schrank, Bett und Nachtkäst-

chen in Hell, glanzpoliert
und preisg. Zu verkaufen …
Mod. Kombischrank in Nuß-
baum 250 cm ……
Neuw. Schlafzimmer, kom-
plett mit Matratzen ……
Schaumstoffe günstig, jede
Größe ……
Arthur Mogger, Seelburg
Kugellagerstraße 5–9«

… aber auch auf den redaktionellen Seiten waren so merkwürdige, vernichtungsträchtige Sachen gedruckt und abgebildet, ich erinnere mich etwa eines Fotos mit dem Ministerpräsidenten Goppel, der, wohl zum Spaß, eine große Schultüte auf dem Kopf trug, ein echter Landesvater, sauber, gut gebaut, macht jeden Scheiß mit … Sicherlich mußte das alles sein. Wo kämen wir hin, wenn plötzlich ausgerechnet unsere Ministerpräsidenten gescheit würden? –

Am liebsten aber hörte ich Radio, die kunterbunten Nachmittagssendungen des Bayerischen Rundfunks. Tatsache ist, daß ich in dieser Zeit, zwischen 16 und 17 Uhr, bevor es wieder auf zu Alfred Leobold ging, mit einer gewissen und fortschreitenden Regelmäßigkeit an der täglichen Sendung »Für unsere ältere Generation« teilnahm und sie sehr genoß, Informationen und Musik für unsere Greise, die hanebüchensten unter dem Mantel von Humanität vertriebenen Vernebelungen, Verdrehungen und Heimtücken, unsere Alten mit Gewalt bei Laune zu halten und mit musikalischen Albernheiten auf Zack zu bringen (an dieser Stelle gilt meine besondere Abneigung Herbert von Karajan) – Infamien, Perfidien, wohin das Auge reichte und das Ohr sich neigte!

Immerhin, kein Vergleich zu der simultan im anderen Programm ausgestrahlten täglichen Folge »Club 16«, einem Kontinuum an krachenden musikalischen Gräßlichkeiten nebst jugendverderbenden Scheinaufklärungen. Denn schließlich würden wir alle einmal, wenn es gutging, alt, und man kann sich da zumindest rundfunktechnisch gar nicht frühzeitig genug in diesem Bereich umschauen und ein Plätzchen sichern – –

Spätestens 17 Uhr, wenn die tägliche Veteranensendung, dieses Altengelage, vorbeigerauscht war, lief ich dann wieder in die italienische Velhornwirtschaft, magisch-knechtisch angezogen, ein umgekehrter Lemming, der es nicht lassen kann, vom trockenen in das nasse Element zu krabbeln, im Allerseelenlichtlein, das Wacker Mathild aus Sparsamkeitsgründen über die Tische streute, meines trauten Freundes immer mehr verschwindendes Antlitz zu genießen.

In dieser Zeit brachte ich übrigens in Erfahrung, daß Alfred Leobold, der um diese Endphase herum meines Wissens bereits alle sonstige Nahrungsaufnahme verweigerte, während des »Dreck«-Spiels gelegentlich etwas in sich flößte, das sich als Gulaschsuppe herauskristallisierte, in die Leobold Senf gab, das Zeug lebhaft verrührte und dann schmerzdurchzuckten Gesichts, aber immerhin, hinunterwürgte. Bald sah ich noch etwas klarer. Das »Dreck«-Spiel war für Herrn Leobold jeweils aktueller Aufhänger, fünf Minuten nach Spielbeginn, ganz ähnlich wie schon seinerzeit in den Dolomiten, jenes Suppen-Senf-Gemisch in Auftrag zu geben, gewissermaßen war das Spiel der Schlüssel, der ihm den Magen öffnete. Ohne »Dreck«-Spiel ging es offenbar nicht mehr, – ein Rätsel, dessen psychologische Tiefe selbst mir Kenner und geschultem Deuter ungelöst blieb. Vielleicht machte ihn einfach der Zauber des Spiels die Schmerzen der Nahrungsaufnahme einigermaßen vergessen oder jedenfalls ertragen. Dunkel ist das Leben, ist der Tod. Man sterbe, wann man will.

Die Chemiestudenten! Diese Realitätsverweigerungssekretäre! Diese Niederlagenhauptverwalter und Katastrophenschutzingenieure! Ja, merkten diese Kreaturen, diese Satansbrut, diese Buchhalter der Finsternis denn gar nichts? War ihnen der Engel des Todes nicht einmal die Frage nach seinem Leiden wert? Warum er z. B. den Senfkot in sich hineinlöffelte?

Allerdings ließ Alfred Leobold auch immer wieder einmal und in sehr großen Abständen – getrieben offenbar von der Frühlingssehnsucht nach Duft und Farbe – größere Köstlichkeiten wie Kalbsbraten, Schnitzel oder Rippchen auffahren. Mehrmals war mir dabei die Beobachtung vergönnt, wie er jeweils ein winziges Stückchen Fleisch absäbelte, es tapfer in den Mund preßte und sodann den prachtvoll beladenen Teller an den nächsten Chemiestudenten weiterschob:

»Da. Iß. Prima. Ganz gut.«

Zärtliche Andacht wallt erneut auf, jetzt, da ich es niederschreibe. Mir hebt sich erregt die Brust, schmerzlich-wohlig, rascher fliegt der Atem. Was saß damals vor mir? Ein Märtyrer? Ein Erlöser? Das neue Menschenbild in Qual und Pein? Was? Dieses Gebräu von Durst, Schwachsinn und schlummernder Sanftheit?

»Da. Iß. Prima. Ganz gut.« – – –

6

Chemie! Warum brauten sie eigentlich ihren Sudel nicht selber, wenn sie die Wissenschaft schon beherrschten? Oder waren es rein theoretische Grübler, die da ihrer Disziplin nachgingen? Unleugbar, die schwefligen Brüder hatten auch mich zum Grübeln gebracht …

Alchemie und Alkohol! Alchimie alcoolique! War das nicht einmal ein und dasselbe gewesen …?

Zunehmend fand ich in dieser Periode inständiger Wacker-Hockerei aber auch Gefallen an den Mittwochs-Fernsehsendungen »Zimmermann jagt Nepper, Schlepper und Bauernfänger« sowie dem ZDF-Magazin von Gerhard Löwenthal, das Glück fügte es hin und wieder, daß die beiden Unauslotbarsten der Nation sogar noch hintereinander zu bestaunen waren! Fehlte als krönender Beschluß eigentlich nur noch ein Vortrag Oskar Zirngiebls über das Prinzip des Landes …

Und dann natürlich erst recht »XY«! Wunderbar! Das reinste aller Vergnügen! Diese traumhaftschönen Sätze! »Die Spuren Manfred Puruckers führen ins Eisacktal« – »Von der Kantonspolizei Attenzell gesucht« – »Entlarvung des Täters in Sigmaringen« –

»manipulierte Schnurrbärte« – »mehrere Zeugen in der Diskothek Rosenstüberl bezeugen«, Probleme mit Schäferhund-Ausfällen, ständige Fernrohr-Defekte, grauenhafte Entdeckungen im Gebirgsbach – wahrhaftig, XY rangiert noch vor Thomas Bernhard: aller Ramsch des Universums, der reine, ungetrübte, schrecklos durch alle Äonen der Dumpfheit stapfende Stumpfsinn, das wiedergefundene Paradies! Und dann, und dann: die aus ihren Amtsstuben aufgescheuchten Polizei-Esel, herrlich gelackt-verkommene Figuren, die wie Hilfsschüler ihren anklägerischen verbrecherfangwilligen Unsinn vom Blatt buchstabieren, sich dem hinterletzten himmelschreienden Humbug hingeben, ängstlich beäugt von XY, ob sie auch alles halbwegs richtig machten – und schließlich: das Firmament allesniederreißender Geistesgemeinheit und Seinsverfinsterung, die gaukelnde Sternennacht: die Unfaßlichen mit Namen Peter Nidetzki, Teddy Podkorsky, Werner Vetterli und – gepriesen sei der Name – Peter Hohl! Peter Hohl. Sii benedetto! Hätte ich nicht soviel mit Alfred Leobold zu tun, ich würde heute noch einen Peter Hohl-Fan-Club gründen. Aber alles geht eben nicht. Und jetzt Schluß damit und zurück zu einer etwas wehmütigeren Tonart!

Aber ich meine, ich erzähle das nicht für die Katz, sondern das ist die Lage der Nation...

Das Thema der Reisen nach Seattle, Prag und anderswohin hielt Alfred Leobold mir gegenüber bis zum Jahreswechsel treulich wach. Nächstes Jahr im März sei es soweit. Neu war, daß jetzt auch – und endgültig – einer der ärgsten, ja, wie sich später erweisen sollte, tückischsten Köpfe aus dem Chemiegesindel, der kleine Hümmer Heinz, mitkommen würde, den Glanz dichtzumachen.

»Prima Kerl!« klärte mich Leobold seufzend auf; eine der ganz wenigen Verfehlungen, die ich meinem sterbenden Schwan ein wenig übelnahm: so wahllos hätte er seine letzten Monate über seine »prima Kerls« auch nicht gerade versprühen brauchen, nachdem er immerhin schon einmal Kräfte wie Alois Sägerer und mich damit ausgezeichnet hatte. »Jjjaah, zuerst Seattle, dann Prag, dann Pilsen, Genua, Monterosso. Mensch, auf Offenbach möcht ich auch schon lang einmal! Und dann machen wir in Emhof ein Bratwurst-Fest, der Mogger spendiert auch was. Und dann Ceylon. Fahren wir nach Ceylon.«

Ceylon? Hm. Warum nicht gleich Valparaiso und die sogenannten mittelamerikanischen Bananenrepubliken?

Mitte Oktober gelangen mir zwei neue Entdeckungen. Eines Nachmittags in der Velhornwirtschaft, der Sterbeverein setzte sich diesmal aus Leber Heini, Stickel Herbert, Willfurtner Charly, Nübler Pit, Rückl Otto, Wiegler Werner, Alfred Leobold, mir und auch dem Gymnasiasten Binklmayr zusammen, nahm ich plötzlich wahr, wie inmitten des betäubenden, nur durch ferne Straßengeräusche getrübten Schweigens Alfred Leobold, Blick ins Niemandsland gerichtet, abermals summte und brummte – einer der in unseren Städten und Wirtshäusern ganz seltenen Fälle fast absoluter Stille brachte es an den Tag:

Es war kaum mehr eine Melodie zu nennen, was Alfred Leobold da herausbrachte. Hochinteressant! Hatte er noch vor einem Jahr, auf dem Höhepunkt des ANO-Lebens, die Kurzweise c-a-g, c-a-g herausgebrummt, so verkürzte nun der mit seinen Fingern spielende Ex-Geschäftsmann das Programm um einen weiteren Ton, es war wohl die Folge g-a, gelegentlich auch g-as, die Leobold da vortrug, unablässig ein Ton nach oben, einer nach unten, bis das Ganze endlich auf dem tiefen g liegenblieb.

Den Charakter der Weise würde ich heute mit »gedämpfte Lebensfreude« beschreiben, es war aber auch etwas Modernes, Elektronisches, Spannungsreiches nach Art der Wiener Schule dabei. Als ob er meiner Entdeckung gewahr geworden wäre, hörte Alfred Leobold nach etwa 150 Sekunden auf, rückte den Kopf energisch nach rechts, gleichsam einen flotten Blick zum Fenster hinaus auf den vorbeifließenden Stadtverkehr zu schleudern, ja mir gewissermaßen seinen trotz aller musikalischen Versenkung realitätsgewandten Grundcharakter vorzuführen. Gleichwohl, eine Stunde später hörte ich das Gesumme und Gebrumme schon wieder deutlich, ja in den nächsten Wochen und Monaten entwickelte ich geradezu ein Sensorium dafür, an dieser musikalischen Äußerung den Elendsgrad meines Freundes abzulesen. Klar! Der Schmerz dröhnte und der Bemitleidenswerte verschaffte ihm einen Resonanzboden:

Tu come a'na Madonna
Cante na ninna nanna
Pe'n Angiulillo 'n croce
Ca so senti 'sta voce …
Sta voce sulitaria
Ca dint' 'a notte canta
E tu, comm' 'a 'na Santa
Tu sola, sola muore …
Chi si'? Tu si' 'a Canaria
Chi si'? Tu si' l'Ammore
Tu si' l'Ammore
Ca pure quanno more
Canta canzone nove
… Ggsiesu, ma comme chiove!

Jesus, was für ein Regen … das Engelchen am Kreuz … die Stimme der Einsamkeit … du bist die Liebe … und stirbst in Genua … genau …

»Seattle wird prima«, blies Alfred Leobold sein Leid in die Dämmerstunde von »Wacker-Mathild«. Ob er mich auch so mochte? Ceylon, offenbar, war schon wieder vergessen. Verklärung lastete über dem Inferno. Lange würde ich das nicht mehr aushalten.

Eine zweite, ergänzende Beobachtung war mir zum Feierabend des darauffolgenden Tages vergönnt. Aufgepeitscht durch die Anwesenheit des Kaufmanns Arthur Mogger und seines neuen Assistenten Werner Wiegler, kam es plötzlich am Tisch zu einem erstaunlichen und fast einzigartigen Aufleben des Gesprächs, leidenschaftlich, als ob die traditionelle Abstinenz diese Chemiestudenten zu einem Schwall von Expression hetze, redete mit einem Male sozusagen jeder mit jedem, das ging quer über den mit etwa zehn Personen besetzten Tisch und hin und her, die unterschiedlichsten Themen in einem Aufwasch, ich glaube, es gab da keinen, der seinen unnützen Mund gehalten hätte, auch ich quasselte roh und töricht mit – da hörte ich, wie gewissermaßen auf dem Scheitelpunkt des Tohuwabohus Alfred Leobold mir zur Seite einmal ganz leise, abschätzig und doch auch anerkennend »genau« sagte.

»Genau.« Ich möchte beschwören, daß dieses vollends unverhoffte »genau« sich auf keinen der einzelnen Gesprächsbeiträge bezog, sondern – wie soll ich es formulieren? – irgendwie eine Würdigung der lebhaften Gesamtsituation zum Ausdruck brachte. Ja, mir schien, es war sogar wie eine Huldigung an die Tatsache, daß überhaupt noch geredet wurde, daß das Leben letzten Endes doch freudig und überzeugend weiterging...

Dies Erlebnis wiederum brachte mich anderentags auf eine Idee. Ich wollte, Alfred Leobold eine Freude zu machen, die staubigen Chemiebrüder, die, wohl ermattet vom Vortag, wieder bleich und reglos ihre Biermassen in sich hineinsogen, erneut zum Reden bringen. Wie in Selbstversenkung begann ich also mit Streichhölzern zu spielen, baute aus ihnen ein gleichschenkeliges Dreieck zusammen, legte zwischen Spitze und Basis ein weiteres Hölzchen in beliebiger Richtung, so daß zwei unterschiedliche Teildreiecke entstanden waren – und hier begann ich meine Finte:

Das sei doch komisch, sagte ich halblaut vor mich hin und betrachtete, Nachdenklichkeit mimend, mein Werk: da seien nun zwei völlig unterschiedliche Dreiecke, die aber doch nach den ewigen Gesetzen der Mathematik kongruent, gleich groß, sein müßten, weil nämlich im gleichschenkligen Dreieck...

»Horch, Moppel«, unterbrach mich hier, Übles ahnend, Alfred Leobold, »der Duschke erzählt gestern, daß du mit dem Alwin jetzt immer Schach spielst. Prima.«

– aber ich ließ mich nicht aus dem Konzept bringen: Weil nämlich im gleichschenkeligen Dreieck zwei Winkel und die anliegende Seite per definitionem gleich seien, die dritte Seite aber hätten beide Dreiecke identisch. Die beiden kleinen Dreiecke seien also mathematisch kongruent, und seien es doch wiederum ganz evidenterweise nicht...

Scheinbar hilflos und abwartend betrachtete ich mein Rätselwerk. Würde das Lumpenpack, das doch zum Chemiestudium immerhin Abitur haben mußte, anbeißen?

Es biß, und kräftig. Nach und nach erhob sich ein gewisses Gequengel und Gezeter, dann, während Alfred Leobold – Zufall oder Strategie – sich auf dem Abort zu schaffen machte, zog einer nach dem anderen Kugelschreiber und irgendwelche Papierfetzelchen aus irgendwelchen Taschen oder aber forderte von Wacker Mathild Rechnungsblöcke und dergleichen – man begann Striche zu ziehen, wunderbar, es wurde das albernste halbgebildete Zeug geäußert –

»Pythagoras«, kam es irgendwoher.

»Krampf!« rief jetzt bereits schön laut der Chemiestudent Stickel, ein besonders ausgedörrter Mensch von zwei Meter Länge, »das hat mit dem Pythagoras nichts zu tun. Wetten!«

»Nein, du mußt zuerst die Mittelsenkrechten ziehen, Charly«, das war wohl Hümmer. Im Raum hingen Rauch, Dreck, Brühe und eine gewisse alkoholische Süßlichkeit. Dieser Dampfkessel reißender Verlungertheit! Warum gefiel es ihnen hier? Das Rätsel war nicht zu lösen, aber immerhin mit einer Gegenfrage zu umkreisen: Warum gefiel es *mir* hier so? Ach so, ich mußte ja einen beobachten usw. …

»Nie! Im gleichschenkligen Dreieck sind nur die Winkelhalbierenden gleich!« Das war Oeller Edi, der mir bisher immer den intellektuell bedrohlichsten Eindruck gemacht hatte, aber damit war es nun natürlich vorbei –

– jedenfalls waren alle diese melancholischen Figuren plötzlich wie wahnsinnig vor Leidenschaft am Werkeln und Machen, – ich hatte sie behext. Der Charme des Ranzigen lagerte über der italienischen Velhornwirtschaft, eine geballte Fuhre törichtester Gedankenverblendung, ich glaube, unsere bundesrepublikanischen Hilfsschulen müssen schleunigst ausgebaut werden –

– und einzig Alfred Leobold, den zu ehren ich das Experiment ja veranstaltet hatte, beteiligte sich nicht an der allgemeinen Raserei. Nie! Sondern sah, wie ich von meinem Platz aus gut erkennen konnte, geradezu überirdisch souverän über die dampfenden Köpfe der ihn umsitzenden Brut hinweg, summte ein wenig, und doch – zauberhaft! – immer wieder beugte er ein wenig und fast mitleidig das käsige Köpfchen nach links und rechts hinab, sicheren Abstand freilich von den vollgekritzelten Papieren haltend und sich inhaltlich auf keine der erregt schwirrenden Thesen einlassend, allerdings nickte er gelegentlich diesem oder jenem aufmunternd zu. Es war gerade so, als ob ein besonders Erhabener und Hochgestellter in einer Mischung aus Strenge und demütiger Erlösernachsicht die lästigen Anstrengungen und Faxen des weit unter ihm herumkriechenden Ungeziefers verfolgte, ihm das Weltenrätsel enträtselt vorzulegen, damit man später mit einem »Geht in Ordnung« den allgemeinen Staatsgeschäften wieder freien Lauf lassen könne ... eine Majestät, die außer mir keiner merkte, die selbst mir fast entgangen wäre, hätte mich nicht meine tiefe Empfindsamkeit und Gedankenschärfe am Ende noch zur Wahrheit vordringen lassen ...

Das »Geht in Ordnung« war Alfred Leobold diesmal leider nicht vergönnt. Die Aufgabe blieb ungelöst, nach einer Dreiviertelstunde brachen die Herren erschöpft ab. Die Aufgabe sei unlösbar, verkündete ich fast feierlich. Ich wollte das Chemie-Gesocks nicht brüskieren, indem ich die Lösung in all ihrer existenzvernichtenden Simplizität bekanntgab. Denn natürlich weiß jeder 14jährige, daß der optische Trick darin besteht, daß die beiden in der Tat nicht kongruenten Dreiecke die zwei Lösungen der Dreiecks-Konstruktion darstellen. Bzw. umgekehrt: daß Dreiecke mit gewissen übereinstimmenden drei Stücken zwar im allgemeinen kongruent sind, daß es aber gelegentlich, wie hier, zwei Lösungen gibt.

Alfred Leobold aber nützte reizend die allgemeine Benommenheit der Chemie-Herren, bei der immerfort dösenden Wacker Mathild eine volle Runde Sechsämter in Auftrag zu geben, so der allgemeinen Kompliziertheit der Weltenstruktur gleichsam sinnenhaft das Echo der Resignation kontrapunktisch entgegenhallen zu lassen, Bruder, Bruder, *die* Metaphern!

»Stickel«, sprach er einen der Gescheiterten mit dem Ausdruck generellen Lebensinteresses und wie um weitere Experimente von mir vorbeugend auszumanövrieren an, »was macht denn eigentlich die Evi? Hab's schon lang nimmer gesehen.« Es war, als hätte eine dezembrig verwitterte Sonne den bläulichen Schnee rosa überzuckert. Oh lasciate mi morir.

Am Abend brach, zusammen mit seinem Sekretär Wiegler, erneut Mogger herein, und Alfred Leobold, nach längerer Zeit wieder einmal, zusammen. Suchte mit dem Ellbogen immer wieder den Kopf in den mürben Handballen zu stützen, rutschte aber immer wieder mit dem Arm ab und plumpste mit dem oberen Körperteil über den Tisch.

»Mensch!« sagte Alfred Leobold, zerrte sich wieder hoch und fuhr mit den Fingern über die tränenden Augen.

»Mensch!« jauchzte der Zigeunerbaron Arthur Mogger, »jetzt kenn ich den Alfred vier Jahre. Und in all den vier Jahren, sooft ich den Alfredl abends getroffen hab, war er jeden Tag besoffen, Werner, das glaubst nicht!« Die blitzsauberen Zähne zwischen seinem Räuberbart zitterten vor Lust.

Der Sekretär Werner Wiegler glaubte es gern und lachte gackernd und anscheinend unersättlich. Jetzt sah ich es erst, daß der fuchsrot Behaarte an der Brust tätowiert war. Ein weiterer schmerbäuchiger Chemiestudent aus Moggers Clique wußte sich vor Begeisterung gleichfalls nicht zu fassen, es gelang ihm aber nur ein angestrengtes, wie ungeübtes »Ehè-ehe-eeee!«

»Arthur!« Alfred Leobold sah den Kaufmann trüb, ohne zu lächeln und geradezu anzüglich an. »Stimmt.« Etwas Neues: Alfred Leobold bekam den Schluckauf. »Stimmt genau. Fahrst mich heim, Arthur, bist so gut.«

»Freilich, Alfred!« Moggers idealistischer Ton speiste sich meiner Ansicht nach aus jenem Geist kaufherrlicher Kameraderie durch dick und dünn, der diesem Gewerbe so häufig ein trotz allem erfülltes Leben vorgaukelt.

»Prima, ganz prima.« Zwischen beiden Satzteilen stieß Alfred Leobold der Schluckauf hoch. Mogger und ein Chemiestudent trugen ihn in den L 295.

In einem gewissen Sinne, alles in allem ergänzte sich in diesen verflatternden Spätherbsttagen in der italienischen Velhornwirtschaft die Einkehr des Beschaulichen mit durchaus munterer Dramatik.

7

Für die stand schon der alte Unruhestifter Hans Duschke ein. Der Greis hatte etwas Neues entdeckt. Offenbar immer atemloser geschüttelt von Lebenslust und Rankune, war der begnadete Senior-Krachmacher sowohl im »Seelburger Hof« als auch bei »Wacker Mathild« dazu übergegangen, sich solo und abgesondert von der restlichen jeweiligen Gesellschaft an Nachbartischen niederzulassen, von dort aus aber uns keineswegs mit seinem Gebell und Gewürge zu verschonen, sondern ganz im Gegenteil noch viel härter und boshafter seine Anklagen und Raunzereien herüberzuschleudern – erst nach einiger Zeit wurde mir der quasi ballistische Zweck des ganzen dubiosen Unternehmens einsichtig: der scharrende Greis hatte von seinem Solo-Tisch aus nicht nur die bessere Übersicht über die komprimiert sitzenden Beleidigungsobjekte und den besseren akustischen Lärmschacht zum frontalen, winkelgünstigen Auswurf seiner Kanonaden; er konnte auch beim Plärren und Wettern ungehemmter mit den Armen fuchteln und mit dem Oberkörper herumwuchten, ohne daß er dabei Gefahr lief, sein eigenes Bierglas umzustoßen.

Offenbar hatte er da mal schlechte Erfahrungen gemacht. Wir nannten die Novität »Duschkes Schimpfbüro«.

Eines Abends, wohl Ende Oktober, gegen Mitternacht rauschte der tatenfrohe alte Mann in den »Seelburger Hof«, schnaufte dräuend durch alle Winkel des Lokals und setzte sich endlich, demonstrative Verachtung schon im Schritt und in den Mundwinkeln, an einen leeren Tisch, sein Schimpfbüro. Ziemlich krachend knallte er dabei eine Plastiktüte mit der Aufschrift ANO auf den Tisch. Etwas wohl Metallenes und jedenfalls Büchsenförmiges schimmerte durch die Tüte.

Wir waren etwa ein halbes Dutzend Leutchen, unter ihnen,

gleichsam als Gast, Alfred Leobold, der, wie erwähnt, »Wacker-Mathild« nur noch selten verließ, um so einen kleinen Ausflug zu unternehmen.

Tückisches Schnurgeln und Nasepfeifen im Schimpfbüro. Der abgewetzte Greis trug, wie jetzt meist, eine ockergelbe Jacke, die etwas zusehends Haltloseres, Nachkriegssüchtiges hatte. Der erste scheinbar tiefsinnige Schluck Weizenbier. Die Spannung wuchs ins Gewittrige. Ihre Auflösung retardierend, keuchte Duschke zum Geldautomaten, warf Münzen hinein, unsägliche Unruhe trieb ihn in sein Büro zurück. Äugte unheilvoll. Gehetztes Wild im Wald der Welt – gleich würde es zum Gegenangriff übergehen.

»Sie, Herr Duschke …«, rief Alfred Leobold schwach hinüber, da brach es aus:

»Ihr Arschgesichter! Ihr Super-Ärsche! Ihr meint, ihr habt den Leobold! Chrrn! Am Arsch! Erich! Moppel! Binki! Herr Leobold, Herr Lääwoohl ist am Arsch, in der Gosse … chrrn!«

»Ja, genau, Sie, Herr Duschke, in der Gosse, genau!« plänkelte Alfred Leobold geradezu ausgelassen. Seine gesamte Erscheinung atmete plötzlich leichten Sinn und hohen Mut. »Aber was haben S' denn in der Tüte da, Herr Duschke?«

Es entspann sich ein bemerkenswertes Duett.

»Vollkommen in der Gosse, Herr Leobold. Ich habe Sie damals gewarnt!« grölte der gräusliche Graukopf.

»Sowieso, Herr Duschke. Nein, in der Plastiktüte!«

»Wo?«

»Rechts neben Ihnen. In der Tüte.«

Duschke sah nach rechts, sah die Tüte und stellte sie samt Gerätschaft vom Tisch auf die Bank.

»Das wissen Sie doch selber, Herr Leobold. Die ANO-Geldbombe. Was soll der Quatsch? Ich bitte Sie!« Aber irgendwie war Hans Duschkes Stimme plötzlich ruhiger, friedsamer geworden, fast dankbar für das entgegengebrachte Interesse.

Alfred Leobold klärte uns nun fast wispernd darüber auf, daß dies die ANO-Geldbombe sei, die jeden Abend zur Bank gebracht werde, die Einkünfte des Tages abzuliefern.

»Reden Sie laut!« forderte Duschke, der sich in seinem Schimpfbüro doch ziemlich ausgeschlossen vorkam. »Ich habe das Geld, die Bombe, zur Bank gebracht. Was wollen Sie?«

»Läßt Ihnen der Brettfeger das jetzt selber tun?« rief Alfred Leobold zu Duschke hinüber. Brettfeger hieß der neue ANO-Chef.

»Selbstverständlich. Der ist heute früher nach Hause.«

»So. Prima. Das hätt's früher nicht gegeben!« rief Herr Leobold fast schneidend.

»Na und? Da haben Sie sie halt hingetragen.«

»Eben. Genau.« Duschkes Schimpfbüro schien plötzlich fast zur Anklagebank degradiert. Die etwas brenzlige Situation zu entschärfen, wollte ich nun wissen, ob noch Geld in der Bombe sei. Nein, das Geld sei abgeliefert, dies sei die Bankbombe schon für den nächsten Tag, erklärte Duschke fast würdevoll. 7000 Mark, ergänzte er, seien heute abgeliefert worden.

»Nicht viel«, sagte sehr abwertungsbetont Herr Leobold.

»Mehr haben Sie zu Ihrer Zeit – beziehungsweise ich zu Ihrer Zeit auch nicht gemacht, Herr Leobold! Herr Leobold! Ich bitte Sie!« Der Greis lachte knallig und verteidigungsbereit. Seine Stimme war ins gewohnte Rauhe hinübergeglitten.

»So? Prima«, kitzelte Alfred Leobold den ehemaligen Untertan.

Was nun aber sei, wollte ich, ebenso vermittelnd wie lauernd, wissen, wenn Herr Duschke auf dem Weg zur Bank eingekehrt wäre und die Bombe wäre gestohlen worden oder, tastete ich mich neckend nach vorn, er, Duschke, hätte die Bombe vergessen?

»Nie!« rief Duschke verächtlich.

Stand auf, trat an die Theke des »Seelburger Hofs« und kam überraschend mit zwei verlotterten Semmeln wieder, die er nun (ich habe so etwas noch nie gesehen) buchstäblich ineinander verknetete, als ob sie in Normalgröße zuviel Platz beanspruchten, und steckte dann das Semmelknäuel in die Plastiktüte zur Bombe. Es war wie eine Offenbarung.

»Die leere Büchse könnte ich natürlich jederzeit auch in den Hammerbach werfen«, sagte nun Hans Duschke, die sei natürlich nichts wert.

Jetzt sei sie aber nicht leer, sagte Alfred Leobold.

»Natürlich ist sie leer. Was wollen Sie?« Schon um 17 Uhr habe er, Duschke, das Geld zur Bank.

»Nicht leer«, beharrte Herr Leobold trotzig. Wie schön, ihn zur Abwechslung so kampfstark zu erleben! War es nicht fast wie eine Morgenröte, come l'aurora, was den alten ANO-Heroen da verjüngend umdünstete?

»Was?« rief Duschke nicht ohne Zorn.

»Naja«, antwortete Alfred Leobold und nickte mit dem Kopf. Das Fieber später Spottlust setzte die Mechanik in Gang.

»Leer!« rief Duschke, »wetten!«

»Genau. Wetten!« rief Leobold und streckte wie so oft zu ANO-Glanzzeiten Duschke die einladende Hand entgegen, »schlag durch, Moppel!«

»Um was wetten wir? Drei Schnaps jeder?« Duschke war entschlossen zugeeilt und ergriff die Hand.

Erstmals wurde ich gewahr, daß Alfred Leobold noch immer einen Ehering trug.

»Drei Schnaps, genau.«

Ich schlug durch. »Und jetzt geben S' mir einmal den Sack da.« Kernig, ja fast triumphal hob Alfred Leobold das dargereichte Säckchen auf den Tisch, öffnete es und klaubte die zwei verschrumpelten Semmeln ans Tageslicht.

»Da«, sagte Alfred Leobold, »nicht leer.«

»Na und?« Duschke war wirklich verwirrt. Ich übrigens auch.

»Nicht leer. Zwei Semmeln.«

»Was?« Jetzt saugte der Alte wie hilfesuchend Luft ein. »Die Semmeln? Was Semmeln? Herr Leobold, wir haben …«

»Zwei Semmeln.«

»Oder zwei«, sagte, seltsam genug, Duschke.

»Genau.«

»Herr Leobold! Moppel! Erich! Ich bitte Sie, ich warne Sie!« Des Alten Stimme schwankte zwischen Brechen und Bersten. »Wir haben chrrnn gewettet, was in der Bombe ist. Unglaublich! Ich frage Sie, Herr Leobold, und nun vergessen Sie bitte alles, was früher zwischen uns war: Sind die Semmeln in der Bombe? Die Semmeln sind *nicht* in der Geldbombe...!«

Es war eine atemberaubende Situation.

»Herr Duschke, Sie...« Offensichtlich suchte jetzt Leobold Halt. Es war nicht länger zu leugnen, er hatte sich einfach mit seinem kleinen Scherz vertan.

»Ich warne Sie, Herr Leobold, Moppel, Hans Duschke, du bist Zeuge! Wir haben gewettet, was in der Bombe ist. Und ich frage Sie, Herr Leobold: was ist in der Bombe chrrnn?« Der Alte machte in der Art eines verzögerten Sprungwurfs beim Handball eine Pause und saugte voll an: »Chrrn. Ich sage es Ihnen, Herr Leobold. In der Bombe ist nichts. Kein Knopf. Kein Arsch! Ich warne Sie, Ich breche meine Beziehungen zu Ihnen ab. Ich ziehe Sie nicht mehr aus der Gosse! Wir haben nicht, nie gewettet, was in dem Sack ist, geschenkt, niemals! Sondern, was in der Bombe ist – klar? Arschklar! Natürlich weiß auch Hans Duschke, daß in dem Sack die Semmel ist, das...«

»Und die Bombe sowieso«, beharrte Herr Leobold. Anscheinend gewann er doch noch die Oberhand. Der plärrende Patriarch wirkte unsicher.

»Natürlich! Und die Bombe! Semmel und Bombe! Sie zahlen, Herr Leobold, das garantiere ich Ihnen in hundert Jahren! Sie zahlen, bis Sie schwarz werden«, kreischte nun der seelenlose Alte grenzenlos, »bis an Ihr Lebensende zahlen Sie«, hier verlor Duschke eindeutig Format, »wir haben gewettet, was in der Bombe ist, und nicht, was außerhalb der Bombe ist! Chrrnn!«

»Prima«, sagte Alfred Leobold heiter, aber auch vielleicht ein wenig zu prätentiös, »dann haben Sie ja gewonnen. Ober, Kellner! Drei Schnaps für'n Herrn Duschke! Aber hintereinander!« ergänzte er fast mutwillig.

»Gaha, drei hintereinander«, sagte der Kellner Anton; er nahm die Wünsche, wie sie kamen.

»Die zahl ich!« versicherte Alfred Leobold, »Sie, Herr Duschke, was machen S' jetzt mit den Semmeln, wenn S' dann heimkommen auf Ihr Zimmer?«

»Die freß ich. Natürlich. Natürlich!« Die Erwartung der völlig unverdienten Schnäpse stimmte den Alten naßforsch.

»Also, Prost«, unkte Alfred Leobold lustig.

Man kann demnach nicht sagen, daß um diese Zeit herum nicht auch muntere Ereignisse den Seelburger Alltag belebt hätten. Andererseits, manchmal wurde mir bei Alfred Leobolds Späßen und Pikanterien doch recht ätzend und kratzend ums Herz. Ah, Don Alfredo! Aber letzten Endes fiel doch immer wieder ein unverhoffter Knalleffekt dabei ab. Spiele sind dazu da, daß sie verloren werden. Der Tod, das ist die kühle Luft. Zu einem neuerlichen spektakulären Auftritt zwischen den beiden früheren Teppich-Kollegen kam es am 31. Oktober. Ich holte, zur Abwechslung, wieder einmal Hans Duschke nach Geschäftsschluß bei ANO ab, doch Herr Brettfeger, der neue Filialleiter, ein ruhiger kleiner alter Spießer und (wie ich später erfuhr) wie Duschke leidenschaftlicher Geldautomatenspieler, teilte mir mit, sein Mitarbeiter sei schon weg. Ich entdeckte den Alten nebenan am Stehtresen der »Tiroler Weinstube«, wo er mit einem südlich aussehenden Herrn gerade – warum denn das auf einmal?– Campari trank und schon von weitem einen recht verwegenen Eindruck machte.

»Io Tedesco – Du Arschgesicht!« hörte ich ihn beim Eintreten den Fremden ankläffen. Gleichzeitig zuckte er vor Vergnügen, riß den Mund zu einem nimmersatt-breiten ächzenden Lachen auf und begann den etwa 45jährigen Mann an den Schultern zu kneten und dann immer wieder mal gegen die Brust zu schlagen.

»Wir beide bene Amici! Bene Amici! Molto bene! Hab ich recht oder nit, Mensch, Giulio!«

Ziemlich ohnmächtig schob der Fremde den Drangsalierenden ein wenig aus seiner Körperzone und winkte gottergeben ab. Vorsichtig gesellte ich mich zu der kleinen Gruppe. Der Giulio Genannte trug eine Lederjacke, die irgendwie einen sehr arbeitsamen, emsigen und doch auch dolce-vita-willigen Eindruck machte.

»Hah! Moppel! Ehrlich! Klasse!« Ein Begeisterungssturm der ungesündesten Art fegte mich in die Gemeinschaft. Stracks wurde ich zu einem Campari aufgefordert.

Der Fremde sah mich hilfeheischend an und legte dann zwei Hundertmarkscheine auf den Tisch. Hans Duschke schlug mit der flachen Hand drauf.

»Mensch, Giulio, ehrlich, das wußte ich nicht mehr, daß ich dir gestern 200 Mark geliehen habe!« schwelgte der göttliche Greis, »unglaublich! Wo war ich denn? Wo war denn das? Aber ehrlich, bist ein feiner Kerl, Giulio, trink! Trink auf Hans Duschkes Rechnung!«

Irgendwie war ich schon wieder sehr matt und verhärmt. Gegen die Berserkervitalität unserer Großväter kommt unsereins auf die Länge nicht an.

»Höre mal, da siehst …«, begann Giulio, drang aber noch nicht durch.

»Giulio, alter Italiano, Spaghetti! Moppel, hör zu!« sengte der Mundschenk der Gemeinheit, setzte plötzlich seine achtunggebietendste Miene auf und griff feurig zum Campariglas, schon lange bevor es seinen mörderischen Mund erreichte, schloß er die Augen.

»Da siehst«, nahm Giulio die Gelegenheit wahr, »unter welchen Zustände dir immer rumschleppst!« radebrechte der drahtige Italiener vorwurfsvoll-zärtlich, und vor allem die zärtliche Nuance entging Hans Duschke nicht.

»Giulio!« rief er und faßte, unerträglich dreist, diesen wie auch mich mit je einer Hand an der Schulter, ja er schob uns gewissermaßen zusammen, dann rülpste er und sah uns von unten herauf widerstandsvernichtend an: »Wir sind gute Freunde. Du Italiano – Ich Arschgesicht«, drehte er nun den Spieß korrekt um, »was heißt ›Arschgesicht‹ auf italienisch, Giulio?«

Der Ausländer dachte nach und zuckte südländisch-humoristisch die Schultern: »Viso stronzo?«

»Si, viso stronzo«, rief Duschke, »mio viso ronzo, ich bitte dich, ich bin ein alter Mann, ich gebe soviel Geld aus, ich leihe soviel Geld aus und ein, ist doch alles am Arsch. Stronzo! Ich habe nie Geld, das heißt, ich, verstehst du mich bitte?, ich habe immer Geld, Geld wie Heu!« jubelte das ranzige Viso stronzo empörend,

»nur nicht bei mir, aber ist doch dann schön, wenn man wieder eins zurückkriegt, ist doch Klasse! Prost, Giulio! Trinken wir noch einen! Oder, Moppel?«

Wir tranken noch zwei. Hans Duschke, glücksglühend, zahlte. Beim Weggehen bückte er sich nach einem Packen Papier zu seinen Füßen, der sich als ein Blumengebinde herausstellte und den Duschke entschlossen unter seinen Arm pferchte.

»Morgen, meine Mutter, Allerheiligen, der alte Duschke vergißt seine Mutter nicht, nie, nie, meine Mutter hat ein schönes Grab verdient!« schrie Duschke uns beide hart an, als hätten wir ihn an seiner Christenpflicht hindern wollen. »Nie vergißt der alte Duschke seine alte Mutter!« schrie der stechende Greis und baumelte in den Abend hinaus. Trotz vieler Duschkescher Bitten verabschiedete sich der Italiener. Eine angenehme Neubekanntschaft.

Duschke und ich schritten in Richtung »Wacker-Mathild« aus, der Alte spürbar bebend vor Leidenschaft, es morgen seiner Mutter zu zeigen. »Ehrlich!« schrie der rauhe Mann mehrfach mitten auf der Straße, zwischendurch schob er immer wieder wie in übergroßer Pfiffigkeit seine gelbe Zunge einen Zentimeter aus dem Mund und schmunzelte hochzufrieden über seine eigene Vehemenz. In der italienischen Velhornwirtschaft aber schleuderte er das Blumengebinde sofort und ungestüm in eine Sitzbankecke. Und das Carussello durstico tedesco ließ sich in eine andere plumpsen.

»Engel! Mathild! Ein Bier, bitte. Aber nicht zu voll!«

Und weiter walkte das Todes-Potpourri, in der Luft schwankte heute besonders warmer Brodem. Kaum hatte Hans Duschke seinen alten Widersacher Alfred Leobold in der Zimmerecke erspäht, war es wieder soweit, und leider kam es an diesem eigentlich der Beschaulichkeit eingeräumten Abend zu einem ebenso überflüssigen wie wahrhaft ungepflegten Auftritt zwischen dem grauköpfigen Sottisier und dem edlen Alfred Leobold. Hatte ihn die bevorstehende Freude an der Pietätsverrichtung so aus der Fassung geworfen? Weil ich sofort an einem anderen Tisch Karten zu spielen begann, bekam ich nur, seltsam fahrig, die Höhepunkte der Beleidigungen und Streiche zu hören.

»Und während ich alter Mann Teppiche rolle und jeden Tag fast umfalle«, keuchte dieses Bateau ivre schon bald nach dem Start auf Alfred Leobolds liebes, drei Meter entfernt schimmerndes Wachsgesichtchen ein, »sitzen Sie den ganzen Tag in dieser Scheiß-Kneipe, in dieser Uuuääh-Kneipe und saufen sich hundertmal den Arsch voll. Jeden Tag in dieser Kneipe!«

»Genau«, sagte Alfred Leobold deutlich, unschlagbar und ohne Ironie. »Und Sie, Herr Duschke …«

»Vergessen Sie bitte nicht, was Sie sagen wollten!« rief der Alte schlüpfrig und hätte erneut Furcht und Schrecken verbreitet, wenn hier überhaupt noch etwas zu den Herzen durchgedrungen wäre, »aber ich frage Sie eines: Wer wollte denn damals bei ANO, bei ANO jeden Tag dem alten Duschke kündigen? Wer? Doch nur Sie! Sie! Und wer hat den Leobold« – »Läääwoohl!« heulte Duschke unbeschreiblicher als je zuvor – »wer hat den Leobold geschafft? Geschaßt? Geschafft?« – der Böse wußte offenbar nicht, was er wollte; infernalische Schwaden mochten in ihm brausen – »ich frage Sie, Herr Leobold? Wer? Keine Ausreden! Der alte Duschke war es!« Blitzschnell führte der Satanische sein halbvolles Glas zum Großmaul.

»Prima«, beschied nun Herr Leobold con sordino und sah weh vor sich hin; drang aber nicht in Duschkes wasserdichtes Herz vor.

»Zahlen Sie einen Schnaps, Herr Leobold! Ich habe Ihnen auch schon so oft aus der Patsche geholfen!« Eine besonders nichtswürdige Aussage. Der Lügner schluckte heftig Speichel.

»Sowieso«, hielt Herr Leobold verehrungswürdig stand und ließ gleichzeitig Duschke leerlaufen, »Mathild, für Herrn Duschke einen Sechsämter.«

»Ah! Danke, Herr Leobold, Prost!« Die Korruption erreichte immer tiefere menschliche Zonen. Diese wüste Koordinate aus letztmals aufflackerndem Krach und gleichwohl zügig verdämmerndem Leben! Hatte der zutiefst fragwürdige Greis es nicht einst mit seinem ganzen Sinnen und Trachten darauf angelegt gehabt, daß Alfred Leobold aus dem ANO-Laden weichen und hier trinken mußte? Warum schalt er ihn jetzt darum? Widersprüche der Greisenschaft!

»Prost, Herr Duschke.« Es kam leise, aber herzlich.

»Sind wir doch gute Freunde, oder nit! Herr Leobold?« setzte der ärgste der Teppichschneider seine Schamlosigkeiten fort. »Oder nit? Ehrlich!« Der Unrat im Hirn des Alten funkelte phosphorisch.

»Einwandfrei.« Todesmut tönte nun schon fast zu perfekt aus Leobolds welken Lippen. Hatte er eigentlich noch Zähne? Und nippte an seinem Bier: bald würden die Behörden einschreiten müssen.

Doch der hemmungslose Groll des ehemaligen Untergebenen war noch längst nicht verflogen, seltsam, wie leicht herumzukriegen die Menschen sind: hatte nicht der Abend ganz harmlos fröhlich angefangen mit einem italienischen Kauderwelsch? Nach einer halben Stunde schlug Hans Duschke erneut zu. Begann fast winselnd, um dann zu einem explosiven Geschmetter aufzublühen:

»Der Leobold, der Lääwohl ist schon ein Hund.« Ein Fremder hätte gutmütige Freundschaft vermutet. Doch kampffertig hatte sich Hans Duschke zusammengeigelt, die verschränkten Arme wechselseitig von den Händen beschabt.

Zunächst, als rede er zu sich selber:

»Es ist unglaublich. Unglaublich. Hihihi. Und der alte Duschke muß arbeiten. Noch zwei Jahre …«

Doch gleich darauf zum offenen Schlagabtausch erneut bereit: »Ich frage mich oft, Herr Leobold, wie Sie das machen, das viele Schnapszahlen. Und selber trinken Sie ja auch nicht schlecht. Unglaublich. Ich könnte das nicht. Haben Sie so viel gespart? Hähähä!«

»Genau.« Leobold – die beiden saßen immer noch drei Meter auseinander – betonte diesmal nachdrücklicher als sonst die zweite Silbe.

»Oder zahlt das alles«, lockte, wie behilflich, der innerlich vor Wut und Genuß zugleich zitternde Feind, »zahlt das alles das

Arbeitsamt, die Arbeitslosenversicherung?« Tatsächlich machte Duschke die Bewegung des Geldzählens. »Ja?« Die Verletzungskraft des greisen Ockergelben erklomm die Sphäre des ewigen Schnees.

»Nie.« Leobold blieb kühl. »Alles Krankenkasse. Bin ja krank.« Ein putziger, herzzerreißender Satz.

Erneut ließ Duschke alle Schranken fallen, qualmend türmten sich die Felsen des Schreckens:

»Wissen Sie, Herr Läääwohl, was Sie sind? Aaaah! Sie sind für mich das allergrößte Schwein, ein Super-Dreck-Schwein – nein, das nehme ich zurück, weil es nicht stimmt! Für mich sind Sie ein ganzganzkleines Würstchen, ein so kleines Würstchen sind Sie!« – und wuchtig lehnte sich der graue Mann über die Tischbarrikade und deutete auf ein Paar Pfälzer, das der Schreiner Wellner gerade aß und sich sehr erschrak – »so klein, Sie können noch so groß tun und den Typen und Mäzen machen und den Moppel und den Binki einfangen und alle! So klein sind Sie! Sie sind eine Super-Betrugs-Sau, chrrn! Aaah!«

Der Mund stand ihm aufgerissen wie einem verendeten Fisch, der heute trotzdem noch viel vorhatte.

Natürlich hatte Hans Duschke mit dem Würstchen letztlich recht. Doch woher kam das alles? Warum sagte der alte Mann das? Die niedertrachtsverseuchte, grauenhaftigkeitsdurchbebte Elementarrankünе des verharschten Greises erschreckte mich mehr, als ich es jetzt beim Kartenspiel brauchen konnte. Ging die Welt zugrunde? Hatte die Hölle ihren trinkenden Boten ausgeschickt?

»Wollen S' noch einen Schnaps, Herr Duschke? Von der Krankenkasse? Zahlt.« Alfred Leobolds Heiterkeit wurde langsam schwer erträglich. Trotzdem, er hatte ihn schon:

»Ich meine ja nur, Herr Leobold, Herr Leobold, wir sind gute Freunde. Vergessen wir, was war.« Damit nahm Duschke auch die neue Offerte an. »Aber es gibt eben Dinge in der Vergangenheit, die…«

»Prost, Herr Duschke«, brach Leobold die erwartbaren Idiotien ab, »prima Schnaps.« Und gleich als ob er sich mit lässiger Anmut

Kühlung zufächle, kippte Alfred Leobold seinen eigenen Sechsämter.

Es folgte ein relativ idyllischer Abendteil. Leider war der nicht von Dauer. Duschke – möge ihn der Weltenherr dafür einst bestrafen oder belohnen – durchackerte leider wieder einmal einen jener kostbaren Abende, da kein Muhammad Ali, kein Max Horkheimer, kein Katsche Schwarzenbeck, nicht einmal sein Parteivorsitzender Brandt in der Lage gewesen wäre, ihn zur Räson zu rufen oder zum Verlöschen zu zwingen. Kaum hatte ich mich wieder einigermaßen auf mein Kartenspiel konzentriert (die Ausfälle des Alten hatten mich mindestens zehn Mark gekostet), da ging er dazu über, im sicherlich begreiflichen Leid seiner Teppichexistenz wieder einmal auf die Gruppe des Chemie-Geschwaders einzugeifern: das Honnef-Modell sei eine politische Gemeinheit und gehöre abgeschafft, denn was herauskomme, sei der Wacker-Saustall; für seine bitteren Steuergelder aber säße »das ganze akademische Gesocks hier den ganzen Tag in der Kneipe – der Leobold hat ja wenigstens früher gearbeitet! – und trinkt und verblödet vor sich hin, ihr Arschgesichter!«

Das letzte stimmte sicherlich. Ob die trinkenden Chemiestudenten, die jetzt vereinzelt aufmaulten und zurückkicherten, tatsächlich über Honnef bei Laune gehalten werden, erscheint mir trotz Hochschulreform und des sozialliberalen Grundzugs unseres Regimes doch fraglich. Tatsächlich aber glaube ich, daß Hans Duschke, würde er gezielt gelenkt, aufgrund seines großen Mundwerks als politischer Kopf oft wesentlich mehr zu leisten vermöchte als so mancher verstockte Jungsozialist und als man es ihm vielleicht zutrauen möchte …

»Honnef! Ah! Kohlen …«

Geld und abermals Geld. Das fügte sich freilich schlecht Duschkes sozialistischem Grundtenor. Der Gedanke an Geld – und sei's in der Form von Schnaps – indessen erfüllte den Alten am Vorabend seines Friedhofsbesuchs so restlos, daß Baron Rothschild selber nicht mithalten hätte können – der Italiener Giulio hätte ihm die beiden Scheine nicht unter die Nase halten sollen, ihm

Lust zu machen. Wieder mußten wir unser schönes Kartenspiel unterbrechen. Diesmal drosch der unholdeste aller Alten, von Alfred Leobold aus dem Hintergrund emsig beäugt, auf Arthur Mogger ein, der sich, frisch hereingeschneit, zu Duschke gesetzt hatte und diesem erstaunlich gefaßt, ja fast besinnlich lauschte.

»Arthur, lieber Arthur«, heulte ein Wolf den anderen Schafspelz an, »du hast deine Büchs. Aber ich alter Mann …« War es der heraufdämmernde Allerheiligentag, der Duschke so weinerlich und jetzt auch noch so sexversessen stimmte? »Und ich sage dir bitte eines, Mogger, Hans Duschke heiratet die Büchs. Die Büchs hat Kohlen!«

»Ja, schon, Hans …« Ich verstand nicht, was Arthur Mogger zu bedenken gab.

»In einem halben Jahr sprechen wir uns wieder. In einem halben Jahr, Mogger! Ich warne dich …«

Mit dem letzten Satz war Duschke endgültig betrunken. Aber was sollte das? Ging es dem Nichtswürdigen nun um die Überwindung der Einsamkeit oder um die Kohlen? Oder letztlich, fiel mir überraschend schlank ein, um die Synthese, den Geldautomaten, wie vor Jahresfrist? Und was war das überhaupt für eine »Büchs«? Alfred Leobold, der das Gespräch gleichfalls verfolgt hatte, vertraute mir noch am gleichen Abend an, bei der von Duschke anvisierten Braut handelte es sich um die Witwe und 58jährige Mutter des Gymnasiasten Binklmayr:

»Aber die hat ganz andere«, flüsterte abschätzig Herr Leobold, »da ist doch der Oberst aus München.« Erstaunlich, erstaunlich, welches Wissen mein absterbender Freund noch in die Waagschale werfen konnte!

Ein letztes Duschke-Gekreisch an diesem Abend, diesmal war Erich Winter das verstörte Opfer:

»Es ist doch irre, irre, was ein alter Mann für einen Scheißdreck daherredet!« Ein Geräusch des Brodelns drang herüber. »Kennst du, Erich, den Maler Pechstein? Ich habe 1936 eine alte Jüdin in Stichworten kennengelernt. Ich rede von 36! Mensch, ich muß heim! Irre!«

Und die graue Rakete schoß zur Türe hinaus. Die Nacht spülte ihn weg.

Zurück blieb, wie zuerst Alfred Leobold bemerkte, das Blumengebinde für die noch ältere, aber tote Mutter. Wacker Mathild legte die Friedhofsgabe schützend hinter das Klavier. Mir berichtete man später, daß Duschke anderentags die Blumen abgeholt habe, allerdings habe er sie am Abend des Allerheiligentags (der mich selber, mir ein wenig Luft zu verschaffen, im Kino sah) wieder angeschleppt, und Tage später sei das ganze Zeug schließlich im Mülleimer des »Seelburger Hofs« gelandet. Wahrheit oder Übertreibung: Ich bin sicher, daß die tote Mutter den Willen des Sohns zu schätzen wußte. Denn lieb ist es ja doch, unser furioses Alterchen, weiß Gott.

8

Mitte November, ein trockener Tag dörrte übers wellige, zerzauste Land, überredete ich Alfred Leobold, den beklemmenden Trübsinn ein wenig zu lockern, zu einer nachmittäglichen Spazierfahrt mit dem beigen L 295, der damals schon, wie mir schien, geradezu synchron mit seinem Herrn dem verdienten Ende zustrebte. Leobold, vielleicht weil die Chemie-Herren gerade mal pausierten, erklärte sich fast freudig bereit – ein gut Teil habe ich ihn freilich in Verdacht, daß er zu dieser Zeit jede Freude ausschließlich mimte – und umklammerte behandschuht, aber bemerkenswert tapfer selbst das Lenkrad. Bald erreichten wir eine wäldliche Schenke, die Herr Leobold schon kannte und die er mir als erstklassige Möglichkeit empfahl, erstklassig Fleisch und Wurst einzukaufen, ganz prima. Er ging auch gleich selber mit gutem Beispiel voran und erstand in der Metzgerei des Wirtshauses einen ganzen Kartoffelsack ausgemachter Köstlichkeiten: Schnitzel, Koteletts, Geselchtes, Blut- und Leberwürste, Bratwürste, einen Berg Leberkäse. Er selber bringe ja »nichts mehr hinunter«, bemerkte mir gegenüber, und wahrscheinlich auf meinen verblüfften Blick hin, Herr Leobold ohne falsche Scham, aber die Eltern putzten es schon weg. »Die haben ja Zeit die ganze Woche, o mei!«

Ich fand die Vorstellung sofort berückend, wie Alfred Leobold, heimgekehrt, gönnerhaft und hochzufrieden, den beiden Alten beim Essen zusah. Himmel, es ist schon so! Wenn die Söhne es nicht mehr packen, schlagen die Alten zu! Das nenne ich wahre Vater- oder Mutterbindung oder was …

Anschließend, in der Schenke, schmiedete mein armer Globetrotter wieder einmal sehnsüchtige Reisepläne. Das Wort Seattle kam zwar noch ein- oder zweimal zum Einsatz, aber mir wollte scheinen, Alfred Leobold hatte sich damals schon weitgehend von seiner Vision losgesagt. Es fielen vielmehr vermehrt Begriffe und Ödigkeiten wie Offenbach, Pursruck, Heilbronn, wo jetzt das Ehepaar del Torro lebe, die wolle er noch einmal sehen – ferner Ludwigsburg, Götzendorf und Kauerhof – dort sei es ganz besonders prima sowieso: insgesamt natürlich die gleichen unnützen Lichter wie Afrika, Seattle und Ceylon, und doch rührten die Namen mich bangdreist an … nach der Elternliebe die Heimatliebe, der Wille zum Erdigen …

Alfred Leobold berichtete auch, er werde jetzt demnächst doch zu seinem Bruder nach Forchheim gehen, den Prokuristen zu machen, oder aber er wechsle vielleicht auch nach Meran, er habe gehört, dort rede man auch Deutsch, auch dort sei ihm »in einem so einem Geschäft« Erhebliches in Aussicht gestellt worden. Ich bemerkte, daß ich nicht mehr genau zuhörte.

Plötzlich aber schlug Alfred Leobold in nochmals gewaltig aufflackernder Reiselust vor, ab jetzt doch einmal pro Woche hierher nach Erlheim in diese schöne Waldschenke zu fahren, »Bundeswehr ist auch oft da«, das sei gesund, sagte Leobold, meiner Taxierung nach überzeugt, und gab den vierten Bärwurz-Schnaps in Auftrag, die Spezialität des Hauses. Und außerdem könnten wir jedesmal das schöne Fleisch heimtragen, es sei das beste Fleisch überhaupt, »und deine Mutter ißt doch auch gern ein schönes Trumm Fleisch«, fuhr er grandioso fort.

Diese Atemlosigkeit! Es lief wie am Schnürchen: Und einmal könnten wir auch »alle« herausfahren und eine Schlachtschüssel essen, »ganz gut!«, und dann übernachten, und am nächsten Tag

»normal nach Schwend«, da kenne er eine prima Wirtin, die habe »vielleicht schon ein Zeug getrieben«, und abends dann nach Habsberg … und Mühldorf …

Erneut war Alfred Leobold ins Schwärmen geraten. Versunken in Chimären schüttelte er sich vor Bärwurz-Ekel. Das neue Tränkchen, vielleicht zur Überwindung, vielleicht zur Steigerung des Sechsämter eingesetzt, bewährte sich nicht. Trotzdem gelang Leobold bei der Begleichung der Rechnung ein Meisterstück: er krönte sie mit vier neuen Bärwurz-Bestellungen.

»Sie, Fräulein, die Rechnung. Und bringen S' uns gleich noch zwei Bärwurz!« Die Rechnung kam; mit zwei Bärwurzen.

»Geht in Ordnung, Fräulein«, Alfred Leobold sah an dem Papier vorbei: »Und dann rechnen S' jetzt noch zwei Bärwurz dazu. Da.« Und schob der Bedienung zehn Mark hin.

Die neuen Getränke kamen mit dem Wechselgeld von 3,20 Mark. »Sie, Fräulein, das rentiert sich jetzt gar nimmer, daß ich das einschieb. Geben S' uns davon noch zwei.«

Als die angebracht wurden, fragte Herr Leobold die Bedienung, ob er dann kurz in die Küche schauen könne, ob »evendöll« was da sei, was er noch mitnehmen wolle. Das wurde erlaubt. »Mensch, hat's da eine Hitze!« prustete der Schalk, als er eine Weile von Topf zu Topf gesprungen war, angeblich neugierige Blicke hineinzuwerfen – ein völlig origineller Zug: »Heiß«, jammerte er, »Sie, Fräulein, und dann brauchen wir noch zwei Bärwurz. Da hat's eine Hitze herin! Zwei, gell: zum Heimbrummen.«

Die würgende Todesnot! Und ich, hingerissen, trank alles mit.

Unser nächster Besuch in der Waldschenke, eine Woche später, war mit einigen Hindernissen verbunden. Ein langjähriger Bekannter aus Saarbrücken, der Sportdozent Hermann Sittner, besuchte mich genau an dem Tag, der für die Waldreise eingeplant war, zeigte sich vom angepeilten Ziel angetan, bat aber dringend darum, den Wagen ein paar Kilometer vor dem Dorf zu parken und den Rest zu Fuß zurückzulegen: so auch der Gesundheit zu dienen.

Alfred Leobold gefiel das von Beginn an nicht, er fuhr also voraus in die Schenke, wir schritten aus, plötzlich aber kam uns Herr Leobold durch den Wald wieder entgegengefahren und lud uns dringend ein, sofort zuzusteigen, »dann geht's schneller«. Verständnisinnig zwinkerte er uns zu. Sittner und ich bestanden trotzdem auf der kleinen Fußwanderung, also wendete Alfred Leobold den Wagen und fuhr wieder davon. 500 Meter später parkte Leobold erneut: Wir sollten jetzt einsteigen. Nein, wir würden lieber laufen, blieben wir hart, so daß Herr Leobold sich nach kurzer Überlegung wieder entschloß, zu wenden und, gleichsam als reitender Bote, langsam vor uns herzufahren, auf daß wir uns jederzeit besinnen und zu ihm einsteigen könnten.

In gewissem Sinn verriet ich wohl damals meinen Freund. Hermann Sittner erinnerte sich ein Jahr später des putzigen Nachmittags brieflich so: »Ich nehme wohl an, es handelt sich bei dem bedauerlichen Fall um jenen Herrn, der uns damals im November mit vielen Winkelzügen vom Spazierengehen abhalten wollte, angeblich am Vormittag schon in Erlangen oder Forchheim war, am Nachmittag in ländlicher Gegend viel Fleisch einkaufte und am Abend die Kartenfreunde in einer, wenn ich mich recht erinnere, Velhornwirtschaft nicht enttäuschen, gleichzeitig aber nach Wolfsbach fahren wollte zu einer Schlachtplatte mit französischen Gästen.«

Das mag gut sein. Ich hatte wohl nicht recht aufgepaßt und achtete damals Alfred Leobolds kleinerer und größerer Reisevorhaben nicht mehr so genau.

Viel Fleisch, das gleichfalls dürfte stimmen. Für die Eltern war sicherlich auch damals etwas abgefallen. Ein schönes Trumm. Indessen der Sohn dazu trank. »Dann geht's schneller.«

9

Ein letzter und höchst subtiler Grund, eine sehr stichhaltige Legitimation meiner Leobold-Beschreibung kam mir soeben, gerichtet an alle Zweifler und Kritiker. Ich verfasse und publiziere diese Schrift aus Rache. Ich hoffe, daß ich in meiner Eigenschaft als sein literarischer Agent alle die damit ärgern und werde bestrafen können, die Alfred Leobold zeitlebens nicht so scharf und inständig verfolgten wie ich, bzw. falls das zu unedel klingt: all denen möchte ich beweisen, was es mit Alfred Leobold tatsächlich auf sich hatte, die damals geschlafen oder – wie Hans Duschke – ihn fortwährend beleidigt und »toleriert« (Leobold) haben. Sie alle sollen das Buch dereinst beschämt aus der Hand legen. Dann jedenfalls wäre ich zufrieden und aufs Schönste belohnt, und das Ding hätte – auch ohne Witwe – seinen Zweck erfüllt.

Ich finde überhaupt, Rache an der Gesellschaft ist eins der zwingendsten literarischen Motive.

Mit Adventsbeginn stellten Alfred Leobold und ich unsere jüngste Wanderbewegung auch schon wieder ein und richteten unser Augenmerk ganz auf die Vergnügungen der städtischen Winterabende.

Mein romantisch-sentimentales Treiben steuerte damals zweifellos auf einen neuen und anstrengenden Höhepunkt zu. Um so dankbarer war ich für eine kleine amüsante Begebenheit, die sich exakt am 1. Dezember zutrug.

»Du, Moppel?« Am Telefon hing der Fuhrunternehmer Schießlmüller. Das war neu.

»Du, Moppel, ich hab da heut eine größere Sache vor …«

»Aha!«

»Ja, eine größere Sache, hm. Eine Bekannte von mir … mein Auto ist kaputt, ja. Kannst du mich heut abend zum Nürnberger Flughafen fahren?«

»Nein, kann ich nicht, Willi!« Ohne Angabe von Gründen. Ich hätte ihn einesteils sehr gern gefahren, auch noch dieses Abenteuer zu bestreiten, wollte aber andererseits die prickelnde Telefonsituation auskosten.

»Eine größere Sache, ja. Sicherlich!«

»Nein, kann ich nicht.«

»Hm.« Gut hörbar dachte er nach.

»Tut mir leid.« Ich sagte es etwas gegen meinen Willen.

»Ach so. Ja. Hm. Sicherlich. Also dann heute abend.«

Am Abend brütete der Fuhrunternehmer still zwischen den Chemiestudenten.

Und schon am nächsten Tag langte ich erneut zu. Bevor ich zu Alfred Leobold ging, setzte ich mich im »Seelburger Hof« zu einem Rentner aus dem Altersheim, irgendwie um diesen Todeskandidaten zu trösten oder etwas Ähnliches – der aber hatte das überhaupt nicht nötig. Er erzählte, er sei jetzt 83 Jahre und die ganze Welt könne ihn »im Arsch lecken«, er fühle sich soweit ganz wohl, nur leide er beim Sitzen unter einem, wenn ich es in meiner Hingerissenheit richtig verstanden habe, Hauptabszeß, um den sich kranzförmig zehn kleinere Satelliten gebildet hatten, acht davon habe er aber schon wieder weg, »jetzt geht's schon wieder«.

Der alte Herr, der bei diesem Bericht unheimlich schnell Frankenwein in sich hineinschüttete, stand jetzt auf, trat zur Musikbox und gleich darauf erklang Rocker-Musik durch den morgendlichen »Seelburger Hof«. Zeit, mich schleunigst in die italienische Velhornwirtschaft zu machen.

Es kam damals in der prallvollen Velhornwirtschaft auch zu einer sehr gelungenen Nikolaus-Feier, zu deren Beginn der alte Duschke, als Heiliger kostümiert, zuerst massiv auf den dicken Wacker-Buben »Seppi« einquakte und -drosch, und ebenso verdient, wenngleich lachend, bekamen Arthur Mogger und seine Chemiestudenten ihre Schläge ab. Als es dann dem windigen Heiligen gelang, von der geizigen alten Wacker Schnäpse herauszulocken, war Duschkes Freude unermeßlich. Der clevere Greis hatte genau berechnet, daß Wacker Mathild angesichts des Kindes den Nikolaus-Wunsch nicht abschlagen konnte. Die Sehnsucht nach immerwährendem Frei-Schnaps, sie mochte wohl einen alten Menschen völlig gefangennehmen und beherrschen.

Der zur gewöhnlichen Grauensgestalt rückverwandelte Hans Duschke erzählte dann im Jubel des Nikolaus-Triumphs zuerst einige recht dubiose Schwänke und Anekdoten aus seinen jungen Schauspielertagen, später, im Zuge verschiedener Poltereien, kam die Rede auf Alpträume, und schon hatte der Unbezähmbare die Regie wieder an sich gerissen.

»Alpträume!« lachte der boshafte Heilige, dem nun sogar vor Erregung die Silberhaare zu wackeln schienen, »wenn ich einen Alptraum habe – und ich habe viele Alpträume, viele! –, dann weiß der alte Duschke, was er zu tun hat. Ich habe die Alpträume völlig im Griff! Hah! Wenn im Traum, und das passiert mir immer wieder, irgend so ein Untier oder sonst eine blöde Sau auf mich zurennt! Oder, Moppel, Heinzi, Otto, hör gut zu: wenn ich träume, daß da so im Schlaf ein dicker großer Hund auf mich zukommt und fletscht die Zähne«, und Hans Duschke fletschte unanständig die Zähne, »dann denk ich mir immer im Traum – versteh mich bitte! –, im Traum denk ich mir dann: geh nur her, du Arschgesicht, geh nur her, wenn du da bist, wache ich auf!«

Alfred Leobold, heute besonders warm und proper in seinem Eck vergraben, schmunzelte gütig. »Ehrlich!« jubelte Duschke und wiederholte prächtig seine umlachte Pointe: »Komm nur her, du Arschgesicht!«

»Zu dem Hund?« fragte jetzt zweifelnd Alfred Leobold und räkelte sich ein wenig.

»Freilich zu dem Hund!« rang der Alptraum-Rabauke und überfiel dann, schwer gestikulierend, den armen Herrn Leobold mit einer langen, wütenden Interpretation bzw. Paraphrase seines Witzes. Gehorsam nickte Leobold am Ende mit dem Kopf:

»So ist er, der Duschke, genau.« Er lächelte wund und ernst. Einer von Alfred Leobolds geheimnisschwersten, raffiniertesten Sätzchen.

Überhaupt verflogen die Vorweihnachtstage mit viel Kurzweil im Rahmen eines regsamen Treibens und Geschaukels und unterhaltsamer Geschichten auch im Hintergrund des Hauptgeschehens. So erzählte man sich eine nette Geschichte, wie der Kerzenhändler Lattern um die Luzifer-Tage herum von dem Chemiestudenten Josef (»Krawallo«) Bauer auf geradezu schmähliche Weise hereingelegt und übertölpelt worden war. Als Lattern wieder einmal, vor kleinem Kreis, eines Abends im »Seelburger Hof« herumtrompetet habe, er sei eigentlich kein gewöhnlicher Kerzenhändler, sondern der Marquis von Challot bzw. ein Nachfahre aus dem verstorbenen Geschlecht derer von Challot, soll jener mehr oder weniger zufällig herumgastierende Krawallo eingeschritten sein und kundgetan haben, er habe jetzt, nachdem er dauernd das habe anhören müssen, über das Challot-Geschlecht geforscht, tatsächlich gebe es die auch, nur seien es keine Grafen, sondern Zauberer gewesen. Jetzt soll Lattern zuerst reglos und entgeistert dagestanden haben, dann aber habe er Krawallo aufgefordert, das noch einmal zu sagen. Krawallo habe seine Forschungsergebnisse ganz gemütlich wiederholt, darauf sei, hörte man, Lattern wie ein Panther auf Krawallo zugesprungen und habe ihm mehrere Büschel Haare ausgerissen. Nun habe der bärenstarke Krawallo trotz seines zweifellosen Schmerzes Lattern fast gütig gepackt, hochgehoben und den Adeligen auf die Straße hinausgetragen. Am nächsten Tag, so berichtet Erich Winter, soll Lattern besonders brütend, einfältig und zähneknirschend im »Seelburger Hof« gehockt haben, und ihm, Winter, habe er »mit großen leeren und doch unheimlich falschen Augen« (Winter) vertraulich mitgeteilt, er sei zwar tatsächlich kein richtiger Marquis, aber ein Hugenotte.

Berichtet wurde mir auch ein schwerwiegendes Gespräch zwischen Hans Duschke, dem Gymnasiasten Binklmayr und dem Mogger-Assistenten Werner Wiegler nächtens in der Whisky-Bar über die Frage, wer von den Morlock-Mädels die Dümmere sei. Er, Binklmayr, erzählte dieser wichtig und blasiert, habe sich rausgehalten, aber Wiegler soll einleitend geprahlt haben, Susanne sei »steif wie ein Stockfisch trotz gutem Körperbau«. Ein berufsbedingter Reflex Moggers? Nach erregten Stellungnahmen vor allem von seiten Duschkes habe man sich darauf geeinigt, Sabine müsse noch dümmer sein als Susanne. Denn Susanne halte sich wenigstens mehrere »Stecher« (so soll es Wiegler formuliert haben), Sabine dagegen nur einen, und »der haut schon nimmer recht hin!«

Na, Wiegler, hoffentlich erfährt Arthur Mogger deine kessen nächtlichen Reden nie!

Gott sei Dank redete von mir niemand mehr …

Gierig trank ich weiter. Das fiebrig Mitreißerische dieser Afterexistenz, die zu führen ich mir gestattete! Oder um mit Alfred Leobold zu reden: ich hatte nun genug gearbeitet! Jetzt kamen erst mal andre dran. Sona Chitarra!

Die Morlock-Mädels sorgten übrigens ein paar Tage vor Weihnachten von sich aus gleichfalls für einen ungewöhnlichen Wind in der italienischen Velhornwirtschaft. Es hatten da am frühen Nachmittag, unabhängig von Alfred Leobold und mir, die wir traulich die Köpfe zusammensteckten, an einem anderen Tisch Hans Duschke, der alte Malitz und ein mir zunächst fremder, gleichfalls älterer Herr Platz genommen und ungehörig zu zechen begonnen, der Fremde aber, der von fern stark an einen Vertreter der Democrazia Cristiana erinnerte, stellte sich später als ein Herr Giermann heraus, Teppichverkäufer im Kaufhof und als solcher eine Art Pendant zu Hans Duschke.

Bereits gegen 18 Uhr vollzog das saubere Senioren-Trio einen ebenso schauerlichen wie begnadeten Lärm, ich glaube, dergleichen vermögen überhaupt nur unsere Alten aus sich herauszuholen. Gegen acht Uhr abends waren dann, begleitet lediglich von Arthur Mogger, die beiden Morlock-Mädels zur Tür hereingepurzelt – zugegeben, schwach und dennoch unappetitlich pochte es noch immer oder immer wieder mal in meinem Herzen, wenn die beiden auftauchten – und sie hatten rasch und, das muß ich sagen, hochtalentiert gewissermaßen jenen flackernden Frohsinn aufgegriffen und adaptiert, der vom Altentisch herüberbrandete und das Lokal verzauberte.

»Bei uns auf der teppichgeografischen Situation«, meldete Herr Giermann, schlug mit beiden Händen flach auf den Tisch und hatte offenbar schon einen sitzen, »befinden sich Arschficker, die von Tuten und Blasen keine Ahnung haben, leibhaftig keine Ahnung, mein lieber Hans!«

»Giermann«, erinnerte Duschke, während Malitz mit bedeutender Miene trank, »du kannst den Kaufhof von früher und heute nicht vergleichen, Giermann. Prost. Schön, daß du wieder einmal zu uns kommst.«

»Mein verehrter Schwager Hans« – der alte Malitz wollte offenbar etwas besonders Wirtschaftspolitisches sagen, doch der liebe Schwager wehrte knapp ab:

»Bums, da fiel die Lampe um!« sagte er wie zu sich selber, »ehrlich, Giermann, kommst du jetzt öfter? Klasse!«

Plötzlich wirkte Duschke überaus nüchtern und überraschend strich er sogar mit einem Taschenkamm das Silberhaar nach hinten. Ja, sah er nicht wirklich aus wie ein richtiger Père Noble?

»Mein lieber Hans«, salbte Giermann widerlich betrunken und selig, »wir sind Freunde« (und es klang wie »Froinde«) »ich werde die alten Zeiten nicht vergessen. Herr Malitz, ich kenne den Hans nun seit 1944. Mein bester Freund. Ich werde es nie vergessen, wie wir zusammen losgezogen sind, zuerst als Versicherungsinspektoren, dann im Saarland …«

»Prost, Max!« unterbrach Duschke kernig das seichte Gewieher. Drei Chemiestudenten schlichen finster, nein, fast weihnachtlich besinnlich herein und nahmen fast wortlos an unserem Jugendtisch Platz. Ein sanftes Gemurmel innerhalb der drei Alten griff Platz, es hörte sich an wie Seufzen.

»… wie wir losgezogen sind im Saarland als Partner, und haben die Holzböcke gejagt. Hahaha! Holzböcke gejagt, Hans!«

Damit war auch dieser Punkt geklärt. Max Giermann war der von XY-Zimmermann langgesuchte Partner von Hans Duschke! Und tatsächlich fegte der andere der beiden Ganoven das Thema rasch vom Tisch.

»Prost, Max, ehrlich! Kommst du jetzt öfter? Da guck!« deutete er nach rückwärts zu uns Jungen, »lauter Klasse junge Leute und Burschen, meine Freunde alles!«

Knarzend wandte sich Giermann herum und uns zu und erkannte wohl hier schon, daß zwei Frauen am Tisch saßen. Lüstern quiekte Sabine auf.

»Es würde mich freuen«, schwallte diese Holzbock- und Teppich-Ausgeburt, »wenn du, mein lieber Hans, mich deinen jungen Freunden vorstellen würdest.«

So geschah es, daß wir uns mit den Alten vermengten. Grundlos, vielleicht erschüttert durch die ständigen Emulsionen in unserem Land, begann ich mich zu betrinken, ab und zu Trost in Alfred Leobolds leidzerwühltem Antlitz suchend. Täuschte mich nicht alles, summte er auch wieder …

Stunden später nahm ich wahr, daß Max Giermann (das ist keine Symbolik mehr, sondern die reine Namensobszönität) schon sozusagen hautnah an Sabine und Susanne herangepirscht war und auf sie einbalzte und die alten, schmalzigen, abstaubversierten Augen rollte. »Ich bin, meine Damen«, hörte man da beispielsweise, »Skeptiker wie Brecht und Einstein. Und ich bin immer gut damit gefahren. Hahaha!« Das machte mich so zornig und zerknirscht, daß ich plötzlich den Drang verspürte, Giermann komplette Unzurechnungsfähigkeit nachzuweisen, ich fühlte mich aber gleichzeitig zu müde, zu ausgelaugt, zu tot dazu. »Es würde mich freuen« – »froien«, sang der Teppich-August – »wenn ich Sie demnächst in meinem Hause zu einem Schlückchen Cognac empfangen dürfte, ich liebe junge Leute!« Der Alte schreckte vor keiner Schweinigelei zurück. Malitz, ihm gegenübersitzend, war wieder einmal mit offenem Munde eingenickt, offenkundig hatte er sich verausgabt, er trank aber, im Halbschlaf, ab und zu bestrickend aus seinem Seidelglas. Das Ende der Beamtenschaft. Sabine und Susanne, ohne daß Mogger eingeschritten wäre, äußerten lebhaftes Interesse, ja ein gewisses Entzücken. Warum schlug Mogger sie nicht zusammen oder wenigstens die eine? Wollte er sie beide abschieben an den alten und jetzt sogar schwitzenden Sittenstrolch? Wie hatte ich Schwerintellektueller diese beiden weiblichen Desperados nur ertragen können? Heute weiß ich, oder nehme es doch an, daß die beiden nur Vorstufen auf meinem Weg zu Alfred Leobold waren, ein letztes Anklammern an die Welt der Trivialsexualität, mein gelungener Abschied von allem, was …

»Die ganze Brust voll Titten!« Das war Duschke. Weggeblasen aller Scheinadel. Ich wußte nicht, um was es ging. »Und da werden wir feiern, daß du nur so saufst!« Der Unerhörte äugte suchend in die Runde. Plötzlich mußte ich, sprachempfindlich, wie ich bin, wieder lachen. »Und Herr Leobold, Herr Lääwohl, Sie kommen auch, fünf Mark Unkostenbeitrag pro Mann und Nase, klar!«

»Jjjaah«, seufzte der müde Mann gelblich und lächelte Hans Duschke so kläglich einsatzbereit an, daß sogar dieser Grausame in sich zusammengeschrocken sein muß:

»Herr Leobold, vergessen wir bitte alles, was war!« grunzte Duschke mit Gefühl und unerbittlich, »wir sind Freunde. Auch wenn es manchmal nicht so aussieht, ich, ich bitte Sie! Vergessen wir, was war. Gehen wir von einem neuen Anfang aus. Ich mache Ihnen einen Vorschlag: 0:0. Ich schlage Ihnen ein neues 0:0-Verhältnis vor. Okay?«

»Jjjaah, Herr Duschke!« Alfred Leobold wehrte sich allzu wenig, und als er gar noch »0:0« nachsagte, beugte sich der berauschende Greis Duschke weit hinüber zu ihm in die Ecke, ergriff Leobolds Hand und schmatzte einen Kuß drauf. Die Flegeleien des Alten verloren jedes Maß. Giermann aber jonglierte rastelligleich mit der Aschenglut seiner Zigarre. Sein lustgesalbtes, ja lustzerfetztes Gesicht war erschreckend häßlich. Widerwillig mußte ich lächeln.

Leider ereignete sich dann an diesem Abend noch etwas äußerst Dummes, das sogar Herrn Giermann in den Schatten stellte. Auf dieser Erde, wenn wir uns nicht gerade hassen, wollen wir uns ununterbrochen lieben. Wenn wir uns nicht gerade mit Wut begehren, sind wir uns schnurzegal. Und wieder umgekehrt. Verstehe es, wer es kann, jedenfalls, weiß der Himmel warum, vielleicht hingerissen durch die Duschke-Leoboldsche Versöhnung, saß ich plötzlich neben Sabine, vielleicht auch, sie vor Herrn Giermanns Zugriff zu schützen, und, sicherlich benebelt, legte ich den Arm um ihre Schultern. Sabine ließ sich das nicht nur gefallen, sondern begann wohl auf einmal und träumend mit meiner rechten Hand zu spielen, kippte einen Sechsämtertropfen und biß mir dann unverhofft und heftig in den Zeigefinger, durch irgend etwas hingeschmolzen. Ich hätte diesen peinlich nach-sexuellen Vorgang vermutlich längst vergessen, hätte der Unfug nicht bösartige Folgen gezeitigt. Der Biß muß nämlich sehr heftig gewesen sein, am nächsten Tag fühlte ich eine Art pelzigen Schmerz in der Fingerkuppe und im obersten Glied, und als dieser – wir schrieben schon das neue Jahr – nicht verschwinden wollte, so daß der Verdacht auftauchte, der Schaden möchte gar bleiben, suchte ich zweimal einen Arzt auf, der den Defekt untersuchte, mir auch etliche Bäder und Einreibungen verschrieb und gut zuredete, der angebissene Nerv werde sich in spätestens zwei Monaten wieder regeneriert haben.

Das stimmte auch – nur flatterte mir plötzlich eine Rechnung von 80 Mark ins Haus. Natürlich konnte ich Sabine für ihren ungeschickten Liebesbiß nicht zur Verantwortung ziehen – ich überredete also Hans Duschke, der angeblich haftpflichtversichert war, sowohl Biß als Unkosten zu übernehmen. Tatsächlich nahm der verwegene Alte, früher selber in der Branche aktiv, den Versicherungsbetrug auf sich, ich gab Duschke die Arztrechnung – nur zahlte er nie, ja später stellte sich heraus, daß Duschke nie über eine Haftpflichtversicherung verfügt, sondern diese mit seiner Krankenversicherung verwechselt habe. Denn ein geschlagenes halbes Jahr später kam dann ein eingeschriebener Wisch ins Haus geflogen: die Rechtsanwälte Gold und Linhardt hätten, hieß es da, die Rechte des behandelnden Arztes übertragen bekommen und bäten mich einschließlich ihrer Gebühren und Unkosten um die Überweisung von 128,80 Mark.

Das war übrigens – weit nach Abschluß der Romanhandlung – mein letzter, allerletzter Kontakt zu Sabine. Gleich nach dem Fiasko schickte sie irgendwer nach Hamburg, und sie ward in Seelburg nur mehr selten gesehen. Man sollte Liebesbeziehungen tatsächlich straffer und unbarmherziger abbrechen, wenn sie an Linie verloren haben. 128,80 Mark! Und vor allem vermeiden, sie irgend später wieder hochzüngeln zu lassen. Der Effekt ist immer Schaden und Spott. –

Der Abend bei Wacker Mathild sah auch weiterhin einen strotzenden Duschke, einen hilflos balzenden Giermann, zwei hübsche Weiber und nicht zuletzt fünf schweigsame und offenbar grübelnde Chemiestudenten. Und Alfred Leobold preßte und preßte. Schön. Wie kam es aber dann, daß ich so verwühlt und traurig war?

10

War es die italienische Velhornwirtschaft? Dieser Schlauch, dieser funzelige Schacht zum Hades! Schlimmer konnte es auch dort nicht mehr zugehen! War es der sich anbahnende Verlust Alfred Leobolds? Waren es meine fast widerwilligen, nur die Gesundheit zur Not stützenden Spaziergänge durch unser schönes Seelburg? Diese gemeinheitsfunkelnde Gottesstadt! Diese Menschen! Diese Menschen über 30! Diese verschwindenden, verschimmelnden, zerbröselnden, aschgrauen Existenzberechtigten! Jeder Blick ein Tod. Die Verzweiflung, die sich – das sicherste Indiz! – immer dann gewaltsam Bahn bricht, wenn sie, um die 35, aber auch noch mit 50 und 60 Jahren, in der wahnwitzigen Hoffnung, noch irgend etwas Todhemmendes auszurichten, anfangen, sich azurblaue Trainingsanzüge mit Silberborten zu kaufen, Tonbandgeräte und Schmalfilmkameras, dem ADAC, dem Segelflugverein, der Höhlenforschung, dem Pferdesport sich in die Arme werfen, bevor sie endgültig unter die Erde rauschen – –

Ach was, Trainingsanzüge! Das ginge ja noch an! Wenn ich überfliege, was sich allein während der letzten drei Tage meiner ausklingenden Niederschrift alles über diese 50 000-Einwohner-Stadt hinweggewälzt hat – es ist, als säße man aufgepeitscht in einer vollends unglaubwürdigen Non-Stop-Klamotte im Bauernkino! Da brechen in der Strafanstalt Seelburg Verwirrung und Ratlosigkeit aus, weil ein Rudel Häftlinge, offenbar um sich die Zeit zu vertreiben, plötzlich zum mohammedanischen Glauben überwechselt, deshalb Gebetsteppiche und ähnliche Utensilien verlangt und so die Gefängnisverwaltung, ja das Innenministerium, das dem Pack ja kraft Grundgesetz die Freiheit der Glaubensausübung nicht abschlagen kann, in höchste Alarmstufe und Ausrüstungsschwierigkeiten versetzt. Da segeln zwei jugendliche Motorradfahrer mit gezählten 168 Stundenkilometern und jeweils 2,65 Promille durch die Seelburger Vorstadt, über die rote Ampel und natürlich sofort ins Grab. Da zieht auf dem Seelburger Marktplatz lauthals plärrend unser CSU-Abgeordneter Dr. Aingler gegen das »verbrecherische

Regime des Psychopathen Idi Amin Gaga« zu Felde, anstatt sich um die Probleme seiner Heimat und ihre keineswegs weniger schwarzen Seelen zu kümmern. Da rennt in der Stadt das 7jährige Kind von »Franz Gans«, Ivonne, auf einen zu, mit einer Freundin an der Hand, und sie frägt einen, wo »das Schnickschnack« sei – was das denn sei, will man wissen, das weiß sie eben selber nicht. Da erschlägt ein Landwirt den anderen hinter dem Wirtshausabort mit einer Mistgabel, weil dieser, wie die Heimatzeitung meldet, »blöd dahergeredet« habe. Da ... da prunkt erneut die Firma ANO mit dem zum Schlußverkauf ausgekochten Slogan »Einmal werden wir noch wach, heißa, dann ist Stein-Zeit-Tag«, was Herr Nock dann im Zeitungs-Beitext besonders nichtswürdig als »Teppiche zu Stein-Zeit-Preisen« erläutert.

Da erwirbt der 32jährige Kunstmaler Herbert Schedel – und ich weiß ganz genau, daß dieser Mann vollkommen bargeld- und vermögenslos ist – von einem Stadtrat für 4700 Mark eine einstöckige Häuserruine aus dem 12. Jahrhundert, zu allem Überfluß gar nicht fern von der italienischen Velhornwirtschaft »In der Brüh« – eben komme ich von einem Besichtigungs- und Neugierbesuch von dort zurück und treffe kaum die Tasten vor Erregung! Vor der Bruchbude herrscht da also bereits das lebhafteste Treiben, schaut man nicht genau hin, könnte man die Faxen für eine richtige kleine Baustelle halten, ein gewisser Robby mit Django-Hut und Rasputinbart, stemmt ein Brecheisen zwischen eins der ausgemergelten Fensterlöcher, dieser Chef des Umbauunternehmens, den ich bisher nur als Pop-Sänger bei Volksfesten kannte, erklärt einem nebenstehenden alten Mann im hellblauen Angestelltenkittel, wie »ehrlich ganz gut« das Haus jetzt würde, »wir machen dann alles drin« – der Alte, der offenbar zuerst nur (was ich besonders fatal finde) vom allgemeinen Interesse angezogen wurde und nichts mit dem Umbau zu tun hat, legt auch bereits einen Meterstab an die Fenster, gleichzeitig wackelt ein stoppelbärtiger, verrußter und vollends von Alkohol und Lebensgleichgültigkeit verklebter 45jähriger Stadtstreicher an und schleppt eine Firmenschildplatte »Glasbläserei Schröck um die Ecke« ins Haus, er setzt sich dann sofort in einen Schubkarren vor der Haustür und trinkt aus einer Flasche Bier, jetzt schaut ein sehr junger Mann mit schon deutlich verelendeten Zügen, verdeckt halb unter einem Strohhut, aus der Dachluke, gleich darauf aber aus dem Parterrefenster, auch er hat jetzt eine Bierflasche in der Hand, etwas rechts sehe ich jetzt einen Lastwagenanhänger voll mit Gerümpel und Schutt und Matratzen aus dem Haus, vor der Tür aber stehen riesige steinerne Grabkreuze, die, wie ich von Robby höre, zu einem Swimming-Pool »mit Sauna« umgebaut werden sollen, gestern herangeschafft von einer Kranfirma, freilich nicht ohne Hindernisse: denn der Kranfahrer habe auf dem Dorffriedhof von Äglsee zuerst zwei Stunden auf den Grabsteinbesitzer Schedel warten müssen, der zum bestellten Termin einer Schulfeier der Handelsschule mit dem Staatssekretär beigewohnt habe, offenbar als Zaungast – – und dann erzählte mir der Bauführer Robby noch dreist stumpenrauchend, dieser Bauherr Schedel habe heute früh »wegen der ganzen Sachen, die er jetzt dauernd erledigen muß« einen kleinen Nervenzusammenbruch erlitten, aber jetzt sei er gerade zum Wirt des »Seelburger Hofs«, Rösl, gegangen, sich 100 Mark auszuleihen, damit er seine Baufirma auszahlen könne – – anscheinend glaubte dieser hirnverblendete Haufen Helfershelfer »In der Brüh« in einer Art Hypnose oder Massensuggestion tatsächlich, hier würde eine richtiggehende Häuserrenovierung statthaben. Ja, sahen denn diese sengenden Narren nicht, daß hier in Wirklichkeit nichts – nichts! im seinsphilosophischen Wortsinne nichts! – stattfand! Und daß allenfalls der Bauherr, das stand zu fürchten, auf betrügerischen Bankrott und die Nervenklinik obendrein zusteuerte!

Gott sei Dank war Schedels netter kleiner Spitz »Felix« zur Hand, ein sehr anhängliches kohlschwarzes und unschuldig mit ins Unheil gerissenes Tierchen, mit dem ich, mein Herzpoltern niederzuhalten, ein wenig auf der Gasse Polka tanzte. Ach, wenn wir unsere Kreatur mit ihren ehrlichen Augen nicht hätten! Bachs Orgelmusik, Schützens Motetten allein reichen nicht mehr hin, dem Leben, dem amokrennenden Energiegewürge in dieser Stadt Paroli zu bieten! Mein Gott, war es schon der postrationale Geist des 21. Jahrhunderts, was da dröhnend hereinschwefelte? Oder doch nur die letzten Schwaden und Fauchereien des 14., bevor ein gerechter Mann – am Ende doch ein Stalinist? – demnächst über dieses freiheitsverpestete Land Fraktur sprach und Gericht hielt?

Herrgottl von Biberach! Diese saurierzäh-mesozoisch abgebrühte, sturmgestählte, entfesselte, dröhnende Kardinalsnarkose! Ah! Sii maledetto! Im Souterrain, in den Gewölben der Katholizität und der Handelsblüte die ganze, schöne, abgestandene Pornografie des lauthals verglimmenden Daseins – – –

Und ich in meinem behaglichen Lotterleben schon damals immer voll dabei. Na prima! – Noch vor Weihnachten wurde Hans Duschke zum Vormund seines Schwagers Malitz ernannt, »und umgekehrt«, hieß es, das mag aber auch ein Spötter nur erfunden haben. Gleichfalls noch vor Abschluß des alten Jahres trug Alfred Leobold plötzlich einen Hut. Ich glaube, es war am 16. Dezember, als er mit ihm erstmals die italienische Velhornwirtschaft betrat. Ein graugesprenkelter Hut, der ihm tief übers verschwindende Gesicht rutschte und doch so weit dessen wesentliche Partien freigab, daß der Eindruck von etwas Festem, Entschlossenem, Gestähltem entsprang. Gedacht war der Hut vermutlich als Rüstung auf dem letzten Wegstück zum grauen Ziel, dem nahen.

In diesen Tagen steckte mir nämlich Hans Duschke, Leobold habe kürzlich ihm gegenüber geheimnisvoll davon gesprochen, »jetzt mit allem aufzuräumen«. Dabei, raunte Duschke böse, habe er, Leobold, in erster Linie seine geschiedene Frau im Sinne gehabt, die er nicht vergessen könne, »und jetzt, wo Karriere und Gesundheit im Arsch sind, schon gar nicht mehr, klar«, so spielte Duschke wieder einmal stirndurchfurcht den weisen Alten, und diesmal wohl zu Recht.

Das sei nämlich so, holte Duschke im »Seelburger Hof« aus und forderte mich auf, auszutrinken und gleichfalls noch ein Bier zu bestellen, da könne man besser plaudern: Die Scheidung habe Alfred Leobold sicherlich leicht erschüttert, aber noch habe er ja den großen Geschäftsführer und »Geldfritzen« spielen können, »der den anderen Schnaps zahlt«, flüsterte Hans Duschke, der diese Passion ja wohl am weidlichsten zu seinen Gunsten verwendet hatte, »der arme Hund, das ärmste Schwein, Prost, Moppel!« schwelgte Hans Duschke erkenntnisschwer und setzte seine Leidensmiene auf, die jedem Vater Moor Ehre gemacht hätte. »Aber dann hat sich seine Frau, die Büchs, wieder verheiratet, mit dem Arschgesicht, dem Swing oder Jatz oder wie er heißt, und das – das hat den Alfred erst richtig aus der Bahn geworfen, und dann, natürlich, war die Gesundheit am Arsch, und dann war der große Teppich-King im Arsch, da war er beruflich am Arsch, vollkommen!«

Hatte das, nach seinen eigenen Worten, nicht er, Duschke, auf dem Gewissen oder zumindest mitverschuldet? »Und jetzt, Moppel, ist alles am Arsch. Trinken wir einen Schnaps?«

Ein wenig ärgerte mich diese Duschkesche Anamnese und Diagnose: denn ich hatte mir das alles natürlich genauso und noch viel luzider zusammengereimt.

»Er hat seine Frau geliebt. Geliebt!« hob Duschkes Theaterorgan melodramatisch ab, »rührend!, rührend!« schrie Duschke begeistert, »nur, er wußte es vorher nicht. Seine Frau war der einzige Mensch, den er jemals geliebt hat. Das sagt dir der alte Duschke. Rührend! Am Arsch!«

Ich war ein wenig beleidigt, ja verstört. Lief das nicht darauf hinaus, daß Alfred Leobold mich betrog? Irgendwie. Ein merkwürdig diffuses, elektrisches Gefühl durchschüttelte mich. Ich kannte es ähnlich von Frauen her.

Wahrscheinlich war ich damals geistig wirklich nicht mehr sehr präsent. Buchstäblich gekränkt beschloß ich, mich über die Feiertage ein wenig von Alfred Leobold zurückzuziehen, mich den vielfältigen Festlichkeiten und Amusements des »Seelburger Hofs« zuzuneigen, welche dieser alljährlich um die Feiertage herum zu bieten hatte.

Tatsächlich, buntes Leben wogte wunderbar, die Lustigkeit wuchs himmelan. Ich erinnere mich, am zweiten Feiertag erreichten die trübseligen Vergnügungen ihren Höhepunkt. Wieder einmal sorgte der Kerzenhändler Lattern für den mächtigsten Aufwind, ging tagelang überhaupt nicht mehr nach Hause, schlief, vom geldgierigen Wirt Rösl geduldet, unter den Tischbänken, um dann gleich wieder loszuhopsen und weiter zu trinken. Sprang wildfremde Gäste an, streichelte sie, lobte sie, zankte sie, redete sie nieder. Gegen Abend, am 26. Dezember, sah man ihn in einem Gespräch mit einem wohl durchreisenden Holländer, und diesem nationalitätsbedingt sehr durstigen Herrn gefiel der trinkende und randalierende Teufel offenbar ausnehmend gut. So daß sich beide bald tollwütig auf die Schultern patschten.

»Mein lieber Liebhaber«, schmeichelte Lattern der blonden Frohnatur, »ich bin der Marquis von Challot und ich befinde mich hier sozusagen auf der Geschäftsreise zum Papst, um diesem Herrn Papst sozusagen in notiger Stunde beizustehen und ihm geweihte Körnlein zu verkaufen, hou-hou!«

Der Holländer wollte wissen, wie sich das verhalte. Was es vor allem mit den geweihten Körnlein auf sich habe.

»Ich bin Geschäftsmann«, flunkerte Lattern mit inständigem Ernst und glaubte wohl in diesem Augenblick selber dran, »meine Jacht steht in Ancona und Venedig. Zuerst aber fahren meine Gattin und ich zum Papst, der ein alter Mann und schwach ist. Wir aber werden ihn retten und hochheben. Ullah gallibill Allah! Jawohl! Die Körnlein helfen ihm durch die Kraft des lothringischen Waldes und insbesondere des Waldschrats Klapustrata zur ewigen Seligkeit und zum irdischen Heil, zuvor aber dennoch zum Wiederbeginn von allem. Mensch, junger Mensch, mir wird so richtig zauberisch!« rief Lattern und sprang wie lauschend auf.

Was denn dem Papst fehle, wollte der Gast wissen. Lattern, wieder sitzend, dachte lange und brünstig nach:

»Denn der Papst ist schwach«, seufzte er dann, »er kann den Kelch nicht mehr halten, und deshalb geht der Kelch und der Kellner an ihm vorüber. Toni! Zwei doppelte Schnaps!«

»Gaha?« fragte der Kellner Anton und hielt die Hand ans Ohr.

»Zwei doppelte! Schnell. Spute dich!«

»Gaha.« Jetzt hatte er es begriffen.

»Der Papst kann nicht mehr so recht, junger Mensch«, fuhr

Lattern fort, »die Sünde der Menschenjagden an allen Fronten, und überall. Und besonders ihr hollische, ihr holländische Krüppel ... ihr ...!«

Der Angesprochene lachte herzlich, was Lattern zu einem bequemen Übergang verhalf.

»Darum höre, mein Volk und Sohn, Holländer-Lackel, paß auf: Ich verkünde dir große Freude: Zutzelt euch voll des Weines, wesgleichen daraus ein liederlich Leben folget, denn es gehet dem Menschen wie dem Vieh, und ihr Holländer seid ja die allergrößten Wildsäu! Der Schwede aber wird abgetan kraft der Kraft des Waldes. Wrschn! Wrschn! Es sei, wie es sei, suscipiat Dominus.«

Woher kam das? Von den Pfadfindern konnte das nicht mehr herrühren! Bestand doch ein heißer Draht nach Drüben?

»Unter dieser Situation aber werden wir singen, du lockerer junger Mensch, singen, auf daß der Papst doppelt gesunde und es weiter heiße: Wenn alle untreu werden, dann bleiben wir doch treu, jawohl!«

Der anspruchslose Holländer prustete erneut los und sah mich, zum Mitfeiern auffordernd, an. Drohend aber, gleich einem Rhesus-Affen im Tiergarten, äugte der Kerzenhändler über die ihn umlungernde, scheinbar tote Resthorde des »Seelburger Hofs«, daß diese nur ja nichts anstellte, was ihrem obersten Chef entgehen möchte.

»In dieser heutigen Situation«, fuhr Lattern wieder milder und fast tiefsinnig fort, »in questo situazione«, verbesserte er sich und glaubte sich wohl in Vatikanstadt, »geht es für uns alle darum, den Werwolf zu spüren und uns zu bereiten und dem Papst die Ehre zu erweisen und der heiligen Mutter Kirche mit der Ecclesia sancta. Und darum«, gluckste Lattern plötzlich schluchzend, »kriegt der Papst von mir geweihte Sachen und Körnlein viel der Zahl. Wir alle«, fuhr er lehrhaft sachlich fort, »müssen uns situationsbedingt auf die ... Hinterbeine stellen, geschlossen und ohne Widerrede. Ich aber gehe voran.«

Beschämend für sein Vaterland, aber der Holländer wußte nichts Besseres, als immerfort und zunehmend wahlloser zu kichern, als

Lattern nun tatsächlich versuchte, sich zwar nicht auf die Hinterbeine zu stellen, wohl aber einmal mehr, beide Beine über dem Kopf zusammenzuschlagen und sich in die Hodengegend zu beißen. Vielleicht lebte ein Teil derer von Challot einst von solchen Zirkusstückchen.

»Und das tut dem Papst auch gut, wenn sich einer ins Sackl beißt – das gibt viel Ablaß!« japste der beengte Turner, das Kunstwerk gelang aber nicht ganz.

Ich schlich mich nach draußen. Es schneite. Die Flocken fielen dicht und matschig. Ich versuchte mich ein wenig lyrisch zu stimmen, das Herz auszulüften – ja Pfeifendeckel, nichts ging. Der Schnellzug aus Nürnberg heulte in den Seelburger Bahnhof ein, dazu bimmelte das Glöcklein der Spitalkirche zäh auf. In einem Kino wurde der Film »Liebesgrüße aus der Lederhose« gezeigt. Warum ließ sich dieses Städtchen nicht einfach in St. Schweinsburg umtaufen? Wer erledigt eigentlich solche Umtaufereien? Der Papst selber? Hm, der war alt und schwach …

Gegen 8 Uhr abends, als ich von meinem kleinen Auslauf zurückkam, muß Lattern zwischenzeitlich jemand beleidigt und gar der Unredlichkeit bezichtigt haben. Zusammengesunken, schwere Dämpfe von sich stoßend, saß er da, ein Bild des Jammers. Er fuhr mich sofort an:

»Mit euch Scheißern habe ich abgeschlossen die Situation. Ich, ich verdiene mit Kerzen Tausende. Was hat der Amigo gemacht? Der Amigo will die Gesellschaft nicht zum Schmierlappen machen und zum Bescheißen nötigen. Niemals!«

Was denn sei, wollte ich genußsüchtig wissen.

»Ich habe betrogen?« fuhr der Teufel hoch, »ich habe in meine Kassen was eingeschenkt? Nie! Jetzt bin ich glücklich. Dieser Zustand ist mir sehr erwünscht! Ihr kleinen Schweine! Ich bin ein normaler Mensch!«

Niemand halte ihn für einen Betrüger und Zauberer, tröstete ich Lattern amüsiert – traf es aber schlecht:

»Hör mir doch auf! Du! Du in deiner Situation! Da braucht man keinen Papst, wenn man als Betrüger beschissen wird. Du

Sozialist! Ich warne euch, ich warne euch alle! In meinem Kasten ist das Geld drin. Hüte dich! Du, du bist doch der unehrlichste Typ der ganzen Situation!«

Ein eigenartig schillerndes, fluoreszierendes Wort. Der Zufall stieß mich aber an diesem noch ruhigen Abend auf eine weitere Schwindelaffaire, die vor allem die Person Hans Duschkes in ein neues, äußerst diffuses Licht rückte. Hans Duschke mußte wohl schon in den Vormittagsstunden den Wirt Alois Rösl verheerend beleidigt haben, denn, nachdem ich mich vorsichtshalber von dem brütenden Teufel Lattern abgesetzt hatte und in den Salon des »Seelburger Hofs« gewechselt war, überfiel mich Rösl, mit vor Erregung noch immer weinerlich zitternder Stimme: ob ich denn wisse, wie das damals gewesen sei mit Duschke, wie er nach Seelburg gekommen sei und bei ihm Einlaß begehrt habe und sich Geld borgen mußte undsoweiter?

In groben Zügen kennte ich Duschkes jüngere Biografie, sagte ich neugierig geworden, denn diese Quelle hatte ich noch nicht angezapft.

»Theater! Theater!« ächzte Rösl, »der Mann hat nie Theater gespielt! Ja, in Bunten Abenden für die Kolpingsfamilie ist er vorn mit rumgehüpft, hat er jetzt getanzt oder gesungen oder was? Ja! Nichts!« Aber Duschke habe doch Schillers Spiegelberg, Shakespeares berühmte Narren und ganz erlesene Sachen gespielt! Die Neueröffnung machte mich fast schwindelig.

»Der alte Depp! Der konnte doch nicht singen! Und sich einen Text merken! Zuerst ist er hergekommen und hat hier im Hotel gewohnt, dann ist er gegangen, ambulant Socken zu verkaufen, dann Schokolade, dann Limousinen, dann«, überlegte Rösl und strich sich die erregte Hose glatt, »dann ist er eine Zeitlang verschwunden und hat alle Lumpereien gemacht« – hier spielte Rösl offenbar auf die Holzbock-Ära an –, »dann ist er wieder gekommen, hat die Anker-Wirtschaft durchgebracht, hat sich wieder Geld geliehen und hat mich gefragt, ob ich was für ihn wüßte. Dahergekrochen ist er auf allen vieren! Und heute redet er mich unverschämt an!«

Das war ja erstaunlich! Auch der Kellner Anton hatte sich inzwischen zu uns gestellt und lauschte, Beifall nickend, dem Report seines Herrn.

»Der Duschke! Dann hab ich zu ihm gesagt: ›Der Kaufhof stellt heute praktisch alles ein.‹ Der Kaufhof hat damals gerade aufgemacht. Die haben ihn dann genommen. Da ist er zuerst in die Lego-Abteilung gekommen, als Propagandist« – unglaublich, was es alles Unsinn auf der Welt gab! – »dann hat er im Betriebsrat versagt wegen seinem großen Maul und Suff, dann ist er zu Quelle, ja ...«, hier ermattete Rösl und wechselte wie ein sich auslaufender Sprinter von einem Bein aufs andere.

»Und, nicht zu vergessen gaha«, übernahm da plötzlich der silberhaarige Kellner Anton das Kommando, offenbar entlud sich auch da ein lang angestauter Haß gegen den Gast Duschke, »die Schwindelfirma gaha, wie hat 's jetzt wieder geheißen?«

»Ja! Intertour-Europ! Das war noch zuvor. Das muß 55 gewesen sein«, sprang Rösl erneut ein, »wo sie alle mitgemacht haben, alle, wie sie dawaren!«

Ich platzte fast vor Sensationsgier. Was denn diese »Schwindelfirma« verkauft habe oder vertrieben?

»Nichts! Das ist es ja: nichts!« Rösls Stimme war zunehmend von Begeisterung getragen, hier endlich und rücksichtslos auspacken zu dürfen. Der Kellner Anton nickte bestätigend und auch ein wenig neidvoll. »Nichts! Die sind von Wirtshaus zu Wirtshaus, haben dort gewohnt und gegessen und getrunken und haben den Wirtschaften Schilder angedreht. Und auf den Schildern ist dann gestanden: Intertour-Europ. Sonst nichts. Das hieß dann, daß Intertour-Europ das Wirtshaus weiterempfiehlt. Sonst gemacht haben sie nichts!«

»Bis dann der ganze Schwindel in die Luft geflogen ist, gaha«, ergänzte der Kellner Anton und schüttelte, wie um das bittere Ende aller unsauberen Geschäfte zu versinnbildlichen, die rechte Hand aus.

Diese Firma müsse aber doch etwas geboten haben, beharrte ich. Ich wollte noch mehr hören.

»Nichts!« riefen Wirt und Kellner wie aus einem Munde, und der Kellner fuhr, als ob er eine Last, die er lange nicht losgeworden sei, endlich abwerfe, fort:

»Nichts, gaha. In ganz Deutschland nichts. Ich war ja auch kurz dabei. Die größten Schwindler waren, in Seelburg, der Gertner Toni, der Pfredler Willi und der Müller Ernst. Duschke?« lachte Anton extrem abschätzig, »nur ein kleiner gaha Fisch. Die anderen waren die raffiniertesten. Die haben praktisch nichts gemacht. Die haben's am raffiniertesten angepackt. In Liechtenstein gaha war der Hauptsitz. Das liegt in der Schweiz.«

Großartige Neueröffnungen! Zogen sie einem nicht, in taumelmachender Brisanz, den Erdboden halbwegs gesicherter Erkenntnis der Duschke-Biografie unter den Füßen weg? Da mochte ja noch Heiteres zum Vorschein kommen! Ich würde sofort, wäre Alfred Leobolds Lebensweg erst abgeschlossen, drangehen und mich erbarmungslos an die exakteren Recherchen machen.

Dieser Duschke! Dieser alte Zwieback!

Sowie ich mich davonmachte, sagte Rösl hinter dem Tresen zu seiner Gattin:

»Es wär und es dings und es ist, ja!«

War denn in diesem Kulturkreis alles verwunschen und in Nostradamus' Hand? Nostr' alme condannate …

II

Unser Alter brachte indessen schon am anderen Tage neue und spektakuläre Informationen aus der italienischen Velhornwirtschaft.

Es sei dort, über die Feiertage, das Gerücht aufgetaucht, Alfred Leobold habe Heinz Hümmer, den Chemiestudenten, für 2000 Mark engagiert, Kontakt zu einem Neger aufzunehmen, der seine geschiedene Frau töte.

»Die Sau stech ich ab«, soll Herr Leobold vor mehreren Zeugen geäußert haben, und dies sei ihm 2000 Mark wert. Er, Duschke, habe das von Hümmer Heinz, der nun seinerseits Alfred Leobold mit einer Anzeige gedroht habe, er, Leobold, ruiniere seinen, Hümmers, Ruf, indem er, Leobold, ihn, Hümmer, als dermaßen »bestechlich« hinstelle. Das hatte Duschke wiederum, wie er mehrfach raunte, von Hümmer Heinz persönlich.

»Und das schönste!« lachte der Runzelige, »und das will auch der Mogger gehört haben, das mit den 2000 Mark hat er nicht gehört, aber das hat er gehört: der Leobold hat gesagt: ›Zuerst bring ich mich um und dann bring ich sie um.‹ Jetzt hat der Mogger, erzählt er mir, gesagt: ›Umgekehrt, Alfred! Wenn schon, dann mußt zuerst sie, dann dich umbringen!‹ Da hat Leobold«, nicht ganz ohne Gefühl, aber überwiegend lustig schleuderte Hans Duschke den Kopf hin und her, »hat der Alfredl angeblich geantwortet: ›Oder umgekehrt!‹«

Das Ausmaß der psychisch-mentalen Verwüstungen in unserem Regierungsbezirk nahm, kaum war man ein paar Tage weg vom Fenster, kettenreaktionell und gleichsam von selber zu. Mein Urlaub war vorbei. Es half nichts, ich mußte wieder in die italienische Velhornwirtschaft, die letzten Genüsse in mich aufzusaugen.

Alfred Leobold saß, am frühen Vormittag, wie immer hinter einem Weizenbier und wurde anscheinend gerade von Mogger belästigt, der ihm, so viel ich mitbekam, einen Handel mit Belgiern aufschwätzen wollte.

Anhaltend lächelnd schien mir Alfred Leobold noch quirliger, ja aufgewühlter als sonst. Ob ich schon gehört hätte? Nein, log ich. Arthur Mogger putzte an seiner Brille.

»Die behaupten«, berichtete Alfred Leobold seltsam eifrig, ja vielleicht sogar ein wenig freudig erregt, »ich will meine Frau wegrichten. So ein Krampf! Nie! Schau einmal, Moppel, das wäre doch ein Krampf! Genau. Das kann ja gar nicht wahr sein, weil ich« – Alfred Leobold machte eine kleine Atempause und dachte nach – »weil ich ja gar nicht, Arthur, wüßt', wieviel Arsen ich nehmen müßt'. Und der Hümmer Heinz kann ja da gar nicht die Wahrheit sagen, weil jeden Augenblick, Moppel, die Tür aufgehen kann, und der Duschke kommt rein.«

Das war wahr. Und ein so langer, fast allegro vorgetragener Satz war Alfred Leobold schon lange nicht mehr gelungen. In meinem Kopf ging alles durcheinander, und ich trank einen doppelten Sechsämter. Hümmer Heinz hatte also…

»Alfred!« brüllte Mogger orkanisch, »laß dich von den Ganoven nicht verblöden … ah: verblödeln, die wüßten doch gar nicht, die Deppen, wo sie einen Revolver herkriegen!«

»Genau«, sagte Leobold ängstlich und lächelte wieder betäubend, »und außerdem hätt' ja meine Frau nichts davon. Und der Duschke kann ja gar nichts wissen, weil erstens war er besoffen und zweitens…«

Hier versagte Alfred Leobold und ließ einen schmelzenden Seufzer fallen. Wie sauber rasiert er wieder war!

»Genau«, schloß Arthur Mogger mutig. Wollte er ihn auf diese Weise in den Handel mit den Belgiern zerren?

»Ruf ruinieren, behauptet er«, plapperte Alfred Leobold noch immer seltsam erregt fort, »schau, Arthur, der kann doch überhaupt keinen Ruf verlieren, der Heinz, wie willst denn einen Nackerten ausnehmen?« Der Scherz war offenbar gut vorbereitet, und Alfred Leobold wiederholte ihn. »Moppel, schau, ich wüßt' wirklich nicht, wieviel Arsen ich reintun müßt'. Ich eß jetzt einen Preßsack, vielleicht wird's mir dann besser, aber ich pack ihn nicht.«

Ich gab es auf, hier irgendetwas verstehen zu wollen. Das neue Jahr begann mit einem langgezogenen Tag in der italienischen Velhornwirtschaft, trüb und verstümmelt wie jeder im alten. Es galt einfach dazusitzen und auszuharren, bis der Abend heraufzöge, das war nun mal die Spielregel, ob mit oder ohne Mord, ich sah es ein…

Die alte Frau Herzog las zum Weine in der Tageszeitung, Inserate. Gar die Moggers? Warum fragte sie ihn dann nicht gleich selber, was er aus seiner Firma zur noch runderen Gestaltung ihres Lebensabends zu bieten hatte? … Die alte Mathild Wacker war kurz eingenickt … schön, schön … wenn das nur gutginge – –

Zwischen Mogger und Leobold war jetzt von einer Wanderausstellung, entweder in Padua oder in Vohenstrauß, ich hab es nicht genau kapiert, die Rede, nein, Vohenstrauß war es, wo man den Waldlern italienische Babygarnituren andrehen wollte. »Die Karin« (ich weiß nicht, welche) sei auch schon hinten, und ständig war davon die Rede, jetzt dann mit Herrn Leobolds L 295 gleichfalls nachzufahren, um den Gewinn zu kontrollieren, weil, nach Mogger, jener Karin nicht zu trauen sei bzw. diese sei »zu dumm zum Kassieren« – es kamen aber unterdessen immer mehr Chemie-Banditen zur Tür hereingeschwärmt, ein zweiter Tisch füllte sich und strahlte eine Art raunende Bewegung aus, plötzlich kam auch der Kerzenteufel Lattern hereingestürzt, irgend jemand zerrte Alfred Leobold zum Dreckspiel, der Kaufmann Mogger hatte jetzt anscheinend mit dem Schreiner Wellner ein Geschäft abzuwickeln, denn sie setzten sich an einen Privattisch und tuschelten zäh und anhaltend, der Teufel Lattern bellte mehrmals verzweifelt »Hou hou!«, die Chemiestudenten aber schwelten geradezu in Versunkenheit und schwiegen fast bewundernswert tapfer das neue Jahr an und kauten an ihren Weizenbiergläsern ... als ob ein Netz sie hielte, zusammen und gefangen, verhangen und verschlungen, begütlich und gemütlich, ein Netz aus Durst und Äther ... gesponnen aber aus den Fäden der reinen gußeisernen Lieblosigkeit ... Dieses verwegene und verwogene Gelichter oder vielmehr Gedunkel ... Herrlich, wie systematisch diese jungen Menschen fortfuhren, sich kaputtzumachen!

Selbstmord nebst Mord. Bzw. umgekehrt. Hatte wirklich die Stunde geschlagen? Eine Korrektur? Wollte mein Schmerzensmann wirklich zur Waffe greifen, wie ich es im geheimen oft für ihn erwogen hatte? »Damit's schneller geht«? Reichte ihm das flotte Tempo des Sechsämters nicht mehr aus?

Gegen 14.45 Uhr legte Alfred Leobold bedachtsam sein Blatt zur Seite, bat Röckl Otto darum, »aufzuheben«, wischte sich gleichgültig über die Augenbrauen und trat zur Gruppe Wellner-Mogger: »Geh weiter, Arthur, fahren wir, bevor's heut eventuell finster wird.«

Mezza voce, aber auch fast militärisch. Nein, ich kann nicht sagen, daß dieser Satz mich wie ein Blitz gestreift hätte, das wäre übertrieben und zu theatralisch. Eher stimmt schon dies, daß eine Woge von wildem und schwammigem Weh gegen mein Herz klatschte. Schauerliche Schwäche überrann mich gleichzeitig in der Verstandesregion.

Chemie, Handel und Tod. Irgendwie demütig, kleinlaut und mit schreiend schlechtem Gewissen stand ich auf, zahlte und machte mich mit dem finsteren Vorsatz heim, dem Alkohol auf ein hübsches Weilchen streng zu entsagen. Das Experiment »Trinken« war eindeutig mißglückt.

»Bleib halt noch da, Moppel!« jammerte mir der Kerzenteufel nach.

Nein – tut mir leid, Lattern!

Ich denke, hier kam wohl viel zusammen. Die befremdliche Struktur des Leobold-Satzes, seine grause Tiefensymbolik. Dazu die Düsternis der vorangegangenen Mordpläne und Dementis, ihre völlige Undurchschaubarkeit. Vielleicht auch ein gut Teil Eifersucht auf die Gattin, die plötzlich und mir unerwartet wieder in Alfred Leobolds Geistesleben getreten war. Die Tatsache, daß gerade das neue Jahr begonnen hatte. Körperliches Mißvergnügen, ja Elend. Vielleicht aber war es vor allem doch der nachgerade hellsichtige Vorsatz, nüchtern Alfred Leobolds Vollendung zu genießen, heilignüchtern, mit Hölderlin zu reden. Und endlich: irgendeine kathartische Wirkung sollte meine bevorstehende Schrift ja nicht nur auf meine Leser, sondern auch auf mich selber ausüben, döste es mir wohl jäh durch den Kopf, es war mir, vermute ich, ohnedies schon lange nicht mehr ganz klar, warum ich seit drei Monaten so tollwütig trank …

Oder war es einfach so, daß ich mich in Grund und Boden schämte?

»Geh weiter, Arthur, fahren wir, bevor's heut eventuell finster wird.«

O bleib, geliebter Tag! Befremdlich nicht nur, welche Emulsion an sich streitenden Seelenregungen ein solcher Satz in unserem verworrenen existentiellen Haushalt anzurühren vermag; noch verblüffender seine Wirkung. Ich nahm meinen Rückzug vom

Alkohol viel ernster, als ich es wohl selber erwartet hatte. Und retirierte deshalb auch sofort und klug aus der Wacker-Sphäre, freilich, getrieben von Sehnsucht, nicht vollkommen, man kennt das ja aus der Welt der ordinären Liebe. Ich wollte gewissermaßen den Abgang meines Freundes wach, ein wenig von fern, sozusagen durch die tränende Brille und – um offen zu sein – vielleicht auch möglichst emotionslos erleben. Wundersamerweise überhaupt nicht geschwächt durch die plötzliche alkoholische Enthaltsamkeit, war ich bereit, das Finale gefaßt, vorurteilsfrei und im Rahmen jener kritischen Grundgesinnung zu erwarten, welche die Passionen heilt und dennoch klammheimlich weiter unterm Herzen birgt. So. Und damit verschwinden nicht nur die beiden tauben Schwestern endgültig aus dem Roman, es fliegt auch die reizende Witwe aus dem Schlußtext, als motorische Kraft hat sie über 250 Seiten hinweg gute Dienste getan. Und es verschwinden vor allem die läppischen Wehwehchen und Imponderabilien des Erzählers, der eben sehen muß, wo er bleibt, und der mir schon lang genug auf die Nerven geht. Fahren wir also unter so veränderten Vorzeichen in unserer Glanzgeschichte fort. Vorhang auf für eine objektive Abschilderung von Alfred Leobolds letzten Erdentagen!

12

Das heißt, zuerst kam mir wohl wieder etwas sehr Subjektives entgegengebrummt. Nach einer Woche traf ich Arthur Mogger, ich kam gerade wegen einer Sache mit meiner Leibrente vom Amtsgericht, im Bahnhof.

Warum ich seit Tagen nicht mehr in die Velhornwirtschaft komme, grunzte der Kaufmann, ausgesprochen kameradschaftlich und stöhnend vor Kraft. »Warst doch sonst immer drin!«

Ich schützte eine Krankheit meiner Mutter vor.

»Ich möcht bloß wissen, was der Alfred hat«, rief der Kaufmann in den lebhaften Bahnhofsverkehr hinein und grüßte beschwingt einen Beamten, – »ich weiß gar nicht, was los ist mit ihm, dem Alfred! Einen Tag sagt er, die Alte schießt er ab, den anderen Tag sagt er, sich schießt er zusammen. Der weiß nicht, was er will, Moppel! Was will er denn jetzt eigentlich?«

Verblasen und nicht ganz aufrichtig sagte ich, man solle ihm das doch um Himmels willen ausreden!

»Mach ich ja!« dröhnte der festliche Mensch rücksichtslos, »mach ich ja, Moppel! Alfred, sag ich, Alfred, da machst der Frau keine Freud und dir schon gleich gar nicht. Laß das, Alfred, sag ich, such dir eine neue Frau, bist doch ein sauberer Bursch und Geld hast auch, wenn du keine Zeit hast, such ich sie dir, Alfred! Und laß doch die andere laufen! Ist doch gleich, sag ich. ›Nein‹, sagt er, ›Arthur, die Sau stech ich ab.‹ Ich sag zu ihm: Alfred, sei gescheit ...«

Daß er ihm eine Frau besorgen wollte, rechne ich Mogger heute, trotz allem, hoch an. Für den »sauberen Burschen« hätte ich ihn freilich gern in den Bauch getreten.

»Der soll das Trinken aufhören, der Alfred«, sabberte ich extrem dämlich.

»Meine Rede!« keuchte Mogger, »du sagst es. Der soll anständig trinken wie die anderen auch. Der Werner und der Otto und der Pit und alle ...«

Ich verreiste, zur Besinnung, für eine Woche nach Südfrankreich. Zurückgekehrt, suchte ich Hans Duschke auf, der zur Abwechslung wieder mal auf einer Woge seliger Kameradschaftlichkeit schwamm. »Moppel!« rief der Liebliche, »schön, dich wiederzusehen, du Lümmel! Wo warst du denn? Ah, Südfrankreich! Bordeaux! Hah, Loire, echte Klasse ...!«

Dämpfend manövrierte ich den Graukopf hin zu Aktuellem. Er trug heute übrigens ein besonders kunterbuntes Kombinationsgewand mit viel Rosa- und Lila-Tönen, die ihm etwas abgeschmackt Popiges verliehen, ja er sah gerade aus wie ein Papagei. Aber auch blühend und kerngesund – anscheinend schob er bei ANO jetzt eine besonders ruhige Kugel.

»In der Wacker-Mathild«, Duschke seufzte schwer und lüstern, »bei der Wacker-Mathild geht es zu, das glaubst du gar nicht. Der Leobold hat jetzt wirklich einen Revolver gehabt, ehrlich, mit dem er seine Frau, die attraktive Sau, umlegen will. Jetzt war aber der Revolver in seinem Auto, und die Chemie-Lümmel sind mit dem Auto am Wochenende nach Emhof gefahren wegen irgendwas, und wie sie wieder zurückkommen, ist der Revolver weg. Unglaublich, hab ich recht oder nit? Ah!« lachte der ANO-Ara fröhlich, um dann humoristisch geheimnisvoll fortzufahren: »Und weißt du, was das Schönste ist? Der Leobold, als der Revolver noch da war, hat doch den Revolver über den Hümmer Heinz von einem Neger besorgen lassen, weißt du doch! Und jetzt, hör gut zu! Ich, der alte Duschke, denke mir nichts und spreche den Leobold drauf an. Und er, der Leobold – streitet alles ab. Der Revolver ist alter Familienbesitz, sagt er mir ins Gesicht. Ich sage zu ihm: ›Herr Leobold, machen Sie ja keinen Unsinn! Erschießen Sie die Büchs nicht! Das ist die Sache nicht wert!‹ Weißt du, was er macht, Moppel? Er zieht mich mit seinen dünnen Ärmchen, verstehst du mich bitte, mit seinen dünnen Ärmelchen ganz nahe an seinen Kopf heran, besoffen war er auch schon, schluckt ein paarmal und sagt: ›Sie, Herr Duschke, ich kann ja meine Frau gar nicht erschießen, weil ich den Neger gar nicht kenn!‹ Sagt er, Leobold, mir ins Gesicht, höh!«

Und vergiften konnte er sie nicht, weil er nicht wußte, wieviel Arsen zu nehmen sei. Trotzdem, ich vermochte Duschkes Fröhlichkeit nicht recht zu teilen. Obgleich ich keineswegs nur Mitleid und Sorge um meinen Freund empfand. Wenn ich meine Gefühle aus dieser Zeit recht erinnere, dann würde ich sie als eine Art ausdrucksunfähiger Wehmut einerseits beschreiben, einer sanft glühenden Hoffnung andererseits, daß nun alles möglichst schnell zu Ende gehen möge. Bei aller Leidenschaft, irgendwie hatte ich es, es war Ende Februar, satt – man versuche mich bitte zu verstehen. Mir schien, ich hätte mich nun genug an alldem gesehen, Zauber und Schrecken – zu schweigen von dem literarischen Motiv, daß der projektierte Roman praktisch schon geschrieben stand und nur noch auf die Finalstretta wartete.

Darf ich es so zusammenfassen? Alfred Leobold lebte nun schon gar zu lange … ein zweifellos fürchterlicher Gedanke, geboren noch dazu von seinem heftigsten Verehrer, fast Liebhaber, aber so wollten es wohl die Gesetze der Psychopathologie, für die ich nichts kann.

Addio, Don Alfredo, fa core! Gefühlswärme und Feuilletonismus gehen, gefördert durch das Bedürfnis nach Zeitvertreib, oft die obskursten Legierungen ein. Anfang März wagte ich mich vorsichtig wieder einmal in die italienische Velhornwirtschaft. Alfred Leobold saß, in keuscher Trübseligkeit, in seinem gewohnten Eck und spielte mit drei jungen Gaunern »Dreck«. Das Murmeln und Plätschern der Einsamkeit. Draußen warf der Frühling verheißungsvolle Zauberkringel an die Fensterscheiben, ihr Tanz verirrte sich in Herrn Leobolds leere, vergilbte Hautsäcke, niederschmetternd.

»Ah, der Moppel!« hauchte Leobold gleißend und mit wie gewohnt hohem Seelenadel, sein Blick umhüllte mich warm. »Horch, ich hab mir schon gedacht, es ist was, weil man dich nimmer sieht. Der Mogger Arthur hat mir's schon erzählt, daß er dich getroffen hat, prima ...«

Wir nickten uns innig zu. Dies Kribbelnde! Zermalmende! Hastig beruhigte ich den heiligsten aller Männer, der, augenscheinlich unter Aufbietung aller seiner Kräfte, die Karten hielt. Mozarts Lacrimosa umwedelte mein Gemüt, diese schon jenseitigen $^{12}/_{8}$-Halbton-Tapser. Sah so ein Mörder aus? So graziös? Wie Tränenschimmer des Frührausches diese Augen hold verklärten! Das gemarterte Gemüt noch immer mit spitzfindigen Kartenproblemen belastet! Und noch immer, Mord hin, Selbstmord her, der eiserne Wille, Sechsämter in sich hineinzuträufeln!

Ich mußte mich selber, erinnerungsschwer, sehr zurückhalten. Der Schutzwall des Wacker-Nebels. Wie feuchtes Gedünst im Hochgebirge die Felsriesen nur teilweise dem erhabenen Blick freigibt, begrenzten die Rauchschwaden der Chemievertreter die Schreckenswahrheit des Leoboldschen Kopfmassivs. Ein verletztes Haupt verbirgt sich gern, ehe es verschwindet. Und hingeschmolzen erneut beobachtete ich, wie der Dornenmann drei Minuten nach einem der genossenen Schnäpse mühsam sich hochwand, die

Hand vor den Mund preßte und – träumte er dabei schon vom anderen Leben? – auf den Abort zukroch. Hinein und heraus. Systole und Diastole. Ehrfürchtig verdrückte ich mich zwei Stunden später wieder, Lastendes im Hirn.

Das schamlose Sirren der in sich verschanzten Ewigkeit. »Otto gibt, Ferdl!« war der letzte lautlose Satz, der mich in diesem Lokal je erreichte. –

In dieser Zeit hörte man viel und sogar Erregendes über gewisse Eskalationen des Moggerschen Gewerbebetriebs. Es ging die Rede zwar auch von einem Offenbarungseid, gleichzeitig aber von einem Bootskauf in Monte Carlo, er und Mogger, erzählte der Schreiner Wellner glaubhaft, hätten das angepeilte Objekt auch schon besichtigt, hätten aber dann doch Abstand genommen:

»Zu wenig Boot für zuviel Geld!« faßte der Schreiner zusammen.

Und die Internationalität wuchs, auch unabhängig von Leobolds Seattle-Plänen. Arthur Mogger hatte, ich traute zuerst meinen eigenen Augen nicht, über seinen Gemischtwarenladen ein Schild »Atelier Mogger« anbringen lassen, dahinter in einer Art Rumpelkammer thronte der rostige Sekretär Werner Wiegler hinter einem fast gleichfarbigen orangenen Telefon, und Erich Winter hatte irgendwoher in Erfahrung gebracht, Mogger habe auch Briefbögen drucken lassen, auf denen zu lesen stünde: »Arthur Mogger, Atelier Seelburg, Geschäftsverbindungen München, Padua, Kairo, Nairobi, Caracas« – freilich »ohne Akzent leider bei Carácas«, lachte Erich Winter, »und als Bank hat er bloß die Volksbank Seelburg draufdrucken lassen«.

Metaphysik schwärte durch diese Stadt. Zwei Wochen später ereignete sich ein abermaliges Wunder, diesmal wieder aus Alfred Leobolds Trickkiste. Anläßlich eines Bilderbuch-Frühlingstages kroch die Belegschaft der Velhornwirtschaft, der ganze Chemieunrat, aus seinem Loch und fuhr mit mehreren Wagen zu einem etwa acht Kilometer entfernten Dorf namens Zant, einem wunderschön gelagerten Flecken zwischen zwei bewaldeten Höhenrücken mit Blick auf Eichendorffsche Ferne.

Lauer Wind flaute übers frischgrüne Land, als ob es noch halb schliefe, lag es da, von Felsblöckchen silbrig gesprenkelt. Man veranstaltete in einem kleinen Wirtsgarten, in einer Art Lichtung oder Waldschneise, ein Picknick, zwanzig Mann prall hingegossen an die schon nahezu unvertraute Natur, eine undeutliche, ätzende Sonne fuhr über die Szene – und ich erinnere mich eines Bildes, wie es Hans Thoma nicht bezaubernder hätte malen können: Es saßen auf einer Birkenbank links und rechts je einer der Chemieburschen samt irgendeiner Karin, in der Mitte aber Alfred Leobold, ausgesetzt dem warmen Sonnenschein, mild und schrecklich inhaltslos vor sich hinlächelnd. Das Zwinkern des Todes.

Lange und verstohlen sah ich hin, als aber die Pärchen aufgesprungen waren, Wahnwitz in den Freizeitgesichtern, setzte ich mich vorsichtig zu dem verhuschten Mann, ihm vielleicht ein paar Fragen zu stellen, vielleicht auch nur generelle Solidarität zu beweisen, die Unterhaltung aber wollte, wie unter übergroßer Spannung leidend, gar nicht vorangehen – so daß ich mich auf ein prickelndes, ja atemberaubendes Schweigen kaprizierte. Saß ich neben einem Mörder? Einem Selbstmörder? Denn irgendwas, lieber Alfred, mußte doch geschehen!

»Da schau, der alte Mann«, deutete Herr Leobold plötzlich auf einen sagenhaft betagten Greis und lächelte sardonisch. Der Methusalem kam im schwarzen Kittel und Hütchen mit Hilfe eines kräftig ausschlagenden Spazierstocks agil auf eine der provisorisch aufgestellten Bierbänke zugekrochen, fetzte zügig eine mitgebrachte Bierflasche auf den Holztisch und eröffnete frank ein Gespräch mit seinem Gegenüber, einem Chemiestudenten, der sogar, wie naturberauscht, seinen Oberkörper entblößt hatte.

»Da schau, der alte Mann«, wiederholte Herr Leobold modrig und scheinbar entrückt, zog sein Lächeln ein und schüttelte gleichsam mißbilligend den leicht geröteten Kopf.

Was damit sei, fragte ich heiter, aber schwermütig zurück. Irgendetwas umwölkte sich und überanstrengte mein Gemüt. Ich hatte nichts Eiligeres zu tun, als mein Herz klopfen zu lassen.

»Naja, der alte Mann ... unglaublich ...«, wiederholte Herr Leobold abermals und schwieg artistisch. Drehte graziös gleichgültig den Kopf zur Seite und wünschte das Thema anscheinend nicht weiter zu verfolgen. Die summende Schwäche: g-a, g-as, g-a. Schmetterling, aller Wesen gute Nacht! Ich mußte an Brennesseln denken. Unglaublich, fünf Meter links grünten sie. Herrgott, wie schön war doch mein Leben!

Der Rest ging unter im Gelärme der Duschkes, Binklmayrs und Chemiekonsorten. Es waren aber auch der Fuhrunternehmer Schießlmüller sowie der Bleistifthändler Dammler mit von der Partie, die beiden sorgten zum Sonnenuntergang für den allergrößten Stumpfsinn. Es muß dem wohl eine Art Streit um kommerzielle Dinge vorausgegangen sein, ich bekam nur noch die Brocken des Schlusses mit:

»Das ist doch scheißegal«, sagte Schießlmüller, und von der Dorfuhr schlug es fünf.

»Das will ich ja gar nicht sagen«, erwiderte laut und eindringlich Dammler, »daß mir das nicht scheißegal ist,Willi, mir ist das natürlich auch scheißegal, Willi, verstehst du mich?«

»Naja, ist ja scheißegal«, rief Schießlmüller und versuchte, zum Bier greifend, dem wohl ein Ende zu machen.

»Naja, eben, natürlich!« echote Dammler.

Ich finde, hier wäre es angebracht gewesen, daß Hans Duschke mit Vehemenz »Arschgesichter!« dazwischengeschmettert hätte. Daß bei uns, in dieser vergaunerten Nation, jedes Kleinod von linder Trauer, von efeubehangener Kirchhofstille einem Hexenkessel an Gemütsverfinsterung und Hirnzerstörung geopfert werden mußte! Konnte man Alfred Leobold nicht ruhiger, ehrfürchtiger sterben lassen?

Ein paar Tage später erzählte der Gymnasiast Binklmayr, Herr Leobold sei am gestrigen Samstag nur für eine Stunde in der italienischen Velhornwirtschaft gewesen, und zwar für die Fernseh-Sportschau – und dies im schwarzen Anzug mit Krawatte. Zuvor, habe Leobold berichtet, habe er geschlafen, jetzt trinke er ein Bier und dann lege er sich gleich wieder ins Bett. Warum er, Leobold, zu dieser Stippvisite mit Sportschau dann einen schwarzen Anzug angezogen habe, habe er, Binklmayr, gefragt. Ach, habe Leobold geantwortet, das Zeug müsse auch aufgetragen werden.

Bevor er uns verließ, bescherte er uns noch mit drei, vier Kostbarkeiten. Alfred Leobolds 40. Geburtstag wurde, wie man hörte, zuerst mit großem Pomp in der Velhornwirtschaft begangen, später gesellte sich das Geburtstagskind auch noch in den »Seelburger Hof« zu uns, auch diesen Teil der Stadt – unbegreifliche Güte – mit Jubelschnaps zu verwöhnen.

Alfred Leobold, deswegen von allen Seiten lauernd gratuliert, schwamm in matter Seligkeit und spendete Sechsämter gleichsam willenlos nach allen Seiten. Ich mochte ihm nicht weh tun und trank auch ein paar mit.

Die idealische Stille im Wesen dieses Mannes. Kaum hatte Alfred Leobold seiner Pflicht genügt, lehnte er sich wie ausgelaugt und mit sich selber zufrieden zurück. Manifestationen irgendwelcher Dankbarkeit womöglich auszuweichen. Um so inbrünstiger, lauter und diabolischer sang Hans Duschke und schüttete das feurige Zeug in sich hinein und ließ die buntscheckigen Blasen des Lebens steigen.

»Logisch!« krähte der vergilbte Furioso der Gemeinheit plötzlich und rücksichtslos irgendwohinein und nur darauf bedacht, seinem Rausch irgendwelche Töne zu verleihen (und ich erinnere mich, daß mich speziell die Färbung des Wortes »logisch« zu »lugisch« mit Mutlosigkeit erfüllte) – »denk an meine Worte, Schätzchen! Was Hans Duschke jetzt sagt, geht in die Geschichte ein, alles klar, chrrn! Wenn die SPD, die FDP – – Büchsen! Ach was!« – der Alte trank Alfred Leobolds Geburtstagsschnaps weg – »ihr macht alle einen Fehler, ihr Burschen – –!«

Das war zweifellos irgendwie richtig. Und trotzdem: Beobachtet man die knatternde Gottlosigkeit vor allem auch der Greise in unserem Lande, dann ist man heute tatsächlich geneigt, dem katholischen Gedanken wieder die Ehre zu erweisen. Ich hätte gern schnell geweint. Aber schon walkte es weiter, immerzu und immerfort: »Adolf, du Arsch! Wo ist Franz Gans? Adolf –!!«

Vielleicht wäre das Welträtsel gelöst, wenn wir wüßten, warum unsere Greise immer so brüllen. Wann würde dieser Alte fauchend und rauchend mit einem unvorstellbar gräßlichen Fluch in die Hölle fahren?

Zuletzt aber empfand selbst Duschke wohl sogar noch etwas der Dankbarkeit und allgemeinen Menschlichkeit Verwandtes und flehte »Herrn Läääwoohl« wieder einmal unerträglich um eine Art Manneswort im Sinne gerechter Wiedergutmachung der alten Mißstände an: das im ANO-Laden sei ja alles gar nicht so gemeint gewesen, »irgendwo haben wir ja uns doch ganz gut verstanden, Herr Lääwoohl, oder nit?« – und dergleichen Dämonien mehr.

Alfred Leobold, ziemlich peinlich angerührt, aber uneinholbar in sein Geburtstagsglück versunken, nickte mehrmals und kalmierend »ja« und »genau«, und dann fand er eine meines Erachtens wunderbare Replik:

»Sie, Herr Duschke«, gackerte Alfred Leobold so schamhaft wie schelmisch, »sag halt ›Alfred‹. Alle sagen ›Alfredl‹. Herr Duschke, sagen halt Sie auch ›Alfredl‹.«

»Prost, Alfred!« jauchzte unser Saint du Mal geisterhaft und ruderte in Wollust.

»Geht in Ordnung«, toastete der Gebenedeite sagenhaft zurück.

Selten verbanden sich Großmut und Chuzpe eindringlicher auf dieser Erde. Wie doch der äußerste Ruin aus diesem einstmals lächerlichen Menschen einen edlen, adligen, anbetungswürdigen gedrechselt hatte! Wie wütend die gurgelnde Not einen Schwall von Sanftheit und Güte auf ihre verwahrloste Umgebung verspritzte!

Und noch immer kein Ende. Auch Alfred Leobolds vorletzter mir bekannter Auftritt ersteht mir im Dunst von Verklärung vor der Erinnerung. Der Unstern der Osterfeierlichkeiten hatte eine Art Kartenturnier im »Seelburger Hof« ausgebrütet, gräßlich, ich bin aber dem Unstern insofern dankbar, als er mich ein weiteres Mal in die Geheimkammern meines Freundes geleitete. Alfred Leobold und ich watteten gegen einen Dummkopf namens Holzmann, der sich gleichwohl für den führenden Crack hielt und dessen allergrößtes Begehr es anscheinend war, seine Meisterschaft so lange zu kaschieren, bis ihm die Gunst der Stunde den umwerfenden Beweis zuspielen würde. Partner Holzmanns war ein mir unbekannter, in die Tiefenschichten des Spiels noch sehr uneingeweihter junger Herr – der aber tatsächlich für Holzmann das Glück an den Tisch zerrte. Nach einem gewonnenen Spiel fragte er nämlich seinen Partner, ob er (tatsächlich eins der verzwicktesten Probleme beim Watten) das richtig gemacht habe: er habe zwei Achten und zwei Könige gehabt – und die Könige angesagt. Ob das gut gewesen sei?

Holzmann atmete tief und mit Wonne durch. »Freilich, schau, freilich, das ist so«, rief er in den Freiraum, »du mußt ja bedenken, daß einer von den vier Königen – der Max – Trumpf von Haus aus ist, so daß nur noch drei Könige Trumpf werden können – dagegen bei Achtern vier. Jetzt ist natürlich die Chance, daß dein Partner noch Trumpf kriegt, bei Königen geringer als bei Achtern, weil ja bloß drei Könige im Spiel sind, aber vier Achter. Aber du mußt ja bedenken, daß das für die anderen, unsere Feinde, auch gilt, jetzt wenn du also zwei Achter hast, dann ist die Chance, daß die anderen auch zwei Achter haben, dann heißt es 2:2. Wenn du aber Könige sagst, dann ist zwar für mich die Chance auch geringer, verstehst? Daß ich einen König hab, aber die anderen können miteinander garantiert nur noch einen König haben, dann heißt es also 2:1 für uns, klar? Und deswegen war's auf jeden Fall besser, daß du die Könige angesagt hast, klar.«

»Er kann natürlich«, sagte nach vielleicht einer Sekunde Pause Alfred Leobold leise, aber fest, »auch Achter sagen.«

»Nein! Niemals!« Ich habe selten einen Menschen so am Spieß schreien hören, nicht einmal Hans Duschke. »Könige muß er sagen, Könige!« Ein würgendes Einatmen. »Denn – ich hab's doch grad erklärt – wenn er Achter sagt, dann ist ja die Chance, daß ihr zwei Achter habt ...« – und den ganzen würdelosen Schleim noch einmal von vorne.

Alfred Leobold hörte geduldig zu, nickte mehrmals verdrießlich, aber konziliant mit dem Kopf und wies dann unanfechtbar darauf hin, daß es auch so sein könne:

»Schau, wenn dein Mann Könige sagt, dann kannst du bloß noch einen haben. Wenn er aber normal die Achter sagt, dann kannst du eventuell, schau, vielleicht noch zwei haben.«

»Aber die Wahrscheinlichkeit! Die Wahrscheinlichkeit!« krähte fernerhin markerschütternd Holzmann und wirbelte herum. Wie ein Mensch doch rasch über dieser Wahrscheinlichkeit den Boden der Selbstachtung unter den Füßen verliert! »Die Wahrscheinlichkeit ist, daß ihr zwei die Achter habt bzw. einer von euch die Achter hat, bzw. die Wahrscheinlichkeit ist doppelt so groß, als daß ich sie hab, weil ihr doppelt bzw. zwei seid, und ich bin bloß einer!«

»Genau«, beschloß Alfred Leobold con bravura e sentimento. Es war das letzte Mal, daß ich ihn das liebliche Wörtchen aussprechen hörte.

Zum Abschluß des Turniers eröffnete Alfred Leobold dem zum Watten wieder einmal gastierenden Alois Sägerer, er habe seinerzeit in München leider die »Seerose« nicht besuchen können, weil geschlossen gewesen sei.

»Aber das hab ich doch damals dauernd zu dir gesagt, Alfredl!« quiekte Sägerer und hob, wohl betrunken, den Zeigefinger.

Leobold zuckte feucht und samten mit den Schultern. »Ja mei, Sägerer«, sagte er. Dann, müde, aber emsig, malte er einen letzten Regenbogen glänzender Reisen und sonstiger Veranstaltungen. »Wir« führen jetzt bald, hörte ich ihn bestrickend zu Erich Winter seufzen, zu einem Frühlingsfest in die Haßfurter Gegend, wo »der Hans« lebe, dann schon am 8. Mai zu einem Preisschafkopf nach Rottendorf, im Sommer mit dem Reitclub nach Ungarn zum Plattensee, dann zum Sommernachtsfest der Garnison nach Eichelberg sowieso ... der Erwin fahre auch mit ... ganz prima ...

Das Leben macht zu weich, zu hart. Ich hörte nicht mehr genau hin. Ahnung flüsterte mir ein, daß meine Recherchen abgeschlossen seien, daß Alfred Leobold vollkommen ausgeplündert sei, daß nur noch der krönende Clou fehle. Ja, in mir keimte auch zuletzt sogar der Verdacht, daß Herr Leobold mich, uns alle veralbere. Jedenfalls: Prachtvolle Geistesabenteuer hin und her – ich mußte mein Romänchen abrunden, tut mir leid. Das Warten aufs Ende, meine vielleicht unbewußte Spannung verquälte mir sogar den schönen Aprilmonat, unlustig, verdrückt, renitent leistete ich geistig und strategisch noch viel weniger als die vielen im Alkoholtaumel verschwelgten Beobachtungsmonate vorher – wenngleich wiederum gerade die Langgezogenheit meines Romanschlusses eindeutig für die absolute Wahrhaftigkeit dieser Schrift einsteht … Ein neues, schöneres Leben einzuleiten indessen fehlte mir die Kraft, solange nicht die alte Phase niet- und nagelfest abgeschlossen war. Aber schon schleppte Hans Duschke eine weitere Geschichte an, die sich vor ein paar Tagen zugetragen habe. Einige der Chemiestudenten, berichtete der Alte aufgekratzt im »Seelburger Hof« mir und dem benommen lauschenden Transport-Tropf Schießlmüller, hätten neuerdings die Angewohnheit, Sonntagnachmittag zum Kegeln in den »Buchberg-Keller« zu gehen. Man sei also gegen Mittag bei Wacker-Mathild gesessen, da seien drei Chemiestudenten los, da habe er, Duschke, zu Leobold gesagt: »Los, Herr Leobold, kommen wir nach! Die Karin kommt auch mit!« Diese nämlich sei auch dabeigesessen. Da habe Leobold gesagt, er wolle lieber hierbleiben, weil er so schwach auf den Füßen sei, er könne nicht laufen, das Auto aber, den L 295, hätten die Zoller Hilde und die Grete, also müsse er, Leobold, dableiben. Da habe er, Duschke, Leobold vorgeschlagen – »wir waren alle schon besoffen, Moppel, kannst du dir vorstellen!« –, ihn mit dem Leiterwägelchen von der alten Wacker hinzuziehen, die Frau habe nichts dagegen, er, Leobold, brauche sich nur hineinzusetzen. Das habe Leobold zwar eingeleuchtet, grinste Duschke, dann habe er aber gesagt, er könne sich wegen seines Rufs – »wegen seines Ruuufs!« heulte Duschke – nicht so durch die Stadt fahren lassen. Man habe aber dann doch einen Ausweg gefunden, nämlich Leobold in das Wägelchen plaziert und einen alten Sack über seinen Kopf gestülpt – so sei es losgegangen, die Karin und er, Duschke, hätten gezogen, durch das Schotten-Tor hinaus, den Bäckerberg hoch, und Leobold sei immer ganz steif und brav und fest in seinem Wägelchen gesessen, den Sack über dem Kopf, und als man schon fast den Berg hinauf und am Ziel gewesen sei, hätten er, Duschke, und Karin das Gefährt mutwillig losgelassen, das sei dann natürlich den Berg hinunter und im Halbkreis den Randstein hinauf und endlich an die Mauer des Dreieinigkeitsfriedhofs geprallt. »Die Karin und ich natürlich lachen, wir gehen hin – da sitzt er ganz fest in seinem Wägelchen, am Arsch, und tut den Sack noch immer nicht runter, sondern fragt uns – unglaublich! –, ob wir jetzt da sind. ›Sind wir da, Herr Duschke?‹ fragt der Leobold! Höhö! Ah!«

Von Lebenslust gepeinigt, seufzte Duschke mächtig durch, und der vermessene Veteran knallte sogar den linken Handballen in die gelbe Wange, äugte zur Zimmerdecke und pfiff, Ratlosigkeit mimend, auch noch flott vor sich hin. Mir gefiel, was immer der Alte mit ihr belegen und beweisen wollte, die windige Geschichte überhaupt nicht. Das Symbolische rauschte nun schon gar zu dick und einfältig daher, so daß es sogar ein Esel wie Duschke, und nicht bloß ich, mitkriegte! Und übrigens war es überhaupt noch nicht ausgemacht, wer von den beiden, Leobold oder Duschke, als erster Einzug in das Schattenreich halten würde! Dieser alte Affe! Unglaublich, mit welchen abgeschabten Scherzen und armseligen Vergnügungen unsere 60jährigen am Rande der Grube ihre Sonntagnachmittage zu verbringen pflegen!

In dieser Zeit des existentiellen Mißmuts, ja einer tückischen Weltverfallenheit trudelte mir wieder einmal rettend mein alter Freund Oskar Zirngiebl, der philosophische Lebemann aus der Wallfahrerwohnung, in den grübelnden Kopf. »Ah, Moppel, ah, Klasse!« griente der Wohner, als ich bei ihm anläutete, und die das Weltall durchstreifende Langeweile blähte seine riesigen Nasenflügel auseinander.

Und tatsächlich gelang es dem Schwerenöter ein drittes Mal, mich wundersam zu trösten und dem Leben neu zu schenken. Ich fand, während Oskar Zirngiebl Eier einkaufen ging, nämlich in der Küche des alten Raisonneurs bzw. der Tanten einen etwa 4 x 30 Zentimeter großen Papierstreifen, offenbar das abgeschnittene Stück eines Zeitungsrandes, auf dem Fetzen aber stand, in einer Schönschrift, die nicht nur diesem 43jährigen Esel, sondern jedem zehnjährigen Schüler Ehre bereitet hätte, das folgende (I bis IV von links nach rechts):

I. Zur Zeit beste deutsche Mannschaft mit denen, die zurücktraten

II. Zur Zeit beste deutsche, mögliche Mannschaft

III. Die besten deutschen Fußballer überhaupt (aller Zeiten)

IV. Die beste Weltelf überhaupt (aller Zeiten)

Entzückt wendete ich den Zettel um und las:

I.

Held Müller Grabowski

Overath Netzer Hönöß

Breitner Bonhof B'bauer Vogts

Maier

II.

Hölzenbein Müller Hönöß

Breitner Netzer Bonhof

Vogts Körbel B'bauer Dietz

Maier

Zu dem Namen Müller führte dabei ein Pfeil, an dessen Spitze die Worte standen: »wenn er wieder spielt!« Gleichzeitig war über dem Wort Müller ein Fragezeichen gemalt.

III.

Schäfer Seeler Müller Rahn

F. Walter Haller

Schnellinger Weber B'bauer Vogts

Maier

IV.

Gento Pele Eusebio Garrincha

Di Stefano Haller

Facchetti Moore B'bauer Schnellinger

Jaschin

Finis Operis. Zirngiebl fecit. Welch ein geheimnisvolles Dasein! Später, mit einem anderen Kugelschreiber, hatte Zirngiebl »Garrincha« durchgesäbelt und »Cruiff« darüber geschrieben. – Ich meine, obwohl »Hoeneß« zweimal falsch geschrieben war; obwohl es zuerst »Die Stefano« geheißen hatte; obwohl ich selber lieber Hölzenbein in der besten deutschen Mannschaft (aller Zeiten) gesehen hätte (freie Bahn den Technikern! Urwaldläufer wie Breitner sind ein Todesurteil für die Zukunft des deutschen Fußballs) – ich glaube, ich habe Oskar Zirngiebl, nachdem ich das Schriftstück errafft hatte, sehr warm die Hand gedrückt: Ich will gar nicht von grafischen Feinheiten wie »B'bauer« reden oder dem klugen Schachzug, Di Stefano ins Mittelfeld zurückzubeordern – insgesamt zeugte das Werk von jenem philosophischen Geist, jener meditativen Versenkung, der Beharrlichkeit des Denkens und der Planung, des Orientierungsrahmens in objektiv regressiver Epoche (Gerold Tandler!) und des schwindenden Lebens – ach, was weiß ich alles, jedenfalls erzählte ich nun Zirngiebl grundlos, ich würde jetzt wieder, den Intellekt zu schulen, mehr Schach spielen, und zwar, weil ich meist mit dem Altkommunisten Alwin Streibl spielte, bevorzugt das sogenannte Albins Gegengambit, das zwar bei ernsthaften Turnieren nicht mehr gepflegt werde, aber sehr reizvolle Pointen gestatte …

»Wer?« fragte der Bonvivant und räkelte sich auf seinem Sofa, und dann noch zweimal: »Wer? Wer, Oskar? … ah: Moppel?«

Helles Entzücken trieb mich ins italienische Eiscafé, ja ich spielte sogar mit dem Gedanken, mir wieder mal eine Frau anzulachen, Zeit würde es ja …

Zwei Tage später wurde es erneut ernst. Zusammen mit Erich Winter und seiner neuen Freundin Helga Niwea brach ich auf zu einer Exkursion nach Rothenburg ob der Tauber, eine Inspektion unseres gemeinsamen Freundes Dr. Horst Fäckel vorzunehmen, welcher damit als letzter Wirrkopf und Trinkfreund gerade noch rechtzeitig in meinem Roman einläuft bzw. stolpert. Denn dieser junge Arzt und Vollbluttrinker erwies sich anläßlich einer Führung durch den mittelalterlichen Stadtkern als äußerst schwankende Gestalt, dabei kehrte er unter dem Vorwand, das müßten wir alles gesehen haben, in jede zweite Restauration ein und erzählte uns, daß seine großen Vorbilder Kopernikus und Virchow seien, gleichzeitig schwätzte er aber andauernd von einer Frau Moll, und immer wieder Frau Moll, die sich dann endlich als die Wirtin eines Touristenlokals offenbarte, keineswegs den einzigartigen Eindruck ausstrahlte, den ihr Dr. Fäckel, offenbar vollkommen verzaubert, angedichtet hatte, und diese Frau Moll war also schließlich das fehlende Stück zum Triptychon mit Virchow und Kopernikus.

Gegen zwei Uhr früh – und dies Ominosum, diese neuerliche verstörende Symbolik ist auch der einzige Grund, das Zusammentreffen mit dem Pathologen zu erwähnen – berichtete uns Dr. Fäckel in seiner Privatwohnung schwer lallend und den Unterkiefer ebenso kämpferisch wie mephistophelisch und akademisch nach vorne und wieder zurückschiebend, in das Rothenburger Krankenhaus würden jetzt immer häufiger »pubertierende Jugendliche mit insuffizienten Suicidversuchen, ja?« eingeliefert, die es dann eben zu retten gelte, kicherte Dr. Fäckel gespenstisch. Er, Fäckel, habe die »Burschen und Madeln und so, ja?« dann immer »negativistisch behandelt«, d. h., sein großes Vorbild sei Virchow, ein »ganz exzellenter Mediziner, ja?«, bzw. die Sache sei, und Dr. Fäckel zwang ein halbes Zahnputzglas Calvados in den Kopf, so:

»Das hat mich sehr geängstigt, als ich vorhin auf der Straße urinieren wollte. Zuerst – ja? – sind zwei Rolladen runtergeklappt – es gibt ja Psychopathen, ja? – und dann das Türkenehepaar! Vollkommen degeneriert! Die Frau Moll mag mich gut leiden, aber ihr Hund hätte mir bald einmal einen Arm weggerissen, ja? Dann kannst«, gluckste Dr. Fäckel, offenbar in seine Vision verrannt, krampfhaft, »nimmer trinken! Ahi! Ahi! Ahi! Die Frau Moll ist eine sehr nette Frau, ja? Und auch als Wirtin. Der Schäferhund beißt vier- oder fünfmal im Jahr Gäste, und wir Ärzte müssen dann die Wundversorgung machen. Ich weiß gar nicht, warum, aber in letzter Zeit kommen immer Fälle von insuffizienten Suicidversuchen auf die hiesige Ärzteschaft zu, wir machen dann Nachtdienst, ja?«

Nach dem Frühstück, Dr. Fäckel war bereits wieder grob betrunken, verfluchte er die ambivalente Wirkungskraft des Alkohols. Er sei, entfaltete Dr. Fäckel, gut für schöpferische Leistungen, aber auch oft tödlich für Süchtige, genierte sich dieser Medizinmann nicht zu verkünden. Ich brannte darauf, hierzu etwas zu sagen, aber Dr. Fäckel gestattete es nicht:

»Früher, in meiner Studentenzeit und dann natürlich als Medizinalassistent, dachte ich«, sagte der Arzt und schob den Unterkiefer rücksichtslos nach vorn und verdrehte die Augen zum Himmel, »ich bin alkoholisch glashart. Ich war davon überzeugt, ich bin ihm gewachsen. Glashart! Aber«, jetzt kniff Dr. Fäckel das linke Auge zu und ließ deshalb mit Schwung den Unterkiefer gleichfalls nach links hinaufschnellen, »ich bin nicht glashart. Heute weiß ich es.«

Haltlos kicherte der junge Arzt. Das sollten seine Abschiedsworte sein. Wir machten uns nach Hause zu den Glasharten. Der älteste und zweifellos härteste polterte gegen 22 Uhr in den »Seelburger Hof«, an seinem teppichgestählten Arm schwer hängend der herrliche Dulder Alfred Leobold. Der indessen noch das Zeug für einen artigen, ja von einer gewissen Integrations- und Weltdeutungskraft schimmernden Satz aufbrachte, klagend bezogen auf den sofort wie vergiftet im Lokal herumtosenden Hans Duschke:

»Jetzt hat er mir so fest versprochen, der Duschke«, reckte mir Alfred Leobold smorzando und gleichsam hilfesuchend seine welken Ärmchen entgegen und blinzelte mit pfiffiger todkranker Miene in Richtung auf den entwurzelten Chevalier infernal, »daß er, wenn ich noch mit rein geh, nicht schreit. Und da«, sagte der Seraphische gelassen und con dolore und wies auf den Saturnalischen, *»schau ihn an.«*

Ecce homo. Der letzte Satz Alfred Leobolds, der mein Ohr erreichte. Ein Taxi schaffte den Hinfälligen gleich darauf weg.

Anderentags verreiste ich wieder nach Italien, gewisse private Studien fortzuführen. Heimgekehrt nach einer knappen Woche, hielt mir meine Mutter den Seelburger Kreisanzeiger unter die Nase. Ich empfand sofort und brühwarm opernhaft. Es war wie der windelweiche, schaurige und doch ästhetisch schöne Schrei, den Pekings Volk ausstößt, wenn sich die kleine Liù in Puccinis »Turandot« erdolcht.

ERSCHOSSEN AUFGEFUNDEN

Seelburg (po). Am Freitag gegen 16 Uhr fand ein Landwirt aus Heinzhof in seinem Wald nordöstlich der Ortschaft einen Pkw. Der Bauer war sehr überrascht, als er durch die zertrümmerte Scheibe einen toten Mann am Steuer sitzen sah. Der Landwirt verständigte sofort die Landpolizei. Ermittlungen ergaben, daß es sich bei dem Toten um den 40jährigen geschiedenen Kaufmann A. L. aus Seelburg handelt. Der Mann, der schon längere Zeit abgängig war, brachte sich einen Schuß in die rechte Schläfe bei. Als Tatmotiv kommen familiäre Gründe in Frage. Seine Frau ließ sich von ihm scheiden und hat wieder geheiratet. Damit wurde er nicht mehr fertig, heißt es in dem Pressebericht der Kripo.

Ich bitte um Verzeihung, aber mein erster vernünftiger Gedanke war, daß vier Tempus-Fehler auf 19 Druckzeilen selbst für einen Redakteur eine beachtliche Leistung darstellen. Erst gegen Abend war es soweit, und ein viertelstündiges Tränenrinnsal brach sich Bahn. Die schlüpfrigsten, abgetakeltsten Gefühle. Mein Herz pochte laut, und meine Verzweiflung erfüllte mich mit sattem Genuß. Das wiederholte sich dann vor dem Einschlafen. Etwas Sehnsuchtähnliches ließ mich des Toten Namen wimmern. Der beherzte Teil meiner Seele rauschte durch wirre, brodelnde Halberinnerungen – mehrfach trumpfte Alfred Leobold lebhaft mit Grün-As, und einmal sah ich ihn im Krankenhaus, von wo er dann sofort zur Bundeswehr eingezogen wurde. Gleichzeitig gelang mir aber ein verzweifelt alberner Traum, über eine schon einmal kurz erwähnte Monika Viel, der ich bei dieser Gelegenheit und anläßlich eines Sportfests in einem Wirtsgarten einen Heiratsantrag machte, der nicht einmal ganz übel aufgenommen wurde …

Tatsächlich träumte ich dann drei Tage hintereinander von dem Toten und fuhr im Schlaf mehrfach, Grauenhaftes vor den Augen, hoch. Schön, ich hatte schon befürchtet, daß überhaupt nichts kam.

Es war vollbracht. Am Tage meiner Rückkunft war Alfred Leobold beerdigt worden, in aller Stille: die Familie des Toten hatte mit 7.30 Uhr eine geradezu undenkliche Zeit gewählt, vielleicht um das zu befürchtende Eintreffen rabiater oder sonstwie betrunkener Freunde und Kollegen am offenen Grabe zu verhindern. Trotzdem wollte es die Kolportage, daß – nach Aussage der alten Frau Leobold gegenüber der alten Frau Schießlmüller, die es an ihren Sohn weitergab – nach Abschluß der Beerdigung der alte Malitz auf die leidtragende Mutter zugetreten sein und in singendem Tonfall gesagt haben soll: »Frau Leobold, was macht Ihr Sohn? Frau Leobold, auf und davon?«

Wahrscheinlich hatte sich Malitz zum Hohen C hinaufgeschraubt. Weil die alte Frau Leobold unfähig ist, einen solch gemeinen Reim zu erfinden, wird es wohl stimmen.

Alfred Leobold liegt heute etwa vier Meter Luftlinie entfernt von jenem Plätzchen hingestreckt, das voraussichtlich, sofern ich italiensüchtig nicht im Mittelmeer ertrinke, einmal auch meine letzte Ruhestätte abgeben wird. Nachdem dieser Roman jetzt praktisch fertig ist, spräche eigentlich nichts dagegen, daß ich bald wieder in Herrn Alfredls Nähe vorstoße.

Am Montag der folgenden Woche erschien im Seelburger Kreisanzeiger eine Todesanzeige, die sich ausschließlich auf den Text beschränkte:

DER HERR
SPRACH DAS GROSSE AMEN
ALFRED LEOBOLD †
15. 3. 1934 – 8. 5. 1974

Zwei Gedanken, erinnere ich mich, wollten mir bei der Lektüre dieses Textes nicht aus dem Sinn – ich weiß nicht, ob sie besonders gehalt- oder auch pietätvoll sind. Zum ersten wollte mir scheinen bzw. wuchs sich vorübergehend zur fixen Idee aus, daß es auf dieser Welt zwei Möglichkeiten gibt, mit einigermaßen sensationellen Empfindungen in einen menschlichen Körper einzudringen: den Beischlaf und die Kugel in den eigenen Kopf. Und zweifellos hatte Alfred Leobold, vor dieser theoretischen Alternative einer letzten kleinen Freude, gewandt wie je die interessantere, die spannendere gewählt. Zum zweiten aber verstehe ich trotzdem nicht ganz, warum er nicht wenigstens noch die Fußballweltmeisterschaft abgewartet hatte.

13

So hatte er also die Gestaltung seines Todes arrangiert. Im Lindgrünen, bei zärtlicher Radiomusik. Ob er mich auch nur halb so gern gemocht hatte wie ich ihn?

Selbstverständlich wurden in den nächsten Tagen und Wochen, zur Zeit des Rücktritts von Willy Brandt, noch zahlreiche Fakten, Vermutungen, Gerüchte und sonstige Hergangsversionen im Zusammenhang mit dem Ableben von Alfred Leobold laut. Dicke Empörung gegaukelt wurde vor allem hinsichtlich des mutmaßlichen Verkäufers der Tatpistole, die, so hieß es, eindeutig von den Kaufmann Arthur Mogger stammen soll. Mogger soll, so trug mir der Gymnasiast Binklmayr zu, in diesem Zusammenhang in der italienischen Velhornwirtschaft sinngemäß gesagt haben, erstens habe er dem Alfred die Waffe überhaupt nicht verkauft, und wenn, dann im Hinblick darauf, daß er die Gattin habe wegrichten wollen, der Alfred, und genau dies habe er, Mogger, immer wieder dringend und »unter Zeugen« abgeraten. Und außerdem zeige er jeden an, der so etwas behaupte.

Stimmen kann weder das eine noch das andere, denn der Gymnasiast Binklmayr schwört Stein und Bein, er habe selber gesehen, wie Mogger Alfred Leobold die Pistole verkauft habe, und zwar schon im Februar, diese aber – und etwas Ähnliches hatte ich ja auch schon gehört – sei, inzwischen in Alfred Leobolds Auto-Handschuhfach verstaut, von Arthur Mogger wieder zurückgeklaut worden, als Mogger einmal Leobolds Dienstwagen für eine Fahrt nach Padua oder wohin ausgeliehen habe. Mogger, ohne diesen Vorwurf, der aber von Werner Wiegler scharf bestritten wird, in der Sache direkt zurückzuweisen, gibt an, außerdem sei es nicht Padua, sondern Schönsee gewesen.

Insofern oder jedenfalls irgendwie tauchte fast gleichzeitig der Verdacht auf, der ehemalige Chemiestudent Hümmer Heinz habe über einen Mittelsmann die Pistole besorgt, wie wiederum Binklmayr wissen will: für fünf Flaschen Bourbon-Whisky – für 25 Flaschen sei dann die Waffe an Alfred Leobold weitergereicht worden. Hümmer Heinz soll das unter Androhung, er mache jeden »eiskalt«, der das sage und behaupte, und insofern bin ich als Romancier natürlich auch indirekt gefährdet, nachdrücklich innerhalb der italienischen Velhornwirtschaft bestritten haben, aber nach Meinung des dabeisitzenden Hans Duschke, wie dieser mir Wochen später flüsterte, nicht energisch genug, »und ich komme vom Theater, Moppel, und kenne alle die Tricks«. Und Duschke lächelte gekonnt jesuitisch und im Stil des Pater Domingo aus Schillers »Don Karlos«, den Duschke seinerzeit gleichfalls mit besonderem Erfolg dargeboten haben will.

Ziemlichen Schrecken verbreitete das Gerücht, wiederum über die Mutter Schießlmüllers eingeschleust, Mutter Leobold habe eine Art Vormerkbuch ihres Sohnes gefunden, in dem feinsäuberlich alle seine privaten Schuldner eingezeichnet seien. Nach Aussage Schießlmüllers soll es sich dabei um etwa 30 Namen und Beträge zwischen 13 und 886 Mark handeln, und etliche Herren und »Weiber«, soll die alte Frau Leobold betont haben, würden sich ganz schön dumm anschauen, wenn sie es demnächst gerichtlich mache.

Wesentlicher wohl, aber vollends ungeklärt, ist, warum Alfred Leobold nur sich und nicht, wie geplant, auch gleich seine Frau miterschoß. Hier kommt es noch heute zu einer totalen Konfusion der Zeugenstimmen. Fest steht nur, daß die Firmung der älteren Leobold-Tochter eine führende Rolle gespielt haben muß. Hier beglaubigen mehrere Eingeweihte übereinstimmend, Alfred Leobold habe sich schon Tage vor seinem Verschwinden öffentlich dagegen gewehrt, daß ihm nun als neuer Akt von Repressalie seitens seiner Ex-Gattin der Zugang zur Firmung seiner Tochter verweigert worden sei, angeblich auch unter dem Druck des neuen Stiefvaters – nachdem ihm, Leobold, wie bei gleicher Gelegenheit bekannt wurde, kurz zuvor schon erstmals die Winterzeugnisse seiner Töchter nicht zur Einsichtnahme vorgelegt worden seien.

An diesem Tag, der Firmung, einem Montag, einen Tag nach meiner letzten materiellen Begegnung mit Alfred Leobold, soll es nach übereinstimmender Aussage fast aller in den Fall Eingeweihter zu einer Begegnung zwischen Alfred Leobold und seiner geschiedenen Gattin gekommen sein. Der Teppichmann Duschke will nun – übrigens als einziger! – über ein Telefonat mit der Leobold-Mutter (!) von der Existenz eines Abschiedsbriefes Alfred Leobolds an die Eltern wissen. Darin habe Leobold mitgeteilt, er habe seine Frau am Vormittag in der Garage deshalb nicht erschossen, weil ... bzw. im letzten Moment, soll Alfred Leobold geschrieben haben, sei ihm praktisch eingefallen, daß ja die zwei Kinder nichts davon hätten, wenn ihnen neben dem Vater auch gleich die Mutter weggeschossen würde. Deshalb erschieße er, habe Leobold geschrieben, logisch nur sich selber – und zwar, nach Duschke, sofort, also noch am Montag. Duschke will sogar, hochdramatisch seufzend, wissen, Leobold habe gleichzeitig noch um Verzeihung gebeten, ja, Monate später, im Rausch, erweiterte Duschke seinen Ruhm dahingehend, daß Leobold in dem Abschiedsbrief auch ihn, Duschke, noch extra habe grüßen lassen.

Diese sowieso, aber auch alle anderen Angaben sind nur unter Vorbehalt glaubhaft, nachdem Duschke auch gleichzeitig meldet, am späten Abend des fraglichen Montags Alfred Leobold noch einmal angetroffen zu haben. Er, Duschke, sei gerade, so gegen Mitternacht »oder wann«, heimgetippelt, plötzlich habe der beige Opel Kapitän Alfred Leobolds neben ihm angehalten, Leobold habe den Kopf aus dem Fenster gestreckt und gesagt »Servus, Hans« (es muß da also in den letzten Tagen seines Lebens tatsächlich so etwas wie eine neue Verkehrsebene zwischen den beiden ANO-Feinden sich angebahnt haben) – und ob er, Duschke, mit ihm, Leobold, noch wohin gehe. Als er, Duschke, freundlich abgelehnt hatte – »ich war müde wie eine Sau« –, habe Leobold »kurz nachdenklich« vor sich hin auf die ganze Straße geschaut und dann »in so einem ganzganzmerkwürdigen Ton, verstehst du mich bitte« zu ihm, Duschke, gesagt: »Also, Servus, Hans.« »Servus, Alfred«, habe er, Duschke, nichtsahnend »und doch irgendwie, als ob ich was geahnt hätte«, zurückgegrüßt, da habe Leobold erneut nachgedacht und noch einmal gesagt: »Also, Servus, Hans, jetzt seh'n wir uns lang nimmer, lang nimmer.« (Rhythmus und Syntax Leobolds stimmen, insofern könnte Duschkes Bericht doch irgendwie wahr und nicht ganz geträumt sein.) Wieso? habe er, Duschke, erstaunt zurückgefragt: morgen sei man doch bei Mathild! »Nichts«, habe Leobold geantwortet, »lang nimmer.« Er, Duschke, versicherte der Alte, habe gleich ein ganz komisches Gefühl gehabt und etwas gedacht, bzw. er habe sich natürlich gar nichts gedacht, und erst jetzt falle es ihm auf, aber auch schon damals...

Usw. Diese elegante Version kann aber zumindest zeitlich ebenso wenig stimmen wie die Abschiedsbriefgeschichte, auch wenn deren Sentimentalität für ihre Wahrscheinlichkeit spricht. Sondern, wenn man von Montag als dem Firmungs- und Todestag ausgeht, kann Duschke Leobold allenfalls noch in der Nacht von Sonntag auf Montag begegnet sein, was aber wiederum kaum zutreffen kann, denn, wie schon berichtet, verließ Alfred Leobold unter meinen eigenen Augen, vom Geplärr Duschkes enttäuscht, den »Seelburger Hof« schon gegen halb 11 Uhr, um mit dem Taxi heimzufahren, indessen Duschke, wie ich mich genau entsinne, noch bis gegen 1.15 Uhr sitzen blieb, einen nahezu außerirdischen Krach machte und – eine wichtige Erinnerungskrücke! – zuletzt sogar noch (o dummdreiste Symbolik!) »Bums, da fiel die Lampe um!« schmetterte. Worauf ich selber Hans Duschke mit dem Wagen nach Hause fuhr. Korrekt sein könnte Duschkes theatralischer Stimmungszauber allenfalls dann, wenn in der gleichen Nacht er und Alfred Leobold unabhängig voneinander noch einmal ausgerückt wären und jene umflorte Begegnung inszeniert hätten.

Da aber auch das Abschiedsidyll Duschkes zumindest in wesentlichen Zügen geträumt oder eingebildet ist – ein Herr Wieser, Seelburger Polizeibeamter und Schwager Schießlmüllers, soll diesem unter der Hand gesteckt haben, Alfred Leobold habe in der Garage sehr wohl auf seine Frau gezielt und abgedrückt, was die

Frau dann sofort der Polizei gemeldet habe, was auch durch die der Polizei bekannte Tatsache gedeckt wird, daß man später in Alfred Leobolds zerschossenem L 295 zwei Pistolen entdeckt hat, eine funktionierende (die des Negers bzw. Hümmers?) und eine defekte (Moggers? Leobolds Familienbesitz?) – da Hans Duschke offenbar auch diesen Schmarren geträumt hat, dürfte sich der Gesamtvorgang nach allen halbwegs glaubwürdigen Zeugenaussagen so abgespielt haben:

Alfred Leobold sitzt von Sonntag vormittag 11 Uhr bis 21 Uhr in der italienischen Velhornwirtschaft, trinkt acht Weizenbier und neun Sechsämter (Aussage: Wacker Mathild) und gewinnt beim »Dreck«-Spiel 53,80 Mark (Aussage: Wellner und Wiegler). Gegen 18 Uhr legt er in einer Kartenpause unbedingten Wert darauf, von Hans Duschke einen Band des Klavieralbums »Sang und Klang«, den dieser aus unbestimmten Gründen mit sich führt, »als Memory« (Leobold) geschenkt zu bekommen (Zeuge: Mogger). Duschke gibt es ihm schließlich (Zeuge: Binklmayr), das Buch wird später tatsächlich auf dem Rücksitz des Todesfahrzeugs gefunden (Aussage: Schießlmüllers Schwager). Duschke, der von diesem Vorgang nichts mehr weiß, das Buch aber tatsächlich vermißt, soll nach der Überreichung gesagt haben: »Wozu braucht *der* einen Sang und Klang?« (Zeuge: Binklmayr). Zusammen mit Duschke verläßt Leobold gegen 22 Uhr die Velhornwirtschaft und stößt zu uns in den »Seelburger Hof« (Zeuge: ich), trinkt ein Bier, bestellt ein Taxi und fährt offenbar heim.

Tags darauf wird – eine Sensation – Alfred Leobold den ganzen Tag über nicht bei Wacker gesehen (Zeuge: Wacker u. a.) – was allein Duschkes nächtliche Begegnung unglaubwürdig macht. Am späten Vormittag bedroht Alfred Leobold seine Frau in einer Garage mit der Pistole (Aussage: die Frau), die Pistole versagt, die Frau rennt zur Polizei. Alfred Leobold flüchtet (Aussage: Schießlmüllers Schwager). Die Möglichkeit eines sodann verfaßten Abschiedsbriefs (Aussage: Duschke) ist gering. Ohne noch irgendwo nachweislich in Seelburg einzukehren, um eventuell einen doppelten Sechsämter zu trinken, fährt Alfred Leobold normal in jenen

Wald bei Zant, in dem wir alle neun Wochen vorher einen bunten Nachmittag verbrachten, einwandfrei und bei welcher Gelegenheit Alfred Leobold zu mir die Worte »Schau, der alte Mann« gemurmelt hatte. Er nimmt – wahrscheinlich – aus dem Handschuhfach die intakte Pistole, läßt – wahrscheinlich – das Schönste aus dem Schleim seines Lebens an sich vorbeigleiten, macht in die Hose (Zeuge: der Schwager), schaltet das Radio im Auto ein (Zeuge: der Schwager), überlegt, korrigiert, verwirft, überlegt nochmals, legt an und trifft sowieso – ich vermute, zu seiner eigenen Überraschung – genau.

Epitaph I

Der KL-Häftling kannte ein ganzes System der Mimikry gegenüber der SS. Die überall in Erscheinung tretende Tarnung lief unter der Marke »Alles in Ordnung!« (Kogon, Der SS-Staat)

... die künstlerische Offenbarung zu feiern, die ein Teppichfabrikant in einem bezahlten Theater durch bezahlte Schauspieler einem zu Tisch geladenen Publicum vermitteln ließ.

(Karl Kraus, Die Fackel 2/1899)

Epitaph II

Am 18. Mai, genau am Tage von Alfred Leobolds Bestattung, erschien in der Frankfurter Allgemeinen Zeitung die folgende Glosse (Alle Hervorhebungen von E. H.):

Genau

RS. Nicht alle Wörter, die modisch werden, verschwinden so rasch wieder, wie sie eines Tages aufgeschossen sind. Einige halten sich mit der Zählebigkeit des Unkrauts. Auf diese Feststellung antworten gewiß nicht wenige – *jubelnd-bestätigend,* daß wir ins Schwarze getroffen haben – mit »Genau!«. Das Wort hat sich zu etwas entwickelt, was wohl ein gesprochenes Ausrufezeichen genannt werden kann. Das wäre noch nicht schlimm. »Genau« klingt gewiß kräftiger, nachdrücklicher als etwa: So ist es! Sie sagen es! Jawohl! Richtig! *Getroffen!* Schlimm ist nur wieder einmal das massenhafte Auftreten einer Vokabel nicht nur bei passenden, sondern auch bei unpassenden Gelegenheiten. Wer einmal darauf achtet, wie oft und wozu ein Gesprächspartner »Genau!« sagt, der wird bald dazu kommen, jedesmal zusammenzuzucken oder sich gar noch selbst dabei zu erwischen, daß er ebenfalls »Genau!« sagt. Auch Sprachseuchen sind ansteckend. Oder nicht? Genau!

Am 25. Mai veröffentlichte die F. A. Z. dazu einen weiterführenden Leserbrief:

»Genau«-Sager

Natürlich hat Hermann Ruelius »ins Schwarze« *getroffen,* indem er sich zur Freude der Sprachglossenliebhaber des »Genau« annahm (F. A. Z. vom 18. Mai). Daß es die »Zählebigkeit des Unkrauts« hat, ist schon dadurch bewiesen, daß bereits 1969 in der »Modenschau der Sprache« von der Sprachglossenredaktion der F. A. Z. eine »Genau«-Glosse aufgenommen wurde.

Nach reicher Erfahrung mit »Genau«-Sagern muß ich feststellen, daß es sich hier direkt um eine Sprach- oder Verständigungsbarriere handelt. Je besser und gezielter ich frage oder anmerke, je häufiger schallt mir das »Genau« entgegen. Damit ist aber nun erst mal Schluß. Ich fühle mich verprellt und muß erneut Initiative einsetzen, denn *»Genau«-Sager sind bequem und ganz selten bereit, von sich aus das Gespräch fortzusetzen.* Ja, man muß leider sagen, daß die meisten schon denkfaul sind. Sie warten auf das Herantragen eines neuen Themas. Das einzige Positive, was man von den »Genau«-Sagern erwähnen kann, ist, *daß sie fröhlich sind und sogar noch fröhlicher werden bei der x-ten Wiederholung des geliebten Wortes.* (Ich zählte bis zu 16mal!)

Ich habe mir schon den Kopf zerbrochen, wie ich dem »Genau« begegnen kann, und versucht, das Gespräch zu beginnen, indem ich das Gegenteil von dem sagte, was ich sagen wollte. Aber dieser Weg führt nicht weit und ist außerdem mühselig. Das »Genau« kommt garantiert bald wieder auf den Plan, so wie beim zähen Unkraut das Jäten nichts nützt. Goethes Rat »Wenn du eine weise Antwort verlangst, mußt du vernünftig fragen«, der bestimmt ebenfalls fürs kleine Gespräch gelten sollte, denn er sprach ja auch mit seinem Gärtner, hilft heute nicht mehr. *Wir müssen mit »Genau« leben* und uns an den Gesprächen delektieren, in denen das grassierende Wort nicht vorkommt.

Das Beste ist, »Genau« nicht zu genauzunehmen!

Christianne Kleinknecht

Münster/Westfalen

Am 29. Mai griff die F.A.Z. das Thema erneut in einem Leserbrief auf:

Genau-Psychologie

Zur Glosse »Genau« in der F.A.Z. vom 18. Mai darf ich vielleicht einen psychologischen Gesichtspunkt hinzufügen, der den häufigen Gebrauch des Wortes »genau« weiter erklären könnte: Das Wort klingt zwar als bloße Bestätigung dessen, was der andere eben gesagt hat. In Wirklichkeit aber ist es eine Selbstbestätigung dessen, der das Wort »genau« als Antwort gibt. »Das, was du da sagst, ist genau das, was ich auch gesagt hätte, vielleicht sogar noch treffender.« *Erst durch mein »genau« bekommt das, was der andere gesagt hat, sein Gewicht.*

Dadurch wird die durch mein »genau« als klug bezeichnete Aussage des anderen eigentlich herabgesetzt, ich eigne mir das Gesagte als meine Aussage an, und dadurch bin ich der Überlegene, bestätige mich selbst – und darauf kommt es mir an.

Dr. Ludwig Wirz, Euskirchen

Am 12. Juni schlug mit Adolf Hansel aus Hanau ein weiterer kluger Kopf zu:

Wirkung

Mit Freude lese ich immer die Sprachglossen in der Frankfurter Allgemeinen Zeitung. Ihre »Genau«-Glosse vom 18. Mai hat mir eine kleine Alltagsszene ins Gedächtnis zurückgerufen, die sich tatsächlich zugetragen hat und an die ich mich noch heute mit einem gewissen *Schmunzeln* erinnere:

Ein biederer Bürger geht zur Behörde, um eine Bescheinigung zu erbitten. Er schildert der weiblichen Bediensteten umständlich und schwerfällig sein Anliegen. Sie sieht in einer Namenskartei nach und fragt ihn höflich: »Sind Sie Herr Karl Müller?«

Antwort: »Genau.«

Frage: »Sie wohnen Schäfergasse 3?«

Antwort: »Genau.«

Frage: »Geboren am 1. April 1953?«

Antwort: »Genau.«

Frage: »Ihre Frau heißt Anna, geborene Fischer?«

Antwort: »Genau.«

Ob dieser stereotypen Antworten hatte sich bei der Bediensteten etwas aufgestaut.

Die gewünschte Bescheinigung wurde ausgestellt, der Bürger geht zur Tür und sagt: »Auf Wiedersehen!«

Der Bediensteten entfährt darauf: »Genau!«

Ein besonders scharfer Reflektor meldete sich am 22. Juni ausgerechnet aus Hannover:

Aus dem Englischen

Zum Thema »Genau!« ist, soweit ich die Äußerungen dazu von verschiedenen Seiten verfolgt habe, bisher nicht erwähnt worden, was zwar diese Floskel nicht entschuldigen, wohl aber ihre Herkunft erklären könnte. Meines Erachtens handelt es sich bei »genau« um eine der vielen Redewendungen, die *nach dem Kriege* aus dem Englischen *zu uns eingewandert* sind. Ich zitiere hierzu aus Cassell's German and English Dictionary, Ausgabe 1955, die verschiedenen Bedeutungen der Adverbialform »exactly« (wörtlich »genau«) »eben, gerade« und dann weiter »ganz richtig! ja!«, also im Englischen eine zweite Bedeutung, die dahin paßt, wo im Deutschen heute das »genau« oft fälschlich gebraucht wird.

Hans Vogelsang, Hannover

Daraus kann man wohl ersehen, daß hinter der F.A.Z. wirklich der intellektuelle Teil Deutschlands steht.

Epilog

»Unsere Staatsform ist die Republik.
Wir dürfen machen, was wir wollen.«
(Robert Walser,
Fritz Kochers Aufsätze)

»Dem gleich fehlet die Trauer.«
(Hölderlin, Mnemosyne)

Mitte September sagte die Gastwirtin Fränzi, Besitzerin des ländlichen Lokals, in dem Alfred Leobold immer größere Fuhren Fleisch eingekauft und Bärwurz weggetrunken hatte, zu dem am frühen Nachmittag kurz Einkehr haltenden Kerzenhändler Lattern: »Sie, das mit dem Leobold hätt' es aber auch nicht gebraucht, Sie!« Che m'ha rubato l'amante mio … e chissà mai se ritornerà…

*

Er, Mogger, sagte Arthur Mogger, habe es ja immer gesagt: »Alfred, hab ich gesagt, wenn du sie, die Alte, erschießt, hat sie nichts davon und du auch nicht, hab ich gesagt, Alfred, wenn du dich selber erschießt, ist es deine Sach, Alfred!« sagte Arthur Mogger anläßlich eines Faschingsfests im Jahr nach den Mai-Ereignissen.

*

L'amico infelice, dove? Amico infelice, rispondi! Mi sento morir – –

*

Der Gymnasiast Binklmayr und der Transportunternehmer Schießlmüller erzählten eines Tags freudig und lachend, sie seien heute nachmittag am Grabe Alfred Leobolds gewesen und hätten ein Fläschchen Sechsämter draufgeschüttet. Damit er da unten nicht verdurste, kicherte schauerlich der Gymnasiast, der doch in der Schule zumindest die Antigone des Sophokles durchgenommen haben mußte, und Schießlmüller sah gefühlvoll in die Ferne:

»War ein guter Kerl, der Alfredl.« Die Instinktlosigkeit, die Intellektualgegengesinnung, die verrohungsgesättigte Intellektualverrottung kennt in dieser tödlichen Nation keine Barrieren mehr.

*

Dorme, Firenze! Dorme, o mare, voca, voca – –

*

Das Leben zischt weiter. Im Frühherbst waren aus der Belegschaft der italienischen Velhornwirtschaft gleichzeitig der Chemiestudent Herbert Stickel und der jetzige Autowiederverkäufer Werner Wiegler hinter einer gewissen Karin her, die damals einem Siemens-Ingenieur namens Yace gehörte. Stickel schwor, »wenn der Werner die Karin auch nur anlangt, jag ich ihn mit einem Sprengsatz in die Luft!« Von Wiegler war gleichzeitig zu hören, wenn Stickel nicht sofort seine Finger von Karin lasse, »maure ich ihn hundertprozentig bei lebendigem Leib ein«.

Lachender vierter war der Gymnasiast Binklmayr, der einen unachtsamen Augenblick der drei benutzte, Fräulein Karin sich für drei Tage unter den Nagel zu reißen. La vita è inferno.

*

Te voglio, te voglio tanto bene, te voglio ben assaie … Tu si' l'Ammore …

*

Um die Allerseelentage fand, auf der Suche nach Lustgewinn in diesen kleinen Körperchen, in der italienischen Velhornwirtschaft »Wacker Mathild« ein dreitägiges geselliges Beisammensein statt, in dessen Verlauf über 1100 Sechsämtertropfen, 46 Flaschen Sekt und zirka 870 Weizenbiere verzehrt wurden. Der ehemalige Chemiestudent Otto Röckl wurde in der Nacht des dritten Tages in eine Nervenheilanstalt eingeliefert, kam aber bald wieder frei und sitzt seither wieder täglich in der italienischen Velhornwirtschaft.

*

Te voglio, te sento, te chiamo, te penso – –

*

»Und so ist's so bitter, wenn der Mensch, unter den gemeinen Herzen der Erde verarmend, durch das edelste doch nichts wird als zum letztenmal unglücklich.« (Jean Paul)

*

L'amore d'Alfredo perfino mi manca – – –

*

Die Festansprache bei der Allerseelen-Feier in der italienischen Velhornwirtschaft hielt der Marquis und Kerzenteufel Lattern, der damals dem Revolutionär Lenin geradezu verstörend ähnlich wurde:

»... Man muß sich dessen bewußt sein: wir sind jetzt im Dezember. Das ist eine sehr schnucklige Zeit. Ich will mich neben euch setzen und die Hand fühlen. In Griechenland steht das Militär bei Fuß. Ich bin der Abgeordnete Marquis von Challot. 1475 haben wir den Westflügel des Schlosses verkaufen müssen. Der Jakobiner war sehr hart gegen uns. Der Kerzenhandel aber blühet immerfort. 41872. Ich vergesse euch nicht, nie! Drangsaliert euch nicht! Ihr fasziniert mich treu. Hou-hou! Aus den Löchern blitzt es. Das Fernweh lernt uns heftig und abermals kennen. Wenn alle untreu werden, so bleiben wir doch treu. Wir sind Trommler und Gassenficker. Ich aber bin die Geburtshelferin der Eintracht. Das Dash ist zu teuer, aber es geht schon noch.

Ich tu nichts, ich mach nichts. Nur raus mit der Wahrheit! Bei griechischer Musik darf man nicht lügen, Mogger, das gilt auch für dich! Wenn das Fähnlein winkt, ist alles zu spät. Schön. Der Name ist Maria Farantouri. Der Papst! Der Papst? Da lache ich wie eine Hex': Harr-harr! Nein, die Situation ist nicht danach. Das Haus ist bewohnbar, auch wenn es noch etwas pflockt. Das Ausland liebt uns nicht, aber wir können es noch weit bringen. Die Wiener Schlawiner werden wir wissen zu hindern. Bei Faschismus denk ich immer an Herrn Metz seinen Hund. Der ist einmal ganz blöd über die Straße gerannt, da hat der Metz gesagt: ›Ja mei, er hat halt keine Schul'‹...

Seid nicht einfältig! Ich verfüge über Kerzen von 90 Kilogramm Dichtigkeit. Ich bin mit einer zufrieden, die meine Frau ist. Wie war der Name? Detlev? Edi? Ferdl? Ich hab die Besorgung, mich kann man nicht mehr zurückholen. Hütet euch! Das Leben, wie's halt die Politik so spielt, ist ein Fanatismus, das uns kein Vorbild sein kann. Es gilt der Umpolung. So laute das offizielle Parteiprogramm. *Ich möchte mich retten, aber es geht nicht mehr.* Es ist eine Bilanz dazwischen. Eine insgesamt sehr kraftvolle Situation!«

Der Kaufmann Mogger holte den Zauberer vom Tisch herunter, besonders fanatisch lachte Hans Duschke.

Der Schreiner Wellner verlor beim Kartenspielen einen Herz-Solo mit Contra, Re, Sub, Hirsch und drei Bauern für 192 Mark. Wellner, damals arbeitslos, zahlte sofort aus. Am zweiten der Festtage kam es zu einem Handgemenge zwischen dem Neger »Robinson«, dem neuangeschafften Diener Arthur Moggers, und dem als Sekretär wegen Unredlichkeit gerade entlassenen Werner Wiegler. Wiegler wurde von dem Neger verprügelt, hätte aber seiner Meinung nach »gewonnen«, wenn er nicht »besoffen wie hundert Neger« (Wiegler) gewesen wäre.

Noch heute schwärmen breite Kreise der Seelburger Jugend von dieser Veranstaltung. Wie unkt doch Peter Handke? »Das Opfer hätte sich gefreut, wenn es das noch erlebt hätte.«

Erläuterungen

zu

Die Vollidioten

und

Geht in Ordnung –
sowieso – –
genau – – –

*Zusammengestellt von Herbert Lichti
und Eckhard Henscheid*

Die Erläuterungen verstehen sich nicht als philologisch-wissenschaftlicher Kommentar nach dem Standard etwa neuerer deutscher Klassikerausgaben. Sondern vor allem als praktische Lesehilfe. Ein Leser und der Autor haben sie nach besten Kräften zusammengestellt, nämlich nach möglichst aufopfernder Erinnerungstätigkeit. Angesichts des unübersehbaren Zitat- und Verweis- und Anspielungscharakters der beiden Romane schien uns die Mühe lohnend. H. L./E. H.

Die Vollidioten

Die Vollidioten: Anspielung auf Dostojewskis Roman ›Der Idiot‹. Von Dostojewskis großen und kleinen Romanen adaptieren ›Die Vollidioten‹ darüber hinaus, z.T. versteckt wörtlich zitierend, Tonfall und Erzählweise.

Von Seiten des Autors: Überschrift der Vorrede von Dostojewskis Ro- 11
man ›Die Brüder Karamasoff‹ in der Übersetzung von Karl Nötzel.

Indem ich mit der Niederschrift …: Fast wörtlich zitierende Anspielung auf die Eingangssätze von Dostojewski ›Die Brüder Karamasoff‹ (»Indem ich mit der Lebensbeschreibung meines Helden … beginne«) als auch von Dostojewskis ›Die Dämonen‹ (»Indem ich mich anschicke, die sehr merkwürdigen Ereignisse zu schildern …«).

In einer gewissen Verlegenheit: Fast wörtliches Zitat aus Dostojewskis ›Dämonen‹-Vorrede.

In unserer Stadt … sehr seltsame Ereignisse: Anklänge an die ›Dämonen‹-Vorrede. Die Stadt: Frankfurt.

Weltgeistes: Absurde Anspielung auf Hegel. 12

Liebwerten … Vaterland: Anspielung auf verschiedene Passagen aus Dostojewski-Romanen.

Was soll denn das …: Anspielung auf eine ähnliche Passage aus der Vorrede von Dostojewskis ›Brüder Karamasoff‹.

Nicht nur ein kleiner … Beteiligter: Anspielung auf den ähnlich dubiosen und voyeuristischen Erzähler der ›Dämonen‹.

In der Türkei da drunten: Das Motiv der »Türkenfrau« wird – über die 13
»Witwe Strunz-Zitzelsberger« im zweiten Roman der Trilogie – wieder aufgegriffen und forciert im dritten Roman ›Die Mätresse des Bischofs‹ in Form der »Türkenwitwe« Kathi.

Ehrlicher Makler: Sprichwörtlich gewordenes Zitat des Bundeskanzlers Ludwig Erhard (ursprünglich Bismarck-Zitat).

Viel Geld zu kriegen: Ein ähnliches Motiv treibt den Erzähler von Dostojewskis Roman ›Der Jüngling‹ (I, 5).

14 *Indessen, die Redlichkeit …:* Wieder Anspielung auf Passagen der Vorrede der ›Dämonen‹ und der ›Brüder Karamasoff‹.

Im übrigen freue ich mich sogar: Wörtliches Zitat aus der ›Brüder Karamasoff‹-Vorrede.

Nun, damit ist mein Vorwort …: Fast wörtliches Zitat ebd.

Und nun zur Sache: Schlußsatz der Vorrede von Dostojewskis ›Brüder Karamasoff‹.

15 *Alle die zum Teil erstaunlichen … gemeinen Vorkommnisse:* Nochmals Halbzitate aus den beiden genannten Dostojewski-Romanen.

Aufgeschnappt … sehr rührig: Ähnliches berichtet von sich der Chronist von Bölls ›Gruppenbild mit Dame‹.

Dummem Unfug und Kramzeug: Typische Vokabeln aus diversen Dostojewski-Romanen.

Peter Jackopp: Leicht verschlüsselter Name eines kurzzeitig in Frankfurt tätigen ›pardon‹-Redakteurs, der 1984 in einem Schweizer Verlag dann auch tatsächlich mit einem eigenen Roman (›Dichter an und Pfirsich‹) hervortrat.

Evamaria Czernatzke: Verschlüsselter Name einer langjährigen ›pardon‹-Redakteurin.

16 *Herr Eilert:* Unverschlüsselter Name des nachmaligen Berater-Lektors des Romans und der gesamten Roman-Trilogie. Tatsächlich waren er und der Autor E. H. 1971 einmal und kurzfristig in besagter Weise für Maggi-Chips-Werbung tätig. Beider gemeinsamer Produkte – sie wurden abgelehnt – lauteten u. a.: »Kauf dir was Lieb's: Paprika-Chips« – »Dein Lob ich knabbernd sing: O mio bello Pizzaring« – »Baby, let's make love what's true/Baby let's get Barbecue« – »Leute, Leute, seid nicht bange: Dies ist nur die Knabberschlange«.

Rösselmann: Die einzige Romanfigur, die – in unterschiedlicher personeller und beruflicher Figuration – in allen drei Büchern der Trilogie vorkommt sowie noch eine Zeitlang in allen weiteren Büchern des Autors – mit Ausnahme des kleinen Romans ›Beim Fressen beim Fernsehen fällt der Vater dem Kartoffel aus dem Maul‹. Rösselmann ist die leicht verschlüsselte Form des Namens eines langjährigen ›pardon‹-Redakteurs.

Meine Glosse: Eine derartige Glosse über Kartoffel-Chips von Eckhard 17
Henscheid erschien im Mai 1971 tatsächlich in der ›Frankfurter Rundschau‹.

Farben meiner Lieblingsfußballmannschaft: Eintracht Frankfurt. Vgl. u. a. auch E. H., Hymne an Bum Kun Cha, in: ›Ein scharmanter Bauer‹, 1980, und die Zentralfigur Bernd Hammer (= Nickel) im Roman ›Dolce Madonna Bionda‹, 1983.

Krenz ... Mentz: Das Lokal stand bis 1980 an der Abzweigung Oeder-/ 19
Bornwiesenweg in Frankfurt und wurde dann abgerissen.

Watten ... Thomas Bernhard: Thomas Bernhards Roman ›Watten‹ hat mit dem besagten Kartenspiel natürlich nur im übertragenen Sinne zu tun.

Joachim Kloßen: Leicht verschlüsselter Name eines kurzzeitig zur 20
Probe in Frankfurt amtierenden ›pardon‹-Redakteurs, von dem Ende 1971 tatsächlich im Heft auch ein Artikel erhalten ist.

Itzehoe: Vgl. dazu den Artikel von Christian Meurer über die Stellung 21
Itzehoes in der deutschen Belletristik (Titanic, 1982).

Peter Knott: Kaum verschlüsselter Name eines ›pardon‹-Redakteurs.

Birgit Majewski: Verschlüsselter Name einer langjährigen ›pardon‹- 23
Redakteurin.

Durchaus allen Neuerungen aufgeschlossen: Ähnliches in ähnlichem Ton- 24
fall äußern gelegentlich Dostojewskis Erzähler-Figuren.

Der alte und der junge Mentz: Der alte (Hans) Mentz starb im Frühjahr 25
1973 kurz nach der Erstveröffentlichung der ›Vollidioten‹.

Gerd Winkler: Unverschlüsselter Name eines 1978 verstorbenen 26
Frankfurter Multi-Media-Kunst-Film-Machers und ›pardon‹-Mitarbeiters – übrigens wie Autor E. H. in Amberg (Opf.) geboren.

Action: Eine Quasi-Kunstrichtung der Jahre 1965 ff.

apo: Meint »Außerparlamentarische Opposition« der Jahre 1967 ff. – hier natürlich Nonsens.

Dr. Mangold: Halb-Anspielung auf die »Mangold-Gedichte« von F. W. Bernstein in ›Die Wahrheit über Arnold Hau‹.

29 *Coup de foudre:* Liebe auf den ersten Blick.

Haupt-Faschisten: Der »Faschismus-Vorwurf« in alltäglichen Bereichen und ohne wissenschaftliche Grundlage war in den Jahren um 1970 sehr beliebt.

30 *Gestalt aus dem Gebüschschatten:* Topos ebenso bei Dostojewski wie bei Eichendorff.

Vertrauen des Lesers: Wie im Vorwort ironische Übernahme ähnlicher Dostojewski-Floskeln.

31 *Que c'est beau! Wie schön!:* Leicht hirnrissige Adaption ähnlicher französischer Floskeln aus gewissen Partien von Dostojewski-Romanen und -Erzählungen, z. B. ›Onkelchens Traum‹.

Eboli-Carlos ... »Don Carlos«: Eine der Lieblingsopern des Autors E. H. Sie wird – wie auch die besagte Duett-Stelle – mehrfach traktiert in: E. H., ›Verdi ist der Mozart Wagners, Ein Opernführer für Versierte und Versehrte‹, Luzern 1979.

32 *Landsmann Max Reger:* Geboren bei Weiden, Oberpfalz. E. H. wurde in Amberg, Oberpfalz, geboren.

33 *Das Spiel ... endete 1:1:* Eintracht Frankfurt – Hertha BSC Berlin 1971.

35 *Bezaubernden Gedicht:* »Unter den Linden« – wo von einem Vögelein die Rede ist.

36 *Gewissen Groddeck:* Georg Groddeck.

38 *Parzival:* Eher vage gedacht ist hier an das Epos von Wolfram von Eschenbach, auch an die Oper von Wagner.

39 *Weiberrat:* Frankfurter Institution der frühen siebziger Jahre, als z. B. Alice Schwarzers Buch ›Der kleine Unterschied‹ erschien und andere frauenemanzipatorische Literatur vor allem aus den USA in Deutschland einsickerte.

Schrecken vor Gewalttaten nicht zurück: Eine fraglose Fehlinformation des Erzählers. 40

Male-Chauvinism: Die Vokabel wurde in der deutschen Frauenbewegung ab ca. 1970 populär.

Der Polin Reiz: Lied aus dem ›Bettelstudenten‹ von Carl Millöcker.

Die Mutzenbacherin: als Buch Porno-Klassiker. Wahrscheinlich handelt es sich hier um die erste deutsche Nachkriegsverfilmung im Zuge der Liberalisierungs- und Kolle-Welle. 42

Ich denke dein: Goethes Gedicht »Nähe des Geliebten« wurde von F. Schubert zweimal vertont. Eine zentrale Rolle spielt es im 3. Teil der ›Mätresse des Bischofs‹, Werkausgabe I, 2, S. 248. 44

Eric Clapton: Rock-Gitarrist der 70er Jahre. 45

Zürich in die Luft sprengen: Visionäre Vorwegnahme der Zürcher Protestbewegungen ein halbes Jahrzehnt später. Vgl. auch Dostojewskis Roman ›Der Jüngling‹, in dem dieser »plötzlich alles in die Luft sprengen, alles vernichten« (II, 9) will. 47

Wilhelm Domingo: Leicht verschlüsselter Name eines Frankfurter Romanautors und ehemaligen ›pardon‹-Redakteurs. 48

Italienischen Tenor Placido Domingo: Gemeint ist das italienische Tenorfach. In Wirklichkeit ist P. Domingo Mexikaner.

Nei cieli bigi ... Talor dal mio ... O suave ...: Drei Zitate aus dem 1. Akt von G. Puccinis ›La Bohème‹ – Tenorstellen von besonders belkantistischer Schönheit.

Mimi und Musetta: Die beiden weiblichen Hauptpersonen aus ›La Bohème‹. Vgl. ›Die Vollidioten‹, 5. Tag (Musette-Walzer) – und ›Geht in Ordnung‹, Werkausgabe I, 1, S. 214.

Lucia ... Septime ... Quint e-a: Bezugnahmen auf die große Mimi-Arie aus ›La Bohème‹.

Verwirrung im Lande: Die Meldung und das Zitat sind korrekt – und der FAZ entnommen. 49

Glasreinigungsinnung: In Wahrheit handelt es sich um die Hessische Gebäudereinigungsinnung. Die folgenden Geschichten rund um diese Innung entsprechen – romanlich stilisiert – durchaus einem wahren Vorgang aus dem Jahr 1971. Von dem damit zusammenhängenden Prozeß berichteten FAZ und ›Frankfurter Rundschau‹ noch 1974.

Reich und berühmt werden: Wieder Zitat-Anspielung auf Dostojewskis ›Der Jüngling‹.

51 *Regierungserklärung Willy Brandts:* Aus dem Jahr 1969.

52 *Einen ganz ausgezeichneten Aufsatz:* Einen solchen Aufsatz schrieb Eckhard Henscheid nie.

54 *Kategorischen Imperativs von Kant:* Er wird hier – jedenfalls sinngemäß – einigermaßen korrekt zitiert.

Sein Büro: Gemeint ist die ›pardon‹-Redaktion.

Nach Hause: Eckenheimer Landstraße 21.

57 *Toten Frau:* Siehe Anmerkung zu S. 13.

58 *Sozialkritisches Fernsehspiel:* Die Produktion »sozialkritischer Fernsehspiele« wechselnder Couleur und sozusagen von der Stange im deutschen Fernsehen folgte unmittelbar der Bildung der sozialliberalen Koalition – indirekt auch sicher als Folge der Studentenbewegung. Vgl. dazu Kloßens Auftritt in der ›Mätresse‹, S. 284.

59 *Zwei Mark ... Zigaretten:* Preise der Jahre 1971/72.

60 *Zeitschrift ... Verwirrung:* Der betreffende Artikel in ›pardon‹ (Juni 1972) stammt von Eckhard Henscheid selber – eine umgreifende Dokumentation aus der deutschen Presse von 1971/72 über Verwirrung auf allen Ebenen.

Jener Philosophen: Gemeint sind keine bestimmten.

Goethe: Anspielung auf ›Faust I‹ (Vorspiel).

61 *Und keine Macht ...:* Aus Goethes ›Urworte orphisch‹.

Kaplan Wetzel: Ein solcher und linksklerikaler Priester war 1969 tatsächlich in der Frankfurter Telefonseelsorge tätig. Die Anschlußdialogpartien beziehen sich vage auf ein Interview Kaplan Wetzels in ›pardon‹ 11/69 – vor allem in der Papst-Thematik.

Lustprinzip: Gemeint ist die Freudsche Vokabel.

Lage der Christen … Baskenland: Ein ähnliches Buch hat Wetzel 1970 geschrieben. 62

Kicker: Führende deutsche Fußball-Zeitung.

Karsten Voigt: Zu dieser Zeit und vorher deutscher Jungsozialisten-Vorsitzender und linker Frankfurter Kommunalpolitiker – gelegentlich Mitarbeiter von ›pardon‹.

Jungwirth: Unverschlüsselter Name des damaligen ›pardon‹-Layouters. 65

Halbritter: Kurt. Bekannter ›pardon‹-Zeichner. 66

Rudolph: Hagen. Langjähriger Geschäftsführender Redakteur von ›pardon‹. 67

Ein dicker Mann: Vermutlich Wim Thoelke in einer Quiz-Sendung. Auch das Folgende entspricht im wesentlichen der deutschen Fernsehwirklichkeit 1970 ff. 72

Alles prima: Das Zitat fiel in ähnlichem Zusammenhang tatsächlich in einer ARD-Quiz-Sendung aus dieser Zeit. 73

Von der Macht der Liebe kommandiert: Zitat-Übersetzung aus Puccinis ›La Bohème‹: »Ah, tu sol commandi, amor!« 74

Barbara! Wer vermöchte …: Gedacht ist hier fraglos auch an das Mädchen Barbara in der Weiden-Erzählung des 4. Akts von G. Verdis ›Otello‹. 75

Django-Film: Der Typus Django-Film war Anfang der 70er Jahre auch unter Intellektuellen sehr beliebt. 77

Porno-Kenner: Die neudeutsche Porno-Welle resp. Liberalisierung setzte ca. 1970 ein.

Alle Menschen … Pornofreunde: Verbreitete Ideologie der frühen 70er Jahre.

Ahmed Taheri … führende Rolle: Dies entspricht den historischen Tatsachen. 78

Gut überwachen: Vgl. die Überwachungsthematik des »Bischofs« = Episcos = Aufseher im 4. Teil der ›Mätresse des Bischofs‹.

Trip … ausflippen: Modevokabeln zu Beginn der 70er Jahre.

80 *Hilmar Hoffmann:* Kulturdezernent von Frankfurt seit 1970, vorher Leiter der Filmfestspiele Oberhausen. Die gelegentliche Präsenz Hoffmanns im ›Mentz‹ ist historisch. Vgl. Hoffmann-Portrait im ›Spiegel‹ 1984.

81 *Alles zu revolutionieren …:* Ähnliche Äußerungen tat Hoffmann sowohl mündlich im ›Mentz‹ als schriftlich da und dort.

82 *Kommunales Filmtheater:* Unter der Ägide von Hoffmann in Frankfurt etabliert. Auch die anderen Äußerungen Hoffmanns in dieser Szene stützen sich partiell auf schriftliche Auslassungen von ihm – das von ihm bevorzugte Schlagwort »Kultur für alle« erfand er allerdings offenbar erst später.

Bildungsbürgertum: Die bevorzugte Schimpfvokabel der auslaufenden Studentenbewegung.

Plastik von Rodin: Gemeint ist offenbar ›Der Kuß‹.

83 *Hausfaschist:* Vgl. Anmerkung zu S. 29.

85 *In Warenhäusern … stiehlt:* Eine quasilinke Mode von Kapitalismuskritik der frühen 70er Jahre.

87 *Psychostruktur:* Links-wissenschaftliche Modevokabel der 70er Jahre.

Draußen vor der Tür … von Borchert: Verkalauerung von Wolfgang Borcherts Stück ›Draußen vor der Tür‹.

Apo: Tatsächlich hielt sich zwischen 1970–75 zechend bei ›Mentz‹ viel von dem auf, was einstmals zumindest vage dem Umkreis der Linken und der Apo angehörte.

Jahn-Stube: In der Frankfurter Jahnstraße, nahe dem ›Mentz‹ im Bornwiesenweg.

88 *Schildkröte:* Spätlokal in der Eschenheimer Straße gegenüber der ›Frankfurter Rundschau‹.

90 *Oberon-Ouvertüre:* Von Carl Maria von Weber. Vgl. die analoge Passage über die Oberon-Ouvertüre in E. H., ›Helmut Kohl, Biographie einer Jugend‹, Zürich 1985, Kapitel: Der Ministerpräsident.

Rezias Jubelruf: Aus der Oper ›Oberon‹ von Weber. Diese wie andere musikdeutende Passagen aus dem Roman sind nicht falsch, musikwissenschaftlich andererseits aber auch nicht ganz voll zu nehmen. 91

Ein gewisses Treiben: Nicht nur der Erzähler, auch Autor Eckhard Henscheid, seit 1971 in Frankfurt freiberuflich als Journalist und Schriftsteller tätig, pflegte eine etwas undurchschaubar-halbseidene berufliche Existenz in der Zeit der Romanentstehung und Niederschrift, die man mit Robert Gernhardt als »Kulturkraudertum« umschreiben könnte – mal dies, mal jenes; mal Vernünftiges, mal verheerend Seltsames. 92

C'était le moment: Das war der Moment – vgl. Anm. zu S. 31. 93

Ghostwriter: Weitere Verklammerung des Gastarbeiter- und Glasreinigermotivs zum Motiv der »uneigentlichen Existenz«. 94

Dschungel-Bar: Erfunden. 98

Musical: Tatsächlich bestanden 1971 ff. derartige Projekte zwischen »Herrn Knott« und »Herrn Domingo« einerseits – zwischen »Herrn Domingo« und dem Erzähler bzw. E. H. andererseits – einiges wurde sogar vom Hessischen Rundfunk u. a. realisiert. 99

Übrigens finde ich …: Geschwätz-Floskeln dieser Art bzw. Reflexionen in Form von Dauerwidersprüchen, vor allem von Dostojewskis Figuren und Erzählerfiguren adaptiert.

Ich verspreche … auf der Hut zu sein: Wie im Roman-Vorwort Dostojewski-Erzählgesten. 100

Moderne Nervosität: Schlüsselzitat von Sigmund Freud – hier absichtlich oder zufällig von Domingo verwendet.

Kamen zwei Polizisten des Weges: Vgl. E. H., ›Über die Schönheit unserer Schutzleute‹, zuerst in ›pardon‹, wiederabgedruckt in: ›Ein scharmanter Bauer‹, 1980. 101

Paragraph 218: Die Höhepunkte der Diskussion um diesen Paragrafen überschneiden sich mit der historischen Handlungszeit der ›Vollidioten‹. 102

Voyeurismus: Das Motiv des Voyeurs bzw. Voyeurismus durchzieht – sehr ambivalent – die gesamte Trilogie, aber auch zum Beispiel E. H.s

Geschichte ›Die Gage‹ (in: ›Frau Killermann greift ein‹, 1985), welche auch als einziger späterer Text des Autors den Vollidioten-Erzähltonfall wieder bewußt aufgreift.

103 *Brief:* Brief-Motive bzw. Motive hinsichtlich »uneigentlicher« (getürkter usw.) Briefe durchziehen alle drei Romane der Trilogie (vgl. auch ›Die Vollidioten‹, 5. Tag).

106 *Hemingwayschen Pathos:* Vgl. das Hemingway-Alwin-Motiv in ›Die Mätresse des Bischofs‹.

Figuren Adornoscher Prägung: Vgl. E. H., ›Zur Dialektik des postponierten Reflexivums‹, in: ›pardon‹ 2/71, erweitert wiederabgedruckt in: ›Ein scharmanter Bauer‹, 1980.

107 *Rosafarbene Hauch eines Frühlingswetters:* Verdrehtes Zitat aus Goethes Gedicht »Willkommen und Abschied«.

Herr Gernhardt: Robert Gernhardt. Frankfurter Journalist, Schriftsteller, Zeichner und Maler. Mitarbeiter von ›pardon‹ und Co-Lektor der ersten beiden Trilogie-Romane. Auch Illustrator des zweiten Buchs ›Geht in Ordnung‹ – dort auch kurz auftretend als Privatdozent Gamsbardt (S. 277 der Werkausgabe).

Niedliche kleine Frau: Die Malerin Almut Gernhardt – späterhin Titelbildmalerin der Bücher ›Ein scharmanter Bauer‹, ›Roßmann, Roßmann …‹ und ›Frau Killermann greift ein‹.

Evoe!: Zitat aus Offenbachs ›Die schöne Helena‹.

108 *Poth und Traxler:* Chlodwig Poth und Hans Traxler; Zeichner und langjährige ›pardon‹-Mitarbeiter. Poth illustrierte auch E. Henscheids Opernbuch ›Verdi ist der Mozart Wagners‹, 1979.

109 *Il balen del suo sorriso:* Zitat aus der Arie des Grafen Luna aus G. Verdis ›Il Trovatore‹: Der Blitz ihres Lächelns.

Due ladri ochi belli: Zitat aus Rodolfos Arie aus G. Puccinis ›La Bohème‹ (vgl. Anmerkung zu S. 48): Zwei Räuber – schöne Augen.

110 *Frau Pistorius:* Frau von Peter Pistorius, 1970 ›pardon‹-Redakteur.

Fest-Leitung: Alle in der Trilogie vorkommenden Feste sowie das Fest in ›Dolce Madonna Bionda‹ (1983) sind in Struktur und Erzähltonfall den berühmten Dostojewskischen Festen nachempfundene und nachgebildet – ihrer chaotischen Nichtigkeit und ihrem notorischen Scheitern; vor allem dem ›Fest‹ in ›Die Dämonen‹.

Laurern und Freudig-Erregten: Wieder analog dem Personal der Dostojewski-Romanfeste. Das Motiv des Lauerns und Hoffens auf den Selbstmord ist ein bißchen an eine analoge Konstellation in Dostojewskis ›Der Idiot‹ angelehnt; auch an Kirilows verzögerten Selbstmord in den ›Dämonen‹; möglicherweise aber auch schon an Alfred Leobold in ›Geht in Ordnung‹. 111

Unruhen … Festsaal … mißtrauischen Blick: Halbzitierende Anspielungen auf ›Das Fest‹ in Dostojewskis Roman ›Die Dämonen‹. 112

Selbstmord: Halb-Anspielungen auf Kirilow in Dostojewskis ›Dämonen‹. Vgl. Anm. zu S. 111. 114

Umflort: Schlüsselwort aus dem Lied ›Der Abschied‹ aus Gustav Mahlers ›Lied von der Erde‹ – siehe ›Die Vollidioten‹, S. 132 ff. 115

Herr Nikel: Hans Alfons Nikel, langjähriger Verleger und Chefredakteur von ›pardon‹. Die folgenden kleinen Nikel-Zitate sind ebenso typisch wie prinzipiell authentisch.

Tant mieux: Um so besser. 116

Rut Brandt: Zur ›Vollidioten‹-Zeit Ehefrau des Bundeskanzlers Willy Brandt. 117

Brigitte Bardot: Konkurrentin von Mylène Demongeot.

Klappt die Tragik … nicht mehr: Paraphrase eines Grundmotivs aus Ludwig Thomas ›Moral‹. 120

Man lebt davon, was …: Variante des die Trilogie durchziehenden Voyeurs-Motivs (vgl. Anm. zu S. 102). 121

Frau Krause: In der Handlungszeit der ›Vollidioten‹ in der Anzeigenabteilung von ›pardon‹ tätig. Seit 1980 verheiratet mit Chlodwig Poth. Anna Krause-Poth ist der Essay ›Hochzeit für Anna‹ in E. H., ›Frau Killermann greift ein‹, 1985, gewidmet – zum Ausgleich. 122

Der große Henscheid … Anzeigenkampagne …: Ohne jeden biografischen Wahrheitsgehalt auch hinsichtlich des Autors.

123 *Karla Kopler:* Doppelanspielung auf Italo Svevo: Zeno Cosinis Geliebte heißt »Carla« – eine Hintergrundfigur des Romans ›Copler‹.

124 *Bin ich kaputt ...:* Die große Kaputtheitswelle inklusive des Kokettierens mit Kaputtheit begann gleichfalls im Zuge oder in der Folge der Studentenbewegung und wurde seinerseits vor allem durch österreichische »Kreative« geschürt.

125 *Der Hirt auf dem Felsen:* Hier parallel gefügt zu dem sehr verwandten Schubert-Lied ›Ich denke dein‹ (vgl. Anm. zu S. 44).

126 *Der klassische Rotz:* Die speziell musikalische Klassik-Feindlichkeit linker Gesellschaftsgruppen erreichte, trotz Adornos Fürsprachen für E-Musik und gegen Jazz- und Pop-Musik, wohl Anfang der 70er Jahre ihre Klimax.

Rita Streich ... Regensburg: Eine wahre biografische Reminiszenz des Autors. Unter vielen Einspielungen des ›Hirt auf dem Felsen‹ ist die mit Streich vielleicht die schönste.

128 *Katherine:* Namensverklammerung mit der figural teilweise identischen »Kathi« aus ›Die Mätresse des Bischofs‹, aus ›Die Lieblichkeit des Gardasee‹ (in: ›Ein scharmanter Bauer‹, 1980) sowie aus ›Roßmann, Roßmann ...‹ (aus dem gleichnamigen Kafka-Buch 1982).

129 *Mozart:* Die Briefstelle ist korrekt zitiert – und wird hier durchaus über den Roman und die Rollenprosa hinaus als künstlerisches Programm des Autors verstanden. Vgl.: In brandeigener Sache, Der Rabe 4, Zürich 1983. Das bewußt artifizielle Hantieren mit Stilen und Tonarten war speziell in der deutschen Gegenwartsliteratur der frühen 70er Jahre sozusagen bei Todesstrafe verboten.

Gardasee: Das bewußt dümmliche Gedicht reflektiert partiell und z.T. im Wortlaut Passagen der Erzählung ›Die Lieblichkeit des Gardasee‹ (vgl. Anm. zu S. 128), von der zeit der Niederschrift der ›Vollidioten‹ schon eine unzulängliche Erstfassung bestand, die E. H. ursprünglich als »barock-romantische« Großdigression in den Roman einfügen wollte.

O guarda, guarda ... ragazza mia pazza: Zitate aus Mozarts ›Don Giovanni‹, dort heißt es im großen Quartett des 1. Akts: »La povera ragazza é pazza, amici miei!«

Schäferin, ach, wie haben ... begraben: Beginn eines Gedichts ›Süßes Begräbnis‹ von F. Rückert, bekannt geworden durch die Vertonung Loewes.

Funiculli funiculla: Zitat aus einem italienischen Tarantella-Volkslied: Italienische Kanzonenmotive finden sich nicht nur in den ›Vollidioten‹, sondern auch in den anderen Romanen der Trilogie – und vor allem auch im Roman ›Dolce Madonna Bionda‹, 1983.

Herrschenden Klasse: Politisches Allerweltsschlagwort spätestens seit der Studentenbewegung.

La notte ... Ich, du Verquickung, Nie Ruh...: Parodie einerseits der schlechten Primaner- und Betroffenenlyrik im Benn-Ton der zeitlosen Nachkriegszeit – andererseits halbzitatliche Anspielung an das Chorlied »Lieb ist wie Wind ... ruhet nie, das ist sie«.

Es will Abend werden: Volkstümliches Jesus-Zitat aus dem Neuen 130
Testament.

Waldung sie schwankt heran: Zitat aus Goethes ›Faust II‹ – woran auch noch das »himmelan« der folgenden Zeile anknüpft.

O Baby ... Knie!: Anspielung an Schlagertexte und an eine populäre Metapher.

Deine großen blauen Augen ... Sees: Trivialisierte Vorwegnahme vieler Motive aus der Erzählung ›Die Lieblichkeit des Gardasee‹ (vgl. Anm. zu S. 128), welche ihrerseits – deutlicher als der Roman – lyrische Zitate aus Mörikes ›Peregrina-Liedern‹ mit Titeln von Patricia Highsmith paraphrasiert und montiert – bis zur Unkenntlichkeit.

Ah, la terra mi manca: Zitat aus G. Verdis ›Don Carlo‹ – Posas Tod (vgl. Anmerkung zu S. 31).

Perchè così piangi?: Halbzitat aus Mozarts ›Don Giovanni‹ – dort fragt der Titelheld Donna Anna: »Perchè così piangete?«

Von Goethe gestohlen: Und zwar aus Goethes ›Faust II‹.

Die raffiniert eingesetzte italienische Sprache: Ein zugunsten verschiedenster Funktionen durchgehendes Stilmittel der Trilogie und anderer Bücher des Autors: Freilich ist das Italienische nicht durchgehend und im Ernst »raffiniert« eingesetzt, sondern zuweilen absichtsvoll dümmlich, daneben.

Mit Hölderlin zu sprechen: Zitat korrekt – der berühmte Schluß des 2. Hyperion-Buchs.

Charmant, charmant: Zitat aus der damaligen Sekt-Reklame – gleichzeitig Halbzitat aus Dostojewskis ›Onkelchens Traum‹.

131 *Brüderlich beizustehen:* Erstmalige und explizite Engführung der beiden Trilogie-Motive des Voyeurismus einerseits und der Brüderlichkeit andererseits, die von den Pärchen Kloßen-Jackopp und Leobold-Duschke endlich zu Alwin Streibl und den Iberer-Brüdern im 2. und 3. Band der Trilogie führen.

Abschied ... Lied von der Erde: Etwa gleichzeitig mit der Entstehung der ›Vollidioten‹ schrieb E. H. für den WDR ein Musikessay über Abschiedsmusik bei Beethoven, Verdi und Gustav Mahler – eben über das Lied ›Der Abschied‹, Mahlers letzte große Komposition. Die ›Vollidioten‹ geben – eher ironisch-satirisch und nicht ganz seriös – einige Wendungen aus diesem Essay wieder – vermengt auch mit einigen expliziten oder halbzitierenden Adorno-Passagen (vgl. S. 132) aus Adornos Mahler-Buch.

132 *In alle Täler steigt ...:* In der ›Vollidioten‹-Erst-Subskriptionsausgabe von 1973 heißt es noch aufgrund eines Hörfehlers unrichtig »In aller Wehmut steigt ...«

Wie durch Säure ...: Vgl. Anm. zu S. 131 – wörtliches Zitat aus Adornos Mahler-Buch.

Good night, Irene ...: Irisches Lied.

O core 'ngrato: Zitat aus der berühmten neapolitanischen Canzone ›Catari, Catari‹, das auch im 6. Kapitel der ›Vollidioten‹ und im 1. Teil von ›Geht in Ordnung‹ eine bedeutende motivliche Rolle spielt – sowie, abgewandelt und dort nochmals zitiert, in der Brüder-Handlung der ›Mätresse des Bischofs‹. Eine Art motivliche Konklusion liefert der Liedtitel ›Catari‹, der ebenfalls Teile der Trilogie und andere Erzähltexte von E. H. durchzieht (vgl. Anm. zu S. 128).

Ballade des Unterliegens: Zitat aus Adornos Mahler-Buch.

Hahaha: Nivellierungs-Methode, die vor allem von Dostojewskis Erzählerfiguren adaptiert wurde. 133

In Venedig zu sterben: Anspielung weniger auf Richard Wagner und ein Buch von Gerhard Zwerenz – sondern vor allem auf die freie Mahler-Thomas-Mann-Verknüpfung in Viscontis damals rasch populär gewordenem Film ›Tod in Venedig‹.

Daz diu chünigin …: Zitat aus den ›Carmina burana‹ in der Vertonung von Carl Orff.

Schenkt man sich Rosen …: Lied aus dem ›Vogelhändler‹ von Zeller. 134

C'est épatant!: Das ist erstaunlich. 135

Kanzler … Vertrauen: Ein Teil der SPD-Wahlwerbung lief 1969 unter dem Signet »Kanzler unseres Vertrauens«.

Cornelia Froboess: Reminiszenz des Autors an seine Jung-Journalistenzeit in Regensburg.

Gebrauchsobjekt: Anspielung an die damals kurrenten Diskussionen über die Sexualobjekthaftigkeit der Frau usw. – im folgenden auch an die damals anschwellenden Chauvi- und Softi-Klassifizierungen. 137

Mein geliebtes Klavier: Der Autor verfügte in seiner Frankfurter Wohnung 1970/71 nur über ein Leihklavier. Vgl. den Erzähler »Landsherr« in ›Die Mätresse des Bischofs‹.

Die Musette-Walzer: Aus G. Puccinis »La Bohème«. Die folgenden Formulierungen zu dieser Musik finden sich z.T. wieder im Opernbuch ›Verdi ist der Mozart Wagners‹ – E. H. trug sich damals auch mit der Idee eines komischen Bohème-Hörspiels mit Mimi und Musette in zeitgenössischer Verkleidung vor dem Hintergrund der Puccini-Oper. Der Plan scheiterte; ein Manuskript ist erhalten. 138

Herrliche Dulder: Zitat aus Homers ›Odyssee‹ – gemeint ist Odysseus. E. H. verwandte den Topos auch schon hinsichtlich seines Romanhelden Hans Herbert Wüst im Jugendroman ›Im Kreis‹.

Blauen oder grünen Schein: 10- bzw. 20-Markschein.

Herr Ender aus Wien: Kurzzeitig 1971 ›pardon‹-Redakteur. 139

Bürgerlicher Eskapismus: Linksintellektuelles Schlagwort in der Folge der Studentenbewegung.

140 *Erniedrigten und Beleidigten:* Sprichwörtlich gewordener Dostojewski-Romantitel.

Herrn Schütte: Wolfram Schütte, 1970 ff. Kulturredakteur bei der ›Frankfurter Rundschau‹.

Wie Papageno: In Mozarts ›Zauberflöte‹.

141 *Seiner Frauen Reiz:* Vgl. Anm. zu S. 40.

Viva España!: Schlagertitel.

142 *Che bella cosa:* Beginn des italienischen Volkslieds ›O sole mio‹.

Herrschaftliches: Domingo, d. i. Ableitung von »Herr«.

143 *Wittgenstein:* Das Zitat ist natürlich erfunden und Nonsens.

145 *Wim Thoelke:* TV-Quizmaster. Vgl. Anm. zu S. 72.

146 *Bald … Abend werden:* Vgl. Anm. zu S. 130.

Meine Großmutter: Episch gestaltet später vor allem in der Figur der Schwiegermutter »Stefania Sandrelli« in der ›Mätresse des Bischofs‹ – und in der Großmutter in ›Frau Killermann greift ein‹ (Titelerzählung). Ein motivähnliches Hörspiel von E. H., ›Die Städte an der Donau oder: Großmutter rückt ein‹, produzierte der Hessische Rundfunk 1973.

Thomas Bernhard: Vgl. Anm. zu S. 19. Einen Aufsatz über den »Krypto-Komiker Thomas Bernhard« veröffentlichte E. H. 1973 in ›pardon‹.

Bernhard Frost: Die Zitate stammen aus Bernhards Roman ›Frost‹, aber auch aus anderen Bernhard-Romanen.

147 *Das war der Fehler:* Sehr verstecktes, aber in seiner Absurdität bewußtes Zitat aus Karl Valentins ›Frau Huber in der Straßenbahn‹: »Und Kinder nehmen s' auch immer mit – das ist der Fehler, das ist der Fehler …«

148 *Echte Autorität:* Anspielung auf die 1970 ff. kurrente Diskussion um Autorität (vgl. Adornos ›Ohne Leitbild‹-Textesammlung) samt der um die sog. antiautoritäre Erziehung.

Stellenwert … kritisch … reflektieren: Die beiden letzteren Vokabeln 149
Allerwelts-Adornismen der frühen 70er Jahre – der »Stellenwert« hielt sich länger und ging noch 1985 in das Buch: Eckhard Henscheid u. a.: ›Dummdeutsch‹ ein.

Der Heimkehrer. … Elegante Welt: Nicht-fiktive Periodika der 70er Jahre. 150
Item die im folgenden erwähnte Zeitung ›Links‹.

Universitäts-Dozent Schmidt: Gemeint ist nicht Alfred Schmidt, der 151
Nachlaßverwalter der »Kritischen Theorie«, die im folgenden eine Rolle spielt.

Alfred Edel: Nicht verklausulierter Name eines Werbemenschen, Filmschauspielers und führenden Frankfurter Faktotums der 70er Jahre. Vgl. E. H., ›Herr Zeitgeist persönlich‹, in: ›pardon‹ 1975. Mit dem Personal der ›Vollidioten‹ (Gernhardt, Waechter, Eilert u. a.) hatte Edel vorher und nachher auch im Rahmen von zahlreichen Film- und Funk- und Fernsehproduktionen zu schaffen.

Gabert: Volkmar Gabert, langjähriger bayerischer SPD-Vorsitzender. 152
Wieweit Edels Berichte authentisch bzw. glaubwürdig sind, ist heute nicht mehr zu entscheiden – und war es schon 1972 ff. nicht.

Alexander Kluge … Tobler im Weltraum: Ein entsprechender Film mit A. Edel wurde vom deutschen Fernsehen seinerzeit ausgestrahlt.

Licht und Dunkel: Der Erzähler hat recht – Edel irrt (B. Brecht, ›Die Dreigroschenoper‹).

Rudolf Steiner … Anthroposophie: Natürlich sind Edels Ausführungen nur bedingt sinnig.

Edel … entscheidend diktiere: Ob diese Aussage von Gehalt ist, läßt sich 153
schwer nachprüfen.

Der alte Max Horkheimer: Selbstverständlich ein Nonsensablauf im 155
Roman. Ob Max Horkheimer, Adorno usw. je den ›Mentz‹ betreten haben und gar dort Seminare abgehalten haben, wie im folgenden behauptet wird, läßt sich nicht mehr überprüfen und ist eher unwahrscheinlich – so nachweislich vielfaches Schüler-Umfeld der »Kritischen Theorie« im Lokal verkehrte. Vgl. auch E. H., ›Wie Max Horkheimer einmal sogar Adorno hereinlegte‹, Zürich 1983.

156 *Dialektik der Aufklärung ... Verfilmung:* Hauptwerk von Max Horkheimer und Theodor W. Adorno (1944) – selbstverständlich nicht »verfilmbar«.

Dr. Mabuse: Offensichtlich meint der junge Mentz Herbert Marcuse, gleichfalls dem Umfeld der »Frankfurter Schule« zugehörig.

Alfred Schmidt: Siehe Anm. zu S. 151.

157 *Von wegen Kritischer Theorie weiterführen:* Ein Sammelband mit dem Titel ›Die neue Linke nach Adorno‹ erschien, hrsg. von Wilfried F. Schoeller, kurz nach Adornos Tod 1969, hat zum Tenor die Weiterführung der Kritischen Theorie und liest sich streckenweise wie eine Adorno-Stilparodie von Eckhard Henscheid. – Daß die Roman-Unfugspassage im übrigen leis visionäre Züge hat, ergibt sich daraus, daß Teile des Vollidioten-Personals das stellten, was ab ca. 1975 in den Medien vermehrt als »Neue Frankfurter Schule« bezeichnet wurde.

Dany ... Cohn-Bendit: Daniel Cohn-Bendit, bekannter deutscher Studentenführer in der Nachfolge der Studentenbewegung und Mitinitiator dessen, was später »Sponti-Kultur« bezeichnet wurde, die ihrerseits ihre Quellen nicht zum mindesten in gewissen Nonsens-Denkweisen rund um die ›Welt im Spiegel‹-Trias Bernstein, Gernhardt, Waechter hatte – mithin gewissermaßen gleichfalls im Personal der ›Vollidioten‹.

158 *Un sogno:* Ein Traum; hier auch Zitat aus G. Verdis ›Don Carlo‹.

Will man aber standhalten ...: Korrektes Adorno-Zitat.

Vorrei e non vorrei: Zitat aus Mozarts ›Don Giovanni‹.

159 *Les jeux sont faits:* Das Spiel ist aus. Titel eines Films von J. P. Sartre.

161 *C'est la vie:* So ist das Leben.

Andiam: Schluß des Zerlina-Don Giovanni-Duetts aus Mozarts ›Don Giovanni‹ (vgl. Anm. zu S. 158).

163 *Was soll das Kramzeug:* Im folgenden etliche Halbzitate aus Dostojewski-Romanen.

Wichtige Gegenwartsprobleme ... unerwähnt: Satirische Anspielung auf die Literaturmode der frühen 70er Jahre, in der z. T. mehr oder weniger unverblümt gefordert wurde, alle Romanautoren hätten ab sofort Umwelt- oder Angestelltenromane zu schreiben mit beinhartem politischem Appell.

Am Golde hängt …: Zitat aus Goethes ›Faust I‹.

Beseitigung des Kapitalismus: Sozusagen die Idioten-Polit-Formel der Studentenbewegung ff.

Beckenbauer … Netzer: Deutsche Nationalspieler, die ihren Höhepunkt mit der Europameisterschaft 1972 hatten.

Manfred Manglitz: Die folgende Geschichte im Zuge des Bundesliga-skandals von 1971 entspricht im wesentlichen den damaligen Pressemeldungen. Offenbach stieg trotzdem ab.

Bernd Hölzenbein: Stürmer und Mittelfeldspieler der Frankfurter Ein- 164
tracht in den frühen 70er Jahren. Alle folgenden Namen und Daten etc. sind im wesentlichen korrekt wiedergegeben.

Köln … Saarbrücken 0:3: Tatsächlich verfügte der Erzähler bzw. Eck- 165
hard Henscheid über diese rare Fähigkeit; ausgerechnet aber im Roman hat er sich – unfreiwillig – leicht vertan: mehrere Leser machten im Lauf der Jahre den Autor drauf aufmerksam, daß das Spiel 1:3 geendet habe.

Herr Waechter: Friedrich Karl Waechter, Frankfurter Zeichner und Autor, Illustrator der zweiten ›Vollidioten‹-Ausgabe und Initiator der Frankfurter Lohrberg- und Grüneburgpark-Privatkickerei.

Der Bundestrainer: Damals Helmut Schön.

Hölzenbein … nominieren: Tatsächlich tat das Helmut Schön Anfang 1974 in einem Länderspiel gegen Österreich – gerade noch rechtzeitig für die Weltmeisterschaft 1974, bei der Deutschland nicht zuletzt durch eine gekonnte »Schwalbe« Hölzenbeins (einen Flug bei vorgetäuschtem Stolperfall) im Endspiel gegen Holland einen Elfmeter zugesprochen bekam und in der Folge siegte und Weltmeister wurde. In gewisser Weise taten die ›Vollidioten‹ das ihre zur Nominierung Hölzenbeins – z.T. über komplizierte Umwege, nämlich u. a. über die Sportredaktion der Frankfurter ›Bild-Zeitung‹, die sich in ihrer Werbung für Hölzenbein nicht scheute, auch aus den ›Vollidioten‹ den betreffenden Passus zu zitieren. – Ein analoges Hölzenbein-Plädoyer findet sich auch in einem seinerzeitigen Leserbrief an den ›Kicker‹ vom 3.9.73, der wörtlich die Passagen aus den ›Vollidioten‹ wiederholt; sowie in einem Gespräch zwischen Ror Wolf und Eckhard Henscheid über die bevorstehende WM 1974, das die FAZ druckte und das sich wiederabgedruckt findet in Karl Rihas Fußball-Anthologie im Fischer-Taschenbuchverlag.

166 *Netzer ... 14. September:* Die Information ist korrekt.

Drucks der Springerpresse: Die Springerpresse – ›Bild‹ – schwenkte aber dann ein; siehe Anm. zu S. 165.

167 *Frisch und munter ... Die Sonne war schon prächtig auf:* Zitate und Halbzitate aus Eichendorffs Roman ›Ahnung und Gegenwart‹ bzw. aus ›Aus dem Leben eines Taugenichts‹.

Das zweite Ei: Anspielung auf mehrere Poirot-Romane von Agatha Christie, in denen Poirot das zweite Ei angeblich sogar immer in einer bestimmten Minute anschlägt.

168 *Abschälen der Eier ... Abhäuten der ... Würste:* Vgl. die Erzählung ›Der Feind‹ in: ›Ein scharmanter Bauer‹, 1980, – wo eine Neu-Inkarnation »Rösselmanns« diese Eigenart zum Exzeß ausweitet.

169 *Zauber des Ewiggleichen ... Nietzsche:* Sehr laxe Wiedergabe eines Nietzscheschen Zentralmotivs.

170 *Wer aber standhalten will ...:* Siehe Anm. zu S. 158 – hier offenbar in verballhornter Fassung.

171 *Mir war so recht wohl:* Eichendorff-Zitat aus ›Taugenichts‹.

In die schöne Welt hinunter: Zitat aus Eichendorffs Gedicht ›Blaue Luft kommt lau geflossen‹, vertont von Mendelssohn, das – persifliert – auch im 2. und 3. Teil der ›Mätresse des Bischofs‹ eine Rolle spielt.

172 *Bewegten meine Seele:* Offenbar halbzitatische Anlehnung an Hölderlin.

Camus ... Mythos des Sisyphos: Camus' berühmte Abhandlung über das Absurde und den Selbstmord war eher ein Kultbuch der mittleren 50er Jahre – möglicherweise drang es in die Schweiz erst mit großer Verspätung ein.

Herr Reinecke: Wider den Anschein nicht gemeint ist der spätere Zweitausendeins- und Trilogie-Verleger Lutz Reinecke; sondern der Herausgeber einer damaligen Studentenzeitung ähnlichen Namens. 174

Polemik … Lohmar: Tatsächlich schrieb E. H. in dieser Zeit in der besagten Studentenzeitschrift einen Artikel über Ulrich Lohmar.

Sozialdemokratie … Mutterpartei: Autor E. H. war 1967 bis 1969 aktives SPD- und Juso-Mitglied.

Laden läuft … verladen sie dann: Vgl. Kloßens zweiten großen Auftritt in der Trilogie – im 3. Teil der ›Mätresse des Bischofs‹ (S. 282). 177

Jener Alt bei Gustav Mahler: Siehe S. 131 ff. 179

Demonstration … Paragrafen 218: Derlei hob in Frankfurt und anderswo vermehrt an 1970 ff. 182

Los, Genosse … Reihn!: Eine der damals landläufigen Kampfparolen für verschiedene Zwecke.

Ich bin Stalinist: Politische Gruppierungen, die sich zum »Stalinismus« bekannten, entstanden in der Bundesrepublik in den frühen 70er Jahren – mit ähnlichen Analysen und Parolen, wie sie Herr Jackopp im folgenden äußert. 183

Verwichst: Das Allzweck-Schimpfwort etablierte sich gleichfalls im Zuge der deutschen Studentenbewegung. 184

Dämmerung … stille Land: Eine Eichendorff-Kontraktion aus dem Gedicht »Dämmerung will die Flügel spreiten« und dem Gedicht ›Im Abendrot‹: »Vom Wandern ruhn wir beide nun überm stillen Land«. 185

Posaunist Mangelsdorff: Albert Mangelsdorff, wohnhaft zur Zeit der ›Vollidioten‹ in Frankfurt.

C'est le mot: Das ist das rechte Wort.

Die Regierung: SPD/FDP unter Brandt und Scheel.

Krawatzo: Ein anderer »Krawatzo« kommt im 3. Teil des Trilogie-Romans ›Geht in Ordnung‹ zum Einsatz; ein weiterer Krawatzo figuriert im Sammelband ›Welt im Spiegel‹, 1979. 188

Grace Kelly: Amerikanische Filmschauspielerin. 189

190 *Die Liebe von Zigeunern stammt:* Aus Bizets Oper ›Carmen‹. Das Motiv spielt auch im 2. und 3. Teil der ›Mätresse des Bischofs‹ eine explizite Rolle.

Sul Mare lucica ... La Paloma: Italienische Volkslieder.

Wolgaschlepper: Russisches Volkslied (Stenka Rasin).

Blaue Nacht ...: Deutscher Schlager.

Rigoletto: Oper von G. Verdi.

Paese d' 'o sole ... Santa Lucia ... Silenzio cantadore ... o core 'ngrato: Vier italienische Volkslieder und Canzonen. Zur letzten vgl. Anm. zu S. 132.

Das Herz würde zerspringen: Anspielung auf das Brüder-Grimm-Märchen vom ›Eisernen Heinrich‹.

Lokalschriftsteller Wondratschek: Wolf Wondratschek lebte und arbeitete 1970 ff. vorübergehend in Frankfurt – zum ehemaligen ›pardon‹-Umkreis bestanden und bestehen nur begrenzt freundliche Beziehungen.

192 *Der Ausdruck beginnt ... aufhört:* Camus-Zitat.

Will man aber standhalten ...: Siehe Anm. zu S. 158.

193 *Im Anschluß wurde es dann ...:* Beim folgenden Passus handelt es sich um einen der letzten großen Auftritte des realen Hans Mentz kurz vor seinem Ableben 1973, weitgehend im Original – die zentralen Mentz-Zitate wurden noch dem Fahnen-Exemplar der ersten ›Vollidioten‹-Ausgabe eingefügt.

198 *Spendenaktion:* Eine derartige »Spendenaktion« zugunsten des realen Kloßen-Modells hat ähnlich 1971 tatsächlich stattgefunden – auch die anderen Nachtragsgeschichten dieses Romanausklangs entsprechen weitgehend der Frankfurter Gruppen-Wirklichkeit der Jahre 1971–73.

Nach Düsseldorf in die Industrie: Dergleichen ist, so weit es das reale Kloßen-Modell anlangt, nicht belegt. Wohl aber – mehr als zehn Jahre nach der Niederschrift des Romans – eine kurzzeitige Tätigkeit »Kloßens« in einer Bielefelder Werbeagentur.

Ding zu verscheuern … wenn die Story nur dufte wird: Dieser Vorgang und diese Zitate sollen, laut Herrn »Rösselmann«, weitgehend authentisch sein. Es war ähnlich in der Wirklichkeit, wie es hier im Roman beschrieben wird: »Kloßen« hatte über das Roman-Projekt ›Die Vollidioten‹ Vages erfahren – und soll sich »Rösselmann« gegenüber telefonisch angeboten haben, 20 Exemplare der Subskriptionsausgabe von 1973 zu »übernehmen«. 199

Michael Schulte: Autor und u. a. Herausgeber Karl Valentins; wohnhaft in Frankfurt 1970 ff. 200

Glasreinigungs-Auftrag: Erhalten, soweit dieser Komplex der autobiografischen Wahrheit entspringt, ist der schriftliche Vertrag mit den Gebäudereinigern (Privatarchiv des Verfassers). 201

Auf vielfachen Wunsch wird hier nochmals
die Liste der Finanziers der ersten ›Vollidioten‹-Privatausgabe
von 1973 abgedruckt.

SUBSKRIBENTEN-LISTE

Mit einmal oder mehrmals 10 Mark haben sich an der
Vorfinanzierung der ›Vollidioten‹ beteiligt

Alfred Abel
Hertwig Achinger
Arend Agthe
Bernd Albrecht
Herbert Albrecht
Bernd Ankenbauer
Karl-Heinz Arendt
Reinhold Arnoldi
Erwin Aselment

Dr. Bauer
Klaus Ernst Behne
Georges Bertschinger
H. Bortfeldt
F. Böhme
Wilfried Braunwahd
Winfried Boss
Herbert Brauneck
Hartmut Bernecker
Hans H. Bürger
Paul Bense
Armin Büttner
Raimund Berger
W. Bonin
Böddeberg
Michael Bengel
Hannelore Bitsch
Christian Bruhn
H. J. Baars
Jochen Becher
Horst Bickel
Hans Beer
Oskar Bäcker

C. J. Cohausz
Gerhard Christmann

Anne Daniel
Engelbert Dietz
Stefan Döring
Hermann Döring
Joh. Dietmar
C. Dieditz
Marlen Diekhoff
Chr. Drefers
Gottfried Dercks
Elli Dreßler
Adolf Dvorschak
E. Dobmeier

Rolf Edinger
Erlanson

Hermann Eichele
Thomas Emde
Hanns Eigner

Horst Felkel
Wolf Fleischer
Hans-Dieter Fuchs
Michael Fromm
Helmut Frank
Ulrich Förster
Jürgen Fritsch
Rainer G. Feucht
Bernd Fichtner
Wolfgang Firlus
Wolfram Fuß
Friedrich Fern

Manfred Gillig
Peter Glück
Harald Gräffker
Thomas Garzke
Bernd Gräf
Antje Goldau
H. Chr. Gattermann
Wilhelm Genazino
Robert Gernhardt
Heinrich Gröner
Raimund Geiger
Wilfried Grieß
Gisela Geier
Klaus Goltermann
Hans-Werner Grohrock

Kurt Halbritter
Richard Hartgenbusch
Ulrich Hoppe
Jürgen Hölzinger

Günter Heitmann
Harald Heutrich
Hans J. Heilgeist
Herbert Herzberg
Thomas Huperf
Andreas Hoppe
Ulla Hünlich
Manfred Held
Hans Höll
Heino Hoener zu Drewer
Bernd Heidenreich
Thomas Herzig
Willi Hochheim
Peter Harth
Dieter Hartwig
Ulrich Hartmann
Manfred Heidenreich
Alfred Happ
Jochen Hennig

Marion Ivanov
Thomas Jensch
Helmut Jungschaffer
Albert John
Nikolaus Jungwirth

Rudolf Koop
Kuhlmann
Hildegard Klöss
Hans Peter Krüger
Ulrich Krüger
Johannes Klee
Hanns-Peter Keßler
Joachim Knecht
Dieter Kief
Manon Kredenwischer

Karl Knoll
Volker Kugel
Jan H. Kolbaum
Rudolf Kühne
B. Kreuzberg
M. Kock
Karlheinz Kopp
Wilfried Kraft
D. Klaas
Paul Kiofsky
Bernd Krygel
Manfred Kurz
Hermann Kreie
Benno Käsmayr
Georg F. Kühn
Peter Knorr
Stefan Knorr
R. Kuhn
Klaus Kieswald
Wilfried Kürschner
Klaus Köppler
Heinz Hermann Kolbrink

Barbara Lange
Alfred Leopold
Hanns G. Lang
Gernot Liebisch
Bernd Linhart
Bernd Lutz
P. Leuschen
Gert Lucas
Bernd Leukert
Horst Langner

Walter Mann
Christian Merle
Kersten Müller
Jürgen Müller
Wolfgang Mainardy
Andreas Müser
Klaus D. Mitschek
T. Marder
Gerda Merkle
Elsemarie Maletzke
Heinz Möllinger
Helmut Montag
Werner Meyer
H. Herbert Mirbach
Joachim Metzler
Paul Müller
Norbert Mnoßen
Werner Merklein
Hans Mentz

Hans A. Nikel
Dieter Nord
Klaus Noack
Irene Niebler
Rosemarie Nonkie

G. Opula
M. G. Ossenbach

E. Pfister
Gerhard Pflughöft
Heiko Postma
Peter Panzer

Joachim Randzio
Franz-Josef Rofallski
G. Riemer
Jan-Herms Reich

Harry Rowohlt
Friedrich A. Rode
Max Rohrer
Norbert Roth
Armin Raith
Hilke Raddatz
Wolf D. Rogosky
Winfried Reuter
Bernd Rosema
Franz Rahm
Ellen Raume
Werner Reichelt
Hagen Rudolph
Joachim Rossbroich
G. A. Roberts
Wolfgang Rudolph
Heide u. Wulf Reinshagen
Dieter Rebner

Nikolaus Sandmann
Heinrich Scholz
K. Sell
Alois Segerer
Hartmut Schwarz
Th. Straßer
Rainer Schnabel
Jörn Scheer
Axel Stuppy
Ilse Schmidt
Gerhard Stoz
Axel Schweiger
Hans Stangl
Wolfgang Schröder
Peter Schäffer
Stögelmeier
H. A. Schuchtle
Reinhard A. Schulz
Wolfgang F. Schreiner
Witta M. Smith
Bernd Schneider
Wolfgang Schneider
J. Steffan
Tom Schroeder
Uwe Schmitz
Theo K. O. Stein
Karin Storch
Karin u. Heinz Schroeder
Gisela Stümpel
Peter Schäffer
Werner Schreck
Wolfgang Schuster
Michael Schall
Konrad Schwitzgebel
R. Schmidt
Klaus Schäfer
Gerd Schonemann

Walter Tecklenburg
Klaus Tim
Wolf-D. Tölle
Claus Tingelhoff
Franz Twardy
Gerhard Tröger
Rolf Thomson
Helmut Taufer

Thilo v. Uslar

Elisabeth Vollmers
Rainer Völckel
Wilfried Voigt
Horst Voithenleitner
Axel Vogt

R. Waeschle
Ute Waechter
Ernst Wilhelm
Friedrich Walter
Bert Wesner
Günter Wiegand
Rainer Winz
Otto-Peter Westphal
Klaus te Wildt
Wolfgang Wurtz
H. D. Weidemann
Fritz Weigle

Uli Wähner
M. Wöbcke
Ernst Winter
W. Weber
Thomas Wenner
Paul Wagner
Inge Werth

Dietmar Zastrow
Peter Ziller
Gisela Zabka
Gerd E. Zehm

Geht in Ordnung –
sowieso – –
genau – – –

Eichendorff: Aus dem Gedicht ›Zwielicht‹. 207

Thomas Bernhard: Aus dem Roman ›Watten‹.

Jean Paul: Aus dem Roman ›Titan‹.

Die Spur von ihren Erdentagen: Zitat aus ›Faust II‹ von Goethe. 209

Totalität: Halbzitat aus Georg Lukács' ›Theorie des Romans‹.

Beiden Schwestern: Anspielung u. a. auf die im folgenden erwähnten beiden Schwestern der Stifter-Erzählung als auch vor allem auf die mehrfach erwähnten vier Schwestern in Italo Svevos Roman ›Zeno Cosini‹. 210

Seelburg: Fiktive Stadt. Als Modelle dienten vor allem Amberg und, in weit geringerem Maß, Regensburg. 211

Namens Rösselmann: Vgl. ›Die Vollidioten‹, Anm. zu S. 16 ff.

Gewissen italienischen Roman: ›Zeno Cosini‹ von Italo Svevo, der für diesen Roman stilistisch und motivlich vielfach Modell stand. Über Svevo veröffentlichte E. H. 1971 ff. auch zahlreiche Rundfunk- und Zeitungsaufsätze (FAZ, Frankfurter Rundschau, Weltwoche usw.).

Mozart: Susanna in der Oper ›Hochzeit des Figaro‹. 214

Edith Mathis: Schweizer Sopranistin.

Charmes des unverdorbenen Bürgerkinds … versöhnen scheint: Fast wörtliches Zitat aus dem Adorno-Aufsatz ›Huldigung an Zerlina‹.

Puccinis Mimi: Aus der Oper ›La Bohème‹ (vgl. ›Die Vollidioten‹, S. 48 u. a.).

Mirella Freni: Italienische Sopranistin.

Meiner weiblichen Idealgestalt: Vgl. ›Die Vollidioten‹, S. 48.

Ahimè … morir: Zitat aus ›La Bohème‹, 3. Akt.

Madame Arnoux: Frauengestalt aus Flauberts Roman ›Education sentimentale‹.

Dialektik der Aufklärung: Nonsens-Zitierung von Max Horkheimers und Theodor W. Adornos ›Dialektik der Aufklärung‹.

Lauretta: Frauengestalt aus G. Puccinis Oper ›Gianni Schicchi‹.

215 *Lutterscher Prägung:* Vgl. ›Hoffmanns Erzählungen‹ von J. Offenbach.

Seelburger Hof: Nach dem Modell des »Bayerischen Hofs« in Amberg, aus dem 1982 dann ein McDonalds-Lokal wurde. Die Gernhardt-Zeichnung (vgl. Beiheft im 2. Band der Romane) hält sein typisches Interieur ein wohl letztes Mal fest.

Rhapsodie in Blue: Klavierstück von George Gershwin.

216 *Butterfly-Schnulze »Mädchen …«:* Aus Puccinis Oper ›Madame Butterfly‹.

217 *Marquis von Challot:* Phantasiename.

218 *Konrad Lorenz:* ›Das sogenannte Böse‹ und anderswo.

Eine reizende junge Witwe: Vgl. Eröffnungskapitel von Dostojewskis Roman ›Onkelchens Traum‹ und Anm. zu ›Vollidioten‹ S. 13.

219 *Christine Strunz-Zitzelsberger:* Verschlüsselt für mehrere reale Frauen. Vgl. Anm. zu ›Vollidioten‹ S. 13 und 128.

In der Schublade herumliegende …: Vgl. Dostojewskis ›Onkelchens Traum‹.

221 *Dynamische Rentenreform:* Halb-Nonsens-Anspielung auf den Wahlkampf 1969.

Genscher … Strauß … Leber: Deutsche Politiker der 70er Jahre.

222 *Carlo Bergonzi:* Italienischer Tenor. Vgl. E. H., ›Verdi ist der Mozart Wagners‹, 1979, dort: Widmung des ›Maskenball‹-Aufsatzes.

Kaum haben sie … Ärztekittel: Wörtliches Zitat aus Thomas Bernhards Roman ›Das Kalkwerk‹.

Willy Brandt: Brandt trat im Mai 1974 als Kanzler zurück.

223 *35. Lebensjahr:* In Wirklichkeit stand der Autor zeit der Romanniederschrift im 34. Lebensjahr, zeit der Handlung im 31.

224 *ANO:* In Wahrheit: ARO. Ano ist lat.: Im Arsch.

Herr Lebe wohl: Vorwegnahme des Lebewohl-Motivs von S. 400 und S. 493 (Beethovens Les-Adieux-Sonate). 225

XY-Zimmermann: ›Nepper, Schlepper, Bauernfänger‹, Sendung des ZDF von Eduard Zimmermann. 228

Maria Cebotari: Deutsche Sopranistin der 20er Jahre ff. 229

Spiegelberg: Figur aus Schillers ›Räuber‹.

Shakespeareschen Narren: Etwa ›Was ihr wollt‹.

Ehe in Dosen: Nicht zu belegen, offenbar Nachkriegsklamotte. Vgl. E. H.: ›Roßmann, Roßmann …‹, 1982, S. 110.

Porgy and Bess: Oper von G. Gershwin. 230

Initzer: Wiener Kardinal im Dritten Reich. 231

In der Luft …: Wahrscheinlich aus einer Operette.

Quelle: Fürther Großversandhaus. 232

King-Kong: Fiktiver menschenähnlicher Film-Gorilla. 236

Franz Gans: Micky-Maus-Figur.

Stingl: Präsident der Bundesanstalt für Arbeit in den 70er Jahren.

Es waren zwei Königskinder: Deutsches Volkslied. 240

Galantuomo: Edelmann; Anspielung auf ›Don Giovanni‹. 242

Bellezza: Schönheit. Vgl. Schluß der Trilogie: »O divina Bellezza«, siehe ›Mätresse‹, S. 511. 244

Rudolf Zeitler: In Wahrheit: Rudolf Meßmann. 248

Brunzkarter: Bayrisch-idiomatisch für den fünften Spieler, der aufhebt, wenn einer der vier anderen austreten geht. 249

Strauß: Vgl. Straußens Sonthofener Rede 1975.

Lindes Wellenschlagen: Zitat aus Eichendorffs Gedicht »Nacht ist wie ein stilles Meer«. Mit diesem Zitat schließt auch das 3. Kapitel der ›Mätresse des Bischofs‹. 257

Marcuseschen Verstand: Eher komische Anspielung auf Herbert Marcuse und seine Formel »befriedetes Leben«.

Carstens: Karl Carstens, CDU-Politiker, später Bundespräsident.

258 *Menschenvernichtende Tendenz:* Halbzitat aus dem Umkreis der Aktivitäten der Baader-Meinhof-Bande.

Verloren, verloren, Annabel Lee: Nonsens-Zitat aus dem Gedicht von Poe.

Heideggerisch gesprochen ...: Halb-Nonsens bzw. Tonfall-Adaption.

Bürgerliche Rechtsgeschichte: Fiktiver Unsinn. Das Folgende auch anspielend auf den Jura-Studenten Zeno Cosini aus Italo Svevos Roman.

Benn oder Montale: Gottfried Benn, Eugenio Montale: Lyriker des 20. Jahrhunderts.

259 *Gesetz vom 31.12.75:* Nicht fiktiv.

261 *Musetten- oder Grisettentollheit:* Musette: Figur aus Puccinis ›Bohème‹. Vgl. ›Die Vollidioten‹, S. 48 u. a.

262 *Die lange Wimper...:* Zitat aus Adalbert Stifters Erzählung ›Zwei Schwestern‹.

264 *Alten Tschechow:* Aus der Erzählung ›Eine langweilige Geschichte‹.

265 *Fernseh-Abteil:* Dieses Spezifikum des »Seelburger« bzw. »Bayerischen Hofs« wird nochmals im großen Stil gewürdigt in der Erzählung ›Der oder das Fernseh‹ in ›Ein scharmanter Bauer‹, 1980.

Frings: Josef. Kölner Kardinal.

267 *Rembrandts Mann mit dem Goldhut:* Berühmtes Gemälde, in Wahrheit: »Goldhelm«.

Schreiber: Münchens Polizeipräsident.

De Sica: Vittorio. Italienischer Filmschauspieler.

269 *Minister Jaumann:* Anton. Bayerischer Wirtschaftsminister.

270 *Donau-Main-Kanal:* Verbindet Donau mit Main. Politisches Streitobjekt noch der 80er Jahre.

Streibl: Bayerischer Minister für Umweltfragen: Vgl. ›Mätresse des Bischofs‹, S. 393.

271 *Il mio solo pensiero:* Zitat aus Puccinis Oper ›Tosca‹. Mein einziger Gedanke. Vgl. ›Mätresse‹, S. 290.

Anderen: Zentraler Begriff aus dem Spätwerk Max Horkheimers. Vgl. dazu E. H.: ›Wie Max Horkheimer einmal sogar Adorno hereinlegte‹, 1983, S. 69. 272

Zerlina: Frauengestalt aus Mozarts ›Don Giovanni‹. Vgl. Anm. zu S. 214.

Helena: Antikes Schönheitsideal.

Blanziflor: Mittelalterliches Schönheitsideal.

Musik kann nach Schubert ...: Korrektes Schubert-Zitat. 273

Law and Order: Gesetz und Ordnung. Amerikanische Politparole noch der 70er Jahre. 276

Frankfurter Privatdozent ... Gamsbardt: Verschlüsselt für Robert Gernhardt. Vgl. ›Die Vollidioten‹, Anm. zu S. 107. 277

Causeur: Plauderer.

Thomas Mann: Anspielung auf seine Definition der Liebe als »Rührung und Lust«, vor allem im Josephs-Roman. 278

Gottfried Keller ...: Nonsens-Anspielung auf Kellers Brief an H. Hettner über die »Dialektik der Kulturbewegung«.

Die Schwester dem Gatten ...: Halbzitat aus Schillers Gedicht ›Die Bürgschaft‹. 281

Altötting: Oberbayerischer Wallfahrtsort. 282

Ulla galli: Freie Phantasie aus dem Koran. Siehe 6. Kapitel des Romans. 284

Der Rausch der klatschenden ...: Halb-Zitat aus Offenbachs Oper ›Hoffmanns Erzählungen‹. Vgl. S. 330. 285

Gerhard Stoltenberg: CDU-Politiker. 290

Ich bin so unsentimental ...: Vom Ich-Erzähler fälschlich Kafka zugeschrieben. In Wirklichkeit zitiert hier Kafka im Brief an Felice Bauer nur die Stelle eines Briefs, den Theodor Fontane seinerseits an eine Freundin schrieb.

Der Tod ist ... Deutschland: Zitat aus Paul Celans ›Todesfuge‹. 291

Jonny Buchardt: Deutscher Volkshumorist der 70er Jahre.

292 *Faust I:* »Christ ist erstanden« und »Die Erde hat mich wieder«.

299 *Nonplusultra – Sinequanon:* Hier halbunsinnig verwendet.

300 *David Hamilton:* Zeitgenössischer Teenager- und Modefotograf.

301 *Ich fordere den Leser auf …:* Halbzitat aus Dostojewskis ›Der Jüngling‹. Vgl. ›Die Vollidioten‹, S. 13.

302 *Fiume:* Jugoslawische Hafenstadt. Anspielung auf Italo Svevo.

305 *Antinomie von Recht:* Fiktiv. E. H. hat nie dergleichen geschrieben.

306 *Goethesche »Und wenn …«:* Korrektes Zitat aus Goethes ›Wilhelm Meister‹.

Mezzopiano: Halbleise. Der »Kavaliersbariton« kehrt wieder in der Gestalt des F. Knitter in der Erzählung ›Franz Kafka verfilmt seinen Landarzt‹ in ›Roßmann, Roßmann …‹, 1982.

308 *Come una Madonna:* Wie eine Madonna. Vorwegnahme eines späteren Romanmotivs. Vgl. S. 494.

Altkommunisten Alwin Streibl: Epische Antizipation des Alwin Streibl aus der ›Mätresse‹, wo Streibl zur Hauptperson avanciert.

Fischer … Kortschnoj … Karpov: Führende Schach-Großmeister der 70er Jahre.

Drachenvariante: Spielart der Sizilianischen Verteidigung.

Cherchez la femme: Suche die Frau.

309 *Göteburger Variante:* Spielart der Sizilianischen Partie.

Christopher Isherwood: In dem Roman ›Leb wohl, Berlin‹.

O Susanna, wie …: Anspielung sowohl auf den Schlager wie auf ›Hochzeit des Figaro‹: »O Susanna, wieviel Schmerz du mir machest«. Vgl. 3. Romanteil, S. 463/64.

310 *Müde Hoffnung:* Zitat aus Eichendorffs Gedicht »Damals ganz zuerst am Anfang«. Versteckte Eichendorff-Zitate finden sich dann vor allem in der ›Mätresse‹.

313 *Ich führte mich relativ gut auf:* Zitat aus ›Zeno Cosini‹.

Bald prangt …: Zitat aus der ›Zauberflöte‹ von Mozart.

Zwei Schwestern: Aloysia und Constanze Weber, nachmalige Mozart.

Eichendorff ... großen Glück: Ungenaues Zitat aus dem Gedicht ›Schöne Fremde‹. 314

Mailuft wogte ...: Halbzitate aus G. Flauberts Roman ›Madame Bovary‹.

Tosca: Von Puccini.

Nietzsches bekanntes ...: »Wenn du zum Weibe gehst, vergiß die Peitsche nicht«. 315

Come se fosse l'ultima ora del nostro amor: Und wenn es die letzte Stunde unserer Liebe wäre. Vgl. E. H., ›Verdi ist der Mozart Wagners‹, 1979. 318

Con slancio: Mit Schwung – Verdis Vorschrift bei dieser Tenorarie.

Bums, da fiel die Lampe um: Wahrscheinlich aus einer neueren Operette. 319

Trojanerinnen: Seinerzeitiger Fernsehfilm von Walter Jens. 321

Mußte man da nicht ... quietschen vor Entzücken: Zitat aus Dostojewskis Roman ›Die Dämonen‹. 322

Freudschen Konnex: Freuds immer wieder variierte These, Kultur baue sich auf Triebunterdrückung bzw. Triebverzicht auf. Thematisiert auch durchgehend und expressis verbis in der ›Mätresse des Bischofs‹. 323

Wie der Engländer sagt: to spend. 324

George Bernard Shaw: Anspielung auf Shaws Wort, jeder anständige junge Mensch sei einmal Revolutionär gewesen.

Erich Mende: Deutscher Politiker. Trat von der FDP zur CDU über.

Aida-Finale: »O terra, addio ...«. Vgl. ›Die Mätresse des Bischofs‹, Romanfinale. 328

Erziehung Susannes: Das Motiv der »Erziehung« ist von Italo Svevo zitatadaptiert, v. a. aus dem Roman ›Zeno Cosini‹. 329

Jenem italienischen Roman: ›Zeno Cosini‹.

Rien ne va plus: Nichts geht mehr. 330

Une Automate! Une Automate!: Zitat aus J. Offenbachs ›Hoffmanns Erzählungen‹. Vgl. S. 285 und S. 359.

Mi sento morir: Floskel aus zahlreichen italienischen Opern: Ich glaube, ich sterbe. Vgl. E. H., ›Das Ohimè und Ahimè‹ im Opernführer ›Verdi ist der Mozart Wagners‹, 1979.

331 *Médisance:* Lästerung, Verleumdung.

332 *Alice Schwarzer:* Deutsche Feministin, ehemalige ›pardon‹-Kollegin von E. H.

Toujours … à tout prix: Immer … um jeden Preis.

Germaine Greer: Amerikanische Feministin. Autorin von ›Der weibliche Eunuch‹.

Montherlant: Im Roman ›Erbarmen mit den Frauen‹.

334 *Königin der Nacht:* Figur aus der ›Zauberflöte‹ von Mozart.

337 *Die laue Nacht … ff:* Halbzitate aus Flauberts ›Madame Bovary‹.

338 *Annelies Kupper:* Deutsche Sopranistin.

Ariadne-Arie: Aus der Oper ›Ariadne auf Naxos‹ von Richard Strauss.

339 *Angefeuerter Franz Josef Strauß:* Strauß soll in der Nacht der Kuba-Krise 1962 volltrunken gewesen sein.

340 *Savoir vivre:* Lebenskunst. Thematisiert auch in den beiden anderen Trilogie-Romanen, vor allem in Gestalt diverser »Privatiers«.

Hamlets Sein …: Aus dem großen Hamlet-Monolog.

342 *Ach, das Leben …:* Halbzitat aus Jean Pauls Roman ›Titan‹.

344 *Schwarz vom Unglück …:* Zitat aus einem Kafka-Brief an Felice Bauer.

346 *Sokratisch-teiresiatisch:* Anspielung auf den Seher Teiresias und auf den »Weisen« Sokrates.

347 *Gerontologie:* Greisenkunde.

348 *Visio beata:* Seligkeitsanschauung: Begriff aus der katholischen Theologie. Hier: Glücksvision.

Blödsinnig vor Schläfrigkeit: Halbzitat aus einem Kafka-Brief an Felice Bauer.

Affaire d'amour: Liebesaffaire.

350 *Induktion und Deduktion:* Wissenschaftliche Verfahrensweisen, hier

vollkommen unsinnig verwendet. Vgl. den modellidentischen Text ›Sein und Wesen‹ in ›Ein scharmanter Bauer‹, 1980.

Black-Power-Leute: Militante Negerbewegung in den USA der 70er Jahre. 351

Neapolitanische Canzone: Genauer Titel »Core 'ngrato« – undankbares Herz; motivisch zentral verwendet auch in ›Die Vollidioten‹ sowie in der ›Mätresse‹. 354

Finito d'amor: Ende der Liebe.

Final-Allegretto: Musikalisch: bewegter Schlußsatz.

Hilfstruppe: Anspielung auf Dostojewskis Roman ›Der Idiot‹, in dem anläßlich eines großen Menschenauflaufs von einer solchen »Hilfstruppe« die Rede ist. 355

Der alte Possenreißer: Wörtliche Anspielung auf den alten Karamasoff in Dostojewskis Roman ›Die Brüder Karamasoff‹ (Kapiteltitel). 356

Banalolitas und La Triviatas: In Anlehnung an ›Lolita‹ (Nabokov) und ›La Traviata‹ (Verdi). 357

Den makabren Vergleich: F. J. Strauß' Apo-Tiere-Identifikation aus dem Jahr 1969. 358

Automaten: Siehe Anm. zu S. 330. 359

Trinculo: Figur aus Shakespeares ›Der Sturm‹. 360

Lesbisch, lesbisch ...: Wahrscheinlich aus einer Operette. 362

Cameliendame: Anspielung auf V. Hugo und G. Verdi (La Traviata, s. S. 357). 364

Eines strahlenden Kopfwehs: Zitat aus einem Brief Kafkas an Felice Bauer. 366

Vor die Hunde gegangen: Anspielung auf Kafkas ›Forschungen eines Hundes‹.

Max Brod: Bezogen auf dessen Kafka-Buch.

Nicht ganz frei war ...: Anspielung auf Kafkas Verhältnis vor allem zu Felice Bauer.

Männlichem Imperialismus: Die Kampf-Formel »Male Chauvinism« der amerikanischen Frauenbewegung der 70er Jahre. Vgl. ›Die Vollidioten‹, S. 40.

367 *Geschichte dieses glänzenden Handelshauses:* Zitat-Anspielung auf den Titel eines Kapitels von Svevos ›Zeno Cosini‹.

368 *Gebrauchswert …:* Zitat aus ›Das Kapital‹ von Marx.

369 *Nil admirari:* Sich über nichts wundern. Stoiker-Maxime.

370 *Strohblonden Heino-Kopf:* Gemünzt auf den deutschen Schlagersänger Heino.

371 *Jean Marais:* Französischer Filmschauspieler.

372 *Steinitz, Capablanca, Bronstein, Tal:* Berühmte Schachspieler.

Gefühl der Humanität: Kant-Zitat. Vgl. K. Vorländer, ›Kants Leben‹.

374 *Döpfner … Graber …:* Bayerische Bischöfe von München und Regensburg. Beide finden indirekt in der ›Mätresse‹ wieder Verwendung.

377 *Das bekannte Brentano-Wort:* Aus dem Gedicht ›Sprich aus der Ferne‹.

378 *Dulcinea:* Chimärische Frauenfigur aus Cervantes' ›Don Quixote‹.

383 *Sic transit gloria mundi:* So vergeht der Ruhm der Welt.

386 *Cum grano salis:* Mit einem Körnchen Wahrheit.

387 *Warenzirkulation:* Marxscher Terminus, in den 70er Jahren popularisiert.

Pudel … Neufundländer: Anspielung auf den im Büro gastierenden Hund im analogen Kapitel von Svevos ›Zeno Cosini‹.

Bürstel: Bayrisch: koitieren. Vgl. »Bürstel Karin« in ›Dolce Madonna Bionda‹, 1983, und ›Roßmann, Roßmann …‹, 1982.

389 *Ketten der Sexualität:* Halbzitat aus Schopenhauer.

390 *Bell' Adorata:* Schöne Angebetete: Zitat aus ›Don Carlo‹ (Verdi).

Nome amato: Geliebter Name: Zitat aus der Gilda-Arie aus Verdis Oper ›Rigoletto‹.

394 *Proustisch:* Anspielung auf M. Prousts Erinnerungstechnik (»Madeleine-Erlebnis«). Vgl. Beginn des Romans ›Die Mätresse des Bischofs‹, S. 10.

Im Stil eines Mannes: Zitat aus dem analogen Büro-Kapitel von ›Zeno Cosini‹.

O mein Papa: Schlager aus den 50er Jahren.

Der alte Hexenmeister: Beginn von Goethes Ballade ›Zauberlehrling‹. 395

Vom Baume schütteln: Gemeint: vom Zaune brechen. 396

Ich werde heute nacht …: Travestie der Worte Christi am Kreuze. 397

Die Todesfuge: Gedicht von Paul Celan. Vgl. S. 291. 399

Der typisch Schopenhauersche Wille …: Nicht ganz ernst gemeinte An- 400
spielung auf Schopenhauers ›Welt als Wille und Vorstellung‹. Die Schopenhauer-Motivik kehrt verstärkt wieder in ›Die Mätresse des Bischofs‹.

Beethovens Les-Adieux-Sonate: Die »Lebewohl«-Sonate op. 81a in Es-dur beginnt mit der Tonfolge g-f-es. Vgl. S. 225.

Wohlauf die Luft …: Studentenlied, Text: V. v. Scheffel. 401

Roll me over: Amerikanisches Folklorelied.

Der Pole trinkt galant …: Aus Millöckers Operette ›Der Bettelstudent‹. Vgl. ›Die Vollidioten‹, S. 40.

Die Majestät …: Trink-Couplet aus der ›Fledermaus‹ von Johann Strauß.

Libiamo, libiamo: Trinklied aus Verdis Oper ›La Traviata‹.

Pietà: Darstellung Mariä mit Jesu Leichnam auf dem Schoß, z. B. bei 402
Michelangelo. Vgl. S. 457.

Bild-Zeitung: Meldung vom 19. 6. 1975. 403

Lieblinge der Nation …: Wörtlich wiedergegebene dpa-Meldung aus 408
dem Jahr 1965. Der hier erwähnte Produzent W. Rademann zeichnete 10 Jahre später für die ›Schwarzwaldklinik‹ verantwortlich.

Naturgemeinheit … Intellektualinfamie: Leicht parodiertes Vokabular von 409
Thomas Bernhards Romanen. Vgl. 3. Romanteil, wo die Bernhard-Stilparodien stellenweise zunehmen.

Freund Clemens Brentano …: Siehe S. 377.

Marcuses »großer Weigerung«: Nonsens-Anspielung auf die bekannte 410
Parole des Philosophen Herbert Marcuse der 70er Jahre. Vgl. S. 257.

415 *Non temer, amato bene:* Konzertarie für Sopran von Mozart. Sie wird im 3. Romanteil nochmals als Motiv aufgegriffen (S. 488).

Leise rieselt der Schnee: Deutsches Volkslied.

In dulci jubilo: Barockes Weihnachtslied.

419 *Crescendo:* Anwachsende Stimme.

Con brio: Feurig.

423 *Freuds Wille...:* Vgl. Sigmund Freud, ›Totem und Tabu‹ u. a. Popularisiert wurde die »Vaterlose Gesellschaft« durch Aufsätze von A. Mitscherlich.

Ökologischen Krise: Umweltskrise, Modethema der 70er Jahre.

426 *Steinernen Gasts:* Anspielung auf Mozarts Oper ›Don Giovanni‹.

427 *Des »Spiegel«:* Gemeint ist das deutsche Nachrichtenmagazin.

431 *Mixed-Media:* Terminus aus der Medienindustrie der 70er Jahre. Motiv auch massiert in der ›Mätresse des Bischofs‹, 4. Teil.

432 *Mit Brecht zu reden:* Lied der Polly aus der ›Dreigroschenoper‹.

Ins Zwielicht geratenen Staatsminister: Die Heubl-Affaire aus dem Jahr 1976. Betraf u. a. dessen Unfallflucht in alkoholisiertem Zustand.

Das kaum für anderer Leute Ohr...: Anspielung an Kafkas Kurzprosa ›Gib's auf‹. Vgl. dazu auch: E. H.: ›Roßmann, Roßmann...‹, 1982, S. 137.

Capriccio: Heiteres musikalisches Spiel.

436 *Miles Davis:* Amerikanischer Jazz-Trompeter.

Fräulein Birgit Majewski: Figur aus ›Die Vollidioten‹.

Flaubertgleich: Anspielung auf Gustave Flauberts episches Prinzip des »mot juste«.

Memory: Erinnerung; hier: Vorwegnahme von A. Leobolds Tod.

Im Sinne Freuds: Vgl. S. 130, 13.

Geschlagen zwar, doch nicht vernichtet: Zitat-Anspielung auf Hemingway. Vielfach zitiert und variiert dann in der ›Mätresse des Bischofs‹.

437 *Schafkopf, Watten ... Dreck:* Deutsche Kartenspiele.

Freund Hein: Der Tod. 438

Gasthaus des Tenors …: ›I Due Foscari‹ in Busseto bei Parma. In Wirklichkeit unternahm E. H. eine solche Reise dorthin erst 1977. 439

Malermeister Strauch: Anspielung auf die Hauptfigur von Thomas Bernhards ›Frost‹. 440

Elfentanz … Mittsommernachtstraum: Anspielungen auf Shakespeare und Mendelssohn. 444

Das Andere …: Anspielung auf Max Horkheimer. Vgl. S. 272.

Campill: Dorf in den Dolomiten. Nochmals aufgesucht in ›Die Mätresse des Bischofs‹. 446

Fiorenza: Anspielung auf das durchgehende Toscana-Motiv der Trilogie, die auch in Florenz schließt.

Fausto di, oh gioia: Glücklicher Tag, o Freude. Zitat aus Verdis Oper ›Don Carlo‹.

Tegernsee im »Bräustüberl«: Berühmtes Bierlokal. 447

Während sich der Hut noch eine Weile: Zitat aus einem Nabokov-Roman. 448

Ah che bell' aria fresca: Ah, welch schöne frische Luft. Zitat aus der neapolitanischen Kanzone ›I' te furria vasa‹. 449

Hölderlin … edelmütig: In dem Gedicht ›Mnemosyne‹ (vgl. Motto S. 571). 450

Vernichtung war der Naturzweck: Zentrales Zitat-Motiv der Romane von Thomas Bernhard. 451

Heraklitmäßig: Panta rhei – alles fließt. 452

Am Gardasee … Riva: Vgl. Anm. zu ›Die Vollidioten‹ S. 129. Die Erzählung ›Franz Kafka verfilmt seinen Landarzt‹ (in: ›Roßmann, Roßmann …‹, 1982) spielt partiell in Riva. 453

St. Ulrich: im Grödnertal. 454

Seiser Alm: Größte europäische Alm. Zwischen Gröden und Bozen.

Langkofel: Berühmter Dolomiten-Berg.

Seceda: Bergmassiv im Grödnertal. 455

Nach den Gesetzen Hegels: Allgemeine Anspielung auf Hegels Dialektik.

Italo Svevo: Zitat aus ›Zeno Cosini‹.

456 *O dolce notte, scendere:* O süße Nacht, steig hernieder. Zitat aus Verdis Oper ›Ein Maskenball‹.

Ah! non lasciarmi: Ach, verlaß mich nicht. Zitat aus Mozarts Oper ›Don Giovanni‹.

L'ora fatale è suonata: Die Stunde des Schicksals hat geschlagen. Zitat aus Verdis ›Don Carlo‹.

457 *Dolorosa:* Die Schmerzensreiche. Vgl. das Motiv der Lacrimosa und das der Pietà in diesem Roman S. 402.

Caro mio ben: Mein sehr Geliebter. Das berühmte Lied von Giordano.

458 *O gaudio sopremo:* O höchste Freude. Zitat aus Verdis Oper ›Don Carlo‹.

Ah no, no, no pianger, corragio: Nicht weinen, Mut! Zitat aus einem italienischen Emigrantenlied.

Va bene, va benissimo: Gut, sehr gut. Halbzitat aus ›Don Giovanni‹.

Hemingway: Berühmt für seine kurzen, kunstlosen Sätze. Vgl. ›Die Mätresse des Bischofs‹, wo das thematisiert ist.

459 *Seattle:* Stadt an der amerikanisch-kanadischen Grenze.

Pertisau: Dorf am Achensee in Tirol.

463 *Und würdevoll trumpfte er…:* Zitat aus Dostojewskis Roman ›Die Dämonen‹, dort bezogen auf S. Trofimowitsch.

464 *O Sabina, Sabina, quanta pena mi costi:* Wieviel Schmerz du mir kostest. Zitat aus ›Figaros Hochzeit‹ von Mozart. In Wirklichkeit: »O Susanna, Susanna…«.

Alois: Hans Eckhard Alois Henscheid.

Der Wald rauschte immerfort: Topos aus Eichendorffs Prosa. Vgl. ›Mätresse‹, S. 260. Das Motiv des immerfort Rauschenden findet sich verstärkt wieder in ›Dolce Madonna Bionda‹, 1983.

465 *Sterngekränzt:* Halbzitat aus Brentano: »Sterngeschlossener Himmelsfrieden«.

460 *Vernichtung und Verwesung:* Anspielung auf Thomas Bernhards Prosa.

Französische Verteidigung: Vgl. ›Mätresse‹, S. 379. Die folgende Partie ist inzwischen in einem Spiele-Buch von Eugen Oker abgedruckt – neben einer Partie von Capablanca gegen einen damaligen Billardweltmeister.

Der Welt melden Weise nichts mehr: Zitat aus dem Nornenvorspiel von R. Wagners Oper ›Götterdämmerung‹. 467

Spassky ... Fischer: In der ersten Turnierpartie 1972 nahm Fischer den Bauern auf h2 und verlor die Partie.

Aljechin ... Tartakower: Berühmte Schachspieler der Vorkriegszeit. 468

Nur das Vernünftige ...: Berühmtes Hegel-Zitat. Vgl. Hegel-Anekdoten in E. H.: ›Wie Max Horkheimer einmal sogar Adorno hereinlegte‹, 1983. 469

Luis Trenker: Südtiroler Bergsteiger und Faktotum.

Faustsche Schlafverjüngung: Anspielung auf den Beginn des Zweiten Teils von Goethes ›Faust‹.

Seerose: Lokal in München-Schwabing. 473

Kaisergarten: Lokal in München-Schwabing.

Smorzando: Sterbend. 474

Humbert Humbert ... Lolita ...: Anspielungen auf ein Zitat aus V. Nabokovs Roman ›Lolita‹. 476

Licht meines Lebens ...: Zitat aus ›Lolita‹. 477

Gottes vermutlich auserwähltem Sohn ...: Anspielung auf das nun durchgehende Leoboldsche Ecce-homo-Motiv.

Hing ein Herrgott: Das Ecce-homo-Motiv des 3. Romanteils. 479

Die Spur von seinen Erdentagen ...: Zitat aus Goethes Faust II. Vgl. S. 209. 481

Verschleppungen und Verschlampungen ...: Zitat aus Thomas Bernhards Roman ›Korrektur‹. 482

Honnef: Deutsche Stipendien-Förderung. 484

Freudisch: Gemeint ist der berühmte Freudsche Versprecher.

Advent: Das Erlöser-Motiv Alfred Leobolds. 485

Beamtenmäßig Robustes: Anspielung auf Kafka und manche seiner Prosa.

487 *Voi che entrate:* Zitat aus Dantes ›Göttlicher Komödie‹: »Ihr, die ihr hier eintretet, laßt alle Hoffnung fahren«.

488 *Non temer, amato bene:* Vgl. Anm. zu S. 415.

490 *Dunkel ist das Leben, ist der Tod:* Zitat aus G. Mahlers ›Lied von der Erde‹. Vgl. ›Die Vollidioten‹, S. 132 ff.

Man sterbe, wann man will: Zitat aus Jean Pauls ›Titan‹.

Realitätsverweigerungssekretäre ...: Halbzitate aus Thomas Bernhard.

491 *Peter Nidetzki ... Peter Hohl:* Um 1974 Mitarbeiter von Zimmermanns ZDF-Sendung.

493 *Eine Melodie:* Vgl. Anm. zu S. 225 und S. 400.

494 *Tu come ...:* 2. Strophe der Canzone ›Chiove‹. Vgl. S. 308 und 354.

Jesus, was für ein Regen ...: Kurzübersetzung der Canzone.

498 *Oh lasciate mi morir:* Zitat aus einer altitalienischen Arie.

504 *Ah, Don Alfredo:* Zitat aus Verdis Oper ›La Traviata‹.

Io Tedesco ... bene Amici: Ich Deutscher ... Gute Freunde.

506 *Carusello durstico:* Italienischer Eigenbau: Durstiges Karussell.

507 *Bateau ivre:* Das Trunkene Schiff. Titel eines Gedichts von Rimbaud.

510 *Muhammad Ali:* Schwergewichts-Boxer der 60er und 70er Jahre.

Katsche Schwarzenbeck: Vorstopper von Bayern München und Weltmeister 1974.

515 *Ich verfasse ... diese Schrift aus Rache:* Halbzitat aus dem Vorwort von Svevos Roman ›Zeno Cosini‹.

520 *Sona Chitarra:* Töne, Gitarre. Zitat aus einer neapolitanischen Canzone.

521 *Père Noble:* Edler Vater. Die den Roman durchziehenden Dutzende von Titulierungsvarianten Hans Duschkes gehen auf das Kapitel »Der alte Possenreißer« in Dostojewskis ›Die Brüder Karamasoff‹ zurück.

Rastelligleich: Rastelli: italienischer Zauberkünstler. 523

Dr. Aingler: In Wirklichkeit Dr. Heinrich Aigner, MdB aus Amberg. 525

Ah! Sii maledetto!: Sei verdammt! Zitat aus italienischen Opern, z. B. Verdis ›Rigoletto‹. 528

Vater Moor: Aus Schillers ›Die Räuber‹. 529

Ich verkünde dir große Freude usw.: Halbzitat aus der Bibel. Vgl. ›Mätresse‹, S. 366–377, wo auch andere Teile der Latternschen Rede als halbes Selbstzitat wiederaufgegriffen werden. 531

Denn es gehet dem Menschen ... Vieh: Zitat aus den Sprüchen Salomonis.

Suscipiat dominus: Aus der katholischen Liturgie: Der Herr nehme das Opfer an.

Wenn alle untreu werden: Pfadfinder-Fahrtenlied.

Ecclesia sancta: Heilige Kirche.

Nostr' alme condannate: Unsere Seelen sind verdammt. Zitat aus Verdis ›Don Carlo‹. 535

Mezza voce: Mit verhaltener Stimme. 538

Heilignüchtern ... Hölderlin: Zitat aus Hölderlins Gedicht ›Hälfte des Lebens‹. 539

O bleib, geliebter Tag: Zitat aus R. Strauss' Oper ›Daphne‹.

Finalstretta: Kurzer, effektvoller, schneller Schluß. 542

Addio, Don Alfredo, fa core: Ade, Herr Alfred; nur Mut. Zitate aus Verdis ›La Traviata‹. 543

Mozarts Lacrimosa: Aus dem Requiem.

Wie Tränenschimmer ... verklärten: Erweitertes Zitat aus Millöckers ›Der Bettelstudent‹.

Ein verletztes Haupt ... verschwindet: Zitat aus Jean Pauls Roman ›Titan‹.

Systole und Diastole: Einatmen und Ausatmen. Goethesche Termini. 544

Schmetterling, aller Wesen gute Nacht: Zitat aus einem Gedicht von Nelly Sachs. 546

Die idealische Stille: Zitat aus Jean Pauls Roman. 547

548 *Saint du Mal:* Böser Heiliger.

Wütend … Sanftheit … Güte: Halbzitat aus Svevos Roman ›Senilità‹; wiederaufgegriffen in der ›Mätresse‹, S. 303.

549 *Max:* Herz-König beim Watten.

550 *Con bravura e sentimento:* Mit Bravour und Gefühl.

Das Leben macht zu weich, zu hart: Zitat aus Jean Pauls ›Titan‹.

553 *Finis Operis. Zirngiebl fecit:* Ende des Werks. Zirngiebl hat es gemacht.

554 *Lieber Hölzenbein:* Vgl. ›Die Vollidioten‹, S. 163 ff.

Gerold Tandler: CSU-Generalsekretär der 70er Jahre.

Albins Gegengambit: Schach-Eröffnung.

555 *Insuffiziente Suicidversuche:* Ungenügende Selbstmordversuche.

556 *Der herrliche Dulder:* Zitat aus Homers ›Odyssee‹, bezogen auf Odysseus. Vgl. ›Die Vollidioten‹, S. 138.

Chevalier infernal: Höllenfürst.

Ecce homo: Seht, welch ein Mensch. Bibelzitat und Nietzsche-Titel.

557 *Es war vollbracht:* Christi Worte am Kreuz.

559 *Rücktritt von Willy Brandt:* Im Mai 1974.

571 *Che m'ha rubato:* Der mir meinen Liebsten geraubt hat, und er kehrt nie zurück. Zitat aus einem italienischen Auswandererlied.

L'amico infelice …: Aus einer altitalienischen Arie.

Antigone … Sophokles: Dort zentral das Motiv der Pietät Toten gegenüber.

572 *Intellektualgegengesinnung:* Halbparodie des Vokabulars von Thomas Bernhard.

Dorme, Firenze … dorme o mare: Zitate aus zwei italienischen Canzonen: Schlafe, Florenz; schlafe, Meer, rufe, rufe.

La vita è inferno: Das Leben ist die Hölle. Zitat aus Verdis Oper ›Macht des Schicksals‹. Vgl. ›Mätresse‹, S. 506.

Te voglio …: Kleine Montage aus zwei Canzonen: Dich mag ich, dich mag ich sehr, du bist die Liebe.

Te voglio: Aus der italienischen Canzone ›Passione‹: Dich mag ich, dich fühle ich, dich rufe ich, dich denke ich. 573

Jean Paul: Aus ›Titan‹.

L'amore d'Alfredo: Zitat aus Verdis ›La Traviata‹: Die Liebe Alfreds fehlt mir.

Maria Farantouri: Griechische Folklore-Sängerin, Interpretin von Mikis Theodorakis.

Dash: Deutsches Waschmittel.

Hütet euch: Schlußzeile aus Eichendorffs Gedicht ›Zwielicht‹, das den Roman als Motto eröffnet. 574

EDITORISCHE NOTIZ

DIE VOLLIDIOTEN wurden, wie seinerzeit vielfach berichtet, 1971/1972 »im Auftrag der Leser« geschrieben und im Frühjahr 1973 als Subskriptionsbuch im Selbstverlag veröffentlicht: im miserablen Kleid eines Papp-Klebebands einer Amberger Druckerei – erst in der schon beschlossenen und beinahe fertigen »Trilogie«-Gestalt erschienen sie Anfang 1978, unverändert, aber vermehrt durch die Zeichnungen von F. K. Waechter, in ordentlicher und sogar recht schöner Buchgestalt.

Die »aparte Idee« *(Frankfurter Rundschau)* der Vorfinanzierung durch noch etwas unklare Leserschaften, vor allem wohl durch die Romangestalten und ihr personales Umfeld selber, war, wie z. B. die *Welt* damals leis spottete, tatsächlich gar nicht so neu und revolutionär, wie sie da und dort verstanden wurde; sie verstand sich vielmehr genaugenommen von Anfang an vor allem aus jener Not geboren, die manchmal aus sich selbst eine Tugend macht: 1972/73 hätte sich, das wurde inzwischen dutzendfach beschrieben und sogar bewiesen, kaum ein herkömmlicher Verlag für die Veröffentlichung dieser forciert altmodischen und darum neuartig wirkenden Romanprosa gefunden.

Erst mit dem 1978 ff. rasch steigenden, ja vielfach wohl blendenden Erfolg des Buchs meldete sich allerlei Verlags- und Taschenbuchverlagsinteresse; vielfach jener Häuser, die vorher partout nicht wollten oder gewollt hätten. Man sollte sich allerdings nicht täuschen: Einen wirklichen Richtungs-, Geschmacks- oder gar literarischen Paradigmenwechsel bezeichneten die zentralen Werke der sogenannten Neuen Frankfurter Schule wie dieses mitnichten. »Die Vollidioten« wurden zwar – ähnlich wie etwa »Arnold Hau« – verehrt, adaptiert, imitiert und z. T. gründlich mißverstehend kopiert – spätestens mit den neunziger Jahren des letzten Jahrhunderts geht jedoch alles im alten Trott des waltenden Neo-Biedermeier, letztlich im Literatur- und speziell Romanverständnis der fünfziger Jahre, weiter. Und eben wieder retour.

Legendenbildend war der »Vollidioten«-Roman von Anfang an bzw. er schleppte die diversesten Legenden mit sich. Im Trilogie-Kommentarband von 1986 ist genauer nachzulesen, wieweit z. B. die Sache stimmt, daß durch den romanlichen Appell an den damaligen Bundestrainer Schön, den Frankfurter Bernd Hölzenbein in die damalige Nationalelf zu berufen, der Trainer wirklich erreicht wurde; mit der Folge, daß kraft Hölzenbeins elfmetererzwingender »Schwalbe« Deutschland 1974 Fußballweltmeister wurde – erstmals durch einen Roman also; Thomas Manns »Krull« schaffte das 1954 nachweislich noch nicht, ja sein Autor kriegte, via Tagebücher gleichfalls nachweislich, vor lauter Züricher Altersabsenz nicht einmal den Berner Endspieltermin mit. Ein kulturpolitisches Novum also, von dem Schön freilich auch post mortem bis heute gar nichts weiß? Hölzenbein, in einer TV-Sendung von 1993, schloß immerhin die Möglichkeit nicht ganz aus.

Eher dürfte aber schon wahr oder jedenfalls plausibel sein, was der *Spiegel* dreizehn Jahre später (4/1987) schrieb: daß die Nebenfigur des damaligen Frankfurter Kulturdezernenten Hilm. Hoffmann keineswegs mit seinen seichten politischen »Kultur für alle«-Labereien und Goethepräsidentschaften, sondern durch jenen Roman »zu den Unsterblichen aufgestiegen« sei. Weniger gilt das für die Nebenfigur des auch sonst kunst- und erinnerungsträchtigen Alfred Edel sel.; und der Fall der Nebenfigur D. Cohn-Bendit: er ist in der Wirklichkeit wie im Buch gleich unerheblich.

»Die Vollidioten« wurden seit 1973 insgesamt zu sehr als Bier- und Kneipenverherrlichungsroman rezipiert, als Epiphanie eines chaotisch-rumtreiberischen Lebensgefühls; ziemlich falsch auch als Kultbuch und schon völlig falsch als »Szenebuch« (in Ton und formalem Gestus waren sie ja exakt kontrapunktisch gegen diese sogenannte Szene oder Scene und ihre Jargons und Lieblingsattitüden gewirkt); auch, etwa von der *Stuttgarter Zeitung* Jahrzehnte später, als Kanonbuch des »Milieus« und seiner »Strahlkraft«, der

der Alternativkultur und ihres noch die Literatur einsaugenden »Lifestyle«. Andererseits da und dort, zum Beispiel vom *Rheinischen Merkur* (und da aus naheliegenden strategischen Motiven), wiederum umgekehrt allzu dezidiert als »politischer Roman«, nämlich primär als desillusionierte Abrechnung mit den Achtundsechzigern und der Studentenbewegung. Nicht ganz falsch, aber übertrieben wäre und war auch diese Lesart.

Mit den frühesten Formationen der etwas später sogenannten Sponti-Bewegung hatten die »Vollidioten«, wie ähnlich das Großwerk der »Welt im Spiegel«, allerdings tatsächlich einiges zu tun. Und umgekehrt.

Was 1970 ff. mit den ersten Plänen und Notizen und sodann 1973 so mühvoll und kurven- und auch rückschlagreich anhob, das hielt sich dann aber, so oder so, zum Ausgleich schon genau dreißig Jahre lang recht frisch und offenbar überlebensfähig. Ein Redakteur der *Welt* wollte noch 2002 den Roman in seinen persönlichen Jahrhundert-Kanon deutscher Epik aufgenommen wissen; der *Playboy* akkordierte schon drei Jahre zuvor: »Ein Jahrhundertroman«; und bereits 1973, anläßlich der Erstausgabe, hatte Herbert Rosendorfer, darin ja eigentlich Konkurrent, in dem Trilogie-Debutwerk »den komischsten Roman seit 1945« behuldigt.

GEHT IN ORDNUNG – SOWIESO – – GENAU – – –, geplant zuerst als Hörspiel ab 1974, niedergeschrieben 1975/76, veröffentlicht (vorerst ohne die Zeichnungen von Robert Gernhardt) um die Jahreswende 1976/77, dürfte wohl der falschestgelesene, bestenfalls teilrichtig gelesene, unter den Romanen des Verfassers sein – aus dem nämlichen Grund war er wohl der erfolgreichste, der legendärste und abermals legendenbildendste. Grob geschätzte zwei Drittel der Leser lasen bloß Suff und (sekundär) Sexualquatsch aus ihm heraus, buntes, ungefüges, vulgäres und bestenfalls romantisch »verworrenes« (Jean Paul, der Mottogeber) Treiben nach Maßgabe der schon vor ihrem Start allerlei diffuse Erwartungen weckenden siebziger Jahre; im Einzelfall etwas Kapitalismuskritik in der Art der fast totalitär dominierenden Literatur der Zeit; zumeist aber nur stark euphemistische romanliche pro-domo-Bestätigung eines eigenen euphorisch halbverklärten Lebensabrisses; kaum die simultane Kritik dieses Lebensgefühls; eines sozusagen relaxten jenseits der moralischen Rigidität der noch nachwirkenden sechziger Jahre mit ihrer Studentenbewegung und ihrer eingebildeten spätmarxistischen Revolte.

Wenig, scheint's, wurde zumindest zu Beginn an solchen ja tatsächlich wirksamen Hintergrunds-Implikationen mitgelesen – geschweige denn die Kunstgestalt des Romans, sich konstituierend etwa aus Eichendorff-, Dostojewski- und Romantiker-Zitaten und Tonfall-Anspielungen; oder etwa die Übernahme der speziellen Italo Svevoschen »Zeno Cosini«-Romanstruktur, ihres vormals (1928) neuartigen Durchbrechens des linearen Erzählens zugunsten eines komplex-perspektivischen.

Mühen gab es auch schon im Terminologischen. Ein »satirischer Roman«, wie die *FAZ* 1977 befand, ist der Mittelband der Trilogie sicherlich gerade nicht – ebenso wie das von mehreren Rezensenten schnell gezogene und damals wie noch heute probate Schildchen »Provinz« im meist lobend gemeinten Sinne einer alt-neuen Romanthematik, der Restauration eines Interesses von besonderer Dignität nicht besonders triftig ist. Wenn auch nicht gänzlich unrichtig und irrelevant. Beschwer machte meist auch das offenbare Neben- und Ineinander von Spaß und Beklemmung (die »Betroffenheit« war auch zu hören, war aber damals schon verboten). »Kichersalven zur Lage der Nation« (*FR*-Rezension 1977) wurden als ihre letzte Echostation vom Autor ebenfalls nicht unbedingt gerne gehört – noch ungerner freilich das längst gemeinplätzig im Hals steckengebliebene Lachen.

Die metaliterarische, abermals arg kultische Famabildung rund um den Roman war dagegen insgesamt so übel nicht, trug manchmal rührende und übers pur Sympathetische durchaus wünschenswerte Züge: ob es sich da um Trierer Fan- und Expertenclubs handelte mit romanbezüglichen Fragekatalogen von 20 Punkten, von denen der Roman-Verfasser auf Anhieb selber nur 12 beantworten konnte; oder um »Alfred Leobold« benannte VW-Käfer in

Nürnberg; oder um Kölner Kunstpostkarten mit ANO-Teppichladen-Motiven. Zumal der Buchtitel wurde damals sprichwörtlich, fast wie Volksgut. Sei's als Kneipenname, sei's als wörtlich übernommene Werbung der Firma Siemens-Nixdorf (Geobit, Fachmesse für Informationssysteme, Leipzig 1998), sei's als Kommentar von Hanns Joachim Friedrichs in der ZDF-Sportschau ca. 1979: »Geht in Ordnung, sowieso, genau!«

Buchverständnisfördernd war und ist derlei nur in Maßen. Insgesamt blamierten sich Germanisten und Rezensenten an ihm, dem Roman, gehörig, ja ungehörig. Ausnahmen gab es, bei Kritikern wie bei lesenden Kollegen. Wiederum Herbert Rosendorfer artikulierte in *Rogners Magazin* bei diesem trilogiezentralen Tripelroman die seines Erachtens neuartige, fast noch singuläre Erfassung einer allerdings schwer begrifflich zu fassenden aktuell-futuristischen infantilen »Plastikwelt«; Dieter E. Zimmer elaborierte in der *Zeit* das »Firnishafte« des begriffslos unsere moderne Welt überziehenden thematischen »Schwachsinns« – der Trilogie-Rahmentitel war dabei nie als ein ganz offizieller gemeint, er hat Robert Gernhardt zum Vater, und er war fraglos kommerziell ebenso nützlich wie auf der anderen Seite Mißverständnisse a priori fördernd: Gemeint war – jedenfalls vom Trilogie-Verfasser, der es wissen muß – die komplette Spanne, das ganze Spektrum vom Alltagsunfug über den mitunter eindeutig medizinischen Dachschaden bis hin zum Metaphysisch-altreligiösen des Lebens selber, vornehmlich im letzten Buch der Trilogie.

Erfreulich gut und genau gelesen und verstanden wurde von verschiedenen Lesern und Rezensenten die »Berg-Berg«-Passage im Südtirol-Kapitel des letzten Romanteils: sowohl als ein spätbeckettisches Tondokument von Sprachminimalismus und Weltverkleinerung; als auch im Sinne eines sprachsymbolischen Übergangs von den noch Lebenden in ein schon zu uns herüberwehendes Totenreich.

Ob der Roman bloß für »zumindest die 70er Jahre epochal« war/ist, wie später der *Bremer Weserkurier* wähnte, das entscheide die Zukunft selber samt dem neuen und ja stark erneuerungswilligen

Kanzler. Aber bitte nicht die Germanistik und nicht die Kritikerbranche! Höchstens der Lesungskritiker Ernst Günther Bleisch. Der lobte nämlich am 2. Mai 1977 im *Münchner Merkur* am Roman so heißblütig wie eiskalt vor allem dies, sein Schauplatz sei »Schwabing, wo es am schwabingsten ist«.

Stilistische und verwandte Nachbesserungen fanden – und dies gilt für die gesamte Trilogie und Werkausgabe – nicht statt; z. B. die wahren Kolonnen falscher oder z. T. auch absichtlich dubioser Konjunktive bleiben, nach Goethes Weisung, wie sie nun mal sind. In winzigen Dosen wurde in der Groß- und Kleinschreibung geändert, soweit das vor allem der Verklarung diente. Sowie da, wo offenbar über mehrere Schreib-, Druck- und Korrekturetappen hinweg Blindheits-Blackouts, im Roman genannt »Hirnschwurbel«, walteten: Wenn etwa im 4. Kapitel der »Vollidioten« statt dem sinnigen »Schuldner« der »Gläubiger« dasteht, wurde stillschweigend korrigiert.

Obwohl es wiederum im Fall des ohnehin stark dialektisch operierenden Herrn Kloßen keine so große Rolle spielt.

E. H.

Lektorat der Werkausgabe: Ekkehard Kunze,
Martin Weinmann (Büro W, Wiesbaden).
Umschlaggestaltung: Johannes Paus, Nördlingen,
unter Verwendung einer Zeichnung von Regina Henscheid.
Satz und Herstellung: Dieter Kohler GmbH, Nördlingen.
Druck: Gutmann + Co GmbH, Talheim.
Einband: G. Lachenmaier, Reutlingen.
Printed in Germany.

Dieses Buch gibt es nur bei Zweitausendeins im Versand,
Postfach, D-60381 Frankfurt am Main, Telefon 069-420 8000,
Fax 069-415 003. Internet www.Zweitausendeins.de,
E-Mail info@Zweitausendeins.de. Oder in den Zweitausendeins-Läden in Berlin, Düsseldorf, Essen, Frankfurt am Main, Freiburg,
2x in Hamburg, in Hannover, Köln, Mannheim, München,
Nürnberg, Stuttgart.

In der Schweiz über buch 2000, Postfach 89, CH-8910 Affoltern a. A.
ISBN 3-86150-475-8

